TUDO O QUE PRECISAMOS SABER,

MAS NUNCA APRENDEMOS, SOBRE

Mitologia

KENNETH C. DAVIS

TUDO O QUE PRECISAMOS SABER, MAS NUNCA APRENDEMOS, SOBRE
Mitologia

6ª EDIÇÃO

Tradução
Maíra Blur

Rio de Janeiro | 2022

Copyright © 2005 *by* Kenneth C. Davis

Título original: *Don't Know Much About Mythology*

Capa: Sergio Campante

Ilustrações de capa: Xochicalco | VectorStock

Editoração: FA Studio

Texto revisado segundo o novo
Acordo Ortográfico da Língua Portuguesa

2022
Impresso no Brasil
Printed in Brazil

Cip-Brasil. Catalogação na fonte
Sindicato Nacional dos Editores de Livros - RJ

D293t	Davis, Kenneth C.
6. ed.	Tudo o que precisamos saber, mas nunca aprendemos, sobre mitologia / Kenneth C. Davis; tradução Maíra Blur. – 6. ed. – Rio de Janeiro: DIFEL, 2022.
	728 p.; 23 cm.
	Tradução de: Don't know much about mythology
	ISBN 978-85-7432-137-0
	1. Mitologia. 2. Mito. I. Título.
	CDD: 201.3
14-16180	CDU: 2-264

Todos os direitos reservados pela:
DIFEL – selo editorial da
EDITORA BERTRAND BRASIL LTDA.
Rua Argentina, 171 – 3º andar – São Cristóvão
20921-380 – Rio de Janeiro – RJ
Tel.: (21) 2585-2000

Não é permitida a reprodução total ou parcial desta obra, por
quaisquer meios, sem a prévia autorização por escrito da Editora.

Atendimento e venda direta ao leitor:
sac@record.com.br

Impresso no Brasil pelo Sistema Digital Instant Duplex da Divisão Gráfica da
DISTRIBUIDORA RECORD DE SERVIÇOS DE IMPRENSA S.A.

Para minha musa,
Joann

SUMÁRIO

AGRADECIMENTOS 11

INTRODUÇÃO 15

CAPÍTULO 1

Todos os homens precisam da ajuda dos deuses

41

CAPÍTULO 2

Presente do Nilo

Os mitos do Egito

83

CAPÍTULO 3

Junto aos rios da Babilônia

Os mitos da Mesopotâmia

167

CAPÍTULO 4

O milagre grego

Os mitos da Grécia e de Roma

241

CAPÍTULO 5

Uma era de machados, uma era de espadas

Os mitos celtas e nórdicos

361

Ponte para o Oriente   422

CAPÍTULO 6

O brilho de mil sóis

Os mitos da Índia

425

CAPÍTULO 7

Todo lugar debaixo do céu

Os mitos da China e do Japão

479

Povos antigos, mundos novos   530

CAPÍTULO 8

Origem africana

Os mitos da África subsaariana

535

CAPÍTULO 9

Círculos sagrados

Os mitos das Américas e das ilhas do Pacífico

579

BIBLIOGRAFIA   681

ÍNDICE   705

Quero saber quais foram as etapas pelas quais os homens passaram da barbárie à civilização.

— VOLTAIRE

Em todo o mundo habitado, em todas as épocas e sob todas as circunstâncias, os mitos humanos têm florescido; da mesma forma, esses mitos têm sido a viva inspiração de todos os demais produtos possíveis das atividades do corpo e da mente humanos.

— JOSEPH CAMPBELL,
O herói de mil faces

Ainda não nos deparamos com nossos ancestrais esquecidos, mas começamos a sentir sua presença no escuro. Reconhecemos suas sombras aqui e ali. Eles já foram tão reais quanto somos hoje. Não estaríamos aqui se não fossem eles. Nossa natureza e a deles possuem uma ligação indissolúvel, não obstante os éons que nos separam. A chave para sabermos quem somos nos aguarda nessas sombras.

— CARL SAGAN e ANN DRUYAN,
Sombras de antepassados esquecidos

AGRADECIMENTOS

À s vezes é difícil acreditar que a série *Tudo o que precisamos saber* começou há quase vinte anos, com a simples ideia de escrever um livro sobre algo que eu amava — a história dos Estados Unidos. A ideia cresceu e tornou-se uma coleção de livros para adultos e crianças que supera meus sonhos mais loucos. Isso só poderia ter acontecido com o trabalho árduo, o auxílio e a determinação de um grande grupo de apoio. Reconheço um número enorme de pessoas que fizeram parte da longa jornada na qual embarquei, e eu gostaria de agradecer a algumas delas por suas contribuições incomparáveis que tornaram meu trabalho possível.

Começo por uma determinada professora de Mount Vernon, Nova York, que um dia resolveu ler a *Odisseia*, de Homero, para seus jovens alunos. A ela e a todos os outros professores que, diariamente, inspiram a mente dos estudantes norte-americanos, quero dizer obrigado por fazerem o que fazem. Esse é o trabalho mais importante que se faz nos Estados Unidos, mas que não costuma ser visto dessa forma. Meu país tem um enorme débito de gratidão para com esses professores, que se dedicam tanto ao trabalho de estimular a mente dos jovens nos momentos difíceis.

Nos últimos anos, tem sido um grande prazer trabalhar com um excelente grupo de colegas empenhados e dedicados da HarperCollins, a começar por Jane Friedman, que tanto apoiou meu trabalho. Gostaria ainda de fazer um agradecimento especial a Carrie Kania, Christine Boyd, Shaina Gopen, David Koral, Suzie Sisoler, Roberto de Vicq de Cumptich, Will Staehle, Susan Weinberg, Diane Burrowes, Patti Kelly, Leslie Cohen, minha editora de texto, Olga Galvin Gardner, e minha incansável relações-públicas, Elly Weisenberg.

Acima de tudo, sou eternamente grato a Gail Winston, minha editora, por seu fundamental estímulo e visão. Sua assistente, Katherine Hill, também foi providencial para o surgimento deste livro.

Tive a sorte de trabalhar com algumas das pessoas mais agradáveis do meio literário na David Black Agency, minha agência literária há muitos anos. Não sou apenas sortudo por ter trabalhado com pessoas tão esforçadas e dedicadas na minha equipe, sou mesmo um felizardo por poder considerar todas elas minhas amigas: Jessica Candlin, Leigh Ann Eliseo, Linda Loewenthal, Gary Morris, Susan Raihofer, Jason Sacher, Joy Tutela e o mestre David Black.

Durante esses anos, várias outras pessoas me ajudaram, com apoio moral, bom humor e incentivos, tornando suportável o trabalho de escrever um livro, e sou grato a todas elas por sua amizade: Star Gibbs, Ellen Giusto, Jim e Esther Gray, Joyce Waldon e Linda Louise Watson. Também gostaria de agradecer às pessoas maravilhosas que trabalham em uma das grandes livrarias independentes dos Estados Unidos, a Northshire, no Manchester Center, Vermont.

Gostaria, ainda, de fazer um agradecimento especial a April Prince, que tem sido minha amiga e me ajudou muito na elaboração de meus mais recentes livros, em especial este último.

Agradecimentos 13

Meus agradecimentos mais importantes e mais profundos não poderiam deixar de ser à minha família. Em primeiro lugar, minha mãe, Evelyn Davis, que tornou as idas à biblioteca pública da minha cidade algo tão importante na minha vida quando jovem. Ninguém poderia imaginar ou prever isso, mas aquelas visitas regulares à Biblioteca Pública de Mount Vernon, que mais parecia um templo, me colocaram na estrada para me tornar um escritor.

Meus filhos, Colin e Jenny, são minha alegria e minha inspiração, além de aguentarem um pai que vivia distraído ou preocupado.

E, por fim, agradeço à jovem que um dia virou para a dona de uma livraria que me entrevistava para um emprego e disse: "Contrata o garoto." Ela mesma me disse, um dia, que eu deveria escrever livros em vez de vendê-los. Era tão esperta que acabei casando com ela. Obrigado, Joann. Não tenho palavras para lhe expressar minha gratidão.

— DORSET, VERMONT
Maio de 2005

INTRODUÇÃO

"**A**ntigamente" – esse parece ser um bom começo para um livro sobre mitos –, quando tinha uns 11 anos de idade, eu não conseguia ficar parado na carteira durante as aulas. Eu me agitava. Ficava impaciente. Minha mente devaneava. Ah, eu tentava, mas não conseguia me lembrar muito bem de nada daquilo que deveria aprender. Mas havia uma exceção. Conforme os ponteiros do relógio se moviam em direção às três da tarde e à liberdade, eu ficava sentado, sem me mexer, ansioso por aqueles poucos minutos, antes de sermos dispensados, quando a professora deixava de lado a matemática e a ciência para ler em voz alta trechos da *Odisseia*.

Magicamente ligado, através da vastidão dos séculos, às pessoas que ouviam aquelas histórias outrora cantadas em volta de uma fogueira, eu ficava encantado. Em vez de me debater com as frações e os verbos, eu estava a bordo de um navio, navegando por oceanos míticos, lutando contra bruxas, demônios e monstros de um olho só – tentando encontrar o caminho de casa na companhia do corajoso Ulisses, o ardiloso herói da epopeia de Homero.

16 MITOLOGIA

Aquelas doses diárias dessa incrível história grega valiam o dia, me faziam apreciar a literatura e a poesia e, com certeza, aguçavam minha curiosidade por mitologia. Sempre que eu tinha oportunidade, passava horas na biblioteca da escola, devorando livros sobre os mitos — e não apenas os clássicos da Grécia e de Roma. Lia sobre deuses nórdicos, como Thor e o trapaceiro Loki, e sobre os deuses egípcios que inspiraram as pirâmides. Lá estavam Sigurd assassinando o imenso dragão Fafnir, e o temível herói celta Cu Chulainn, que sozinho combateu centenas de inimigos, em banhos de sangue que talvez fizessem Arnold Schwarzenegger tremer de medo. Eu havia descoberto um mundo novo. Um mundo de deuses, heróis, monstros e lendas — e era bem mais interessante que a escola!

Alguns anos depois, consegui meu primeiro emprego, como entregador do *Daily Argus*, jornal diário da minha cidade, Mount Vernon, no estado de Nova York. Eu era, sem dúvida alguma, um garoto curioso, portanto quis saber o que significava "argus". Logo descobri que, na mitologia grega, Argos era um monstro que tinha o corpo coberto de olhos —, a quantidade exata de olhos varia de acordo com a fonte de informação; alguns afirmam quatro, outros dizem uma centena —, mas ele nunca fechava mais do que dois de seus olhos de cada vez.

Argos é um personagem coadjuvante de uma narrativa sobre Zeus, o concupiscente senhor dos deuses, e Io, filha de um deus rio local. Io era apenas uma das muitas mulheres — mortais e divinas — desejadas por Zeus, que parecia insaciável. Para esconder de Hera, sua esposa ciumenta, o flerte com Io, Zeus transformou a jovem donzela em uma novilha branca como a neve. Mas Hera não era nada boba quando o assunto era seu marido e o modo galanteador como tratava as mulheres jovens e núbeis. Como se fosse uma Alice Kramden, personagem de

Introdução

The Honeymooners,* que sempre empatava os planos mais bem-elaborados de Ralph, Hera não se deixou enganar pelo esquema bolado por Zeus. Para se vingar desse marido aparentemente viciado em sexo e infiel, ela clamou para si a novilha Io. Hera acorrentou Io e pôs sua jovem rival sob a guarda dos olhos sempre vigilantes de Argos.

Zeus, ainda assim, não desistiu. Ele revidou mandando Hermes para acalmar Argos e fazê-lo dormir, e libertar Io. Em uma das versões dessa narrativa (muitos mitos gregos têm variações), Hermes tenta adormecer Argos tocando sua flauta mágica, mas o método não funciona. Ele então entedia Argos com uma história longa e enfadonha, até que o monstro dorme – e tem a cabeça decepada. Para honrar Argos, a desolada Hera retira os muitos olhos do monstro e os põe na cauda do pavão, ave preferida da deusa – e é por isso que a cauda do pavão tem essa aparência. Hera, porém, não parou por aí. A pobre Io, ainda em forma de novilha, foi libertada. Mas Hera continuou a atormentá-la com um moscardo, que lhe causou uma irritação enlouquecedora, e a fez sair galopando furiosamente pela Europa e Ásia, até por fim mergulhar no mar (o mar Jônico, que recebeu esse nome em sua homenagem). Io nadou até o Egito, onde Zeus fez com que voltasse à forma humana, e ela então deu à luz ao que os tabloides chamam de "filho bastardo". Mas essa já é outra história. Em se tratando dos gregos, quase sempre há uma outra história.

Para mim, a relação entre o monstruoso Argos e o jornal que eu entregava todos os dias passou a ficar clara – nosso diário local propunha-se ser os olhos sempre vigilantes da comunidade. Não sei se

---

* *The Honeymooners* foi um seriado televisivo norte-americano de grande sucesso. No Brasil, foi lançada somente uma versão cinematográfica do seriado, com o título *Casados com o azar*. (N. T.)

era essa mesmo a ligação, mas foi por volta dessa época que me tornei viciado em jornal – e essa relação entre o trivial e o rotineiro, como um jornal, e os mitos da Antiguidade, fez com que eu me apaixonasse ainda mais por esse tema.

Os mitos continuam me fascinando – e a milhões de outras pessoas. Só que a maioria de nós não chama isso de "mitologia".* Preferimos dizer que "vamos ao cinema". Por exemplo, em uma noite fria em Vermont, há alguns anos, fui assistir à segunda parte da trilogia *O senhor dos anéis* com meus dois filhos adolescentes e um amigo. Tivemos a sorte de conseguir ingressos, que se esgotaram rapidamente. Enquanto procurávamos nossos assentos, as pessoas em volta se desesperavam na luta por um lugar para se sentar, e tive uma prévia de um de meus piores pesadelos: um cinema cheio de crianças estridentes, no recesso de Natal, tagarelando durante o filme.

Porém, assim que as luzes apagaram, o extraordinário aconteceu. Fez-se um silêncio absoluto no pequeno cinema de Rutland. Quando o filme, de quase três horas de duração, acabou, o silêncio perdurou por um instante. Logo depois, a plateia explodiu em um aplauso sonoro e prolongado.

Houve certa agitação por parte das legiões de apaixonados por Tolkien a respeito da fidelidade das versões cinematográficas à obra original. (Confesso: fui um desses fãs mais resistentes. Quando tinha

---

* Aqui me parece apropriado fazer uma distinção mais precisa entre mitos e mitologia. Muitas pessoas usam os dois termos como se tivessem o mesmo significado – como no título deste livro. Mas, em termos específicos, mitos são as próprias histórias, ao passo que mitologia é, na verdade, o estudo desses mitos. Embora essas palavras tenham passado a ser usadas no dia a dia como sinônimas, há uma diferença entre elas. Este livro discute os mitos em detalhe e, no capítulo 1, oferece uma breve história da mitologia – aquilo que as pessoas vêm pensando a respeito dos mitos ao longo de milhares de anos.

Introdução 19

14 anos, li os três livros em série durante um período de licença médica da escola, que prolonguei, por conta própria, por mais alguns dias.) Independentemente dos méritos do filme, fiquei impressionado com tamanha *reverência* da plateia.

É muito provável que muitas daquelas pessoas não fossem religiosas e que, ao ficarem sentadas naquele cinema escuro, tenham vivido a experiência mais próxima de um encontro espiritual coletivo que já tiveram. E acho ainda que essa experiência provavelmente conectou aquele grupo de estranhos do século XXI com algo muito mais profundo, o costume das pessoas de 3 mil anos atrás de se sentarem em volta de uma fogueira e ouvirem alguém recontando as aventuras atemporais de heróis e monstros, do Bem contra o Mal.

Se levarmos em consideração alguns dos campeões de bilheteria dos últimos anos, simplesmente confirmaremos essa teoria. Nos últimos tempos, os cinemas têm estado repletos de sucessos como *Matrix*, *Procurando Nemo*, *X-Men* e a trilogia *O exterminador do futuro*. Em muitos aspectos, todos esses grandes sucessos de Hollywood estão ligados aos mitos da Antiguidade e às histórias de heróis lendários e aventuras épicas. Na primavera de 2004, o apelo eterno dos mitos ganhou vida com *Troia*. Embora os cinéfilos de plantão tenham se preocupado mais com o traseiro de Brad Pitt do que com o calcanhar de Aquiles,* o sucesso do filme despertou novos interesses por um enredo que vem do princípio da história da humanidade. É um enredo que até hoje parece dizer muito sobre os homens, as mulheres e a guerra. Vale

---

* Quando Aquiles nasceu, sua mãe soube que o corpo do filho se tornaria invulnerável, caso fosse banhado em um rio sagrado. Então, ela o mergulhou nas águas, mas o segurou pelo calcanhar, e esse passou a ser o único ponto em que alguém poderia feri-lo e matá-lo. O calcanhar de Aquiles, então, passou a significar o ponto fraco das pessoas.

lembrar que o filme *Troia* foi tão fiel à *Ilíada*, a epopeia de Homero, quanto o filme *E o vento levou...* foi à verdadeira Guerra de Secessão. Podemos começar pela interpretação de Pátroclo, identificado como o "primo" de Aquiles no filme. Na versão de Homero, Aquiles e Pátroclo eram "bons amigos", e possivelmente tão bons quanto quase todos os outros companheiros de guerra da Grécia antiga costumavam ser. Mas Hollywood não iria fazer de Brad Pitt um Aquiles gay.

Se juntarmos a esses lançamentos recentes de Hollywood outros sucessos, como *E.T., o extraterrestre*; a versão – animada e muito limpinha – da Disney para *Hércules*; o romance da Guerra de Secessão *Cold mountain*; *E aí, meu irmão, cadê você?*, dos irmãos Cohen (ambas obras livremente baseadas na *Odisseia*); e, acima de tudo, a saga *Guerra nas estrelas*, encontraremos ainda mais sinais do apelo eterno dos mitos da Antiguidade.

Todos esses filmes foram inspirados em temas míticos e a maioria inclui referências míticas muito específicas. (Na trilogia *Matrix*, por exemplo, os nomes Morpheus, Niobe e Oráculo foram diretamente retirados de personagens da mitologia grega.) Talvez não seja nenhuma coincidência que alguns deles constem na lista dos filmes mais lucrativos no mundo. Acrescente ainda o extraordinário fenômeno Harry Potter – outro passeio pela jornada mítica de um menino comum que aprende a voar e tem poderes mágicos, tal qual Luke Skywalker, de *Guerra nas estrelas*, e Neo, de *Matrix* – e terá mais um indício de que ainda amamos os mitos.

E não estou falando apenas dos mitos da Grécia e de Roma. Entre as atrações de maior sucesso da Disney World figura um brinquedo baseado no filme *Canção do Sul*, de 1946. Essa animação, que talvez seja mais conhecida pela famosa canção da Disney "Zip-A-Dee-Doo-Dah", foi inspirada nas histórias do "coelho Quincas", muito populares entre

Introdução 21

os escravos afro-americanos. Essas histórias, por sua vez, se originaram de antigas fábulas sobre uma mítica lebre africana, uma deusa trapaceira que atravessou o oceano Atlântico pela terrível Passagem do Meio e encontrou vida nova no sul da América. Os trapaceiros, um dos tipos de deuses mais populares, encontrado em muitas sociedades, eram gananciosos, travessos, malvados — mais ou menos como o Coringa de *Batman* — e tinham comportamento sexual agressivo. Com frequência, assumiam a forma de um animal, tal qual a lebre africana ou o coiote norte-americano.

Humm. Um coelho travesso e um coiote ganancioso tentando passar a perna nos outros animais? Parece até o Pernalonga e o coiote Coió, o incansável e vingativo inimigo do Papa-Léguas. E você achando que os mitos estavam mortos.

Isso não passa de comunicação de massa com uma roupagem atraente, certo? Acho que não. Muitos desses filmes, desenhos ou livros são bem-produzidos e entretêm as massas. Mas o grande sucesso que fazem, até em nível internacional, ultrapassa as barreiras de idade e sexo, tocando na necessidade humana básica por mitos. Como disse Homero — o poeta, não o pai de Bart Simpson* —, "todos os homens precisam da ajuda dos deuses".

E não estou falando apenas de entretenimento. Você gosta do Dia das Bruxas (*Halloween*) e de seu equivalente hispânico, o *Día de los Muertos*? Ambos são vestígios modernos de antigas celebrações míticas. Ou, talvez, prefira o Natal e a Páscoa? O Natal, caracterizado por velas e pela troca de presentes, se originou de antigas festas pagãs romanas, incluindo as saturnais, festival de uma semana dedicado ao deus da agricultura, que acontecia durante o solstício de

---

* Homero, em inglês, é Homer, tal qual o nome do personagem do desenho "Os Simpsons". (N. T.)

22   MITOLOGIA

inverno. Muitos dos enfeites típicos que hoje usamos no Natal, dentre os quais estão o pinheiro, a guirlanda, o ramo de visco, o azevinho e a hera,* são empréstimos de tradições ancestrais dos druidas da Europa setentrional, onde as folhas perenes, que permanecem verdes no inverno, simbolizavam a esperança de uma nova vida durante o inverno rigoroso. A Páscoa, celebração da ressurreição de Jesus Cristo, possui muitas características em comum com festivais pagãos que comemoravam a chegada da primavera. Os primeiros cristãos se apropriaram dessa crença mítica comum para comemorarem a renovação da vida que se dá através da morte e ressurreição de Cristo. A própria palavra *Easter*, "Páscoa" em inglês, também pode ter origem em um termo do inglês antigo, *Eastre*, que é possivelmente o nome de uma deusa anglo-saxônica da primavera. (Outros estudiosos acreditam que a palavra "Easter" se origine do termo alemão *eostarun*, que significa "alvorecer".)** Um dos aspectos mais fascinantes e ignorados da mitologia antiga, que sobrevive até hoje em nosso mundo, é a mistura de ensinamentos cristãos com mitos locais, que ocorreu em lugares como na antiga Irlanda celta, no México e América Central, e no Caribe e América do Sul. Nessas regiões, cristianismo e mitologia se fundiram para se transformar no vodu e na *santería* — religiões supostamente "primitivas", de influência africana, praticadas em diversos locais até hoje.

---

* O ramo de visco, o azevinho e a hera são tradicionalmente usados na decoração natalina norte-americana. (N. T.)

** Até a posição da Páscoa no calendário pode ser um vestígio de crenças míticas em relação à lua. A Páscoa é uma das festas móveis da religião cristã, e sua data varia a cada ano, mas, para a maioria dos cristãos, costuma cair no primeiro domingo após a primeira lua cheia seguinte ao dia 21 de março.

Introdução 23

A mescla de mitos pagãos com ritos e crenças cristãos é um dos elementos-chave no enredo do comentadíssimo best-seller *O código da Vinci*, suspense inspirado na adaptação − ou no roubo − de antigas religiões e rituais pagãos por parte dos cristãos da Roma antiga e dos primeiros pais da Igreja. Embora a maioria dos elementos mais controversos do livro não tenha comprovação histórica, seu enorme sucesso internacional é outro indício de que há muitas pessoas que acreditam haver questões mais profundas nos mitos e mistérios da Antiguidade do que as religiões em voga querem que acreditemos. O fascínio provocado por *O código da Vinci*, como também por *A profecia celestina*, outro romance que pressupõe uma elaborada conspiração da Igreja para ocultar antigas verdades, provoca um profundo ceticismo em relação às organizações religiosas, mas também toca na curiosidade humana sobre ideias e saberes antigos − em outras palavras, os mitos.

Para se ter uma ideia melhor do enorme impacto dos mitos, basta conferir o calendário. Que dia é hoje? Uma terça de março? Um sábado de junho? Os nomes desses dias e meses vêm das mitologias grega, romana e nórdica. Do calendário aos planetas de nosso sistema solar − todos, com exceção da Terra, têm nomes de deuses romanos −, nossa língua é repleta de palavras de nosso passado mítico. Você compra livros na *Amazon.com*? Está usando tênis *Nike*? Teme que um vírus *Cavalo de Troia* invada seu computador? Fica *tantalizado* com a ideia de uma *panaceia*? Ou, talvez, entre em *pânico* com sua *aracnofobia*? "Hipnose", "morfina", "Velo de Ouro", "tarefa hercúlea", "gnomo" (*leprechaun*), "tufão" e "furacão" são apenas algumas das palavras e frases originárias do mundo da mitologia e que enriquecem nosso vocabulário. Você tem um cartão American Express na carteira? Isso significa que nunca sai de casa sem Hermes (ou Mercúrio), o deus grego do comércio, cuja imagem vem estampada no cartão.

Meu Deus! Até *hell*, palavra do inglês para "inferno", vem de Hela, deusa da mitologia nórdica que comandava um mundo inferior gelado, para onde perjuros, malfeitores e todos os desafortunados que não haviam morrido em batalha eram enviados. Ao contrário do lugar ardente de tormento eterno do cristianismo, o inferno dos nórdicos, pode-se dizer, era "congelado".

Em outras palavras, os mitos têm tido, e permanecem tendo, uma força marcante em nossas vidas, muitas vezes sem que nem percebamos. Estamos cercados por mitos – na literatura, na cultura pop, em nossa língua e nos noticiários. É raro ler um jornal ou uma revista e não encontrar palavras e frases que contenham referências a mitos da Antiguidade. E, por vezes, os mitos são parte da notícia. No México, a construção de um supermercado do grupo Walmart foi recebida com forte resistência, pois ficaria muito próximo da Pirâmide do Sol, nas ruínas de Teotihuacán, local onde, segundo a crença dos astecas, "os homens se tornavam deuses". (Apesar dos protestos e da descoberta de um altar durante as escavações, o supermercado foi aberto em novembro de 2004.)

Até hoje, na Índia, muitos hindus ainda oferecem seus cabelos a uma de suas divindades, em agradecimento à ajuda recebida na cura de doenças, ou para pedir boas notas nas provas. Mas o que alguns desses hindus devotos não sabiam era que depois seus cabelos serviam para produzir perucas caríssimas, que geravam um comércio exportador de 62 milhões de dólares. Mas eis que um grupo de crenças acabou batendo de frente com outro grupo de crenças, pois muitas das perucas eram compradas por judias ortodoxas que seguem um antigo código de conduta que as proíbe de exibir os cabelos em público após o casamento. Quando rabinos ortodoxos de Israel revelaram que tais perucas eram

Introdução 25

feitas de cabelo que fora ofertado com propósitos de idolatria, o seu uso foi proibido. De acordo com o *The New York Times*, milhares de judias ortodoxas queimaram em público suas perucas de cabelo humano.

Outra história ocorrida na Índia não é tão benigna. Até 2004, ainda havia casos de pessoas acusadas de praticar sacrifício humano, ritual raro nos dias de hoje. Kali é uma antiga deusa hindu que destrói o mal, mas que sempre foi conhecida como uma divindade extremamente sanguinária. Milhões de hindus ainda peregrinam até os templos dedicados à deusa na Índia oriental. A maioria compra suvenires inofensivos, como espadas de plástico e cartões-postais em que figura a imagem assustadora de Kali, adornada com caveiras e cintos de pés decepados. Todavia, muitos discípulos de Kali foram acusados de praticar assassinatos rituais, vestígio assustador de um passado remoto — que não se restringe apenas à Índia — quando o sacrifício humano era visto como uma prática necessária para se agradar aos deuses, ou fazer as pazes com eles. Descobertas recentes de múmias peruanas e celtas, de sacrifícios egípcios e de covas coletivas na Mesopotâmia são sérios indícios de que algumas dessas vítimas se ofereciam para o sacrifício, pois queriam ajudar seu povo neste mundo, ou seus líderes divinos do outro mundo.

Os mitos também exercem um papel importante na história mundial. Talvez o exemplo mais cruel do impacto dos mitos na história venha da Segunda Guerra Mundial, quando Adolf Hitler se aproveitou de antigos mitos germânicos para subjugar toda uma nação. Em *Ascensão e queda do Terceiro Reich*, a clássica história da ascensão de Hitler ao poder, William L. Shirer escreveu: "Em geral, os mitos de um povo são a maior e mais verdadeira expressão de seu espírito e de sua cultura, e em nenhum outro lugar isso é tão verdadeiro como na Alemanha." Shirer recordou a declaração de Hitler: "Aqueles que quiserem entender a Alemanha Nacional-Socialista devem conhecer

26 MITOLOGIA

Wagner." Hitler tinha um profundo encanto pelas óperas de Wagner, que eram notadamente inspiradas no mundo dos mitos heroicos, deuses e heróis pagãos, demônios e dragões da mitologia teutônica. Hitler logo compreendeu que os símbolos desses mitos possuem uma forte carga emocional. Estátuas colossais de antigos deuses germânicos tiveram um papel proeminente nos comícios de Nurembergue organizados pelo Partido Nazista durante a década de 1930. Hitler percebeu que a força visceral e o valor propagandístico de um conhecido mito teutônico o ajudariam a unir o povo alemão sob a ideologia da "raça superior".

Basta assistir ao famoso – ou famigerado – documentário de Leni Riefenstahl, *O triunfo da vontade*, para se dar conta da mitologia operática que estava por trás desses cortejos populares. Hitler fazia uma mescla deliberada de elementos cristãos e pagãos e, quando marchou com solenidade até uma coroa de flores para honrar alemães mortos na guerra, parecia estar interpretando o papel de sumo sacerdote, naquilo que um de seus biógrafos denominou "rito de comunhão pagão". Os especialistas no assunto não sabem ao certo se Hitler de fato acreditava nas forças ocultas, mas não há dúvidas de que funcionários do governo nazista se empenharam na busca por símbolos e artefatos históricos e religiosos – ao que parece, até pelo Santo Graal – que enlevassem o culto do poder nazista.

No Japão, durante esse mesmo período de guerra, os mitos fundamentavam a religião nacional, o xintoísmo, visto que o imperador Hirohito havia supostamente descendido de Amaterasu, deusa do sol para o xintoísmo. No período de declínio da guerra, essa devoção ao imperador-deus levou ao uso dos famigerados pilotos camicase.*

---

* A palavra "camicase" significa "vento divino" e faz referência a um tufão que salvou o Japão de uma invasão mongol em 1281. Em 1945, os jovens pilotos japoneses equivaleriam, em teoria, a esse vento divino e afastariam as tropas

Introdução 27

Quando a guerra se virou contra o Japão, em 1945, homens jovens foram recrutados e treinados para voar em aviões carregados de dinamite em ataques suicidas cujos alvos eram os navios de guerra norte-americanos. Conquanto naquela época possa ter parecido difícil para os ocidentais imaginar tal ideia, um antigo mito-religião foi usado para motivar esses jovens combatentes — e toda uma nação — que tinham uma devoção fanática a seu imperador. Isso ocorreu há pouco mais de meio século, em uma sociedade bastante moderna, industrializada e instruída.

A situação, claro, não para por aí, como a história contemporânea vem provando muito bem. Nos últimos anos, o mundo vem testemunhando quão inflamável é a mistura de crenças e devoção fanática. "As virgens estão vos chamando", escreveu Mohamed Atta para seus colegas sequestradores, pouco antes do 11 de Setembro. Não resta dúvida de que a ideia de morrer como mártir e ganhar a entrada para um paraíso com virgens tem muita força e continua motivando terroristas que amarram explosivos pelo corpo, ou dirigem carros-bomba ou sequestram aviões e voam contra prédios. O que motiva esses terroristas são crenças cujas raízes têm origem nos tempos mais remotos. A ideia de que guerreiros ganham acesso ao paraíso através da morte pertence a quase todas as mitologias ou crenças.

Quando o Talibã ainda estava no poder no Afeganistão, proibindo as pessoas de ouvirem música, assistirem televisão e soltarem pipas, o regime severo destruiu inúmeras estátuas enormes de Buda, esculpidas em um rochedo na antiga Rota da Seda. Além de eliminarem aquilo que consideravam imagens idolátricas, os fundamentalistas

---

invasoras norte-americanas. Embora tenham matado muitos marinheiros e destruído inúmeros navios norte-americanos, os ataques camicase, por fim, não tiveram influência no resultado da guerra.

28 MITOLOGIA

islâmicos pretendiam erradicar os vestígios de um sistema de crenças de 2.500 anos que derivava dos complexos mitos da Índia. A destruição desses artefatos culturais insubstituíveis chocou o mundo e levantou uma questão mais profunda: é possível erradicar crenças e ideias destruindo suas imagens? Essa não é uma ideia recente. Os conquistadores e sacerdotes espanhóis que chegaram ao México no século XVI podem até ter destruído templos e construções da capital asteca, Tenochtitlán, mas será que conseguiram erradicar por completo as crenças por trás dessas construções? Os espanhóis nas Américas, os ingleses na Irlanda e na Austrália, e o governo dos Estados Unidos, todos tentaram "controlar" povos derrotados através da tomada de suas línguas e crenças. Nem sempre isso funciona.

Então os mitos podem ser um negócio rentável. E essa é uma das razões para terem perdurado por milhares de anos. Tão antigos quanto a humanidade, os primeiros mitos surgiram em uma época quando o mundo era cheio de perigos, mistérios e maravilhas. No período mais remoto da humanidade, cada sociedade desenvolvia seus próprios mitos, que, com o passar do tempo, se tornavam parte significativa da vida e dos rituais religiosos diários dessas sociedades.

Uma das principais razões para o surgimento dos mitos foi que as pessoas não eram capazes de fornecer explicações científicas para o mundo que as cercava. Os fenômenos da natureza, bem como o comportamento humano, passaram a ser compreendidos através de histórias sobre deuses, deusas e heróis. Trovões, terremotos, eclipses, as estações do ano, chuvas e a qualidade das safras, tudo se dava em função da intervenção dos grandes deuses. O comportamento humano também era guiado pelos deuses. Os gregos, por exemplo, como a maioria das civilizações ancestrais, tinham uma história para explicar a existência de cada coisa ruim que acontecia no mundo — das doenças e epidemias até a ideia do mal em si. Acreditavam que, em determinado momento, todos os males e problemas do mundo haviam sido capturados e guardados dentro de uma jarra (não uma caixa!). Quando essa jarra foi aberta pela primeira mulher, todos os infortúnios do mundo escaparam antes que ela – Pandora – pudesse fechar a tampa.

Os índios pés-negros, das Grandes Planícies da América do Norte, também culpavam uma mulher problemática pelas desgraças da condição humana. Quando a Mulher-Pena desenterrou o Grande Nabo, depois de ter sido avisada para não fazê-lo, foi expulsa da Terra do Céu – ou paraíso divino. Não obstante, uma outra mulher também era considerada fonte dos males do mundo, em um conto de um povo nômade que vivia no antigo Oriente Próximo – o "berço da civilização", como era chamado na época da escola. Em uma das versões, era chamada Havva e havia desobedecido a seu deus ao comer da árvore proibida. Claro que a maioria de nós a conhece por seu nome mais comum – Eva.

Obviamente, temos hoje muito mais explicações científicas para a maioria de nossos questionamentos sobre o mundo e o universo. Sabemos por que o Sol nasce e se põe. Porque chove em algumas estações e não em outras. O que faz com que as plantações cresçam. Temos uma compreensão muito mais vasta a respeito de onde viemos. Entendemos as doenças e a morte – até certo ponto. E, embora a fonte dos males do mundo – e o porquê de coisas ruins acontecerem a pessoas boas – ainda seja um mistério, já começamos até a desvendar as origens do Universo.

No entanto, no despontar da história, as pessoas inventavam narrativas para explicar essas origens. Por exemplo, a história da criação do mundo do povo krachi, do Togo, na África, conta que Wulbari, o deus da criação, vivia junto dos homens e se deitava sobre a Mãe

Terra. Mas o deus tinha tão pouco espaço para se movimentar que, quando as pessoas cozinhavam, fumaça entrava nos olhos dele e isso o deixava irritado. Revoltado, Wulbari foi embora e subiu para onde hoje é o céu e onde os homens podem admirá-lo sem tocá-lo.

Em outra história africana, do povo kassena, o deus We também se afastou do alcance dos homens, pois havia uma senhora idosa que, ansiosa para fazer uma sopa gostosa, costumava cortar pedacinhos do deus e colocar em cada refeição. Aborrecido, We elevou-se para um lugar mais alto para evitar que continuassem comendo sua carne diariamente.

Essas histórias podem parecer lendas divertidas de povos "primitivos". Um deus que sobe aos céus por causa da fumaça em seus olhos, e outro que se irrita porque cortam pedaços de seu corpo para fazer sopa. Mas pense nas seguintes histórias míticas: um deus que fica tão exasperado quando uma determinada mulher come um pedaço de fruta que condena todas as mulheres às dores do parto. Na sua fúria, esse antigo deus hebraico – que também gostava de passear pelo Jardim do Éden no fim da tarde quando era mais fresco – vai gradualmente se afastando, como Wulbari e We, de sua criação. Ou um deus cujo corpo e sangue são consumidos todas as semanas em um ritual de sacrifício chamado Eucaristia.

Em outras palavras, o que chamamos de "mito" para uma pessoa em geral é a religião de outra. Um dos objetivos fundamentais deste livro é explorar essa transformação do mito em religião. E como essa transformação vem mudando a história do mundo.

Muitos dos livros sobre mitologia abordam o tema com base em uma das duas seguintes perspectivas: a geográfica – isto é, o simples agrupamento dos mitos por regiões ou por civilizações específicas –; ou a temática – a ampla gama de mitos típicos, como as histórias da criação do mundo e outros mitos explicativos. Os mitos da criação

Introdução 31

pretendem descrever a origem do mundo, o nascimento dos deuses e deusas e, por fim, a criação dos seres humanos. Os mitos explicativos, ou causais, tentam prover uma explicação mítica para fenômenos da natureza, tal qual a crença nórdica de que Thor criou o trovão e o raio ao desferir golpes com seu martelo.

Tudo o que precisamos saber, mas nunca aprendemos, sobre mitologia busca uma abordagem um pouco diferente. Este livro pretende analisar todos os mitos fascinantes criados por essas culturas antigas e relacioná-los às histórias e conquistas desses povos. Além das histórias da criação do mundo e dos mitos explicativos, outro tipo fundamental é o mito "fundador", que explica as origens de uma sociedade – em geral com o óbvio senso de superioridade que a descendência divina direta implica. Por exemplo, é impossível compreender a história e a cultura do Egito sem entender sua mitologia. Para os egípcios antigos, o sistema de mitos e crenças que os cercava era a própria vida – era o alicerce crucial desse incrível império que durou 3 mil anos.

Podemos perceber como mito e história se misturam quando pensamos nos regimes em que a mitologia serviu de base para o governo e para a dominação. Uma vez que os soberanos perceberam que o controle que exerciam sobre o povo aumentaria caso eles tivessem ligação com os deuses, os mitos foram elevados a uma instituição que acabou se tornando mais poderosa que o exército. A maioria das grandes civilizações da Antiguidade – seja no Egito, na China ou na Mesoamérica – eram teocracias, isto é, não havia separação entre religião e Estado. Tendo ligações com os deuses e, geralmente, a cooperação de um clero influente, governantes divinamente escolhidos detinham o poder da vida e da morte de seus subalternos. Mesmo nas sociedades onde não havia um rei divino e um governo central ligado a crenças, o sujeito mais respeitado e temido era o xamã, às vezes conhecido como "médico bruxo" – um homem cuja ligação profunda com os deuses o tornava apto a curar ou matar. Em seu livro pioneiro, *Armas, germes e aço*, Jared Diamond destacou a força da crença como um dos principais meios que a riqueza e a nobreza detêm para manter o controle sobre os pobres e desprivilegiados – o que o autor chama de "cleptocracia".

A história do mito, em outras palavras, caminha de mãos dadas com a história da civilização. Pare e pense nas "civilizações da Antiguidade". O que isso significa? Roda. Zero. Escrita. Bronze. Vidro. Fogos de artifício. Papel. Macarrão. Encanamento interno. Cerveja. Essas são apenas algumas das ótimas criações desenvolvidas pelas antigas civilizações do Egito, Mesopotâmia, China, Índia, Roma, África, América Central e Japão. Foram esses povos que nos deram, ainda, a astronomia, a democracia, o calendário, Deus, a filosofia e toda uma série de ideias complexas que tiram os estudantes do sério há séculos. As descobertas científicas, as invenções funcionais, as leis, as religiões, a arte, a poesia e o drama desses povos antigos vêm guiando a vida e a cultura dos homens – a civilização, por assim dizer.

Esses mesmos povos antigos "inventaram" os mitos que foram se desenvolvendo paralelamente a suas civilizações, até se tornar impossível a separação de um e outro. Embora o impacto causado pelos mitos possa não parecer tão óbvio quanto o impacto da roda, da escrita ou de uma caneca de cerveja, essas lendas da Antiguidade ainda são uma força poderosa em nossas vidas. Elas ainda vivem em nossa arte, literatura, língua, teatro, sonhos, psicologia, religiões e história.

Tendo esses fatos em mente, *Tudo o que precisamos saber, mas nunca aprendemos, sobre mitologia* traça a história dos mitos através das eras e mostra como esses mitos ajudaram a construir civilizações. O livro também analisa como os mitos passavam de um grupo para outro, nos intercâmbios entre as civilizações. A conhecida mitologia dos gregos não emergiu prontinha do mar – como no suposto nascimento de Afrodite. Ela se inspirou em ideias que se originaram na Mesopotâmia, no Egito, em Creta e em outras antigas terras vizinhas. Apesar de muitos de nós conhecermos, mesmo que pouco, as histórias de Adão, Eva, Noé, e as narrativas posteriores dos patriarcas hebreus, que foram relatadas no Livro do Gênesis, talvez não saibamos que essas histórias têm ligações com outras muito mais antigas da Mesopotâmia, como o poema épico *Gilgamesh*, que conta a história de um herói bastante imperfeito dessa mesma parte do mundo. Os mitos simplesmente não brotam do chão – em geral, são emprestados de fontes mais antigas, e depois moldados e recriados como novos mitos.

Por contar a história das ligações entre essas tradições e civilizações milenares, este livro é um desdobramento do anterior *Don't Know Much About the Bible*. Quando escrevi *Don't Know Much About the Bible*, tomei conhecimento das ligações profundas e primordiais existentes entre as civilizações do antigo Oriente Próximo e o povo que se tornou conhecido como hebreu do Antigo Testamento. Alguns estudiosos e historiadores acreditam que a ideia do monoteísmo hebreu talvez tenha sido inspirada por um faraó egípcio chamado Akhenaton, que tentou, sem sucesso, substituir o vasto panteão de divindades egípcias por um único deus sol. Alguns historiadores acreditam que esse conceito possa ter sido adotado pelos hebreus da Antiguidade quando estiveram no Egito. Pode até ser uma ideia controversa e infundada, mas, sem dúvida, a compreensão dos mitos e civilizações do Egito e da antiga Mesopotâmia contribui para a compreensão do mundo judaico-cristão, que posteriormente foi influenciado de maneira semelhante pelo mundo dos gregos e dos romanos, berço do cristianismo, e pelo mundo dos povos "pagãos", que foram evangelizados pelos primeiros missionários cristãos – todos são mundos onde os mitos e as antigas religiões estavam vivos.

34   MITOLOGIA

Para realizar essa tarefa, fiz uso das técnicas que empreguei em todos os livros da série *Tudo o que precisamos saber*: perguntas-respostas, linhas do tempo fazendo as conexões entre os fatos históricos, "vozes" de pessoas reais e de fontes míticas, e histórias sobre os personagens "famosos" dos mitos da Antiguidade – incluindo Hércules, Jasão, Ulisses, Rômulo e Remo, bem como muitos outros não tão famosos de outras culturas. Este livro também se valeu de uma ampla gama de descobertas arqueológicas e científicas recentes, que esclareceram fatos sobre as sociedades antigas que criaram esses mitos.

Os capítulos estão organizados pelas inúmeras civilizações, começando pelas duas que produziram as primeiras mitologias e sistemas de adoração reconhecidos – Egito e Mesopotâmia. Em seguida, o livro descreve outras principais mitologias ocidentais, em ordem cronológica aproximada – Grécia, Roma e Europa setentrional. Posteriormente, aparecem os principais sistemas de mitos do Oriente, incluindo Índia, China e Japão, e, depois, os capítulos que tratam das áreas restantes do mundo, conforme foram se abrindo para os europeus: África subsaariana, Américas e regiões das ilhas do Pacífico – as últimas regiões do mundo a serem "descobertas".* Isso levanta dois pontos importantes. Primeiramente, embora essa volta ao mundo guiada apresente um panorama das principais civilizações mundiais e de seus respectivos mitos, é incontestável que não se trata de uma abordagem "enciclopédica". Seria impossível abordar todos os mitos e todos os deuses

---

* É importante lembrar que estamos sempre "descobrindo" coisas novas. Enquanto eu escrevia este livro, pesquisadores anunciaram a descoberta de um grupo de pigmeus, de 91 centímetros de altura, do qual nunca se ouvira falar, que vivia em uma área remota da Indonésia, dentro do mesmo período de tempo que o homem "moderno". Curiosamente, a existência dessas pessoas diminutas fazia parte da mitologia local.

Introdução 35

de cada civilização – grande ou pequena – em um único livro. Em vez disso, esta obra se concentra em uma abordagem prática, como todos os outros livros da série *Tudo o que precisamos saber*. Este livro pretende destacar, de forma acessível e divertida, os aspectos mais importantes desses mitos e culturas e apresentar a "primeira palavra" sobre esses assuntos, e não a "última". Apresento uma extensa bibliografia entre os muitos recursos e ampla gama de literatura disponibilizados para maiores pesquisas sobre o mundo dos mitos.

Em segundo lugar, reconheço que este livro é organizado de maneira um tanto "eurocêntrica", analisando a história de acordo com sua evolução a partir de uma perspectiva ocidental. Os capítulos seguem em uma cronologia aproximada que parte do início da história ocidental, passa pelos contatos graduais que essa civilização teve com o restante do mundo, e passa pelo impacto que esse contato crescente com os "novos mundos" causou no Ocidente. A verdade é que os mitos do Egito, da Mesopotâmia e da Grécia tiveram uma influência muito maior na história ocidental do que os mitos da China antiga ou do povo san, do deserto do Kalahari. Isso não quer dizer que alguns mitos sejam superiores a outros, ou que um é mais "correto" ou "incorreto" – significa apenas que tentei organizar o livro de forma a refletir o papel que os mitos tiveram em nossa história. É importante observar ainda que muitos desses mitos – independentemente de suas origens geográficas – em geral são mais parecidos do que discrepantes, e esse é um aspecto que será sublinhado muitas vezes aqui.

Dessa forma, espero fornecer um portal acessível para os mitos e para as civilizações que os desenvolveram. Em nossas escolas, é comum se aprender um pouco sobre uma ou duas dessas civilizações, mas é raro discutirmos o assunto de maneira interligada. O que aprenderam os gregos com os egípcios? O que tinham eles de diferente? Os egípcios eram mesmo africanos? Foram os chineses que influenciaram os hindus, ou os hindus é que influenciaram os chineses? Como foi que um grupinho de espanhóis derrubou grandes impérios e converteu milhares de astecas e incas para o catolicismo? É esse tipo de questionamento que faz deste livro um complemento de certa forma único à vasta literatura sobre mitologia.

Nada fácil essa missão! O propósito desta obra é muito mais do que simplesmente recontar antigas histórias de uma perspectiva moderna – e talvez cética. Para o azar da maioria das pessoas, aprender sobre as civilizações antigas – se é que alguma vez aprendemos – não era lá muito interessante. Um dos principais objetivos da série *Tudo o que precisamos saber* é rever todos aqueles assuntos que deveríamos ter aprendido na escola, mas que nunca conseguimos porque eram maçantes, entediantes e chatos, sem contar que não eram bem-ensinados e nos chegavam repletos de informações confusas.

Mas, além disso, *Tudo o que precisamos saber, mas nunca aprendemos, sobre mitologia* também tenta manter o fio da meada por todos os livros da série. A história dos mitos mundiais está profundamente ligada a certos temas, como geografia, história bíblica e astronomia. E um dos meus objetivos com esta série de livros sempre foi mostrar que a partir do momento em que enxergamos a ligação que há entre esses temas, sentimos que aprender se torna muito mais interessante.

Por fim, este livro e todo o tema mitologia tocam em algo ainda mais profundo. No final do século XIX, uma geração de estudiosos começou a ver os mitos como parte da necessidade básica dos homens por uma vida espiritual. Em um estudo clássico sobre mitos, chamado *O ramo de ouro*, Sir James Frazer tentou demonstrar que todas as sociedades antigas tinham um profundo envolvimento com um ritual de sacrifício em que havia a morte e a ressurreição de algum deus, cujo renascimento era essencial para a continuidade da existência da sociedade.

Introdução

Um pouco depois, Sigmund Freud afirmou que os mitos faziam parte do inconsciente humano, eram histórias compartilhadas de maneira universal, que refletiam conflitos psicológicos com raízes profundas – em sua maioria, conflitos sexuais, na visão de Freud. Depois, o psicanalista Carl Gustav Jung, discípulo de Freud, com quem rompeu posteriormente, afirmou que os mitos estavam radicados no que denominou "inconsciente coletivo", uma experiência humana comum compartilhada e tão antiga quanto a própria humanidade. Jung acreditava que esse inconsciente coletivo se organizava em padrões e símbolos básicos – os quais chamava de *arquétipos*. Nossos sonhos, arte, religião e, talvez, acima de tudo, mitos são maneiras que o homem encontrou de expressar esses arquétipos. Jung defendia, ainda, que todos os mitos têm algumas características em comum – personagens, como deuses e heróis; temas, como o amor e a vingança, e enredos, como os combates de gerações pelo controle de um trono, ou a jornada de um herói – fundamentais para nossa humanidade.

Há mais de cem anos, estudiosos debatem suas diferentes visões sobre o papel que os mitos vêm exercendo na experiência humana. Religião, psicologia, antropologia – todos são lentes através das quais podemos observar esse papel. Este livro leva em conta essas visões da mitologia e levanta uma outra gama de questionamentos: será que essas histórias imortais são apenas coleções de lendas recreativas de um passado longínquo? Será que surgiram como a versão do mundo antigo para *Os Sopranos*? Será que são apenas versões antigas de histórias divertidas sobre sexo e violência – ou será que foram criados para assegurar a ordem social em uma realidade onde reis divinos governavam o povo? Os mitos alcançam mesmo algum nível mais profundo do pensamento e experiência humanos, como sugerem muitos antropólogos e psicólogos? E, finalmente, qual é a relação do homem da atualidade com as antigas noções presentes nos mitos?

Em *O herói de mil faces*, clássico de 1949, Joseph Campbell escreveu: "As religiões, filosofias, artes e as formas sociais do homem primitivo e histórico, as descobertas fundamentais da ciência e da tecnologia e os próprios sonhos que nos povoam o sono surgem do círculo básico e mágico do mito."

Ao longo da história da humanidade, os mitos vêm fornecendo o que T. S. Eliot, poeta extremamente interessado em mitologia, chamou de "as raízes que se arraigam". Ao explorar o que Campbell chamou de "círculo mágico do mito", *Tudo o que precisamos saber, mas nunca aprendemos, sobre mitologia* penetra em um território referido em meus livros anteriores, em especial nos livros sobre a Bíblia e o Universo – das fortes ligações entre a crença e a ciência, dos conflitos entre a fé e o mundo racional e de uma noção mais profunda do mistério na vida humana, todos partes da busca do homem por um significado.

Na base desses livros, espero, está uma ideia expressa pelo poeta irlandês William Butler Yeats, que disse: "Educar não é encher um cântaro, mas acender um fogo." Quão *prometeico*! (Viu? Eu disse que os mitos ainda vivem em nossa língua.)

Durante os mais de 15 anos em que venho escrevendo a série *Tudo o que precisamos saber* descobri que não é por opção que as pessoas desconhecem assuntos como história e religião. Pelo contrário, descobri que pessoas de todas as idades têm muita vontade de aprender e uma curiosidade infinita. Um dos fatos mais tristes que constatei nesses anos – principalmente quando visitei algumas escolas – foi que a curiosidade inata e insaciável que as crianças têm a respeito do mundo é totalmente massacrada pelo tédio da escola.

Lembro-me tão bem de como os mitos ajudaram um certo menininho a escapar desse tédio. E acredito ainda que a história por trás do mito é, no fim das contas, uma história sobre a curiosidade inata dos homens. Tal qual aquele entregador de jornais curioso, que queria

Introdução 39

saber o que significava "argus". Ou aquela mulher indiscreta que queria saber o que havia naquela jarra que os deuses tinham lhe dado. Ou aquele casal curioso no Éden, que queria adquirir conhecimentos. Foi isso que nos fez chegar aonde chegamos. A experiência humana é um garotinho que faz perguntas e explora os limites da curiosidade. Através de séculos e grandes distâncias culturais, a mitologia é aquela experiência humana compartilhada e aquela curiosidade motriz sobre outras pessoas, sobre o mundo, sobre os céus. Mais profunda que o próprio intelecto, ela é parte daquilo que nos constitui como seres humanos – seja como alma, como inconsciente coletivo ou mesmo como superstição. Espero que ao menos este livro ajude seus leitores a descobrirem essa curiosidade pueril que conduziu o homem das cavernas escuras até os recantos mais remotos do Universo.

CAPÍTULO UM

TODOS OS HOMENS PRECISAM DA AJUDA DOS DEUSES

A miséria pode ser alcançada, tanto quanto se quer, e sem fadiga: a estrada é plana e ela se aloja muito perto de nós. Os deuses imortais, todavia, exigiram o suor para se conquistar o mérito. Longo, árduo e principalmente escarpado é o caminho para se chegar lá, mas, quando se atinge o cume, ele se torna fácil, por mais penoso que tenha sido.

— HESÍODO (*c.* 700 a.C.), *Teogonia*

Conhece-te a ti mesmo.

— Inscrição do Oráculo de Delfos, atribuída aos Sete Sábios (*c.* 650 a.C.–550 a.C.)

Nenhuma ciência jamais substituirá o mito, e um mito não pode ser feito a partir de nenhuma ciência. Pois não é que "Deus" seja um mito, mas sim que o mito é a revelação de uma vida divina no homem. Não somos nós que inventamos o mito, antes é ele que nos fala como uma palavra de Deus.

— CARL GUSTAV JUNG

O grande respeito e temor com que o selvagem inculto contempla sua sogra é um dos fatos mais familiares da antropologia.

— SIR JAMES FRAZER, *O ramo de ouro*

O ponto mais alto que um homem pode alcançar não é o Conhecimento, nem a Virtude, nem a Bondade, nem a Vitória, mas algo ainda maior, mais heroico e mais desesperador: o Temor Sagrado!

— NIKOS KAZANTZAKIS, *Zorba, o grego*

O que são mitos?

Mitos, lendas, fábulas e folclores: quais são as diferenças?

De onde vem a necessidade de criar mitos?

Todos os mitos são históricos?

Quem foi o homem que "descobriu" Troia?

Como um mito antigo levantou dúvidas sobre a divindade da Bíblia?

Quando o mito se torna religião? E qual é a diferença?

Todos os mitos estão em nossa mente?

Imagine que você está dirigindo por uma rodovia e passa por um acidente. Admita. Sem nem perceber, você diminui a velocidade e estica o pescoço para dar uma olhadinha, como qualquer pessoa faria. Na mesma hora, sua mente busca uma explicação para o que viu.

Pode ser que você só tenha visto um rápido relance da cena do acidente — talvez tenha visto algumas marcas de derrapagem, um carro capotado, pessoas confusas falando com a polícia. Você ouve de longe a sirene de uma ambulância, enquanto um guarda ou um bombeiro lhe faz um sinal para seguir em frente. Você não sabe o que aconteceu. Mas vê os efeitos e quer uma explicação. Se você for como a maioria das pessoas, vai começar a construir uma teoria sobre o que houve de errado. Quase que inconscientemente, começa a fabricar uma narrativa daquilo que aconteceu.

"O motorista provavelmente tinha bebido." "Ele só podia estar correndo." "O motorista deve ter dormido e ido parar na outra pista." "É provável que um carro tenha cortado o outro."

Em outras palavras, sem ter à mão algum fato ou prova, você tenta criar uma história coerente que explique o que acabou de ver. Talvez seja simples assim: é isso que nos torna humanos de verdade. A necessidade inata de explicar e entender as coisas foi o que nos trouxe até onde estamos hoje, no início do século XXI.

Os mitos podem ter surgido, no sentido mais tradicional, como um artifício dos homens para explicarem os "acidentes de carro" do seu mundo — o mundo que podiam ver, bem como o que não podiam.

Muito antes de a ciência imaginar o Big Bang. Muito antes de filósofos gregos usarem a razão, de Siddhartha Gautama buscar a Iluminação, ou de Jesus Cristo andar às margens do mar da Galileia. Muito antes de haver Bíblia ou Corão. Muito antes de Darwin conceber a seleção natural. Muito antes de os homens conseguirem determinar a idade de uma pedra e andar na Lua, já existiam mitos.

Os mitos explicavam como a Terra fora criada, de onde vinha a vida, por que as estrelas brilhavam à noite e por que as estações do ano mudavam. Por que as pessoas faziam sexo. Por que praticavam o mal. Por que as pessoas morriam e para onde elas iam.

Em suma, os mitos eram uma forma muito humana de explicar tudo que havia no mundo.

VOZES MÍTICAS

Vede, vede como os homens mortais lançam sempre a culpa sobre nós, os deuses! Somos a fonte do mal, dizem eles, quando, na realidade, devem agradecer apenas à própria loucura, se suas desgraças são piores do que deveriam ser.

– HOMERO, Odisseia *(c. 750 a.C.)*

O que são mitos?

Hoje, quando falamos em "mito", em geral pensamos em uma informação na qual a maioria das pessoas acredita, mas que não é verdadeira. Como os crocodilos que vivem no sistema de esgotos de Nova York – que, na verdade, não é um mito, mas uma "lenda urbana". Em outra conotação, é comum falarmos do "mito" do caubói do Velho Oeste norte-americano, ou ainda de muitos outros "mitos" da história dos Estados Unidos – alguns que perduram até os nosso dias e outros

Todos os homens precisam da ajuda dos deuses   47

novos, que são criados a todo momento. Mitos sobre os fundadores dos Estados Unidos, sobre a Guerra de Secessão, sobre a escravidão, sobre a década de 1960 –, quase todos os períodos ou movimentos do passado norte-americano foram "mitificados" e revestidos por uma certa aura de lenda.

Nas livrarias também é possível encontrar uma profusão de livros com títulos e subtítulos que ressaltam essa ideia de mito como algo que é comumente tido como verdade, mas que não o é: *O mito da beleza, O mito da múmia, O mito da excelência*. Muitos desses livros novos que usam a palavra "mito" no título tratam-na como uma ideia obsoleta e até perigosa, que precisa ser desmascarada.

Como a maioria das palavras, o termo "mito" tem diversos significados para diferentes pessoas, mas, em seu sentido mais básico, um mito pode ser definido como "uma história tradicional, em geral antiga, que fala de seres sobrenaturais, de ancestrais ou de heróis que funcionam como modelo fundamental da visão de mundo de um povo, seja *explicando aspectos do mundo natural* ou delineando *a psicologia, os costumes ou os ideais de uma sociedade*". (*Dictionary American Heritage*, grifos do autor.)

"Explicando aspectos do mundo" – que é uma outra forma de dizer "ciência" ou "religião", as duas principais formas usadas pelos povos para explicar o mundo.

"A psicologia, os costumes ou os ideais de uma sociedade." Um bocado de palavras que tentam explicar quase tudo que a ciência e a religião *não* cobrem – mas que tocam o âmago daquilo que pensamos e acreditamos, mesmo sem termos consciência disso.

No mundo antigo, a mitologia tinha um significado quase completamente diferente de nosso atual conceito de mito como uma "inverdade". Nos primórdios da humanidade, os mitos existiam para expressar *verdades essenciais*. Eram, num sentido muito prático, aquilo que muitas pessoas hoje chamariam de **evangelho**. Ou, como descreveu David Leeming em *A Dictionary of Creation Myths*: "Um mito é a (...) projeção da (...) noção que um determinado grupo desenvolveu de seu passado sagrado e da importante relação que esse grupo tem com as forças mais profundas do mundo e do universo que o cerca. Um mito é a projeção da (...) alma de uma cultura". Ananda Coomaraswamy, filósofo indiano do século XX, afirmou: "Os mitos são, em termos daquilo que pode ser expresso em palavras, a abordagem mais próxima da verdade absoluta."

Vistos a partir dessa perspectiva mais antiga e muito mais ampla, os mitos são aquilo que move o nosso comportamento. São tão antigos quanto a humanidade e tão atuais quanto as manchetes do dia.

A palavra **mito** deriva do grego *mythos*, que quer dizer "história", e quando o filósofo grego Platão cunhou o termo "mitologia", há mais de 2 mil anos, estava se referindo a histórias que continham personagens inventados. Em outras palavras, o grande pensador grego considerava a mitologia uma ficção elaborada, mesmo que expressasse alguma "Verdade" maior. Platão – usando a voz de Sócrates como seu narrador – julgou a influência dos mitos deturpadora e, em seu Estado ideal, descrito em *A república*, baniu os poetas e suas fábulas.

"O primeiro passo é estabelecer uma censura aos escritores de ficção e permitir que os censores aceitem as narrativas que forem boas e rejeitem aquelas que forem ruins; e rogaremos às mães e amas-secas que contem a seus filhos apenas as narrativas autorizadas." O filósofo prossegue, falando das histórias sobre deuses: "Essas narrativas não devem ser admitidas em nosso Estado, independentemente de seus supostos sentidos alegóricos. Pois o jovem não saberá distinguir entre aquilo que é alegórico e aquilo que é literal; (...) e é portanto de suma importância que as primeiras histórias que esse jovem ouça sejam modelos de pensamentos virtuosos."

Todos os homens precisam da ajuda dos deuses 49

Por outro lado, o próprio Platão não escapou ao uso das **alegorias** (palavra grega que significa, basicamente, "dizer algo de outra maneira") como ferramentas de ensino; sua história sobre a Atlântida, um mundo mítico idealizado, e sua famosa Alegoria da Caverna, na qual a maioria dos homens está presa em um mundo de ilusão e ignorância, podendo ver apenas sombras oscilantes da realidade, são invenções – histórias que se propõem a expressar uma Verdade maior, eterna e universal.

Há milhares de anos o homem inventa histórias para contar uns aos outros e às crianças. Mas por quê? Os mitos, sem dúvida, preenchem alguma função básica na vida desses homens. Mas que função é essa? E Platão, o filósofo, estaria equivocado? A mitologia não seria nada mais além de um simples conjunto de histórias de ficção elaboradas?

Sem dúvida, a criação de mitos e o seu uso na vida diária sempre foram um dos empreendimentos humanos mais comuns. Como disse Homero: "Todos os homens precisam da ajuda dos deuses." Logo, precisamos de mitos. É sabido que os mitos nasceram com o despertar da consciência humana, seus vestígios aparecem junto aos primeiríssimos indícios de culturas humanas – pinturas em cavernas, entalhes em pedaços de ossos, estatuetas simbolizando a fertilidade, imagens de deuses do lar e práticas de sepultamento ancestrais. Até o famoso homem de Neandertal, espécie primitiva de humano que acabou sendo superada e suplantada pelo homem de Cro-Magnon, há mais de 50 mil anos, praticava rituais de sepultamento, um sinal de que se interessavam pelo que viria após a morte.

Ainda que os mitos tenham surgido apenas como uma forma de se passar o tempo nas longas noites em volta de uma fogueira, é certo que se tornaram muito mais do que uma diversão aprimorada. As pessoas que formavam as primeiras civilizações desenvolveram mitos. Com o passar do tempo, esses povoados se transformaram em cidades, que se transformaram em Estados, e seus mitos se transformaram em histórias complexas e interligadas que constituíam a base de intricados sistemas de crenças. Essas narrativas de deuses e ancestrais passaram a ser um dos princípios organizacionais centrais de tais culturas, ditando os rituais religiosos, a ordem social e os costumes, o comportamento das pessoas e até a maneira como civilizações inteiras se organizavam.

O aspecto fundamental que separa os mitos dos outros tipos de histórias antigas, como as lendas e os folclores, é seu essencial valor sagrado, espiritual – ou religioso. Embora muitas mitologias tenham incorporado lendas e folclores em suas narrativas, os mitos, em geral, eram considerados uma verdade sagrada e absoluta – noção completamente diferente do conceito moderno de mito como falácia.

Os mitos antigos, é claro, quase sempre falavam de deuses ou outros seres divinos com poderes sobrenaturais. Mais interessante é observar que muitos desses deuses, deusas e heróis míticos possuíam características claramente humanas mesmo tendo esses poderes. Os deuses de todas as civilizações pareciam estar inteiramente sujeitos aos mesmos tipos de caprichos e emoções – amor e ciúme, raiva e inveja – vividos pelas pessoas que os cultuavam. Zeus, o maior dos deuses gregos, sofria do que chamaríamos hoje de "problema com o zíper". Para ele, qualquer tentação era irresistível – fosse ela uma deusa, uma mortal ou até um jovem rapaz. Hera, sua esposa divina, ficava irritadíssima com o comportamento do marido, mas aceitava sua situação, e acabou se tornando uma espécie de modelo de esposa resignada, traída, porém devotada.

Os mitos também estão cheios de exemplos de rivalidades fraternas, uma das emoções humanas mais primárias. No Egito antigo,

Set assassinou o irmão Osíris por inveja, ciúme e desejo de poder. Depois foi Hórus, filho de Osíris, quem continuou a luta contra Set – foi essa disputa de sangue cósmica que revolveu a religião nacional do povo egípcio. Outras mitologias falam dos "trapaceiros", personagens inescrupulosos, como o Coiote norte-americano, que sempre achava um jeito de deflorar as donzelas. Já no monte Olimpo, foi a vaidade de três deusas, que queriam ganhar a disputa de quem era a mais bela, que motivou uma série de acontecimentos que levaram ao romance entre Páris, príncipe de Troia, e a bela mortal Helena – filha de Leda, que fora seduzida por Zeus disfarçado de cisne. Esses foram os eventos que levaram os gregos e troianos a lutarem por dez anos a Guerra de Troia.

Tudo isso levanta ainda outra pergunta – uma pergunta que as pessoas têm feito há milhares de anos:

Os deuses são criados à imagem do homem ou seria o contrário?

Vozes Míticas

Na minha opinião, os mortais criaram seus deuses de acordo com seu próprio vestuário, voz e aparência. Se os bois e cavalos, ou leões, tivessem mãos, ou fossem capazes de desenhar com suas patas e produzir os trabalhos que os homens produzem, então os cavalos desenhariam os deuses em forma de cavalo, e os bois em forma de boi, e fariam os corpos dos deuses na mesma forma dos seus próprios. Os etíopes dizem que seus deuses têm nariz empinado e pele negra, enquanto que os trácios alegam que seus deuses têm olhos azuis e cabelos ruivos.

– Xenófanes *(c. 570–475 a.C.)*

Mitos, lendas, fábulas, folclores: quais são as diferenças?

Uma antiga campanha publicitária de casacos de pele caríssimos mostrava fotos de celebridades, em geral já com uma certa idade, e fazia a pergunta: "O que cai bem em uma lenda?" O que têm essas supostas lendas de Hollywood a ver com as histórias dos deuses e heróis da Antiguidade? Quase nada.

Embora os termos "mito" e "lenda" costumem ser usados com o mesmo sentido, há diferenças notáveis entre eles. Quando a maioria das pessoas pensa em mitos, tem em mente um panteão (outra palavra grega, formada a partir de *pan*, "todos", e *theos*, "deuses") de deuses gregos e romanos. Segundo a mitologia, esses deuses eram seres sobrenaturais que de fato controlavam os acontecimentos do mundo natural.

As **lendas** são na verdade uma forma antiga de se contar a história de um povo – são narrativas sobre personagens históricos, em geral homens e não deuses, que são, há tempos, transmitidas pelas gerações. A maioria dos norte-americanos, por exemplo, conhece a lenda do jovem George Washington e da cerejeira. Essa história, que dizia que Washington, quando criança, derrubou a cerejeira de seu pai e foi incapaz de mentir sobre o ato, foi uma criação puramente ficcional de um "biógrafo" chamado Parson Weems, que se passou por pároco da paróquia de Mount Vernon. Suas histórias sobre o jovem Washington foram escritas para compor uma bela coleção de contos de moralidade para crianças, tempos depois de Washington já estar morto. Não obstante, histórias como essa se tornaram parte do conjunto de lendas nacionais norte-americanas sobre George Washington e sua inquestionável honestidade. Mas, embora Washington tenha sido de fato considerado uma lenda, tanto por seus contemporâneos quanto pelas gerações seguintes, nunca ninguém pensou que ele fosse um deus.

Todos os homens precisam da ajuda dos deuses 53

Outro bom exemplo de diferença entre mito e lenda vem do passado da Grã-Bretanha. O rei Arthur é uma figura histórica sobre quem, há mais de mil anos, histórias vêm sendo criadas e recontadas, incluindo os recentes *O único e eterno rei*, de T. H. White, e o musical *Camelot*, de onde saíram a maioria das imagens que conhecemos do rei e dos Cavaleiros da Távola Redonda. Personagem da pré-história britânica, é muito provável que Arthur tenha de fato existido e sido um chefe tribal no País de Gales, sobre quem foi reunido um elaborado ciclo de narrativas heroicas. A biografia e os tempos de George Washington puderam ser bem-documentados, mas quanto aos fatos da vida de Arthur, não se pode confirmar que sejam reais. Muitas das histórias sobre um rei chamado Arthur começaram a ser reunidas na obra *Historia Regum Britanniae* ("História dos reis da Bretanha"), de Geoffrey de Monmouth, escrita entre 1136 e 1138, quinhentos ou mil anos após o período de vida do suposto Arthur real.

Mas há lendas sobre Arthur que datam de um passado ainda mais longínquo e fazem parte de uma antiga coleção de contos galeses chamada *Mabinogion*. Esses contos — que podem ter se originado ainda antes, na Irlanda celta, e depois migrado para o País de Gales — contêm algumas das primeiras referências conhecidas a um personagem chamado Arthur. Diz-se que Arthur também foi capitão militar da Bretanha romana, que teria combatido invasores saxões e nórdicos, e seu nome teria derivado de Artorius, nome latino registrado na Bretanha romana do século II. Do desmembramento desses antigos mitos celtas e galeses, surgiram as narrativas elaboradas, influenciadas pelo cristianismo, que falam de Arthur e de sua esposa, Genevra, bem como do grupo de nobres cavaleiros que saem em busca do Santo Graal — cálice usado por Jesus na Última Ceia. Essas narrativas foram recicladas e reescritas por muitos autores, pelos muitos séculos subsequentes, de forma que foram aos poucos transformando o rei lendário, e sua corte, na figura mais conhecida que temos hoje – a de um nobre cavaleiro vestindo uma armadura medieval. Esses romances medievais eram ficções complexas criadas pelas gerações posteriores na tentativa de transformar o chefe guerreiro da Idade das Trevas europeia em um rei cristão da Inglaterra. Já na Idade Média, quando os conceitos de ordem militar e de cavalheirismo se desenvolveram, as lendas de Arthur foram remodeladas à moda medieval e acabaram se distanciando por séculos das origens históricas bem mais primitivas do líder tribal.

Outro exemplo intrigante de figura lendária é São Jorge, santo do cristianismo, notório caçador de dragões, mais conhecido como padroeiro da Inglaterra (e de Portugal). Como no caso de Arthur, as origens de Jorge nos deixam com uma dúvida complicada e mostram como os mitos e as lendas às vezes se mesclam. Baseada em uma antiga história do Oriente Próximo, a lenda de Jorge foi transformada em uma alegoria cristã, e, posteriormente, ele foi santificado pela Igreja Católica Romana. A origem da história de São Jorge foi traçada até a Palestina, onde os europeus que participaram das Cruzadas, do século XI ao XIII, provavelmente ouviram-na pela primeira vez. Durante a Primeira Cruzada, diz-se que foi uma visão de São Jorge que levou os cristãos a um combate contra os sarracenos em Antioquia. Durante a Terceira Cruzada, o rei Ricardo I se colocou, juntamente com seu exército, sob a proteção de Jorge, que passou a ser considerado o padroeiro dos soldados.

Pouco se sabe sobre a vida desse santo do cristianismo. É provável que venha de Lida, onde hoje fica Israel. Segundo a tradição religiosa, Jorge se tornou um soldado do exército romano e alcançou o alto escalão. Mas, depois de se converter ao cristianismo, foi preso e executado, provavelmente durante a perseguição aos cristãos feita pelo imperador romano Diocleciano, por volta de 303 d.C. Antes

Todos os homens precisam da ajuda dos deuses 55

de seu martírio, acredita-se que Jorge tenha ajudado a converter milhares de novos cristãos após matar um dragão que aterrorizava os camponeses. O dragão se satisfazia com o sacrifício regular de suas ovelhas, mas, quando não havia mais ovelhas para serem sacrificadas, exigiu o sacrifício de uma pessoa, que seria escolhida ao acaso. Quando a filha do rei foi a vítima escolhida, Jorge prometeu matar o dragão, contanto que as pessoas concordassem em ser batizadas.

Mas as histórias de Jorge e o dragão são muito mais antigas do que a era cristã. Em uma versão anterior, que se passa na Líbia, país localizado no norte da África, Jorge foi ajudar um grupo de pessoas locais que eram obrigadas a sacrificar uma virgem por dia para alimentar um dragão. Jorge abateu o dragão e salvou a donzela, que estava acorrentada a uma pedra. De acordo com essa lenda local, Jorge também tinha o poder de fertilizar mulheres estéreis, que, quando visitavam um de seus templos no norte da Síria, eram magicamente fecundadas por ele. Embora seja possível que alguém como São Jorge tenha mesmo existido, trata-se de alguém que viveu na era obscura dos princípios do cristianismo, ou mesmo em eras pagãs anteriores, diferentemente de Arthur, cuja inspiração de carne e osso provavelmente existiu de fato durante a Bretanha romana. Jorge, figura envolta por histórias que misturam magia e cristianismo, dragões e perseguições dos romanos, foi adotado como padroeiro da Ordem da Liga pelo rei Eduardo III (1327–1377) e como padroeiro da Inglaterra por Henrique V, na famosa Batalha de Agincourt, em 1415. (São Jorge não é o único santo cristão inspirado em fontes "pagãs" mais antigas. Outro exemplo é Santa Brígida, uma das padroeiras da Irlanda, que se assemelha muito com uma deusa celta antiga, também chamada de Brigid. Ver capítulo 5.)

A história de Jorge e suas diferentes versões são um exemplo perfeito de como os mitos às vezes são compartilhados e ganham novos significados conforme são adotados e adaptados ao longo do tempo. O caçador de dragões é um dos temas mais comuns dos mitos da Antiguidade, e a história de São Jorge pode ser comparada à do herói grego Perseu e à de caçadores de dragão ainda mais antigos, das mitologias egípcia e mesopotâmica. De fato, o dragão é um dos arquétipos mais universais que há, em geral relacionado com o mal e o caos, e imagens dessas criaturas já foram encontradas em tumbas egípcias, no portal de Ishtar, que fica na Babilônia, em pergaminhos chineses, em templos astecas e até em relevos em ossos da tribo inuíte.

Outro caçador de dragões mítico foi o deus canaanita Baal. Em um determinado mito, Baal mata o dragão Lotan (que passou a ser chamado Leviatã na Bíblia hebraica), símbolo do caos. Por seu feito, Baal foi recompensado com um belo palácio construído pelos deuses em sua homenagem. Leitores da Bíblia conhecem Baal em outro contexto. Ele foi visto como um dos principais "falsos deuses" que o povo hebreu do Velho Testamento precisou sobrepujar ao estabelecer a Terra Prometida de Israel.

As **fábulas** são histórias simples, quase sempre breves, e fictícias, que costumam ensinar uma lição de moral ou dar algum tipo de advertência, ou, em alguns casos, satirizar o comportamento humano. Em muitas fábulas, a lição de moral é dita no final, na forma de um provérbio. Em geral, apresentam animais que falam e agem como seres humanos, como é o caso dos exemplos mais famosos – aquelas cuja autoria é atribuída a Esopo, um escravo grego que supostamente viveu por volta de 600 a.C. e de quem pouco se sabe. Histórias como "A tartaruga e a lebre", em que o personagem lento, porém estável vence a corrida, ou "A cigarra e a formiga", em que uma cigarra faceira, porém preguiçosa, se diverte enquanto a formiga, muito responsável, vai armazenando comida para o inverno, eram contos morais simples.

Todos os homens precisam da ajuda dos deuses 57

Durante muitas gerações, as "Fábulas de Esopo", que podem ter origem em fontes ainda mais antigas, foram transmitidas apenas oralmente, até que, em torno de 300 a.C., foram reunidas em uma coleção. Compilada por um político ateniense chamado Demétrio de Falero, essa coleção mais tarde foi traduzida para o latim por Fedro, um escravo grego liberto. Quase quinhentos anos depois, em 230 d.C., outro escritor grego juntou as fábulas de Esopo com histórias semelhantes que eram contadas na Índia, e as traduziu na forma de versos. Dentre as fábulas mais antigas do mundo encontra-se o *Panchatantra*, coleção anônima originária da Índia, escrita em sânscrito (e traduzida como "cinco tesouros"). Essas fábulas, derivadas do budismo, provavelmente eram escritas como ensinamentos para as crianças da realeza.

As fábulas de Esopo, que por vezes se misturam aos mitos gregos, permaneceram uma parte essencial da cultura ocidental e são tão comuns às crianças de hoje como devem ter sido às atenienses há 2 mil anos. Histórias como "Andrócles e o leão", na qual um escravo consegue salvar a própria vida ao remover um espinho da pata de um leão, ou "O corvo e a jarra", em que um corvo sedento enche uma jarra com pedrinhas para elevar o nível da água e poder bebê-la (moral: a necessidade é a mãe das invenções), são contadas até hoje. E estão infiltradas em nossa língua e nossa literatura. Em "A raposa e as uvas", por exemplo, uma raposa desdenha de algumas uvas que estão muito altas para serem alcançadas, dizendo que devem estar azedas, de qualquer forma. A moral da fábula – de que as pessoas em geral demonstram desprezo por aquilo que não conseguem obter – é a origem da expressão popular "quem desdenha quer comprar".

Semelhantes às fábulas, há os **contos folclóricos**, um outro tipo de história quase sempre transmitida oralmente e que quase sempre fala de pessoas comuns, cujo principal propósito é entreter, e não instruir.

Ao contrário das lendas, esses contos não têm a intenção de falar sobre fatos verídicos e, em geral, não envolvem heróis nacionais. Apesar de "folclore" e "conto de fadas" serem muitas vezes usados com o mesmo sentido, são duas práticas sociais diferentes. No folclore, as histórias falam dos hábitos, superstições e crenças das pessoas comuns; os **contos de fadas** em geral são cheios de elfos, duendes e fadas, e de outras criaturas sobrenaturais com poderes mágicos. Em ambos os casos, o personagem central tende a ser uma pessoa de pouco prestígio social, que frequentemente se vê presa em um caso de troca de identidades, que foi hostilizada ou perseguida, como Cinderela e suas irmãs malvadas. Com o passar do tempo, e quase sempre com a ajuda de poderes mágicos, eles superam as adversidades e são recompensados por sua bondade, pois retornam ao lugar que merecem na sociedade. Em outras palavras, para a pessoa comum, os folclores e contos de fadas equivalem às histórias de pessoas que ganham na loteria, que nunca perdem a esperança de que algum golpe de sorte ou alguma intervenção miraculosa mudarão sua sorte e destino para sempre.

As narrativas que fazem parte das *Mil e uma noites*, incluindo "Ali Babá e os Quarenta Ladrões", "Aladim e a lâmpada mágica" e "Sinbad, o marinheiro", são exemplos das mais bem conhecidas narrativas que são, ao mesmo tempo, folclores e contos de fadas. Outro exemplo desse tipo de narrativa é a coleção *Contos dos irmãos Grimm*, os famosos contos alemães reunidos pelos irmãos Jakob e Wilhelm Grimm entre 1807 e 1814. Estão incluídos os contos "João e Maria", "Chapeuzinho Vermelho", "Branca de Neve", "Rumpelstichen", "A Bela Adormecida", "Cinderela" e "Rapunzel", sendo que muitos deles foram extraídos de fontes míticas ainda mais antigas.

De onde vem a necessidade de criar mitos?

Como a testemunha do acidente de carro no início deste capítulo, as pessoas de todos os cantos adoram – ou talvez precisem – criar uma boa história. E se os detalhes mudam um pouco sempre que a recontamos, que diferença isso faz? Quem nunca deu uma floreada na própria biografia ou aumentou um pouquinho a verdade, dando-lhe um toque dramático para ficar mais interessante, quando encontrou com um colega no supermercado ou teve uma discussão com o chefe? Em geral, essas histórias – da mesma forma que os boatos do dia a dia e as reportagens dos tabloides – mudam a cada vez que as recontamos. Sempre foi assim e, em sentido amplo, os mitos de todas as culturas possuem todos esse tipos de "histórias" – lendas, fábulas, folclores e contos de fadas –, pois assim formam uma visão de mundo ampla.

Mas permanece a principal pergunta: de onde vêm essas histórias? Todas elas foram inspiradas – como é provavelmente o caso do rei Arthur e possivelmente o de São Jorge – em alguma pessoa ou evento real? Ou seriam todas essas histórias míticas apenas resultado da imaginação humana? Esse é um assunto que vem sendo discutido há mais de 2.500 anos.

Já em 525 a.C., um grego chamado Teágenes, que vivia no sul da Itália, classificou os mitos como analogias ou alegorias científicas – uma tentativa de explicar os fenômenos da natureza que as pessoas não conseguiam compreender. Para Teágenes, por exemplo, as histórias míticas de deuses lutando entre si eram alegorias que representavam as forças da natureza que se opõem, como o fogo e a água. Essa é, com certeza, a fonte de muitos mitos explicativos ou "causais", a começar pelos relatos, encontrados em todas as sociedades ou civilizações, que explicam a criação do Universo, do mundo e dos homens. Esses mitos

60 MITOLOGIA

"científicos" procuravam explicar as estações do ano, o nascer e o pôr do sol, o curso das estrelas. Mitos como esses foram, até certo ponto, os precursores da ciência. As antigas explicações míticas para os acontecimentos naturais começaram a ser substituídas pelo pensamento racional como forma de entender o mundo, em especial durante a incrível era da ciência e da filosofia grega, que começou por volta de 500 a.C.

Os mitos explicativos mais fundamentais e universais são os mitos da criação do mundo, encontrados em todas as culturas. Não é raro haver mais de um mito da criação para um determinado grupo, seja uma tribo ou uma civilização. Às vezes, são variações sobre o mesmo tema; outras vezes, representam tradições distintas que surgiram em diferentes períodos. Ou ainda podem ser o reflexo de regiões ou cidades diversas que geraram seus próprios mitos da criação do mundo. No Egito antigo, por exemplo, havia, pelo menos, quatro relatos principais sobre a criação, cada qual partindo de um centro religioso diferente. Esses são os mitos que procuram explicar o ordenamento do Universo e que são muito frequentemente associados aos mitos que explicam o aparecimento dos homens. (Os principais mitos da criação do mundo pertencentes a cada civilização serão discutidos em todos os capítulos subsequentes.)

Todos os mitos são históricos?

Seja na busca por Jesus, pelo rei Arthur, pela Atlântida ou por Troia, as pessoas há séculos possuem um fascínio profundo pela possibilidade de todas essas histórias e mitos serem baseados em acontecimentos históricos identificáveis. Esse conceito, denominado "alegoria histórica", não é recente e remete a uma explicação muito antiga para a origem

Todos os homens precisam da ajuda dos deuses

dos mitos – a noção de que todos tiveram início a partir de pessoas e acontecimentos reais. Conforme o tempo foi passando e as histórias foram sendo recontadas, os acontecimentos e as pessoas envolvidos começaram a ser distorcidos e a ganhar o caráter de lenda.

Um dos pioneiros na ideia de que todos os mitos se baseiam em pessoas e acontecimentos reais foi um estudioso grego chamado Evêmero (nativo de uma antiga colônia grega na Sicília), que viveu aproximadamente entre o fim dos anos 300 e o início dos anos 200 a.C. Como se fosse uma versão grega de *As viagens de Gulliver*, sua *História sagrada* descrevia uma viagem que o autor disse ter realizado por três ilhas fantásticas do oceano Índico. Em uma dessas ilhas, que chamou de Panchaea, Evêmero declarou ter encontrado antigas inscrições produzidas pelo próprio Zeus, o maior dos deuses. O estudioso grego insistiu que havia descoberto essas inscrições em uma coluna que ficava dentro de um templo coberto de ouro na ilha. Os escritos, segundo Evêmero, provavam que Zeus e os outros deuses da Grécia tinham sido inspirados em um antigo rei da ilha de Creta. Para ele, os deuses do Olimpo e outros personagens dos mitos gregos haviam sido heróis e conquistadores reais que foram divinizados, e o autor alegava que poderia documentar toda a história primitiva do mundo a partir dessas inscrições.

Embora a história contada por Evêmero seja claramente uma obra de ficção, sua ideia de que todos os deuses representavam pessoas que haviam sido reais teve uma influência significativa por séculos, perdurando até durante a era cristã. A crença de que todos os mitos gregos se inspiravam em acontecimentos reais foi utilizada pelos primeiros cristãos para desacreditar aquilo que chamavam mitologia pagã e tomá-la como uma invenção puramente humana. Em outras palavras, os cristãos alegavam que os deuses gregos – que foram posteriormente adaptados pelos romanos – não tinham nada de divinos, e que as pessoas deveriam reconhecer o único e verdadeiro Deus cristão.*

Essa linha de pensamento sobre os mitos – a de que os deuses já foram humanos – passou, tempos depois, a ser denominada "evemerismo", em homenagem a Evêmero. E perdura até hoje, pois ainda há pessoas que buscam os fundamentos históricos de muitos personagens e acontecimentos míticos, seja do passado histórico da Guerra de Troia ou da existência do personagem bíblico Abraão, ou Moisés. Até o maior cientista do Iluminismo, Isaac Newton (1642–1727), tentou documentar os mitos como se fossem acontecimentos reais que poderiam ser identificados. Newton, reconhecido em todo o mundo como um gigante da ciência graças a suas leis da física, era também um cristão devoto e empenhou os últimos anos de sua vida em uma busca esotérica, na tentativa de alinhar seus cálculos astronômicos com a história bíblica. Embora pareça uma tarefa esquisita para um homem das ciências tão eminente, Newton tentou basear sua cronologia de acontecimentos mundiais em uma ocorrência mítica – a famosa viagem de Jasão e os Argonautas na busca pelo Velo de Ouro, uma das maiores histórias de aventura da Grécia antiga. Como outros cristãos, Newton acreditava na doutrina de Evêmero e, como o grego, achava que a viagem mítica feita pelo herói Jasão a bordo de seu navio, o *Argo*, certamente havia acontecido. Usando seus próprios, e muito bem-guardados, registros astronômicos, Newton acreditava poder fixar o acontecimento em uma data efetiva. Alcançar este objetivo, alegava

---

* O termo "pagão", que passou a significar, em sentido amplo, qualquer pessoa que não seja cristã, judia ou muçulmana, foi cunhado, a princípio, pelos primeiros cristãos de Roma e significava "residente do campo" ou "civil", no sentido de que os pagãos não eram membros do chamado exército de Deus.

Todos os homens precisam da ajuda dos deuses 63

Newton, permitiria calcular ainda a data precisa da queda de Troia e, portanto, da fundação de Roma por Eneias, refugiado da cidade destruída. Newton, que possivelmente ficou louco nos últimos anos de sua vida devido ao envenenamento por mercúrio, nunca conseguiu concluir seu empreendimento.

Um século após Newton, porém, a busca pela história por trás dos mitos deu outro grande passo. Importantes descobertas arqueológicas feitas durante o século XIX transformaram a visão dos europeus a respeito das civilizações ancestrais. Com o enfraquecimento do poder da Igreja e da monarquia após a Reforma Protestante, a era iluminista, e sua busca pela explicação racional dos fenômenos naturais, começou a tomar o lugar da visão cristã ortodoxa de que o mundo antigo vivia em estado de barbárie. Um dos acontecimentos que mais estimularam essa busca foi a descoberta da Pedra de Roseta pelo exército de Napoleão, em 1799. A pedra, que foi encontrada enterrada até a metade em uma área perto de Roseta, cidade próxima a Alexandria, no Egito, é feita de granito negro. Medindo 28 centímetros de espessura, tem aproximadamente 114 centímetros de altura e 72 centímetros de largura. Fora esculpida para celebrar a coroação de Ptolomeu V Epifânio, que reinou no país de 203 a 181 a.C. (A dinastia dos Ptolomeus herdou o reinado de Alexandre, o Grande, que havia conquistado o Egito. A linhagem dos Ptolomeus terminou com Cleópatra VII, seus esquemas e o desastroso romance com Júlio César e o casamento com Marco Antônio.) A Pedra de Roseta continha três inscrições diferentes: a primeira em antigos hieróglifos egípcios; a segunda em demótico, a língua mais falada no Egito àquela época; e, mais abaixo, a mensagem aparecia novamente em grego.

Até então, a língua falada no Antigo Egito fora um mistério para o mundo. Mas um estudioso francês chamado Jean-François

Champollion (1790–1832), conseguiu decifrar os hieróglifos egípcios. Fazendo uso do seu conhecimento da língua copta – dialeto egípcio escrito basicamente com letras do alfabeto grego – e utilizando o texto em grego como referência, Champollion foi capaz de selecionar os nomes equivalentes no texto egípcio e aprender o som de muitos dos caracteres dos hieróglifos, o que lhe possibilitou a tradução de muitas palavras egípcias da inscrição. Em 1822, Champollion publicou um panfleto que tornou a literatura do Antigo Egito acessível a outros estudiosos. O francês, conhecido como "pai da egiptologia", morreu de derrame cerebral aos 41 anos. (Continuando sua história como espólio de guerra, a Pedra de Roseta foi levada para a Inglaterra, onde permanece até hoje no Museu Britânico.)

Descobertas como a Pedra de Roseta foram essenciais para revelar o passado numa época em que outras partes do mundo estavam sendo reveladas para a Europa. Conforme o Império Britânico se espalhava pelo Oriente Médio, Ásia e pelo oceano Pacífico, geógrafos, astrônomos e naturalistas, dentre eles Charles Darwin, eram dia a dia enviados a bordo de navios britânicos a essas regiões para mapearem e estudarem o mundo natural. Obviamente feita em nome do império, essa combinação, sem precedentes, porém bem-calculada, de exploração e colonização, descoberta e erudição, teve um impacto profundo no mundo acadêmico. À medida que os mundos e civilizações ancestrais eram revelados para a Grã-Bretanha, exploradores e cartógrafos, arqueólogos, linguistas e a primeira geração de antropólogos seguiram o exemplo de seus predecessores. O mundo acadêmico começava a ver o mito como um elemento essencial para a compreensão do passado, e não apenas como crenças supersticiosas de bárbaros "selvagens" que não haviam sido cristianizados. O mundo da mitologia, que outrora fora domínio exclusivo de "classicistas" que utilizavam os mitos da Grécia para ensinar a língua grega, agora passava a ser um

Todos os homens precisam da ajuda dos deuses   65

campo fértil para outros estudiosos, que queriam "provar" que, por trás deles, existiam fatos reais do mundo antigo.

Quem foi o homem que "descobriu" Troia?

O mais famoso – e controverso – arqueólogo daquela geração foi Heinrich Schliemann (1822–1890), um empresário alemão de sucesso que converteu sua fascinação infantil pela Troia de Homero em uma vida de estudos sobre a Grécia antiga. A vida de Schliemann poderia ser tema de um louco romance de Dickens. Filho de um pastor protestante, nasceu no norte da Alemanha, trabalhou como camaroteiro e, quando adolescente, sofreu um naufrágio. Após retornar à Europa, aprendeu sozinho a falar inglês, francês, holandês, português, espanhol e italiano enquanto trabalhava como mensageiro. Schliemann aproveitou seus talentos linguísticos para construir uma empresa de importação/exportação, e assim se tornou um homem muito rico. Mudou-se para a Califórnia durante a era da Corrida do Ouro, abriu um banco e, aos trinta e poucos anos, era diretor de banco e rico comerciante capaz de custear uma nova vida como arqueólogo amador e seguir seu único e obsessivo objetivo. Guiado por seu amor pela *Ilíada*, foi em busca das ruínas da Troia de Homero. Com sua segunda esposa, Sophia, grega e trinta anos mais jovem que Schliemann, concentrou seus esforços em uma colina onde hoje fica Hissarlik, no noroeste da Turquia. Assumindo os custos das escavações com sua considerável fortuna pessoal, Schliemann deu início aos trabalhos em setembro de 1871.

Ignorado e ridicularizado pelos mais céticos, Schliemann riu por último. Foi recompensado por sua fé quando descobriu a cidade soterrada de Troia – na verdade os Schliemann haviam descoberto *as cidades* de Troia. No sítio arqueológico onde previra encontrá-la, foram descobertas nove cidades, sendo que cada nova camada era construída por cima das ruínas da anterior. Na sua falta de cuidado ao escavar essas muitas camadas de ruínas, na busca frenética por Troia, é provável que Schliemann tenha destruído muitas relíquias pelas quais não se interessou. Mas, em uma das últimas camadas, o casal encontrou objetos de bronze, ouro e prata, na cidade que acreditavam ser o local retratado na *Ilíada*.

Schliemann sem dúvida tinha um quê de P. T. Barnum, ou de um vendedor ambulante. Fazendo uso de seus instintos de *showman*, fotografou sua bela e jovem esposa usando as joias que os dois haviam descoberto, como se ela fosse a encarnação moderna de Helena de Troia, e, assim, o casal ficou famoso em todo o mundo. Após o triunfo da descoberta de Troia, os Schliemann retornaram à Grécia, onde exploraram o lendário sítio de Micenas, antiga cidade grega onde, em 1876, desenterraram cinco túmulos reais, cheios de joias e outros tesouros. Embora tenham pensado erroneamente que haviam encontrado o sítio arqueológico do rei Agamêmnon, suas descobertas mostraram ao mundo que todos os mitos clássicos poderiam ser inspirados em fatos históricos. Muito embora tenham causado muitas suspeitas devido à formação que tinham, ao método que usavam e ao fato de usarem as joias que encontraram, os Schliemann haviam provocado uma nova fascinação com o mundo "morto" das civilizações antigas. Como escreveu Daniel Boorstin em *Os descobridores*: "O grande público passou a acreditar que a terra guardava relíquias e mensagens de pessoas reais que viveram em um passado distante."

Como um mito antigo levantou dúvidas sobre a divindade da Bíblia?

As descobertas incríveis de Schliemann estimularam o público geral a se interessar mais pela mitologia e a valorizá-la. À medida que uma

Todos os homens precisam da ajuda dos deuses 67

enxurrada de informações sobre novas culturas que iam sendo descobertas varria a Europa, no rastro das explorações e colonizações do século XIX, uma nova onda de estudos, do final desse período, ia revolucionando antigas visões sobre o mundo antigo. Aproximadamente na mesma época em que Schliemann descobriu Troia, uma outra descoberta também teve consequências surpreendentes e de longo alcance, embora não tenha dominado as manchetes como a charmosa Sophia Schliemann em suas joias "helênicas". Em Nínive, capital do antigo reino da Assíria, e cidade proeminente na história bíblica, foi descoberto um grande número de tabuinhas de barro com inscrições nas ruínas de um templo. Nínive foi a "cidade do mal" para onde o profeta hebreu Jonas, conhecido pelo "peixe grande" (que não era uma baleia), foi enviado por Deus, na Bíblia. Desnecessário dizer que a descoberta de escrituras em um local tão importante para a história bíblica atraiu a atenção de um grande número de pessoas.

Quando, em 1850, foi aberta uma exposição com esses objetos assírios – que foram levados para o Museu Britânico –, a Londres vitoriana ficou boquiaberta. Os assírios, até então, eram tidos como os "malvados" da Bíblia, os conquistadores cruéis que escravizaram os hebreus. Mas agora ali estavam, em exibição pública, relevos e estátuas que fascinavam os londrinos. Joalheiros passaram a produzir réplicas dos ornamentos assírios, que se tornaram a última moda. Ainda mais significativo, porém, foi o impacto que as descobertas assírias tiveram no mundo dos estudos bíblicos. George Smith, um jovem à época da exposição, se tornou quase que obcecado pelos objetos expostos – da mesma forma que os Estados Unidos ficaram fascinados por tudo que fosse egípcio quando a exposição sobre Tutancâmon passou pelos museus norte-americanos, na década de 1970. Mesmo com pouca formação acadêmica, Smith conseguiu um emprego no museu e, em 1872, apresentou para a Society of Biblical Archaeology seu trabalho com traduções dessas tabuinhas ancestrais. Smith havia traduzido partes de *Gilgamesh*, uma antiga epopeia babilônica que fala de um herói imperfeito em busca da imortalidade, e que é considerado por muitos a obra literária mais antiga do mundo até onde se tem notícia.

O impacto dessa descoberta mobilizou muito mais do que alguns professores de literatura e línguas ancestrais. O conteúdo de *Gilgamesh* que Smith revelara virou o tradicional mundo de crenças bíblicas cristãs de pernas para o ar. As traduções de Smith incluíam episódios sobre um grande dilúvio, apresentando um claro paralelo com os relatos bíblicos, muito posteriores, que falam do dilúvio de Noé e com muitos outros elementos do Gênesis. Seu trabalho causou alarde e um jornal londrino encarregou Smith de ir à Mesopotâmia para dar seguimento a suas pesquisas. Em uma expedição a Nínive, Smith contraiu uma febre virulenta e faleceu aos 36 anos de idade.

No entanto, as traduções de Smith haviam desencadeado um outro tipo de dilúvio. Reações a seu trabalho sacudiram o mundo dos estudos bíblicos. Quando, em 1902, um eminente estudioso alemão apresentou uma palestra com o título "Babel und Bible" e declarou que a Bíblia não era o livro mais antigo do mundo, como há séculos vinham ensinando eruditos cristãos e judeus, foi um verdadeiro escândalo. O kaiser Guilherme II, da Alemanha, assistiu à palestra e não se mostrou nem impressionado nem satisfeito. "A religião nunca foi fruto da ciência", escreveu o kaiser, "mas sim o derramar do coração e da essência do homem a partir de seu intercurso com Deus."

As traduções de Smith e a insinuação de que a Bíblia não seria a palavra divina de Deus surgiram no final do século XIX, momento em que as bases da religião já vinham abaladas por novas teorias e descobertas científicas. Darwin e suas ideias sobre seleção e evolução natural, apresentadas em 1859, na obra *Origem das espécies*, fizeram os alicerces da ciência e religião ortodoxas estremecerem. Arqueólogos e linguistas passaram a rever antigas noções sobre as origens da Bíblia e sobre as raízes ancestrais do judaísmo e do cristianismo. Tendo como pano de fundo essa incrível agitação intelectual, surgiu uma nova abordagem à mitologia, que focava na importância espiritual e religiosa dos mitos e em suas ligações com a crença cristã já estabelecida.

Com a tradução de outro texto sagrado ancestral, surgiu ainda uma outra abordagem à mitologia. Quem a introduziu foi Max Müller, alemão especialista em sânscrito, quando, a partir de 1849, traduziu o *Rig-Veda*, o conjunto das mais antigas escrituras hindus. Müller acreditava que os mitos expressavam ideias que não podiam ser transmitidas pela linguagem. Segundo ele: "Enquanto falamos do sol surgindo após o amanhecer, os poetas ancestrais só conseguiam conceber um Sol que amava o Amanhecer e o tomava em seus braços. O que, para nós, é o pôr do sol, para eles era o Sol envelhecendo, decaindo ou morrendo." Na visão de Müller, todos os deuses e heróis míticos eram simplesmente representações da natureza, em especial do Sol. Embora as ideias de Müller tenham sido descartadas pela maioria dos estudiosos modernos, seu trabalho foi mais um exemplo da agitação intelectual que varria o mundo acadêmico naquele período, em que os mitos ancestrais passaram a ser vistos com olhares radicalmente diferentes. E as consequências dessa mudança afetaram o mundo da religião e o da política.

Por volta da mesma época, também foi inventado o estudo da antropologia cultural, e um de seus principais defensores foi Edward Burnett Tylor (1832–1917), que mais tarde, em 1896, tornou-se o primeiro professor de antropologia da Universidade de Oxford. Em 1855, com sinais de Tuberculose, o jovem foi enviado ao Caribe e, dessa viagem, surgiu seu interesse pelos hábitos dos recém-descobertos povos remotos das Américas. Por ser quacre e abolicionista, Tylor se interessava por aquilo que, na época, era denominado "etnologia", e seu fascínio não era apenas acadêmico. Ele tinha um fervor missionário e acreditava que o estudo dos povos "primitivos" poderia ajudá-lo a documentar "a fraternidade humana". Se comprovasse que havia ligações entre as diferentes raças, acreditava, conseguiria ajudar a causa abolicionista. O objetivo de sua expedição era, como declarou, "traçar o verdadeiro curso percorrido pela civilização mundial". Uma das áreas que pesquisou com maior fervor foi a religião, e foi Tylor quem cunhou o termo "animismo" para descrever a mais simples crença em seres espirituais e em que em tudo há uma alma. De acordo com *Primitive Culture* ("Cultura primitiva"), proeminente obra de Tylor, lançada em 1871, não existiriam tribos "totalmente desprovidas de quaisquer concepções religiosas". Os mitos, acreditava o autor, haviam nascido como uma tentativa de explicar os fenômenos naturais, mas tinham origem no medo e na ignorância. As teorias de Tylor transformaram o campo da antropologia, muito embora suas ideias tenham sido descartadas em sua maioria, em parte devido a suas conotações um pouco racistas.

A ligação controversa, porém crescente, entre mitologia e religião alcançou um novo apogeu no final do século XIX, com a obra de Sir James George Frazer (1854–1941). Nascido em Glasgow, na Escócia, Frazer era o típico estudioso-que-virou-antropólogo e acreditava que os mitos tinham origem no grande ciclo da natureza – nascimento, crescimento, morte, decomposição e renascimento. A teoria de Frazer, que compunha a base de sua obra-prima de 12 volumes, *O ramo de ouro* (surgida entre 1890 e 1915), foi desenvolvida a partir da sua tentativa de explicar um antigo ritual italiano chamado "o rei da floresta", em Nemi, local próximo a Roma. De acordo com a lenda, o rei da floresta mantinha a difícil tarefa de se perpetuar no trono, dado que sempre ameaçavam matá-lo e roubar-lhe a função. Aqueles que o ameaçassem tinham de arrancar um ramo de ouro – de onde resultou o título

Todos os homens precisam da ajuda dos deuses   71

de seu estudo – de uma árvore sagrada em um determinado bosque. A morte do rei e sua substituição por um sucessor mais jovem e viril garantiriam a fertilidade das colheitas.

A ideia central de Frazer era de que todos os mitos eram parte de religiões primitivas centradas em torno de rituais de fertilidade, e o autor reuniu e coordenou centenas de mitos e folclores do mundo inteiro. O que mais o intrigou foi aquilo que denominou "Grande Mãe" e sua relação com um consorte mais jovem que costumava ser sacrificado como rei sagrado. Segundo Frazer, o tema do deus ressurreto aparece em quase todas as mitologias ancestrais, seja direta ou simbolicamente. Alguns dos exemplos mais significativos que o autor destacou foram Ishtar e Tammuz, da Mesopotâmia, e Ísis e Osíris, do Egito, mas ele também fez uma ligação entre essa ideia e o par Jesus e Maria.

Muitas das constatações de Frazer foram descartadas pelos estudiosos modernos e alguns aspectos de *O ramo de ouro* foram desconsiderados – inclusive quase toda a história sobre o rei da floresta em Nemi. Àquela época, porém, a obra de Frazer foi revolucionária. Ele deu credibilidade à mitologia como um estudo sério, que explicava as raízes primitivas da religião. Além disso, Frazer exerceu uma grande influência sobre toda uma geração de antropólogos e, talvez não menos importante, sobre uma geração de escritores. James Joyce, T. S. Eliot e William Butler Yeats são alguns dos escritores do século XX cujas obras foram em parte moldadas pelas ideias de Frazer. (O famoso poema de Eliot, *A terra devastada*, faz referência a *O ramo de ouro*, embora Frazer tenha declarado que ele próprio não entendera muito bem o poema.)

Semelhantes à teoria de Frazer foram as ideias dos chamados **ritualistas**, que defendiam que todos os mitos derivavam de rituais ou cerimônias. Uma das primeiras a desenvolver essa teoria foi Jane

Ellen Harrison (1850–1928), classicista britânica, que alegava que as pessoas criavam mitos para justificar rituais mágicos ou religiosos previamente praticados. "Deuses e conceitos religiosos costumam refletir as atividades sociais daqueles que os idolatram", escreveu em 1912, em um livro sobre a religião grega, *Themis: A Study of the Social Origins of Greek Religion* ("Têmis: um estudo das origens sociais da religião grega").

Apesar de ter sido colega de Frazer, Harrison discordava de muitas de suas ideias. Uma de suas principais contribuições foi ter enfatizado a importância das divindades femininas. "A Grande Mãe precede as divindades masculinas", afirmou, introduzindo uma ideia que vem sendo restaurada com o chamado culto à deusa, que nos últimos anos voltou a ganhar popularidade. As teorias de Harrison, embora bastante influentes, também foram descartadas, pois é difícil afirmar o que surgiu primeiro – o ritual ou o mito.

VOZES MÍTICAS

Um dos motivos pelos quais a religião parece irrelevante hoje é que muitos de nós não têm mais a sensação de que estão cercados pelo invisível. Nossa cultura científica nos educa para concentrar a atenção no mundo físico e material à nossa frente. Essa maneira de olhar o mundo alcançou grandes resultados. Uma de suas consequências, porém, é que nós, por assim dizer, expurgamos o sentido do "espiritual" e do "sagrado" que impregna, em todos os níveis, a vida das pessoas em sociedades mais tradicionais, e que foi outrora um componente essencial de nossa experiência humana do mundo.

– KAREN ARMSTRONG, Uma história de Deus *(1993)*

Quando o mito se torna religião? E qual é a diferença?

Talvez, para a maioria das pessoas, a resposta para essa pergunta seja uma simples fórmula: "Se eu creio, é uma religião. Se você crê, é um mito."

Durante a maior parte dos dois últimos séculos, os intelectuais da área da ciência e das explicações racionais para os fenômenos do Universo não hesitaram em considerar os mitos uma crença primitiva de pessoas retrógradas e desinformadas. Mas para os antigos povos da Mesopotâmia, Grécia, Egito, Índia e China, os mitos não eram mitos, mas religião. Eram os mitos que ditavam a vida e formavam a base da estrutura social.

Karen Armstrong, historiadora da religião e autora de best-sellers, escreveu em *Uma história de Deus: quatro milênios de busca do judaísmo, cristianismo e islamismo*: "Ao que tudo indica, criar deuses é uma atividade exercida desde sempre pelos homens. Quando um conceito religioso perde sua função, é simplesmente substituído. Esses conceitos desaparecem, como o Deus Céu, sem que se faça muito alarde".

Considere a Oração do Senhor, ou Pai-Nosso, conhecida por milhões de cristãos em todo o mundo como a prece ensinada por Jesus no Evangelho de Mateus:

"Pai nosso, que estais no Céu, santificado seja o Vosso Nome"

Há quem possa considerar esta uma ideia herege, mas, se você conhece essa oração, pare por um momento e troque "Pai nosso" por "Zeus" ou "Rá". Nessa prece tão conhecida, os cristãos fazem súplicas à sua divindade por desejos simples, porém universais, que já fazem parte de orações ritualísticas de muitas religiões distintas há milhares de anos.

"Venha a nós o Vosso reino, seja feita a Vossa vontade, assim na Terra como no Céu" — faça da Terra o paraíso

MITOLOGIA

"*O pão nosso de cada dia nos dai hoje*" – ajude as plantações a crescerem

"*Perdoai-nos as nossas ofensas,*" – todos cometemos erros, mas tende piedade de nós

"*E não nos deixeis cair em tentação,*" – somos fracos e fazemos coisas que sabemos serem erradas

"*Mas livrai-nos do mal*" – nos proteja de todas as coisas ruins que estão lá fora, neste mundo escuro e perigoso.

Orações de súplica semelhantes podem ser encontradas em quase todas as religiões e culturas.

Por exemplo, eis uma oração tradicional africana, do Sudão:

Nosso Pai, o universo é vosso, a vontade é vossa.
Que estejamos em paz, que as almas das pessoas tenham refresco.
Vós sois nosso Pai, livrai-nos de todo mal.

As orações são – da forma mais fundamental e antiga – a essência da crença em um mundo sobrenatural. Algumas orações encontradas em tumbas egípcias têm mais de 5 mil anos. Nos Estados Unidos, a maioria das pessoas afirma acreditar hoje em preces e rezar com frequência. A questão fundamental subjacente é: se outrora os mitos foram criados para responder a questões fundamentais e solucionar problemas que estavam fora do alcance dos mortais, quando os mitos se transformaram em religião?

Deixando de lado a famosa declaração de Karl Marx de que "A religião (...) é o ópio do povo", pode-se dizer que **religião** é um sistema organizado de crenças, cerimônias, práticas e de adoração, que pode se concentrar em torno de um Deus ou uma Divindade supremos, ou em um número de deuses e divindades. O registro mais

Todos os homens precisam da ajuda dos deuses 75

antigo de atividades religiosas data de aproximadamente 60.000 a.C. e, hoje, há milhares de religiões em todo o mundo. As oito maiores religiões são o budismo, o cristianismo, o confucionismo, o hinduísmo, o islamismo, o judaísmo, o xintoísmo e o taoismo. Mas, ao longo da história, as mitologias e religiões compartilharam alguns traços e características básicas:

- *Rituais religiosos* são essenciais tanto para os sistemas de crença mítica quanto para a religião. Toda tradição possui certas práticas básicas que incluem atos e cerimônias pelos quais os crentes apelam ou servem a Deus ou a outras forças sagradas. A Bíblia hebraica, ou Antigo Testamento, é repleta de instruções minuciosas para o sacrifício ritual de animais, prática não muito diferente dos sacrifícios animais comuns na antiga Mesopotâmia ou Grécia. Em todo o mundo, cristãos participam de um ritual em que se acredita que o pão e o vinho são transformados no corpo e sangue de Jesus, que fora derramado em um rito de sacrifício, ato que também possui raízes muito antigas.

  A oração é provavelmente o ritual mais popular que existe. Ao rezar, um crente ou alguém que fale em nome de crentes dirige palavras e pensamentos a um objeto de adoração. Quase todas as principais religiões possuem uma rotina diária de orações.

  Muitas religiões também praticam rituais de purificação do corpo. Os hindus, por exemplo, consideram as águas do rio Ganges, na Índia, sagradas, e, todos os anos, milhões deles purificam o corpo se banhando ali, sobretudo na cidade sagrada de Varanasi. A prática usual do batismo cristão – seja de crianças ou adultos – é outro ritual disseminado que possui profundas raízes em práticas míticas. A mãe de Aquiles mergulhando o filho recém-nascido em águas sagradas não difere muito do padre cristão que unge a cabeça da criança com água benta, para consagrar e proteger o recém-nascido, ou dos peregrinos hindus que viajam até o Ganges para darem um mergulho.

- *Crença em uma divindade.* "Quem o sabe verdadeiramente e quem o declarará que caminhos levam juntos aos deuses?", pergunta o antigo *Rig-Veda* do hinduísmo. "Dos que existem em supremos planos místicos, apenas os aspectos mais baixos de suas existências são vistos."

Como os mitos ancestrais, a maioria das religiões crê em uma ou mais divindades que governam ou influenciam as ações dos seres humanos e os acontecimentos da natureza. Enquanto que o judaísmo, o cristianismo e o islamismo são monoteístas – creem em um deus –, o hinduísmo prega que um espírito do mundo, denominado Brama, é o ser supremo, embora existam inúmeros outros deuses e deusas. (O confucionismo é uma das poucas religiões conhecidas que é ateísta.)

- *Histórias sagradas.* A Bíblia, o Corão, *Bhagavad-Gita*, o *Popol Vuh*. Toda religião possui uma coleção de histórias sagradas ou divinas que, em sua essência, são mitos. Afinal, os mitos surgiram para descrever como as forças sagradas exercem uma influência direta no mundo.

Como escreveu Ninian Smart em *The World's Religions* ("Religiões do mundo"): "A experiência é canalizada e expressa não apenas através de rituais, mas também por narrativas ou mitos sagrados. (...) É o lado expositivo da religião. É comum a todos os tipos de fé transmitir histórias vitais: algumas com fundo histórico, outras que falam do período misterioso e primordial, quando o mundo vivia seu eterno amanhecer; algumas sobre os grandes fundadores, como Moisés, o Buda, Jesus e Maomé;

Todos os homens precisam da ajuda dos deuses   77

outras sobre ataques do Diabo. (...) Essas histórias são denominadas mitos. O termo pode ser um pouco ambíguo, já que o estudo moderno sobre religião afirma não haver nenhuma implicação de que um mito seja falso."

Essa é a essência de um dos problemas entre as pessoas que creem em fés e tradições distintas. Judeus e cristãos, que veem a Bíblia como a palavra divina de Deus, não necessariamente aceitam que o *Popol Vuh*, coleção de histórias sagradas do povo maia, seja nada além de uma invenção, uma superstição muito inferior às suas próprias "escrituras sagradas". Controvérsias envolvendo essas histórias sagradas chegam até a dividir pessoas que compartilham das mesmas tradições religiosas. Por exemplo, católicos e protestantes nem mesmo concordam sobre quais partes deveriam compor a Bíblia. As partes conhecidas como escrituras apócrifas são sagradas para os católicos, ao passo que, para a crença protestante, seu conteúdo não é nada divino. Muitos judeus e cristãos acreditam que o relato da criação contido no Gênesis seja a explicação literal e histórica para o princípio do Universo e da vida na Terra. Outros aceitam as explicações científicas para a criação do mundo e veem o relato bíblico como uma metáfora, concordando com a mensagem contida nessas histórias, sem tratar seus detalhes específicos como uma verdade literal.

Em outras palavras, pode ser que a diferença entre mito e religião exista apenas aos olhos de quem crê – ou de quem não crê. E a conclusão de Ninian Smart quase fecha este capítulo. Os mitos são histórias sagradas que podem expressar verdades essenciais, mesmo se forem contados sob a forma de uma narrativa sobre deuses ancestrais que não sabem se comportar muito bem.

VOZES MÍTICAS

Creio que grande parte da concepção mitológica do mundo, que penetra nas religiões mais modernas, não seja nada além de psicologia projetada para o mundo exterior.

– SIGMUND FREUD (*1856–1939*)

A origem dos mitos remonta ao primitivo contador de histórias, aos seus sonhos e às emoções que a sua imaginação provocava nos ouvintes. Esses contadores não foram gente muito diferente daquelas a quem gerações posteriores chamaram poetas ou filósofos.

– CARL GUSTAV JUNG (*1875–1961*)

Todos os mitos estão em nossa mente?

Além de ter explorado o elemento sagrado, espiritual ou religioso que compõe a essência dos mitos, o século XX forneceu mais uma explicação importante para a origem da mitologia. Com o surgimento da psicologia moderna, pioneiros do pensamento psicológico, como Sigmund Freud, defendiam que os mitos se originavam no inconsciente. Freud chamava os mitos de "sonhos dos homens primitivos" e costumava fazer referência a personagens míticos, sendo a mais famosa o termo "complexo de Édipo", baseado na história de Édipo, rei grego que matou o pai e se casou com a própria mãe, tragédia escrita por Sófocles e que aparece no célebre livro *A interpretação dos sonhos* (1900).

Para Freud, os mitos eram um produto da psicologia pessoal, e os sonhos, a fonte dos mitos. Mais especificamente, acreditava que a maioria dos mitos tinha uma natureza sexual. Heróis matando dragões

Todos os homens precisam da ajuda dos deuses 79

e deuses que matam outros deuses eram, na verdade, apenas expressões do desejo de todo homem de matar seu pai e ir para a cama com sua mãe. Ou, segundo o resumo que Barry Powell faz do pensamento freudiano, em *Classical Myth* ("Mitologia clássica"), "os reis e rainhas da mitologia representam os pais, as armas pontiagudas são o órgão sexual masculino e as cavernas, salas e casas simbolizam o útero abrigador da mãe. As imagens mitológicas podem assim ser traduzidas como imagens de caráter sexual (...)".

No início do século XX, o psicanalista suíço Carl Gustav Jung, discípulo de Freud, interpretou esse conceito – de que todos os mitos são gerados no inconsciente – a partir de outra perspectiva. Nascido em Basileia, Suíça, Carl Gustav Jung era filho de um pastor. Quando menino, era fascinado por superstição, mitologia e pelo oculto, e sua intenção primeira era estudar arqueologia na Universidade de Basileia. Em vez disso, formou-se em medicina pela Universidade de Zurique, em 1902, e não tardou a estudar a obra de Freud na psiquiatria e a usar suas teorias psicanalíticas.

Jung, no entanto, rompeu com seu mentor, pois Freud dava demasiada ênfase à sexualidade. Rejeitando a crença de Freud de que o simbolismo do inconsciente era antes de tudo sexual, Jung afirmou que os sonhos se originavam tanto no que denominou inconsciente pessoal quanto no inconsciente coletivo. Enquanto o inconsciente pessoal reflete as experiências de um indivíduo específico, o inconsciente coletivo é herdado, compartilhado por toda a humanidade. Segundo Jung, é através da arte, da religião, dos sonhos e mitos que o inconsciente consegue se expressar. O psicanalista acreditava que todo o desenvolvimento psicológico da humanidade poderia ser investigado através do estudo dos mitos, contos de fadas e fábulas.

O inconsciente coletivo, afirmava Jung, se organizava em padrões e símbolos básicos, que chamou de *arquétipos*, os quais eram compartilhados por todas as mitologias. Deuses e heróis, lugares míticos – como a morada dos deuses ou o submundo – e batalhas de gerações pelo controle do trono estariam presentes em todos os sistemas de mitos. Jung defendia que esses arquétipos míticos eram tão fundamentais para a humanidade que "se todas as tradições do mundo fossem exterminadas de uma só vez, toda a mitologia e toda a história da religião seriam recriadas novamente pela próxima geração".

Enquanto Freud adotara uma visão limitada da importância da religião ou da percepção do sagrado no âmbito da psicologia, Jung via a mitologia como uma ligação poderosa ao sagrado e lamentava que nos tempos modernos as pessoas tivessem perdido a fé na parte misteriosa da experiência humana. "Desde tempos imemoriais, os homens especulam a respeito de algum Ser Supremo (um ou vários) e sobre a terra do 'Depois'", escreveu em *O homem e seus símbolos*. "Só hoje em dia julgam poder prescindir dessas ideias."

Reconhecendo que a humanidade progredira para um mundo complexo, racional e ordenado sob preceitos científicos, que rejeitava tudo que não pudesse ser comprovado, Jung pleiteava um componente espiritual para a vida, que a tradição fornecera, ao longo da história da humanidade, através da mitologia – e, posteriormente, da religião organizada.

"Há, no entanto, um forte argumento empírico a nos estimular ao cultivo de pensamentos que se não podem comprovar. É que são pensamentos e ideias reconhecidamente úteis", escreveu Jung em *O homem e seus símbolos*. "É a consciência de que a vida tem uma significação mais ampla que eleva o homem acima do simples mecanismo de ganhar e gastar. Se não tiver esse entendimento, ele estará perdido e infeliz."

Ecoando as teorias de Jung, Albert Einstein, nos últimos anos de sua vida, escreveu: "A coisa mais bonita que podemos experimentar

Todos os homens precisam da ajuda dos deuses   81

é o mistério. Ele é fonte de toda arte e ciência verdadeiras. Aquele para quem essa emoção é estranha, incapaz de soltar a imaginação e quedar-se extasiado, é como se fosse um morto: seus olhos estão fechados. Essa percepção do mistério da vida, embora esteja ligada ao medo, foi também o que despertou a religião. Saber que aquilo que nos é impenetrável realmente existe, manifestando-se como a maior sabedoria e a beleza mais radiante que nossa pobre capacidade só pode apreender em suas formas mais primitivas – esse conhecimento, essa sensação está no centro da verdadeira religiosidade. Nesse sentido, e apenas nesse, pertenço à categoria dos devotos."

Ciência, história, antropologia, linguagem, psicologia, rituais, religião e espiritualidade. Todos esses campos ajudam a explicar como os mitos vêm operando desde o surgimento da humanidade. Todavia, nenhum deles é capaz de fazê-lo sozinho. Como observou o classicista Barry B. Powell: "O mito, visto como um todo, é complexo demais, multifacetado demais para ser explicado em uma única teoria".

Por refletirem tantos aspectos da condição humana – nossa história, nossos pensamentos mais íntimos, o pior e o melhor de nosso comportamento, um código de conduta aceitável –, é impossível alocar os mitos em um modelo teórico preciso. É como tentar fazer com que diversas pessoas usem um mesmo modelo de roupa. Há muitas formas e tamanhos diferentes para que isso funcione.

Desnecessário dizer que, há milhares de anos, os mitos que organizaram as civilizações humanas e que deram fé a adoradores através dos tempos são sem dúvida algo mais do que um monte de histórias sobre deuses imperfeitos, heróis impecáveis, trapaceiros libidinosos ou monstros que ficam à espreita nos recantos de nossa mente.

Impressionante. Talvez seja sábio relembrar as palavras do humorista norte-americano James Thurber, que outrora escreveu: "É melhor conhecer algumas das perguntas do que todas as respostas."

CAPÍTULO DOIS

PRESENTE DO NILO

Os mitos do Egito

Salve ó deuses...
No dia do grande julgamento,
Vede, vim a vós,
Livre de pecados, livre do mal,
Sem haver quem possa contra mim testemunhar
Sem ter feito violência a nenhum homem...
Salvem-me, protejam-me,
Não me acusem diante do grande deus!
Tenho a boca pura, as mãos puras.

— *O livro dos mortos*
(*c.* 1700–1000 a.C.)

Criador que a vós mesmo vos criaste,
Único, singular, que atravessaste a eternidade,
Remoto, com milhões sob vossos cuidados,
Vosso esplendor é como o esplendor do céu.

— *Primeiro hino ao deus sol*
(*c.* 1411–1375 a.C.)

O Egito era antigo, mais antigo do que qualquer outra cultura conhecida na época. O Egito já era antigo quando as estratégias políticas do futuro Império Romano estavam sendo elaboradas, nas primeiras reuniões do monte Capitólio. Já era antigo e já entrava em declínio quando os alemães e celtas das florestas do norte europeu ainda caçavam ursos. Quando a Primeira Dinastia chegou ao poder, há 5 mil anos, (...) incríveis manifestações culturais já haviam sido desenvolvidas na terra do Nilo. E, quando a Vigésima Sexta Dinastia desapareceu, ainda quinhentos anos separavam a história egípcia de nossa era. Os líbios governaram o império, depois os etíopes, os assírios, os persas, os gregos, os romanos — tudo antes de a estrela brilhar sobre o estábulo de Belém.

— C. W. CERAM,
Deuses, túmulos e sábios:
o romance da arqueologia (1951)

Como os mitos "governavam" o antigo Egito?

Por que o Egito era o "presente do Nilo"?

O que sabemos sobre a mitologia egípcia e como sabemos?

Qual foi a primeira família da mitologia egípcia?

Como funcionou a "criação pela masturbação"?

Quem foi Rá?

Qual foi o deus que se tornou o senhor dos mortos no Egito?

Quem foi a deusa egípcia mais importante?

O que os cristãos achavam de Ísis?

O que era a "pesagem do coração"?

Quem é quem no panteão egípcio

Por que há tantos animais – reais e imaginários – nos mitos do Egito?

Qual era a relação entre as pirâmides e os deuses?

O que há de tão grande na "Grande Pirâmide"?

O que faz uma pirâmide egípcia na nota de um dólar americano?

Todos os soberanos do Egito eram faraós?

Foi um faraó que inspirou Moisés a adorar um único deus?

A mitologia egípcia tem importância?

MARCOS DA MITOLOGIA
Egito

Todas as datas correspondem ao período antes de Cristo (a.C.). A história do Egito compreende milhares de anos, e, embora a ordem de seus reis seja bem conhecida, muitas datas exatas nunca foram comprovadas e, em geral, são aproximadas. Muitas das informações da cronologia abaixo foram retiradas de *The Oxford History of Ancient Egypt*.

5000 a 4001 Invenção do calendário egípcio, regulado pelo Sol e pela Lua; 360 dias; dividido em 12 meses de 30 dias.

4000 Uso de embarcações a vela.

3300 Construídas as primeiras cidades muradas.

3200 Surgimento dos primeiros escritos hieroglíficos.

Primeiro período dinástico, *c.* 3100–2686

3100 Rei Narmer/Menés (?) unifica o Alto e o Baixo Egito. Mênfis é fundada como a capital unificada do Egito. Início do sistema egípcio de observações astronômicas.

3050 Introdução do calendário de 365 dias.

Antigo Império, 2686–2160

2667–2648 Djoser, soberano da Terceira Dinastia, governa com seu conselheiro (vizir) Imhotep, que emprega os primeiros esforços de que se tem registro na busca por métodos medicinais e religiosos para a cura de doenças.

2650 Início do período de construção das pirâmides; a primeira construção monumental em pedra é a Pirâmide Escalonada de Djoser, em Sakara, cuja obra foi iniciada por Imhotep.

2575 A Grande Pirâmide de Quéops (Khufu), a maior pirâmide egípcia, é construída em Gizé.

2550 A Grande Esfinge de Gizé é esculpida durante o reinado de Quéfren (Khafra).

2500 a 2001 Divisão do dia em 24 unidades.

Culto a Ísis e Osíris se desenvolve.

A mumificação é usada pela primeira vez.

2375–2300 Na pirâmide do rei Unas é feito o primeiro uso conhecido dos *Textos das pirâmides*; são textos funerários inscritos nas paredes das pirâmides; são os escritos religiosos mais antigos do mundo até onde se tem notícia.

Primeiro Período Intermediário, 2160–2055

2150 Uma série de inundações traz a fome e o desespero; colapso do Antigo Império.

Médio Império, 2055–1650

***c.* 2055** O Egito é reunificado pelos faraós do Médio Império.

1991 *O livro dos mortos* começa a ser composto; é conhecido pelos egípcios como "Saída para a luz do dia".

***c.* 1965** A Núbia (atual Sudão) é conquistada pelo Egito.

***c.* 1800** O cavalo é introduzido no Egito.

1700–1500 José, patriarca bíblico, vive no Egito(?).

Presente do Nilo

Segundo Período Intermediário, 1650–1550

***c.* 1660** Invasão dos hicsos, povo semita que viera da Palestina, da Síria e de regiões mais ao norte. Eram excelentes arqueiros, usavam sandálias e usaram carruagens puxadas por cavalos para conquistar o delta do Nilo; por fim, governaram grande parte do país.

Novo Império, 1550–1069

1567 Expulsão dos hicsos por Ahmose.

1550 Surgimento do Novo Império; a capital se localizava em Tebas, que se tornou o centro do Império Egípcio. As dinastias do Novo Império marcaram o início de um período de estabilidade e governaram por quase quinhentos anos, expandindo o poder do Egito até a Ásia.

1473 A rainha Hatshepsut governa como regente de seu enteado, que ainda era uma criança e que se tornou, posteriormente, Tutmés III.

1479 Tutmés III assume o trono e ganha o título de faraó. Tutmés III tenta destruir qualquer referência a sua tia Hatshepsut construindo muros em volta dos obeliscos da rainha em Karnak.

1470 Uma grande erupção vulcânica na ilha de Tera é considerada responsável pela destruição de uma avançada civilização minoica baseada em Creta.

1352–1336 O faraó Amenhotep IV, também conhecido como Akhenaton, institui a devoção ao sol como uma forma de monoteísmo; suas reformas religiosas, denominadas "Revolução de Amarna", trouxeram caos ao país.

1336–1327 Breve reinado de Tutancâmon, o famoso rei-menino cuja tumba permaneceu praticamente intacta até sua descoberta, em 1922.

MITOLOGIA

1295–1200 Data especulada do êxodo judeu do Egito.

1286 Os egípcios quase são derrotados pelos hititas na Batalha de Kadesh, na atual Síria. Ao fim da batalha, Ramsés II casa-se com uma princesa hitita, consolidando um tratado de paz entre as duas forças.

1279–1213 Ramsés II governa; acredita-se que foi o faraó soberano durante o êxodo bíblico.

1245 Ramsés II transfere a capital do Egito para uma nova cidade, Pi-Ramsés.

1153 Morre Ramsés III, o último grande faraó do Egito.

1070 Fim da Vigésima Dinastia.

Terceiro Período Intermediário, 1069–664

1005–967 O rei Davi reina em Israel; a capital é baseada em Jerusalém.

967–931 O rei Salomão reina em Jerusalém.

945 Guerras civis egípcias; é instituída uma dinastia líbia e a primeira linhagem de não egípcios governa o país pelos próximos duzentos anos.

814 Fundação de Cartago, colônia fenícia no norte da África.

753 Data tradicional da fundação de Roma.

747 Os núbios governam o Egito.

671 Esarhaddon, rei da Assíria, ataca o Egito, captura Mênfis, saqueia Tebas e deixa no comando líderes vassalos.

c. **670** Introdução dos primeiros utensílios de ferro.

Presente do Nilo 91

Último Período, 664–332

664 O Egito reconquista sua independência da Assíria.

525 O exército persa, liderado por Cambises, ocupa o Egito, que passa a fazer parte do Império Persa.

490 A Batalha de Maratona marca o início das Guerras Persas, entre a Grécia e a Pérsia.

457 Péricles governa durante a Idade de Ouro de Atenas.

450 O historiador grego Heródoto visita o Egito e descreve os costumes e a história do país, incorporando alguns detalhes fantasiosos em sua *História*.

Período Greco–romano, 332–30

332 Alexandre, o Grande, conquista o Egito; fundação de Alexandria.

323 Morre Alexandre, o Grande.

305 Ptolomeu I Sóter, um dos generais de Alexandre, torna-se rei do Egito; faz uma adaptação dos títulos faraônicos e das crenças egípcias.

290 Em Alexandria, Euclides estipula os princípios da geometria em *Elementos de geometria*.

250–100 Em Alexandria, textos religiosos hebraicos são traduzidos para o grego, compondo a versão do Antigo Testamento conhecida como Septuaginta.

c. **200** Alexandria torna-se a capital científica do mundo, notória por seu museu, sua biblioteca e sua universidade.

146 Roma conquista e destrói Cartago.

49   Guerra civil romana. Júlio César no Egito com Cleópatra.

46   César volta a Roma, tendo Cleópatra como amante, e é transformado em ditador.

44   Cleópatra assassina Ptolomeu XIV, cossoberano do Egito.

Júlio César é assassinado no Senado Romano.

41   Marco Antônio conhece Cleópatra e a acompanha até o Egito.

31   Batalha de Ácio; Otaviano derrota Marco Antônio.

30   Morrem Marco Antônio e Cleópatra; anexação do Egito por Roma.

4   Morre o rei Herodes; data comumente aceita como o dia do nascimento de Jesus.

Durante os cinco séculos seguintes, o Egito permaneceu uma província do Império Romano. Mas o surgimento do cristianismo e a posterior ascendência do islamismo no mundo árabe marcaram o fim da antiga religião do país. Segundo a doutrina cristã, São Marcos, um missionário cristão, fundou a Igreja (Copta) Egípcia em Alexandria em aproximadamente 40 d.C. Na cidade, onde já havia uma grande população judaica, logo se desenvolveu uma próspera comunidade cristã. Durante os primeiros anos da Igreja Cristã, os bispos de Alexandria exerceram uma enorme influência no estabelecimento das suas crenças e práticas.

Após a conversão do Império Romano ao cristianismo, sob o governo do imperador Constantino, em 313 d.C., o imperador romano Teodósio ordenou, em 383 d.C., o fechamento de todos os templos pagãos que havia no império. Mais tarde, em 435 d.C., decretos imperiais estabelecidos por Teodósio e pelo imperador Valentiniano exigiram a destruição completa desses templos, muitos

Presente do Nilo 93

deles substituídos por igrejas e santuários cristãos. (Foi esse também o destino dos templos olímpicos da Grécia, onde foram realizados os Jogos Olímpicos durante mais de 1.200 anos.) Vestígios da antiga religião egípcia puderam ser mantidos no país, embora o cristianismo tivesse se tornado a religião oficial.

À medida que o Império Romano entrava em declínio, exércitos árabes reivindicaram o Egito e introduziram o islamismo. Em 642, muçulmanos árabes conquistaram o país. Os árabes transferiram a capital de Alexandria para onde é hoje o Cairo. O Egito moderno segue majoritariamente o islamismo sunita (94%); o cristianismo copta e outros grupos representam uma pequena minoria.

gito antigo. Diga em voz alta e conceba as imagens. Para os amantes do cinema, pode ser Yul Brynner, musculoso e careca, perseguindo em um carro de combate um barbudo Charlton Heston, como Moisés no filme *Os Dez Mandamentos*. Para os devotos da pseudociência, talvez seja a premissa do best-seller *Eram os deuses astronautas?*, que alega que astronautas alienígenas aterrissaram suas naves no deserto e construíram as pirâmides, há muito, muito tempo. É perdoável que uma geração mais jovem de amantes da música tenha como sua melhor referência o videoclipe de 1992 "Remember the Time", de Michael Jackson, que exibia o comediante Eddie Murphy como um faraó e a supermodelo Iman reinando imperiosamente como rainha a seu lado.

Sejamos realistas. Por sermos vítimas de uma comunicação de massa criadora de mitos, acabamos rodeados de imagens distorcidas do Egito antigo, cultura que sobreviveu mais tempo do que qualquer outra na história. É uma pena, pois, na realidade, os egípcios criaram uma sociedade que valorizava a moralidade e a beleza — física e artística — e que expressava esses ideais através de um dos sistemas mitológicos mais ricos e singulares da Antiguidade. Um conjunto muito antigo de deuses e deusas formava a alma de uma das civilizações mais grandiosas e insuperáveis da história. As histórias sobre divindades com cabeça de animal, deuses do sol navegando pela eternidade e um par de amantes divinos chamados Ísis e Osíris dominaram

Presente do Nilo 95

a civilização egípcia, inspiraram seus maiores feitos e vieram a deixar uma marca indelével em todo o mundo por séculos.

Nascida em uma faixa estreita de terra fértil ao longo do rio Nilo e cercada por desertos implacáveis, a grande cultura egípcia de sacerdotes, pirâmides e papiros foi extraordinária, tendo surgido há mais de 5 mil anos, e sobreviveu até o surgimento de Roma e o nascimento de Jesus. Ao longo de mais de 3 mil anos, o povo egípcio construiu um mundo de grandeza épica, sem paralelos no período antigo por sua longevidade, prosperidade e por suas maravilhas arquitetônicas e artísticas, todas as quais influenciaram profundamente as culturas vizinhas – incluindo os aclamados gregos.

Todavia, como atesta a vasta coleção de arte e antiguidades egípcias, o coração pulsante que movia essa grande civilização era sua mitologia e religião. Desde os primórdios de sua história, o Egito fora um mundo onde o poder dos deuses era constatado dia a dia, em quase todos os níveis da sociedade. Nos templos do deus sol em Karnak, onde sacerdotes serviam aos deuses e a seus rebanhos de animais sagrados. Na vida dos egípcios comuns, que mumificavam seus familiares e animais de estimação na esperança de ajudá-los a alcançar a vida eterna. Nas grandes cidades, como Mênfis, onde ficavam os currais de touros sagrados, que eram usados para prever o futuro e para onde suplicantes se dirigiam diariamente. Esse foi o verdadeiro Egito antigo, uma extraordinária terra de monumentos, mágica e – acima de tudo – mitos.

Como os mitos "governavam" o Egito antigo?

Costumamos falar sem muita dificuldade sobre os conceitos de "deus" e "pátria", sem sabermos muito bem de onde esses termos vieram. Ambas as noções tiveram relativa importância durante a história

MITOLOGIA

da humanidade. Por séculos, as pessoas acreditaram que servir a um deus ou à pátria – ou a ambos – era um dever nobre. Mas poucos de nós talvez saibam que foi o Egito – a terra dos faraós, esfinges e múmias – que basicamente inventou esses dois conceitos.

Voltando aos primórdios da história, quando o Egito se estabeleceu como a primeira verdadeira nação ao longo das margens do Nilo, seu governo era uma **teocracia** – lá, religião e governo eram inseparáveis para os soberanos, sacerdotes e para o povo. A realeza egípcia não apenas liderava o país, mas era também considerada, de fato, divina. O fato de os faraós serem considerados encarnações dos deuses era o que motivava dezenas de milhares de trabalhadores a carregarem e ordenarem milhões de blocos de pedra que pesavam mais de 2,5 toneladas cada. Esses trabalhadores não eram chicoteados por capatazes opressivos. Trabalhavam de boa vontade, na crença de que o rei deveria ter um local de descanso adequado, de onde poderia ascender aos céus e se juntar aos outros deuses em sua vida eterna. Havia uma grande preocupação em garantir que as pirâmides e outras tumbas fossem construídas adequadamente e abastecidas com os "bens funerários" necessários para uma vida confortável no paraíso. Somente assim o rei ressurreto poderia assegurar que o mundo egípcio e sua ordem eterna teriam continuidade, sem sofrer interrupções por secas, inundações ou invasões estrangeiras.

O interesse quase obsessivo pelo ritual e pela ordem, no Egito antigo, não se limitava aos interesses do rei. Desde o nascimento até a morte, em quase todas as fases da vida, o povo egípcio vivia de acordo com um sistema altamente estruturado de costumes e crenças, planejados para manter as pessoas e sua terra sagrada sob as graças do vasto panteão de deuses que cultuavam. Cuidar bem desses deuses – e de sua manifestação terrena, o faraó – assegurava a ordem cósmica, conceito que os egípcios denominavam *maat* e que era personificado na forma da deusa **Maat**, a amada filha de Rá, deus sol. Era *maat* que fazia com que o sol nascesse todos os dias e que trazia a cheia anual do rio Nilo, fato que garantia a fartura de alimentos e a consequente prosperidade do Egito. A harmonia universal de *maat* – conceito sagrado e ético que significava verdade, justiça e honradez, e ordem – era alcançada através de um sistema religioso no qual os deuses protegiam o Egito e controlavam as forças do caos, da destruição ou dos simples infortúnios do dia a dia, tanto através de um comportamento individual adequado quanto obedecendo à lei ritual da terra.

Para supervisionar o cumprimento dessas leis havia uma classe sacerdotal – uma das primeiras burocracias governamentais do mundo – cuja especialidade era saber como agradar aos deuses. Fosse sacrificando um animal para trazer a chuva e garantir uma boa colheita; fosse coletando impostos para os complexos de templos; fosse recrutando operários para passarem três meses por ano trabalhando na construção dos grandes mausoléus de pedra que glorificavam o rei e facilitavam sua ascensão ao paraíso; fosse apenas depilando as sobrancelhas de alguém que estivesse em luto pela morte de um gato amado – eram os sacerdotes que cuidavam dos ritos que ditavam a vida no Egito, ano após ano. As normas que articulavam e executavam ajudavam o Egito a atingir e manter um alto grau de organização social e estabilidade, sem que fosse necessário recorrer a punições dracornianas, a uma economia majoritariamente escravocrata, a sacrifícios humanos grotescos nem a um controle militar rígido. Pelo contrário, como escreveu o autor Richard H. Wilkinson em *The Complete Gods and Goddesses of Ancient Egypt* ("Guia completo de deuses e deusas do Egito antigo"), se tratava de um "mundo espiritual (...) que permanece sendo único na história da religião humana. A natureza desse mundo espiritual era tanto misteriosa quanto manifesta, ao mesmo tempo acessível e velada, pois, embora a religião egípcia muitas vezes ficasse encoberta por camadas de mitos e rituais, ela (...) moldava, sustentava e direcionava a cultura egípcia de quase todas as formas imagináveis.

As divindades do Egito estavam igualmente presentes na vida dos faraós e dos cidadãos, criando uma sociedade mais teocrática do que qualquer outra sociedade do mundo antigo".

Sendo assim, para entender o Egito antigo é preciso entender seus mitos. E, para conhecer esses mitos, é preciso, em primeiro lugar, entender as duas grandes forças que moldaram a história e o destino dessa civilização ancestral: o rio e o deserto, uma perfeita dualidade entre vida e morte.

VOZES MÍTICAS

Salve, ó Nilo! Ó tu que brotas da terra e vens para dar vida ao Egito! Misterioso é teu surgimento a partir da escuridão neste dia em que é celebrado! Irrigando os pomares criados por Rá, dando vida a todo o gado, dás à Terra o que beber, grande inesgotável. (...)

Senhor dos peixes, durante a inundação, nenhum pássaro pousa sobre as plantações. Tu crias o grão, faz nascer a cevada, garantindo a perpetuidade dos templos. Se paras a tua tarefa e o teu trabalho, tudo que existe cai no desespero. Se os deuses sofrem nos céus, o rosto dos homens definha.

– Hino ao Nilo *(c. 2100 a.C.)*

Por que o Egito era o "presente do Nilo"?

O historiador grego Heródoto, que poderia ainda ser considerado o primeiro grande autor de um relato de viagem do mundo, cunhou a expressão "presente do Nilo" para descrever o Egito. O turista grego ficou totalmente fascinado pela sociedade egípcia ao visitar o país por volta de 450 a.C. Quando Heródoto realizou sua viagem, a Grécia gozava da prosperidade de sua Idade de Ouro. O Egito, no entanto, já tinha 3 mil anos e era uma grande potência comercial e militar no antigo Oriente Próximo. Os egípcios, além de desenvolverem o primeiro governo nacional do mundo, ainda criaram o calendário de 365 dias, foram pioneiros na geometria e astronomia, desenvolveram uma das primeiras formas de escrita e inventaram o papiro – o material que se assemelha com papel e que foi essencial para o nascimento do livro.

País longo e estreito através do qual flui o rio Nilo, que segue ao norte, em direção ao mar Mediterrâneo, o Egito é basicamente cercado de enormes desertos em suas outras três fronteiras. A palavra egípcia para denominar essas áreas quentes e arenosas é *Deshret*, que significa "Terra Vermelha" e é origem da palavra "deserto". Embora as regiões montanhosas que ficavam nos entornos dos desertos fossem fonte de ouro, gemas e pedras semipreciosas e fornecessem a matéria-prima das construções grandiosas e trabalhos artísticos brilhantes do Egito, os desertos – para os antigos egípcios – eram lugares infernais que só traziam o perigo e a morte.

As fronteiras entre o mundo da vida e o da morte não eram vistas como metafóricas ou simbólicas, mas sim como realidades tangíveis para os egípcios. De fato, é possível estar com um pé no deserto seco e o outro no solo úmido irrigado pelo rio – fertilidade e vida de um lado, esterilidade e morte do outro. Essa demarcação evidente entre vida e morte foi transposta para os mitos e crenças do Egito. Foram encontrados muitos cemitérios pré-históricos no deserto, e é possível que a preocupação obsessiva desse povo com a morte derive do fato de que a areia quente e seca fazia uma espécie de mumificação natural que, mais à frente, foi aperfeiçoada através de sua elaborada arte funerária. Ao que tudo indica, desde o princípio dos tempos os egípcios relacionavam o deserto com **Set**, um de seus principais deuses, que

MITOLOGIA

representava a força do caos e os perigos do deserto. Ele se envolveu em uma luta cósmica de vida e morte com o irmão, o deus da fertilidade **Osíris**, em um dos mitos centrais do Antigo Egito.

Cortando a árida paisagem do deserto, corria o Nilo, o rio mais longo do mundo, que começa nas montanhas próximas à linha do Equador, na África Central. Acumulando a água da chuva e a neve derretida das montanhas da Etiópia e de todo o nordeste da África, e vagando por mais de 6.600 quilômetros, o Nilo era a força vital do Egito. Todos os anos, a partir do final de junho, quando começava a estação das chuvas na África Central, o Nilo alagava suas margens, deixando uma faixa fértil de lodo escuro que tinha, em média, 10 quilômetros de largura para cada lado do rio. A cheia anual definia o calendário agrícola egípcio, com três estações de quatro meses cada: inundação, crescimento, colheita. O alagamento das margens do Nilo, que ocorria entre o final de junho e o final de outubro, trazia o lodo rico onde as safras eram plantadas e onde, entre o final de outubro e o final de fevereiro, seriam cultivadas, para serem colhidas do final de fevereiro ao final de junho. Os egípcios da Antiguidade deram a seu país o nome de *Kemet*, que significa "Terra Negra"* — devido a esse solo rico, escuro e vital.

---

* Nos últimos anos, alguns estudiosos vêm interpretando essa frase como um indício de que os egípcios da Antiguidade eram, na verdade, africanos negros, que então inspiraram os gregos e outras civilizações ocidentais — um tema em voga no mundo acadêmico, também chamado de "afrocentrismo". O afrocentrismo ainda fez incursões no sistema educacional norte-americano, onde floresceu como uma forma controversa de dotar os alunos afro-americanos de um senso de orgulho do passado africano que era ignorado pelos historiadores tradicionais. Infelizmente, essa abordagem, em sua maior parte, se resumiu à substituição de um conjunto de ideias simplistas, imperfeitas e romantizadas por outro.

Presente do Nilo 101

A cevada, que era transformada em pão e cerveja, e o trigo emmer – um grão asiático bem apropriado para alimentar o gado – eram os alimentos de base, junto com a lentilha, o feijão, a cebola, o alho e outras culturas que cresciam em abundância no solo úmido e fértil. Havia anos em que a produção agrícola não era boa, pois a seca limitava as chuvas ou as enchentes destruíam as plantações. Mas, em geral, os agricultores do Egito conseguiam se antecipar e podiam contar com um excedente que era negociado. A negociação levou ao comércio, o comércio levou à formação de uma classe mercantil, que, por fim, tornou possível o desenvolvimento de uma classe de artistas e artesãos que não dependiam da agricultura para viver. Tudo isso veio do Nilo. Como escreveu o historiador Daniel Boorstin, em *Os descobridores*: "Foi o Nilo que possibilitou a existência das plantações, do comércio e da arquitetura do Egito. Principal rota de comércio, o Nilo era ainda uma rota de carga, onde eram transportados os materiais de templos e pirâmides colossais. Era possível lapidar um obelisco de granito de 3 mil toneladas em Assuã e transportá-lo ao longo de 350 quilômetros do rio até Tebas. (...) O ritmo do Nilo era o ritmo da vida no Egito."

Como o bem-estar e a existência de todo o país dependiam desse fenômeno central específico – a cheia anual do Nilo –, o rio se tornou o aspecto principal do pensamento religioso do Egito. A cheia, ou inundação, era personificada através de diferentes divindades. A cheia anual do Nilo – que fazia parte de *maat* – podia ser determinada a partir da aparição regular de Sirius, a "estrela do cão", o que dava à situação um caráter tão celestial quanto terreno.

A história do Egito começou com vilarejos pré-históricos que se desenvolveram ao longo das margens do Nilo, há mais de 5 mil anos. Antes disso, é provável que o Egito da Idade da Pedra tenha sido povoado por pessoas que partiram da Líbia para o oeste, da Palestina e da Síria para o leste, e da Núbia para o sul. Somam-se a esse caldeirão "multicultural" os mercadores vindos de onde é hoje o Iraque (antiga Mesopotâmia), que devem ter se estabelecido naquela área atraídos pela fertilidade da terra nas margens do rio. Sítios funerários desses períodos antigos mostram que os mortos eram enterrados com cuidado, em geral na posição fetal, indicando a crença em um renascimento, em covas que continham artefatos necessários para o pós-vida – um indício de que as crenças religiosas ancestrais se formaram no princípio da história da humanidade.

Com o passar do tempo, as pequenas comunidades agrícolas e pastoris se tornaram parte de dois reinos: um controlava os vilarejos que ficavam no delta do Nilo, onde o rio se estende antes de desaguar no Mediterrâneo, e que passou a ser denominado Baixo Egito; o outro controlava os vilarejos ao sul da região do delta e era chamado Alto Egito. A maior concentração de pessoas residia no vale do Nilo, e imagina-se que houve entre um milhão e quatro milhões de pessoas vivendo no Egito em períodos diversos.

Os egípcios, que tinham a pele e os cabelos escuros, falavam uma língua da família de idiomas semitas empregada no atual Oriente Médio – inclusive o árabe e o hebraico –, e, segundo descobertas linguísticas recentes, o idioma egípcio antigo fazia parte de uma família de línguas chamada afro-asiáticas, que são faladas no nordeste da África. Em torno de 3100 a.C., o idioma egípcio também já era escrito em hieróglifos, um sistema complexo onde mais de setecentos símbolos representavam determinados objetos, ideias ou sons. Descobertas recentes mostram ossos e objetos de marfim com inscrições semelhantes a hieróglifos que datam de 3400 a.C., e supõe-se que o sistema hieroglífico egípcio tenha sido inventado por questões administrativas e rituais. Alguns estudiosos acreditam que o sistema de escrita egípcio tenha sofrido influência do idioma sumério, já que certos caracteres

Presente do Nilo 103

aparecem em ambas as línguas escritas; outros alegam que há mais diferenças do que semelhanças entre esses dois sistemas de escrita da Antiguidade. O certo é que, desde o princípio da civilização egípcia, os hieróglifos eram usados em inscrições dos monumentos, templos e tumbas, e em textos oficiais, muitos dos quais foram preservados durante séculos pelo clima quente e seco do país, provendo estudiosos e arqueólogos com uma rica coleção de fontes para o estudo do passado egípcio.

A extensa história do Egito já fascinou muitos outros povos estrangeiros, incluindo os gregos da época de Sócrates, Platão e Heródoto. Mas a verdadeira "egiptologia" teve início há duzentos anos, com a revelação do segredo da Pedra de Roseta, que fez com que muitas teorias e hipóteses prévias sobre o país fossem descartadas. Pesquisas recentes sobre a pré-história do Egito começaram a transformar uma antiga versão sobre princípios da civilização egípcia. Hoje há provas de que uma sucessão de reis do sul (ou do Alto Egito), inclusive um conhecido como Escorpião, se tornaram mais poderosos no quarto milênio a.C., e referências dessa mesma época a conhecidos deuses do Egito foram encontradas na sua história. O principal acontecimento do início dessa história ocorreu por volta de 3100 a.C., quando um rei do Alto Egito, tradicionalmente denominado Menés, o Unificador, mas, em geral, conhecido como Narmer, conquistou o Baixo Egito. Uma das peças-chaves que comprovam esse acontecimento é a Paleta de Narmer, uma placa de ardósia com as duas faces esculpidas que retrata um rei subjugando um prisioneiro, além de outros símbolos que sugerem um reino unificado.

Ao fundir os dois Egitos em um, Narmer e seus sucessores, dentre os quais pode estar Menés (alguns historiadores acreditam que são a mesma pessoa), deram início ao processo de formação do primeiro governo nacional do mundo. Por volta de 3000 a.C., Mênfis, próxima

104 MITOLOGIA

ao local onde hoje é o Cairo, foi fundada como capital. A Paleta de Narmer, além de outros artefatos muito antigos, também deixa claro que a estreita relação entre deuses e reis já estava bem-estabelecida quando o país foi unificado. Desde seu nascimento, o Egito foi uma teocracia, e os deuses da Antiguidade tiveram uma complexa ligação com o governo egípcio durante sua longa história.

Apesar de ainda haver dúvidas quanto à existência de Menés, um rei chamado Aha é atualmente considerado o primeiro de uma série de reis do Egito, que formaram uma sucessão de 31 dinastias – ou famílias de reis – e governaram o país até a chegada de Alexandre, o Grande, em 332 a.C. Durante o primeiro período da história do Egito, seu povo desenvolveu sistemas de irrigação, inventou o arado puxado por bois e criou a primeira burocracia de que se tem notícia. Fixado em Mênfis e ancorado por crenças religiosas, o governo nacional egípcio – no qual deus e nação não eram duas entidades separadas, mas integradas – administrava as enormes obras públicas, inclusive a construção das pirâmides, e empregava um exército de escribas para registrarem tudo isso.

Embora para alguns especialistas não seja claro se os soberanos egípcios eram considerados divinos desde o princípio dos tempos, é sabido que esses reis foram os líderes políticos, militares e religiosos do primeiro Estado-nação. Também se sabe, através das tumbas de reis mais antigas de que se tem registro, que o rei era visto como o mediador entre o povo e as forças do além, e que a religião do Estado conferia legitimidade à ordem política. Outros documentos e artefatos dessa mesma época evidenciam mais uma importante invenção humana que também já estava, sem dúvida, em vigor – os impostos!

O sacerdócio existia para servir tanto às divindades quanto ao rei, que era considerado o principal sacerdote do país. Os complexos em

Presente do Nilo 105

volta dos templos, comandados pelos sacerdotes, eram, de muitas formas, equivalentes aos complexos das catedrais medievais da Europa. Não eram um local para se visitar uma vez por semana, ou durante as férias, mas sim o centro econômico e social da vida egípcia. Como na Europa feudal, a maior parte das terras do Egito estava nas mãos do rei e dos sacerdotes. Os templos coletavam e distribuíam os donativos e sustentavam populações inteiras de funcionários públicos, escribas, artesãos e artistas. Coletavam impostos em nome do rei – eram instrumentos do Estado. De acordo com um censo realizado no período de Ramsés III, os dois grandes templos de Tebas empregavam 90 mil trabalhadores, possuíam quinhentas cabeças de gado, quatrocentos pomares e oitenta embarcações.

Após as primeiras dinastias, a história do Egito, em geral, é dividida em três períodos principais, conhecidos como **Antigo**, **Médio** e **Novo Impérios**, com interrupções esporádicas nas épocas em que ocorriam revoltas sociais ou tomadas de poder por líderes estrangeiros, que são conhecidas como "períodos intermediários".* Apesar das interrupções, dos eventuais períodos de domínio estrangeiro e esporádicas crises da ordem, a vida no Egito manteve seu fundamental senso de ordem e estabilidade durante um longo tempo.

O **Antigo Império**, ou **Era das Pirâmides**, teve início em 2686 a.C. e perdurou por mais quinhentos anos, até 2160 a.C. Como indica o nome, o período é famoso pela construção das primeiras pirâmides gigantescas. Durante o Antigo Império, o poder absoluto do rei se solidificou, fundamentado na crença em sua divindade, em seu papel

---

* Há uma grande variedade de sistemas de datas egípcios e muitas das aqui apresentadas são aproximadas ou especulativas, mas se baseiam na reconhecida cronologia do livro *The Oxford History of Ancient Egypt*, organizado por Ian Shaw.

106 MITOLOGIA

como principal sacerdote e em seu domínio sobre o sacerdócio, e na promessa de que apenas o rei passaria a eternidade com os deuses, onde continuaria mantendo a ordem cósmica que abençoava o Egito com tanta fartura. Para manter o *status quo*, o rei detinha um poder inquestionável. Um exemplo impressionante da estabilidade e do controle absoluto do rei pode ser demonstrado com um dos soberanos do Antigo Império, Pepi II, que assumiu o trono aos 6 anos de idade e governou por 94 anos.

O Antigo Império entrou em declínio e o que se seguiu foi um século confuso, denominado Primeiro Período Intermediário, quando o poder foi transferido de Mênfis para Heracleópolis. Esse período de agitação e desordem foi posteriormente tomado como uma época em que os deuses retiraram suas bênçãos do Egito. Uma nova geração de soberanos do Alto Egito restaurou a ordem nacional durante o **Médio Império** (2055–1650 a.C.). Esse foi um período de paz e prosperidade, que durou quatrocentos anos, e durante o qual os reis da Décima Segunda Dinastia conquistaram as terras vizinhas da Núbia (atual Sudão) e começaram a expandir o comércio do Egito com a Palestina e a Síria, no sudoeste asiático, e com a avançada civilização minoica, baseada em Creta. Muitas vezes descrito como um período de "Renascença" do Egito, o Médio Império viu a arte, a arquitetura e a religião egípcias alcançarem novos patamares. Tendo tanto contato com outras culturas a sua volta, explica o historiador Gae Callender, "o Médio Império foi uma era de extraordinária criatividade, grande visão e projetos colossais, e, ainda assim, dava-se uma atenção cuidadosa e elegante ao detalhe na criação dos menores objetos de uso diário e de decoração. Esse toque mais humano está presente na noção disseminada de que os indivíduos haviam se tornado mais importantes em termos cósmicos".

Presente do Nilo

Após essa era de ouro, a atrofia voltou a reinar e mais uma sucessão de soberanos fracos determinou o fim do Médio Império, por volta de 1650 a.C. Enquanto o Egito se encontrava nesse estado deteriorado, guerreiros vindos da Ásia se espalharam pelo delta do Nilo. Por fim, esses imigrantes, que usavam carros puxados por cavalos e portavam arcos aprimorados, além de outras armas mais avançadas desconhecidas pelos egípcios, tomaram o controle de grande parte do território. Esses invasores, denominados "asiáticos" pelos egípcios, são mais conhecidos pelo nome que lhes foi dado pelos gregos, de reis hicsos, e governaram grande parte da área do delta no Segundo Período Intermediário. Todavia, mais do que tentar substituir a religião egípcia por seus próprios deuses e ídolos, como invasores costumam fazer, os hicsos parecem ter adaptado as formas egípcias. Ao que tudo indica, os egípcios também aprenderam com os invasores hicsos, adaptando sua arte de guerra e, finalmente, expulsando-os do país.*

Assim, surgiu uma nova sucessão de reis, que, a princípio, se estabeleceu em Tebas, cidade do Alto Egito, e começou a fazer uso do título "faraó". Esses reis criaram um exército efetivo permanente que usava carros puxados por cavalos e outras técnicas militares avançadas, que haviam sido introduzidas durante o domínio dos hicsos, e deram início ao período de quinhentos anos do **Novo Império**. Tendo início em 1550 a.C., com Ahmose, da Décima Oitava Dinastia, a quem se atribui a expulsão dos hicsos do Egito, essa era testemunhou a transformação do Egito antigo na maior potência mundial, e foi durante esse período que reinaram os personagens mais conhecidos da história do país – Tutmés III, a rainha Hatshepsut, Akhenaton

---

* O historiador judeu Josefo, que viveu na era romana, atribuiu aos hicsos a fundação da cidade que, posteriormente, se tornou Jerusalém.

e sua esposa Nefertiti, Tutancâmon e uma série de faraós chamados Ramsés, de fama bíblica.

Foi ainda durante essa era que o Egito iniciou uma agressiva expansão militar, e Tutmés I liderou o exército até o rio Eufrates. Sua filha, a rainha Hatshepsut, se tornou uma das primeiras soberanas de que se tem notícia na história mundial, embora se apresentasse para o público e fosse retratada pela arte como um homem barbado. O Egito atingiu o ápice de seu poder durante a década de 1400 a.C., sob o reinado de Tutmés III. Apelidado de "Napoleão do Antigo Egito", Tutmés III se empenhou de maneira agressiva para expandir as fronteiras do país, liderou expedições militares pela Ásia e restabeleceu o domínio egípcio sobre reinos africanos vizinhos, transformando o Egito na nação mais forte e rica do Oriente Médio.

O que sabemos sobre a mitologia egípcia e como sabemos?

História às vezes é sinônimo de mistério. É comum "não sabermos muito" sobre a verdade dos acontecimentos que ocorrem ao longo de nossa própria vida. Então, como é possível entendermos ou conhecermos um lugar que existiu numa época anterior aos livros, jornais e fotografias? No caso do Egito, para nossa sorte, temos uma sociedade que gastou bastante energia na ideia de posteridade. Os egípcios tinham orgulho de suas conquistas e certos reis, em especial, não economizaram para garantir que o mundo conheceria seus feitos. E muito disso foi, como diz a expressão, "gravado em pedra".

Pergaminhos com milhares de anos de idade, que foram muito bem-preservados, mostram o Egito como uma sociedade extremamente culta. Foram encontrados registros de pessoas declarando seus impostos, manuais de boas maneiras com 4.500 anos de idade e cartas

Presente do Nilo

em que pais alertam seus filhos para trabalharem bastante na escola de escribas de forma a não precisarem ganhar a vida como carpinteiros, pescadores ou, pior, lavadeiros – um emprego cujos riscos ocupacionais incluíam lavar as roupas de mulheres menstruadas e tentar se esquivar dos crocodilos do Nilo. Alcançar o status de escriba era uma grande honra para um jovem do povo que buscasse ascender na sociedade. O Egito antigo, em outras palavras, era uma cultura letrada que valorizava o aprendizado.

E, por isso, é ainda mais surpreendente o fato de não existir nenhuma Bíblia egípcia antiga, ou Corão, ou textos como a *Odisseia*, ou *Gilgamesh*, no qual poetas tivessem organizado e reunido uma versão "autorizada" da mitologia egípcia. A maior parte do que conhecemos sobre os mitos, as crenças e a história do Egito foi cuidadosamente reconstruída a partir de uma elaborada coleção de literatura e arte funerária que foi descoberta e traduzida nos últimos duzentos anos. Poucas civilizações ancestrais documentaram suas crenças de maneira tão rica e detalhada e em tantos lugares diferentes quanto a egípcia. É óbvio que o fato de terem tido mais de 3 mil anos para criarem o filão principal dessa arte e arquitetura ajudou. Embora, durante séculos, tenham ocorrido roubos nos túmulos e pilhagens feitas por invasores, o mundo conseguiu ter acesso a um vasto tesouro que inclui arte, artefatos e escrituras encontradas em milhares de tumbas, templos e sítios funerários localizados pelo Egito.

Qualquer pessoa que já tenha caminhado por um cemitério antigo sabe que se pode aprender muito pelo que se vê nas sepulturas. Às vezes, uma simples lápide pode fornecer um mundo de informações a respeito de famílias inteiras, suas crenças e a maneira como faleceram. No Egito, simples caminhadas pelos cemitérios forneceram uma verdadeira fonte de informações a respeito de milhares de anos

110 MITOLOGIA

da vida e crenças dos egípcios. Por exemplo, nas tumbas esculpidas de pedra calcária, próximas à pirâmide do rei Unas (*c.* 2375–2345 a.C.), do Antigo Império, arqueólogos encontraram uma "casa para o além-mundo", com cômodos para homens e mulheres, um quarto principal e banheiros com latrinas. Mas talvez ainda mais significativa tenha sido a descoberta de colunas de hieróglifos, chamadas **Textos das pirâmides**, que são considerados as escrituras religiosas mais antigas do mundo e foram esculpidas há mais de 4 mil anos na tumba do rei Unas.

Se você cresceu vendo as bruxas de Walt Disney, é provável que a palavra "feitiço" lhe traga à mente a ideia de engodo e "olho de salamandra". Mas a coleção de "feitiços" e encantos (a frase exata usada pelos egípcios era "palavras para serem faladas") dos *Textos das pirâmides* era muito menos exótica. Na verdade, como se diz hoje, os *Textos das pirâmides* eram mais como manuais práticos – guias de viagem para o além-mundo. Evocando os nomes dos deuses do enorme panteão egípcio, os "feitiços" dos textos proviam o finado rei com os "roteiros" necessários para uma passagem segura e para a sobrevivência e o bem-estar na terra dos mortos. Às vezes, vinham com alertas para os perigos e com os diálogos corretos que deveriam ter com porteiros e balseiros que encontrassem pelo caminho, dando ao morto uma "cola" com as respostas para as perguntas que seriam feitas para garantir sua legitimidade como rei e herdeiro dos deuses. O "Proferimento" abaixo, um exemplo típico desses textos, fala de um rei que é transportado em uma barca pelo céu para se juntar ao deus sol:

> *As jangadas de junco do céu estão preparadas para mim,*
> *Para que eu possa com elas atravessar o horizonte, até Harakhti.*
> *O canal da Ama está aberto,*

O canal sinuoso está cheio d'água,
Os campos de juncos estão cheios d'água,
E sou transportado
Para o outro lado, para o lado leste do céu,
Para o local onde os deuses me moldaram,
Onde nasci, novo e jovem.

Mais de duzentos "feitiços" como esse foram encontrados na tumba do rei Unas, mas, desde então, mais de oitocentos outros foram identificados em tumbas desse mesmo período. É possível ter uma noção de quão vasto era o panteão de deuses egípcios pelo fato de que mais de duzentos deuses diferentes são mencionados nesses textos. Embora outrora fossem reservados aos reis, os *Textos das pirâmides* começaram a aparecer nas tumbas de pessoas comuns ao final da Sexta Dinastia do Antigo Império, o que indica uma mudança fundamental na sociedade egípcia, que talvez explique a desordem que levou o Antigo Império ao declínio.

Com o passar do tempo, a obsessão dos egípcios em fazer uma preparação adequada para a vida após a morte gerou a produção de sarcófagos ornamentados e pintados com hinos e pedidos aos deuses, formando uma nova coleção de feitiços, conhecidos como **Textos dos sarcófagos**. Essa é a denominação atual de uma coleção de mais de 1.100 feitiços e recitações, alguns deles semelhantes às versões dos *Textos das pirâmides*, que eram pintados em sarcófagos de madeira. Em alguns desses textos, havia mapas que mostravam a rota mais segura que a alma deveria tomar enquanto o finado negociava o caminho traiçoeiro pelo mundo inferior.

A última – e talvez mais conhecida – forma de literatura funerária é uma outra coleção, que foi erroneamente denominada **O livro dos mortos** no século XIX d.C., quando foi descoberta e traduzida.

O livro dos mortos, conhecido pelos egípcios como "Saída para a luz do dia", foi uma inovação do Novo Império, e era composto por duzentos feitiços ou fórmulas designadas para ajudar o espírito do morto a alcançar e manter uma vida pós-morte plena e feliz. Os feitiços ganhavam títulos como "Para sair no dia e viver após a morte", "Para passar pelo perigoso anel de Apep" (Apep era uma terrível serpente da mitologia egípcia) ou davam conselhos com ares de "dicas sentimentais" − "Para remover a raiva do coração do deus". Um outro feitiço vinha em forma de encantamento para prevenir a decapitação de um homem no reino dos mortos:

"Eu sou o Grandioso, filho de um Grandioso. Sou uma labareda, o filho de uma labareda, a quem foi entregue sua cabeça, após ter sido decepada. A cabeça de Osíris não deve dele ser tirada, e a minha cabeça não deve de mim ser tirada. Estou unido, justo e jovem, pois de fato sou Osíris, o Senhor da Eternidade."

No passado, esses feitiços e rituais serviram para uso exclusivo dos faraós. Mas, com *O livro dos mortos*, os homens comuns passaram a ter a chance de viver eternamente, e cópias do livro passaram a ser enterradas junto a qualquer egípcio que pudesse pagar por uma. (Ver, adiante, *O que era a "pesagem do coração"?*).

Os muitos séculos de funerais, tumbas, templos, palácios, monumentos e estatuárias deixados pelos egípcios − todos com registros dos reis, esculpidos com cuidado, exaltando suas conquistas − constituem, de forma bruta, a primeira história documentada. Essa espantosa coleção de antiguidades é o registro de um Egito que, há mais de 5 mil anos, já possuía uma mitologia singular e altamente desenvolvida. Essa enorme coleção mostra que os egípcios acreditavam, desde o princípio dos tempos, que os deuses exerciam um impacto profundo no funcionamento de seu mundo e sua civilização. Todavia, o ponto central dessa religião complexa evoluiu para uma quase obsessão com a vida após a morte.

Muito antes do surgimento do cristianismo e de seu conceito de ressurreição, a religião egípcia já havia sido a primeira a conceber a vida após a morte. No coração da religião – e no centro do próprio governo e sociedade egípcios – ficavam os extraordinários deuses, um panteão muito criativo e completo, que conseguiu se expressar em relação a todos os aspectos da criação do mundo – animal, homem, planta e pedra. O começo da mitologia egípcia e das elaboradas histórias sobre seus deuses remonta a uma época muito distante, antes da história, quando os primeiros egípcios conceberam a criação.

VOZES MÍTICAS

Todas as manifestações passaram a existir depois que as criei (...) não havia céu, não havia Terra (...) criei-os a partir de mim mesmo (...) meu punho se transformou em minha esposa (...) copulei com minha mão (...) expeli Shu (...) vomitei Tefnut (...) Depois, Shu e Tefnut produziram Geb e Nut (...) Geb e Nut, então, deram à luz Osíris (...) Set, Ísis e Néftis (...) por fim, produziram a população que vive nessa terra.

– *Retirado do* Papiro Bremner-Rhind

Como funcionou a "criação pela masturbação"?

No Livro do Gênesis, a Bíblia hebraica oferece duas versões para a criação do mundo. A primeira é o relato dos Sete Dias, no qual Deus fala e cria o Universo. A segunda conta a história de Adão e Eva e se passa no Jardim do Éden. Esses dois relatos bíblicos apresentam diferenças consideráveis em seus detalhes, fatos e estilos. É provável que tenham sido escritos com séculos de distância e que só tenham sido reunidos algum tempo depois, pelos primeiros judeus que organizaram e compilaram as escrituras que viriam a compor o Pentateuco, os cinco primeiros livros da Bíblia escritos por Moisés. Muitas pessoas que cresceram ouvindo as versões dos eventos bíblicos contadas pela escola dominical ou por Hollywood, e que nunca leram o texto bíblico original, não sabem nem mesmo que existem duas criações.

O Egito antigo coloca o Gênesis no chinelo. Existem, pelo menos, quatro versões bastante diferentes de relatos egípcios sobre a criação do mundo, algumas com detalhes e personagens em comum. Cada uma dessas histórias estava ligada a alguma cidade importante, e todas surgiram em épocas diferentes ao longo da extensa história do Egito. Da mesma maneira que as duas versões no Gênesis refletem o trabalho de diversos escritores em épocas diferentes, os muitos relatos egípcios foram criados ao longo do imenso intervalo de tempo pré-histórico que não pode ser esquecido quando se fala sobre o Egito. No princípio de sua história, o Egito fora dividido em 42 distritos administrativos, chamados *nomos*, cada qual com sua própria divindade. Todas as cidades e vilarejos tinham um templo, em geral dedicado ao deus local, e, assim, com o passar do tempo, o número de divindades egípcias aumentou para milhares.

Sabendo disso, fica mais fácil entender por que os mitos cosmogônicos egípcios desafiam a narrativa simples e "lógica". Essas são histórias que remontam aos momentos mais longínquos da civilização humana e que depois evoluíram e se transformaram ao longo dos séculos. Apesar de existirem variações nos detalhes, há também semelhanças e personagens recorrentes. Todas compartilham da mesma crença de que o sol – ou, mais precisamente, um deus sol – estava no centro da criação, que emergiu de um caos aquático primitivo chamado *Nun*,

Presente do Nilo 115

representado pelas profundezas do mar, infinitas e amorfas, que existiam desde o princípio dos tempos e que eram a fonte do Nilo.

Essas águas, que eram o oceano de caos primordial que existia antes de surgirem os primeiros deuses, continham todo o potencial para a vida, e estavam à espera da emergência de um criador. Essa criação que vem da água fornece uma intrigante analogia com as primeiras linhas da Bíblia – "No princípio criou Deus os céus e a terra, a Terra era sem forma e vazia, e havia trevas sobre a face do abismo, mas o Espírito de Deus pairava sobre a face das águas."

É provável que a versão mais antiga de um mito cosmogônico egípcio venha de Mênfis, a antiga capital política do Egito. Mênfis é o nome que os gregos deram para a cidade. O nome egípcio original é traduzido como "Muros Brancos" e fazia referência ao muro que havia em torno da cidade sagrada. Segundo o mito de Mênfis, o mundo havia sido criado por um velho deus construtor chamado **Ptah**, em cuja homenagem foram edificados inúmeros templos pelo Egito. Muitos especialistas acreditam que os gregos traduziram a palavra egípcia *Hewet-ka-Ptah*, cujo significado literal é "Templo do espírito de Ptah", como *Aeguptos*, que, por fim, foi transformada na palavra que usamos hoje, *Egito*.

Patrono dos artesãos, Ptah criou o mundo apenas com o pensamento e sua palavra – "através de seu coração e através de sua língua", como afirmam escrituras sacerdotais ancestrais. Pela simples pronúncia de uma série de nomes, Ptah produziu o Egito inteiro, os outros deuses, inclusive o deus sol **Atum** (ver a pág. 118), as cidades e os templos. Em outras palavras, essa história da criação era semelhante à muito posterior versão bíblica da criação, em Gênesis 1, em que o Deus hebreu fala e cria o Universo. ("Deus disse: 'Faça-se a luz', e a luz foi feita.") Há séculos, estudiosos do

MITOLOGIA

assunto vêm fazendo especulações e debates a respeito dos paralelos existentes entre o relato da criação egípcio e o hebreu, não se sabe se são apenas uma coincidência ou se as histórias egípcias influenciaram os antigos hebreus. Trata-se de uma pergunta para a qual até hoje não houve uma resposta, e que talvez nunca haja.

Adorado em Mênfis, e manifestado através do touro sagrado Ápis, o mais importante de todos os animais sagrados do Egito, Ptah era visto como uma divindade criadora, e a coroação dos reis do Egito era realizada em seu templo. Mas Ptah nunca chegou a se tornar o deus supremo do Egito e, posteriormente, foi assimilado por outros deuses e se tornou um deus dos mortos. Os gregos equipararam Ptah a Hefesto, seu deus ferreiro, conhecido pelos romanos como Vulcano. Um outro mito secundário credita a Ptah a miraculosa derrota de um exército assírio, por ter instruído um exército de ratos a roer as cordas dos arcos e o couro dos escudos dos atacantes, forçando-os a bater em retirada. Uma das representações mais conhecidas de Ptah é uma pequena estátua dourada encontrada na tumba de Tutancâmon.

Uma segunda importante versão egípcia para a história da criação veio de Hermópolis, cidade próspera, construída na região sul do Egito central, em homenagem a um deus chamado **Thoth**. Ao deus da sabedoria e transmissor do conhecimento credita-se a invenção da escrita. O nome dado à cidade pelos egípcios da Antiguidade era Khemnu, mais tarde denominada Hermópolis pelos gregos, que associavam Thoth ao deus Hermes. Mas, no egípcio antigo, Khemnu significava "Cidade Oito" e o mito que se desenvolveu por lá dizia que quatro casais de deuses com cabeça de sapo e deusas com cabeça de cobra – cujo nome técnico era Ogdóade, ou Grupo de Oito – haviam sido criados por Thoth simbolizando diferentes aspectos do Universo. **Nun** e sua companheira, **Naunet,** personificavam as águas primitivas

Presente do Nilo

e amorfas; **Heh** e **Hauhet** simbolizavam tanto o infinito quanto a força das águas de enchente do Nilo; **Kek** e **Kauket** corporificavam a escuridão; **Amun** e **Amaunet** eram a encarnação das forças ocultas e eram ainda associados ao vento e ao ar.

Embora os detalhes específicos sobre como esse processo de criação se deu de fato sejam desconhecidos, acreditava-se que Thoth havia comandado a criação e, de alguma forma, os oito deuses produzidos por ele foram responsáveis pela criação do sol. Em uma variação desse mito, uma flor de lótus emergiu do oceano e, dessa flor, emergiu um jovem deus sol, que trouxe luz e vida para o cosmos. Após essa criação, seis dos deuses desaparecem e apenas Amun e Amaunet se juntaram aos outros deuses do Egito e continuaram a exercer um papel ativo na vida egípcia.

Uma terceira história da criação do mundo é centrada no tema da criação dos homens – um aspecto menos importante para os outros relatos egípcios sobre a criação. A história apresenta o deus **Khnum**, um antigo deus criador que tem cabeça de carneiro e surgiu em Elefantina, ilha do Nilo localizada pouco acima da Primeira Catarata, em Assuã. Em uma narrativa altamente folclórica, Khnum criou a raça humana ao moldar pessoas em uma roda de oleiro, provendo a primeira ligação real entre deuses e homens na mitologia egípcia. A imagem de Khnum sentado à frente da roda de oleiro se tornou um motivo popular na arte egípcia. Khnum tinham uma importância especial, pois controlava as águas de enchente do Nilo. A inundação dos campos, que produziam o grão que permitia ao Egito prosperar, era um dos aspectos mais importantes da vida egípcia, e Khnum era considerado um grande deus da fertilidade.

A história mais importante da criação do Egito antigo, porém, era uma narrativa associada a Heliópolis, assim chamada por Heródoto

MITOLOGIA

por ser a Cidade do Sol (*helio* significa "sol" em grego). Era uma das cidades mais importantes do Egito antigo e suas ruínas ficam perto do Cairo. Por volta de 3000 a.C., período próximo ao da unificação do Alto e do Baixo Egito, surgiu em Heliópolis um relato da criação que viria a se tornar o mito dominante da religião e história egípcias. É um relato importante dentre os que constam nos *Textos das pirâmides*, coleção de escrituras hieroglíficas encontradas em algumas das tumbas mais antigas.

Segundo o mito de Heliópolis, havia um grande oceano infinito, descrito como um ser primitivo chamado Nu ou Nun. No princípio dos tempos, o deus Atum, "senhor de Heliópolis", pai e rei de todos os deuses, emergiu dessas águas primevas. Como deus sol, Atum simplesmente surgiu e se colocou no alto de um monte — representação simbólica da terra que emerge depois que as águas do Nilo retrocedem. Em outras palavras, a essência do Egito — o sol e a água — se fundiram nesse único deus. O monte passou a ser conhecido como *benben*, uma elevação em formato de pirâmide onde se postou o deus sol. Em um templo de Heliópolis havia uma pedra, possivelmente um meteorito, que era venerada como a pedra *benben* e considerada o sêmen solidificado de Atum. A pedra *benben*, o monte primitivo de onde emergiu a criação, é considerada a fonte de inspiração para as pirâmides e o obelisco.

Deus da totalidade e de poderes completos, Atum de imediato começou a criar outros deuses. (Posteriormente, foi feita uma ligação entre Atum e outro importante deus sol egípcio, **Rá** ou **Re**, chamada Rá-Atum. Ver a seguir.) É aqui que a história se complica, pois existem variações dela. Seu primeiro ato é se masturbar e, ao fazê-lo, Atum espontaneamente pariu seus filhos, os gêmeos **Shu** e **Tefnut**. Mas uma passagem mais à frente afirma que Atum "engoliu sua semente" e depois "expeliu" ou "vomitou" os gêmeos. Shu é o deus do ar, e Tefnut, com cabeça de leão, a deusa da umidade. A partir da criação dos gêmeos, passaram a existir o sol, a água e a atmosfera. É assim que se inicia a criação, que se desenvolve até o surgimento da família dos deuses mais importantes do Egito – as nove divindades conhecidas como a Grande Enéade.

VOZES MÍTICAS

O deus glorioso veio,
o próprio Amun, senhor das duas terras,
disfarçando-se de seu marido.
Encontraram-na repousando no belo palácio.
Ela despertou quando sentiu o perfume do deus,
E riu ao ver sua majestade.
Inflamado pelo desejo, ele precipitou-se até ela.
Ele havia perdido seu coração para a rainha.
Quando se aproximou,
Ela viu que sua forma era divina.
Ela regozijou-se com o esplendor de sua beleza.
Seu amor entrou por todos os membros da rainha.
O doce perfume do deus
Espalhou-se por todo o palácio,
O perfume de Punt, a terra do incenso.
O grandioso deus
Fez o que o agradava com a mulher.
Ela o beijou
E o deleitou com seu corpo.

– Hino egípcio do nascimento de Hatshepsut
(1490–1468 a.C.)

Qual foi a primeira família da mitologia egípcia?

Quase todas as pessoas do mundo têm de lidar com familiares irritantes e desavenças fraternais. A Grande Enéade egípcia – a primeira família de deuses – elevou essas disputas entre irmãos a níveis cósmicos e criou os mitos centrais do Egito antigo. Todas as divindades principais do mundo egípcio saíram da história da criação de Heliópolis, que ganhou continuidade quando os irmãos gêmeos Shu e Tefnut se tornaram o primeiro casal divino. Depois, o casal produziu outro par de gêmeos, **Geb** e sua irmã **Nut**, os netos de Atum, deus sol. Geb era o deus da Terra e sua irmã-consorte, Nut, representava o céu e o paraíso.

Existem duas versões egípcias para a história da separação da Terra e do céu. Em uma delas, a Terra e o céu haviam sido unidos por um abraço ao nascerem, e Atum, seu avô, disse a Shu que separasse os gêmeos. Em um segundo registro, Geb e Nut se casaram, mas Atum, o deus sol, se enraivecera, pois não havia sido informado sobre a união e não a aprovara. Ele ordenou que Shu, o pai dos gêmeos, afastasse Nut de Geb e a empurrasse para o céu. De pé, por sobre Geb, Shu empurrou Nut para cima e formou a grande abóbora que compõe o céu, deixando que suas mãos e pés repousassem sobre os quatro pontos cardeais. A arte egípcia costuma retratar Nut nessa posição – escarranchada sobre a Terra, com as costas arqueadas até o céu. Por ser a deusa do céu, a imagem tradicional de Nut a retratava coberta de pontos brilhantes como as estrelas – e as estrelas foram posteriormente descritas pela religião egípcia como os espíritos dos mortos que se haviam juntado aos deuses no céu. A risada de Nut se transformou no trovão, e suas lágrimas, na chuva.

Além de seu papel como mãe dos deuses, Nut exercia um papel central no aspecto mais essencial da crença religiosa egípcia – a passagem

Presente do Nilo 121

diária do sol. Todos os dias, o deus sol fazia sua viagem do alvorecer ao anoitecer, em uma barca, passando pela parte de baixo do corpo arqueado de Nut. Ao fim do dia, Nut engolia o sol e sua barca (uma morte diária simbólica), que então viajavam por dentro do corpo de Nut – em um ato equivalente à viagem ao mundo inferior egípcio, conhecido como o **Duat**. A cada manhã, ela dava à luz e o deus sol emergia de seu útero. Segundo esse mito, a vermelhidão que aparecia no céu durante o alvorecer representava a placenta ensanguentada que era expelida junto ao deus sol todos os dias.

O coração pulsante e ponto central de toda crença egípcia se resumia nesse mito. O nascimento e a morte diários do sol simbolizavam o ciclo eterno da vida e da morte. Para os egípcios, a vida, a morte e o papel do sol como provedor da vida estavam interligados no ciclo regular da cheia do Nilo, que trazia fertilidade ao solo e as boas colheitas que sustentavam o Egito. Essa ideia foi transportada para o núcleo da crença egípcia, que afirmava que os homens também podiam viver, morrer e renascer. Era essa ideia fundamental de morte e ressurreição que constituía a base de toda a sociedade e toda crença egípcia.

Na continuação da história da criação do mundo, após Nut ser transformada no céu e no paraíso, seu irmão-marido, Geb, foi obrigado a se deitar e se transformar na Terra. Por ser o deus da Terra, Geb era considerado a causa dos terremotos, que eram atribuídos à sua risada ou ao seu lamento pela irmã-esposa. Geb tinha uma importância especial, pois, como deus da Terra, era responsável pela fertilidade dos solos, e costumava ser representado com seu falo se alongando aos céus até sua irmã. Alguns registros afirmam que o obelisco foi projetado como símbolo do falo de Geb, que apontava para os céus para fecundar Nut. Em outras versões desse mito, Geb se tornou o primeiro rei do Egito, assim estabelecendo a ligação divina entre o rei e os deuses.

Antes de Geb e Nut terem sido separados, eles tiveram filhos, e a história da criação do mundo continua após o nascimento dos quatro filhos mais importantes de Geb e Nut: Osíris, Ísis, Set e Néftis. **Osíris**, o filho mais velho, tornou-se um dos deuses mais importantes do panteão egípcio. Era adorado por um grande número de pessoas, na religião popular, por ser um deus da fertilidade, da morte e da ressurreição. Originalmente deus da vegetação, Osíris era considerado o deus que havia trazido as plantas e estações para a Terra, ensinando os homens a cultivar o solo e criando a civilização. Aboliu o canibalismo, ensinou os homens a usar ferramentas e lhes mostrou como se fazia vinho e pão. Ele ainda governou a Terra e se tornou o primeiro faraó, instituindo tanto a religião quanto o sistema de leis. Mais importante ainda foi sua posterior transformação em juiz dos mortos, um papel crucial em uma sociedade tão preocupada com a vida após a morte. (Ver a seguir, Ísis-Osíris.)

A segunda filha de Geb e Nut era **Ísis**, irmã gêmea e esposa de Osíris e outra das figuras mais importantes da mitologia egípcia. Em algumas versões, sua história começa no útero, onde faz amor pela primeira vez com Osíris, seu irmão e marido. Considerada a criadora do rio Nilo, com as lágrimas que chorou após a morte de Osíris, Ísis ensinou os egípcios a moer o trigo, fiar e tecer, e ainda era uma deusa capaz de curar as doenças. A Ísis também se creditava a introdução do casamento.

Uma das figuras mais adoradas em toda a mitologia, Ísis tornou-se o ponto central de um culto religioso que sobreviveu por milhares de anos e que foi transmitido a outras civilizações, inclusive a grega e a romana. Ela era conhecida como a Grande Mãe, esposa devotada e poderosa fonte de magia, e a devoção a Ísis perdurou mesmo após

Presente do Nilo

o advento do cristianismo. Quando o imperador romano cristianizado Teodósio I baniu a adoração a Ísis, em 378 d.C., seus templos foram destruídos e, em geral, substituídos por igrejas cristãs.

O terceiro filho de Geb e Nut era o malvado **Set**, irmão e inimigo de Osíris. Deus da tempestade que talvez tenha se originado como divindade do deserto, Set às vezes era visto como a encarnação do mal e a fonte dos distúrbios e discórdias no mundo. Ele era um deus mal-humorado que personificava a raiva, a cólera e a violência.

Set, porém, também exerceu um papel positivo no ritual do deus sol. Como era uma divindade poderosa, foi incumbido de proteger e defender o deus sol durante sua viagem noturna pelo mundo inferior. Durante a noite, a barca, ou canoa, do deus sol, era atacada por **Apep** (ou **Apófis**), a serpente do caos, às vezes retratada como um crocodilo. Em um interessante paralelo com a serpente bíblica, Apep é denominada "grande Rebelde" e "ser do mal". Possivelmente inspirada na mortal anaconda africana, e depois mesclada com o crocodilo – duas das criaturas mais temidas e mortíferas do Nilo –, Apep talvez seja a versão mais antiga de um dragão. Set costuma ser considerado aquele que fere Apep, senhor da escuridão, com uma lança, no momento em que ele ataca a canoa que a cada noite atravessa o Duat.

O papel mais importante de Set, porém, é o que exerce na história de seu ódio contra seu irmão favorito. A inveja profunda que resulta em disputas de sangue entre irmãos – rivalidade fraterna em escala cósmica – é um tema comum em histórias míticas e bíblicas. Da mesma forma que Caim invejou e matou Abel, e que Jacó enganou seu irmão Esaú por causa de uma herança, no Gênesis, Set sentia rancor do sucesso e da grande estatura de seu irmão. Sugere-se que essa rivalidade mítica tenha sido um registro simbólico da rivalidade política entre duas regiões do Egito. Por ser um deus do deserto da "Terra Vermelha", Set era visto como a força da destruição e do caos que ameaçavam a vegetação, e o conflito entre os dois irmãos, narrado na saga de Ísis e Osíris (ver a seguir), é um fragmento central de um dos mitos mais importantes da história do mundo.

O quarto filho de Geb e Nut era **Néftis**, que, sem dúvida, ocupava uma posição menos importante do que sua irmã Ísis, a estrela da mitologia egípcia. Primeiro, Néftis casou-se com o irmão Set, mas o abandonou para ficar com seu outro irmão, Osíris. Com Set parecia ser estéril, mas depois concebeu uma criança que se tornou o deus com cabeça de chacal, **Anúbis**, outra divindade chave nos rituais fúnebres do Egito. Néftis ainda tornou-se uma importante deusa funerária protetora dos mortos, e com frequência aparece em sarcófagos ou nas jarras que continham os órgãos vitais do falecido. De acordo com o costume funerário egípcio, duas mulheres deveriam personificar Ísis e Néftis e se lamentarem sobre a múmia do falecido, na barca funerária que transportava o morto para o lado oeste do Nilo, onde seria enterrado.

Essas nove divindades – Atum, seus filhos Shu e Tefnut, seus netos Geb e Nut e seus bisnetos Osíris, Ísis, Set e Néftis – foram as responsáveis pela existência de todas as outras formas de vida. São tradicionalmente conhecidos pela palavra grega para nove, *ennea*, e formam a Grande Enéade.

VOZES MÍTICAS

Salve, ó Rá, perfeito a cada dia,
Que nasces ao alvorecer sem falhar...
Em apenas um dia vós completais uma jornada
Centenas, milhares, milhões de quilômetros.

– Litania de Rá

Quem foi Rá?

A desconcertante variedade de histórias da criação do mundo egípcio, junto com os muitos deuses do sol e deuses criadores, chama atenção para um dos desafios da mitologia egípcia. Desprovida de uma estrutura narrativa em estilo bíblico, a mitologia do Egito não seguiu um único fluxo narrativo, mas emergiu gradualmente, conforme os costumes e crenças locais foram se cruzando ao longo dos séculos, e, por fim, foram integrados em uma religião unificada, com frequência refletindo o inconstante equilíbrio de poder no país. A maioria dos historiadores acredita que, à medida que as regiões ou cidades se tornavam proeminentes, suas divindades padroeiras entravam para o grupo de deuses mais importantes.

Ainda assim, uma força dominante subjaz toda mitologia do Egito. Como em muitas outras sociedade ancestrais, para os egípcios essa força era o sol e seu poder de dar a vida. A passagem diária do sol cruzando o céu fez surgir muitas metáforas e imagens diferentes. Pela manhã, o sol nascia da deusa céu Nut. Ao meio-dia, era uma barca flutuando no mar azul do céu. Era descrito ainda como um escaravelho empurrando uma bola de estrume pela areia. Essa pode parecer uma imagem profana para um deus todo-poderoso, mas os egípcios enxergavam metáforas da vida e da morte em todos os lugares, em especial no mundo animal. O escaravelho – ou besouro de estrume – coloca seus ovos em uma bola de estrume que leva para sua toca. Dentro da bola de estrume, os ovos são chocados no calor do sol. Até no ciclo de vida de um dos insetos mais inferiores os egípcios encontraram a eterna imagem da vida. É por essa razão que os escaravelhos se tornaram um motivo importante na arte do Egito.

Com o passar do tempo, o deus sol Rá (também denominado Re) foi se tornando o membro mais importante do panteão egípcio, e, durante a maior parte da história do Egito, ele foi a divindade suprema. Tendo sido originado em Heliópolis (Cidade do Sol), Rá emergiu como deus sol principal, e originalmente seu nome pode ter significado "criador". Rá era considerado o primeiro soberano do mundo e o primeiro faraó divino. Embora seja bastante provável que sua existência date de muito antes, seu nome foi registrado pela primeira vez durante a Segunda Dinastia (2890–2686 a.C.) e, quando começou a Quarta Dinastia, os reis do Egito já usavam as palavras "Filho de Rá" como um de seus títulos honoríficos. A partir do reinado do rei Quéfren (também conhecido como Khafra), da Quarta Dinastia (2613–2494 a.C.), as pirâmides e outras construções sagradas foram associadas ao nome de Rá. Quando começou a Quinta Dinastia (2494–2345 a.C.), Rá havia se tornado o deus oficial do Estado, e seis dos sete reis da Quinta Dinastia construíram templos dedicados exclusivamente a ele. Esses templos dedicados ao sol, construídos nos arredores dos grandes complexos de pirâmides, fizeram de Rá o "principal provedor de vida e a principal força propulsora" do Egito, segundo o egiptólogo Jaromir Malek. Mas esses templos também eram uma maneira de os faraós confirmarem suas ligações diretas com Rá, neste mundo e na vida eterna.

Por séculos a adoração a Rá se concentrou em Heliópolis, mas, com o passar do tempo, o deus passou a ser idolatrado por todo o Egito. Por ser um deus sol, Rá viajava em sua barca pelo céu e renascia a cada dia. Uma história conta que o homem foi criado a partir das lágrimas de Rá. (As palavras "lágrimas" e "homem" eram muito semelhantes na língua egípcia, da mesma forma que, no hebraico antigo, as palavras "terra" e "adão", encontradas na história da criação presente no Gênesis, também são parecidas.) Rá foi, de maneira gradual, sendo associado a outros deuses solares do Egito, e uma maneira que os egípcios tinham de explicar essas associações era identificando

Rá com o sol e suas diferentes posições durante o dia. Por exemplo, quando o sol aparecia de manhã, ele era chamado de Hórus-Rá, e quando era o sol da tarde, Atum-Rá. No mito da criação originário de Heliópolis, que produziu a Grande Enéade, o deus Atum foi associado a Rá e transformado em uma única divindade, denominada Atum-Rá. Nessa história, Rá apareceu como o deus criador, pai do primeiro casal divino.

Durante o Médio e Novo Impérios, quando o Egito alcançou o auge de seu poder e riqueza, Rá e Amon — um importante deus adorado nas cidades de Tebas e Hermópolis — também foram combinados em uma única divindade, chamada Amon-Rá, e passaram a ser vistos como um deus nacional ainda mais poderoso. Amon-Rá, rei dos deuses, criador do Universo e pai dos faraós, ainda se tornou senhor dos campos de batalha. Diz a lenda que na decisiva Batalha de Kadesh, em 1286 a.C., quando Ramsés II derrotou um exército hitita, Amon-Rá confortou o faraó quando a batalha se voltou contra os egípcios e prometeu: "Teu pai está contigo! Minha mão forte matará cem mil homens." Vendo-se diante da derrota, Ramsés II foi salvo pela chegada aparentemente milagrosa de reforços. Após a batalha, tudo indica que Ramsés II decidiu fazer amor em vez da guerra. Ele tomou para si a filha do líder hitita, para ser uma de suas sete esposas, selando assim a paz entre os dois antigos rivais.

Caso essa ideia de deuses intervindo em batalhas pareça uma superstição primitiva e absurda para os leitores modernos, vale lembrar: existem muitos exemplos, ao longo da história, de outras vitórias inspiradas pelo divino. Vários "deuses da guerra" já receberam o crédito pelo triunfo em determinadas batalhas, em especial quando um dos lados se encontrava em desvantagem esmagadora. Desde os gregos em Troia, até Josué em Jericó, Davi e Golias e outras batalhas bíblicas, essa ideia perdurou até na era cristã, com o imperador

Constantino, que se converteu ao cristianismo depois que uma visão religiosa o conduziu à vitória, em 312 d.C., e com Joana D'Arc, que graças a suas visões religiosas conseguiu vencer os exércitos franceses. A crença de que deuses podem interceder em uma batalha faz parte de uma tradição antiga e respeitada, e muitos generais norte-americanos do século XX atribuíram a Deus suas vitórias nas guerras. Essa é uma das razões por que os técnicos de futebol ainda obrigam seus jogadores a rezarem no vestiário.

VOZES MÍTICAS

Salve ó tu, Osíris,
Senhor da Eternidade, rei dos deuses,
De muitos nomes, de formas sagradas,
De ritos secretos nos templos.

– O Grande Hino a Osíris

Qual foi o deus que se tornou o senhor dos mortos no Egito?

Depois de Rá, nenhum outro deus do Egito era considerado maior ou mais importante do que Osíris e nenhuma outra história era mais essencial do que o mito de sua vida, morte e renascimento. Filho de Nut e Geb, Osíris sucedera seu pai como soberano do Egito. Tendo sua irmã Ísis como esposa, formou o casal divino que civilizou o país pela primeira vez, e, depois, decidiu fazer o mesmo pelo restante do mundo, deixando Ísis na posição de soberana. Após muitos anos, retornou e encontrou tudo em ordem, pois Ísis governara com sabedoria durante sua ausência.

No entanto, seu irmão Set invejava seu poder e sucesso e tramou um plano para matá-lo. Em algumas versões do mito, a inveja de Set aumentou quando Osíris dormiu com Néftis – irmã de ambos, que também era esposa de Set. Irado, Set amaldiçoou o filho do casal, que se tornou o deus Anúbis, que tinha cabeça de chacal.

Set, porém, não havia terminado seu plano para Osíris. Convidou o irmão para um banquete, onde compareceram 72 cúmplices seus. No salão do banquete havia um belo baú de madeira trabalhada. Em uma situação parecida com aquela do sapatinho da Cinderela, Set ofereceu o baú em formato de caixão para aquele que pudesse caber dentro dele. Todos os convidados tentaram entrar, mas não conseguiram, até que, por fim, o ingênuo Osíris entrou no baú e coube com perfeição. Set rapidamente pregou a tampa com a ajuda de seus parceiros e a selou com chumbo derretido. O grupo então jogou o baú no rio e ele foi levado até o mar, vindo a repousar sob uma tamargueira, em Biblos, cidade portuária da Fenícia (no atual Líbano). Com o passar dos anos, a árvore foi crescendo ao redor do baú, circundando-o por completo – com o corpo do falecido Osíris selado em seu interior. Quando, mais tarde, o rei da Fenícia mandou derrubar a árvore, dela saiu uma deliciosa fragrância que logo ficou famosa em todo o mundo.

De luto pela morte do marido-irmão, Ísis se encontrava inconsolável, e suas lágrimas infindáveis foram consideradas a causa da cheia do Nilo. Ela partiu em busca de Osíris, acompanhada por Anúbis. Quando soube da árvore e de sua incrível fragrância, Ísis percebeu seu significado. Resgatou o baú e o escondeu na região pantanosa do delta do Nilo. Quando Ísis finalmente abriu a tampa, transformou-se em um pássaro – um pardal ou um falcão, dependendo da versão – e a batida de suas asas trouxe a respiração de volta ao corpo sem vida de Osíris. Seu amado marido reviveu por um instante, tempo suficiente para que os dois fizessem amor, antes que Osíris tornasse a morrer. Ísis engravidou e deu à luz **Hórus**, o deus céu com cabeça

MITOLOGIA

de falcão. Depois, devolveu o falecido Osíris a sua tumba, que passou a vigiar.

Após assassinar o irmão, Set havia se tornado faraó do Egito. Ao saber que Osíris jazia em uma tumba, Set ficou descontente. Ele encontrou o túmulo e o corpo do irmão e, em um momento súbito de raiva, cortou os restos de Osíris em 14 pedaços e os espalhou pelo Egito. No mito, contudo, Ísis, desnorteada, partiu em busca de todos os pedaços, com a ajuda de sua mãe Nut, a deusa do céu, e de Anúbis, o deus com cabeça de chacal.

Apesar de Ísis ter conseguido reunir quase todos os pedaços, ela não conseguiu encontrar o falo de Osíris, que havia sido engolido por três tipos de peixe. (Comer esses tipos de peixe era considerado um tabu por alguns egípcios.) Em uma das versões do mito, Ísis enterrou os 13 pedaços do marido nos locais onde foram encontrados, e em cada um desses locais passou a existir um templo a Osíris. Cada templo a Osíris espalhado pelo Egito reivindicava a condição de sítio funerário dos restos do deus. Eles atraíam adoradores devotados, da mesma forma que algumas igrejas cristãs que alegam possuir "relíquias", como um pedaço da "verdadeira cruz", ou restos mortais de santos, se tornam os destinos dos peregrinos.

Na versão mais importante do mito, Ísis fez o corpo de Osíris renascer mais uma vez. Vivo, porém incapaz de reproduzir, devido à perda de seu falo, Osíris buscou os outros deuses para desonrar Set. Deus infértil, Osíris foi transformado em senhor dos mortos, e a ele foi conferido o governo das terras que ficavam além do horizonte do deserto situado a oeste. Com o intuito de preparar Osíris para sua viagem à terra dos mortos, Ísis inventou o embalsamamento e a mumificação, que foram realizados por Anúbis, seu assistente leal. Acreditava-se que a preservação do corpo do falecido fosse essencial para sua sobrevivência após a morte. Como senhor dos mortos, era

Osíris quem dava a permissão para se entrar no reino subterrâneo. Foi assim que tiveram início os elaborados rituais que formavam a essência da religião egípcia – com os ritos funerários que garantiam a imortalidade. Sob vários aspectos, embora Osíris não tenha suplantado Rá em todo seu poder, ele se tornou a divindade mais popular do Egito, e foi cultuado por ainda mais de 2 mil anos.

Quem foi a deusa egípcia mais importante?

A disputa de sangue não terminou por aí. A história épica continua com o conflito entre Hórus, filho de Ísis e Osíris, e seu tio Set. Com Osíris no mundo inferior, o malvado Set continuou reinando. Mas quando Hórus atingiu a idade adulta, jurou vingar a morte de seu pai e desafiou seu tio pelo trono. Em uma versão do mito, Ísis se disfarçou e convenceu Set de que Hórus merecia se tornar rei. Mas outras versões narram em detalhe uma extensa série de batalhas, durante as quais Hórus castrou e matou Set – não sem que antes Set arrancasse um de seus olhos. Os deuses julgaram Hórus vitorioso e lhe entregaram o trono do Egito, e Set ascendeu aos céus para se tornar deus das tempestades. Após derrubar Set, Hórus tornou-se rei e guia das almas dos mortos e, mais importante, protetor dos faraós, que passaram a incluir o nome "o Hórus vivo" dentre seus inúmeros títulos. Quando o faraó morria, acreditava-se que se tornava Osíris, deus do mundo inferior.

Esse mito, baseado no padrão aparentemente infinito da essencial e anual cheia do Nilo, foi elementar na história do Egito. Osíris representava o crescimento e a vida, e Set, a morte. A força da vegetação e da criação – simbolizada através de Osíris, Ísis e Hórus – triunfava sobre as forças malignas do deserto, simbolizado por Set. No entanto, ainda mais importante era o fato de que Osíris, com a ajuda de Ísis, havia enganado a morte. Os egípcios acreditavam que se Osíris podia triunfar sobre a morte, assim também podiam os homens.

Com o passar dos séculos, a encantadora Ísis tornou-se a deusa mais importante do panteão egípcio – mãe de deus, curandeira, deusa poderosa que detinha um vasto conhecimento sobre as artes mágicas e o poder sexual. Em uma determinada lenda, Ísis trapaceia o envelhecido Rá e o convence a lhe contar nomes secretos do maior dos deuses. Utilizando-se da magia, criou uma cobra para picar Rá, e fez com que o deus lhe revelasse todos os nomes para então curá-lo. Com essa informação, Ísis adquiriu habilidades únicas no campo da magia e da cura. Na língua egípcia, seu nome está associado à palavra "trono", e sua imagem na arte egípcia costuma retratar um trono para o rei. Na Grécia, Ísis passou a ser identificada com Deméter – a Mãe Terra, ou Mãe dos Grãos da mitologia grega (ver capítulo 4) – e tornou-se ainda mais popular na Roma imperial. Foram construídos templos dedicados à adoração de Ísis em todos os cantos do Império Romano, inclusive um que foi descoberto no subterrâneo das ruas de Londres. A imagem de Ísis amamentando o filho Hórus, um dos temas mais recorrentes na arte egípcia, foi posteriormente adotada pelos primeiros cristãos para representar a Virgem Maria. O tradicional manto azul da Virgem Maria, o título *Stella Maris* (Estrela do Mar), a referência à Mãe de Deus e o símbolo da lua crescente associados a Maria foram todos emprestados do culto romano a Ísis.

Embora os antigos papiros e obras de arte do Egito sirvam como fonte do mito de Ísis e Osíris, este se tornou mais conhecido entre os gregos e romanos através da obra denominada *Sobre Ísis e Osíris*, de Plutarco (*c.* 40–120 d.C.), biógrafo e ensaísta grego mais famoso pela obra *Vidas paralelas dos ilustres gregos e romanos*. Nascido na Grécia, Plutarco estudou filosofia em Atenas e, algum tempo depois, lecionou sobre o tema em Roma. Após suas viagens pela Grécia, Itália e Egito, voltou para a Grécia como sacerdote de Apolo, em Delfos, e tudo

Presente do Nilo 133

indica que foi lá que escreveu suas grandes obras. Valendo-se de fontes ancestrais, Plutarco recontou a história de Ísis, dando nomes gregos aos deuses egípcios. Nessa versão, Hórus tornou-se Apolo, e Set, Tifão, um monstro em forma de serpente que aparece na mitologia grega (e origem da palavra "tufão").

O que os cristãos achavam de Ísis?

Com o passar do tempo, a história de Ísis e Osíris – que compartilha alguns aspectos com o mito de Inanna e Dumuzi, da Mesopotâmia (ver capítulo três), com o qual pode até ter uma ligação histórica – alcançou horizontes muito além do Egito. Os primeiros a adotá-la foram os gregos, seguidos dos romanos, até que ela se tornou uma história importante sobre uma divindade ressurreta que prometia salvação, e Ísis e Osíris se tornaram as figuras centrais das "religiões de mistério" que floresceram no primeiro século anterior ao surgimento do cristianismo. Em *Uma história de Deus*, Karen Armstrong descreve como esses "cultos orientais" encontraram uma audiência ávida no império internacional que Roma formava no primeiro século. "Os antigos deuses parecem mesquinhos e inadequados", escreve Armstrong, em uma descrição que parece ser condizente com os tempos modernos e a fascinação pelas chamadas religiões *New Age*. "Eles buscavam novas soluções espirituais [e] divindades como Ísis (...) eram adoradas juntamente aos deuses tradicionais de Roma."

Para o mundo romano, Ísis era fascinante e oferecia a promessa de segredos mágicos e até de imortalidade. Casada com um deus e mãe de outro, ela continha toda a força criativa feminina das grandes deusas.

Tendo como pano de fundo esse interesse cada vez menor pelos antigos deuses romanos e a fascinação cada vez maior pelos atraentes novos deuses, como Ísis e Osíris, o cristianismo também começou

134   MITOLOGIA

a se firmar em Roma. Para muitos historiadores da religião, esse espírito investigativo presente na Roma antiga, combinado a mitos de deuses que morrem e ressurgem, talvez tenha aberto caminho para o cristianismo. No início do século XX, a estudiosa Jane Harrison escreveu: "De todos os deuses egípcios, e talvez de todas as divindades ancestrais, nenhum outro viveu por tanto tempo ou exerceu uma influência tão extensa e profunda quanto Osíris. Ele aparece como o protótipo da grande classe de deuses ressurretos que morrem e podem viver novamente."

Essa história levanta outra questão problemática. O casamento de Ísis e Osíris, como a maioria dos relacionamentos divinos da mitologia egípcia, era claramente incestuoso. Isso não acontecia apenas no Egito, pois muitas mitologias apresentam esse tipo de união em família. Há uma explicação prática para isso, pois, se você é um deus e não há mais ninguém à sua volta, dormir com uma irmã é a única opção. Isso significava que o incesto era perdoado no Egito? Não há dúvidas de que, na história egípcia, o casamento consanguíneo e incestuoso era aceito entre as famílias dominantes. Mais uma vez, se tratava de uma questão prática, uma forma de manter o poder dentro da família. O que levanta a pergunta: será que os faraós realizavam esse tipo de casamento porque os deuses também o faziam? Ou era o contrário? Isto é, os mitos sobre deuses incestuosos foram inventados para justificar o incesto? No meio acadêmico, há muitos que não acreditam que o incesto fosse popular entre os homens comuns do Egito. Embora outras mitologias, incluindo a da Grécia, frequentemente apresentassem atos incestuosos, tabus contra o casamento consanguíneo se desenvolveram na maioria das sociedades. Segundo a lei bíblica, quase todas as formas de incesto eram proibidas e consideradas ofensas capitais, e, em 295 d.C., já eram também proibidas em toda Roma — fato intrigante, já que alguns imperadores romanos eram famosos por seus casamentos incestuosos.

VOZES MÍTICAS

Os elaborados rituais funerários dos egípcios exigiam que o falecido estivesse preparado de maneira adequada para os desafios da viagem para o além-mundo. Para facilitar a jornada e garantir a imortalidade, os egípcios desenvolveram uma rica tradição composta de instruções, encantos e feitiços. Com o passar do tempo, qualquer egípcio que tivesse condições podia comprar uma dessas coleções, que vieram a ser chamadas *O livro dos mortos*. Como qualquer conjunto de preces rituais do judaísmo ou do cristianismo, essas instruções deveriam garantir que as palavras corretas fossem ditas no momento da entrada para a eternidade. Dentre os feitiços, o principal era a "Confissão Negativa", que o morto utilizava para atestar que vivera uma vida livre de 42 pecados, um para cada um dos deuses que presidiam como juízes.

Salve ó vós, grande deus, Senhor da Justiça! A vós vim, meu Senhor, e a vós me apresento para contemplar as vossas perfeições, porque vos conheço, conheço vosso nome e os nomes das 42 divindades que estão convosco no Salão da Justiça, vivendo dos despojos dos pecadores e fartando-se de seu sangue, no dia em que pesam as palavras. (...) Veja, vim a vós. Trouxe-vos a verdade e destruí, por vós, a mentira, não cometi qualquer fraude contra os homens; não menti em tribunal; não sei o que é má-fé; nada fiz de proibido; não obriguei o capataz de trabalhadores a fazer diariamente mais que o trabalho devido; não prejudiquei o escravo perante o seu senhor; não tirei leite da boca de meninos; nada fiz de abominável aos deuses; (...) não causei sofrimento; não fiz padecer de fome; não fiz chorar; não matei; não ordenei morte; não causei mal a nenhum homem. (...)

Sou puro, puro, puro, puro! Minha pureza é a pureza da grande fênix. (...)"

> — *Feitiço 125, "A Confissão Negativa",*
> O livro dos mortos do Antigo Egito

Ó meu coração, que ganhei de minha mãe! Ó meu coração, que ganhei de minha mãe! Ó meu coração, de minhas diferentes idades! Não se ponha diante de mim como testemunha negativa, não se oponha a mim no tribunal, não seja hostil na presença do Guardião da Balança, pois você é meu *ka*, que estava em meu corpo, o protetor que manteve meus membros sãos. Siga adiante para o local feliz para onde nos apressamos; não deixe meu nome feder para o Séquito que molda os homens. Não diga mentiras a meu respeito na presença do deus; é bom que você me ouça.

> — *Feitiço 30B,* O livro dos mortos do Antigo Egito

O que era a "pesagem do coração"?

Desde os tempos mais remotos, a vida no Egito girava em torno dos ciclos de nascimento, morte e renascimento. O que era verdade para a Terra – com a vida que vinha das cheias do Nilo e que permitia que as safras prosperassem – podia ser verdade para os homens. Desde muito cedo, essa dualidade fundamental entre vida e morte e esperança de renovação tornou-se parte essencial da mitologia dos egípcios. No início, era expressa através da vida dos reis e da realeza.

Presente do Nilo 137

Descendentes dos deuses, eles estavam destinados a se reunirem a seus ascendentes divinos. Mas, em algum momento da longa história do país, o mercado da morte e ressurreição passou para o varejo.

Após a morte, os egípcios tinham a esperança de se unir a Osíris, o rei da ressurreição e do mundo inferior. Os elaborados rituais de mumificação e enterro eram expressões desse desejo. E o aspecto principal desses rituais aprimorados que guiavam a jornada das almas dos mortos para o além-mundo era a crença de que o falecido seria julgado pelos deuses em uma cerimônia conhecida como a "pesagem do coração".

A crença era de que quando o morto viajasse ao encontro dos deuses, passaria por muitos julgamentos, semelhantes aos julgamentos enfrentados por Rá a cada noite, conforme o deus passava pelo perigoso mundo inferior antes de ressurgir no dia seguinte. No fim, porém, o falecido era levado ao grande salão do julgamento, diante de Osíris, acompanhado por Ísis e Néftis e 42 outros deuses, cada qual representando um *nomo* – nome dado às províncias administrativas nas quais o Egito estava dividido. Defronte aos deuses no dia do julgamento, o morto atestaria que vivera uma vida justa. Depois, seu coração era pesado na balança da justiça, contra a pena da deusa Maat, filha de Rá que personificava a ideia de *maat* – a filosofia, conceito religioso, conceito de harmonia e código de conduta que serviam de base para a estabilidade da sociedade egípcia. Era a ordem cósmica que se dava através da justiça e de uma vida correta.

Esse era o equivalente egípcio para os Portões do Céu, guardados por São Pedro. Ou, em termos cristãos mais tradicionais, ao Dia do Julgamento, quando Deus julgaria "os vivos e os mortos". Se o coração do morto fosse pesado, cheio de pecados e maldades, ele não ganharia a redenção e a vida eterna. Para aqueles que não passassem no teste da pesagem do coração, havia a terrível **Ammut**, "devoradora dos

138 MITOLOGIA

mortos", que os esperava, ansiosa para comer vorazmente o coração do falecido. Daí, se seguia uma eternidade em uma espécie de limbo. Caso o coração estivesse em equilíbrio com a pena da verdade, a alma do morto era salva e podia se juntar a Osíris e aos outros deuses.

Já no Novo Império (1550–1069 a.C.), a possibilidade de alcançar a imortalidade passou a abarcar, pelo menos, as classes alta e média, que podiam custear um enterro elaborado – a esperança da vida eterna havia passado para o varejo e estava disponível em *O livro dos mortos*. Produzidos por escribas, em rolos de papiro, esses esmerados livros eram comprados pelas famílias dos mortos e, depois, enterrados junto ao corpo mumificado. Dependendo da riqueza do morto, podiam conter até duzentas páginas. Esse manual para a imortalidade garantia que o falecido saberia as palavras exatas que deveria dizer quando fosse confrontado pela pena da verdade.

QUEM É QUEM NO PANTEÃO EGÍPCIO

Além dos deuses já mencionados, havia no enorme panteão egípcio centenas de divindades mais ou menos importantes. Havia alguns antigos deuses locais, padroeiros de cidades, vilas e vilarejos ao longo de todo o Nilo. Outros eram deuses recentemente inventados, que refletiam as mudanças ocorridas durante a longa história do Egito. Aqui é apresentada uma lista que inclui algumas das outras divindades egípcias mais importantes e o papel que exerciam na sociedade.

Ammut   A deusa conhecida como "comedora (devoradora) dos mortos" permanecia ao lado da balança quando o coração do morto era pesado, na entrada para o mundo inferior. Se o falecido tivesse vivido uma vida pecaminosa e não estivesse apto a sobreviver no além-mundo, Ammut comeria seu coração. Não há, porém, nenhum registro de pessoas que não tivessem passado no teste. Com uma imagem aterrorizante, Ammut incorporava três dos animais mais temidos do Egito antigo, com a cabeça de um crocodilo, o corpo de um leão e as patas traseiras de um hipopótamo.

Anúbis Deus do embalsamamento e dos cemitérios, é filho de Osíris e Néftis e possui cabeça de chacal. É provável que a ligação entre o chacal e a morte tenha se dado porque as pessoas viam os cães do deserto vasculhando as covas rasas dos primeiros cemitérios. Adotado por Ísis, Anúbis tornou-se seu dedicado serviçal e foi importante para a história de Ísis e Osíris, pois envolveu o falecido Osíris com bandagens e o transformou na primeira múmia. Depois que Osíris se tornou senhor do mundo inferior, Anúbis se juntou a ele e passou a ser um dos responsáveis pela crucial cerimônia da pesagem do coração. Aqueles que passassem por esse teste, eram então levados por Anúbis para serem julgados por Osíris em pessoa.

Anúbis tornou-se o padroeiro dos embalsamadores, e os sacerdotes que supervisionavam a preparação da múmia usavam uma máscara com a forma da cabeça de chacal de Anúbis.

Bastet (ou **Bast**) Filha de Rá, o deus sol, é a popular deusa em forma de gata que representava o amor, a sexualidade e o parto. Em Bubastis, principal cidade dedicada a seu culto, que ficava no delta do Nilo, milhares de gatos, que eram adorados pelos egípcios e considerados fonte de sorte, eram mumificados em sua homenagem.

140   MITOLOGIA

Bes   Popular deus do lar, é uma divindade anã e feia, porém amistosa, que afasta os espíritos do mal e cujo nome talvez significasse "proteger". Ele deve ter surgido posteriormente na história do Egito e possui características em comum com outros dez deuses. Mas, como o deus Bes, era um dos mais adorados e sua imagem podia ser encontrada em muitas casas, na cabeceira das camas ou nas camas, bem como em espelhos e em cosméticos. Devido à sua natureza benevolente, Bes costuma ser representado ao lado de **Tauret** ("a grande fêmea"), uma deusa do parto, pois ele também observava as mulheres durante o parto, e era considerado uma imagem que atraía boa sorte. Apesar de seu papel benevolente, Tauret, que protegia as mulheres durante o parto, possui muitos atributos animais assustadores e era retratada com a cabeça de um hipopótamo, patas de leão, cauda de crocodilo, ventre humano dilatado e seios — acredita-se que sua aparência hostil afaste os maus espíritos.

Bes foi tão popular e duradouro que, ao que tudo indica, soldados romanos carregavam consigo amuletos com sua imagem quando entravam em batalha.

Hapi   Deus das cheias do Nilo, vivia em uma caverna próxima a uma catarata e sua função era manter a fertilidade da terra que ficava ao longo do rio. Embora seja um deus masculino, costuma ser retratado com cabelos longos, seios grandes e o estômago protuberante, todos símbolos da fertilidade. Os banquetes anuais dedicados a ele eram muito importantes, e um texto antigo narra o sacrifício de mais de mil cabras a ele.

Hátor   Deusa poderosa e complexa, era uma das divindades mais importantes do Egito, protetora dos amantes e das mulheres, em especial durante o parto. Em geral retratada sob a forma humana,

Hátor também era representada como uma deusa com cabeça de vaca. Às vezes, era associada a Rá e considerada tanto sua esposa quanto filha. Hátor amamentou o jovem **Hórus** e o ajudou quando ele teve um olho arrancado por **Set**. Em outras tradições, era casada com Hórus e seu leite tornou-se o alimento dos deuses. No mundo inferior, Hátor recebia as almas dos mortos e lhes oferecia comida e bebida.

Da mesma forma que os homens aspiravam "se tornar" **Osíris** no além-mundo, as mulheres costumavam desejar ser associadas a Hátor.

Imhotep   Diferentemente da maioria das divindades apresentadas neste capítulo, Imhotep não é um mito. Na verdade, talvez tenha sido mais interessante do que isso. Ele foi um homem real, cuja existência foi comprovada pela arqueologia e por registros escritos. Foi somente depois que os "lobistas" egípcios assumiram o controle e o transformaram em uma lenda que não tinha nada a ver com as histórias sagradas. (Nem com múmias amaldiçoadas. Nos recente filmes *A Múmia* e *O Retorno da Múmia*, a maligna múmia é considerada a reencarnação de Imhotep, que fora enterrado vivo após zombar dos segredos dos mortos.) O Imhotep descrito pela história era um sacerdote e conselheiro-chefe, ou vizir, multifacetado que servia ao rei Djoser. Foi também o arquiteto da Pirâmide Escalonada desse rei, em Sakara, a primeira construção colossal em pedra da história. Embora a tumba de Imhotep nunca tenha sido localizada, um busto do egípcio foi encontrado no complexo funerário de Djoser. Sumo sacerdote em Heliópolis, Imhotep por fim foi divinizado e considerado filho de Ptah, o antigo deus criador. Ele também era visto como deus padroeiro dos médicos e, até hoje, a medicina o reverencia como o primeiro médico conhecido.

142 MITOLOGIA

(Há uma estátua em sua homenagem no Salão de Imortais da Escola Internacional de Cirurgiões de Chicago.)

Mehet-Weret (ou **Mehturt**)   Antiga deusa vaca e deusa do céu, cujo nome significava "grande cheia", era também identificada com o rio ou canal celestial que Rá atravessava em sua barca. Nas tradições mais remotas, Mehet-Weret era vista como mãe de Rá, em geral retratada como uma vaca ou como metade vaca, metade humana, com um disco solar entre seus chifres. Posteriormente foi também identificada com Hátor, outra importante deusa vaca.

Neith   Uma das divindades mais antigas, cuja existência remonta aos períodos pré-histórico e das primeiras dinastias, era uma deusa mãe adorada no delta do Nilo. Segundo a tradição egípcia, Neith inventou o parto e fez surgir deuses, animais e homens. Por ser uma divindade tão antiga, foi adquirindo outros atributos com o passar do tempo e considerada ainda uma deusa guerreira. Em um dos mitos, ela cospe na água e sua saliva se transforma em Apep, a serpente-dragão do mundo inferior que, a cada noite, tenta devorar Rá quando ele passa pelo Duat.

Sekhmet   Esposa do antigo deus criador **Ptah**, tinha cabeça de leão e era uma deusa da guerra, cujo nome significava "poderosa", e que podia cuspir fogo contra os inimigos. Muitos reis do Egito adotaram Sekhmet como padroeira das batalhas. Um de seus outros papéis era infligir punições aos outros deuses.

Serket   Antiga deusa escorpião, era companheira de **Ísis** e uma das quatro divindades funerárias (as outras eram Néftis e Neith) que protegiam e guardavam os caixões e vasos canopos que continham

Presente do Nilo 143

os órgãos embalsamados e mumificados do morto. Uma famosa estátua de Serket, de madeira coberta de ouro, em que a deusa aparece com um escorpião com a cauda levantada sobre sua cabeça, foi descoberta na tumba de Tutancâmon, e guarda um dos lados do santuário do rei. Serket também era invocada através de feitiços para proteger contra mordidas venenosas ou curá-las.

Thoth (ou **Djehuty**)   Originalmente deus da lua, é mais conhecido como o escriba divino que registra a pesagem das almas quando estas chegam no salão da justiça para terem seus destinos decididos após a morte. Thoth, em geral, é retratado com a cabeça de um íbis, pois o bico curvo da ave era semelhante à lua crescente. (Às vezes também é representado como um babuíno.) Em *O livro dos mortos*, o feitiço 30B dirige-se a Thoth em seu papel na cerimônia da pesagem:

"Assim falou Thoth, juiz da verdade, para a Grande Enéade, na presença de Osíris: Ouça a palavra da verdade absoluta. Julguei o coração do morto e sua alma é sua testemunha. Suas ações foram virtuosas segundo a grande balança e nenhum pecado foi nele encontrado."

Como inventor da escrita e padroeiro dos escribas, Thoth registrava as "palavras divinas" da Enéade e documentava a passagem dos reis. Adorado como patrono da sabedoria e mestre das invenções, Thoth era também considerado criador da escrita.

Wepwawet   Outro deus funerário, com corpo de cachorro e cabeça de chacal, cujo nome significa "abridor de caminhos". Divindade muito antiga, representada na *Paleta de Narmer*, Wepwawet guia a alma do morto através do submundo e auxilia na pesagem do coração.

Por que há tantos animais – reais e imaginários – nos mitos do Egito?

Talvez você já tenha ouvido a charada da esfinge? Fazia sucesso na 5ª série.

"Qual é o leão que não ruge?"

Resposta: "A Esfinge – ela é feita de pedra."

No Egito antigo, os animais tinham um papel proeminente na mitologia e na religião, desde o período pré-histórico, a se julgar pela arte e práticas funerárias dessa época. Imagens e referências a gaviões, falcões, leões, serpentes, crocodilos e touros compõem o panteão egípcio e aparecem de modo vívido na arte. Embora não fosse uma ideia exclusiva ao Egito, a adoração animal provavelmente foi mais importante por lá do que em qualquer outra civilização ancestral. Por acreditarem que os animais eram manifestações dos deuses – veículos através dos quais os deuses poderiam ser adorados –, os egípcios os enterravam em túmulos rituais, os mumificavam, lhes forneciam comida para a jornada no além-mundo e os usavam durante as cerimônias de adoração nos templos.

O touro Ápis de Mênfis, por exemplo, era considerado uma manifestação de Ptah, o deus criador, e era usado para fazer profecias. Os adoradores podiam fazer perguntas do tipo "sim" ou "não" ao touro oracular, que dava uma resposta ao suplicante dependendo do curral sagrado que escolhesse para entrar. Outros grandes centros religiosos, como Heliópolis e Elefantina, possuíam, respectivamente, estábulos de touros e carneiros sagrados, enquanto que bandos de íbis e falcões, e milhares de gatos – tidos como manifestações de Thoth, Hórus e Bastet – eram preservados por todo o Egito, em verdadeiros jardins zoológicos para onde iam os peregrinos que queriam fazer sacrifícios em busca de favores dos deuses.

Presente do Nilo 145

Os egípcios não somente representavam seus deuses sob formas animais, como também faziam uso de formas animais-humanas, das quais a Esfinge de Gizé é o exemplo mais notório. Na Antiguidade, acreditava-se que a esfinge, palavra grega que deriva das palavras egípcias para "estátua viva", era uma besta mítica com corpo de leão ou leoa e cabeça de carneiro, falcão ou do rei ou rainha que estivesse governando. As esfinges, que, segundo relatos de viagens dos gregos, estavam espalhadas por todo o Egito, eram consideradas personificações do poder do soberano na defesa do Egito e serviam como símbolos visíveis da força e do poder do faraó.

Situada nas proximidades das pirâmides de Gizé, a Grande Esfinge é uma das obras de arte mais facilmente reconhecíveis no mundo, além de ser a maior estátua do mundo antigo. Medindo 73 metros de comprimento e 20 metros de altura, e esculpida em uma rocha bruta de pedra calcária, a Grande Esfinge de Gizé tem corpo de leão e a cabeça de Quéfren, filho de Quéops, o Grande. A cabeça da esfinge, que servia de guardiã dos cemitérios reais fora de Mênfis, parece ter sido posicionada de forma que o pôr do sol fluísse pelo templo nos dias dos dois equinócios, capturando o momento em que o dia e a noite estivessem em perfeita harmonia.

Vozes Míticas

Nenhum crime era demais para Quéops: quando estava sem dinheiro, enviava sua filha a um bordel, com instruções para cobrar uma determinada quantia – não se sabe quanto. Ela de fato cumpria sua tarefa, adicionando uma transação de sua parte; pois, com a intenção de deixar para trás algo que a lembrasse após sua morte, pediu a todos os seus clientes que

146 MITOLOGIA

lhe dessem um bloco de pedra, e dessas pedras (a história continua) foi construída a pirâmide do meio das três que ficam em frente à Grande Pirâmide.

— HERÓDOTO, História (Livro II)

Qual era a relação entre as pirâmides e os deuses?

Não resta dúvida de que foi repetindo histórias como essa — sobre um rei que força sua filha a se prostituir para pagar por uma pirâmide — que fez com que as pessoas duvidassem da credibilidade da obra de Heródoto. O que o primeiro historiador grego talvez passasse como "história" possui uma suspeita semelhança com o tipo de história contada por plebeus que estejam descontentes com o rei. Como Quéops — ou, mais precisamente, Khufu — viveu mais de 2 mil anos antes de Heródoto chegar ao Egito, a história da filha no bordel parece mais lenda, e não história. Na verdade, embora os escritos de Heródoto sobre o Egito tenham exercido profunda influência nos egiptólogos durante séculos, estudos mais recentes sugerem que ele nunca nem mesmo viajou para alguns dos lugares que disse ter visitado. Por causa das informações errôneas e histórias fantásticas que narrou, Heródoto é às vezes chamado de "pai da mentira".

No entanto, é compreensível que os egípcios talvez tivessem um pouco de raiva de Quéops. Muito provavelmente, a escala de sua pirâmide, a Grande Pirâmide de Gizé, exigiu esforços extraordinários dos fazendeiros e trabalhadores do Egito, que pagavam os impostos e forneciam a maior parte da mão de obra que construía as pirâmides, o que poderia resultar em histórias como a contada por Heródoto.

Ainda assim, a mera existência dessas pirâmides demonstra muito bem a força da religião egípcia e de uma sociedade tão bem-organizada

Presente do Nilo 147

que conseguia produzir essas maravilhas numa época em que não havia quase nenhuma tecnologia. Como observa o egiptólogo Jaromir Malek: "Para as mentes modernas, em especial aquelas que não sabem mais o que é uma experiência religiosa profunda ou a fé intensa, não é fácil compreender as razões para projetos tão enormes e aparentemente esbanjadores, como a construção das pirâmides. Essa falta de compreensão se reflete no grande número de teorias esotéricas sobre o propósito e origem dessas construções." Essas teorias, que começaram a surgir no século XIX, inspiraram a palavra "piramidiota" para designar pessoas que desenvolviam ideias extravagantes e fantasiosas a respeito da função e da construção das pirâmides.

As pirâmides que hoje costumamos associar ao Egito haviam se originado de antigos sítios funerários chamados "túmulos mastaba", estruturas simples, retangulares e planas, construídas com tijolos de barro. Seguindo suas profundas crenças religiosas, os primeiros reis do Egito foram enterrados nesses túmulos para iniciarem a jornada para a eternidade. De início, essas construções serviam apenas como um local seguro para os restos do rei mumificado, até o momento em que ele ressuscitasse para se juntar aos outros deuses.

No entanto, outras pessoas também embarcavam na viagem. Descobertas recentes sugerem que serviçais domésticos e funcionários do governo das primeiras dinastias do Egito eram às vezes sacrificados, para passarem a eternidade com seus reis. Em 2004, arqueólogos anunciaram a descoberta de restos de sacrifícios humanos em túmulos antigos que antecedem as pirâmides. A prática, embora já fosse suspeitada, não havia sido comprovada, até que um grupo das universidades de Nova York, Yale e da Pensilvânia encontrou uma série de sepulturas próximas ao túmulo de Aha, o primeiro rei da Primeira Dinastia, ao que tudo indica. As sepulturas, como noticiado pelo *The New York Times*, em março de 2004, guardavam os restos de funcionários da corte, serviçais e artesãos, todos parecendo ter sido

148 MITOLOGIA

sacrificados para servir às necessidades do rei na vida após a morte. Sepulturas próximas guardavam os ossos de sete leões jovens, símbolos do poder real, e uma outra ainda continha ossos de jumentos, provavelmente para ajudarem a transportar o rei até o além-mundo. "Podemos conceber o massacre de incontáveis serviçais como um ato bárbaro", disse um pesquisador ao *The New York Times*. Mas os antigos egípcios "talvez considerassem o sacrifício como um passaporte para a vida eterna, uma garantia de imortalidade."

O túmulo mastaba tornou-se mais elaborado após a construção da primeira pirâmide egípcia, a Pirâmide Escalonada do Rei Djoser (ou Zozer, 2667–2648 a.C.), da terceira dinastia, que ascendeu como uma escadaria gigantesca, que possibilitava a subida do rei aos céus e sua união com o deus sol.

O esplendor das pirâmides elevou-se a dimensões extraordinárias, tanto no tamanho quando na decoração, com a construção das pirâmides da quarta dinastia, em Gizé.* Denominada a Grande Pirâmide, a pirâmide de Quéops contém aproximadamente 2,5 milhões de blocos de pedra, com uma média de 2,5 toneladas cada um, e uma base que cobre um território de quase 13 acres. A versão original tinha 147 metros de altura, mas algumas das pedras superiores caíram e, hoje, sua altura é de 138 metros. Um barco de cedro despedaçado, descoberto próximo à face sul da pirâmide, foi restaurado e um segundo barco também foi escavado nas imediações. Sem dúvida os barcos foram colocados para que o rei falecido pudesse fazer sua viagem pelo céu e se juntar aos deuses. O corpo do rei e todos os ornamentos que foram encontrados na câmara funerária há tempos desapareceram, vítimas de saques aos túmulos.

---

* Com 138 metros de altura, a Grande Pirâmide é mais alta que o Arco do Triunfo, em Paris, e a Estátua da Liberdade, em Nova York.

Presente do Nilo 149

As ruínas da Grande Pirâmide estão dentre as 35 maiores pirâmides ainda existentes no Egito, cada qual construída para proteger o corpo de algum rei egípcio. As pirâmides de Gizé (Al Jizah) ficam na margem oeste do rio Nilo, nos arredores do Cairo, onde se situam dez pirâmides, incluindo três das maiores e mais bem-conservadas. Esses incríveis monumentos ao poder de um único homem têm sido ainda, por séculos, fonte de admiração, curiosidade e especulação.

Além de terem alcançado dimensões colossais durante a Era das Pirâmides, elas também passaram a ter um projeto e uma função religiosa mais elaborados. A simples câmara funerária dos túmulos mais antigos passou a incluir um templo anexado, onde eram feitas oferendas ao rei morto, múltiplos compartimentos, portas de granito e galerias falsas para impedir a ação de saqueadores (sem sucesso, em sua maioria!). A explicação mais simples para a existência das pirâmides de Gizé é que os faraós haviam se tornado obcecados por manter seu status pela eternidade, expressando assim sua divindade. Contudo, em quase todos os aspectos de seu projeto e construção, as pirâmides tinham uma ligação simbólica com a mitologia egípcia. Seus quatro lados regulares, que ascendiam em linha reta, na diagonal, tentavam imitar a inclinação dos raios solares, em uma representação física da centralidade do sol – ou do deus sol – na religião egípcia. A construção em si representava, ou recriava, o monte primitivo que emergira do caos aquático no princípio dos tempos – a pedra *benben*, sobre a qual se postou o primeiro deus para dar vida a todos os outros deuses na cosmogonia egípcia.

Teorias mais recentes sobre as pirâmides e seu posicionamento geográfico estão associadas à astronomia egípcia. A Grande Pirâmide de Quéops era denominada "Horizonte de Quéops" na Antiguidade, significando que era o lugar onde a Terra e o céu se encontravam. Como a palavra para "horizonte" também tinha uma relação próxima com a palavra para "inundação", os egiptólogos contemporâneos acreditam que a pirâmide era mais que um memorial físico ao deus rei morto, e representava a totalidade da crença na regeneração. Os conceitos de sol, horizonte, inundação, monte primitivo e ressurreição do rei, todos estavam representados nessas construções monumentais e nos complexos de templos e cemitérios que ficavam em seus arredores.

Em um contexto mais atual, podemos fazer um paralelo com as cada vez mais controversas bibliotecas presidenciais norte-americanas. Por que alguns cidadãos americanos contribuem voluntariamente com milhões de dólares para financiar a construção de espaços grandes, caros e pouco utilizados – ao menos pelo público em geral – que abrigam documentos presidenciais? Os críticos consideram esses dispendiosos monumentos aos presidentes anteriores e a seus documentos uma extravagância e um desperdício. No entanto, admiradores e a sociedade em geral querem honrar seus líderes do passado, até, em alguns casos, aqueles que não agradaram. Embora os presidentes não sejam enterrados nessas bibliotecas, esses novos tributos cumprem um propósito social limitado, mas expressam a riqueza, as lendas sociais e o desejo de posteridade de uma sociedade – talvez sejam o mais próximo à criação das pirâmides egípcias que os norte-americanos alcançarão.

O que há de tão grande na "Grande Pirâmide"?

Desde quase o tempo de Heródoto (484–425 a.C.) existem consideráveis discordâncias a respeito da maneira como as pirâmides foram construídas. Com base em décadas de pesquisa, hoje se acredita que os egípcios, embora desprovidos de maquinaria e ferramentas de ferro, cortavam grandes blocos de pedra calcária com cinzéis e serrotes.

O dificílimo trabalho de lavrar a pedra era feito sob um calor escaldante por escravos, em geral prisioneiros de guerra. Embora quase toda a matéria-prima viesse de pedreiras próximas, alguns blocos eram transportados pelo Nilo, de lugares distantes, durante o período das cheias. Não somente o nível do rio aumentava nessa época, o que facilitava o transporte dos enormes pedaços de pedra até os complexos de pirâmides, como também a maioria dos fazendeiros não podia trabalhar suas terras e, assim, fornecia muita mão de obra disponível. Diferentemente dos escravos que lavravam a pedra, os trabalhadores das pirâmides eram remunerados, pois eram recrutados pelo faraó para passarem três meses do ano a serviço do Estado.

É muito provável que o método utilizado na construção das pirâmides incluísse uma série de rampas. Sem fazer uso de rodas ou roldanas, grupos de homens puxavam os blocos em uma espécie de "trenó" até o local da construção e posicionavam a primeira camada de pedras. Depois, construíam longas rampas de terra e tijolos e puxavam as pedras para cima, para formar a segunda camada. À medida que cada camada ia sendo completada, a rampa aumentava. Por fim, cobriam a pirâmide com uma camada exterior de pedras polidas brancas, encaixadas de maneira tão precisa que, a distância, a pirâmide parecia ter sido lavrada a partir de uma única pedra branca. A maioria das pedras polidas já desapareceu, mas ainda é possível encontrar algumas na base da Grande Pirâmide.

Ninguém sabe ao certo quanto tempo a construção da Grande Pirâmide levou. Heródoto afirmou que o trabalho era feito em turnos de quatro meses, com 100 mil trabalhadores em cada turno. Para os egiptólogos que estudaram as ruínas daquela região, que era quase uma pequena cidade onde os trabalhadores se alojavam e se alimentavam, o consenso atual é de que uma força de trabalho de 20 ou 30 mil homens, incluindo os "serventes", que assavam pão e consertavam

152 MITOLOGIA

as ferramentas dos construtores, completaram a Grande Pirâmide em menos de 23 anos. A maior parte da mão de obra era fornecida por fazendeiros durante a época da cheia. Mas, quanto aos trabalhadores, ainda existem perguntas sem resposta. Como observou o historiador Charles Freeman: "Podemos apenas imaginar quais incentivos foram necessários para manter tantos homens laborando por tanto tempo."

O que faz uma pirâmide egípcia na nota de um dólar americano?

Existe outro mistério norte-americano peculiar ligado às pirâmides, e ele se encontra na sua carteira ou no seu bolso. A nota de um dólar, com sua estranha combinação de pirâmides, olhos e textos em latim, já inspirou muita especulação e mito – no sentido de algo comumente tido como verdade, mas que é falso. Muitas pessoas acham que o símbolo representa a grande influência da sociedade semissecreta denominada maçonaria. Segundo essa teoria, os símbolos em questão – a pirâmide com um olho onividente no topo – foram colocados na nota pelo "presidente maçom" Franklin Delano Roosevelt, para mostrar que o país havia sido dominado pela franco-maçonaria.

Na verdade, os símbolos são idênticos aos dois lados do Grande Selo dos Estados Unidos da América, que data do final do século XVIII. Dizem que Benjamin Franklin, que também era maçom, usava o selo, mas isso também pode ser um mito. O "Olho que Tudo Vê da Divindade" é mencionado na maçonaria, mas o conceito que está por trás dessa imagem remonta aos egípcios. A pirâmide incompleta simbolizava o trabalho não acabado da construção de uma nação. Ao contrário do que diz a maioria dos mitos populares, a pirâmide não é um símbolo exclusivo à maçonaria. O olho da pirâmide era um símbolo comum que representava uma divindade onisciente e que pode ser encontrado nas pinturas da Renascença italiana, muito antes do nascimento da maçonaria, que só foi criada no início do século XVIII.

O Grande Selo dos Estados Unidos da América, símbolo da soberania americana, foi adotado em 20 de junho de 1782 e o lado reverso do selo é o que aparece no verso da nota de um dólar. Uma pirâmide com 13 camadas de pedra representa a União e é vigiada pelo "Olho da Providência", que fica dentro de um triângulo. O lema superior, *Annuit coeptis*, significa "Ele [Deus] tem favorecido nossos empreendimentos". O lema inferior, *Novus ordo seculorum*, quer dizer "a nova ordem das eras", que começou em 1776, data que aparece na base da pirâmide. Grupos antimaçônicos e teorias da conspiração traduziram erroneamente a expressão como "Nova Ordem Mundial", em uma tentativa de associar o selo com a crença de que a maçonaria é uma grande conspiração para criar essa "ordem". Quando o primeiro presidente Bush usou essa frase para descrever o novo mapa político da Europa pós-comunismo, o ato foi logo compreendido como um indício da "trama maçônica".*

A maçonaria, uma das maiores organizações fraternais do mundo, foi criada em Londres, em 1717, por um grupo de intelectuais que tomaram o comando de uma corporação medieval de artesãos e promoveram aquilo que denominavam "elevação iluminada". Eles se dedicavam aos ideais da caridade, igualdade, moralidade e servidão a Deus, que os maçons descreviam como o "Grande Arquiteto do Universo". Em pouco tempo a ordem se espalhou pela Europa iluminista e contou com homens tão distintos quanto Voltaire, o rei

---

* Essa verdadeira piada sobre uma teoria da conspiração ganhou novos adeptos com o lançamento do filme *A Lenda do Tesouro Perdido* (2004), uma história de ação e aventura divertida que combina conspirações maçônicas com um mapa de tesouro escondido no verso da Declaração da Independência.

Frederico II da Prússia e o compositor austríaco Wolfgang Amadeus Mozart. À medida que foi se desenvolvendo, a maçonaria começou a ser considerada anticlerical e, posteriormente, foi vista como antirreligiosa por congregacionalistas conservadores dos Estados Unidos. Um movimento antimaçônico se consolidou no século XIX, e o Partido Antimaçônico tornou-se o terceiro partido importante da política norte-americana. Mas a verdade é que a maçonaria era uma ordem fraternal voluntária – uma espécie de Rotary Club espiritual do século XVIII –, e não um culto sinistro que pretende dominar o mundo, como costuma ser retratado.

Todos os soberanos do Egito eram faraós?

As esculturas e escrituras mais antigas referentes a reis que já foram encontradas mostram que, desde muito tempo, os egípcios consideravam o rei manifestação do deus céu Hórus e filho do deus sol Rá. Apesar disso, embora costumemos pensar em todos os reis do Egito como "faraós", o povo egípcio somente passou a assim denominar seus soberanos a partir de 1550 a.C. O complexo administrativo que ficava próximo ao palácio real de Mênfis era conhecido como *Per Ao* ("a grande casa"). A palavra "faraó" foi primeiro associada ao palácio real e somente depois ao próprio rei.

Em teoria, o faraó era o dono de todas as terras e o governante do povo, e tinha também a função de sumo sacerdote do Egito. Mas, na realidade, seu poder era às vezes limitado por grupos dominantes, incluindo os sacerdotes e a nobreza, ou os governantes interinos dos *nomos*, denominados *nomarcas*. Embora seja notável o fato de ter havido tão poucos golpes de Estado ou assassinatos durante sua longa história – talvez um sinal do poder da religião egípcia como força estabilizadora –, a política no Egito podia ser maquiavélica. Existem casos

Presente do Nilo

de esposas reais que se livraram de seus maridos divinos e até uma suspeita, que nunca foi provada, de que o jovem rei Tutancâmon foi assassinado. As intrigas da corte egípcia ficam mais evidentes com a história do faraó Amenemhet I (1985–1956 a.C.), um dos poucos cujo assassinato foi comprovado. O faraó é famoso por uma suposta lista de instruções que teria escrito após sua morte e que, mais provavelmente, foi obra de um escriba, na qual aconselha seu filho a ficar atento às intrigas:

Destacando-te em tua grandeza... Vive sozinho
Em reclusão estrita, pois as pessoas escutam
O homem que as faz tremer; não te mistures
Só entre eles; não tenhas nenhum amigo do peito,
Nenhum amigo íntimo nem favorito em teu séquito —
Esses não servem a nenhum propósito bom.

Quando for te deitares
E dormires, prepara-te para guardar tua vida —
O homem não tem amigos na hora do julgamento...
Dei ao mendigo, alimentei o órfão,
Beneficiei igualmente tanto o pobre quanto o rico,
Mas aquele que comeu o meu pão se rebelou.

Extraído de *Egyptian Myth and Legend*, Gresham Publishing, 1907; citado em Jon E. Lewis, org., *The Mammoth Book of Eyewitness Ancient Egypt*, Nova York: Carroll & Graf, 2004.

Vozes Míticas

Tu surges belo na terra de luz do paraíso,
Ó Aton vivo, criador da vida!

Quando te pões no horizonte ocidental,
A terra fica na escuridão, como morta.

Quão numerosas são as tuas obras,
Apesar de ocultas aos olhos dos homens,
Ó Deus único, para além de ti nenhum outro existe!
Tu criaste a terra conforme o teu desejo, quando estavas só.

– O Grande Hino a Aton *(c. 1350 a.C.)*

Foi um faraó que inspirou Moisés a adorar um único deus?

Ao mesmo tempo que o Egito se tornava a maior potência mundial, caía em desordem devido à sua política religiosa, em um interessante momento na história, que talvez sirva como um exemplo valioso de quão volátil é a combinação de crença e governo. Durante seu reinado, o faraó Amenhotep IV (1352–1336 a.C.) tomou uma decisão incrível e radical – e um tanto misteriosa e obscura. Amenhotep cortou relações com a capital religiosa tradicional do Egito, em Mênfis, e com o deus Amon-Rá, escolheu **Aton** para ser o único deus do país e deu início à construção de uma nova cidade para devoção desse deus. Localizada quase 350 quilômetros ao norte de Tebas, a cidade hoje é conhecida pelo nome "Amarna", e esse período específico passou a ser chamado "Revolução de Amarna". Na época, a revolução afetou o Egito de maneira tão profunda quanto, mais tarde, a Reforma Protestante afetou a Europa.

Presente do Nilo 157

Aton fora outrora um deus pouco conhecido adorado em Tebas. Ao contrário de Rá e de outros deuses, Aton, cujo nome significa "disco solar", não possuía características humanas. O deus era retratado apenas com a forma do sol, com raios emanando, em cujas pontas havia mãos que seguravam o *ankh*, símbolo egípcio da vida. Amenhotep se dedicou tanto à adoração de Aton que mudou seu próprio nome para Akhenaton. Nefertiti, sua esposa, apoiou o marido durante a transformação, assumindo a função de sacerdotisa e auxiliando-o nas novas cerimônias religiosas. Nefertiti, que parece ter sido uma das mulheres mais bonitas da história do Egito, é retratada em diversas esculturas que sobreviveram à Antiguidade. Ela e Akhenaton fizeram um esforço maciço para apagar todas as referências a qualquer dos outros deuses. Por todo o Egito, estátuas de Amon-Rá foram destruídas e seu nome foi literalmente apagado dos monumentos. Templos do Estado foram derrubados e festivais religiosos e festas públicas tradicionais não foram mais celebrados. As razões para essa reforma radical – que seria equivalente a uma tentativa do presidente norte-americano de apagar qualquer referência ao cristianismo na América e banir o Natal, a Páscoa e outras festas religiosas – não são bem-conhecidas. Talvez tenha havido razões políticas por trás do expurgo dos outros deuses feito por Akhenaton.

Em pouco tempo, o amplo mecanismo religioso do Estado havia sido reduzido à adoração de um único deus, através de um único homem, o faraó. Apenas ele e Nefertiti podiam se comunicar com esse deus. Como bem aprenderam os papas e líderes religiosos dos últimos séculos, a habilidade manifesta de se comunicar com os deuses, com exclusividade, é uma ótima maneira de se consolidar o poder.

Após a morte de Akhenaton, os egípcios pararam de adorar Aton. O novo faraó, Tutancâmon, deu início à restauração dos antigos

158 MITOLOGIA

deuses, e os cultos tradicionais foram totalmente restaurados por Horemheb, um general a serviço de Tut, que fez de tudo para garantir que o trono fosse seu após a morte do sucessor de Tut, e que, então, destruiu Amarna.

Há anos, porém, especialistas vêm alegando que a adoração a essa única divindade perdurou entre o povo de Israel, que, segundo relatos bíblicos, vivera no Egito por centenas de anos. E aí reside mais uma interessante colisão entre mito e fé. O conceito de um único deus era parte importante da religião que foi desenvolvida pelo líder israelita Moisés. O culto exclusivo a Aton levou à insinuação de que a crença judaica e cristã em um único deus talvez tenha derivado da religião egípcia. Dentre os defensores dessa ideia estava Sigmund Freud, que apresentou sua teoria em seu último livro, *Moisés e o monoteísmo*. Ou talvez tenha sido o contrário. Como escreveu Bruce Feiler em seu best-seller *Pelos caminhos da Bíblia*, "foram os israelitas que aprenderam a adorar um único deus, a exemplo de algum faraó dissidente? Ou foram os egípcios que aprenderam a fazer o mesmo ao copiar uma ideia dos patriarcas?".

Nas concepções tradicionais dos judeus e cristãos, tais questionamentos são uma heresia. Mas eles ressaltam o porquê da importância da mitologia. As culturas colidem. Os mitos são absorvidos após essas colisões. As ideias de uma civilização são emprestadas e remodeladas por outras. Não resta dúvida de que os egípcios influenciaram profundamente os gregos em suas crenças e práticas. Seria razoável se perguntar se fizeram o mesmo com os antigos hebreus? A revolução monoteísta de Aton levanta uma interessante gama de perguntas. Onde entram os hebreus, as 12 tribos de Israel na história do Egito? Será que essas ideias egípcias influenciaram o homem que

Presente do Nilo 159

retirou os israelitas do Egito e que transmitiu a lei bíblica de Deus em tábuas recebidas no monte Sinai?

É aí que colidem mito e história – e essa é uma das razões fundamentais por que devemos entender a mitologia. Onde nasce a fé, ou a religião – ou a mitologia? Qual dessas verdades reveladas pelo divino *é a verdadeira e única verdade?*

Outros questionamentos intrigantes emergem, sendo os principais relacionados a Moisés. Apesar de seu status elevado no judaísmo, cristianismo e islamismo – o profeta é mencionado cinquenta vezes no Corão, que dá a ele o crédito por negociar as cinco orações diárias a Deus no islamismo –, Moisés é um homem misterioso. Não existem provas de sua existência em nenhum documento histórico além da Bíblia e do Corão. Nenhum dos inúmeros registros egípcios já encontrados faz referência a algum Moisés – nome egípcio; em hebraico, Moshe – que tenha sido criado no palácio de algum faraó, como afirmam o relato bíblico e a versão hollywoodiana do *Dez Mandamentos*. Não há também nenhuma referência, nos antigos monumentos de registros burocráticos do Egito, aos "filhos de Israel" que trabalhavam como escravos e fugiram em massa. Existe uma única referência a uma batalha com hebreus em uma coluna comemorativa de vitória – ou estela – erigida pelo faraó Merneptah.

Essa ausência de registros históricos levou muitos estudiosos, ao longo dos séculos, a questionarem a existência de Moisés. Trata-se, claro, de uma ideia radical para muitos crentes, já que a narrativa sobre Moisés liderando a fuga dos prisioneiros hebreus do Egito, cruzando de forma milagrosa o "mar Vermelho" – uma tradução errônea da expressão hebraica "Mar dos Juncos" – e passando quarenta anos no deserto até entrar na Terra Prometida, é a essência do judaísmo. A narrativa ainda fornece importantes ligações simbólicas à vida de Jesus.

MITOLOGIA

O relato bíblico que fala da permanência temporária dos hebreus no Egito remonta à história de José, um dos 12 filhos do patriarca Jacó (filho de Isaque, neto de Abraão). José, o filho predileto, famoso por sua túnica colorida, era invejado por seus irmãos, que o venderam como escravo e convenceram Jacó de que o irmão morrera enquanto cuidava das ovelhas. Levado ao Egito, José acabou se tornando um dos conselheiros do trono egípcio devido à sua excepcional habilidade de interpretar sonhos. Um relato bíblico conta a história de como a esposa de Potifar, senhor de José no Egito, acusou-o de tentar estuprá-la após rejeitar o seu assédio. Essa história é cópia de um antigo conto egípcio chamado "A história de dois irmãos", que contém todos os detalhes aparentemente "utilizados" pelos autores do Gênesis.

A história de José não termina aí, já que, anos depois, seus irmãos foram ao Egito, durante uma seca em suas terras, e se encontraram com ele, que havia se tornado um influente conselheiro do faraó. Os irmãos não perceberam que o homem era José, mas ele os reconheceu e, em um ato de perdão, se reconciliou com aqueles que o haviam vendido. O pai de José, Jacó – ou Israel, como é chamado –, e todos os seus descendentes fizeram a viagem até o Egito, onde foram recebidos por José.

Segundo a versão bíblica, após centenas de anos no Egito, os hebreus passaram a ser vistos como uma ameaça por um novo faraó – cujo nome não é mencionado – e foram então escravizados, forçados a trabalhar na construção de cidades e fortificações. Por fim, o faraó ficou tão preocupado com a presença dos israelitas que mandou matar o primogênito de todos daquele povo. Uma judia colocou o filho em uma cesta de junco para salvá-lo. Encontrado pela filha do faraó, flutuando sobre as águas do Nilo, o menino – Moisés – foi criado como um príncipe na casa real. Tempos depois, Moisés viu um egípcio espancando um trabalhador hebreu e matou-o. Assustado, fugiu do Egito, teve um encontro divino com Deus, na forma de uma sarça ardente, e voltou ao país para libertar seu povo. Após as dez pragas castigarem os egípcios, o faraó – que costuma ser identificado como Ramsés II, embora não haja um consenso – consentiu que Moisés partisse com seu povo, que então cruzou o deserto do Sinai e recebeu os Dez Mandamentos; após sofrerem ainda mais tribulações, conseguiram finalmente entrar em Canaã, a Terra Prometida. Moisés, porém, não os acompanhou. Morreu antes de entrar na Terra Prometida, sendo até hoje um mistério o local de sua morte.*

A mitologia egípcia tem importância?

Que diferenças fazem todas essas histórias sobre milhares de deuses com cabeça de animal? Será que o Egito foi apenas mais uma grande civilização que acabou na lixeira da história? Após o Período Raméssida, o país entrou em uma longa fase de declínio, que começou com a Vigésima Dinastia (1186–1069 a.C.), quando as lutas dos sacerdotes e nobres pelo poder real dividiram o país. O Egito perdeu territórios no exterior e sua fraqueza atraiu invasores estrangeiros. O declínio foi ainda mais vertiginoso após 1070 a.C. e, durante os setecentos anos que se seguiram, mais de dez dinastias governaram o Egito, muitas delas formadas por soberanos estrangeiros, incluindo núbios, assírios e persas, cujo rei, Cambises, conquistou-o em 525 a.C. De acordo com registros egípcios, o rei persa respeitou a religião local e adotou as formas tradicionais da realeza egípcia.

---

* Uma discussão completa a respeito da história e da cronologia dos israelitas no Egito, do Êxodo e dos Dez Mandamentos pode ser encontrada em meu livro anterior, *Don't Know Much About the Bible*.

Após um declínio de séculos, a glória dos faraós finalmente acabou em 332 a.C., quando Alexandre, o Grande, conquistou o Egito e o anexou a seu império. Quando Alexandre morreu, em 323 a.C., seus generais dividiram o império, e um deles, Ptolomeu, assumiu o controle do país. Por volta de 305 a.C., o general fundou a dinastia conhecida como Ptolomaica, que disseminou a cultura grega pelo país e transformou a Alexandria na capital e cidade central egípcia. Famosa por sua biblioteca e museu magníficos, a Alexandria emergiu como um dos maiores centros culturais do mundo antigo. A dinastia Ptolomaica (305-30 a.C.) reivindicou o título de faraó e tratou os deuses do Egito com respeito, mas a antiga ligação entre o soberano e os deuses havia acabado de vez.

Em 30 a.C., a capacidade de armazenar amplos estoques de grãos fez do Egito o grande prêmio das intrigas que formaram o Império Romano. Esse período inclui um dos capítulos mais extraordinários da história, o breve reinado de Cleópatra – a última ptolomaica – e seu envolvimento com dois dos homens mais poderosos de Roma, Júlio César e Marco Antônio. Como era amante de César, Cleópatra foi para Roma e lá estava quando o imperador foi assassinado, em 44 a.C. Ela retornou ao Egito, mandou matar seu irmão e colocou seu filho – que ela dizia ser filho de César – no trono. Cleópatra então se envolveu com Marco Antônio, cossoberano de Roma. Os dois tinham a esperança de que, juntos, seus exércitos poderiam tirar o controle de Roma das mãos de Otaviano, sobrinho e herdeiro de Júlio César e cossoberano de Roma. Na Batalha Naval de Ácio, em 31 a.C., a esquadra de Marco Antônio e Cleópatra perdeu para a frota de Otaviano. Tempos depois, os famosos amantes cometeram suicídio separadamente, e Otaviano, que foi renomeado Augusto e completou a transformação de Roma de república em império, fez do Egito província de Roma, por quem foi governado durante os quatro séculos seguintes. Roma foi aos poucos perdendo o controle do Egito após 395 d.C., quando o império se dividiu nas partes Oriental e Ocidental. Em 642 d.C., muçulmanos da Arábia já haviam conquistado o país.

Após perder sua glória e majestade, o império de 3 mil anos viu seu brilho ofuscado. Será que sua história e suas crenças tiveram importância? Será que essa grande civilização fez alguma diferença no mundo? Sem dúvida, a resposta é "Sim".

Além de suas óbvias façanhas artísticas, culturais e técnicas, o Egito causou forte impacto nas terras vizinhas e naquelas que vieram a conquistar seu território, como Grécia e Roma, que assimilaram aspectos da religião, arte e arquitetura egípcias.

Há ainda uma quantidade considerável de provas de que as escrituras egípcias podem ter influenciado a Bíblia, não somente com as histórias de José e de Moisés. Uma série de preceitos morais egípcios, denominados *Sabedoria de Amenenope* (*c.* 1400 a.C.), um dos livros de instruções mais famosos do Egito antigo, possui muitas semelhanças com o Livro de Provérbios da Bíblia.

Talvez ainda mais importante para a história mundial é o papel, negligenciado, do Egito na história do cristianismo, que se enraizou em território egípcio desde cedo. Ao final do século II, o cristianismo já havia se estabelecido no vale do Nilo e em pouco tempo veio a substituir a antiga religião politeísta.

Em *The Complete Gods and Goddesses of Ancient Egypt*, Richard H. Wilkinson conclui: "A disseminação da religião foi facilitada pelo fato de que muitos aspectos do cristianismo eram facilmente compreensíveis para os egípcios, em comparação a seus próprios mitos e crenças antigos. (...) [O] fato de que os egípcios, desde o princípio dos tempos, viam seus reis como encarnações de algum deus significa que o conceito cristão de Jesus, como filho encarnado de Deus, era aceito com muito mais facilidade no Egito do que em qualquer outro lugar do mundo romano. (...) [Até] as principais imagens do cristianismo talvez tenham origem egípcia. A imagem cristã da sagrada mãe com seu filho certamente tem relação com as inúmeras imagens de Ísis – que era chamada de "mãe do deus" pelo egípcios – e seu filho Hórus, bem como o símbolo da cruz, que foi primeiramente testemunhado no Egito como cruz "egípcia" ou cruz de *tau* – uma espécie de símbolo *ankh*."

Mas será que existe algo mais? Será que a extraordinária história do Egito tem alguma importância espiritual ou cósmica mais profunda? Deixando de lado as teorias sobre astronautas ancestrais, múmias amaldiçoadas, pirâmides com poderes paranormais e as dezenas de outras obsessões do movimento *New Age* por tudo que é egípcio, será que o "presente do Nilo" importa? Para as pessoas que possuem ascendência judaica ou cristã – bem como para todas aquelas que só tiveram um contato limitado com o Egito através da exibição anual de *Os Dez Mandamentos*, com Charlton Heston no papel de Moisés –, sempre houve um remanescente cultural de animosidade contra o Egito antigo. Segundo a ideologia judaico-cristã, o Egito foi apenas uma nação de faraós cruéis, um local de servidão e desumanidade. Essa foi uma imagem que perdurou até o Movimento dos Direitos Civis Norte-americanos, quando o sul do país foi simbolicamente associado ao Egito e os negros americanos se viram como os hebreus que tentaram escapar da crueldade do faraó.

Perdido nessa visão limitada dos egípcios como "malfeitores", há um outro ponto de vista sobre o Egito – uma sociedade onde os valores

Presente do Nilo

da verdade, justiça e caridade, e outras virtudes, tiveram um papel crucial na formação de uma civilização que produziu belezas extraordinárias e uma visão espiritual do Universo, que, em sua melhor forma, acreditava que uma vida justa receberia uma recompensa justa.

CAPÍTULO TRÊS

JUNTO AOS RIOS DA BABILÔNIA

Os mitos da Mesopotâmia

É uma história antiga,
Mas que ainda pode ser contada
Sobre um homem que amou
E perdeu um amigo para a morte.
E aprendeu que lhe faltavam forças
Para trazê-lo de volta à vida.

– *Gilgamesh: narrativa em verso*

Quando nas alturas o céu não havia sido nomeado
e abaixo o solo firme não tinha nome...
... quando o doce e o amargo
se misturaram, nenhum junco foi trançado, nenhuma palha
sujou a água,
Os deuses não tinham nome, natureza nem futuro.

– extraído do *Enuma Elish*, mito da criação babilônico

Junto aos rios da Babilônia,
ali nos assentamos
e nos pusemos a chorar,
recordando-nos de Sião.

— Salmo 137:1

"Como outros povos no mundo antigo, os babilônios atribuíam suas conquistas culturais aos deuses, que haviam revelado seu estilo de vida aos míticos ancestrais deles. Assim, supunha-se que a própria Babilônia era uma imagem do Céu, sendo cada um de seus templos a réplica de um palácio celeste."

— KAREN ARMSTRONG,
Uma história de Deus (1993)

Qual era o papel dos mitos na antiga Mesopotâmia?

Onde viviam os deuses da Mesopotâmia?

O que há de tão especial no "berço da civilização"?

Como um pântano inspirou a mitologia mesopotâmica?

Como sabemos quais eram as crenças dos mesopotâmicos?

Quando a Suméria desapareceu, para onde foram seus mitos?

O que é o *Enuma Elish*?

Não teria sido Marduk apenas mais um machão que oprimia as amáveis deusas?

Quem foi Hamurabi?

Quem é quem no panteão mesopotâmico

Como uma deusa furiosa criou as estações do ano?

Será que a cidade de Inanna foi a primeira "cidade do pecado"?

Quem foi o primeiro super-herói da mitologia?

Teria *Gilgamesh* sido uma obra de "facção"?

Quem veio primeiro, Gilgamesh ou Noé?

A Torre de Babel ficava na Babilônia?

Seria Abraão, citado na Bíblia, um homem ou mais um mito mesopotâmico?

Quem foram El e Baal?

O que faz uma "demônia" cananeia em um show de rock?

O que três mágicos persas foram fazer em Belém no nascimento de Jesus?

MARCOS DA MITOLOGIA
Mesopotâmia

(Todas as datas se referem ao período antes de Cristo – a.C.)

c. **9000**   Início do cultivo do trigo e da cevada; domesticação de cachorros e ovelhas aos pés da cordilheira dos montes Zagros.

c. **7000**   Formação de uma das primeiras aldeias permanentes de que se tem notícia no mundo, localizada em Jarmo, região nordeste do Iraque; casas de barro cru; rebanhos de cabras, ovelhas e porcos; plantações de trigo.

6000   Fazendeiros da região norte migram para o sul e se estabelecem na região entre a Babilônia e o golfo Pérsico.

c. **5500**   Uso dos primeiros sistemas de irrigação do mundo.

Invenção da cerâmica refinada.

Início do comércio entre o golfo Pérsico e o Mediterrâneo.

c. **5000**   Surgem os primeiros santuários religiosos em Eridu – conhecida como a "primeira cidade".

c. **4500**   Primeiros barcos a vela.

4000–3500   Os **sumérios** se fixam às margens do rio Eufrates.

Primeiro uso do arado.

3500   Surgimento das primeiras cidades-Estados.

3400   Uso de moedas de contagem de barro e dos primeiros símbolos escritos.

3200   Vestígios indicam que já eram utilizados veículos com rodas na Suméria, além de barcos a vela, rodas de oleiro e fornos.

172   MITOLOGIA

3100   Desenvolvimento da escrita cuneiforme para registrar vendas de terras e contratos.

3000–2500   Os sumérios cultivam a cevada, fazem pão e produzem cerveja.

Uso de moedas de metal como meio de troca, em substituição à cevada.

***c.* 2700**   Reinado de Gilgamesh, lendário rei de Uruk.

***c.* 2500**   Uma série de utensílios passa a ser enterrada junto aos túmulos reais de Ur.

2334   A poderosa dinastia semita **acadiana** é fundada por Sargão I, unindo assim as cidades-Estados do sul da Mesopotâmia; o primeiro "império" do mundo.

***c.* 2100**   Construção do zigurate de Ur.

O patriarca hebreu Abraão deixa Ur (data especulada).

1800   Os amoritas do deserto sírio conquistam a Suméria-Acádia.

1792–1750   **Período Babilônico Antigo.** Hamurabi ascende ao trono da Babilônia e passa a dominar quase toda a Mesopotâmia.

A Babilônia torna-se a capital da Mesopotâmia.

Hamurabi institui um dos primeiros códigos de leis da história.

1595   A Babilônia é saqueada e ocupada por invasores do planalto iraniano, conhecidos como **cassitas**.

1363   O **Império Assírio** é fundado por Ashur-uballit.

1300   A escrita alfabética desenvolvida na Mesopotâmia é um refinamento do alfabeto cuneiforme simplificado.

1295–1200   Êxodo judeu do Egito (data especulada).

1240–1190 Os israelitas conquistam Canaã (data especulada).

1200 É composto o épico *Gilgamesh*, primeira lenda escrita de que se tem registro.

1193 Destruição de Troia (data especulada).

1146 Nabucodonosor I inicia seu reinado de 23 anos na Babilônia.

1116 Tiglate-Pileser I inicia um reinado de 38 anos que levará o Médio Império Assírio ao ápice de seu sucesso.

1005–967 Reinado do rei Davi em Israel; Jerusalém é estabelecida como capital.

967–931 Reinado do rei Salomão em Jerusalém.

c. **850** Homero escreve a *Ilíada* e a *Odisseia*.

722 A Assíria conquista o Reino de Israel Setentrional – as chamadas Dez Tribos, compostas por quase 30 mil israelitas, são deportadas por Sargão II para a Ásia Central; posteriormente, as tribos desapareceram e ficaram conhecidas como "As Tribos Perdidas de Israel".

693–689 O rei assírio Senaqueribe destrói Babilônia.

663 Os assírios atacam o Egito, saqueiam Tebas e deixam o governo nas mãos de líderes vassalos.

612 Tomada de Nínive, capital assíria, pelos **caldeus** (novos babilônios).

605 Zoroastro (ou Zaratustra) líder religioso persa, funda a fé que dominaria o pensamento persa por séculos.

604 O rei Nabucodonosor II restaura a vida na Babilônia e constrói os Jardins Suspensos, uma das Sete Maravilhas do Mundo Antigo,

174   MITOLOGIA

e o zigurate, dedicado ao deus babilônio Marduk, que viria a inspirar a Torre de Babel.

597   Nabucodonosor II conquista Jerusalém.

O rei de Judá é deportado para a Babilônia.

587/6   Queda de Jerusalém e destruição de seu Grande Templo.

Início do exílio judeu na Babilônia. Foi durante esse período que muitos dos livros sagrados dos hebreus começaram a ser escritos.

539   O rei Ciro captura a Babilônia e incorpora a cidade ao **Império Persa**.

538   Ciro permite o retorno dos judeus exilados a Jerusalém.

522–486   Dario I da Pérsia é derrotado pelos gregos em Maratona, em 490.

336–323   Reinado de Alexandre, o Grande. Em 330, Alexandre toma o Império Persa e dá início ao Período Helenístico, durante o qual a civilização e a língua gregas se espalharam pelo Oriente Próximo. Alexandre morre na Babilônia em 323.

D a próxima vez que você entrar em um bar, em uma sexta à noite, pedir uma cerveja e perguntar qual é o "signo" da pessoa ao seu lado, pare por um instante e agradeça aos antigos mesopotâmicos.

No despontar da história, foram eles que inventaram a semana de sete dias, a cerveja e a astrologia. (O fato de não pensarem no amendoim como aperitivo é um mistério ainda a ser resolvido.) Se você fica bebericando por uma hora e depois anota o nome e o telefone daquela pessoa antes de dirigir de volta para casa, lembre-se de que os antigos mesopotâmicos também merecem crédito pela hora de sessenta minutos, pelo primeiro sistema de escrita do mundo e pela roda. A lista não para por aí. A antiga Mesopotâmia foi uma região extraordinária, precursora da cerâmica, da poesia, dos barcos a vela e das escolas. Foram os mesopotâmicos que criaram o círculo de 360°, o poema que é considerado a primeira obra da literatura escrita, as fórmulas para previsão de eclipses do Sol e da Lua e os conceitos matemáticos de fração, quadrado e raiz quadrada, que ainda atormentam as crianças do ensino fundamental.

Mas há mais um detalhe que não posso deixar de incluir nessa impressionante lista de legados. Os povos dessa chamada "civilização morta" criaram uma tradição mítica extremamente criativa, povoada de deuses guerreiros e matadores de dragões, além de um super-herói e uma deusa do amor sedutora e libidinosa. Esses mitos mesopotâmicos não apenas exerceram um papel central no dia a dia e na história

MITOLOGIA

do "berço da civilização", como também deixaram uma marca indelével, através de suas histórias e lendas, na literatura e história da Bíblia.

Acredita-se, por exemplo, que o relato dos seis dias da criação contido no Livro do Gênesis tenha sido influenciado pelo épico da criação mesopotâmico, que foi traduzido pela primeira vez há pouco mais de um século e que, desde então, vem estremecendo os mais religiosos com a sugestão de que partes da Bíblia foram – imagine! – plagiadas de outra fonte. As genealogias dos descendentes de Adão e Eva possuem uma semelhança suspeita com as listas dos primeiros reis da Mesopotâmia, encontradas nas ruínas da biblioteca real de Nínive, cidade lendária que ficara sepultada por séculos de tempestades de areia e que é mencionada na história de Jonas e a baleia. (Que, na verdade, era um "peixe grande". Mas isso já é outra história.) Os altíssimos templos da Mesopotâmia, torres semelhantes a pirâmides, denominadas zigurates, até hoje são tidos como a inspiração para a Torre de Babel. Talvez ainda mais intrigantes sejam suas histórias sobre o dilúvio. Compostas há mais de 4 mil anos e narradas em *Gilgamesh* – um poema épico escrito séculos antes de qualquer registro da Bíblia –, essas histórias podem ter influenciado os contadores de histórias hebreus, que criaram seu próprio relato do dilúvio, protagonizado por um homem santo chamado Noé. Pressupõe-se que essas lendas mesopotâmicas antigas fossem familiares aos hebreus, já que Abraão, patriarca dos hebreus, era originário da Mesopotâmia, e frequentemente se via sob o domínio de uma série de reis mesopotâmicos agressivos, que constam dentre os "malfeitores" da Bíblia.

Localizada basicamente onde é hoje o Iraque, a Mesopotâmia foi um belo pedaço de terra onde se fixaram algumas das primeiras aldeias do mundo, há quase 10 mil anos. Irrigada pelos rios Tigre e Eufrates – a palavra "Mesopotâmia" significa "entre rios"

Junto aos rios da Babilônia 177

em grego –, essa planície outrora árida e sem relevos desabrochou depois que as pessoas aprenderam a controlar o fluxo de suas águas, um tanto quanto irregulares, com diques e canais de irrigação. Como contas que vão uma a uma formando um colar, pequenas aldeias rurais foram se estabelecendo ao longo das margens dos dois rios e se transformando nas primeiras cidades do mundo, que cresciam à medida que sua produção agrícola excedente possibilitava a expansão do comércio. Conforme aumentavam em riqueza e tamanho, essas comunidades agrícolas e pecuárias se tornavam "cidades-Estados", com mercadores, artesãos habilidosos, prostitutas, sacerdotes e coletores de impostos, além de exércitos de escribas que registravam tudo, desde negociações sobre o preço do figo até vendas de imóveis, códigos de leis, poesias épicas e as conquistas militares e aventuras amorosas dos reis vitoriosos.

Infelizmente, a prosperidade dessas cidades-Estados também chamou a atenção de outros povos. Sem a proteção de um vasto deserto, como o que cercava o Egito e o resguardava da maioria dos invasores, as planícies extensas da Mesopotâmia eram como um tabuleiro de xadrez, por onde exércitos se moviam livremente. A Mesopotâmia passou então a ser uma terra de constantes invasões e conquistas, e a história do vale dos rios Tigre e Eufrates foi quase sempre tempestuosa e cheia de reviravoltas violentas. Ao contrário do Nilo, um rio estável, o Tigre e o Eufrates eram ainda recursos menos confiáveis para a irrigação das plantações, pois seus cursos mudavam de rumo durante os séculos, e faziam com que cidades outrora prósperas se tornassem cidades fantasma. O fluxo imprevisível e desigual dos dois grandes rios, combinado aos conflitos políticos locais, deu forma à mitologia e religião mesopotâmicas, que falavam da discórdia e da ordem universal na mesma proporção.

MITOLOGIA

Ao longo de milhares de anos, a Mesopotâmia foi ocupada e governada por uma sucessão de pequenos reinos – alguns um tanto beligerantes – que foram crescendo e abrangendo alguns dos primeiros impérios do mundo: os impérios sumério, babilônico, hitita, assírio, caldeu e persa. À medida que esses impérios ascendiam e caíam, o poder passava de mão em mão e as civilizações cresciam. Cada vez que o poder mudava de mãos, os mitos dessa terra antiquíssima também se modificavam. Cada novo império aproveitava as tradições do império anterior e, assim, os mitos mesopotâmicos iam evoluindo e sendo reescritos e reformulados para refletirem as novas realidades políticas. Contudo, sempre houve uma constante. Desde o princípio dos tempos, a adoração aos muitos deuses da Mesopotâmia – que controlavam o sol, o vento, a água, o clima, a fertilidade da terra e todos os outros aspectos do mundo natural – teve um papel crucial na vida e na sociedade do mundo "entre rios".

Qual era o papel dos mitos na antiga Mesopotâmia?

Pense na Mesopotâmia como o Rodney Dangerfield* do antigo Oriente Próximo – ela nunca conquistou o respeito nem a fama do Egito e da Grécia. Talvez porque os povos que lá viveram fossem considerados os vilões da Bíblia, que haviam tomado Jerusalém, relegado milhares de judeus ao cativeiro ou ao esquecimento e cultuado muitos dos perniciosos "falsos deuses" da Sagrada Escritura. Ou talvez porque suas belezas antigas não fossem tão admiradas quanto aquelas que atraíram multidões de turistas devotos para o Egito e a Grécia. (Um

---

* Rodney Dangerfield foi um comediante norte-americano famoso pelo bordão "I don't get no respect", que, numa tradução livre, significa "Ninguém me respeita". (N. T.)

Junto aos rios da Babilônia

historiador descreveu os monumentos da Mesopotâmia como "obras de arte menos espetaculares e ruínas de barro decadentes".) Keats não escreveu uma "Ode a uma Urna Mesopotâmica". E os seguidores do movimento *New Age* não escolheram o zigurate como totem de forças psíquicas misteriosas. Além disso, ao longo de quase todo o século XX, a região onde ficava a Mesopotâmia foi praticamente fechada para o mundo ocidental, devido à sua cultura, história e política. Caso você não tenha reparado, o Iraque não vem constando nas listas dos dez melhores destinos turísticos há pelo menos cinquenta anos.*

Seja lá por quais motivos, a Mesopotâmia ganhou a medalha de bronze, perdendo para o Egito e a Grécia, em um equívoco que merece ser corrigido, pois o passado exageradamente simplificado – ou negligenciado – dessa terra antiga, que se tornou tão importante nos tempos modernos, é um pedaço fascinante do quebra-cabeça das civilizações ancestrais. Religião, história e mitologia se misturavam naquela sociedade, e a história das cidades-Estados e impérios da Mesopotâmia é mais um exemplo vívido das incríveis encruzilhadas onde lenda e vida antiga se encontram.

Tal qual o Egito, os sucessivos impérios da Mesopotâmia eram teocracias – sociedades onde governo e religião são inseparáveis. A função dos deuses da Mesopotâmia não se resumia a fazer chover

---

* O Iraque como nação foi formado logo após a Primeira Guerra Mundial, quando os britânicos, que então governavam o território, ainda o denominavam Mesopotâmia. Mas o Iraque de hoje pouco tem a ver com as civilizações antigas que ascenderam e desapareceram naquela área. Foi estabelecido um reino independente, sob domínio britânico, em 1923, e os britânicos controlaram os campos de petróleo e a política do Iraque durante o quarto de século seguinte. Em um golpe militar, em 1951, o rei Faisal foi morto. Os regimes militares sucessivos, que ocorreram a partir de então, foram cada vez mais controlados pelo Partido Baath, até que Saddam Hussein tomou o poder em 1979.

180 MITOLOGIA

ou ajudar as plantações a crescer. Os deuses escolhiam os reis terrenos — ou pelo menos essa é a versão que os reis e sacerdotes dos templos contavam a seus súditos. A função do povo era servir aos deuses — através de seus representantes na Terra, os reis e sacerdotes. Cada cidade-Estado tinha um deus, símbolo da força local e fonte de seu prestígio, riqueza e poder. Em termos mais simples: "Meu deus é maior que o seu."

À medida que as cidades mesopotâmicas se expandiam e se transformavam em pequenos impérios, o poder de seus deuses também aumentava, e o império mais poderoso, claro, possuía o deus mais poderoso. **Marduk**, divindade central da Babilônia, assumiu o papel quando a Babilônia se tornou a cidade-Estado preeminente da região. Mitos locais eram revistos para que o status de Marduk como rei dos deuses, o Zeus da Mesopotâmia, fosse celebrado e sacralizado no relato da criação do Universo principal da Mesopotâmia. Assim como Rá, que se tornou a divindade tutelar do Egito, ou Javé, deus nacional de Israel, Marduk, outrora uma divindade da agricultura, emergiu como soberano do panteão de divindades mesopotâmicas, substituindo o anterior chefe dos deuses dos sumérios, An, e assumindo o controle do clima, da lua, da chuva, da justiça, da sabedoria e da guerra. (Ver adiante, *Quem é quem no panteão mesopotâmico.*)

O outro conceito chave da mitologia mesopotâmica era o *me* (pronuncia-se "mei"), uma coleção um tanto abstrata de leis, regras e regulamentos divinos que governavam o Universo desde sua criação e o mantinham em funcionamento. Diferentemente do conceito egípcio de *maat*, que simbolizava ordem, verdade e justiça, o *me* mesopotâmico era uma lista muito mais complexa de instituições, pessoas, rituais e outros elementos que compunham uma cultura com mais de cem itens característicos diferentes, os quais formavam a base da sociedade suméria. Em alguns aspectos, era comparável às complexas leis do judaísmo antigo, que compreendiam muito mais do que os básicos Dez Mandamentos e definiam o papel dos sacerdotes e os tipos de culto.

Porém, o *me* era, em muitos outros aspectos, ainda mais complexo, abrangendo quase todas as dimensões da sociedade suméria. Dentre os variados elementos do *me*, havia um catálogo de instituições oficiais, como a realeza e o clero; algumas práticas ritualísticas, como a purificação sagrada; qualidades desejáveis da natureza humana e leis morais; e até listas de profissões, que incluíam escribas e ferreiros. Altamente conceptual, a lista dos elementos que constituíam o *me* também incluía atos, como a lamentação, o júbilo, a relação sexual e a prostituição. Várias partes do *me* podiam ainda estar em objetos materiais, como o trono – onde residia o rei – ou os tambores, que continham ritmo. Como se fossem as bases essenciais de uma sociedade ordenada, todas essas ideias básicas, instituições e práticas tinham de ser mantidas intactas para garantir a ordem cósmica. Possuir o *me* significava possuir a força suprema, e **Enki**, o principal deus da Suméria, era o seu guardião.

Onde viviam os deuses da Mesopotâmia?

Se o poeta Robert Frost tinha razão ao dizer que "uma boa cerca faz um bom vizinho", então um bom muro pode ser ainda melhor. Para se protegerem contra invasões, os mesopotâmicos construíram, em volta de suas cidades, muros com portões enormes, dentro dos quais ficava mais uma camada de muros que cercavam os templos, palácios e as casas reais. Em volta ficavam os "subúrbios", que abarcavam os campos e pomares. Todas as cidades possuíam ainda um porto às margens do rio, onde ficava o centro comercial.

Mas o foco da vida e da sociedade mesopotâmicas eram os templos. Alojados dentro das proeminentes torres dos zigurates, que

182 MITOLOGIA

se agigantavam perante as extensas planícies da Mesopotâmia, os templos eram mais do que construções simbólicas ou ritualísticas, ou do que túmulos para os reis. Construídos para o culto de determinados deuses, responsáveis tanto pela cidade quanto pelo povo, os templos eram considerados a própria morada divina, onde os deuses viviam com suas famílias e serviçais. Os deuses das cidades mesopotâmicas podiam até ser assustadores e poderosos, mas eram também caseiros, completamente vinculados às cidades onde eram cultuados e a seus templos, e precisavam da atenção diária dos sacerdotes e sacerdotisas. Todos os dias eram realizados no santuário os rituais de alimentar, vestir e banhar os deuses. Como afirmou a antropóloga Gwendolyn Leick, "o céu não ficava muito longe do teto dos templos. Ao prover moradia e sustento para seus deuses, as cidades compartilhavam da essência da divindade".

Empregando um grande número de trabalhadores, essas cidades-templos ditavam a vida diária. Elas eram administradas por uma hierarquia sacerdotal, que controlava grandes reservas de dinheiro, acumuladas através da coleta de impostos e de oferendas, e possuíam grandes extensões de campos e pomares, e até funcionavam como "bancos", fazendo empréstimos. Embora o culto diário dos deuses fosse função dos sacerdotes, a religião exercia enorme influência na vida das pessoas comuns. Elas escolhiam um deus ou deusa específicos para adorar – da mesma forma que os cristãos de hoje podem se dedicar, em especial, a um santo favorito – e ofereciam preces e sacrifícios a esse deus, em troca de bênçãos e de proteção contra os maus espíritos. Apesar de não ter acesso aos santuários internos dos templos, o povo participava das grandes procissões religiosas, nas quais estátuas representando os deuses eram levadas pelas ruas.

Muitas pessoas recorriam ainda a exorcistas e profetas em busca de profecias e conselhos. Na Mesopotâmia, a adivinhação era uma arte

Junto aos rios da Babilônia 183

altamente especializada. Os mesopotâmicos acreditavam que todo o Universo estava cheio de mensagens em código sobre o futuro e buscavam os conselhos de profetas experientes, treinados por anos na arte de ler tais sinais nas vísceras e órgãos dos animais, como, por exemplo, no fígado de um carneiro recém-sacrificado. Oráculos que interpretavam sonhos também eram populares; a prática de fazer previsões astrológicas começou na Mesopotâmia, onde adivinhos observavam os céus em busca de presságios – os primeiros registros astronômicos cuidadosamente inscritos. Como escreveu Daniel Boorstin, em *Os descobridores*: "Se o nascer e o pôr do sol eram tão importantes para a Terra, por que também não o seria o movimento dos outros corpos celestes? Os babilônios [mesopotâmicos] transformaram todo o céu em um palco para a imaginação mitológica. Como o restante da natureza, os céus eram palco de um espetáculo diário."

Desenvolvidos com o intuito original de demonstrar que as decisões e leis reais tinham consentimento divino, esses elaborados sistemas de leitura de sinais, presságios e oráculos da antiga Mesopotâmia eram provavelmente tão onipresentes em Ur e na Babilônia quanto são hoje os "videntes" que se encontram nas ruas de muitas das grandes cidades.

O principal evento mítico daquele mundo, porém, acontecia durante o Ano-Novo, quando era celebrado um grande festival público. Ocorria um rito religioso de 11 dias, que não era apenas um acontecimento espiritual ou um feriado festivo, mas sim uma peça teatral nacional, uma forma de teatro político que buscava solidificar o papel do rei como protetor e provedor. Durante essa celebração fundamental (que acontecia em abril), durante a qual se cantavam as antigas histórias da criação do mundo para grandes públicos, o rei, de fato, reinterpretava o papel de grande deus da fertilidade e realizava um casamento ritual com uma sacerdotisa, que representava a deusa **Inanna**

MITOLOGIA

(também conhecida como Ishtar). Essa cerimônia matrimonial – que seria consumada em público – tinha o propósito de garantir prosperidade, força e ordem.

Fazendo uso de mitos e crenças, os soberanos da Mesopotâmia – e as classes sacerdotais aliadas a eles – criavam e consolidavam sua força política e social. Nunca é demais ressaltar a importância desse grande passo da história da humanidade. Ele significou um desenvolvimento tão importante quanto a invenção da roda ou da escrita.

VOZES MÍTICAS

Existe também no templo da Babilônia, embaixo, num santuário, uma grande estátua de ouro de Bel sentado, e perto dela há uma grande mesa de ouro; o pedestal e o trono são de ouro. Tudo isso, segundo dizem os caldeus, foi feito com oitocentos talentos de ouro. Fora do templo, há um altar de ouro, e existe ainda um outro grande altar onde são sacrificadas as reses adultas. (...) Sobre o altar maior, os caldeus queimam também mil talentos de incenso na oportunidade da celebração da festa de Bel. No tempo de Ciro, ainda havia nesse santuário uma estátua com 12 côvados de altura, em ouro maciço (eu mesmo não a vi, mas repito as palavras dos caldeus).

– HERÓDOTO *descreve a Babilônia em* História

Como o "Onde está Wally?" do mundo antigo, o historiador grego Heródoto também pipocou pela Babilônia, que foi a grande capital de muitos impérios mesopotâmicos, bem como do Império Persa do rei Ciro (–530 d.C.). A descrição que fez do santuário interno de um templo, com cômodos dedicados aos deuses, foi corroborada

Junto aos rios da Babilônia 185

por investigações arqueológicas. O deus a quem Heródoto se referiu como Bel (que significa "Senhor") era, na verdade, Marduk, a divindade tutelar da Babilônia, e o título de "Bel" foi transformado em "Baal" nos mitos que vieram a aparecer de forma marcante na história da Bíblia.

Um ídolo de Bel também aparece na história de "Bel e o Dragão", um pequeno adendo do livro bíblico de Daniel (o famoso "Daniel na cova dos leões"). Situada na Babilônia, durante o período do reinado de Ciro da Pérsia, a história satiriza os sacerdotes que comiam as provisões colocadas para o ídolo de Bel. Quando Daniel revela esta fraude a Ciro, o rei persa manda matar os sacerdotes.*

O que há de tão especial no "berço da civilização"?

Certo. Você está no colegial e sua professora puxa do quadro-negro um daqueles mapas que descem como uma cortina e que costumam subir de volta na mesma hora. A situação da professora não é das melhores, já que se parece mais com uma comédia pastelão do que com uma aula. Depois, você abre seu primeiro livro de civilizações mundiais e encontra uma lista de "palavras-chave", como "Crescente Fértil", "Berço da Civilização", "Código de Hamurabi" e "Jardins Suspensos de Nabucodonosor". As expressões são quase clichês, mas

---

* Essa pequena parte de uma narrativa bíblica ainda maior é também um ótimo exemplo de como os próprios cristãos nem sempre estão de acordo quanto a suas histórias "sagradas". Enquanto a tradição católica considera "Bel e o Dragão" parte do Livro de Daniel, o mesmo não acontece com os protestantes. Em suas versões da Bíblia, como a Bíblia KJV e as Novas Versões Padrão Revisadas, a breve narrativa é colocada entre os Textos Apócrifos, uma coleção de textos que não são considerados parte do "cânone" bíblico de inspiração divina.

MITOLOGIA

têm seu valor como verdade e captam as conquistas extraordinárias dos povos e impérios da Mesopotâmia, onde teve início grande parte daquilo que chamamos de civilização.

Então, o que há de tão especial nessa parte do mundo? Por que os povos que viviam nessa região um tanto seca, quente e desagradável produziram tantas inovações da civilização? Por que lá?

Qualquer corretor de imóveis lhe diria que se resume a três coisas – localização, localização, localização.

A antiga Mesopotâmia compreendia a área geográfica onde hoje ficam a maior parte do Iraque, a parte leste da Síria e o sudeste da Turquia. A área se estendia desde as planícies pantanosas do golfo Pérsico, no sul, até os montes Taurus (fronteira da atual Turquia), no norte, e desde a cordilheira dos montes Zagros (no atual Irã), no leste, até o deserto sírio, a oeste.

Ao que tudo indica, as comunidades mais antigas da Mesopotâmia foram aldeias que se estabeleceram aos pés da cordilheira dos montes Zagros, há mais de 9 mil anos. Essas regiões, como Jarmo, no norte do Iraque, formavam alguns dos assentamentos humanos mais antigos do mundo, junto a Jericó, nas proximidades do mar Morto, e a Tell Hamoukar, na atual Síria, às margens do vale do Tigre-Eufrates, e de Catalhoyuk (também denominada Catal Huyuk e pronunciada catal-hu-yuk), na atual Turquia. Com grandes reservas de água numa região majoritariamente seca, foram nessas áreas que as pessoas começaram, pela primeira vez, a cultivar trigo e cevada, domesticar animais, construir casas de barro cru e criar rebanhos de cabras, ovelhas e porcos.

Por volta de 6000 a.C., alguns desses agricultores se deslocaram para o sul, para a região situada entre o que seria a futura Babilônia e o golfo Pérsico. Atraídos pelos rios, os agricultores se estabeleceram naquele que viria a ser o coração da antiga Mesopotâmia,

Junto aos rios da Babilônia 187

na extremidade sul da planície localizada entre o Tigre e o Eufrates, aproximadamente na área entre a atual Bagdá e Basra, que se tornou conhecida pelo mundo durante a Guerra do Iraque, em 2003. Como o Nilo, os rios da Mesopotâmia também sobem de nível e os agricultores passaram a construir canais para irrigar suas terras outrora secas. Esse empreendimento agrícola demandava cooperação – e assim se deu o início de uma ordem social.

Como diz a antiga história de Esopo, "a necessidade é a mãe da invenção". O intenso cultivo agrícola comunitário possibilitou o sucesso das colheitas, proveu uma fonte constante de alimentos, que atraía grupos maiores de pessoas, e levou à expansão das populações. Livres da pressão de terem de caçar e coletar alimentos, as comunidades passaram a se estabelecer e crescer. Com o passar do tempo, se tornaram estáveis, e assim passaram a produzir tecidos, cerâmica e outras invenções que marcaram o início da civilização. Quem fez uso da primeira roda, por exemplo, não foi Fred Flintstone durante a Idade da Pedra, como talvez acreditem as gerações de amantes de quadrinhos, mas é mais provável que tenham sido mesopotâmicos anônimos que viveram em torno de 6500 a.C.

À medida que as técnicas agrícolas dos mesopotâmicos se aperfeiçoavam, as populações aumentavam e a divisão do trabalho se tornava mais complexa. Foi desenvolvida uma hierarquia social, em que uma classe dominante se sobressaiu e passou a ser responsável pela organização da produção e do comércio. A região também carecia de muitos recursos naturais básicos, como madeira, pedra e minérios. Novamente, a necessidade levou à invenção de tijolos de barro seco para as construções. Esse déficit de matérias-primas também aumentou a importância do comércio de recursos, e rotas comerciais foram crescendo aos poucos ao longo dos rios. Por fim, o controle das principais áreas de intercâmbio dos rios se tornou uma fonte de poder econômico, militar e político.

Como um pântano inspirou a mitologia mesopotâmica?

Em torno de 5000 a.C., começaram a surgir aldeias em um local próximo ao rio Eufrates, chamado Eridu, uma área no sul, perto dos pântanos que marcam a transição da terra para o mar. As pessoas que lá se estabeleceram, consideradas o primeiro agrupamento urbano do mundo, também construíram alguns dos primeiros templos de que se tem notícia, e as ruínas de um deles, contendo uma mesa de oferendas e um nicho para estátuas, foram descobertas na região. Essa área charcosa, ou pantanosa, onde as águas doce e salgada se misturavam, viria a inspirar os principais mitos cosmogônicos mesopotâmicos, que diziam que a água doce e a salgada eram, na verdade, divindades que haviam criado o mundo. A água, em especial a doce, era a chave para a sobrevivência nessa planície majoritariamente árida e quente. Não é nenhuma surpresa, então, que em algumas das primeiras histórias e mitos da criação do mundo, a terra, os deuses, a vida e a humanidade tenham surgido a partir dessas águas primordiais da Mesopotâmia.*

Em algum momento antes de 3500 a.C., um novo grupo se mudou para a região e se estabeleceu às margens do Eufrates. Embora a origem desse grupo não seja conhecida – a maioria dos historiadores supõe que tenha sido o leste –, a área na qual se fixaram e a civilização que construíram passaram a ser conhecidas como **Suméria**. O sumérios começaram a construir cidades que foram gradualmente se tornando cidades-Estados, incluindo Ur (suposta terra de Abraão,

---

* Os verdadeiros herdeiros desse povo são os chamados "árabes dos pântanos" do Iraque. Durante a década de 1990, Saddam Hussein tentou dizimar esse povo – que se revoltara contra as pressões do presidente Bush, o pai, após a Guerra do Golfo, em 1991 – drenando sistematicamente os pântanos que eram a fonte de vida daquelas pessoas. A ONU definiu o ato como "o pior crime contra o meio ambiente do século XX".

Junto aos rios da Babilônia

personagem bíblico), Uruk (a bíblica Erech), Kish e Nippur. A preciosidade da água levou a "guerras pela água" entre essas cidades-Estados, até que as mais poderosas pouco a pouco engoliram as cidades menores. Durante os 1.500 anos seguintes, os sumérios passaram a usar animais de arreio para arar a terra, drenar as terras de pântano e irrigar o deserto para aumentar a área de cultivo. O aumento da eficiência agrícola acabou levando à formação da primeira "classe ociosa", favorecendo o desenvolvimento do comércio e, consequentemente, de mercadores, comerciantes, artesãos e, claro, sacerdotes, para garantir que os deuses aprovavam tudo aquilo. Em 3000 a.C., foram construídas as primeiras cidades muradas da Mesopotâmia, que sempre incluíam complexos do templo em seu interior.

Embora, no início, o poder político dessas cidades tenha sido controlado por cidadãos livres e um governador, com o passar do tempo, conforme as cidades-Estados cresciam e competiam pelo poder, os sumérios podem ter desenvolvido um dos primeiros sistemas de monarquia do mundo, liderado por um sacerdote-rei. O primeiro rei conhecido da Suméria — em sumério, o termo era *lugal* e significava "grande homem" — foi Etana de Kish (*c.* 3000 a.C.), descrito em escrituras antigas como "o homem que estabilizou todas as terras". Mas em uma dessas cidades sumérias, muito antes de os gregos cunharem o termo "democracia", se reuniu o "primeiro congresso bicameral" da história, em 3000 a.C. O proeminente sumerólogo Samuel Noah Kramer ressalta que, na cidade de Uruk, um conselho composto de anciãos e outro de homens armados se reuniu para decidir se deveriam ou não entrar em guerra com a cidade vizinha de Kish. Esse "congresso" votou pela guerra e o rei aprovou a decisão.

Acredita-se, ainda, que os sumérios tenham inventado uma forma de burocracia aproximadamente no mesmo período que os egípcios. Desenvolvida para administrar as terras, a burocracia da Suméria consistia em uma classe sacerdotal que era responsável pela inspeção e distribuição de propriedades e pela coleta de impostos. Para garantir o bom funcionamento do sistema, os sumérios também inventaram o melhor amigo do burocrata – os registros. Para isso, era preciso inventar a escrita e os sumérios também levam o crédito por terem introduzido o primeiro sistema de escrita do mundo, por volta de 3200 a.C., composto de palavras-imagens que se tornaram símbolos em forma de cunha, conhecidos como cuneiformes, palavra que vem do latim *cuneus* e significa "cunha". A escrita cuneiforme consistia em pequenos entalhes feitos com um instrumento em formato de cunha, chamado estilo, em argila fresca. Os sumérios faziam uso de quase seiscentos símbolos, que variavam de traços únicos a sinais complexos, formados por trinta ou mais cunhas. A argila endurecia e, assim, as tabuinhas cuneiformes se tornaram os primeiros "registros oficiais" da história.

Existe até uma lenda suméria que explica essa invenção. Um mensageiro do rei da cidade de Uruk foi até a corte de outro rei, mas estava tão ofegante pelo cansaço da viagem que não conseguiu passar a mensagem. O sábio rei queria garantir que isso não acontecesse de novo, e então, quando precisou enviar outra mensagem, ele moldou um pouco de argila e registrou as palavras de sua mensagem no barro. O rei de Uruk inventara a escrita, mas a lenda não conta como o receptor da mensagem conseguiu decifrá-la.

O mundo acadêmico ainda não chegou a um consenso quanto ao porquê de a escrita ter se desenvolvido na Suméria, e também não sabe ao certo se o mesmo aconteceu em outros lugares, como no Egito e na China, seja anterior ou concomitantemente. Uma das principais teorias defende que a escrita suméria se originou na contabilidade, pois "moedas" de argila moldada eram utilizadas para representar diferentes quantidades de bens de troca, como óleo, grãos ou animais.

Junto aos rios da Babilônia   191

Antigos vestígios sugerem que a escrita cuneiforme suméria foi usada quase que exclusivamente para esses registros contábeis durante seus quinhentos anos de existência. No entanto, com o passar do tempo, a escrita evoluiu para expressar o discurso falado e uma de suas primeiras utilidades na Suméria foi registrar os ingredientes que compunham a cerveja. Não há provas de que o símbolo ancestral para cerveja fosse duas mulheres lutando na lama de biquíni.

Como sabemos quais eram as crenças dos mesopotâmicos?

Eis algo que dá o que pensar. Tempos depois que a maioria dos livros que produzimos hoje já tiverem desaparecido, as escrituras do antigo povo mesopotâmico ainda estarão por aí. Por quê? Pois a literatura desse povo, bem como seus registros comerciais, e outras escrituras, eram literalmente "gravados em pedra", nas tabuinhas de barro cozido que foram encontradas aos milhares em inúmeros sítios arqueológicos da antiga Mesopotâmia.

Como seus vizinhos egípcios, os mesopotâmicos criaram uma rica coleção de arte, uma arquitetura e, mais importante, registros escritos que sobreviveram às eras e às inúmeras conquistas que sofreram ao longo de milhares de anos, até os dias atuais. O caos generalizado que dominou Bagdá, e o subsequente saque de seus museus e sítios arqueológicos ancestrais, nos dias seguintes à retirada de Saddam Hussein do poder, em 2003, trouxeram à tona uma lembrança vívida da extraordinária história daquela região. Algumas das obras de arte mais antigas do mundo, inclusive uma escultura, de 5 mil anos, do rosto de uma mulher, chamada a *Mona Lisa da Suméria*, foram removidas por saqueadores junto a milhares de outras relíquias. Por sorte, muitas das peças mais valiosas do país foram armazenadas em segurança no período de preparação para a guerra e, desde então, milhares dos itens roubados vêm sendo devolvidos. Mas ainda há muitas relíquias perdidas e o mundo da arte foi posto em estado de alta prontidão na busca por essas obras saqueadas, muitas das quais podem acabar no secreto e lucrativo mercado negro.

Apesar dessas perdas, já se conhece muito sobre o passado da Mesopotâmia, e a esperança do mundo acadêmico é que o Iraque ainda seja reaberto para uma nova era da arqueologia. Os surpreendentes segredos da história da Mesopotâmia foram revelados pela primeira vez na metade do século XIX, quando a primeira grande reserva escondida de tabuinhas cuneiformes foi descoberta em Nínive. Cidade ancestral, localizada nas proximidades da atual Mossul, no norte do Iraque, Nínive fora outrora a capital do Império Assírio. Foram descobertas nas ruínas da biblioteca de um rei chamado Assurbanipal mais de 24 mil tabuinhas de barro cozido, dentre as quais havia documentos comerciais, cartas pessoais e obras da literatura mais antiga conhecida pelo mundo, inclusive o épico *Gilgamesh*. Com esse tesouro descoberto, o mundo pôde dar uma primeira espiada nos mitos e na história da Suméria. Desde então, muitos outros milhares de tabuinhas vêm sendo encontradas em locais como as antigas cidades de Nippur, Ur e Ebla (na atual Síria), provendo os arqueólogos de uma rica fonte de material escrito dos períodos mais remotos da antiga Mesopotâmia, bem como alguns indícios da incrível ligação entre os mitos da Suméria e a Bíblia.

Quando a Suméria desapareceu, para onde foram seus mitos?

Por volta de 2350 a.C., a paz e a relativa tranquilidade na qual vivia a civilização suméria receberam um forte golpe, quando povos do oeste (provavelmente da península Arábica) invadiram a região norte da Mesopotâmia, lá se estabeleceram e, por fim, a conquistaram.

Junto aos rios da Babilônia 193

Os invasores eram semitas – povo que falava uma língua semelhante ao árabe e o hebraico modernos.* Em cerca de 2340 a.C., sob o reinado de Sargão I, a Suméria e o norte da Acádia foram unificados, e, então, Sargão construiu a cidade de Akkad (ou Agade), lá estabeleceu uma enorme corte e, depois, construiu um templo novo em Nippur, antiga cidade localizada a quase 160 quilômetros da atual Bagdá. Sargão I, excelente líder militar e administrador, tomou o controle da maior parte do sudoeste asiático. Reinou por 56 anos e, sob seu comando, os semitas tomaram das mãos dos sumérios o status de habitantes mais poderosos da Mesopotâmia. Esse povo e sua língua passaram a ser denominados **acadianos**, em homenagem à capital de Sargão I.

No entanto, é curioso que, embora os sumérios tenham praticamente desaparecido da história, o mesmo não aconteceu com sua civilização, cultura e com a maior parte de seus mitos e religião. Seus deuses, incluindo a deusa da criação **Tiamat** e a deusa do amor Inanna, sobreviveram. Todo o panteão sumério de divindades da natureza foi absorvido pelos povos invasores e a religião suméria foi adotada pelos acadianos, que incluíram os deuses sumérios em sua lista de divindades protetoras de suas próprias cidades, apenas mudando seus nomes para formas acadianas. Após a morte de Sargão I, o Império Acadiano foi destruído por brigas internas e rebeliões. Ainda que algumas poucas cidades-Estados acadianas tenham preservado

---

* O termo "semita", comumente mal-interpretado, deriva do nome bíblico Sem, um dos filhos de Noé. Embora o termo costume ser associado apenas aos judeus – como em "antissemita" –, Sem era considerado o ancestral de todos os povos semitas, que compreendiam, no mundo antigo, os babilônios, cananeus, hebreus, fenícios e árabes.

194 MITOLOGIA

a independência por algum tempo, logo foram absorvidas pelo ascendente **Império Babilônico**, que teve início por volta de 1900 a.C.

Construída próxima ao local onde outrora ficara a Acádia, a cidade da Babilônia – ao sul da atual Bagdá – emergiu como a maior e mais importante cidade-Estado da Mesopotâmia, tornando-se um centro urbano que viria a exercer um enorme impacto no mundo, em especial na história bíblica. A própria palavra "Babilônia", que se traduzia como "portal dos deuses", demonstra que as pessoas que lá viviam acreditavam que aquele era o local onde os deuses, de fato, desciam à Terra. Essa não era uma crença exclusiva da Babilônia. Quase todas as culturas possuem um local sagrado considerado o "ônfalo", palavra grega para umbigo, local onde os deuses aparecem na Terra. As primeiras grandes civilizações babilônicas – que formavam o Primeiro Império Babilônico – prosperaram no período entre 1900 e 1600 a.C., sob uma série de reis, inclusive Hamurabi, que transformou a Babilônia em sua capital.

VOZES MÍTICAS

Quando nas alturas o céu não havia sido nomeado
E abaixo o solo firme não tinha nome,
O Apsu primevo, o progenitor,
E Mummu-Tiamat, aquela que gerou a todos eles,
Quando o doce e o amargo
Se misturaram, nenhum junco foi trançado, nenhuma palha sujou
a água, os deuses não tinham nome, natureza, futuro –

Face a face eles vieram, Tiamat e Marduk, com a prudência
dos deuses.
Entraram em combate, se aproximando para a batalha.

O Senhor lançou a sua rede e conseguiu prendê-la,
Para a sua face despachou o Vento Maligno, que vinha logo após,
Para que ela não conseguisse fechar seus lábios quando os
abrisse para consumi-lo.
Os ventos ferozes distenderam sua barriga;
Suas entranhas estavam revoltas e ela acabou abrindo por
inteiro sua boca.

Marduk atirou uma flecha que perfurou a barriga de Tiamat,
Dividiu-a ao meio e também fendeu seu coração.
Após derrotá-la, extinguiu sua vida.
Atirou a carcaça de Tiamat por terra e postou-se sobre ela.
Depois que a vanguarda havia matado Tiamat,
Ele despedaçou as forças dela, ele dispersou seus seguidores.
E os deuses seus aliados, que tinham vindo em seu socorro,
Eles tremeram, amedrontaram-se, correram em todas as
direções,
Eles tentaram achar uma rota de fuga para salvar suas vidas,
Não havia escapatória para o aperto que os segurou!

– Enuma Elish,
épico da criação mesopotâmico (Tabuinha I)

O que é o *Enuma Elish*?

Por ter havido um grande número de grupos rivais e cidades-Estados vivendo e governando na antiga Mesopotâmia, existiam também inúmeras histórias sobre os deuses e a criação do mundo – como ocorrera na mitologia egípcia. No entanto, a história da criação mesopotâmica mais completa e reconhecida – e mais importante – é um

196 MITOLOGIA

poema épico acadiano cujo nome é *Enuma Elish*, que são as palavras de abertura do poema e são tradicionalmente traduzidas como "Quando nas alturas".

O poema, descoberto em sete das tabuinhas de argila encontradas na metade do século XIX, nas ruínas do palácio de Assurbanipal, em Nínive, foi traduzido pela primeira vez por George Smith, em 1876, como *The Chaldean Genesis* ("O relato caldeu do Gênesis"). A insinuação feita por Smith de que os escritores da Bíblia – que os europeus da era vitoriana acreditavam ter sido inspiração divina – haviam aproveitado as ideias dos "pagãos" mesopotâmicos não foi bem-recebida. Após a tradução de Smith do poema de Nínive, outros fragmentos de versões ainda mais antigas do *Enuma Elish* na língua suméria também foram encontrados – prova de que essa narrativa da criação é antiquíssima e já passou por gerações de revisões e reformulações.

Diferentemente da *Ilíada*, o *Enuma Elish* não é uma aventura, mas um poema religioso, semelhante ao capítulo de abertura do Gênesis, que descreve em uma rica linguagem poética o princípio do mundo. Mas, embora não haja dúvidas de que o poema influenciou os escritores do Gênesis, o tom em que suas histórias são narradas e os eventos relatados é muito diferente da história bíblica. O *Enuma Elish*, uma narrativa sobre deuses guerreiros lutando pela supremacia da criação, fala da emergência de um deus supremo, Marduk, o deus babilônico da agricultura. Combinando religião e uma pauta política, o poema e a mitologia nele contida pretendiam estabelecer Marduk, o deus nacional da Babilônia, como líder de todos os deuses e a Babilônia como cidade-Estado mais importante da Mesopotâmia.

O épico começa no princípio dos tempos, com a criação dos próprios deuses. No princípio, os deuses emergiram aos pares das águas primordiais abaixo da terra – substância que já era divina. Essa

Junto aos rios da Babilônia

matéria-prima sagrada existiu por toda a eternidade, como escreve Karen Armstrong em *Uma história de Deus*: "Quando os babilônios tentaram conceber essa matéria divina primordial, imaginaram que deveria ter sido semelhante à região pantanosa da Mesopotâmia onde as cheias constantemente ameaçavam destruir o frágil trabalho dos homens."

No princípio havia apenas dois deuses – **Apsu**, personificado como as águas primordiais dos rios e do subsolo da terra, e Tiamat, que simbolizava a água salgada do mar. Especialistas em estudos bíblicos acreditam que a palavra hebraica para o "abismo" citado na abertura do relato da criação do Gênesis é uma corruptela da palavra "Tiamat". A criação, no *Enuma Elish*, também ocorre em seis estágios, semelhante aos seis dias da criação do Gênesis, e refletindo, mais uma vez, a influência do épico mesopotâmico na versão hebraica. Depois, esses dois deuses, Apsu e Tiamat, se juntaram para produzir os outros deuses, todos relacionados com diferentes aspectos da natureza: produziram **Lahmu** e **Lahamu**, par cujos nomes significam "lama", ou água e terra misturadas; um outro par que representava os horizontes do céu e do mar; e depois **Anu**, o céu, e **Ea**, a terra.

Mas esses jovens deuses, como bem sabem todos aqueles que têm filhos pequenos, eram barulhentos ao extremo. Ansioso por uma boa noite de sono, Apsu decidiu destruir todas as crianças. Um dos pequenos deuses, Ea, descobriu o plano de Apsu, o colocou para dormir e o matou, para, depois, tomar seu lugar como deus das águas. Com **Damkina**, sua esposa, Ea então deu à luz Marduk, um deus perfeito, o "maior dentre os deuses".

Quando Tiamat se deu conta do que seus filhos tinham feito, decidiu vingar a morte do marido. Tomou a forma de um dragão assustador e criou um pequeno exército de criaturas monstruosas para combater os outros deuses, seus próprios filhos. Marduk, o deus sol,

198 MITOLOGIA

se pôs diante de uma assembleia de deuses e prometeu lutar contra Tiamat – que, em essência, era sua avó –, sob a condição de que se tornasse o líder dos deuses. Todos concordaram, o que levou a uma batalha épica entre Marduk, que possuía muitas armas e poderes, e Tiamat, que possuía uma tropa de monstros apavorantes. Marduk matou os monstros e depois confrontou Tiamat em um combate face a face.

> *E o Senhor pisoteou o corpo de Tiamat,*
> *E com seu cruel cajado esmagou sua cabeça,*
> *Cortou as veias por onde passavam seu sangue...*

Isso sim é cuidar da vovó.

Após cortar Tiamat pela metade, "como um peixe para secar", ou "um molusco aberto", Marduk usou as duas metades do corpo da deusa para criar o céu e a terra. Dos olhos de Tiamat, criou os rios Tigre e Eufrates, e seus seios transformou em montanhas, de onde brotava a água doce. Depois, com a garantia de que lideraria os outros deuses, caso derrotasse Tiamat, Marduk organizou o restante do Universo, nomeando os meses do ano e criando as estrelas e a lua. Ele criou leis e estabeleceu sua morada na cidade que nomeou Babilônia:

> *Quando desceres do céu para a assembleia,*
> *Passarás a noite na terra, que está preparada para recebê-lo por inteiro.*
> *Seu nome será Babilônia, que quer dizer as casas dos grandes deuses,*
> *Construí-la-ei com a habilidade de um artesão.*

Como último ato nessa criação, quase que como um último lembrete, Marduk também criou o homem. Primeiro matou Kingu, parceiro de Tiamat, e, depois, misturou o sangue divino de Kingu com a terra. De acordo com o mito, até onde Marduk e os outros deuses sabiam, a função do homem é simples: fazer todo o trabalho para que os deuses possam relaxar. Essa é uma história importante porque, como ressalta Karen Armstrong, em *Uma história de Deus*, "o primeiro homem fora criado a partir da substância de um deus; ele, portanto, compartilhava da natureza divina. (...) Os deuses e homens compartilhavam a mesma condição, sendo que a única diferença era que os deuses tinham mais poder e eram imortais".

Antes que pudessem descansar, porém, os deuses decidiram construir um templo apropriado para o Senhor Marduk. Durante um ano, fabricaram tijolos e, após mais um ano, estava construído o templo – um zigurate – em honra a Marduk, o rei dos deuses.

Durante quase toda a história da Mesopotâmia, em um determinado momento, a cada ano, em que esse épico da criação se tornava o centro da adoração, pois a leitura do *Enuma Elish* fazia parte da celebração de Ano-Novo de todas as cidades, o mito ainda confirmou a posição especial da Babilônia como local sagrado, morada dos deuses e centro do mundo.

Não teria sido Marduk apenas mais um machão que oprimia as amáveis deusas?

Além de evidenciar ainda mais a ascensão da Babilônia como maior potência de seu tempo, o conflito Marduk/Tiamat teve uma outra virada importante. Há pouco tempo, um movimento liderado por especialistas apresentou a proposta de que a maioria das culturas pré-históricas reverenciava divindades femininas – em geral, uma deusa mãe benigna, mas poderosa – como divindade dominante.

Vista como uma força protetora da fertilidade, em um mundo cujos principais alicerces eram os resultados das colheitas e a continuidade da vida através do nascimento, essa deusa era considerada mais importante do que as divindades masculinas, que quase se reduziam a garanhões que lhes serviam e lhes davam rebentos. Mas, segundo essa teoria em voga, uma grande mudança ocorreu quando deuses masculinos foram elevados a uma condição superior à da deusa, não apenas na Mesopotâmia, mas também em quase todas as outras sociedades. Muitos consideram a vitória de Marduk sobre Tiamat um exemplo forte e bastante violento da vitória de um deus guerreiro, masculino e machão, e do consequente fim da adoração a uma deusa.

Esse movimento, conhecido como movimento da deusa, foi inspirado, em parte, pelos trabalhos de Jane E. Harrison, que sugerira, em 1903, que "a Grande Mãe precede as divindades masculinas". Mais recentemente, a área de pesquisa foi liderada por especialistas, como Maria Gimbutas, que alegou, em seu livro de 1974, *The Gods and Goddesses of Old Europe* ("Deuses e deusas da Europa antiga"), que o mundo antigo havia passado por um período mais pacífico, quando a divindade suprema era a Mãe Terra, criadora e soberana do Universo.

A historiadora Karen Armstrong concordou com essa ideia e afirmou que o mesmo acontecera em Israel, onde o deus hebreu Javé, "um deus invejoso", forçara o "povo eleito" a se livrar de suas deusas, que eram idolátricas, porém populares. A autora afirmou em *Uma história de Deus* que: "O prestígio das grandes deusas nas religiões tradicionais reflete a veneração pelo feminino. O surgimento das cidades, porém, fez com que qualidades mais masculinas, como a força física e militar, fossem colocadas acima das qualidades femininas. Daí em diante, as mulheres foram sendo marginalizadas e transformadas em cidadãs de segunda categoria. (...) O culto às deusas foi posto em segundo plano, e isso seria um sintoma de uma transformação cultural característica do mundo recém-civilizado."

"Marte" havia empurrado "Vênus" do pedestal.

Por trás dessa teoria, reside um mistério intrigante para a arqueologia: as milhares de estatuetas pré-históricas já encontradas em todo o mundo – algumas da Idade da Pedra, que datam de 18 a 25 mil anos. Descobertas nas mais variadas regiões, essas estatuetas sugerem mais do que uma simples fascinação com as formas femininas. Em geral descritas como "Vênus" pré-históricas, essas imagens possuíam diversas formas e modelos, mas costumavam ser encorpadas e atraentes, com seios gigantescos. Algumas poucas aparecem grávidas. Como afirmou a autora Nancy Hathaway: "Não sabemos se eram imagens eróticas, ícones religiosos, objetos domésticos ou amuletos protetores da fertilidade. Sabemos que existem aos milhares. (...) e que não existem figuras masculinas em número equivalente (...)."

Não há, contudo, nenhum consenso de que essas "Vênus" representavam, de fato, uma outra era e uma outra mentalidade dos homens em seus cultos: uma época matriarcal, pacífica e vegetariana, em que a divindade feminina era dominante. Em um artigo sobre as estatuetas das "Vênus", para o *The New York Times*, alguns arqueólogos sugeriram que essas pequenas imagens eram pingentes que os homens usavam nas caçadas, uma espécie de "foto da esposa" da Idade da Pedra, que eles levavam consigo quando estavam longe de casa. Existe até um argumento – bastante desacreditado – de que as imagens eram a pornografia da Idade da Pedra. Não há, porém, nenhum indício real que sugira que elas eram todas "deusas".

O movimento da deusa prosperou durante os últimos trinta anos, estimulado principalmente pelas mudanças sociais ocorridas, pela mudança de atitude causada pelo feminismo, pela chegada

202 MITOLOGIA

das mulheres aos *campi* das universidades, pela transformação contemporânea dos papéis tradicionais de cada sexo – e pela rejeição às religiões ortodoxas de domínio masculino. Quase na mesma época surgiu o "movimento Gaia", de orientação ambientalista, com a teoria de que a própria Terra era uma "entidade" viva, cujo nome era uma homenagem a uma deusa grega da terra. A nova onda de cultos a deusas também aumentou muito a popularidade do "movimento Wicca", que dizem ser a religião que mais cresce na América. (Ao que tudo indica, até o Departamento de Defesa dos Estados Unidos reconhece a religião como legítima para ser praticada nas bases militares.) Também chamada de "magia" ou "bruxaria", a prática da Wicca como religião se desenvolveu no Reino Unido, na metade do século XX. Trata-se, essencialmente, de uma religião voltada para a fertilidade, com raízes nos mitos antigos, que celebra o mundo natural e os ciclos sazonais, vitais para as sociedades rurais da mitologia suméria e babilônica, além da mitologia egípcia, grega, romana e celta. A Wicca contemporânea toma emprestado o conceito de "igualdade de oportunidades", além de se inspirar no budismo, no hinduísmo e nos ritos dos indígenas norte-americanos.

VOZES MÍTICAS

Quando Marduk concedeu-me o poder de governar sobre os homens, para dar proteção de direito à terra, eu o fiz de forma justa e correta... e trouxe o bem-estar aos oprimidos.

2. Se alguém fizer uma acusação a outrem, e o acusado for ao rio e pular nele, se ele afundar, seu acusador deverá tomar posse da casa do culpado. Mas se ele escapar sem ferimentos, o acusado não será culpado, e então aquele que fez a acusação

Junto aos rios da Babilônia

deverá ser condenado à morte, enquanto que aquele que pulou no rio deve tomar posse da casa que pertencia a seu acusador.

3. Se alguém trouxer uma acusação de um crime frente aos anciãos, e esse alguém não trouxer provas, se for pena capital, esse alguém deverá ser condenado à morte.

25. Se acontecer um incêndio numa casa, e alguns daqueles que forem acudir para apagar o fogo esticarem o olho para a propriedade do dono da casa e tomarem a propriedade deste, essa(s) pessoa(s) deve(m) ser atirada(s) ao mesmo fogo que queima a casa.

129. Se a esposa de alguém for surpreendida [em flagrante] com outro homem, ambos devem ser amarrados e jogados dentro d'água, mas o marido pode perdoar a sua esposa, assim como o rei perdoa a seus escravos.

130. Se um homem violar a esposa [prometida ou esposa criança] de outro homem, que nunca tenha conhecido homem e ainda viva na casa do pai, e dormir com ela e for surpreendido, o violador deverá ser condenado à morte, mas a esposa estará isenta de qualquer culpa.

131. Se um homem acusar a esposa de outrem, mas ela não for surpreendida com outro homem, ela deve fazer um juramento e então voltar para casa.

— *extraído do* Código de Hamurabi

Quem foi Hamurabi?

Hamurabi (*c.* 1792–1750 a.C.), o rei mais famoso e importante da antiga Babilônia, era um amorita, ou "semita do oeste", cuja família havia invadido a Suméria em algum período após 2000 a.C. Hamurabi conquistou diversas cidades da Suméria e da Acádia e fundou um império baseado na Babilônia, que passou de pequena cidade a principal centro do poder. Mas Hamurabi é ainda mais conhecido por um código de leis, considerado um dos mais antigos e mais importantes da história da humanidade. Embora o Código de Hamurabi costume ser chamado de o "primeiro" código de leis da história, esse título, na verdade, cabe ao código de um pouco conhecido rei sumério chamado Ur-Nammu, que, segundo o historiador Samuel Noah Kramer, precedeu Hamurabi por trezentos anos. No entanto, são poucas as partes legíveis do código de leis de Ur-Nammu, e até hoje só foram encontrados fragmentos. É por isso que Hamurabi ficou tão notório. Temos acesso à sua obra completa.

Gravado em estelas que foram encontradas em 1902, na cidade de Susa (atual Shush, no Irã), o Código de Hamurabi encontra-se hoje no Museu do Louvre, em Paris. As estelas mostram o deus sol Shamash entregando a Hamurabi o código, com leis extraídas de códigos sumérios, ainda mais antigos, incluindo as leis de Ur-Nammu. Severo para os padrões atuais, que inclui a pena de morte para infrações relativamente leves, o código abordava questões corriqueiras, como os negócios e as relações familiares, o trabalho, a propriedade privada e os danos pessoais.

Embora parecesse que o Código de Hamurabi fosse repleto de punições cruéis – prescrevendo, literalmente, "olho por olho, dente por dente" –, ainda assim ele representava um grande avanço em relação à era pré-civilização, desprovida de qualquer tipo de lei.

As leis ditavam desde as regras de tráfico no rio Eufrates, até os direitos dos veteranos, além de fornecerem proteção aos membros mais fracos da sociedade – como as mulheres, as crianças, os pobres e os escravos. Essa passagem da violência arbitrária e da vingança entre clãs para uma sociedade com leis foi um passo espantoso em direção a normas de justiça civilizadas.

Esse é mais um exemplo de como mito e história se misturam. No Egito, um faraó tentou transformar um deus da mitologia em único deus, mas não conseguiu mudar a mentalidade das pessoas. Hamurabi foi um homem que usou os deuses para dar a suas leis a importância de um culto. Eram como os Dez Mandamentos da Bíblia, que, segundo o relato, tinham sido entregues a Moisés por seu único deus, no monte Sinai. Alguns séculos depois, os gregos também criaram um novo código de leis, que foi criação humana e não divina – a civilização estava, aos poucos, evoluindo, como um filho que nascia do barbarismo, e o mito era, às vezes, a parteira que realizava esse longo parto.

QUEM É QUEM NO PANTEÃO MESOPOTÂMICO

Da mesma forma que os romanos pegaram emprestados os deuses e deusas da mitologia grega e lhes deram novos nomes, os principais deuses da mitologia suméria original foram adotados pelos acadianos e babilônios que dominaram posteriormente. À medida que as cidades cresciam, novos deuses iam sendo acrescentados ao panteão, e aos poucos ia sendo tecida uma complexa rede de divindades, que incluía até divindades rivais.

A lista a seguir compreende quase todas as divindades principais da Mesopotâmia, com seus nomes sumérios seguidos pelos nomes

206   MITOLOGIA

dados pelos acadianos ou babilônios. A mitologia mesopotâmica, como quase todas as outras, possui versões e variações das histórias e dos deuses, reflexo dos muitos povos diferentes que percorreram aquela região do mundo, durante milhares de anos de conquistas e declínios, e que adaptaram e remodelaram os mitos locais de acordo com suas necessidades e políticas.

An (Anu)   Deus do céu, originalmente responsável pela assembleia dos deuses. Ele e sua companheira, **Ki**, deusa da Terra, são os pais dos outros deuses, inclusive de Enki. Para os sumérios, as estrelas eram seus soldados, e a Via Láctea, sua estrada real. No início, An era a fonte das chuvas e a figura paterna que fazia as sementes brotarem, mas, com o tempo, tornou-se o rei dos deuses. An tem o poder de proclamar os reis da Suméria, que, segundo a crença, eram escolhidos pelos deuses em um fórum democrático divino. A realeza suméria, então, tinha a suposta função de cumprir as tarefas que An e os outros deuses haviam determinado.

Quando a Suméria foi dominada pelo Império Babilônico, An foi rebaixado e passou a ter um papel de avô. Contudo, em uma versão especialmente violenta dessa mudança de poder, An foi destituído por Marduk quando a Babilônia se tornou a cidade mais importante. Primeiro Marduk esfolou An ainda vivo, depois decepou sua cabeça e arrancou-lhe o coração. Então Marduk matou também Enlil, filho de An. Essa morte mítica violenta talvez tenha sido absorvida pelas práticas rituais religiosas no reinado do rei assírio Assurbanipal (668–627 a.C.). Isso porque, segundo estudos, durante seu reinado, costumava-se recorrer ao sacrifício humano para acalmar os deuses, e existem relatos sobre "cachorros, porcos, falcões e águias – os pássaros dos céus e os peixes das profundezas" sendo alimentados com carne humana.

Além disso, escavações feitas em túmulos reais de Ur revelaram que muitos corpos eram enterrados junto ao do rei, sugerindo ou suicídio coletivo ou o sacrifício das esposas, concubinas, dos músicos e artistas, que eram sepultados com o falecido rei.

Apsu (**Abzu**)   Divindade sumério-acadiana que personifica as águas primordiais do oceano; é um dos dois deuses originais cujas águas circundavam a Terra, que flutuava como uma ilha. Apsu foi primeiramente concebido como a própria água e, depois, tornou-se uma divindade masculina e se juntou a sua consorte Tiamat para criar todos os outros deuses e deusas. No *Enuma Elish*, é morto e suplantado por um de seus rebentos, Enki.

Dumuzi (**Tammuz**)   Deus dos pastores e da fertilidade sazonal; é uma das figuras mais importantes da mitologia mesopotâmica e foi adotado por muitas civilizações posteriores, como a grega e a romana.

Segundo um mito central da Mesopotâmia, Dumuzi era marido ressurreto de Inanna (ver, na pág. 213, *Como uma deusa furiosa criou as estações do ano?*), mas, após ter problemas com a esposa, ela o baniu para o mundo inferior. Dumuzi conseguiu escapar posteriormente, e o mito sobre sua morte e ressurreição representa um dos mais antigos paralelos ao ciclo anual da fertilidade e das colheitas. Canções de lamento à sua morte eram típicas das celebrações que comemoravam a fertilidade na Mesopotâmia, e Dumuzi/Tammuz foi venerado e cultuado até nos tempos bíblicos.

No livro bíblico de Ezequiel, o profeta afirma que um dos pecados cometidos pelos israelitas é a lamentação pela morte do deus Tammuz (Ezequiel 8,14). O ato era considerado uma abominação e tido como uma das razões por que Israel estava destinado

Mitologia

a cair. Outra conexão entre a Bíblia e Dumuzi/ Tammuz pode ser encontrada no Antigo Testamento, no Cântico dos Cânticos (Cânticos de Salomão). Os Cânticos de Salomão, uma série de poemas eróticos que celebram o amor físico entre um homem e uma mulher, é bastante análogo aos textos que celebram o casamento sagrado de Inanna e Dumuzi. A figura masculina – ou noivo – do Cântico dos Cânticos é um pastor, da mesma forma que Dumuzi.

Dumuzi/ Tammuz também levava o título de "senhor", que, posteriormente, foi traduzido pelos gregos como "Adônis". Conforme o culto a Tammuz passava a ser praticado no oeste, até a Grécia, seu título e seu nome foram fundidos e, portanto, o deus grego Adônis (ver capítulo 4) foi de fato baseado em Dumuzi/ Tammuz.

Enki (Ea)   O mais sábio dos deuses, torna-se o deus das águas doces ao matar Apsu. No *Enuma Elish*, é citado como fruto da união entre An, deus do céu, e Ki, deusa da Terra, e como aquele que matou Apsu – que é tanto um deus quanto o próprio reservatório subterrâneo de água doce. Enki subjugou Apsu, colocou-o para dormir e o matou. Depois, tomou seu lugar como rei dos deuses, e sua esposa, Damkina, deu à luz Marduk.

Às vezes retratado como metade homem, metade peixe, Enki foi o responsável pela criação da ordem mundial e o guardião do *me* – as leis, regras e regulamentos divinos que governam o Universo. Possuir o *me* significava possuir a força suprema e, em uma narrativa, Inanna (ver adiante) visita Enki, o embebeda e o convence a lhe entregar o *me*, que ela então leva para a cidade onde é cultuada, Uruk.

Enki é a fonte de todo conhecimento mágico secreto e foi ele quem deu à humanidade as artes e os ofícios. Ele inventou

Junto aos rios da Babilônia 209

o arado, encheu os rios de peixes e, além disso, controlava as águas doces. A relação entre a fertilidade da terra e a virilidade de Enki fica clara quando se percebe a relação próxima entre os termos babilônicos para "água" e "sêmen".

Em outra história, diz-se que Enki levou água para a ilha árida de Dilmun, que muitos pesquisadores da Bíblia associam à ilha de Bahrain, no golfo Pérsico, próxima à costa da Arábia Saudita. Depois disso, Dilmun foi transformada em um paraíso idílico, onde os animais não faziam mal uns aos outros e onde não havia doenças ou velhice. Embora muitos estudiosos acreditem que esse paraíso mesopotâmico tenha inspirado o Jardim do Éden bíblico, há diferenças significativas entre os dois.

Uma história bastante obscura, porém intrigante, conta que Enki decidiu dar à luz um grupo de deusas, através de uma série de uniões incestuosas com suas filhas e netas. Mas, quando sua esposa, a deusa mãe Ninhursaga, ficou sabendo que Enki estava atrás de suas filhas, ficou furiosa e jogou uma maldição sobre ele, que foi atacado por uma doença em oito partes de seu corpo. Depois, Enki se curou ao fazer sexo com Ninhursaga. Acredita-se que esse mito seja um aviso contra o estupro incestuoso e a promiscuidade.

Por ser o deus da água, a presença de Enki também se destaca em algumas histórias do dilúvio mesopotâmicas. (Ver adiante, *Quem veio primeiro: Gilgamesh ou Noé?*)

Enlil (Ellil)   Filho de An, irmão de Enki e deus do vento e do ar que, durante um tempo, substituiu o pai como rei dos deuses e deus tutelar da Suméria. Senhor do vento, pode ser tanto destrutivo quanto benevolente. Uma narrativa conta que ele observou **Ninlil** (ver Ninhursaga), deusa dos grãos, enquanto ela tomava banho e, sem conseguir resistir, estuprou-a. Por causa desse abuso sexual, Enlil foi banido pela assembleia dos deuses da cidade onde era cultuado, Nippur.

Enlil desceu ao mundo inferior, mas foi seguido por Ninlil, grávida, que queria que ele estivesse presente no nascimento de seu filho. Nasceu Nanna, que se tornou deus da lua, porém, para que seus pais pudessem retornar à Terra, precisavam deixar outras crianças no submundo, pois só assim Nanna poderia ir junto com eles. Essa narrativa, sobre um Enlil que "morre" e depois retorna à Terra, é mais um exemplo do conceito altamente difundido de um deus ressurreto – conceito que deixou James Frazer tão perplexo em *O ramo de ouro* – que reaparece em muitos outros mitos.

Inanna (Ishtar) A "Senhora do Paraíso" é a divindade mais complexa e, em muitos aspectos, mais influente da Mesopotâmia. Deusa suméria do amor, da sedução e da guerra, é importante não somente na mitologia suméria, como em outras mitologias posteriores. É descrita em uma narrativa como aquela que nem 120 amantes seriam capazes de exaurir. Foi adaptada por mitos da Ásia Ocidental e reapareceu em outras culturas, com outras denominações, como *Astarte* (Canaã), *Cibele* (Anatólia), *Afrodite* (Grécia) e *Vênus* (Roma).

Divindade padroeira da cidade de Uruk, é também associada ao planeta Vênus, o corpo mais brilhante do céu noturno. O surgimento e desaparecimento do planeta no céu eram justificados pela descida de Inanna ao mundo inferior, em uma das mais antigas versões do mito universal sobre a viagem das almas do mundo dos vivos ao mundo dos mortos. (O mito central da Mesopotâmia sobre Inanna e seu marido, Dumuzi,

Junto aos rios da Babilônia 211

aparece em detalhes a seguir. Ver *Como uma deusa furiosa criou as estações do ano?*)

Inanna tem destaque ainda em *Gilgamesh*, e, por ser a deusa padroeira das prostitutas, era a figura mais importante do ritual anual de Ano-Novo, quando uma sacerdotisa, representando Inanna, tinha relações com o rei de carne e osso. É provável que esse ritual fosse praticado pelo rei junto a uma prostituta do templo, que representava a deusa.

Marduk   Filho de Enki, veio a ser o principal deus da Babilônia após derrotar Tiamat, o dragão fêmea, na batalha épica descrita no *Enuma Elish*.

Conhecido na Bíblia como **Merodaque** e, tempos depois, como **Bel** (ou **Baal**), Marduk tornou-se um dos maiores adversários do Deus hebreu. Vários reis, com nomes associados a Marduk (Evil-Merodaque, Merodaque-Baladã), aparecem em relatos bíblicos.

Após a conquista acadiana da Suméria, Marduk foi elevado a deus supremo da Mesopotâmia, e em seu templo na Babilônia, ficava o grande zigurate associado à Torre de Babel da Bíblia. (Ver, a seguir, *A Torre de Babel ficava na Babilônia?*)

Nanna (Sin)   Deus sumério da lua, era também chamado de Sin pelos acadianos. É o filho primogênito de Enlil, que estuprara Ninlil, mãe de Sin e deusa dos grãos. Em algumas tradições, Nanna é pai de Inanna (Ishtar). Era reverenciado por ser o deus que media o tempo e, como brilhava durante a noite, era considerado inimigo dos malfeitores e das forças obscuras. Reconhecido por sua sabedoria, Nanna era consultado pelos outros deuses quando precisavam de conselhos.

212 MITOLOGIA

Ninhursaga   Deusa suméria da generosidade, cujo nome significa "senhora dos solos montanhosos". Deusa mesopotâmica da terra, toma inúmeras formas. Sob a forma de Ninlil, era esposa de Enlil. Sob a forma de **Ninki**, era esposa de Enki e os dois tiveram filhos em Dilmun, a ilha paradisíaca, e, sob a forma de **Nintur**, era cultuada como parteira. Deusa da fertilidade, tinha o poder de controlar os partos e alimentava os reis sumérios com seu leite, dando a eles um caráter divino.

Ninurta   Deus sumério da guerra e padroeiro da caça; filho de Enlil e Ninhursaga. Denominado "senhor da terra", era deus das tempestades e das cheias de primavera, e, embora a princípio fosse um grande pássaro, depois foi humanizado. Em determinada história, a natureza se voltou contra Ninurta, mas alguns dos elementos do mundo natural, inclusive algumas pedras, o defenderam. As pedras que apoiaram Ninurta se tornaram nossas pedras preciosas.

Tiamat   Dragão fêmea do caos da Babilônia; representa o oceano de águas salgadas, em oposição às águas doces de Apsu. No épico da criação *Enuma Elish*, Apsu e Tiamat se mesclam e dão à luz **Lahmu** e **Lahamu**, cujos nomes significam "lama". Deles, então, surgiram todos os outros deuses. Tiamat tem um papel central no *Enuma Elish* e no mito sobre Marduk, já que foi o deus que a matou e que transformou metade de seu corpo no céu e a outra metade na Terra. Mas seu legado ultrapassa a mitologia mesopotâmica.

A palavra hebraica para "profundezas" é *tehom*, uma provável versão de "Tiamat", e o conflito entre um deus criador e o caos, sob a forma de oceano, aparece em conceitos religiosos cananeus posteriores, o que também influenciou os israelitas. O "mito" do deus hebreu que derrota o monstro marinho do caos aparece em diversas partes da Bíblia. No Livro do Êxodo, em 15,1-18, considerado uma das obras de literatura mais antigas da Bíblia, é um hino, ou Cântico de Moisés, que faz uso da antiga metáfora do Guerreiro Divino e sua vitória sobre o oceano. O Salmo 74,13 é um poema que narra o momento em que o Deus hebreu divide o mar e quebranta as cabeças do "dragão dos mares", denominado Leviatã, antes de iniciar a criação do mundo. A representação do caos primordial como um dragão ou uma serpente do mar é uma das metáforas mais universais da mitologia.

Utu (Shamash) Benevolente deus sol da justiça que entrega o código de leis a Hamurabi. Segundo a crença, este filho de **Nanna** e irmão de Inanna cruzava os céus durante o dia e atravessava o mundo inferior durante a noite, da mesma maneira que o fazia Rá, deus sol do Egito. Utu formava a tríade divina, o sol, a lua e o planeta Vênus, junto a seu pai, o deus lua Nanna, e à sua irmã, Inanna.

Como uma deusa furiosa criou as estações do ano?

Homens: já tiveram problemas porque não reparam que a patroa estava fora o dia todo? Ela ficou irritada porque vocês não perceberam sua ausência? Então vocês sabem que tipo de problema o rei dos pastores Dumuzi teve de enfrentar quando ficou feliz demais sem a presença da esposa.

Como a maioria das culturas da Antiguidade que dependiam da agricultura, os mesopotâmicos tinham uma preocupação especial com a fertilidade – fosse em suas vidas ou em seus mitos. Da mesma forma que a morte de Osíris era o mito central do Egito, e influenciava a visão egípcia sobre o ciclo sazonal das safras, a história de Inama,

214 MITOLOGIA

a deusa da fertilidade, e seu marido, Dumuzi, era o ponto central da visão mesopotâmica do mundo. Enquanto que o mito de Osíris falava de uma rixa entre irmãos, Set e Osíris, a disputa familiar na Mesopotâmia começou com duas irmãs.

Inanna vai visitar sua irmã Ereshkigal, rainha dos mortos, no mundo inferior. A ambiciosa Inanna estava sempre em busca de mais poder e invejava o trono de sua irmã. Ela deixa para trás seu amado Dumuzi, deus dos pastores e seu "queridinho". Como num striptease celestial, em cada um dos sete portões para o mundo dos mortos a bela e enfeitada Inanna é obrigada a remover uma de suas joias ou peças de roupa, e, por fim, no sétimo portão, ela tira sua última peça de roupa. Nua, Inanna se põe frente à irmã, que lhe lança um "olhar de morte" e a mata instantaneamente. Por três dias o cadáver de Inanna fica pendurado por um gancho.

Na terra dos vivos, com a ausência de Inanna, o sexo tira férias. As pessoas param de se reproduzir.

> *O touro não cobre a vaca, o asno não se curva sobre a fêmea,*
> *O jovem homem não corteja a mulher na rua,*
> *O jovem homem dorme sozinho em seu quarto,*
> *A mulher dorme na companhia das amigas.*

Há versões variadas sobre como Inanna foi libertada. Mas uma vez de volta ao mundo dos vivos, ela precisou prometer que enviaria outra pessoa para substituí-la – outro tema comum nas mitologias. Quando volta para Uruk, a cidade onde era cultuada, Inanna encontra o marido, Dumuzi, sentado em seu trono, aparentando não ter tirado nem um dia de luto. Enraivecida com o fato de que o marido não lamentara sua morte, Inanna lança sobre Dumuzi o mesmo olhar contundente que recebera de sua irmã e ele, então, é levado ao mundo dos mortos em lugar da esposa.

Junto aos rios da Babilônia

Passado algum tempo, Inanna percebe que sente falta de seu "queri-dinho" e começa a sofrer em sinal de luto pelo marido. Seus lamentos se tornaram canções populares na Mesopotâmia e são as mesmas canções que Ezequiel ouviu das mulheres de Israel e que considerou uma abominação. Inanna implorou à sua irmã pelo marido, que passa então a ficar livre durante metade do ano, tendo seu lugar no mundo inferior ocupado por sua solidária irmã, enquanto passa seis meses ao lado de Inanna.

Para os mesopotâmicos, o desaparecimento e reaparecimento de Dumuzi estavam ligados aos ciclos sazonais da fertilidade e das safras – como estavam Perséfone, na mitologia grega, e Amaterasu, nos mitos japoneses. (A versão acadiana posterior apresenta Ishtar e Tammuz e algumas poucas variações, mas o resultado final dessa história tão popular e conhecida por todo o Oriente Próximo era o mesmo.)

Será que a cidade de Inanna foi a primeira "cidade do pecado"?

"O que querem, afinal, as mulheres?", foi a famosa pergunta de Sigmund Freud. Segundo um hino do pop moderno, a resposta é que as garotas só querem se divertir.* E Inanna talvez tenha sido uma das primeiras deusas que viveram sob o preceito do *girl power*. Relatos sobre a vida nas cidades onde essa deusa durona e difícil de amar era cultuada nos fornecem um retrato bem diferente da vida urbana na Antiguidade. Não havia essa história de muito-trabalho-e-pouca-diversão naquela época. Os mesopotâmicos, como sabemos, eram festeiros.

Mais conhecida como deusa do amor sexual, a suméria Inanna (e seu equivalente babilônico, Ishtar) era também uma deusa

---

* Em referência à canção "Girls just wanna have fun", de Cyndi Lauper. (N. T.)

da guerra, que apreciava as batalhas como se fossem uma dança. Tendo uma sexualidade agressiva, para ela havia poucos limites nesse aspecto e, nos poemas, dizia: "Quem irá arar a minha vulva? Quem irá arar meus altos campos? Quem irá arar meu chão úmido?"

Não é nenhuma surpresa que Inanna também fosse a padroeira das prostitutas e tabernas. Segundo a historiadora Gwendolyn Leick, Uruk, a cidade de Inanna e uma das mais antigas da Mesopotâmia, era a "Cidade da Diversão", e Inanna era a figura sedutora que "representava o potencial erótico da vida urbana, que se diferencia do controle social rígido das comunidades tribais ou vilarejos". Inanna rondava as ruas e tabernas em busca de aventuras sexuais e, de acordo com Leick, era comum encontrar pessoas fazendo sexo nas ruas da Mesopotâmia – na Uruk de Inanna e talvez na Babilônia. O conceito de sexo como algo "imoral" não fazia parte das civilizações antigas, inclusive no mundo egípcio e, de certa forma, no grego. Em muitas culturas, o sexo era visto como parte da ordem natural das coisas e, com frequência, fazia parte dos rituais de fertilidade que eram celebrados em público. Muitos dos códigos restritivos de conduta sexual surgiram com a instituição da Lei Mosaica em Israel, e foi a partir daí que a Babilônia passou a receber a reputação de lugar pecaminoso, tanto para os israelitas do Antigo Testamento – que também foram prisioneiros na Babilônia – quanto para os cristãos do Novo Testamento, que chamavam a cidade de "grande prostituta", embora pretendessem se referir à odiada Roma do período do imperador Nero.

Em sua tradução recente, em inglês moderno, de *Gilgamesh*, Stephen Mitchell faz alusão a essa atmosfera que pairava nas ruas da antiga Mesopotâmia:

> *Todo dia é um festival em Uruk,*
> *com pessoas cantando e dançando nas ruas,*
> *músicos tocando suas liras e tambores,*

a bela sacerdotisa diante
do tempo de Ishtar, conversando e rindo,
ruborizada com regozijo sexual, e pronta
para servir aos prazeres dos homens, em homenagem à deusa,
deixando até os mais idosos excitados.

— GILGAMESH

Em todas as cidades da Suméria, e de outras regiões da Mesopotâmia, havia pares de templos dedicados a Inanna e a seu marido Dumuzi. Na cerimônia matrimonial anual de Ano-Novo, o rei de cada cidade personificava Dumuzi, e uma sacerdotisa — ou, possivelmente, uma prostituta sagrada — representava Inanna, em um ritual cujo intuito era garantir a fertilidade e a prosperidade. Em alguns dos relatos mais antigos, o ritual incluía sacrifício, e as figuras que representavam Dumuzi e Inanna eram mortas a cada oito anos. Algumas descobertas arqueológicas indicam que o rei era morto, junto a um grande número de familiares e serviçais. Mas é claro que, com o passar dos anos, os reis, que substituíam Dumuzi, deixaram de aceitar essa ideia, e o ritual evoluiu, passando a incluir uma "morte" cerimonial. Tempos depois, o sacrifício humano era executado de maneira simbólica e o rei — ou seu substituto — apenas recebia um golpe.

A cidade de Uruk e a deusa Inanna têm papéis centrais na obra de literatura mesopotâmica mais eterna, o poema épico *Gilgamesh*.

VOZES MÍTICAS

Quando rei, Gilgamesh era um tirano para seu povo.
Exigia, como seu direito de nascença,
O privilégio de dormir com as noivas
Antes que o fosse permitido aos maridos.
— *Extraído de* Gilgamesh: narrativa em verso

Quem foi o primeiro super-herói da mitologia?

As crianças, sobretudo hoje, crescem em mundo saturado de super-heróis. Revistas em quadrinhos, filmes, desenhos animados e videogames compõem uma dieta rigorosa de Super-Homens, Homens-Aranha, Hulks e uma profusão de outros heróis — alguns antigos, outros recentes. Possuidores de poderes supernaturais que os ajudam a acabar com o mal e os perigos, esses super-heróis também têm quase sempre algum defeito, algum traço de humanidade para indicar que a fraqueza e as falhas fazem parte de todo mortal.

Na história da literatura, o primeiro personagem desse tipo foi provavelmente o herói — ou anti-herói — de *Gilgamesh*, considerada a epopeia mais antiga do mundo literário. Seu personagem central, um rei semidivino chamado Gilgamesh, dono de poderes incomuns e de um ego gigantesco, é, sem exagero, o primeiro super-herói do mundo. Modelo para muitos heróis imperfeitos posteriores, Gilgamesh é aquele homem que parece ter tudo de que precisa, mas que se lança em uma série de aventuras, buscando tornar-se mais nobre, ou iluminado — ou imortal — durante o processo.

Gilgamesh, um importante rei de Uruk, alegava ser dois terços divino e um terço mortal. Possuía um físico perfeito, era um atleta habilidoso e um verdadeiro garanhão, e, além disso, forçava os homens jovens de Uruk a trabalhar na construção de muros para a cidade e estuprava constantemente as jovens donzelas da região, em uma tradição que perdurou até a Europa feudal, com o *droit du seigneur* ("direito do senhor"). Cansado de suas exigências, o povo de Uruk suplicou por ajuda aos deuses, que então geraram uma criatura chamada Enkidu — um protótipo mítico do monstro de Frankenstein, ou Golem, ou outros monstros míticos — para desafiar Gilgamesh. Coberto de pelos e com o cabelo desgrenhado, Enkidu é mais besta do que homem e come e bebe junto às gazelas e ao gado.

Um jovem caçador vê Enkidu no bosque e fala com seu pai sobre esse homem selvagem. Seu pai diz que eles precisam contar tudo ao rei Gilgamesh. Gilgamesh, em vez de enfrentar o homem-besta, buscou a ajuda de Shamhat, uma cortesã do templo de Ishtar, que deveria amansar Enkidu.

Shamhat não era uma prostituta qualquer. Na tradução de *Gilgamesh*, em inglês moderno, de Stephen Mitchell, ela aparece como "uma sacerdotisa de Ishtar, a deusa do amor, e uma espécie de freira ao contrário, que havia dedicado sua vida àquilo que os babilônicos chamavam de mistério sagrado da união sexual. (...) Shamhat tornou-se uma encarnação da deusa e, com seu próprio corpo, executava na Terra o casamento cósmico. (...) Ela é a veia por onde corre a força que movimenta as estrelas".

Shamhat inicia, de maneira ávida e provocante, esse homem selvagem na arte de fazer amor. Após sete dias (!) de sexo selvagem e quase ininterrupto, Enkidu é amansado – depois de tanto sexo, tornou-se um homem civilizado. Como escreve Stephen Mitchell em sua tradução: "Ele agora conhecia coisas que um animal não seria capaz de conhecer."

Quando Enkidu descobre que Gilgamesh dormia com todas as jovens donzelas que iam se casar, fica indignado e parte para desafiar o rei vilipendiado. Os dois lutam, mas depois percebem que devem ser amigos – alguns especialistas sustentam que a amizade entre os dois, como a de Aquiles e Pátroclo, na *Ilíada*, e a de Davi e Jônatas, na Bíblia, teve caráter homossexual. Eles unem suas forças para combater o gigante de cedros, uma criatura assustadora chamada Humbaba. Com a ajuda dos deuses, Gilgamesh e Enkidu matam o monstro, arrancam sua cabeça e a colocam em uma balsa, que segue pelo rio até a cidade.

De volta ao lar, Gilgamesh, de banho tomado e roupão, chama a atenção de Ishtar (Inanna), a deusa do amor, que quer o vigoroso herói como amante. Mas Gilgamesh sabe muito bem que tipo de destino tiveram quase todos os amantes de Ishtar. Ele recusa sua proposta, a princípio com educação, mas depois chega a chamá-la de "prostituta velha e gorda".

Não foi bom ele fazer isso com a deusa do amor. Furiosa, como qualquer mulher desprezada, Ishtar exige que seu pai, Anu, mate Gilgamesh. Então Anu manda Inanna voltar para Uruk com o Touro Celeste. O touro ruge, a terra se abre e engole centenas de jovens de Uruk. Quando o touro ruge pela segunda vez, outras centenas de homens caem dentro do abismo, inclusive Enkidu. Mas ele consegue pegar o touro pelos chifres – literalmente – e manda Gilgamesh matar o animal com sua espada. Gilgamesh mata o divino Touro Celeste e os dois amigos atravessam as ruas de Uruk comemorando seu triunfo.

Em uma série de visões que tem em seus sonhos, Enkidu prevê sua própria morte, que se concretiza após uma doença que o fez sofrer por 12 dias. Perturbado com a perda do amigo, e obcecado com sua própria morte, Gilgamesh se lança em busca do segredo da imortalidade. Após inúmeras outras jornadas, ele encontra um ancestral distante, Utnapishtim, que, com sua esposa, fora o único sobrevivente de um grande dilúvio e se tornara imortal. Ele revela a Gilgamesh seu segredo, uma planta que cresce dentro da água e concede vida eterna. Gilgamesh encontra e colhe a planta mágica, mas, quando vai tomar banho, deixa-a de lado. Atraída por seu perfume, uma serpente devora a planta e rejuvenesce – uma explicação mítica para a troca de pele das serpentes.

Gilgamesh percebe que a vida eterna não é seu destino, a não ser na posteridade, através das grandes muralhas que construíra em Uruk.

Não se conhecia nenhuma referência ao poema *Gilgamesh* até sua descoberta, na metade do século XIX. Os originais em acadiano foram encontrados nas ruínas da biblioteca do templo e do palácio de Nínive, antiga capital do Império Assírio, que havia dominado quase toda a Mesopotâmia. Os assírios eram grandes guerreiros que se fixaram no vale ao norte do rio Tigre e controlaram a região mesopotâmica no século IX a.C. Algumas de suas inovações militares foram a cota de malha, as armaduras para cocheiros e o ataque de cerco. Logo conquistaram a maior parte do atual Oriente Médio, dominaram a Babilônia e até subjugaram o Egito (em 669 a.C.). O templo onde estava *Gilgamesh* pertencia ao rei assírio Assurbanipal (668–627 a.C.), o último grande rei da Assíria, que foi finalmente derrotada por uma aliança formada entre seus inimigos. Nínive e Nimrud, outra grande cidade assíria, foram destruídas em 612 a.C.

Com aproximadamente 3 mil linhas, e escrito em 12 tabuinhas – de algumas foram encontrados apenas fragmentos –, o poema deve ter sido composto na região sul da Mesopotâmia, antes de 2000 a.C. Fragmentos de cópias do original, encontrados na Síria e na Turquia, parecem indicar que o texto era popular no antigo Oriente Médio, e provavelmente era utilizado por aprendizes de escriba em seu treinamento, da mesma forma que a frase "Um pequeno jabuti xereta viu dez cegonhas felizes" já foi utilizada em treinamento e testes de datilógrafos. (Por quê? Ora, pois a frase contém todas as letras do alfabeto!)

Após a descoberta das tabuinhas, em 1872, George Smith apresentou para a London Society of Biblical Archaeology um trabalho que continha uma tradução parcial do texto cuneiforme, junto a uma análise de vários episódios da epopeia, em especial a narrativa sobre o Dilúvio. O trabalho agitou o mundo dos estudos bíblicos, pois sugeria

222   MITOLOGIA

que a história de Noé e do Dilúvio, como relatada no Gênesis, talvez tivesse sido "inspirada" nessa obra mais antiga – e, pior, "pagã".

Teria *Gilgamesh* sido uma obra de "facção"?

Não falta nada na história de Gilgamesh. Sexo, amor, monstros, prostitutas, amizade, batalhas, mais sexo, mais batalhas, a busca pela vida eterna – e, por fim, a decepcionante verdade. Embora repleta de referências à mitologia mesopotâmica, *Gilgamesh* talvez tenha sido baseado em uma história obscura.

A ideia de que os mitos possam ser baseados em acontecimentos reais ("evemerismo") é antiga. E, se isso for mesmo verdade, a história de Gilgamesh talvez seja seu exemplo mais antigo. Eis aqui algumas razões:

- O personagem Gilgamesh era aparentemente baseado em um rei de verdade que governou a cidade-Estado de Uruk por volta de 2600 a.C.

- Nas Listas Reais Sumérias, descobertas entre as tabuinhas de Nínive, ele aparecia como o quinto soberano da Primeira Dinastia de Uruk.

- Gilgamesh era conhecido como o construtor das muralhas de Uruk; dizia-se, ainda, que sua mãe era a deusa Ninsun, e o pai, segundo a Lista Real, um sumo sacerdote.

Por outro lado, há fortes contra-argumentos sobre a lenda. Apesar de o poema dar crédito ao herói pela construção das muralhas de Uruk, as construções, na verdade, antecedem Gilgamesh em pelo menos mil anos, de acordo com descobertas arqueológicas. O que

Junto aos rios da Babilônia 223

significa que Gilgamesh talvez tenha sido o primeiro político a ganhar crédito por algo que não tenha feito de fato. Que novidade!

Quem veio primeiro: Gilgamesh ou Noé?

Embora seja inegável a importância de *Gilgamesh* como uma das primeiras obras de literatura da humanidade, um aspecto da epopeia causou enorme controvérsia desde sua tradução para o inglês: a inclusão de uma história de dilúvio incrivelmente semelhante à história de Noé, contada na Bíblia.

Em uma de suas aventuras, Gilgamesh vai visitar seu ancestral Utnapishtim, que havia recebido dos deuses o segredo da vida eterna. Segundo *Gilgamesh*, os deuses haviam se irritado com o crescimento desenfreado da população e com todo o barulho que os homens faziam, então decidiram enviar à Terra um dilúvio que destruísse a humanidade. Enki , deus da água, não pode revelar o plano dos deuses aos homens, mas percebe que, se não houver mais humanidade, não haverá mais sacrifícios aos deuses, nem pessoas para realizar todo o trabalho na Terra. Enki, muito esperto, revela o plano do dilúvio para Utnapishtim e o instrui a construir uma barca e enchê-la com as sementes de todas as coisas vivas. Após uma tempestade de seis dias e sete noites, a barca para no topo de uma montanha e, como o Noé da Bíblia, Utnapishtim liberta os pássaros para saber se ainda resta alguma terra seca. Como os pássaros não retornam, ele sabe que as águas do dilúvio secaram. Embora haja muitos pontos divergentes entre a lenda suméria e a Bíblia hebraica, a grande semelhança entre os detalhes das histórias não parece uma simples coincidência. A descrição da barca e da tempestade, o descanso no topo da montanha, a libertação dos pássaros são todas características bastante similares das narrativas.

Mais complexo ainda é o fato de que a história de Utnapishtim não é a única da mitologia mesopotâmica a falar de um dilúvio. De fato, há mais duas narrativas que falam de um grande dilúvio destruidor. Uma é a antiga história suméria sobre Ziusudra, herói que descobre o plano dos deuses de destruir a humanidade. Os detalhes dessa narrativa são incertos, pois sua versão completa nunca foi encontrada. Mas ela se assemelha muito a *Gilgamesh* e a uma história de dilúvio presente no mito da criação babilônico, *Enuma Elish*, sobre um homem chamado Atrahasis.

Essa outra história conta que Enlil era responsável pelos outros deuses menos importantes que cavavam os rios Tigre e Eufrates. Quando esses deuses reclamaram do trabalho e se revoltaram, os deuses resolveram criar o homem e dar a eles esse trabalho, e Nintur, a deusa parteira, misturou barro e sangue e criou a humanidade. Mas a população começou a crescer em demasia e a algazarra que os homens faziam durante a noite não deixava Enlil dormir e, assim, ele pediu aos outros deuses que enviassem uma praga e dizimassem a humanidade. Atrahasis, um homem sábio – seu nome significa literalmente "demasiado sábio" –, ficou sabendo do plano divino e consultou Enki, o deus sumério da água, que tinha um quê de trapaceiro, mas era amigo dos homens.

Enki disse às pessoas que, para evitar o desastre, deveriam fazer silêncio e oferecer dádivas ao deus das pragas. Mas, com o passar do tempo, Enlil quis destruir novamente a barulhenta humanidade e escolheu causar uma seca. Mais uma vez, o desastre foi evitado pela intervenção de Enki. Quando o alvoroço dos homens perturbou Enlil pela terceira vez, o deus ordenou que não fossem dadas mais terras aos homens, mas Enki evitou que a humanidade morresse de fome ao encher de peixes os rios e canais que controlava.

Por fim, Enlil decidiu enviar um grande dilúvio e, dessa vez, Enki aconselhou Atrahasis a construir uma barca e levar sua família e alguns animais a bordo. Toda a humanidade foi destruída, salvando-se apenas Atrahasis e sua família, que repovoaram a Terra.

Então será que os autores da Bíblia "se inspiraram" nessas antigas histórias mesopotâmicas, e as tomaram emprestadas, de maneira muito conveniente, quando estavam em cativeiro na Babilônia? Ou será que essas eram apenas histórias populares que "circulavam" pelo Oriente Próximo? Esse questionamento vem causando problemas para os estudiosos e arqueólogos desde seu surgimento, em 1872. É claro que os puristas bíblicos rejeitam por completo essa teoria e sustentam que a história de Noé, bem como todas as outras da Bíblia, teve inspiração divina na palavra de Deus. Mas os paralelos são impressionantes demais para serem ignorados.

Independentemente de a narrativa hebraica ser emprestada ou original, a existência de tantas histórias de dilúvio em todo o mundo levanta uma questão ainda maior: teria havido de fato um dilúvio cataclísmico na Terra que explicasse todos esses mitos?

Uma das hipóteses recentes mais intrigantes sobre a antiga questão do dilúvio foi elaborada pelos geólogos da Universidade de Columbia William Ryan e Walter C. Pitman III, autores de *Noah's Flood: The New Scientific Discoveries About the Event That Changed History* (1998) ("Dilúvio de Noé: as novas descobertas científicas sobre o acontecimento que mudou a história"), e pelo homem que descobriu o *Titanic*, o explorador Robert Ballard. Os dois cientistas apresentaram a teoria de que houve, em torno de 5600 a.C., uma grande inundação do mar Negro — na época um lago de água doce — causada por águas que teriam vindo do Mediterrâneo, através do atual estreito de Bósforo. Em 2000, Ballard, fazendo uso de seu famoso equipamento subaquático,

226 MITOLOGIA

descobriu vestígios de casas de madeira no fundo do mar Negro, próximo à costa da Turquia, e reforçou o argumento dos cientistas. A teoria, em termos simples, diz que o evento catastrófico destruiu tudo que havia em uma área de quase 150 mil quilômetros quadrados, matando dezenas de milhares de pessoas. Essa antiga inundação ficou na memória dos povos e foi a inspiração de todas as narrativas de dilúvio que surgiram posteriormente, incluindo as da Mesopotâmia, de Israel e da Grécia.

Mas isso não necessariamente explicaria os relatos de dilúvio de muitas outras civilizações. Para eles, o escritor Ian Wilson tem uma resposta de seis palavras, apresentada em seu último livro, *Before the Flood* ("Antes do dilúvio"): "O fim da Era do Gelo." A Terra passou por inúmeras eras glaciais durante sua história de mais de 4 bilhões de anos. A última ocorreu em torno de 16 mil anos – dentro do período em que o homem moderno já se encontrava na Terra. Wilson sustenta que o aumento repentino e cataclísmico do nível dos mares, causado pelo derretimento do gelo, teria assolado muitas das populações que se aglomeravam nos litorais, e afirma que "é muito provável que esses acontecimentos tenham sido responsáveis por pelo menos algumas das histórias de dilúvio que aparecem com frequência nas memórias populares de muitos povos em todo o mundo".

Além do interesse óbvio em explicar o relato bíblico, a tese de Ryan-Pitman – endossada com entusiasmo por Ian Wilson – afirma que uma extensiva civilização antediluviana outrora vivia pela área próxima ao mar Negro. Os sobreviventes da inundação do mar Negro depois se espalharam, levando consigo a civilização. É uma ideia audaciosa, que requereria a revisão de quase todos os livros de arqueologia – e de história da humanidade. No entanto, pesquisas feitas recentemente na Turquia, em Catalhoyuk, e no nordeste da Síria, próximo aos montes

Taurus, ajudaram a comprovar a necessidade dessa revisão de ideias já consolidadas sobre como e onde se desenvolveu a civilização.

A Torre de Babel ficava na Babilônia?

História, mito e tradição bíblica se chocam no conhecido relato sobre a Torre de Babel, que aparece em Gênesis 11. A narrativa conta que homens haviam vindo do Oriente e se fixado em Sinar – terra mencionada na Bíblia que é hoje compreendida como o reino da Suméria, na antiga Mesopotâmia. Todos os homens falavam a mesma língua e resolveram construir uma cidade e uma torre para "fazer célebre nosso nome". Mas quando Deus desceu à Terra e viu os homens trabalhando, fazendo tijolos para edificar uma torre "cujo cume toque no céu", Ele não gostou nem um pouco. Os homens estavam tentando chegar perto do céu. Intimidado e irritado, Deus decidiu confundir as falas dos que construíam a torre, para que não conseguissem entender a língua um do outro. Quando a construção da torre se tornou um caos, Deus espalhou aquelas pessoas pela face da Terra. Esse relato bíblico é visto pela tradição como um mito explicativo que esclarece o porquê das muitas línguas diferentes e nações diversas existentes no mundo.

No entanto, ao se estudar a vida e os mitos do "berço da civilização", não se pode esquecer que lá foram faladas muito mais línguas, durante seus séculos de vida, do que em qualquer outro lugar do mundo, devido às muitas ondas de invasores que conquistaram e dominaram aquela área, incluindo os sumérios, acadianos, hititas e, posteriormente, persas. Todos esses conquistadores da Mesopotâmia falavam línguas diferentes, então a história "multicultural" da Babilônia, e a participação de Israel nessa história, precisa ser levada em conta quando se pensa na Bíblia e em seu histórico.

A primeira grande civilização babilônica a prosperar viveu entre 1800 e 1600 a.C., sob o comando de Hamurabi e outros reis. Depois, os babilônios foram dominados pelos cassitas, que governaram a região do século XVI ao século XII a.C., o chamado Período **Cassita**. Falantes de uma língua pouco conhecida, os cassitas eram originários da região do Cáucaso, a área montanhosa que fica entre o mar Negro e o mar Cáspio (onde hoje se encontram a Geórgia, a Armênia, o Azerbaijão e a Chechênia, a região agitada e conturbada nas fronteiras da Rússia).

O Império Assírio, baseado no norte da Mesopotâmia, tomou a Babilônia em 700 a.C., mas seu governo enfrentou resistência da cidade, que foi destruída pelo rei Senaqueribe da Assíria em 689 a.C. O Novo Império Babilônico, ou **Império Caldeu**, teve início em 626 a.C., quando o líder militar babilônio Nabopolassar tornou-se rei da Babilônia. Nabopolassar tirou a Babilônia das mãos dos assírios e, sob seu reinado, o Império Caldeu cresceu e passou a controlar a maior parte da região onde fica hoje o Oriente Médio. Nabopolassar, com o filho Nabucodonosor II, reconstruiu a cidade de maneira grandiosa. Durante o reinado de Nabucodonosor II, de 605 a 562 a.C., foram construídos grandes muros, de quase 26 metros de espessura, em volta de toda a área externa da Babilônia, e, para entrar e sair da cidade, havia oito portões de bronze. O maior deles era o Portão de Ishtar, decorado com imagens míticas de dragões, leões e touros, e revestido com tijolos esmaltados coloridos. O Portão de Ishtar se abria para uma larga avenida pavimentada, que ligava o Templo de Marduk, no interior dos muros, e o local onde era realizado o grande festival de Ano-Novo. O palácio principal de Nabucodonosor ficava entre o Portão de Ishtar e o rio Eufrates, na área onde se imagina que também estivessem os famosos Jardins Suspensos. Os antigos gregos consideraram esses jardins, que cresciam em terraços no alto de uma construção, como uma das Sete Maravilhas do Mundo. O Templo de Marduk ficava mais ao sul e incluía a conhecida torre zigurate.

Existem inúmeras teorias sobre qual teria sido a função do zigurate, inclusive uma que defende que essas torres possam ter surgido como túmulos – da mesma forma que as pirâmides egípcias nasceram como tumbas para os reis – de onde o deus rei Marduk pudesse ressuscitar. Outra ideia é de que cada uma dessas torres servia como uma "montanha sagrada" simbólica, já que, como em muitas mitologias, a montanha é a morada dos deuses. Daniel Boorstin ressalta que a Mesopotâmia era uma planície, onde não havia elevações naturais – como o monte Olimpo grego – para servirem de casa para os deuses, e alega que, em muitas culturas "onde não havia montanhas naturais, o povo construía montes artificiais. (...) 'Zigurate' significa tanto cume de montanha quanto torre escalonada feita por homens".

Mas não é todo mundo que concorda com a interpretação de Boorstin, e não há um consenso quanto à razão de ser dos zigurates. A historiadora Gwendolyn Leick afirma que não há nada na literatura mesopotâmica que prove que o zigurate pretendia imitar ou evocar uma montanha natural. Pelo contrário, escreve a autora, "nas áreas que tendiam a inundar, esse era um recurso prático, e os altíssimos santuários deviam prover uma vista tranquilizante, pois eram altos e, portanto, seguros, e serviam não necessariamente para proteger as pessoas, mas sim os deuses, de cuja benevolência toda a vida dependia".

Sem dúvida, o zigurate mais majestoso que havia era o complexo do templo da cidade da Babilônia, cuja construção deve ter sido iniciada em 1900 a.C., depois expandida por Nabopolassar e continuada por Nabucodonosor, em um projeto que durou 43 anos. Projetado para representar o triunfo da Babilônia sobre seus inimigos, o zigurate de Nabucodonosor era visivelmente impressionante, composto

230 MITOLOGIA

de pelo menos 17 milhões de tijolos. Muitos historiadores e arqueólogos concordam que essa é a mesma torre descrita no Gênesis.

Depois que Nabucodonosor conquistou Jerusalém, levou o rei de Judá para a Babilônia, como prisioneiro, e, em 586 a.C., destruiu o Grande Templo de Jerusalém. Milhares de judeus, incluindo a elite da nação, foram postos em cativeiro na Babilônia, em um dos acontecimentos mais importantes da história de Israel e do desenvolvimento do Antigo Testamento, ou Bíblia hebraica. Durante esse período, muitos dos livros sagrados dos hebreus começaram a ser escritos.

Na agitada capital babilônica, os prisioneiros israelitas devem ter tido contato com muitas línguas – com toques de sumério, acadiano, babilônio, egípcio e persa pairando pelos mercados antigos. A história da Torre de Babel teve decerto grande importância para os israelitas exilados, pois formava uma brincadeira interessante com o nome da cidade da Babilônia. Em babilônio, o nome da cidade significava "portão dos deuses", mas, em hebraico, a palavra para Babilônia está ligada a outra, que significa "confundir". O autor da história bíblica da Torre de Babel fez basicamente um trocadilho bilíngue, recurso comum na literatura hebraica, para depreciar o povo que havia capturado e aprisionado os israelitas.

Por fim, a Torre de Babel reflete um enredo clássico, sobre deuses que se irritam com as pessoas quando essas começam a se achar importantes demais. O tema de deuses – ou um Deus – que não querem competir com a humanidade é comum nas mitologias, e, em geral, quem perde é a humanidade. A ambição exagerada dos homens – seja querendo construir torres altas, voar ou roubar o fogo – é um conceito reprovado não apenas pelo Deus da Bíblia hebraica, mas pelos deuses de outras mitologias. Todavia, talvez seja parte da natureza humana esse desejo de alcançar os céus, seja através da construção de torres no deserto, de arranha-céus nas cidades ou de foguetes espaciais.

VOZES MÍTICAS

Ora, o Senhor disse a Abrão: "Sai-te da tua terra, da tua paren-
tela e da casa de teu pai, para a terra que te mostrarei. E far-te-ei
uma grande nação, e abençoar-te-ei, engrandecerei o teu nome;
e tu serás uma benção! E abençoarei os que te abençoarem,
amaldiçoarei os que te amaldiçoarem; e em ti serão benditas
todas as famílias da terra.

— Gênesis 12:1-3

Seria o Abraão citado na Bíblia um homem ou mais um mito mesopotâmico?

A Mesopotâmia era uma terra onde mitos e homens se misturavam.
Gilgamesh era tanto real quanto mítico. Marduk era um mito, mas
teve grande impacto na história bíblica – e, portanto, na história do
Ocidente. Mas uma das figuras mesopotâmicas mais famosas é um
homem misterioso, cuja própria existência é questionável.

O patriarca bíblico Abrão – seu nome depois mudou para Abraão,
"pai de multidão" em hebraico – é um dos homens mais reveren-
ciados do judaísmo, do cristianismo e do islamismo. O que gerações
de crentes talvez não saibam é que esse homem, aclamado como "pai
de todas as nações", era da antiga Mesopotâmia. Segundo o Gênesis,
Abraão era originário de Ur, na Suméria, e descendente direto de
Adão. O Gênesis relata que Abraão recebeu uma mensagem divina que
o aconselhava a ir para Canaã, terra que Deus havia prometido a ele e
a seus descendentes. Obediente, ele cumpriu todas as ordens de Deus
e foi recompensado com muitos filhos e grandes rebanhos.

232   MITOLOGIA

Não há, porém, nenhuma prova específica, fora da Bíblia e do Corão, de que esse homem tenha existido. Seu nome e suas façanhas não constam em nenhuma das tabuinhas sobreviventes da Mesopotâmia. Embora alguns estudiosos defendam que houve um Abraão de fato, a crença geral é de que se tratava de uma figura lendária. Aqueles que defendem a existência verdadeira de Abraão alegam que certos aspectos de sua vida e de suas viagens se encaixam bem na história da Mesopotâmia. Referências feitas na história bíblica a muitos costumes específicos da região, inclusive à possibilidade de um homem ter um herdeiro legítimo com a serviçal de sua esposa – como foi o caso de Abraão –, reforçam essa tese.

É claro que, para aqueles que creem, o Abraão "histórico" não tem tanta importância quanto aquilo que ele representa – um pioneiro da fé. Essa fé é ressaltada em um acontecimento bíblico crucial, repleto de conotações míticas – o momento em que Abraão aceita sacrificar o próprio filho. Ao concordar com o pedido de Deus, de sacrificar seu amado filho Isaque, Abraão passa por uma situação vista como um teste supremo da fé individual.

O sacrifício é abortado, e Isaque substituído por um animal, e, segundo a maioria dos especialistas, esse foi o momento simbólico em que os antigos judeus renegaram o sacrifício humano. Em muitos cultos e religiões do antigo Oriente Próximo, inclusive na Mesopotâmia, era praticado o sacrifício humano. Na maioria dessas culturas, as vítimas eram mortas em um ritual, com o intuito de acalmar os deuses, e, em geral, para garantir a fertilidade das plantações. O único propósito da existência humana na Mesopotâmia era servir aos deuses com as necessidades da vida.

Mas voltemos à questão principal: teria mesmo existido um Abraão na Mesopotâmia? Ou teria sido apenas uma invenção dos escritores hebreus, que criaram um "mito fundador" para justificar a presença dos israelitas nas terras que futuramente conquistariam? A dúvida permanece. E talvez – salvo por algumas descobertas arqueológicas importantíssimas – nunca seja esclarecida. Dado o passado histórico da vida e da sociedade mesopotâmicas, é certo que muitos dos detalhes da história de Abraão são plausíveis. Provavelmente houve um homem chamado Abraão – ou qualquer que seja a versão semita para esse nome – e, como Gilgamesh ou o rei Arthur, ele foi transformado em uma lenda nacional com o passar dos séculos.

No fim das contas, a história de Abraão é mais um exemplo de que o que para uns é mito, para outros é fé.

VOZES MÍTICAS

Então fizeram os filhos de Israel o que era mau aos olhos do Senhor, e serviram aos baalins. E deixaram o Senhor, Deus de seus pais, que os tirara da terra do Egito, e foram-se após outros deuses, dentre os deuses dos povos que havia ao redor deles, e adoraram a eles; e provocaram o Senhor à ira. Porquanto deixaram o Senhor, e serviram a Baal e a Astarte.

– Juízes 2:11-13

Quem foram El e Baal?

Nenhuma discussão sobre os mitos da Mesopotâmia seria completa se não mencionasse Canaã, a "Terra Prometida" que foi dada por Deus a Abraão e seus descendentes. Funcionando como uma espécie de ponte terrestre entre os grandes impérios da Mesopotâmia e do Egito, Canaã era tanto um campo de batalha quanto um mercado movimentado, que sofreu influência dos impérios que a cercavam. Localizada nessa encruzilhada do Oriente Próximo, a cidade foi fonte para um conjunto de mitos fortemente baseados em lendas mesopotâmicas anteriores e sua história teve uma relação direta com as crenças e ideias do povo de Israel.

O povo de Canaã – área que hoje compreende a Síria, o Líbano, a Jordânia, Israel e Palestina – era semita, mas, com o passar do tempo, a cidade tornou-se um verdadeiro caldeirão de raças do Oriente Médio. Cananeus, e grupos denominados edomitas e moabitas, se fixaram na região, sendo seguidos pelos filisteus, que talvez tenham migrado das ilhas de Creta e Chipre, no Mediterrâneo. (A palavra "Palestina" deriva de "filisteu" ou "filistino".) Outro grupo a se mudar para a região foram os fenícios, que antes viviam em cidades da costa mediterrânea, como Tiro, Sidon e Biblos. Eles eram excelentes marinheiros e tintureiros e merecem crédito ainda pela invenção do alfabeto que foi, mais tarde, adotado pelos gregos e influenciou a escrita ocidental.

Com tantos povos e influências se agrupando e se misturando, Canaã se tornou uma terra de muitos deuses e cultos, mas havia um grupo de deuses cananeus que era mais cultuado. Sua divindade principal era conhecida como El – que significa "deus" nas línguas semitas antigas. Deus supremo, El era o criador do Universo e costumava ser retratado como um homem com chifres de touro. Era um deus benevolente, onisciente e um pouco distante. Sua parceira era Asherah, deusa relacionada a Ishtar (Inanna).

Em determinado período da história de Canaã, El e **Javé**, deus único dos hebreus, que entregou os Dez Mandamentos a Moisés, foram unificados. É fácil perceber a importância do nome divino El ao observar as palavras hebraicas que têm essa terminação, como Betel (ou Beth-El), que significa "casa de Deus". Esse foi o nome dado ao local onde, segundo a Bíblia, Jacó sonhou com uma escada cujo topo tocava os céus – que costuma ser interpretada como um zigurate. Jacó pegou a pedra onde repousara a cabeça ao dormir, colocou-a de pé e a untou com azeite. Colunas de pedra eram erguidas nos rituais de fertilidade tradicionais de Canaã. Em um momento mais à frente no Gênesis, Jacó lutou com um estranho misterioso – outro tema típico das mitologias – que provou ser o próprio El. Após a luta, o nome de Jacó foi trocado para Isra-el, interpretado como "aquele que luta com Deus". Ele se tornou pai de 12 filhos e cada um passou a liderar uma das 12 tribos de Israel. Nota-se, mais uma vez, que a influência da mitologia "pagã" na fé bíblica não foi pouca.

Embora o deus cananeu El tenha sido introduzido no ideal judaico de um único deus, uma outra divindade suprema de Canaã não se deu tão bem. A mitologia cananeia tinha uma preocupação especial com a fertilidade e, para seu povo, **Baal** era o deus da abundância mais importante. Baal (que significa "senhor"), cujo nome está ligado ao do mesopotâmico Bel (outro nome para Marduk), ficou registrado na história bíblica como um representante do mal supremo.

Uma narrativa semelhante à da vitória de Marduk sobre Tiamat conta que Baal derrotou Yam, mais um deus dragão do mar. Após sua vitória, Baal – tal qual o babilônico Marduk – assumiu o papel de rei dos deuses. Quando **Mot**, seu arqui-inimigo e senhor do mundo inferior, convidou Baal para ir ao submundo, o deus aceitou o convite, com a esperança de que derrotaria Mot e passaria a controlar o mundo dos mortos. Mas quando Mot forçou Baal a comer lama, considerada a comida dos mortos, o deus morreu. Com a morte do deus da abundância, morreram também todas as plantações da Terra.

Enquanto El e os outros deuses lamentavam a morte de Baal, sua esposa **Anat** (a versão cananeia de Inanna/ Ishtar) desceu ao mundo inferior e matou Mot com uma foice. Depois Anat o queimou e o triturou, tratando o deus dos mortos como se fosse trigo colhido.

236 MITOLOGIA

Com a morte de Mot, Baal renasceu, a vida voltou à Terra e as plantações voltaram a crescer. Mas Mot renasceu e lutou com Baal até o rei dos deuses concordar em ficar no submundo durante alguns meses de cada ano, razão mítica para a mudança de estações.

A religião cananeia era centrada no culto a Baal, que também era responsável pela chuva. Segundo a crença, as chuvas caíam quando Baal fazia sexo, e seu sêmen era derramado sob a forma de uma chuva revigorante. É muito provável que os rituais de Canaã incluíssem sexo entre sacerdotes e mulheres, homens e até animais, se levarmos em conta os registros dos hebreus. Muitas das Leis Mosaicas do Antigo Testamento condenavam o incesto, a bestialidade, os que se travestiam, a prostituição nos templos e a adoração idolátrica, práticas que talvez fossem comuns nos cultos de Canaã. A famosa cena do filme *Os Dez Mandamentos* em que os judeus derretem suas joias e delas sai um bezerro de ouro foi uma referência ao culto de Baal – e, por extensão, a Marduk, que também era chamado de "touro celeste".

Muitos dos relatos do Antigo Testamento sobre a história judaica mantêm o tema de duas crenças rivais – o deus único do judaísmo contra os muitos falsos deuses dos cananeus. O último insulto feito pelos hebreus a Baal foi um trocadilho ligando seu nome a uma outra conhecida palavra bíblica, Beelzebub. Uma história do Antigo Testamento conta que um malvado rei judeu fica doente e pede ajuda a um deus que chama de "Baal-Zebube". Esse é um jogo de palavra com o nome cananeu para "Senhor do Estrume" ou "Senhor das Moscas". No período do Novo Testamento, a palavra Beelzebub passou a ser associada com o nome de Satã.

O que faz uma "demônia" cananeia em um show de rock?

A terceira figura curiosa dos mitos de Canaã é uma personagem que entrou para o panteão da cultura pop dos Estados Unidos, na década de 1990, devido à *Lilith Fest*, uma série de shows de verão voltados para o público feminino. O nome Lilith deriva de Lilitu, a deusa da tempestade cananeia, com talvez ligações ainda mais profundas com a deusa mesopotâmica Ninlil. Lilith tem uma curiosa história paralela – já foi considerada a primeira esposa de Adão, a predecessora de Eva.

Não há nenhuma menção a Lilith no Gênesis – e a única referência a ela na Bíblia é uma citação no Livro de Isaías. Mas em folclores e no Talmude – uma coleção de comentários feitos, ao longo dos séculos, por alguns rabinos sobre a Bíblia – há uma rica história sobre Lilith.

A teoria sobre a primeira esposa de Adão surgiu porque existem duas histórias da criação no Gênesis. Na primeira, que descreve a criação do mundo em seis dias na forma de um poema, os homens e as mulheres são criados simultaneamente, ambos feitos à imagem de Deus. A segunda versão é mais longa e folclórica e se passa no Jardim do Éden. Nesta, primeiro é criado o homem e somente depois a mulher, feita de uma costela do homem. Confusos com essa discrepância, ou contradição, entre os dois relatos bíblicos, comentadores judeus da Antiguidade alegaram que a esposa de Gênesis 1 não era Eva. Alguns desses estudiosos da Bíblia sugeriram que seria Lilith.

Segundo essa versão folclórica, não incluída na Bíblia, Deus fez Lilith, como Adão, a partir do barro, mas, para ela, usou barro sujo. Quando Adão e Lilith copularam, ela se recusou a ficar por baixo, como sempre ficava. Como Lilith pensava que tinha sido feita do mesmo barro que Adão, quis ficar por cima e cometeu o erro de pronunciar em vão o nome de Deus. Como punição para seu crime, foi mandada embora e transformada em uma demônia que assombrava os homens durante o sono, causando poluição noturna e, assim, drenando a fertilidade desses homens para outras mulheres. Lilith também era

238   MITOLOGIA

considerada causa da infertilidade e dos abortos espontâneos, além de ser quem assustava os bebês durante o sono — talvez uma explicação mítica para o termo atual "morte no berço" (Ou Síndrome da Morte Súbita na Infância).

Livre da voluptuosa Lilith, continua o folclore judaico, Adão ficou solitário e Deus criou Eva, uma mulher mais dócil. Alguns relatos ainda sugerem que foi Lilith que, disfarçada de serpente, entrou no Jardim do Éden e tentou Eva a provar o fruto da árvore do conhecimento do bem e do mal.

O que três mágicos persas foram fazer em Belém no nascimento de Jesus?

Talvez a festa cristã mais amada de todas seja o Natal, o dia da celebração do nascimento de Jesus, o filho divino de Deus, segundo o cristianismo. É uma festa cheia de ornamentos, mas também cheia de referências pagãs penduradas na árvore da tradição cristã. Um dos vestígios desse passado pagão é o famoso conto de Natal sobre os "Três Reis Magos" vindos do Oriente — também denominados "Três Sábios" — para visitar o recém-nascido Jesus Cristo, que se encontrava em uma manjedoura em Belém e recebeu três presentes: ouro, incenso e mirra. O Evangelho de Mateus chama os visitantes de "magos", traduzido do grego "homens sábios", e diz que os três magos foram para Belém seguindo uma estrela milagrosa. Embora o relato bíblico não mencione o nome nem o número de magos, presume-se que são "três reis magos" por serem três presentes. Apenas na Idade Média receberam os nomes Melquior, Baltazar e Gaspar.

Mas, então, quem eram esses "homens sábios"?

Os magos eram membros hereditários de uma classe sacerdotal persa, conhecidos por interpretar oráculos e sonhos, por suas habilidades astrológicas e pela prática da magia ("mágico" deriva de "mago"). Esse vasto conhecimento sobre rituais lhes valeu a reputação de verdadeiros sacerdotes do **zoroastrismo**, religião fundada por um profeta persa chamado Zoroastro. Pouco se sabe sobre Zoroastro (nome grego para o nome persa Zaratustra), apenas que, segundo a tradição do zoroastrismo, ele viveu por volta de 600 a.C. Mas muitos estudiosos acreditam que tenha vivido entre 1400 e 1000 a.C.

O zoroastrismo defende a crença em um único deus, **Aúra-Masda**, que teria criado todas as coisas. Zoroastro também pregava que a Terra é um campo de batalha onde os espíritos do bem e do mal travam uma grande luta. Aúra-Masda apela para todos lutarem nessa batalha e afirma que cada pessoa será julgada no momento de sua morte com base em quanto lutou ou não. Não se sabe se os magos, cujas práticas precedem Zoroastro, influenciaram o profeta, ou se foram seus seguidores. Mas eles se tornaram parte da crença zoroastrista e eram considerados os vigias de um "Monte do Senhor", de onde uma grande estrela apareceria para indicar a chegada de um salvador. Em outras palavras, séculos antes de Jesus nascer, já florescia no Oriente Médio uma religião com um deus único, uma batalha entre o bem e o mal, um dia do julgamento e uma ressurreição.

A ligação entre a Pérsia antiga e o Natal não termina aí. **Mitra** era um antigo deus sol das tribos arianas que se fixaram na Pérsia. Segundo a tradição zoroastrista, Mitra era um aliado do deus supremo Aúra-Masda e, sob a liderança do rei dos deuses, ele e outros deuses lutaram contra o deus do mal do zoroastrismo.

Os persas difundiram o culto a Mitra por toda a Ásia Menor durante o período em que dominaram a Mesopotâmia e o Oriente Médio, a partir de 539 a.C., sob o comando do rei Ciro. Depois foram derrotados pelos gregos em duas guerras que ocorreram entre 490 e 480 a.C. Em seguida, o Império Persa caiu sob o domínio de Alexandre, o Grande, em 330 a.C. O mitraísmo sobreviveu à queda do Império Persa e veio a se tornar popular em Roma, em especial dentre

240 MITOLOGIA

os soldados romanos. Templos para Mitra costumavam retratar o deus matando um touro, rito que simbolizava a renovação da criação. O ritual supostamente traria vida eterna para os adoradores de Mitra e por isso atraía soldados em combate.

Durante o período da romanização, até 300 d.C., o mitraísmo constava dentre as principais religiões, competindo com o cristianismo. Dentre as muitas similaridades entre as duas religiões – incluindo a ressurreição, o dia do julgamento, uma figura semelhante a Satã e espíritos guardiões como os anjos –, havia um dia sagrado, que era celebrado em Roma no dia 25 de dezembro. Em 350 d.C., o papa Júlio I escolheu essa como a data oficial da comemoração do nascimento de Jesus. (Outras ligações entre as tradições pagãs romanas e o Natal podem ser encontradas no capítulo 4, *O que eram as bacanais e as saturnais?*.)*

---

* A difusão do mitraísmo durante o Império Romano se estendeu até a Espanha, e algumas autoridades alegam que o sacrifício de touros fazia parte de um ritual mitraísta que, aos poucos, evoluiu para a prática das touradas, convencionada no século XVIII, na Espanha, e das famosas "corridas de touros", que ocorrem, durante a primavera, em Pamplona. Todavia, outros encaram a *corrida de toros* como um vestígio da tradição muito mais antiga de cultuar e sacrificar esses animais, que ocorria em muitas culturas, como em Creta, Anatólia, Mesopotâmia, Índia antiga e Israel. Há ainda outros exemplos dessa tradição, como o touro sagrado Ápis, do Egito, os famosos "toureiros" de Cnossos, que serão discutidos no capítulo 4, e o herói Gilgamesh, cuja luta com o Touro Celeste foi discutida neste capítulo. Em todo caso, já faz muito tempo que os homens vêm, literalmente, pegando os touros pelos chifres.

CAPÍTULO QUATRO

O MILAGRE GREGO

Os mitos da Grécia e de Roma

Tendo o mínimo de desejos, chega-se mais perto dos deuses.

— SÓCRATES

A prece é realmente boa, mas, enquanto pede a Deus, um homem deve ele mesmo dar uma mão.

— HIPÓCRATES

Nenhum homem que tenha, em sua juventude, sustentado a opinião de que não existem deuses permaneceu fiel, até sua vetustez, a essa convicção.

— PLATÃO

Seja o que for, temo os gregos mesmo quando trazem presentes.

— VIRGÍLIO, *A Eneida*

Esse é o milagre da mitologia grega – criar um mundo humanizado, com homens livres do temor paralisante face ao Desconhecido onipotente. O absurdo aterrador que era cultuado em outras regiões, e os temíveis espíritos que enxameavam a terra, o ar e o mar, foram banidos da Grécia.

– EDITH HAMILTON, *Mitologia*

De onde os gregos tiraram seus mitos?

A Grécia já foi uma teocracia?

Quem sustentava a "árvore genealógica" dos deuses da Grécia antiga?

Como ocorreu a criação pela castração?

Quem é quem no Olimpo

Como o homem obteve o fogo?

O que havia na "caixa" de Pandora?

Por que Zeus enviou um grande dilúvio para acabar com a humanidade?

Qual monstro mítico tem o pior penteado da história?

Que tipo de herói mata a esposa e os filhos?

Que grande herói foi "tosquiado"?

Qual Argonauta era um deus da cura?

Hipócrates foi um homem ou um mito?

A Atlântida já foi mencionada na mitologia grega?

A história de Teseu e o Minotauro seria só mais uma "história pra boi dormir"?

O que era o Oráculo de Delfos?

Será que todos os meninos querem matar o pai e dormir com a mãe?

Seria Homero apenas um personagem de *Os Simpsons*?

Como Homero encaixou uma guerra de dez anos em um único poema?

Seria a *Ilíada* nossa única obra sobre a Guerra de Troia?

Houve mesmo uma Guerra de Troia?

Quem é o ardiloso herói grego que está louco para voltar para casa?

Todos os mitos romanos foram extraídos da mitologia grega?

Quem foram Rômulo e Remo?

Homero estava presente da lista de livros dos romanos?

O que eram as bacanais e as saturnais?

MARCOS DA MITOLOGIA
Grécia e Roma

Período antes de Cristo (a.C.)

c. 3000   A antiga civilização minoica se fixa na ilha de Creta.

c. 2000   Povos indo-europeus, falantes do grego, começam a migrar para a região do mar Egeu.

O Palácio de Cnossos é construído em Creta.

A escrita hieroglífica passa a ser usada em Creta, por influência dos egípcios.

1900   A roda de oleiro começa a ser usada em Creta.

1750   A escrita Linear A, uma forma de escrita arcaica, é usada em Creta.

1600–1400   Auge da civilização **minoica** em Creta.

1628   Erupção vulcânica na ilha de Tera (atual Santorini).

c. 1600   Surgimento da civilização **micênica** na Grécia continental.

1450–1400   Fim da civilização minoica após invasões e erupções vulcânicas; os micênios dominam Creta.

1400   As civilizações micênicas dominam a Grécia também no continente.

Os micênios usam a escrita Linear B, uma adaptação da Linear A.

c. 1280–184   A Guerra de Troia acontece no período micênico.

1150–1100   Colapso do domínio micênico.

Possíveis invasões dos dórios, vindos do norte.

1100–800   Início da chamada **Idade das Trevas** grega.

MITOLOGIA

c.1000 Cresce o culto a Zeus em Olímpia.

c. 900–800 Começa o **Período Arcaico**; crescimento das cidades-Estados, ou pólis, gregas – cidades independentes administradas por diversos governos.

900–700 São escritos os primeiros livros da Bíblia hebraica.

776 Os primeiros Jogos Olímpicos de que se tem registro são realizados em Olímpia.

753 Data tradicional da fundação de Roma por Rômulo.

750–700 São escritas a *Ilíada* e a *Odisseia*.

750 A colonização grega se espalha pelo Mediterrâneo.

Primeiras evidências do alfabeto grego.

700 Hesíodo compõe a *Teogonia* e *Os trabalhos e os dias*.

621 Draco e o primeiro código de leis de Atenas.

600 Tales de Mileto; nascimento da filosofia (Escola Jônica).

Primeiras moedas gregas são usadas na Lídia.

594 Sólon passa a ter poderes extraordinários em Atenas; ele reforma o governo e estabelece regras para a recitação pública dos poemas homéricos.

580 Safo e o desenvolvimento da poesia lírica na Grécia.

570 Anaximandro, de Mileto, desenvolve a cosmologia sistemática.

525 Pitágoras dá início à irmandade filosófico-religiosa; desenvolve conceitos matemáticos, científicos e místicos.

520 Xenófanes, filósofo e poeta, desenvolve os conceitos de progresso humano, monoteísmo filosófico e ceticismo face às divindades.

O milagre grego 247

509 Fundação da República Romana.

508 São instituídas reformas democráticas em Atenas.

490 A Grécia sofre sua primeira invasão persa; os gregos derrotam os persas na Batalha de Maratona.

480 Segunda invasão persa, liderada por Xerxes. Os persas vencem em Termópilas; Atenas é saqueada; os persas são derrotados na Batalha Naval de Salamina; as tropas persas se retiram após a derrota em Plateia, em 479.

480–336 **Período Clássico** – auge das conquistas gregas.

476 É construído um templo gigantesco dedicado a Zeus em Olímpia, para comemorar, juntamente com os Jogos Olímpicos, a liberdade dos gregos. O templo, que incluía uma enorme estátua de Zeus, ficou pronto por volta de 420. O templo e a estátua constam entre as Sete Maravilhas do Mundo Antigo.

460–430 A **Era de Ouro** de Péricles em Atenas.

Surgem os grandes dramaturgos da tragédia: **Ésquilo** (525–456), Sófocles (496–406) e Eurípides (485–406).

447 Em Atenas, começa a ser construído o Partenon. O templo, concluído em 432, era dedicado à deusa Atena e ficava em uma colina denominada Acrópole, com vista total da cidade. É a maior conquista da Era de Ouro de Péricles.

431 Começa a Guerra do Peloponeso, tendo Atenas e Esparta como as principais rivais.

430 A grande peste ataca Atenas; Péricles morre em 429.

404 Atenas se entrega; período de dominação espartana; Atenas volta a ser governada pelas oligarquias.

399 Suicídio de Sócrates, acusado de corromper a juventude ateniense.

385 Platão retorna a Atenas para abrir sua Academia; escreve *O banquete*.

364 Desentendimentos entre duas cidades rivais durante os Jogos Olímpicos, tradicionalmente um período de trégua.

359 Platão finaliza *A república*.

338 A Macedônia, liderada por Filipe, conquista a Grécia, acabando com a independência das cidades-Estados.

336 Filipe da Macedônia é assassinado.

Alexandre, o Grande, filho de Filipe, dá início a suas conquistas, estendendo o domínio grego do Mediterrâneo até o Himalaia.

335 **Aristóteles** (384–322) funda o Liceu.

332 Zenon funda a escola estoica de filosofia – com base na ideia de que a virtude é o único bem.

323 Alexandre morre na Babilônia após um banquete regado a álcool. Seu império se divide em reinados comandados por generais gregos, como os Ptolomeus, que passam a governar o Egito como faraós.

229 Primeira incursão romana na Grécia.

146 Romanos acabam com uma rebelião grega. Na cidade de Corinto, todos os homens são mortos e todas as mulheres e crianças vendidas como escravas.

80 O general romano Sila saqueia Olímpia durante as guerras civis travadas na Grécia.

O milagre grego

31 Ocorre a Batalha Naval de Ácio, na costa oeste da Grécia: Otaviano, futuro imperador Augusto, vence Marco Antônio e Cleópatra, pondo um fim às guerras civis romanas.

27 Otaviano se autoproclama "primeiro cidadão" (*princeps*) e adota o nome Augusto. Tem início uma nova era de *Pax Romana* e a cultura grega se difunde pelo Império Romano.

Período depois de Cristo (d.C.)

312 O imperador Constantino credita sua vitória na Batalha da Ponte Mílvio a uma visão cristã.

313 O cristianismo passa a ser reconhecido em Roma através do Edito de Milão, de Constantino.

337 Constantino é batizado em seu leito de morte.

330 Bizâncio torna-se capital do mundo romano e passa a ser chamada de Constantinopla (atual Istambul, na Turquia).

393 Ocorrem os últimos Jogos Olímpicos oficiais.

394 Teodósio II, o imperador romano cristão, proíbe todas as festividades pagãs, inclusive os Jogos Olímpicos. A estátua de Zeus em Olímpia é levada para Constantinopla, onde, futuramente, será destruída em um incêndio.

426 O templo de Zeus é incendiado sob as ordens de Teodósio II; fanáticos cristãos destroem o restante do santuário em Olímpia.

Se seu primeiro contato com a história e a mitologia gregas foi assistindo à cerimônia de abertura das Olimpíadas de Atenas em 2004, é compreensível que esteja um tanto confuso. Uma visão panorâmica dos mitos gregos e das conquistas de uma das civilizações mais notáveis da história se revelou em uma espécie de Parada do Dia de Ação de Graças da Macy's,* com toques de festa à fantasia. Em um desfile de deuses e guerreiros com péssimos trajes, séculos de mitos e alguns dos momentos mais importantes da história ocidental seguiram em seus carros alegóricos. Acima de todos estava a imagem de Eros, o deus do amor, flutuando como um Peter Pan, cheio de vergonha, com vontade de estar em qualquer outro lugar.

Esse é um momento que, felizmente, pode ser esquecido. Mas, em contraposição aos magníficos vestígios da Era de Ouro de Atenas, até que as Olímpiadas de 2004 conseguiram fornecer uma lembrança estonteante de um momento extraordinário na história mundial – um rápido olhar de relance sobre a glória que outrora fora a Grécia. As ruínas de mármore no centro de Atenas e os atuais Jogos Olímpicos são resquícios dessa glória. As ruínas do Partenon pulsam naquele que outrora fora o coração de Atenas, um templo magnífico em homenagem à deusa padroeira da cidade, Atena. E, embora pouco tenha a ver com seus predecessores, os Jogos Olímpicos atuais são uma versão pomposa das competições que um dia foram dedicadas a Zeus, rei dos

---

* Desfile tradicional nos E.U.A. (N. T.)

O *milagre grego* 251

deuses do monte Olimpo. As Olimpíadas originais, o espetáculo mais duradouro da Antiguidade – que, como a atual Copa do Mundo, reúne milhares de espectadores para dias dedicados ao esporte, à bebedeira e à promiscuidade –, ocorreram a cada quatro anos, durante um período de mais de 1.200 anos. E você achando que *Cats* tinha ficado muito tempo em cartaz!*

E, no entanto, esse apogeu da civilização grega, quando foram construídas o que hoje são aquelas incríveis ruínas em uma colina de Atenas, não foi mais do que um breve momento da história da humanidade, há 2.500 anos. Foi um episódio relativamente curto na marcha da humanidade, mas que transformou tudo a sua volta. A Grécia antiga exerceu um impacto profundo, único e duradouro no mundo ocidental. Quer queira, quer não, a civilização do Ocidente nasceu na Grécia.

Como descreveu o autor Nicholas Gage, de origem grega, na obra *The Greek Miracle*: "No século V antes de Cristo, em uma pequena cidade grega localizada nas planícies arenosas da Ática, nasceu uma ideia, sem precedentes, que explodiu por todo o hemisfério ocidental, como o surgimento de um novo sol. Sua luz vem iluminando e aquecendo o Ocidente desde então. (...) A visão – a teoria grega clássica – era de que a sociedade funcionaria melhor se todos os cidadãos fossem iguais e livres para definirem suas vidas e todos participassem da administração do Estado: em uma palavra, a democracia. (...) O conceito de liberdade individual hoje tanto já faz parte de nossa herança espiritual e intelectual que é difícil imaginar quão radical foi essa ideia. Nenhuma sociedade anterior aos gregos havia concebido que a igualdade e a liberdade individual pudessem gerar nada mais que um desastre."

---

* Em referência ao musical da Broadway, que ficou em cartaz por mais de vinte anos. (N. T.)

Os conceitos gregos – ou melhor, atenienses – de governo pelo povo, tribunal do júri e de igualdade entre os homens (sem dúvida limitada; mulheres e escravos, em sua maioria, não contavam) foram o verdadeiro início da tradição democrática ocidental. O que chamamos de ciência e de estudos humanos – biologia, geometria, astronomia, história, física, filosofia e teologia, entre outros – também foram basicamente inventados pelos gregos. Quanto às artes faladas e escritas, foram os gregos que apresentaram e aperfeiçoaram a epopeia e a poesia lírica, bem como a tragédia. Na arte e na arquitetura, criaram um ideal de beleza que até hoje predomina no Ocidente. E esse ideal de beleza se refletiu na mitologia que desenvolveram.

"O mundo da mitologia grega não era um lugar que aterrorizava o espírito humano. É verdade que os deuses podiam agir de maneira desconcertante. Era impossível saber onde Zeus acertaria seu próximo raio. Ainda assim, toda corporação divina (...) possuía uma beleza hipnótica, uma beleza humana, e nada que possua uma beleza humana é de fato aterrador."

Essas são as palavras de Edith Hamilton, talvez a maior divulgadora da mitologia grega de nossos tempos. Talvez porque seu livro *Mitologia* tenha constado na lista de leitura obrigatória de muitas gerações de estudantes, muitas pessoas pensam instintivamente nos mitos gregos quando ouvem a palavra "mito". Sua obra introdutória, de 1942, sobre essas histórias clássicas serviu de critério para os estudos sobre a Grécia por muito tempo.

Com essas duas palavras – "beleza humana" –, Edith Hamilton talvez tenha fornecido o melhor resumo existente sobre o ideal grego. Mas a noção romantizada da autora sobre a mitologia grega, bem como a visão tradicional que existe sobre a cultura e a história da Grécia, vem passando por sérias revisões nos últimos tempos. Pesquisas atuais iluminaram alguns outros aspectos do mundo clássico. O tom

O milagre grego 253

de adoração usado por Hamilton ignora algumas realidades sórdidas. Talvez os deuses do Olimpo tivessem "uma beleza hipnótica", como escreveu a autora. Mas suas histórias eram tão cheias de crueldade, violência, incesto, adultério, rivalidade fraterna e depravação quanto qualquer outro mito antigo do Egito ou da Mesopotâmia – mitos que foram, sem dúvida, copiados e revisados pelos gregos para se adequarem a suas necessidades.

A visão idealizada de figuras gregas em mármore, urnas pintadas com perfeição e belos deuses e deusas se deliciando com ambrosia é apenas parte de um todo. Essa imagem encobre uma visão mais complexa da Grécia, na qual estão incluídos guerras e conquistas, sacrifício humano e escravidão. Esse "calcanhar de Aquiles" do passado grego aparece em sua mitologia, bem como na literatura que surgiu a partir dela.

Há, porém, uma outra realidade refletida na história da Grécia e de seus mitos. Mais do que em qualquer outra cultura da Antiguidade, a tradição mítica grega é uma história grandiosa na qual, nas palavras de Voltaire, "o homem passou da barbárie à civilização". Os poetas e dramaturgos gregos remodelaram e reformularam as antigas histórias, nefastas e violentas, sobre deuses hostis e vingativos e heróis imperfeitos e as transformaram nos poemas épicos e dramas de uma ordem social emergente que viriam a influenciar em todos os níveis a civilização ocidental. Os mitos gregos permearam a *Ilíada* e a *Odisseia*, de Homero, obras que formam o núcleo da tradição literária do Ocidente. A tradição mítica também teve forte impacto nos grandes dramas gregos, com destaque para os três dramaturgos da Era de Ouro de Atenas – Ésquilo, Sófocles e Eurípides – cujas obras vêm influenciando escritores há mais de 2.500 anos e são até hoje encenadas em todo o mundo.

Antes do "Milagre Grego" – como é chamado esse extraordinário período de crescimento cultural e social –, as esculturas, como as do Egito e da Mesopotâmia, costumavam mostrar deuses e reis rígidos e intocáveis, em geral em escala monumental. Mas, nas mãos dos escultores gregos, o divino se humanizou, através, por exemplo, da imagem de um discóbolo em ação, perfeitamente congelado no tempo. Nas cerâmicas, os pintores gregos retratavam não apenas deuses e heróis, mas mulheres comuns, delicadas e belas, servindo comidas e bebidas. (Eles também produziam pinturas obscenas de copos fálicos, que não são exibidas nos museus de hoje, em que retratavam as populares orgias regadas a vinho, chamadas banquetes. Mas isso já é outra história.)

Arquitetos gregos desenvolveram um senso de escala e beleza clássico, que até hoje é considerado ideal para construções grandes e importantes. Foram esses poetas, dramaturgos e escultores que transformaram a arte grega, e, ao fazerem, transformaram a visão de mundo básica da humanidade, elevando a forma humana quase à divindade.

Da mesma forma, os filósofos e cientistas da Grécia, com base nessas mesmas ideias ancestrais de deuses e religião, desafiaram os limites do que a razão humana seria capaz de discernir. Nessa Grécia, o homem não estava mais preso, indefeso, em um mundo onde o povo existia para servir aos deuses. Nesse momento único na história da humanidade, os deuses eram glorificados. Mas os gregos perceberam ainda que, como disse o filósofo Protágoras, "o homem é a medida de todas as coisas".

Essa foi a glória da Grécia.

De onde os gregos tiraram seus mitos?

Duas das deusas mais famosas da Grécia estrearam nos palcos míticos como adultas feitas e perfeitas – uma aparece, em geral, nua, e a outra com armadura. Afrodite – aquela da meia-concha, sabe? – é a deusa do amor que, em uma das pinturas mais famosas sobre seu nascimento, emerge do mar como uma adulta completa, ao natural, mas com longos cachos em lugares estratégicos. Atena, a deusa da guerra e da sabedoria, nasce em traje de batalha completo, e emerge da cabeça de seu pai, Zeus, quando ele é atingido na cabeça por outro deus, com um machado.

As pessoas parecem pensar o mesmo sobre os mitos gregos – que, de alguma forma, eles já nasceram prontos, na forma que os conhecemos hoje, elaborados pelo gênio de algum poeta ou filósofo anônimo. Mas os mitos da Antiguidade, como provam as histórias do Egito e da Mesopotâmia, não são tão simples. Com o passar dos séculos, os mitos são criados, recitados e, depois, começam a viajar. Enquanto rodam o mundo, são emprestados, remodelados e recontados – em muitos casos para se adequarem às necessidades locais. Como um vinho antigo em uma garrafa nova ou um reality show que se origina na Inglaterra e é reproduzido pelas redes de televisão norte-americanas, os mitos da Antiguidade às vezes ressurgiam com novos nomes e contornos. Não foi diferente na Grécia, onde as origens dos mitos – e das religiões que eles geraram – ajudam a compreender, de maneira fascinante, a história desse povo.

Descobertas recentes dos mundos da arqueologia e da literatura comprovaram que a mitologia grega nasceu de uma mistura de histórias locais com todo tipo de fragmento de histórias de civilizações do Oriente Próximo, como a egípcia, a mesopotâmica e a fenícia – de quem os gregos também adotaram o sistema de escrita, que, tempos depois, se transformaria no alfabeto grego. Tendo sido forçados pela geografia a se voltarem para o mar, os gregos, desde sempre, dominaram o comércio e as viagens. Conforme se aventuravam pelos portos de escala do Mediterrâneo, entravam em contato com as civilizações vizinhas. No fim das contas, levavam para casa não apenas suvenires, mas também um pouco dessas culturas e religiões estrangeiras. As áreas que compreendiam a Grécia, então, eram, ao norte, a região montanhosa e rochosa que se projetava nos mares Mediterrâneo, Egeu e Jônico; uma península ao sul, chamada de Peloponeso; as muitas ilhas salpicadas pelos mares ao redor; e a costa oeste da Ásia Menor (atual Turquia).

Essas "influências estrangeiras" chegaram em uma Grécia que já era um caldeirão de fontes mitológicas. A partir de 2000 a.C., ondas de invasores varreram a Grécia e trouxeram consigo as histórias de seus próprios deuses, que foram misturadas com as histórias locais. Essas invasões sangrentas começaram muito antes da breve Era de Ouro da Grécia, que muitos estudantes equiparam falsamente a toda história do país. A história grega, na verdade, se estende por um período de tempo muito maior, e sua civilização e mitologia podem ser divididas em cinco períodos diferentes.

Ao que tudo indica, a primeira civilização a prosperar na região que passaria a ser tida como a Grécia não era formada por gregos, mas sim por minoicos, povo com uma cultura sofisticada e extraordinária. Fixada na ilha de Creta, no Mediterrâneo, a civilização minoica deve ter surgido em torno de 3000 a.C. – período próximo ao surgimento das civilizações da Mesopotâmia e do Egito – e, de forma repentina e misteriosa, desapareceu por volta de 1400 a.C. No início do século XX, a abandonada capital da primeira civilização de Creta foi descoberta pelo arqueólogo inglês Sir Arthur Evans, em um dos achados mais surpreendentes da história. Em Cnossos (ou Cnossus),

O *milagre grego*

Evans encontrou vestígios de um palácio enorme, luxuoso e elegante, cujas passagens eram pavimentadas com ladrilhos. O palácio continha banheiras de cerâmica e serviço de canalização interna completo, com descarga e sistema de esgoto. Suas paredes eram decoradas com afrescos coloridíssimos, que retratavam homens e mulheres jovens, belos e nus, fazendo acrobacias com touros, em uma espécie de "rodeio" da Antiguidade, numa clara referência a um culto de touros elaborado, um vestígio de suas origens na Ásia Menor. O palácio talvez tenha sido, ainda, a fonte de um dos mitos gregos mais importantes, a história do Minotauro, uma criatura metade homem, metade touro, que exigia que lhe fossem feitos sacrifícios humanos.

Apesar de a escrita Linear A, dos minoicos, ainda não ter sido decifrada, sabemos que devia ser mais usada para fazer a contabilidade e os registros comerciais — como foi, no princípio, a escrita cuneiforme da Mesopotâmia. Os minoicos foram um dos primeiros povos a realizar o comércio marítimo e suas embarcações iam até o Egito, para negociarem na terra dos faraós. É muito provável que os minoicos adorassem um deus do mar, que foi, mais tarde, chamado de Posêidon pelos gregos, e uma deusa da terra, que foi transformada pelos gregos na deusa Rea.

A civilização minoica floresceu até quase 1400 a.C., quando meio que desapareceu da história, talvez devido a uma erupção vulcânica devastadora que ocorreu em suas proximidades, ou por causa dos novos invasores que surgiram, os chamados micênicos. Esses guerreiros arianos, ou indo-europeus, haviam começado a dominar o território grego quinhentos anos antes e, presume-se, eram originários da cordilheira do Cáucaso (entre os mares Negro e Cáspio). Os micênicos eram uma raça guerreira que acabou com os povos que viviam na Grécia continental — cujas origens são igualmente misteriosas — e que, quando lá chegou, mesclou suas próprias histórias e crenças com as dos povos que conquistaram, inclusive os minoicos de Creta. Esse é o chamado Período Micênico, em homenagem a Micenas, uma das cidades mais importantes da época — que foi escavada pela primeira vez por Heinrich Schliemann, o descobridor de Troia, no final do século XIX. O Período Micênico durou de 1600 a quase 1110 a.C. e acredita-se que nele tenham ocorrido os eventos e existido os reinos descritos por Homero na *Ilíada*. É provável que os "micênicos" se autodenominassem "aqueus", termo usado por Homero para identificar os homens que atacaram Ílion — ou Troia. A maioria dos estudiosos da área considera que a destruição de Troia ocorreu em torno de 1230 a.C., mas nunca se chegou a um consenso quanto a esse fato — alguns alegam que tenha sido mais tarde, por volta de 1180 a.C.

Uma ideia mais aceita é a de que os micênicos, que amavam as guerras e já faziam uso de carros de combate, foram responsáveis pelo que os homens de negócios de hoje chamariam de "tomada hostil". Quando chegaram dominando a Grécia continental, aparentemente trouxeram consigo seus próprios deuses, bastante antigos, como o pai do céu, Zeus; a mãe da terra, Deméter; e Héstia, a deusa virgem do lar. Os camponeses locais que foram subjugados deviam cultuar uma outra antiga mãe da Terra, que veio a se tornar Hera. E o próprio casamento tempestuoso de Zeus, o deus do céu dos conquistadores, e Hera, a deusa da fertilidade dos conquistados, talvez simbolize a união dessas duas mitologias. Outro indício de que muitos dos mitos e lendas gregos tenham se originado, da forma como os conhecemos, no Período Micênico, é o fato de que, nesse período, o poder se concentrava nas cidades que mais aparecem na mitologia grega, Micenas, Tirinto e Tebas.

Micenas e quase todos os outros povoados da Grécia continental foram destruídos logo após 1200 a.C., dando lugar à Idade das Trevas, o terceiro período mais importante da história grega, que durou até

O milagre grego 259

cerca de 800 a.C. Os historiadores não sabem explicar o porquê de a Grécia micênica ter entrado em colapso. Talvez as mudanças climáticas tenham causado a fome. Há suspeitas, também, de que a causa tenha sido a invasão de outro grupo, os chamados dórios, originários do norte da Grécia, que haviam migrado para o sul e forçado muitos micênicos a fugirem para a Ásia Menor. Uma das razões por que o período é denominado de Idade das Trevas foi o desaparecimento da escrita grega (que usava a forma Linear B, adaptada dos minoicos) no período, que só voltou a ser empregada após 800 a.C.

Foi mais ou menos nessa época que algum desconhecido, que tivera contato com a escrita fenícia, inventou o alfabeto grego. O alfabeto fenício continha símbolos para as consoantes apenas; algum anônimo grego, muito esperto, incluiu indicações para os sons das vogais. Pela primeira vez – concordam os especialistas – a escrita conseguiu se aproximar do som da voz humana (e essa é a base da escrita que você está lendo agora). Devido a esse avanço, presume-se que os dois grandes épicos, a *Ilíada* e a *Odisseia*, tenham sido escritos após 800 a.C., bem como as obras de um poeta grego chamado Hesíoso, que catalogou a história e as conquistas dos deuses.

A Idade das Trevas foi sucedida por um quarto período histórico, denominado Período Arcaico (800–490 a.C.), em que houve a emergência da escrita grega, o retorno dos antigos fugitivos e a disseminação de colônias a oeste – no sul da Itália e na Sicília. Esse período marcou o início das pólis, ou cidades-Estados gregas, que possibilitaram grandes desenvolvimentos na história do país. Centros de comércio e religião, cada cidade-Estado era cercada por muros, para a proteção contra invasores. No interior da cidade, em geral havia uma colina fortificada – uma acrópole – e no centro de cada uma ficava a ágora – uma área aberta que servia como mercado e centro financeiro.

260 MITOLOGIA

A Grécia, por fim, teve um crescimento espetacular durante o Período Clássico (490–323 a.C.). O centro dessa Era de Ouro ficava em Atenas e seu primeiro sucesso se deu com as reformas democráticas de Sólon, legislador ateniense, em 594 a.C. O crescimento perdurou pelos séculos seguintes, até que a Grécia se tornou aquela que todos nós imaginamos quando pensamos no mundo antigo. Um momento-chave foi a derrota dos maiores inimigos dos gregos, os persas, em uma série de guerras disputadas entre 490 e 479 a.C. A vida grega se diferenciava, pois todos compartilhavam de uma mesma religião, uma língua e uma cultura em comum, o que foi de muita valia quando os gregos se viram ameaçados pelo Império Persa. As cidades-Estados gregas, que eram fortemente independentes umas das outras, se uniram, sob liderança ateniense, para combater duas invasões persas diferentes, em um dos pontos de virada mais fascinantes da história do Ocidente.* Essas guerras foram o tema central da obra de Heródoto, *História*, onde afirmou, com orgulho, que "isso prova, se necessário o fosse, quão nobre é a liberdade". A liberdade é muito boa, mas boas também são as pesadas armaduras de bronze – elmo, escudo e couraça. Era o que usavam os hoplitas, os soldados-cidadãos que formavam uma espécie de Guarda Nacional das cidades-Estados e que lutavam em infantarias densas e bem-organizadas – outro fator essencial para a vitória sobre os persas, que não usavam tanta proteção física.

---

* Na sua primeira invasão à Grécia, em 490 a.C., os persas foram derrotados pelos gregos na Batalha de Maratona, que foi a inspiração para as atuais corridas que levam esse nome. A segunda invasão persa, liderada por Xerxes, ocorreu em 480 a.C. Os persas venceram nas Termópilas e Atenas foi saqueada. Mas, depois, foram derrotados mais uma vez, na Batalha Naval de Salamina; as tropas persas se retiraram após a derrota em Plateia, em 479.

O milagre grego 261

Após a vitória dessa Grécia unificada, Atenas tornou-se a cidade principal dos gregos e alcançou o apogeu. Durante o século e meio subsequente, os grandes filósofos Sócrates, Platão e Aristóteles circularam por suas ruas, pela ágora, ou mercado central, e fundaram as escolas – que serviriam de modelo para a criação das universidades –, onde eram discutidas e debatidas as ideias que viriam a formar a base da filosofia ocidental. Essa foi também a época das primeiras experiências relacionadas ao direito de voto e dos três grandes dramaturgos gregos – Ésquilo, Sófocles e Eurípides. Suas tragédias eram encenadas para dezenas de milhares de atenienses em uma competição dramática que tinha raízes em um festival religioso dedicado a Dioniso, o deus da agricultura, que também levava crédito pela invenção do vinho.

Em todos esses períodos da vida grega, a mitologia exerceu um papel central na sociedade; ela era a essência das práticas religiosas e da diversão. Aliados a uma língua e uma cultura comum, os mitos criavam laços que nenhum governo grego seria capaz de criar. Mas é certo que, em torno de 800 a.C., quando a chamada Idade das Trevas começou a sucumbir, algo mudou. Uma virada ocorreu. E, a partir de então, alguns gregos começaram a deixar para trás a noção de que os deuses controlavam o Universo. Talvez tenha sido um momento único na história da humanidade. Antes dessa virada, quase todas as outras civilizações viam a vida como obra dos deuses, que precisavam ser servidos e adorados, e de seus representantes na Terra, os reis e faraós – que também demandavam servidão e adoração.

De súbito, na Grécia, a compreensão fundamental do Universo e da função do homem no mundo foi transformada através de uma revolução no pensamento. Uma série de pensadores gregos começou a buscar explicações na natureza – uma jornada mental humanística para descobrir um sistema de criação racional no qual a ordem não dependesse do sacrifício de animais e da invocação de oráculos mágicos.

É claro que nem todo mundo gostou dessas ideias, que desafiavam o *status quo*. Essa foi uma das razões por que o filósofo Sócrates acabou sendo julgado e condenado à morte, em 399 a.C. Seus conceitos não eram tanto uma ameaça à religião, mas sim aos poderes constituídos de Atenas. Mas não havia mais como impedir a onda de mudanças que varria a Grécia. Uma fonte inesgotável de ideias havia sido descoberta e a história nunca mais seria a mesma.

Vozes Míticas

O barulho contínuo das conversas, as vozes pomposas dos oradores, os gritos agudos dos banquetes – essa batida regular do som das opiniões, controvérsias e conflitos podia ser ouvida de qualquer canto. A ágora (praça do mercado) não era apenas uma exibição diária de peixes e produtos agrícolas, era um mercado diário de ideias, o lugar que os cidadãos usavam como se fosse seu jornal diário, repleto de manchetes lascivas, notícias de última hora, colunas e editoriais.

– Thomas Cahill, Navegando o mar de vinho

A Grécia já foi uma teocracia?

Ao contrário do Egito e da Mesopotâmia, a Grécia nunca teve um governo central, autocrático e opressivo, comandado por reis divinos. Tudo indica que nem no despontar da história grega os reis minoicos ou gregos governaram com essa espécie de sanção divina que os soberanos egípcios e mesopotâmicos alegavam ter – e que os imperadores romanos tentaram reivindicar mais à frente. Ao longo de sua história, a civilização grega se desenvolvera sobretudo através de pequenas

O milagre grego

cidades-Estados, como Atenas e Esparta, que eram formadas por uma cidade e um vilarejo em seu entorno. Pequenas, fortemente independentes e quase sempre briguentas, essas cidades-Estados eram muito patriotas e seus cidadãos — isto é, homens livres — deram um grande passo em busca da participação na vida pública, seja como um exército de hoplitas, ou como participantes nos processos de decisão pública. As antigas cidades-Estados gregas nunca se uniram como "nação", no sentido moderno do termo. Mais especificamente, nunca foram uma "nação governada pelos deuses", ou uma teocracia.

Ainda assim, a religião "pública" tinha um papel central na vida grega. Os cultos e as divindades das diferentes comunidades tinham tantos aspectos em comum que poderiam ser vistos como um único sistema. Heródoto classificou essa religião compartilhada como "helenismo", termo que usou para se referir aos templos e rituais em comum. Um dos principais tipos de ritual era o sacrifício, sob variadas formas. (Há evidências de que o sacrifício humano era praticado na Grécia pré-histórica e em Creta, mas a prática desapareceu.) E um ritual típico era a "libação" — a aspersão de água, vinho, azeite, leite ou mel — em homenagem aos deuses, heróis, ou aos mortos, realizada antes de alguma refeição.

Os gregos, que tinham templos dedicados aos deuses padroeiros de cada cidade-Estado, acreditavam que certas divindades olhavam por eles de fato e governavam os acontecimentos diários. Sacerdotes e sacerdotisas trabalhavam nos templos para a realização dos rituais. As famílias tentavam agradar os deuses do lar com presentes e cerimônias que incluíam o sacrifício de animais e a oferta de alimentos. Como Atenas, que era protegida por sua homônima Atena, cada cidade-Estado tinha uma ou mais divindades padroeiras e celebrava festivais anuais em sua homenagem.

264 MITOLOGIA

Grandes multidões também se reuniam em festivais religiosos, com banquetes, procissões coloridas e apresentações de corais, que se transformariam na dramaturgia grega. Em Atenas, por exemplo, havia um grande festival cívico denominado Panateneias, que ocorria no final do verão e incluía sacrifícios e uma grande procissão de grupos representantes de diferentes segmentos da sociedade ateniense.* A cada quatro anos, ocorriam as "Grandes Panateneias", com competições atléticas e musicais importantes, abertas ao público grego. Os festivais atléticos também eram populares e os Jogos Olímpicos, os mais famosos deles, contavam com todas as cidades-Estados. A primeira das Olimpíadas, competições dedicadas a Zeus, aconteceu em 776 a.C. e, a partir de então, se repetiu a cada quatro anos por mais de mil anos. Até as guerras costumavam ser suspensas – mas nem sempre – durante o festival olímpico.

Os gregos também acreditavam que os deuses poderiam ajudá-los a prever o futuro e se aglomeravam em santuários denominados oráculos, para consultar videntes, homens e mulheres, que tinham um papel central tanto na vida dos nobres quanto daqueles do povo. Um desses era Dodona, local sagrado onde sacerdotes interpretavam o som do vento quando batia contra as folhas de um carvalho sagrado. O santuário mais importante era o de Delfos, onde ficava o oráculo do deus Apolo, o "ônfalo", ou "pedra do umbigo" sagrada, considerada o centro do mundo. Considerada parte do mito cosmogônico grego (ver a seguir *Como ocorreu a criação pela castração?*),

---

* Mais uma vez, não se trata de uma ideia "estranha" ou primitiva. É só lembrar dos desfiles do *Memorial Day* [homenagem aos soldados e marinheiros norte-americanos que morreram em ação] ou da Parada de São Patrício, que ocorre em Nova York, onde partidos políticos, grupos de civis, associações e sindicatos marcham juntos. E quanto à queima da carne sacrifical? Pois isso se chama churrasco de quintal do Quatro de Julho. Apenas vestígios contemporâneos de ritos ancestrais.

O milagre grego

o "ônfalo", em formato cônico, era a ligação mística com o umbigo da Mãe Terra. Os gregos, como outras civilizações da Antiguidade, ainda criam na possibilidade da magia e da existência de objetos sagrados, como amuletos e imagens idolátricas mantidas em casa, e os feitiços e rituais mágicos faziam parte do dia a dia das pessoas.

No entanto, como ressalta o classicista Barry Powell: "Os deuses gregos tinham personalidade como os homens e brigavam entre si por status e poder. Não amavam os homens (embora alguns tivessem seus favoritos) e não exigiam ser amados por eles. Eles não impunham códigos de conduta."

Essa é uma grande diferença em relação às religiões de Estado do Egito, Mesopotâmia e Israel, onde a tradição estabelecia uma ligação quase indestrutível entre culto, conduta pessoal e política de Estado. Os gregos tinham seus rituais públicos e privados, que eram muito importantes, mas nenhum governante grego tentou se elevar ao nível de faraó ou introduzir uma divindade única, como fizera Akhenaton no Egito. Além disso, os gregos não acreditavam que os deuses tinham o controle total do Universo e·do destino dos homens. Como observou o historiador Charles Freeman: "Eles nunca fingiram que seus deuses fossem sempre benevolentes nem onipotentes em relação à vida humana e, portanto, o destino podia ser racionalizado como um elemento natural da existência."

E o conceito de "elemento natural" logo passou a ser visto como mais importante – e interessante. A julgar por seus feitos extraordinários em diversas disciplinas – literatura, arte, ciência, matemática, filosofia –, fica claro que os gregos da Antiguidade passaram a estimar um modo de vida no qual sobressaía a importância do indivíduo, do pensamento criativo e do poder de observação. Os pensadores gregos estabeleceram as bases da ciência e da filosofia ao buscarem explicações lógicas para o que acontecia na natureza. Eles eram capazes de perceber que o eclipse da Lua não era um capricho dos deuses, mas sim a sombra da Terra, e, a partir daí, compreenderam que a Terra era redonda. E, embora tivessem Homero e Hesíodo e as grandes tragédias, é importante lembrar que não tinham nem uma Bíblia, nem um *Enuma Elish* para ditar as regras da vida e do comportamento, nem conceitos rígidos, como o *maat* egípcio e o *me* mesopotâmico, para ordenar suas vidas. Para eles, os deuses não eram fonte da verdade, da justiça e das leis. Pelo contrário, como escreve Barry Powell: "Os gregos inventaram a ética, uma forma de discernir o certo do errado sem a intervenção divina, e a lei secular, que, juntas, formam o humanismo."

VOZES MÍTICAS

Rea se uniu a Crono e lhe deu gloriosos filhos. (...) Mas seus primeiros filhos o grande Crono os engolia, desde o instante em que cada um deles descia do ventre sagrado da mãe até seus joelhos. Seu coração temia que um outro dos altivos filhos de Urano obtivesse a honra real entre os Imortais. Ele sabia, graças a Gaia e a Urano, que, sendo poderoso, era seu destino sucumbir um dia nas mãos de seu próprio filho, vítima dos planos do grande Zeus. Por isso, vigilante, ele montava guarda. Sem cessar, à espreita, engolia todos os seus filhos, e uma dor terrível invadia Rea.

— HESÍODO, Teogonia

Um homem engana a si mesmo, que engana outro, e o maior engano é pior para o enganador.

Os deuses e os homens desaprovam o homem que vive sem trabalhar. (...) Você deve abraçar suas tarefas e cumpri-las sem demora, para que seus celeiros estejam cheios na estação.

O milagre grego 267

Se o espírito em seu peito deseja a riqueza, faça como digo, e trabalhe, trabalhe e trabalhe.

— HESÍODO, Os trabalhos e os dias

Quem sustentava a "árvore genealógica" dos deuses da Grécia antiga?

Homero ficou com a glória, mas foi Hesíodo quem fez o trabalho pesado. Quando se trata de entender a origem e a genealogia dos deuses gregos, e algumas de suas histórias mitológicas mais famosas, é preciso agradecer a um pastor grego. Os livros de Hesíodo não vêm sendo a opção de Hollywood como os de Homero, mas constam dentre as melhores fontes para muitas das histórias ancestrais sobre os deuses da Grécia.

Muito do que conhecemos sobre os mitos gregos vem de duas fontes principais: de Homero, com a *Ilíada* e a *Odisseia*, e de dois outros livros de poesias muito menos conhecidos, chamados *Teogonia* (*theo* é a palavra grega para "deus") e *Os trabalhos e os dias*. Esses últimos foram, em tese, inspirados pelas Musas míticas, que teriam aparecido para um pastor chamado Hesíodo, que vivia na Beócia, região a noroeste de Atenas. As Musas "sopraram uma voz sagrada" na boca de Hesíodo e ele começou a descrever a criação do mundo e a sequência de governantes divinos que formavam a genealogia complexa dos deuses gregos.

Embora tenha vivido no mesmo período, ou pouco depois que Homero, em 700 a.C., Hesíodo é muito menos famoso, e reconhecido como poeta, que o autor da *Odisseia*. Mas sabemos algo a seu respeito, pois suas obras contêm algumas informações autobiográficas. Seu pai fora mercador navegante e, após viver em Cime, na costa da Ásia Menor (Turquia), voltou para a Grécia continental e tornou-se agricultor num momento em que a região começava a prosperar. As propriedades da família eram pequenas e, quando Hesíodo e Perses, seu irmão, perderam o pai, disputaram para decidir como seria dividida a herança. Ao que tudo indica, Hesíodo era abastado, porém irritadiço, homem do campo e não era nada fã das mulheres – como fica claro em sua versão da história de Pandora, a primeira mulher (ver a seguir, *O que havia na "caixa" de Pandora?*). Todos os males do mundo, segundo Hesíodo, são causados por uma mulher, criada pelos deuses para atormentar os homens – "um mal aos homens que comem pão".

Nesse período, os gregos já haviam adotado e adaptado o sistema de escrita fenício. Como escreve o especialista e tradutor M. L. West: "A existência da escrita possibilitou, então, que os poemas fossem registrados e preservados de maneira mais estável. Hesíodo e Homero foram uns dos primeiros a tirarem proveito dessa possibilidade, e é por essa razão que (...) são considerados os precursores da literatura grega."

Depois que as Musas apareceram para Hesíodo no sagrado monte Hélicon e lhe apresentaram a família dos deuses, lhe disseram que cantasse os deuses e, assim, Hesíodo tornou-se poeta, ou um tipo antigo de "cantor de baile", que recitava as histórias e canções ancestrais em festas e banquetes particulares e também as compunha. A obra *Teogonia* foi o primeiro resultado dessa inspiração "divina". O poema, um tanto breve se comparado aos épicos de Homero, contém o nome de mais de trezentos deuses do panteão grego, sendo alguns desconhecidos e insignificantes. A *Teogonia* também conta a história do nascimento dos primeiros deuses, de seus conflitos familiares, a história de Prometeu e termina falando do casamento de Zeus com Hera, o rei e a rainha dos deuses gregos.

No poema *Os trabalhos e os dias*, sua obra ainda mais conhecida, dirigida a seu irmão Perses, Hesíodo analisa a vida humana e expõe seus valores morais. É um compêndio relativamente breve, porém verborrágico,

O milagre grego

de mitos, filosofia moral, sabedoria popular e conselhos práticos, que soam como um "manual para fazendeiros" da Antiguidade – conselhos técnicos sobre o cultivo da terra, sementes e períodos em que devem ocorrer as plantações. Mas *Os trabalhos e os dias* também expressa a filosofia de Hesíodo de que a vida é árdua e as pessoas devem trabalhar duro, mesmo com a lei dura de Zeus, o rei dos deuses.

Talvez seus conselhos estivessem voltados mesmo para seu irmão Perses, que ficou com a maior parte das terras da família após ter, aparentemente, subornado funcionários locais, que Hesíodo chamava de "príncipes comedores de presentes". Mas, ao que tudo indica, Perses não era muito trabalhador, e Hesíodo sempre o criticava por sua preguiça. Talvez ainda mais excêntrico seja o fato de que alguns de seus conselhos chegavam a dizer qual era a maneira adequada de se "aliviar":

> Não urines de pé, virado de frente para o sol; desde que se ponha, recorda-o, e até que surja, não deves urinar na via ou ao lado dela, ao caminhar, nem se estiveres nu: as noites pertencem aos bem-aventurados. Sentado o faz um homem piedoso, que conhece a prudência, ou encostado a um muro de um pátio recolhido. (...) Nunca urines na foz dos rios que deslizam para o mar, nem nas fontes deves urinar – mas de todo evitar tal coisa – nem deves defecar nunca; isso não é vantajoso para ti.
>
> *– Os trabalhos e os dias*

Não é bem o que você tinha em mente quando imaginava as glórias gregas, não é?

Mas as duas obras de Hesíodo são, ainda assim, um tesouro inestimável, tanto no que diz respeito à compreensão das antigas histórias dos deuses, quanto como fonte de informações sobre a vida no mundo grego do Período Arcaico.

VOZES MÍTICAS

O poderoso Urano veio trazendo a noite, envolvendo Gaia, ávido de amor. Ei-lo que se aproxima e se estende completamente sobre ela. Mas o filho, saindo do seu esconderijo, esticou a mão esquerda, enquanto que com a direita pegava a prodigiosa e enorme foice de dentes agudos e, bruscamente, ele ceifou os testículos de seu pai, para jogá-los em seguida, ao acaso, para trás. Não foi, entretanto, um mero destroço que então escapou de sua mão. Salpicos sangrentos jorraram deles e Gaia recebeu todos (...). Quanto aos testículos, tão logo Crono os cortou com a foice, atirando-os da terra às ondas incessantes do mar, eles foram levados ao largo, por muito tempo. Em toda volta uma branca espuma [esperma] saía do membro divino e, dessa espuma, nasceu uma jovem.

— HESÍODO, Teogonia

Como ocorreu a criação pela castração?

Os egípcios formularam a criação pela masturbação. Os mesopotâmicos imaginaram a água doce e a salgada copulando. Os gregos foram ainda mais longe e basearam seu principal relato da criação do Universo em uma história bastante violenta sobre a castração de um deus.

O principal mito cosmogônico grego, que relata de maneira elaborada o nascimento violento dos deuses, encontra-se na *Teogonia* de Hesíodo. É uma narrativa repleta de reviravoltas violentas e bizarras, atos de absoluta brutalidade e de – como outros mitos do Oriente Próximo – contendas familiares que se estendem por gerações. Segundo o tradutor e especialista M. L. West, esse "mito de sucessão"

O milagre grego 271

não era "fruto da imaginação fértil de Hesíodo", mas uma versão grega para textos mais antigos, inclusive o babilônico *Enuma Elish*.

Sejam quais forem suas origens míticas, o mito da criação grego gira em torno de forças primordiais que despertam do Nada e dão vida a uma série de deuses, gigantes, monstros e, por fim, figuras com aparência divina que possuem suspeitas imperfeições humanas.

A criação começa em um vazio chamado Caos – literalmente, "um imenso vácuo" –, de onde surgem cinco "elementos" originais que são personificados como os primeiros deuses:

- Gaia (Gé ou Geia), deusa primordial da Terra;

- Tártaro, deus e abismo, a região mais profunda do mundo inferior, localizada bem abaixo da terra;

- Eros, a força do amor, transformado posteriormente no deus do amor que, nas palavras de Hesíodo "dos deuses todos e dos homens todos ele doma no peito o espírito e a prudente vontade";

- Érebo, o reino da escuridão que está associado ao abismo do Tártaro;

- Nix, personificação da noite, em forma de mulher.

Brotando com uma poderosa força vital, Gaia, a deusa primeva, ou Terra, "de amplos seios, base segura para sempre oferecida a todos os seres vivos", dá à luz Urano, "céu estrelado" e personificação divina do céu. Livre do tabu do incesto, como outros deuses ancestrais, Urano torna-se parceiro de sua mãe e a "leva para a cama". A noção de que o céu e a terra um dia foram seres que se unificaram em uma união sexual era comum na Antiguidade, como no exemplo egípcio de Geb, deus da terra, e Nut, deusa do céu, e nas divindades sumérias An e Ki.

272 MITOLOGIA

Depois, a fértil Gaia trouxe ao mundo os montes, os mares e as ninfas, que eram associadas às árvores, nascentes, rios e florestas. Logo depois, Gaia e Urano geraram um trio de filhos terríveis, chamados Hecatônquiros, que tinham cem braços e três cabeças cada um. Na curiosa ninhada seguinte, vieram mais três filhos, conhecidos como Ciclopes, de um olho só.*

Gaia e Urano também deram à luz 12 filhos conhecidos como Titãs, a primeira geração de deuses, que precede aos deuses do Olimpo. De tamanho e força colossais, é deles que vem a palavra "titânico". Eram eles:

- Oceano, deus do mar cujas águas rodeavam a Terra, e sua irmã/parceira Tétis;

- Hiperion, que às vezes é chamado de sol, e Teia, sua parceira (juntos produziram o sol, a lua e a aurora);

- Têmis (personificação da lei) e Rea, outras duas deusas da terra.

- Mnemósina, deusa da memória;

- Jápeto, Ceos, Crio e Febe, quatro Titãs sem função específica;

- Crono, o mais jovem e habilidoso, descrito como dono "de pensamentos velhacos".

Trazer ao mundo tantos filhos extraordinários foi um feito e tanto, mas Urano não ficou feliz com sua prole. Temia que os filhos pudessem se rebelar e tomar seu lugar — tema comum dos mitos gregos e do

---

* Não confundir com o Ciclope mais famoso, que aparece na *Odisseia*, de Homero, um gigante de um olho só chamado Polifemo, filho de Posêidon, deus do mar, que será discutido mais à frente.

O milagre grego 273

Oriente Próximo. Então, ele tomou uma decisão interessante – talvez produto de uma fantasia masculina profunda e obscura – e travou seu corpo ao de Gaia, em uma cópula perpétua, para que nada pudesse emergir da união dos dois. Cobrindo Gaia, Urano mantinha os filhos presos em uma caverna dentro do imenso corpo da Terra.

Gaia, ressentida e com muitas dores, quis que seus filhos "dessem um jeito" no papai. Mas apenas Crono, o Titã mais jovem, foi capaz de enfrentar Urano. Gaia deu a ele uma foice para que atacasse Urano de surpresa, e ele o fez, num ato que deve ter deixado alguns homens da plateia de Hesíodo com os cabelos em pé: "Mas o filho, saindo do seu esconderijo, esticou a mão esquerda, enquanto com a direita pegava a prodigiosa e enorme foice de dentes agudos. Bruscamente ele ceifou os testículos de seu pai (...)."

Como narra o poeta, os testículos cortados foram jogados no oceano, e a espuma do mar se misturou de maneira mágica ao sangue e sêmen de Urano, formando Afrodite, deusa do amor sexual, que, então, emergiu das águas. (Existe uma segunda versão, diferente, para o nascimento de Afrodite.)

Após castrar seu pai, Crono libertou seus irmãos Titãs da caverna no interior de Gaia e se tornou rei dos deuses. (Mais uma vez temos um paralelo com o mito da criação mesopotâmico, no qual Apsu, o deus das águas primordiais do oceano, foi destronado por um de seus filhos, Enki.) Durante o reinado de Crono, a criação do mundo continuou e centenas de outras divindades nasceram, dentre elas outros Titãs, como Atlas e Prometeu, deuses e deusas da morte, o arco-íris, os rios e o sono – cujos nomes foram todos meticulosamente catalogados por Hesíodo. Ao lê-los, é possível imaginar o poeta – acompanhado, talvez, por uma lira – cantarolando todos eles em uma festa de casamento, celebrando as gloriosas divindades.

274 MITOLOGIA

A plateia ansiosa ficava, então, satisfeita. O palco pronto para receber algumas das figuras mais centrais e conhecidas da mitologia grega – os deuses olímpicos. Alguns deles descendiam de Crono. Este, lembrando que havia destronado o próprio pai, temia que sua prole, fruto de seu casamento com Rea, sua irmã, fizesse o mesmo, e decidiu engolir seus cinco primeiros filhos assim que os pequenos nasceram. Para salvar a sexta criança, Rea enganou o marido e fê-lo engolir uma pedra vestida de bebê, e escondeu a criança em uma caverna, em Creta, onde foi criada por ninfas e alimentada com leite de cabra e mel.* Temendo a possibilidade de Crono escutar o choro do filho, Rea ordenou que um grupo de homens semidivinos dançasse de maneira barulhenta na entrada da caverna onde ficava o pequeno. A criança salva por Rea era Zeus.

Zeus, o mais poderoso dos deuses gregos, tornou-se, posteriormente, senhor do panteão da Grécia. Antes, porém, precisou provar seu valor. Sua provação começou quando ele voltou para enfrentar a supremacia do pai e salvar seus irmãos – um replay da batalha de Crono com o próprio pai, Urano. Com a ajuda de Rea, Zeus armou um truque e fez o pai beber um líquido que provocava vômito, e, assim, foram cuspidas as cinco crianças e a pedra de Rea. Zeus, então, libertou os temíveis Ciclopes, ainda presos dentro da terra, e eles construíram armas mágicas para o deus e seus dois irmãos: uma lança de três pontas, ou tridente, para Posêidon; um elmo de invisibilidade para Hades; e os raios de Zeus, que se tornariam sua maior arma

---

* Na mitologia grega, a cornucópia, ou "corno da abundância", era um dos chifres de Amalteia, a cabra que aleitou Zeus. O chifre produzia ambrosia e néctar, que eram a comida e a bebida dos deuses. Mas nas versões romanas a cornucópia era o corno de um deus rio, quebrado por Hércules. Ninfas das águas encheram o corno com flores e frutas e ofereceram-no a Cópia, a deusa da abundância.

O *milagre grego* 275

e símbolo de poder. O deus libertou, ainda, os terríveis Hecatônquiros, prisioneiros nas profundezas do Tártaro. Embora Gaia, a Mãe Terra, tivesse aconselhado os Titãs a aceitarem Zeus como deus supremo, muitos deles se recusaram a isso e o que se seguiu foi uma guerra épica de dez anos – a Titanomaquia. Por fim, Zeus e seus irmãos, junto a seus aliados, levaram a vantagem sobre os Titãs, que foram exilados para o abismo do Tártaro.

O único dos Titãs derrotados a receber um destino diferente foi Atlas. Ele foi condenado por Zeus a viver na fronteira do mundo, onde deveria sustentar o céu e manter a separação entre céu e terra por toda a eternidade. (A cordilheira do Atlas, no Marrocos, próxima ao oceano Atlântico, é o suposto ponto onde Atlas foi obrigado a ficar. E a coleção de mapas do mundo conhecido, feita por um cartógrafo, em 1570 d.C., levou o nome de "atlas" em homenagem ao Titã.)

Mas o trabalho de Zeus não parou por aí. Antes que pudesse fazer cumprir suas regras, ele precisou derrotar uma raça de Gigantes – nascidos do sangue derramado durante a castração de Urano. Com a ajuda do semi-humano, semidivino Héracles (Hércules para os romanos), Zeus e os outros deuses venceram os Gigantes, que, segundo a lenda, foram então enterrados sob vulcões, em várias partes da Grécia e da Itália. Tempos depois, quando fizeram escavações e descobriram ossos de animais pré-históricos, os gregos acreditaram ter encontrado restos mortais dos Gigantes.

Por último, Zeus derrotou Tífon, monstro com cem cabeças de dragão, olhos que expeliam fogo e muitas vozes, e, com seus trovões e um raio, enviou-o para a região do Tártaro, onde se tornou a origem dos furacões. (A palavra "tufão" deriva do nome grego, na forma adaptada pelos árabes, e das palavras chinesas *toi fung*, ou "vento grande".) Com Titãs, Gigantes e monstros reduzidos à insignificância divina, Zeus foi eleito rei pelos outros deuses e deusas, que concordaram em viver com ele no monte Olimpo. O Olimpo, a montanha mais alta da Grécia, tem 2.917 metros de altura, fica na região norte e separa a Tessália da Macedônia. Seu cume costuma se apresentar coberto de neve e nuvens, dando um ar ainda mais misterioso à tradicional morada dos deuses. (Apenas em 1913 foi registrada a primeira escalada até o topo do monte.)

As origens do mito da criação narrado por Hesíodo são até hoje debatidas. Historicamente, acredita-se que fizessem parte de uma tradição oral muito mais antiga que foi versada pelo poeta. Simbolicamente, porém, acredita-se que a história da conquista da supremacia por Zeus fosse uma alegoria da ascensão gradual do poder masculino sobre o feminino, representado pela substituição de uma deusa da terra mais primitiva por um Zeus macho e guerreiro. Sugere-se, ainda, que tenham sido os micênicos os responsáveis por trazerem essa mitologia machista para a Grécia, onde, antes, dominava o culto dos minoicos às deusas, uma forma de adoração mais suave e pacífica. Muitos estudiosos, porém, creem que as histórias gregas, na verdade, têm raízes em outros mitos antigos do Oriente Próximo, como o *Enuma Elish*, dos babilônios, e os mitos dos hititas, povo indo-europeu que governou a Anatólia Central (atual Turquia) e já se encontrava na região antes da chegada dos micênicos. Seja como for, a única verdade é que os mitos gregos, como os muitos outros mitos da Antiguidade, foram inspirados em fontes e crenças anteriores a eles, mas, por fim, adquiriam um estilo único e clássico.

QUEM É QUEM NO OLIMPO

A lista dos principais deuses do monte Olimpo vem com os nomes gregos seguidos, entre parênteses, pelos nomes adotados pelos

O milagre grego

romanos, que viriam a se apropriar de grande parte da mitologia grega. De acordo com a tradição, são 12 os deuses olímpicos, mas esse número nem sempre foi o mesmo, pois alguns deuses se tornaram mais ou menos importantes ao longo dos diferentes períodos da história grega. (Os deuses com marcadores são os 12 que aparecem em um friso no Partenon, o grande templo à deusa Atena em Atenas.)

Hesíodo e Homero foram a maior fonte escrita da mitologia grega, mas outros dramaturgos, posteriores a eles, também fizeram imensa contribuição às tradições e histórias dos deuses. O famoso trio de autores de tragédias – Ésquilo, Eurípides e Sófocles –, por exemplo, transformou as antigas narrativas em obras dramáticas de força inesgotável. Durante o Período Romano, poetas romanos também deram às tradições gregas novas camadas de complexidade. O principal deles foi Ovídio (43 a.C.–17 d.C.?), mais conhecido por seus poemas de amor sofisticados e espirituosos, dentre eles *A arte de amar*, um manual prático, em versos, para se encontrar um amor e mantê-lo para sempre. Mais importante, sob a perspectiva mitológica, foram as *Metamorfoses*, que o poeta considerava sua maior obra. Nesses poemas, em forma de narrativa, repletos de histórias sobre "transformações" míticas e mágicas, Ovídio narrou desde a criação do mundo até seu próprio tempo. O poema descreve as aventuras e romances das divindades e heróis e reconta mais de duzentas histórias extraídas das lendas e mitos gregos e romanos.

O romano Virgílio foi outro poeta que acrescentou um caráter romano aos mitos gregos ao fazer uma ligação entre a queda de Troia e a fundação de Roma (ver posteriormente, *Homero estava presente da lista de livros dos romanos?*). Outras fontes importantes de mitos gregos (ou, mais tarde, romanos) foram poetas e dramaturgos romanos posteriores, além de Apolodoro, natural de Alexandria, que passou

Mitologia

a viver na Grécia, que colecionava uma grande quantidade de mitos em sua biblioteca (acredita-se que tenha vivido no primeiro ou segundo século depois de Cristo).

Além das clássicas fontes literárias, descobertas arqueológicas e linguísticas recentes também contribuíram enormemente para nossa compreensão sobre as origens "históricas" das divindades do monte Olimpo.

Afrodite (Vênus)   Deusa do amor e da beleza, "Afrodite Dourada" supostamente emergiu da espuma do mar, já adulta, quando os genitais de Urano foram cortados por Crono e jogados no oceano. Seu nascimento tornou-se tema popular nas artes e sua imagem mais famosa talvez seja a do italiano renascentista Sandro Botticelli, que em *O nascimento de Vênus* retratou-a sobre uma meia-concha. Esse foi o nascimento narrado por Hesíodo. Já Homero conta que Afrodite nasceu da união de Zeus com uma deusa chamada Dione, refletindo tradições regionais diferentes.

Afrodite, antiga personificação divina da sensualidade irresistível e da capacidade de reprodução, talvez tivesse ligação com outras antigas deusas da fertilidade do Oriente, como Inanna, Ishtar e Astarte, da Mesopotâmia e de Canaã. Era comum em muitas cidades gregas que meninas que estivessem prestes a se casar fizessem um sacrifício para Afrodite, na esperança de que a primeira experiência sexual que tivessem, como esposas, fosse produtiva. Afrodite também era cultuada pelas prostitutas, que se dividiam em duas classes na Grécia antiga. As *hetairas* eram cortesãs, ou garotas de programa, que tinham a função de entreter os homens nos simpósios, festas regadas a bebida e sexo frequentadas pela aristocracia grega; as *pornés* eram prostitutas comuns. (O sentido grego original da palavra "pornografia" era,

O milagre grego 279

literalmente, "escrever sobre prostitutas".) Ao que tudo indica, Afrodite era muito cultuada em Corinto, uma cidade de mercadores famosa por suas prostitutas. As prostitutas de Corinto tinham fama de serem muito belas e de viverem uma vida de luxo, e a cidade, como afirma Thomas Cahill em *Navegando o mar de vinho*, tornou-se "sinônimo de deleite sibarítico".*

Na mitologia grega, Afrodite sempre aparece acompanhada por **Eros** (**Cupido**), deus do desejo carnal. De acordo com Hesíodo, Eros é uma divindade muito mais antiga, que emergira do Caos junto com Gaia. Mas em registros posteriores Eros aparece como filho de Afrodite, sempre armado com um arco e uma aljava cheia de flechas que, quando acertavam alguém, faziam com que se apaixonasse pela primeira pessoa que visse. A mitologia grega (e a romana) é cheia de histórias sobre Eros atirando suas flechas ao acaso, sem se preocupar com as consequências que a paixão que nascia delas podia causar.

Dentre os muitos amantes de Afrodite, constam Ares, Posêidon, Dioniso e Zeus. Ela também dormiu com Hermes para recuperar uma de suas sandálias, que havia sido roubada pela águia de Zeus. O resultado dessa união com o deus mensageiro foi Hermafrodita, um menino de beleza esplêndida. Uma história que ficou famosa na obra *Metamorfoses* de Ovídio conta que uma ninfa das águas se apaixonou por Hermafrodita quando o viu

---

* Para se ter um gostinho do que era a Corinto do primeiro século d.C., basta ler duas das cartas bíblicas, ou "epístolas", mais famosas, as Epístolas de Paulo — escritas para a primeira Igreja cristã que lá surgiu. Na primeira, escreve: "É geral ouvir-se dizer que entre vós existe luxúria, e luxúria tal que não se encontra nem mesmo entre pagãos: um dentre vós vive com a mulher de seu pai" (1 Coríntios 5:1).

passeando pela floresta. Quando o menino estava se banhando em uma fonte, a ninfa pulou na água e se agarrou a ele, rezando para que nunca mais fossem separados. As preces da ninfa foram atendidas e os dois se tornaram um único ser, com seios de mulher e genitália de homem – origem da palavra "hermafrodita".

Outra história de Ovídio em que Afrodite está presente é a famosa narrativa sobre Pigmalião, lendário rei de Chipre. Pigmalião havia se desencantado com as moças de sua terra e decidiu, então, esculpir a estátua de uma donzela perfeita. Mas ele se deixou levar pela ilusão e se apaixonou pela estátua, passando a rezar para que ela se tornasse real. Afrodite escutou suas preces e lhe concedeu o desejo. Essa foi a história que inspirou a peça *Pigmalião*, de George Bernard Shaw, sobre um professor de linguística que ensina uma menina pobre a se comportar como uma nobre. A peça de Shaw, por sua vez, inspirou o musical *My Fair Lady*.

Príapo, antigo deus do Oriente Próximo que aparece em outras mitologias, também é filho de Afrodite. Como era um antigo símbolo de fertilidade e um deus popular da procriação, suas estátuas costumavam ser encontradas nos jardins gregos e romanos. Embora Príapo fosse pequeno como um anão, suas estátuas sempre o retratavam com um falo ereto enorme. Além disso, ele tinha fama de atrair sorte e afastar o mau-olhado. Príapo foi mais popular ainda entre os romanos, que gostavam de pendurar poemas obscenos no falo proeminente de suas estátuas. ("Priápico", hoje, significa "referente ao falo", e "priapismo" é uma doença que causa uma ereção duradoura e dolorosa, não relacionada com a excitação sexual. Após o sucesso do Viagra, do Levitra e do Cialis, é curioso que a indústria farmacêutica não tenha pensado em investir no "Príapo".)

Apolo (Apolo)   Filho de Zeus e da titânida Leto, Apolo (também conhecido como Febo, que significa "brilhante" ou "radiante") era cultuado como deus da luz. Embora não fosse de fato o deus sol, foi posteriormente identificado com o sol, além de ser considerado o deus civilizador da música, da poesia e da profecia, bem como protetor das manadas e rebanhos.*

As origens de Apolo na mitologia grega são um mistério e é possível que o deus tenha surgido bem tarde, na Idade das Trevas. Mas ele era bem-conhecido por Homero e Hesíodo e tornou-se um dos maiores deuses do panteão grego. Era associado à arte da cura e à medicina, além de ser o deus da doença, cujas flechas continham pragas. A relação de Apolo com a profecia tinha importância especial e seu templo em Delfos era um dos mais importantes da Grécia. (Ver na pág. 328, *O que era o Oráculo de Delfos?*.)

Quando o Período Clássico começou, Apolo já representava o ideal grego de virilidade, embora não tivesse muita sorte no amor. Em um mito, ele se apaixona por uma de suas sacerdotisas, a Sibila de Cumas, uma das mulheres míticas com o poder da profecia. Apolo, encantado com sua beleza, oferece a ela muitos anos de vida, tantos quanto o número de grãos de areia que coubessem na palma de sua mão. Sibila aceita a oferta, mas, depois, se recusa a dormir com Apolo. Ele, mantendo sua promessa, lhe

---

* O deus sol original da Grécia antiga era **Hélios**, que percorria o céu a cada dia com seu carro, voltando todas a noites. Embora fosse reverenciado, não era uma das figuras mais cultuadas. Uma lenda conta que **Faetonte**, o semidivino, semimortal filho de Hélios, pediu ao pai para guiar o carro por um dia, e ele deixou. Mas o menino não conseguiu controlar os cavalos, que quase colocaram fogo no mundo, e, assim, Zeus teve de matá-lo com um raio.

concede uma vida longa, mas lhe nega a juventude eterna, o que transforma Sibila em uma velha encarquilhada.

Outro mito conta que Apolo se apaixonou por Dafne, uma ninfa. Ela, pouco impressionada com as investidas do deus, pede ajuda ao pai, um deus rio, que a transforma em um loureiro. O louro torna-se a planta sagrada de Apolo e a coroa de louros, o símbolo da vitória na Grécia, que adorna a cabeça dos vencedores dos Jogos Olímpicos.

Apolo também tinha uma queda por jovens rapazes. Um deles foi o belo Jacinto. Uma vez, quando ele e Apolo praticavam arremesso de disco, uma rajada de vento fez com que o disco acertasse Jacinto na cabeça, matando-o. Com o sangue do rapaz, Apolo criou uma flor, que foi chamada de jacinto – uma flor branca com manchas vermelhas.

Ares (Marte)   Filho de Zeus e Hera, é o sanguinário deus da batalha e da guerra – em seu sentido negativo, ao contrário de Atena, que representa o uso ordenado da guerra em defesa da comunidade. Detestado por Zeus e pouco popular entre os outros deuses, Ares não era muito cultuado na Grécia, mas passou a ser muito admirado e respeitado pelos romanos, mais militaristas, que o chamavam de Marte. Embora não tivesse esposa, teve um romance intenso com Afrodite. Dentre seus filhos constam **Fobos** (Pânico) e **Deimos** (Terror), que o acompanhavam nos campos de batalha. Os dois foram a inspiração para os nomes dados às duas luas que orbitam o planeta Marte. (Embora Ares controlasse os campos de batalha, o honorável título de deusa da vitória em campo era de **Niké**, que ganhou o título de Zeus após lutar junto aos deuses contra os Titãs. Outrora pouco importante para a mitologia, Niké era ainda a deusa da vitória atlética – daí vem sua ligação com a marca de calçados esportivos com preços olímpicos.)

O milagre grego 283

Na *Odisseia*, Homero conta uma história engraçada, sobre o adultério cometido por Afrodite, que foi "pega no ato" pelo traído Hefesto, o deus ferreiro de pernas tortas com quem a deusa era casada. Quando Hélios, deus sol, cruzava o céu, viu Afrodite e Ares na cama e os dedurou para Hefesto, que fabricou uma rede e a escondeu na cama, para que prendesse os dois amantes em flagrante. Suspensos no ar, o casal se tornou um espetáculo olímpico, pois Hefesto reuniu todos os outros deuses para verem os amantes enrolados na rede, em posição comprometedora e constrangedora. Nas palavras de Homero, os deuses olímpicos reunidos viram "os amantes, aninhados tão afetuosamente".

Ártemis (Diana) Sua origem como deusa mãe e padroeira dos animais é antiga e, para os gregos clássicos, ela era a filha de Zeus e Leto e irmã gêmea de Apolo. Ártemis era a "deusa virgem", padroeira da caça, a indomável protetora dos animais. Era responsável pelos ritos de passagem em que as mulheres gregas passavam de *parthenos* (virgens) "selvagens" para *gyne* (mulheres) "domesticadas". A deusa era ainda uma juíza impiedosa para com aqueles que desobedeciam a suas leis e, quando uma mulher morria de maneira repentina, dizia-se que havia sido acertada por uma das flechas de Ártemis.

Uma das histórias mais famosas sobre a justiça rápida e cruel de Ártemis fala de Acteon, um belo caçador que vê, por acidente, a deusa se banhando nua em uma fonte. Ofendida, Ártemis transforma Acteon em um veado e, depois, manda os cães do caçador devorarem-no. Contado por Ovídio, esse mito vem sendo um dos temas favoritos dos artistas ao longo de toda a história – o que é, no mínimo, um sinal de que sempre houve público para consumir mulheres nuas e violência.

284 MITOLOGIA

Atena (Minerva)   Divindade tutelar de Atenas – daí seu nome –, ela é a deusa virgem da guerra e da sabedoria, bem como padroeira das artes e ofícios, inclusive dos construtores e carpinteiros. O mito conta que Atena, filha de Zeus e Métis (deusa cujo nome significa "inteligência"), nasceu da cabeça de seu pai. Segundo Hesíodo, Zeus temia que um de seus filhos o destronasse, como ele o fizera com o próprio pai. Para evitar esse destino, Zeus engoliu a grávida Métis, na esperança de absorver sua inteligência e sabedoria. Quando começou a sentir uma forte dor de cabeça, um outro deus lhe deu uma machadada na cabeça e, de dentro dela, saiu Atena, adulta e armada, soltando um grito de guerra. Assim, a criança que o destronaria nunca chegou a "nascer".

Com seu visual sempre virginal e masculinizado, Atena costuma ser retratada com armadura completa, segurando um escudo e uma lança. Padroeira de Atenas, ela representa todos os ideais da cultura grega – a sabedoria, o poder da inteligência e o uso da razão acima da paixão e do amor descontrolados – representando, em muitos sentidos, o oposto de Afrodite.

Atena não é perfeita, porém. Um mito conta que quando sua supremacia era questionada – em especial por um mortal –, a deusa logo se enraivecia. Uma jovem chamada Aracne desafiou Atena a participar de uma competição de tecelagem. Fazendo-se passar por uma senhora mais velha, a deusa tentou dissuadir Aracne da ideia, mas a mortal ignorou seus avisos. Quando as duas estavam trabalhando em seus teares, Atena viu que a tapeçaria de Aracne continha desenhos que pareciam fazer piada com a vida dos deuses, mostrando todos os seus romances e decepções. Percebeu, ainda, que o trabalho da jovem era melhor do que o seu. A deusa, então, arrancou a tapeçaria de Aracne do tear e começou a bater na jovem mortal com uma lançadeira. Com

O *milagre grego*

medo, Aracne tentou se pendurar em um laço corrediço feito com a linha do tear. Quando estava dependurada, Atena lhe jogou um veneno e a mortal se transformou em uma aranha. Essa é, claro, a razão por que as aranhas tecem teias e se chamam aracnídeos.

Fazendo uma referência mais nobre, vale lembrar que o grande templo dedicado a Atena em Atenas era o Partenon ("Templo à Virgem"), que fica em uma colina chamada acrópole e de que se tem visão panorâmica da cidade. Talvez um dos maiores exemplos da arquitetura grega clássica, o Partenon foi construído entre 447 e 432 a.C., em comemoração ao orgulho ateniense, durante a Era de Ouro de Péricles, período em que Atenas reinou suprema.*

Deméter (**Ceres**) Deusa mãe da agricultura, Deméter é a personagem principal de um dos mitos centrais da Grécia, o mito de Perséfone, sua filha com Zeus. A história conta que Hades levou Perséfone para o mundo inferior, deixando Deméter tão enfurecida que ela não permitiu que as plantações crescessem mais. Para restaurar a ordem natural das coisas, Zeus negociou um acordo com Deméter e Hades para a soltura de sua filha. Mas, nessa altura, Hades já dera a Perséfone uma semente de romã, portanto

---

* O caráter sagrado do Partenon mudou ao longo da história. O templo foi transformado em igreja cristã por volta de 500 d.C. e, depois, em mesquita, após a tomada de Atenas pelo Império Otomano, na metade do século XV. O frontão com esculturas que ficava na frente do Partenon foi motivo de uma controvérsia artística. Conhecidas como Mármores de Elgin, após terem sido retiradas do templo, em 1816, pelo lorde inglês Elgin, essas esculturas hoje se encontram no Museu Britânico. O governo grego, porém, defende que os Mármores de Elgin são um tesouro da Grécia e deveriam voltar para seu lugar de origem. Nas Olimpíadas de 2004, o pedido do governo grego foi repetido, mas sem sucesso.

a deusa já havia comido a fruta do submundo e foi, assim, obrigada a passar um terço do ano com Hades e os outros dois terços na Terra. (Os gregos dividiam o ano em três estações: primavera, verão e inverno.)

Esse "pacto com o diabo" sempre foi visto como uma boa maneira de se explicar a chegada da primavera, que seria quando Perséfone voltava para a Terra. Seu subsequente retorno ao submundo significaria o fim do período de colheita e a chegada do inverno, considerado um período de morte. Embora essa seja uma explicação simples e interessante, alguns especialistas observam que ela não se encaixa bem com a época de plantio na Grécia.* Defendem, em vez disso, que a história do rapto de Perséfone seja uma alegoria explicando o destino das meninas gregas, que costumavam ter o casamento arranjado com homens muito mais velhos. A dor de Deméter pela perda da filha refletiria uma das experiências típicas das mães gregas, que abrem mão das filhas em nome de um casamento arranjado, e, em geral, com um homem desconhecido e mais velho.

---

* Existe um outro mito relacionado com as estações do ano. **Adônis**, outra "importação estrangeira", era fruto de uma relação incestuosa, um jovem de beleza excepcional com origens no antigo Oriente Próximo que depois foi adotado pelos gregos. O nome "Adônis" deriva da palavra semítica para "senhor" e a história do jovem está ligada à do mesopotâmio Dumuzi/Tammuz. Diz o mito que Afrodite encontrou Adônis ainda criança, ficou encantada com sua beleza, guardou-o em um baú e entregou-o a Perséfone, rainha do mundo inferior, para que o protegesse. Perséfone também se apaixona pelo jovem e se recusa a devolvê-lo. Zeus decide que Adônis passaria uma parte do ano com Afrodite e a outra com Perséfone. Quando o jovem ficava na Terra com Afrodite, as flores e as plantações cresciam. Durante o período em que ficava no mundo inferior, a vegetação morria; Adônis supostamente estaria ligado à teoria do deus da vegetação que nasce e ressuscita.

O milagre grego

Dioniso (Baco)   Um dos deuses mais famosos e celebrados da Grécia (e, depois, de Roma), Dioniso não é apenas deus do vinho e do êxtase, mas também da força vital e fertilidade masculinas. Dioniso, divindade não mencionada por Hesíodo e pouco citada por Homero, é mais uma "importação estrangeira" que chegou na Grécia bem depois dos outros deuses, uma espécie de transplante do Oriente Médio. (Referências a ele datam de 1250 a.C. e não há vestígios de que tenha sido cultuado antes do Período Arcaico.) Mas Dioniso foi um sucesso na Grécia como deus do vinho e do poder da sexualidade, tomando, posteriormente, o lugar de Héstia (ver adiante) entre os 12 deuses do Olimpo. Os festivais em sua homenagem – dionisíacos, na Grécia, e bacanais, em Roma – talvez tenham sido as primeiras "festas da toga" do mundo. E os seguidores de Dioniso talvez fossem os maiores farristas do mundo antigo. Esses festivais eram uma oportunidade de seus seguidores fiéis dançarem livremente e se entregarem ao êxtase. Tempos depois, em Roma, a reputação das festas aumentou e o Senado romano foi obrigado a bani-las e a executar alguns "seguidores de Dioniso", considerados uma ameaça à ordem civil (ver posteriormente, *O que eram as bacanais e as saturnais?*).

Na mitologia grega, contudo, Dioniso é retratado como filho de Zeus e de uma mortal, Semele, que acabou sendo tostada quando pediu que Zeus lhe mostrasse sua verdadeira face. Por azar, ela conseguiu o que queria – foi atacada por um raio. O deus mensageiro Hermes conseguiu salvar o feto de Semele e Zeus o costurou junto à sua coxa direita. Alguns meses depois, nasceu Dioniso. Após ser extirpado do útero da mãe e, depois, da perna de Zeus, pode-se dizer que Dioniso "nasceu duas vezes"

Mas seus dois "nascimentos" não impediram Dioniso de entrar na lista negra de Hera, esposa de Zeus. Para salvá-lo das vinganças da mulher, Zeus disfarçou o filho de menina e levou-o para ser criado por seus tios mortais. Hera, porém, não se deixou enganar e fez com que os guardiões da criança enlouquecessem. Eles mataram o próprio filho e depois cometeram suicídio. Mas Dioniso, mais uma vez, foi poupado e então transformado em uma jovem cabra por Zeus.

A vingativa Hera, porém, precisava dar um fim ao filho "ilegítimo" de Zeus. Quando Dioniso voltou à forma humana, Hera levou-o à loucura e, assim, o deus saiu vagando pelo Oriente Próximo, até que encontrou Cibele, uma deusa mãe da Ásia Menor (ligada à mesopotâmica Inanna/Ishtar), cujos cultos incluíam orgias rituais e autocastração. Cibele curou Dioniso de sua loucura e apresentou a ele todos os seus ritos secretos de fertilidade.

Dioniso, um dos deuses mais complexos do panteão grego, às vezes era considerado tanto homem quanto animal, tendo características tanto masculinas quanto femininas e podendo ser tido tanto como jovem quanto velho. Os gregos associavam Dioniso ao comportamento violento e imprevisível, em especial causado pelo excesso de vinho, e muitas histórias sobre esse deus da intoxicação incluem orgias épicas. Em uma dessas sessões, o deus concedeu ao lendário rei Midas o poder de transformar em ouro tudo que tocasse. Em um exemplo típico de "cuidado com o que deseja", Midas descobriu que seu desejo havia literalmente se realizado e, assim, sua comida acabou virando ouro. Até sua filha foi transformada em uma estátua dourada. Dioniso, então, para reverter a maldição do ouro, disse a Midas para mergulhar em um rio – o que explicava o porquê de ter havido tanto ouro naquela região por tanto tempo. Dentre os seguidores das épicas farras dionisíacas havia ninfas, umas criaturas chamadas Sátiros, que eram metade homem, metade bode, ou metade cavalo, e mulheres chamadas mênades.

O milagre grego

Dioniso era também um dos temas principais do teatro grego, cujas origens se deram a partir das celebrações religiosas que faziam uso da música e da dança. No século VI a.C., a celebração rural de Dioniso, deus da agricultura que ensinara aos homens as técnicas de plantio, vinificação e pastoreio, foi transformada nas Dionisíacas, um festival em Atenas onde corais dançantes competiam por prêmios. Em determinado momento, foi introduzida por um poeta a ideia de incluir um ator mascarado interagindo com o coro.

O dramaturgo Ésquilo (525–456 a.C.) deu um passo adiante e incluiu dois atores no palco, com papéis diferentes. A prática logo evoluiu e passou a contar com um elenco de atores e um coro, permitindo que fossem encenadas peças mais complexas. Após a derrota dos persas em 479 a.C., Atenas tornou-se a superpotência da Grécia e o festival de teatro anual, ou Dionísiacas, passou a ser não apenas uma celebração, mas também um espetáculo com duração de quatro ou cinco dias. Milhares de atenienses assistiam às peças em um enorme teatro ao ar livre que comportava 17 mil espectadores. No fim do festival, os autores das tragédias ganhavam prêmios. A palavra "tragédia" vem do grego *tragos*, que significa "cabra", animal sagrado simbólico de Dioniso. Muitas das lendas sobre Dioniso vêm de *As bacantes* (*c.* 407 a.C.), peça de Eurípides (*c.* 480–406 a.C.), um dos três grandes autores de tragédias gregos. Afirma ele em sua obra:

Duas são (...) entre os homens as coisas primeiras: a deusa Deméter, ou a Terra; por um desses nomes invoco-a, a teu grado. Aos mortais os alimentos secos proporciona. Vem depois o seu émulo, o filho de Semele, que da uva o fluido líquido achou e trouxe aos mortais. Aquieta aos homens míseros suas penas, quando do suco da vinha estão saciados, o sono e o olvido dos males cotidianos lhes concede; para as dores outro lenitivo não há.

Dioniso também tinha um papel importante como deus ressurreto. Uma lenda conta que ele foi destroçado em sete partes pelos Titãs, a pedido de Hera. Depois, seus pedaços foram jogados em um caldeirão, cozidos e comidos por eles. Mas Dioniso era imortal e voltou à vida — embora o método de ressurreição utilizado pelo deus não seja muito conhecido. A ressurreição de Dioniso o conecta a outros deuses ressurretos mais antigos, como o egípcio Osíris, bem como aos cultos cristãos que viriam a se espalhar pela Grécia.

Hades (Plutão)   Filho de Crono e Rea, Hades, o soberano do mundo inferior, não vivia no monte Olimpo e não costuma ser incluído na lista de deuses olímpicos. Mas era grande sua participação no comando do Universo, junto a seus dois irmãos, Zeus e Posêidon. Seu nome, que originalmente significa "invisível", era considerado agourento e os gregos preferiam se referir ao deus por Plutão ("o rico") ou por outros nomes honoríficos.

Embora fosse uma figura austera, Hades não era considerado mau e seu reino subterrâneo, que também se chamava Hades, não era um lugar infernal, mas um lugar onde o deus administrava a justiça. Ele também não era a personificação da morte, papel de Tânatos, filho de uma deusa da noite. Os gregos acreditavam que os mortos chegavam ao reino subterrâneo após serem trazidos por Hermes pela margem do rio Estige (que significa "com ódio"). Os viajantes deveriam dar para o barqueiro Caronte uma moeda, para que pudessem atravessar o rio — na Antiguidade, os gregos enterravam seus mortos com uma moeda na boca,

O milagre grego 291

o pagamento de Caronte. Aqueles que não ganhavam um ritual funerário adequado eram forçados a vagar pelas margens do rio por cem anos, até conseguirem ajuda de Caronte. A entrada do reino dos mortos era vigiada pelo terrível Cérbero, o cão de três cabeças que agitava o rabo para os recém-chegados, mas devorava quem tentasse fugir e voltar para o mundo dos vivos.

Diferente da versão cristã de inferno, o Hades não era um local de terror, mas uma área montanhosa, com árvores e rios. Um deles era o rio Lete, ou Esquecimento, onde os mortos esqueciam o que lhes havia acontecido em vida. Em tradições gregas posteriores, conta-se que alguns dos mortos iam para os Campos Elíseos, um paraíso reservado para as figuras mais notáveis, e outros para a Planície dos Narcisos, onde a maior parte das almas vagava no escuro, em busca de flores.

Havia ainda o Érebo, um dos elementos originais da criação do mundo, que era a região das profundezas do Tártaro, reservada para os piores pecadores que tivessem violado alguma lei divina ou aviltado Zeus de alguma forma. Um desses pecadores foi o rei Tântalo, que cometeu o pecado capital de dizer que já havia jantado com os deuses, ou, segundo uma outra versão do mito, de cozinhar seu próprio filho e servi-lo a eles, para ver se detectariam a carne proibida. Esse talvez tenha sido o momento em que ficou oficializada a rejeição pelo canibalismo e pelo sacrifício humano. Por seu crime, Tântalo foi sentenciado a permanecer em um reservatório de água, que se esvaziava sempre que ele tentava beber, e com uma árvore cheia de frutas sobre sua cabeça, que sumiam assim que ele tentava alcançá-las. Tântalo, em outras palavras, foi para sempre "tantalizado".

Outro famoso residente do Tártaro foi Sísifo, rei astuto e fundador de Corinto, que viu Zeus seduzindo uma ninfa e cometeu o erro de contar a outras pessoas o que vira. Zeus, enraivecido por ter tido seu segredo revelado, mandou Tânatos capturar Sísifo e acorrentá-lo. Mas Sísifo prega uma peça em Tânatos e o convence a demonstrar como se faz para acorrentar a si mesmo. Com Tânatos fora de cena, "a morte tira férias" e ninguém podia morrer na terra dos mortais. Mas Ares, o deus da guerra, ficou irritado, pois ninguém mais morria nos campos de batalha, então matou Sísifo e libertou Tânatos.

No entanto, Sísifo tinha ainda mais um truque na manga. Tempos antes, havia instruído a esposa a não enterrá-lo quando ele morresse. Como não foi enterrado, convenceu Perséfone de que não pertencia ao Hades, e ela o libertou, supostamente para ir ao funeral do próprio Sísifo. Quando Hades percebeu que os deuses haviam sido enganados mais uma vez, puxou Sísifo de volta para o mundo inferior, onde ele foi condenado por três juízes dos mortos. O rei foi obrigado a carregar uma pedra até o topo de uma montanha. A cada vez que chegava ao cume, a pedra rolava de volta para baixo e era preciso começar tudo novamente. A história de Sísifo foi transformada em uma das maiores alegorias sobre existencialismo do século XX pelo escritor Albert Camus, que viu a condição do homem moderno no *Mito de Sísifo* (1942). Camus escreveu: "A própria luta para atingir os píncaros basta para encher um coração de homem. É preciso imaginar Sísifo feliz."

O único mortal que conseguiu enganar Hades e a morte foi o lendário Orfeu, o cantor cujas canções tinham poderes sobrenaturais. Quando sua amada esposa, Eurídice, morreu picada por uma cobra, Orfeu desceu ao mundo inferior e encantou Hades e Perséfone com seu canto. Os dois permitiram que Eurídice fosse embora, contanto que Orfeu não olhasse para trás antes de sair do mundo dos mortos. Ele, no entanto, não resiste e vira-se para dar uma olhada na amada, perdendo-a para sempre.

O milagre grego

Hefesto (Vulcano)   Hefesto, deus do fogo, dos ferreiros e da metalurgia, é filho de Hera e entra da categoria dos deuses trapaceiros, papel típico dos padroeiros dos ferreiros e artesãos em várias mitologias. Não se sabe quem é o pai de Hefesto, apenas que o deus nasceu anão e coxo e foi, então, jogado por sua mãe do monte Olimpo, caindo no mar. Uma segunda versão conta que a culpa foi de Zeus, que, irado por ter sido aparentemente traído pela esposa, jogou Hefesto no mar e isso o deixou aleijado.

Após passar anos sendo criado em uma caverna por ninfas que o ensinaram a trabalhar com os metais, Hefesto criou um trono mágico de ouro para sua mãe. Quando Hera sentou-se no trono, foi envolta por uma rede de ouro e ficou presa. Hefesto só aceitou libertá-la depois que Dioniso, deus do vinho, o embebedou e o trouxe de volta para o Olimpo. Hera foi solta sob a promessa de que Hefesto se casaria com a bela Afrodite, e assim se formou o casal bizarro do Olimpo: a bela e sensual Afrodite e Hefesto, o anão coxo.

Ferreiro divino, ele também construiu os palácios dos deuses e teve um papel fundamental em um dos principais mitos gregos — a criação da primeira mulher, Pandora (ver adiante *O que havia na "caixa" de Pandora?*).

Hera (Juno)   Hera, a rainha dos deuses, é apresentada nos poemas de Hesíodo como filha de Crono, mas é possível que tenha se originado como deusa terra em outras mitologias anteriores à grega e, segundo alguns especialistas, talvez já fosse uma das deusas mais cultuadas da Grécia antes da chegada de Zeus e dos invasores micênicos. Deusa do casamento, da sexualidade feminina e da fertilidade, como a egípcia Hátor, Hera era associada ao gado e costumava ser chamada de "a deusa dos olhos bovinos".

Hera, a esposa ciumenta de Zeus, volta e meia se via preocupada com as constantes desventuras sexuais do marido. Para cortejar Hera, Zeus se disfarçou de cuco, durante uma tempestade, numa tentativa de conquistar a simpatia da deusa. Quando ela salva o pobre pássaro encharcado, Zeus volta à sua forma real e a estupra. Foi assim que começou o relacionamento quase sempre tempestuoso dos dois deuses, que é central para muitos dos mitos gregos. Não obstante os muitos romances de Zeus, Hera nunca vacilava com o marido e sua fidelidade foi tomada como símbolo da esposa grega ideal, que defende a monogamia − em relação às esposas, pelo menos − e a devida passagem hereditária da propriedade e do status social. Teve três filhos com Zeus: Ares, um dos Olímpicos; Ilítia, padroeira das parteiras e dos partos; e Hebe, personificação da juventude.

Supostamente, Hera e Zeus são também pais do deus ferreiro Hefesto. No entanto, de acordo com a versão de Hesíodo, Hera concebeu Hefesto sozinha, em um ato de vingança enciumada, motivação típica de muitos mitos que falam sobre a deusa. Traída por Zeus com uma certa frequência, Hera costumava voltar sua raiva para as amantes e os filhos ilegítimos do marido. Uma dessas amantes, Semele, foi queimada. Outra, a jovem princesa Io, que Zeus transformara em novilha para esconder de sua esposa, passou a ser atormentada por um moscardo, que a fez galopar pelo mundo inteiro com uma irritação eterna. Mas o grande calo de Hera talvez fosse Héracles (ver na pág. 307, *Que tipo de herói mata a esposa e os filhos?*), filho de Zeus com a mortal Alcmena, princesa de Tebas.

O milagre grego

Hermes (Mercúrio)   Mensageiro dos deuses, famoso por seus pés e chapéu alados, Hermes é também padroeiro dos viajantes. Seu nome já foi associado à palavra antiga *herm*, que significa "pilha de pedra", pois era comum que viajantes marcassem suas trilhas com pilhas de pedras, não como um guia para a volta, mas simplesmente como um símbolo de sua passagem. (Essas pilhas de pedras, ou dolmens, eram uma tradição comum no mundo inteiro, tendo sido registradas na Bíblia, na América antiga, nas Ilhas Britânicas e em outros lugares do mundo antigo. Até hoje praticantes de caminhadas por trilhas costumam "deixar seu rastro" dessa forma, adicionando pedras a essas pilhas.) Hermes é também um trapaceiro e começou a pintar o sete desde o momento de seu nascimento, roubando o gado sagrado de seu irmão Apolo, o que lhe deu o título de padroeiro dos ladrões.

Além de ser mensageiro dos deuses, Hermes era protetor dos mensageiros mortais − homens que tinham a perigosa porém importante função de viajar entre comunidades inimigas para entregar mensagens diplomáticas. Via de regra, os mensageiros da Antiguidade deveriam ser poupados de qualquer dano, como os nossos atuais diplomatas, que, em teoria, têm imunidade em suas viagens.

Como deus dos viajantes, é de Hermes também a função de acompanhar os mortos em suas viagens até o Hades.

Seu filho mais famoso é **Pã (Fauno)**, divindade pastoril dos bosques e dos pastos, e protetor dos pastores e de seus rebanhos. Homem da metade para cima e bode da metade para baixo, Pã é uma das poucas divindades que não têm forma apenas humana, e é também um dos deuses mais populares. Considerado um deus de natureza selvagem, imprevisível − e, principalmente, vigorosa −, ele era capaz de causar terrores súbitos e irracionais nos homens e nos animais, derivando daí a palavra "pânico". Pã teve muitos romances com ninfas e outras divindades menores, contudo, quando tentou conquistar a ninfa Sírinx, ela fugiu aterrorizada e pediu aos deuses que a ajudassem. Os deuses a transformaram em um feixe de canas, que Pã transformou no instrumento musical que viria a ser chamado flauta de Pã (embora, segundo outra versão, o crédito da invenção seja de Hermes, seu pai).

Hermes acabou se tornando protetor dos mercadores e um deus importante quando a sociedade grega deixou de ser rural para seguir objetivos mais comerciais.

Héstia (Vesta)   Primogênita de Crono e Rea, é irmã de Zeus e foi a primeira filha a ser engolida por Crono. O nome Héstia significa "lar" e a deusa era a protetora tradicional dos lares gregos, aquela que guardava o fogo da lareira, uma das tarefas cruciais da mulher grega. Embora fosse cultuada em todos os lares, Héstia talvez seja a menos importante dos deuses olímpicos, havendo poucas histórias a seu respeito. Ela era, em essência, a primeira mulher "do lar". Por isso mesmo foram poucas as suas aventuras – ou travessuras. Mais tarde, seu lugar no Olimpo foi tomado por Dioniso.

No entanto, Héstia era uma divindade muito importante para os romanos, que a adotaram sob o nome Vesta, e a deusa era símbolo de Roma. Em seu santuário, localizado em um templo no Fórum Romano, ficavam seis virgens vestais, que zelavam por uma chama eterna. Essas virgens eram escolhidas quando tinham de 6 a 10 anos e serviam por trinta anos, sendo severa a punição para aquelas que perdessem a virgindade. A virgem vestal que quebrasse o tabu era chicoteada e enterrada viva em uma pequena câmara com apenas uma cama. Em mil anos, cerca de vinte vestais receberam essa punição.

O milagre grego

Posêidon (Netuno) Posêidon, um dos três filhos de Crono, tornou-se o Senhor dos Mares e, nas palavras de Homero, era "o abalador da Terra" – responsável pelos terremotos, que ocorriam com frequência, e violência, na Grécia e na região do mar Egeu. É quase sempre retratado portando uma lança de três pontas, o tridente, e dirigindo um carro de combate, e era um dos deuses gregos mais cultuados – e mais antigos.

Alguns estudiosos defendem que Posêidon já era cultuado na Grécia muito antes da chegada dos micênicos, talvez como um deus da fertilidade associado às águas. Mas, no período de Homero e Hesíodo, ele era considerado o Senhor das Profundezas. Posêidon, figura poderosa que costumava enfrentar o irmão Zeus, tornou-se um dos personagens mais importantes da *Odisseia* de Homero, sendo aquele que trata o herói Ulisses com imensa hostilidade.

Zeus (Júpiter) Rei dos deuses, deus dos raios e trovões e do clima, Zeus, cujo nome originalmente significava "céu claro", é filho do Titã Crono, que havia destronado o próprio pai, Urano. De maneira semelhante, Zeus derrubou o pai e o substituiu como Senhor dos Deuses. Zeus, o único grande deus grego cujas origens indo-europeias são inquestionáveis, tem ligação com outros deuses mais antigos, que devem ter chegado à Grécia com o povo que viria a ser conhecido como micênico. Alguns especialistas já apontaram paralelos entre a história de Zeus e a contenda divina mesopotâmica, que terminou com Apsu sendo morto por Enki (ver capítulo 3). Há também semelhanças entre Zeus e Marduk, outro sinal de que os gregos talvez tenham sido influenciados pelos mitos mesopotâmicos. Na mitologia grega, esse antigo deus do céu claro se transformou em Zeus, o deus do clima. Após a grande guerra conta os Titãs, ele tirou a sorte com os irmãos e dividiu o mundo. Zeus passou a ser o senhor do céu; Hades, um de seus irmãos, tornou-se senhor do mundo inferior; e Posêidon ficou com o domínio dos mares.

A primeira esposa de Zeus foi Métis, uma oceânide conhecida por sua sabedoria, mas seu casamento mais famoso foi com Hera. No entanto, era um infame adúltero e possuía muitas amantes, tanto divinas quanto mortais, e filhos ilegítimos, o que deixava Hera muito ressentida. Alguns especialistas acreditam que esse seja mais um vestígio da disputa que houve entre o culto ao macho dominante, Zeus, que dominou a Grécia após a chegada dos micênicos, e a religião da deusa mãe da Terra, Hera, que devia dominar antes da era micênica. Seja qual tenha sido a política sexual, Zeus tornou-se o soberano do mundo, responsável pelas leis e pela justiça — que, no fundo, eram os costumes gregos. Assim, ele aplicava a justiça àqueles que tentassem desafiar a ordem natural do mundo pela soberba. "Soberba", palavra que hoje costuma ser erroneamente associada a "orgulho excessivo" — como em "Yankees perdem para os Red Sox por culpa da soberba" —, era um conceito grego que, na verdade, denotava insolência, ou comportamento desonroso intencional, uma transgressão fortíssima na Grécia antiga.

Administrar a justiça para aqueles que se comportam de maneira desonrosa parece uma função curiosa para um deus que tem fama de "adúltero incorrigível". Suas muitas e famigeradas aventuras sexuais incluíam mulheres divinas e mortais. O que faz de Zeus não apenas rei de todos os deuses, mas também pai de alguns. Dentre suas amantes constam a Titã Têmis, com quem teve as três Horas (Estações) e as Moiras (Destinos); a deusa Mnemósina (Memória), que deu à luz as Nove Musas inspiradoras da poesia,

O *milagre grego*

da dança, da música e de outras formas de arte;* Deméter, deusa dos grãos, que gerou Perséfone; e a titânida Leto, mãe de dois dos deuses mais grandiosos, Apolo e Ártemis. Estudiosos acreditam que todos esses romances eram alegorias que pretendiam explicar como o grande "pai" fora responsável pela criação da ordem no mundo, assim como ela era concebida pela mente grega.

Mas as narrativas sobre as aventuras de Zeus ganharam muitos novos detalhes com o passar dos séculos. Para seduzir seus muitos alvos, Zeus – mestre do disfarce – superava as dificuldades assumindo variadas formas, sendo um de seus disfarces mais famosos o de um cisne. Foi assim que apareceu para a rainha de Esparta, Leda. O deus copulou com Leda sob a forma de um cisne e o casal concebeu duas crianças, a conhecida Helena de Troia e Pólux. Depois, Leda dormiu com o marido, na mesma noite ainda, e concebeu os mortais Castor (gêmeo de Pólux) e Clitemnestra, que viria a ser a esposa do rei Agamêmnon, comandante-chefe das tropas gregas que lutaram contra Troia.

Dentre os muitos mortais por quem Zeus se apaixonou, havia alguns garotos – o que hoje pode parecer uma aberração, era comum para a elite grega do Período Clássico. Um de seus amantes mais famosos foi Ganimedes, príncipe da estirpe dos reis de Troia e o mais belo dentre os mortais. Uma lenda conta que o deus, sob a forma de uma águia, abduziu Ganimedes e levou-o para o Olimpo, onde o garoto tornou-se copeiro dos deuses. Essa era a função que os belos jovens tinham nas orgias regadas a vinho dos gregos, os chamados simpósios, onde os homens mais velhos passavam seus conhecimentos sexuais aos jovens, prática

---

* As Musas são Clio (história), Euterpe (música dos aulos), Tália (comédia), Melpômene (tragédia), Érato (versos de amor), Terpsícore (dança), Polímnia (pantomima), Urânia (astrologia) e Calíope (poesia épica).

conhecida como pederastia e assunto principal de *O banquete*, diálogo de Platão.

VOZES MÍTICAS

E prendeu Prometeu, o astuciador, com peias inquebráveis, dolorosas cadeias passadas ao meio duma coluna, e sobre ele incitou uma águia de longas asas; ela devorava o fígado imortal, mas esse crescia à noite todo igual ao que comera de dia a ave de longas asas.

— HESÍODO, Teogonia

As belas fábulas dos gregos, frutos da imaginação e não de um capricho, são verdades universais. Que multiplicidade de significados e que pertinência eterna tem a história de Prometeu! Além de seu valor fundamental como primeiro capítulo da história da Europa (...) ela nos conta a história da religião de maneira muito próxima à fé que se desenvolveu em séculos posteriores. Prometeu é o Jesus da mitologia antiga. Ele é amigo do homem; está entre a "justiça" injusta do Pai Eterno e a raça dos mortais, e está sempre pronto para sofrer por eles.

— RALPH WALDO EMERSON *em* Prometeu

Como o homem obteve o fogo?

A história da criação narrada por Hesíodo conta que nem todos os Titãs lutaram contra Zeus. Prometeu — Titã que era deus do fogo, habilidoso artesão e trapaceiro, e cujo nome significava "previdência" — se juntou a Zeus na guerra contra os outros Titãs. Com o passar do tempo, porém, Prometeu se rebelou. Ficou ofendido quando Zeus não

O milagre grego 301

aprovou os primeiros humanos, que haviam sido moldados em barro pelo Titã. Em uma discussão sobre sacrifícios aos deuses, Prometeu deu para trás quando Zeus decidiu privar os homens do fogo.

Tomando partido dos homens, Prometeu armou um truque e fez com que Zeus ficasse com os ossos e a gordura de um animal sacrificado, em vez de suas carnes. O Titã havia escondido os ossos sob uma camada de gordura lustrosa, que chamou a atenção de Zeus, e as carnes haviam ficado em um prato, escondidas sob o estômago do animal. (Se seu estômago estiver revirando, lembre-se de nunca pedir *haggis*, iguaria tradicional da Escócia feita com estômago de carneiro.) Indignado com o truque, Zeus resolveu dar aos homens a carne, mas não o fogo para cozinhá-la. Quando Prometeu usou o talo côncavo de um funcho seco para esconder o fogo e levá-lo aos homens, Zeus retaliou e acorrentou o Titã no pico de uma das montanhas da cordilheira do Cáucaso, onde, todos os dias, uma águia ia devorar seu fígado – que crescia de volta todas as noites.

Destinado a sofrer pela eternidade, Prometeu conseguiu ser libertado após usar seu talento como vaticinador e garantir a Zeus que o deus não deveria temer uma certa profecia aparentemente ameaçadora. Zeus livrou Prometeu da tortura. Mas ele ainda tinha mais um "truque na manga da túnica" para revelar à humanidade. O Senhor do Olimpo instruiu Hefesto a modelar uma donzela encantadora, com terra e água. Quando o deus artesão terminou sua obra, todos os deuses deram alguma contribuição para aquela que seria a primeira mulher. Como numa cena de uma "escola de etiqueta" de contos de fadas, Atena deu à criatura roupas bonitas e lhe ensinou a usar o tear. Afrodite a dotou de beleza e charme, mas também das angústias e dores do amor. Por fim, Hermes – a pedido de Zeus – incutiu nela a habilidade de mentir de maneira persuasiva. (Hermes foi instruído a dar a Pandora "espírito de cão e dissimulada conduta" – nas palavras nada amáveis de Hesíodo.) Então, Hermes "encheu a mulher com mentiras, palavras sedutoras e dissimulada conduta", e a ela foi dado o nome Pandora, que, em grego, significa "aquela que recebeu dons de todos".

Prometeu alertou seu irmão, Epimeteu – que não era tão perspicaz e cujo nome significava "reflexão tardia" – para que não aceitasse o presente de Zeus, mas Epimeteu se apaixonou e se casou com Pandora, que surgiu em sua vida portando um pacote.

O que havia na "caixa" de Pandora?

Em primeiro lugar, não era uma "caixa", mas sim uma jarra com tampa. Mas isso já é outra história, que será contada depois.

Pandora, o equivalente grego da bíblica Eva, foi a primeira mulher e, segundo a mitologia, foi criada por Zeus como punição para os homens. Como Zeus fora enganado por Prometeu, que escondera os ossos e a pele de um boi sob uma camada sedutora de gordura lustrosa – um belo presente por fora –, o deus retribuiu o favor enviando Pandora, um "pacote" que parecia muito bem-embrulhado, mas que escondia problemas. Junto com ela, Zeus enviou uma jarra misteriosa.

Hermes entregou Pandora a Epimeteu, irmão de Prometeu, que se apaixonou, embora a mulher fosse "uma maldição aos homens que comem pão", de acordo com as palavras ginofóbicas de Hesíodo. Ignorando os conselhos de Prometeu para que não aceitasse nada de Zeus, Epimeteu acolheu Pandora. Em nenhum momento Hesíodo afirma que Pandora recebeu ordens de não abrir a jarra. Ela, dominada por uma curiosidade insaciável, abre a jarra que Zeus dera

O milagre grego 303

a Epimeteu. De dentro dela saem todos os males que atormentam a humanidade – os trabalhos árduos, o sofrimento, as terríveis doenças que põem fim ao homem. Todos escapam da jarra e acometem a humanidade.

A surpresa curiosa da história de Hesíodo é que a única coisa que restou na jarra foi a esperança. Pandora colocou a tampa de volta antes que ela pudesse escapar. Resta, no entanto, uma ambiguidade quanto a esse fato. Significaria que o homem tem esperança, pois ela não escapou? Ou por que está presa dentro da jarra? O autor não explica. Fica claro que Hesíodo passa uma visão negativa da mulher, bem como os autores da história bíblica contada no Gênesis, que culpam Eva pelo sofrimento no mundo. Sobre Pandora, afirma Hesíodo na *Teogonia*: "dela descende a funesta geração e grei das mulheres."

Sobre Pandora e a visão que os gregos tinham da mulher, o classicista Barry Powell comentou, em *Classical Mythology* ("Mitologia clássica"): "Entre os gregos, a misoginia não parece estar associada ao terror mágico primitivo, ou a um rancor por questões econômicas, mas (...) a um rancor masculino pela própria instituição da monogamia. A mitologia grega é obcecada por relações hostis entre os sexos, em especial entre os casados. (...) Precisamos lembrar que (...) a literatura e a mitologia da Antiguidade foram compostas por homens, para homens e em um ambiente governado por homens."

Quanto à expressão "caixa de Pandora", ela tem uma longa história. Em 1508, o holandês Erasmo de Roterdã, usou pela primeira vez a expressão "caixa de Pandora", em vez do termo grego original, *pithos*, uma jarra tradicional para armazenamento de grãos. Desde então, a expressão passou a simbolizar qualquer objeto ou situação que pareça inofensivo por fora, mas tenha grande potencial para discórdia, maldade e danos ilimitados por dentro.

Vozes Míticas

Ele sem demora guardou os raios, forjados pelos Ciclopes,
E concebeu uma ideia diferente, de abrir pesadas nuvens negras
de chuva
Em todos os cantos dos céus, e afundar o homem nas águas.

— Ovídio, Metamorfoses

Por que Zeus enviou um grande dilúvio para acabar com a humanidade?

Prometeu é personagem coadjuvante de uma outra história grega, que talvez seja menos famosa do que a de Pandora, mas que contém paralelos importantes com a Bíblia.

Em *Os trabalhos e os dias*, Hesíodo narrou a criação da humanidade, dividindo-a em cinco idades diferentes. Primeiro houve uma geração de ouro de mortais, durante o período de Crono, que desapareceu sem explicação. Depois, Zeus criou uma geração da preciosa prata, mas essa geração se recusou a fazer sacrifícios aos deuses e foi exterminada. A terceira geração, da Idade do Bronze, se mostrou dada às guerras e acabou exterminando a si mesma. A quarta geração pertenceu à Era de Heróis e era composta por semideuses criados por Zeus. Quando esses heróis morriam, iam para o céu e se transformavam em uma constelação, ou se tornavam companheiros dos deuses, ou iam viver na mítica Ilha dos Abençoados, governada por Crono.

Foi mais tarde, na Idade do Ferro, que Zeus por fim criou a geração humana atual. Mas, segundo as *Metamorfoses*, do poeta romano Ovídio, quando Zeus (Júpiter para o poeta) fez um passeio por entre os homens, ficou enojado, principalmente por causa de um rei que praticava canibalismo e sacrifícios humanos. Zeus decidiu destruir a humanidade. Com a ajuda de Posêidon, Zeus enviou um grande dilúvio à Terra

O milagre grego

e quase toda a humanidade foi dizimada. Duas boas almas, porém, se salvaram. Deucalião, filho de Prometeu, e sua esposa, Pirra, filha de Pandora, haviam sido avisados pelo presciente Prometeu de que uma grande cheia estava para acontecer. Deucalião construiu uma barca, soltou uma ave – uma pomba, nesse caso – e, depois que as águas da cheia haviam baixado, parou com sua barca no topo de uma montanha.

Todos esse detalhes, sem dúvida, ecoam tanto a história do dilúvio mesopotâmica quanto a narrativa bíblica. Como Noé, Deucalião e Pirra tiveram o direito de viver. Mas se sentiram tristes e solitários no mundo vazio. Os dois escutaram a voz de uma deusa, que estava em uma caverna próxima, e que dizia que deviam atirar para trás dos ombros os "ossos de sua mãe".

Intrigado num primeiro momento, Deucalião depois percebeu que a ordem não se referia à sua mãe de carne e osso, mas sim à Mãe Terra – cujos ossos são as pedras. Deucalião e Pirra pegaram algumas pedras, as jogaram para trás dos ombros e cada uma delas foi se transformando em uma pessoa, e, assim, o casal foi responsável por repovoar a Terra. Um dos "filhos" que criaram foi Heleno, cujo nome viria a nomear toda a raça grega, posteriormente chamada de "helena".

Qual monstro mítico tem o pior penteado da história?

O maior herói da Era de Heróis foi Perseu, filho de Zeus e de sua amante mortal Dânae. A mitologia conta que o pai de Dânae, um rei, soube através de um oráculo que seria assassinado pelo próprio neto, então lançou a filha e o pequeno Perseu ao mar, em uma arca. Dânae e o filho foram salvos por um pescador, irmão de Polidectes, rei da ilha de Sérifos. Com o passar do tempo, Polidectes se apaixonou por Dânae

306 MITOLOGIA

e quis desposá-la, mas não teve seu consentimento. Para impedir o casamento, Perseu, já adulto, concordou em matar a Medusa, uma das três irmãs monstruosas conhecidas como Górgonas, cuja feiura era capaz de transformar homens em pedra. Medusa, que um dia fora bela, havia se gabado de sua beleza com Atena, que ficou com inveja e a transformou num monstro horrível, com serpentes vivas no lugar do cabelo. Os gregos costumavam esculpir a cabeça da Medusa em suas armaduras, para espantar os inimigos, e também usavam sua imagem como amuleto contra feitiços malignos.

Com a ajuda de Hermes e Atena, Perseu lançou-se em sua aventura. Ele recebeu de Hermes uma espada recurvada, um manto de invisibilidade, as sandálias aladas do deus e um alforje de couro, para carregar a cabeça da Medusa. Segundo a versão mais conhecida do mito, Perseu matou Medusa olhando apenas para sua imagem refletida no reflexo do escudo do herói, mas há outras versões que afirmam que Atena guiou a mão de Perseu enquanto ele desviava o olhar. Após decapitar Medusa, que estava grávida de Posêidon, Perseu colocou a perigosa cabeça no alforje de couro. Quando Medusa morreu, o cavalo alado Pégaso saiu de seu corpo e serpentes venenosas surgiram do sangue que escorria de sua cabeça. Atena guardou o sangue do corpo de Medusa e, depois, entregou-o a Asclépio, deus da cura (ver adiante *Qual Argonauta era um deus da cura?*). Embora o sangue do lado esquerdo do corpo da Medusa fosse letal, o que jorrava de seu lado direito tinha o poder de ressuscitar os mortos.

Quando voltava para casa, Perseu salvou a bela donzela Andrômeda de um monstro marinho gigante e casou-se com ela. De volta a Séfiros, ele mostrou a cabeça da Medusa a Polidectes e o transformou em pedra. Infelizmente, cumprindo sua profecia, Perseu matou o avô em um acidente em uma prova de arremesso de disco. Depois, obteve o direito de se tornar rei de Argos, mas, em vez disso, escolheu governar Tirinto, onde fundou uma grande dinastia com Andrômeda. Dentre seus descendentes consta o grande herói Héracles.

Que tipo de herói mata a esposa e os filhos?

Se até hoje você só ouviu falar em um único deus ou herói grego, deve ter sido Hércules, que era chamado pelos gregos de Héracles. Personagem principal de muitos filmes tipo B, com péssimos atores musculosos, Héracles foi uma figura lendária da Era de Heróis e talvez fosse tão popular na Grécia antiga quanto é nos dias atuais. Nascido em Tebas, era filho da princesa mortal Alcmena e do mulherengo Zeus. Por ser mais um dos muitos filhos ilegítimos do deus, despertou a ira de Hera, que detestava qualquer criança que fosse fruto dos romances extraconjugais do marido.

O ódio de Hera se manifestou de formas criativas. Primeiro ela fez com que o parto de Héracles fosse protelado para que ele não fosse filho primogênito e nunca pudesse herdar a coroa e, de fato, se tornasse um escravo. Depois, ela enviou duas serpentes para matarem Héracles durante o sono, mas o bebê, para surpresa geral, estrangulou as serpentes com as próprias mãos. Apegado ao menino, Zeus tentou intervir e pôr um fim nas tentativas de sabotagem de Hera. O Senhor do Olimpo colocou a criança sob os seios de Hera enquanto ela dormia, para que ele fosse amamentado com o leite dos deuses. Mas Héracles deu uma mordida tão forte que Hera acordou e empurrou o bebê – negando a ele a imortalidade absoluta. Quando o leite de Hera foi derramado, se espalhou pelo céu e formou a Via Láctea.

O semidivino Héracles cresceu e se tornou um guerreiro forte e habilidoso. Após ajudar os tebanos a derrotarem um inimigo, ele se casou com Mégara, filha do rei de Tebas, e com ela teve três filhos

308 MITOLOGIA

– os novos alvos de Hera. Assim que a deusa teve uma oportunidade de fazer o mal, causou um surto de loucura em Héracles, que fez com que ele soltasse suas flechas e matasse sua família inteira. Buscando se purificar e reparar seu crime, Héracles consultou o Oráculo de Delfos, que lhe aconselhou a servir Euristeu, seu primo e rei de Micenas. Durante 12 anos, o herói realizou 12 trabalhos – que, no original grego, eram chamados de *athoi*. O termo significa "competição" e dele veio a palavra "atletismo".

Veja abaixo os trabalhos de Héracles, que já foram narrados diversas vezes ao longo dos séculos, com muitas variações:

1. *O leão de Nemeia*
   Héracles enfrentou o feroz leão de Nemeia, que vinha matando todos os rebanhos da região próxima a Micenas. Num primeiro momento, suas flechas ricochetearam na pele do animal, mas ele o perseguiu e o matou com suas próprias mãos.* Héracles tomou a pele impenetrável do leão para si, como um troféu, e o herói costuma ser representado em obras de arte com a mandíbula do leão na cabeça, como um elmo.

2. *A Hidra de Lerna*
   Héracles lutou contra a serpente de muitas cabeças e corpo de cão, que era capaz de matar com apenas um sopro e cujas cabeças voltavam a crescer assim que eram cortadas. A letal Hidra vivia nos pântanos de Lerna, também próximo a Micenas, e matava o gado da região. Primeiro, Héracles não teve sucesso na luta com

---

* Esse é um dos muitos paralelos entre os feitos de Héracles e os do bíblico Sansão, um homem forte que também matou um leão e ficou conhecido pelo apetite sexual voraz.

O milagre grego 309

a besta e ainda teve de suportar um caranguejo gigante enviado por Hera, que o mordia enquanto ele lutava. Mas Iolau, seu sobrinho, resolveu lhe dar uma mão. Héracles cortava uma das cabeças da serpente, e Iolau selava cada pescoço com fogo, para impedir que a cabeça surgisse de volta. Depois de matar a Hidra, Héracles mergulhou suas flechas no sangue da besta, para que ficassem ainda mais letais. Depois, Hera ascendeu tanto a Hidra quanto o caranguejo aos céus, e lá ficaram conhecidos como as constelações de Hidra e de Câncer.

3. *O javali de Erimanto*
Héracles não encontrou dificuldades para capturar o enorme javali que vivia na Arcádia, região central do Peloponeso. Mais tarde, porém, quando parou para comer e beber com alguns centauros – as bestas metade homem, metade cavalo –, acabou se envolvendo em uma briga de bêbados. Durante a briga, matou vários centauros com suas flechas venenosas, até seu amigo Folo, que morreu por acidente, quando uma flecha acertou seu pé. O centauro Nesso, que escapou da confusão, reaparece na história de Héracles, provocando consequências desastrosas.

4. *A corça de Cerínia (também denominada corça da Arcádia)*
Héracles foi ordenado a capturar uma corça, famosa por seus chifres de ouro e pés de metal, e obteve sucesso após perseguir o animal por um ano. Mas Héracles encontra Apolo, e o deus alega que a corça, ou veado, é um animal sagrado para Ártemis, sua irmã. Héracles se desculpa e liberta o bicho.

5. *As aves do lago Estínfalo*
Perto de um lago da Arcádia vivia um bando de pássaros selvagens, cujas asas soltavam flechas, os bicos eram capazes

MITOLOGIA

de perfurar até uma armadura e cujos excrementos eram letais para as plantações. Héracles espantou as aves vibrando um par de castanholas de metal e, quando elas levantaram voo, ele matou a todas com suas flechas envenenadas.

6. *Os estábulos de Áugias*
Héracles recebeu ordens para limpar os enormes estábulos do rei Áugias, mas, quando lá chegou, se viu mergulhado em estrume. O herói, muito esperto, fez furos nas laterais dos estábulos, desviando a corrente de um rio para que passasse por ali e, assim, conseguiu limpar tudo em uma noite.

7. *O touro de Creta*
Ordenado a capturar o touro sagrado do rei Minos, Héracles foi para a ilha de Creta. "Tomando o touro pelos chifres", jogou-o no mar e o montou, como um vaqueiro, retornando a Micenas, onde libertou o animal, que foi morto posteriormente pelo herói ateniense Teseu. (Essa versão da história não bate com a lenda mais famosa sobre Teseu e o Minotauro. Ver adiante *A Atlântida já foi mencionada na mitologia grega?*)

8. *As éguas de Diomedes*
Héracles capturou Diomedes, filho de Ares e cruel rei da Trácia, que possuía quatro éguas assassinas, que se alimentavam de carne humana. Héracles deu a carne do rei impiedoso às éguas, que ele depois adestrou e libertou. Tempos depois, os animais foram atacados por lobos e morreram.

9. *O cinto de Hipólita*
Héracles recebeu ordens para pegar o cinto – uma espécie de faixa, ou cinturão – de Hipólita, rainha das guerreiras amazonas,

O milagre grego

311

que, segundo o mito, cortou fora um de seus seios, pois ele lhe atrapalhava na hora de esticar o arco e lançar flechas. Imaginando que teria uma batalha ferrenha pela frente, Héracles reuniu um pequeno exército. Hipólita, porém, ficou encantada com o herói musculoso e simplesmente concordou em entregar-lhe o cinturão. De acordo com algumas interpretações, arrebatar o cinturão seria uma metáfora para estupro, ao passo que a redenção da guerreira representaria sexo consensual.

Furiosa com a situação, Hera se disfarçou de guerreira amazona e comandou um ataque contra Héracles. O herói, então, estrangulou Hipólita pensando que ela o tivesse traído.

10. *Os bois de Gerião*

Héracles teve de capturar um rebanho de bois mágicos que pertencia a Gerião, monstro de três cabeças que vivia no extremo oeste do mundo conhecido (atual Espanha). O grande herói se lançou numa árdua caminhada pelo norte da África, até encontrar o local onde o gado era mantido – ponto onde o mar Mediterrâneo e o oceano Atlântico se encontravam. Lá, Héracles erigiu duas grandes colunas de pedra, uma no rochedo de Ceuta e outra no de Gibraltar, que viriam a ser conhecidas como as Colunas de Hércules. Após matar os pastores que cuidavam do gado, conduziu os bois até a Europa, em Micenas, onde sacrificou a todos em nome de Hera. (Esse foi o primeiro trabalho realizado fora da Grécia e acredita-se que essas aventuras "estrangeiras" fossem contadas para descrever o mundo desconhecido conforme os gregos iam expandindo seus horizontes no Mediterrâneo.)

11. *Os pomos de ouro das Hespérides*

Enquanto procurava pelas maçãs de ouro que cresciam numa árvore da vida mágica, Héracles encontrou Prometeu preso a um rochedo. Ele matou a águia que torturava o Titã e o libertou. Em gratidão, Prometeu disse a Héracles como deveria pegar as maçãs de suas donas, as Hespérides, filhas de Atlas. O herói se ofereceu para segurar o céu enquanto Atlas buscava as maçãs. Livre de seu trabalho pesado e exaustivo, Atlas resolveu deixar Héracles em seu lugar, cumprindo a tarefa que seria sua. Mas Héracles passou a perna no Titã, que não era muito esperto, e pediu a ele que segurasse o céu por um momento. Atlas lhe faz esse favor, e Héracles pegou as maçãs de volta.

12. *Cérbero, o cão do Hades*

Em sua façanha mais assustadora, Héracles teve de descer ao Hades para roubar Cérbero, o cão de três cabeças que guardava os portões do mundo inferior. Há versões variadas sobre como o herói realizou seu feito. Uma conta que ele lutou com o senhor do submundo e o feriu. Quando Hades se ausentou para curar seu ferimento, Héracles capturou o cão e o levou para o mundo superior. Ao "derrotar" a morte, o herói supostamente obteve a imortalidade. Segundo outra versão, Hades foi mais complacente e permitiu que Héracles levasse o cão, contanto que não usasse armas. Protegido por sua pele de leão, o herói lutou com o cão, o acorrentou e o levou para o mundo dos vivos. Após realizar seu feito, ele levou Cérbero de volta ao Hades.

Após completar os 12 trabalhos, Héracles se casou com a princesa Djanira – cujo nome significa "matadora de homem". Os dois partiram em uma viagem e chegaram a um rio, onde ficava o centauro

O milagre grego 313

Nesso – um dos centauros que Héracles havia enfrentado durante os trabalhos. Por uma pequena taxa, Nesso ajudava viajantes a atravessarem o rio. Quando foi carregar Djanira, o centauro tentou estuprá-la e Héracles o matou com uma flecha venenosa. Antes de morrer, Nesso convenceu a esposa do herói a levar consigo um pouco do seu sêmen e do seu sangue, venenoso, dizendo a ela que ele funcionava como uma poção do amor, que ela espalharia na roupa do marido e faria com que ele fosse fiel para sempre.

Ao saber que o marido se apaixonara por outra princesa, Djanira seguiu o conselho do centauro. Quando Héracles vestiu seu manto envenenado com o sangue de Nesso, porém, sua pele começou a queimar terrivelmente e ele implorou para que fosse jogado numa pira. O herói, então, se entregou às chamas. Sua esposa, tomada de pesar ao perceber o que havia feito, também se matou pulando na pira.

Ao ascender à morada dos deuses, Héracles se reconciliou com Hera, casou com sua filha Hebe ("Juventude") e passou a gozar da imortalidade junto aos deuses do Olimpo.

Que grande herói foi "tosquiado"?

Héracles teve um pequeno papel numa lenda sobre disputa familiar e tomada de poder que se estendeu até o alto-mar, a história de Jasão e o Velo de Ouro, uma das primeiras aventuras náuticas da literatura ocidental. Essa narrativa muito amada já foi recontada, em partes, por Homero, pelos dramaturgos Ésquilo e Eurípides (cuja obra *Medeia* narra os últimos anos de Jasão), e pelo filósofo Sócrates. A versão mais conhecida, contudo, foi organizada por Apolônio de Rodes, na *Argonáutica*, um relato do século III a.C. sobre o jovem príncipe Jasão, que fora forçado a ir embora de sua cidade, Iolco, depois que o trono local foi tomado ilegalmente por seu tio. Temendo pela vida do filho, a mãe de Jasão o esconde na caverna do sábio centauro Quíron, que já havia educado alguns dos heróis mais importantes da mitologia grega.

Quando, tempos depois, Jasão retornou à sua cidade, Pélias, seu tio malvado estava no poder e pronto para matar o jovem rival. Houve um pequeno problema, porém – era um dia de banquete e as antigas leis de hospitalidade estavam em vigor. O sempre engenhoso Pélias tentou outra tática. Disse a Jasão que desistiria do trono caso o jovem lhe trouxesse o Velo de Ouro, que ficava pendurado em uma árvore na Cólquida e era vigiado por um dragão que nunca dormia.

O destemido Jasão recrutou um grupo de cinquenta heróis – incluindo Héracles –, que ficaram conhecidos como Argonautas, pois a nau que utilizaram se chamava *Argo* ("Veloz"). O *Argo*, a maior embarcação já construída, era equipada com um mastro mágico, falante, feito com o carvalho sagrado de Zeus, originário de Dodona, e que fora dado a Jasão por Atena. Saindo de Iolco, na Tessália, os Argonautas alcançaram a Cólquida, mas não sem antes terem de enfrentar uma série de aventuras perigosas, como uma batalha com as Harpias, monstros alados com bico curvado e garras que roubavam a comida da mesa de um rei. Esse rei, agradecido, explicou aos Argonautas como deveriam derrotar o próximo obstáculo, as "rochas flutuantes" que se uniam e esmagavam qualquer embarcação que passasse pelo mar Negro. Os ardilosos navegantes enviaram uma pomba antes de passarem e conseguiram atravessar as pedras mortais com segurança, remando muito rápido enquanto a ave sobrevoava a área.

Antes de conseguir o Velo de Ouro, Jasão descobre que precisaria enfrentar mais dois obstáculos – deveria jungir um par de bois que soltavam fogo pelas ventas e lavrar o solo de um enorme campo, onde haviam sido plantados os dentes de um dragão, que faziam brotar guerreiros armados. A tarefa do atraente Jasão chamou a atenção da filha do rei, Medeia, uma feiticeira, que lhe entregou, então, um unguento para passar em sua espada, escudo e em seu corpo, que o protegeria do dragão monstruoso que vigiava o velo. Quando Jasão completou sua missão, trouxe Medeia consigo no *Argo*. A cruel Medeia fez, então, o que poucas irmãs teriam coragem de fazer – levou consigo o irmão, Apsirto, e cortou seu corpo em pequenos pedaços, que foi jogando no mar ao longo do caminho para que seu pai, que estava em seu encalço, tivesse de parar para recolhê-los e dar ao filho um enterro adequado.

Mas o casal de amantes não viveria feliz para sempre.

Quando Jasão, para surpresa geral, retornou com o velo, o rei Pélias se recusou a honrar sua promessa. Mais uma vez foi Medusa quem lhe deu uma mão. Fingindo conhecer um feitiço que rejuvenesceria Pélias, ela ludibriou as filhas do rei e fez com que matassem o próprio pai. Estupefato com o "regicídio", o povo de Iolco obrigou Jasão e Medeia a fugirem para Corinto, onde, por dez anos, viveram felizes e tiveram dois filhos. Como quis o destino, porém, a vida do casal desmoronou quando Jasão se apaixonou pela filha do rei de Corinto. Não sendo uma mulher que aceitasse traições, Medeia matou seus filhos e fugiu para Atenas, onde teve, com o rei de lá, um filho, chamado Medo. Jasão, arrasado, doente e velho, estava sentado na proa do *Argo* quando um pedaço da nau caiu sobre ele e o matou. Tempos depois, Medeia foi forçada a voltar para a Cólquida. Mas se eternizou como personagem principal das tragédias de Eurípides.

VOZES MÍTICAS

(...) Ninguém me suponha
Fraca ou débil, nem sossegada; entendam que

Outro é o meu caráter: dura para os inimigos,
Benévola para os amigos. Porque de tais pessoas a vida é
gloriosíssima.

– EURÍPIDES, Medeia *(431 a.C.)*

Qual Argonauta era um deus da cura?

Se você já foi a um consultório médico, a uma farmácia ou a um hospital, provavelmente já viu esse símbolo e se perguntou – o que significam duas cobras enroscadas em um bastão? Esse emblema da medicina é, na verdade, um equívoco e tem origem em Asclépio, que foi descrito por Homero como um curandeiro tribal e um dos Argonautas de Jasão, com certeza escolhido por sua capacidade de curar.*

Como Jasão, Asclépio foi criado por Quíron, o centauro sábio. Foi enviado à criatura mítica quando ainda era um bebê, depois que seu pai divino, Apolo, descobriu que Coronis, a mãe de Asclépio, lhe havia sido infiel durante a gravidez do menino. Desgostoso com a traição, Apolo fez o que qualquer deus grego rejeitado faria – fulminou a mulher com um raio. Antes que ela morresse, porém, Apolo sentiu remorso. Como conta Ovídio:

Mas Febo categoricamente não permitiu que o filho de suas entranhas
sucumbisse às cinzas, cremado na pira funerária de sua mãe,

---

* A imagem original de Asclépio possui apenas uma serpente. Talvez devido à sua capacidade de trocar de pele, a serpente fosse vista, na Antiguidade, como um símbolo de imortalidade. O bastão com duas cobras, escolhido como emblema da Associação Médica Norte-americana, é, na verdade, o caduceu de Hermes, que o deus utilizava para conduzir os mortos ao Hades.

O milagre grego 317

> *tomando a criança do útero, ele a levou até uma caverna*
> *onde vivia Quíron, o centauro de duas formas (...)*

Apolo salvou seu filho em gestação, e ele viria a se tornar um importante deus grego, reverenciado como inventor da medicina por toda a região da Grécia e a de Roma, onde era conhecido como Esculápio.

A partir de registros antigos, descobrimos que os gregos tinham Asclépio em altíssima conta. Em períodos de pragas ou doenças, rezavam para o deus pedindo ajuda e alívio, e construíam templos especiais nos locais aonde iam para se comunicar com ele. Epidauro, sítio arqueológico de várias ruínas gregas, inclusive de um famoso teatro ao ar livre construído por volta de 300 a.C., era ponto de encontro dos primeiros médicos, que eram chamados de asclépios. As ruínas de um antigo templo em honra ao patrono da medicina foram encontradas perto do anfiteatro de Epidauro, local para onde as pessoas, aparentemente, se dirigiam quando estavam doentes, na esperança de que Asclépio as curaria enquanto dormiam em uma hospedaria próxima. Em 200 a.C., segundo Roy Porter, em *Das tripas coração: uma breve história da medicina*, todas as cidades-Estados gregas já tinham templos ao deus Asclépio. Lá, peregrinos doentes passavam a noite em câmaras de tratamento especiais, perante uma imagem do deus curandeiro.

Asclépio foi tão admirado em Roma quanto fora na Grécia. Os romanos não só construíram um enorme santuário ao deus curandeiro, após a cidade ter sido salva de uma praga, como também equiparam os templos com banheiras, para se beneficiar do poder de cura da água. Os sacerdotes de Asclépio supostamente possuíam conhecimento extensivo sobre ervas que curavam e outros remédios naturais – o que hoje chamaríamos de tratamento "alternativo" – e multidões

MITOLOGIA

corriam para seus "spas" em busca desses medicamentos, da mesma forma que as pessoas buscam se tratar em spas hoje em dia.

O curioso é que o adorado Asclépio teve problemas com a mitologia grega quando passou dos limites. Ele usou seus poderes de cura para tentar ressuscitar um homem. Ofendido, Hades reclamou com Zeus, que deu a Asclépio o mesmo destino que Apolo dera à mãe do deus curandeiro — matou-o com um raio e enviou-o ao mundo inferior. Quando Apolo descobriu, deu a Asclépio status divino, como deus da medicina.

VOZES MÍTICAS

Juro por Apolo Médico, por Esculápio, por Higeia, por Panaceia e por todos os deuses e deusas, tomando-os como testemunhas, obedecer, de acordo com meus conhecimentos e meu critério, este juramento:

Aplicar os tratamentos para ajudar os doentes conforme minha habilidade e minha capacidade, e jamais usá-los para causar dano ou malefício. Não dar veneno a ninguém, embora solicitado a assim fazer, nem aconselhar tal procedimento; da mesma maneira, não aplicar pessário em mulher para provocar aborto. Em pureza e santidade guardar minha vida e minha arte. Não usar da faca nos doentes com cálculos, mas ceder o lugar aos nisso habilitados. Nas casas em que ingressar, apenas socorrer o doente, resguardando-me de fazer qualquer mal intencional, especialmente ato sexual com mulher ou homem, escravo ou livre. Não relatar o que no exercício do meu mister ou fora dele no convívio social eu veja ou ouça e que não deva ser divulgado, mas considerar tais coisas como segredos sagrados. Então, se eu mantiver este juramento

O *milagre grego* 319

e não o quebrar, possa desfrutar honrarias na minha vida e na minha arte, entre todos os homens e por todo o tempo; porém, se transigir e cair em perjúrio, aconteça-me o contrário!

— extraído do Juramento de Hipócrates (versão original)

Hipócrates foi um homem ou um mito?

Ao contrário do mítico Asclépio, a vida do outro médico famoso da Grécia antiga, Hipócrates (430?–380? a.C.), tem embasamento histórico. Muitas vezes denominado Pai da Medicina, ele foi um médico bem conhecido na Antiguidade e praticava sua arte na ilha grega de Cós. Hipócrates foi contra o uso de mágica, mitologia e bruxaria para o tratamento de doenças. Tomando a decisão radical de ignorar "curandeiros, adivinhos e outros que considerava ignorantes e charlatões", como descreveu o historiador Roy Porter, Hipócrates e seus seguidores acreditavam que as doenças eram fruto de causas naturais e podiam, portanto, ser estudadas e até curadas com base no funcionamento da natureza. Como afirmou Porter: "O verdadeiro médico não mais fingiria ser um mediador entre os homens e os deuses, seria o sábio e confiável amigo leal dos doentes."

Embora não haja provas de que Hipócrates seja o autor de todos os textos que lhe foram atribuídos, sendo mais provável terem passado por várias mãos ao longo do tempo, é dele ainda o crédito de ter ensinado seus seguidores, os primeiros médicos, a verem o paciente como um todo; aceitarem que grande parte da cura acontece naturalmente; seguirem uma dieta simples para manterem a boa saúde; e terem consciência de que a primeira obrigação de um médico é para com seus pacientes, e não com ele mesmo. A máxima que rege a medicina hoje, "Primeiro, não prejudicar", faz parte de sua *Epidemias,* mas não

MITOLOGIA

do Juramento Hipocrático, que até hoje é recitado por muitos médicos em sua versão moderna.

VOZES MÍTICAS

Entretanto, no tempo que se seguiu, houve tremores de terra violentos e cataclismos. No espaço de um só dia e uma noite terríveis, toda a vossa armada foi engolida de um só golpe sob a terra, bem como a ilha de Atlântida abismou-se no mar e desapareceu; por conseguinte, também o mar, naquele local, se tornou intransitável e impenetrável, pois foi bloqueado pela lama rasa que a ilha criou quando assentou.

— PLATÃO

A Atlântida já foi mencionada na mitologia grega?

Como acontece com todos os lugares fantásticos, o chamado Continente Perdido da Atlântida teve uma história longa e curiosa, de onde brotaram lendas inspiradoras, teorias, filmes de ficção científica de péssima qualidade, um desenho animado da Disney e até uma música de rock, na década de 1960, do cantor Donovan ("Way down below the ocean/Where I want to be").* No século XVII, foi publicada por um escritor jesuíta a obra *Underwater World* ("Mundo submerso"), que localizava a Atlântida no oceano Atlântico. Já Júlio Verne incluiu uma descrição do continente em sua clássica aventura do século XIX, *20.000 léguas submarinas*. Mas, ao contrário da crença popular, a história sobre essa civilização avançada que desapareceu imersa no oceano não consta em nenhuma obra da mitologia antiga – nem

---

* Em uma tradução livre, "Muito abaixo do oceano/ Para onde quero ir". (N. T.)

O milagre grego

em Hesíodo nem em Homero. O que sabemos sobre a Atlântida – "a ilha de Atlas" – vem, na verdade, de uma fonte bastante improvável – *Timeu* e *Crítias*. Esses dois "diálogos" foram escritos pelo filósofo Platão (428–348 a.C.), pupilo de Sócrates e fundador da Academia – posteriormente denominada Escola de Atenas – que prosperou por mais de novecentos anos.*

Platão não tardou a reconhecer que aquilo que sabia sobre a Atlântida já havia passado pelas mãos de muitos contadores de histórias e talvez tivesse sido mencionado, pela primeira vez, por sacerdotes egípcios – o que parecia uma longa partida do jogo "telefone sem fio" da Antiguidade. Segundo Platão, uma civilização magnífica, superior, rica e poderosa vivera na ilha de Atlântida, localizada, em tese, depois das Colunas de Hércules. Esse local seria o estreito de Gibraltar, e, assim, a ilha ficaria no oceano que foi nomeado em sua homenagem, o Atlântico. Recentemente, porém, outros estudiosos alegaram que as Colunas ficariam no estreito de Bósforo, que separa o mar Negro do Mediterrâneo, e a Atlântida, então, teria existido no Mediterrâneo.

Nessa civilização lendária, que teria prosperado há mais de 10 mil anos, "os homens mais civilizados", como descreve Platão, haviam descendido de Posêidon e criado um paraíso na Terra. A comida era abundante, as construções e templos, magníficos. Um desses templos, segundo a descrição de Platão, era "coberto de prata, com exceção das torres, que eram cobertas de ouro. Quanto ao exterior, tinha o teto de marfim, matizado por ouro e prata. (...)".

---

* A Academia de Platão nasceu em um bosque de oliveiras próximo a um ginásio (gymnasium) público, local onde as pessoas se exercitavam desnudas. A Academia foi fechada pelo imperador romano-bizantino Justiniano, que acreditava estar acabando com o paganismo.

322 MITOLOGIA

Como escreveu Platão, a Atlântida era uma grande potência militar, capaz de reunir um exército de mais de um milhão de homens. Mas o povo da ilha se tornou corrupto e ganancioso, e foi punido pelos deuses. Por um dia e uma noite, fortes explosões abalaram o continente, fazendo com que ele afundasse no mar. A narrativa apocalíptica de Platão vem fascinando as pessoas desde seu surgimento, e provendo tanto arqueólogos sérios quanto teóricos "ocultistas", mais imaginativos, com um interessante tema para investigações e teorias. Ao longo dos anos, inúmeras expedições buscaram vestígios da ilha, mas até hoje não foi encontrada uma "ilha perdida" submersa no oceano Atlântico. Uma das teorias mais populares sobre o tema é de Edgar Cayce, famoso vidente e terapeuta norte-americano que morreu em 1945. Em seus livros, que conquistaram milhões de leitores ao longo dos anos, Cayce alegava que a Atlântida fora uma sociedade avançadíssima possuidora de tecnologias tão modernas quanto as atuais, e profetizava que a ilha ressurgiria no final do século XX. Desnecessário dizer que a profecia não se realizou.

Aristóteles, discípulo de Platão, elaborou uma teoria mais sensata, por assim dizer. Sugeriu que Platão criara a história para ilustrar sua própria filosofia de governo ideal, explicada em detalhes na *República*. Nessa utopia, uma elite intelectual governaria. Seriam escolhidas as pessoas mais competentes de todas as classes sociais e sexos, pessoas instruídas e qualificadas, que deveriam governar como "reis filósofos". Nessa sociedade ideal, viveriam em comunidade, compartilhariam os alimentos, as habitações e as esposas, e não possuiriam propriedades. Guiados pelo conhecimento, governariam pelo benefício de todas as classes de uma sociedade virtuosa, que personificaria os ideais da sabedoria, coragem, temperança e justiça.

Embora Platão tenha criado uma alegoria, é possível que a lenda da Atlântida tenha fundamento histórico. O consenso entre muitos

O *milagre grego*

arqueólogos e historiadores é de que o mito talvez seja baseado na primeira grande civilização grega, que nasceu em Creta, ilha que separa o mar Egeu do Mediterrâneo. Dona de uma posição central no Mediterrâneo oriental, com proximidade do Egito, do Oriente Médio e da Grécia continental, Creta se desenvolveu a partir de 3000 a.C. e se tornou a primeira grande potência marítima do mundo antigo. A cultura de Creta, que produziu palácios com decorações extravagantes, cerâmicas e joias refinadas, além de desenvolver um sistema de encanamento interno, talvez tenha sido a fonte inspiradora da lenda da Atlântida.

Hoje, muitos especialistas acreditam que a verdadeira causa da destruição cataclísmica narrada na lenda tenha sido um vulcão da ilha de Tera, localizada no mar Egeu, 110 quilômetros ao norte de Creta. Por volta de 1550 a.C., uma grande erupção vulcânica destruiu quase toda a ilha e dizimou a civilização minoica, que havia se desenvolvido nas ilhas de Tera e Creta. O nome "minoico" deriva do rei Minos, lendário soberano de Creta e personagem central em um dos mitos gregos mais significativos — a história de Teseu e o Minotauro.

A história de Teseu e o Minotauro seria só mais uma "história pra boi dormir"?

Se você já se perdeu em um labirinto, jogou "Labirinto", ou foi acusado de contar uma "história pra boi dormir", então já esteve em contato com um famoso mito grego. Sobre o que fala a história de Teseu e o Minotauro?

Segundo a mitologia, o rei Minos, de Creta, pediu a Posêidon um sinal de seu favorecimento. Em resposta, um belo touro branco emergiu no oceano. Minos teria de sacrificar o esplendoroso animal para o deus do mar, mas, em vez disso, manteve para si o touro branco e sacrificou um animal inferior. Qualquer pessoa que já tenha lido um mito que seja sabe que omitir informações de um deus olímpico não é lá uma grande ideia. Posêidon, encolerizado, jogou uma maldição em Minos e fez com que sua esposa, Pasífae, se apaixonasse pelo touro branco.

Então, a história deu uma virada curiosa. Para satisfazer seu desejo pelo touro, Pasífae pediu a Dédalo, o escultor ateniense, uma vaca de madeira. Escondendo-se dentro da vaca, ela copulou com o touro e engravidou, dando à luz um monstro – um homem com cabeça de touro, chamado Minotauro. (Ovídio conta essa história em seu poema *A arte de amar*, onde conclui: "Bem, o senhor do harém, confundido por um boneco de madeira coberto de veludo/ Engravidou Pasífae. A criança era a cara do pai.") Para abrigar e manter escondida a grotesca lembrança da traição bestial da esposa, Minos ordenou que Dédalo construísse um labirinto secreto, à prova de fuga, sob seu palácio.

Foi aí que entrou Teseu, o maior herói ateniense e um dos homens lendários da Era de Heróis. Filho do rei Egeu, de Atenas, ele fora criado longe de casa, sem saber que pertencia à realeza. Mas seu pai havia enterrado uma espada e um par de sandálias sob uma pedra. Dissera ele à mãe de Teseu que, quando o filho estivesse forte o suficiente para remover a pedra, poderia reivindicar sua herança – uma inspiração ancestral para a posterior lenda da "espada na pedra" do rei Arthur. Aos 16 anos, Teseu removeu a pedra, encontrou as sandálias e a espada e foi para Atenas reivindicar seu lugar como herdeiro.

Quando chegou à cidade, porém, seu pai não o reconheceu. Mas a feiticeira Medeia, que estava casada com o rei na época, sabia muito bem quem era Teseu e tentou dar um fim ao herói. Ele, porém, sobreviveu a todas as armadilhas.

O milagre grego

A maior aventura de Teseu, no entanto, ainda estava por vir. Conta o mito que, depois que uns atenienses mataram o filho de Minos, a cidade de Atenas foi obrigada a enviar a Creta, todos os anos, sete jovens rapazes e sete donzelas para serem comidos pelo Minotauro. Para pôr fim nesse pacto trágico, o heroico Teseu se voluntariou para ir junto com os jovens que seriam sacrificados e anunciou que mataria o Minotauro. As vítimas atenienses sempre viajavam para Creta a bordo de um barco que retornava com vela negra. Antes de deixar Atenas, Teseu prometeu a seu pai que, se tudo corresse bem, voltaria em um barco com vela branca.

Em Creta, Teseu conheceu Ariadne, filha do rei Minos, que na mesma hora se apaixonou pelo jovem guerreiro e resolveu ajudá-lo em sua missão. Ariadne deu a Teseu um novelo de lã, que recebera de Dédalo, e disse ao jovem que deixasse um rastro com a lã conforme se aproximasse do covil do Minotauro. Em um dos momentos mais memoráveis da mitologia, Teseu matou o Minotauro e refez sua trilha pelos caminhos tortuosos do labirinto seguindo o fio condutor. Com o Minotauro morto, navegou de volta a Atenas. (Há versões variadas sobre o destino de Ariadne. Na versão feliz, ela se casou com o deus Dioniso. Em outro relato, morreu de coração partido.)

Porém, o que deveria ser um momento triunfante se tornou uma tragédia terrível. Primeiro, em Creta, quando Minos soube que Dédalo ajudara sua filha a realizar o plano para matar o Minotauro, jogou o inventor e o filho dele, Ícaro, na prisão. Enquanto estava preso, Dédalo construiu dois pares de asas, feitas com penas unidas com cera. Segundo Ovídio, ele instruiu o filho a voar no espaço exato que ficava sobre o mar. Mas Ícaro foi ousado e quis voar mais alto. Quando chegou próximo demais do sol, a cera derreteu e ele caiu. De acordo com Barry Powell, o mito de Ícaro ilustra a máxima grega de que "a virtude está na justa medida", um dos provérbios inscritos

MITOLOGIA

no templo de Apolo em Delfos. Comenta Powell em *Mitologia clássica*: "Sem dúvida, como se exceder nas coisas era uma fraqueza comum dos gregos, seus sábios gostavam de pregar a virtude da 'Doutrina do meio-termo'."

A segunda tragédia foi com o heroico Teseu, que esquecera sua promessa de levantar a vela branca caso voltasse para casa vivo. Na pressa de retornar, o herói esqueceu de baixar a vela negra, fazendo com que Egeu, ao avistar o barco, se jogasse no mar, pensando que o filho estivesse morto. (O mar Egeu recebeu esse nome em homenagem ao rei.)

Com o pai falecido, Teseu tornou-se rei de Atenas e seu governo é considerado o início lendário da democracia ateniense. O herói supostamente aboliu a monarquia, cunhou as primeiras moedas e criou um Estado unificado. Segundo Aristóteles, a história de Teseu e o Minotauro é uma alegoria representando a vitória da democracia sobre a tirania, e a vida de Teseu tornou-se um mito nacional, propaganda ateniense. Historicamente falando, o mito de Teseu não passa disso – um mito. Mas, como afirmou o classicista Barry Powell: "História e mito formam um emaranhado perpétuo; os homens são animais fazedores de mitos, que recontam histórias ancestrais para satisfazer necessidades atuais."

Para a história concreta, a democracia ateniense teve início com o legislador Sólon (639?–559? a.C.), que comandou o governo de Atenas até sua aposentadoria. Uma de suas conquistas foi a reforma das severas leis que haviam sido formuladas por Draco – um código tão rígido que inspirou o termo "draconiano". Após a saída de Sólon, a democracia ateniense regrediu sob o comando de Pisístrato, primo de Sólon, e só voltou a progredir no período de trinta anos que foi governada por Péricles. A partir de cerca de 460 a.C., a democracia ateniense – embora estivesse longe de ser perfeita – começou a prosperar. Como ressaltou o historiador Charles Freeman em *Egypt, Greece, and Rome*, "ela é até hoje o único exemplo mundial de uma democracia direta que funcionou e se manteve com sucesso. Durou quase 140 anos – uma conquista impressionante para um período da história em que a instabilidade imperava. Os cidadãos participavam como funcionários públicos, legisladores e oficiais de polícia, de uma forma que poucas democracias atuais ousariam fazer, sem contar que foi feita uma notável separação na tradicional relação entre poder político e riqueza".

VOZES MÍTICAS

Em que acreditavam esses gregos? Que os deuses eram reais ou apenas metáforas? É certo que não tinham credos nem dogmas, posturas confessionais ou doutrinais, como esperamos de uma religião hoje em dia. Tão certo também é que havia um espectro graduado de interpretação, como sempre deve haver em coisas religiosas, que abarcava classes e comunidades e que mudava sua ênfase de um período para outro. O que é tão impressionante nos deuses homéricos – em oposição ao Deus Uno familiar à maioria de nós (embora "familiar" não seja nem de longe a palavra mais adequada) – é sua falta de "religiosidade". Claro, eles possuem mais poderes do que poderia sonhar o maior rei do mundo, mas exercem esses poderes da mesma forma que nós homens faríamos – com mão de ferro, sem piedade, até de forma rancorosa. E eles se envolvem em suas próprias e previsíveis crises domésticas – quem dorme com quem, quem se vinga de quem, quem insulta quem. Será que alguém acreditava mesmo nesses deuses?

– THOMAS CAHILL, Navegando o mar de vinho

O que era o Oráculo de Delfos?

De todos os muitos lugares sagrados que havia na Grécia antiga, nenhum era mais importante que Delfos, onde fica o santuário religioso mais antigo e mais influente dos gregos. Não se tratava apenas de um centro importante – era o centro, literalmente. Delfos era visto como o "ônfalo", ou umbigo, do mundo, e o local era marcado com uma grande pedra cônica. Essa pedra sagrada era, em tese, a pedra que Rea fizera Crono engolir na época da criação do mundo. Após ter comido seus cinco primeiros filhos, o deus engolira a pedra, envolta em roupa de bebê, no lugar do sexto filho, Zeus. Quando, tempos depois, Zeus forçou o pai a vomitar os filhos, a pedra também foi posta para fora.

Delfos fica perto do golfo de Corinto, na encosta do monte Parnaso, e o santuário local foi fundado pouco antes de 1200 a.C. No início, o templo era dedicado a Gaia, a deusa terra, mas, a partir do século VIII a.C., passou a ser dedicado a Apolo, o deus da profecia. Por pelo menos 12 séculos, o Oráculo de Delfos serviu como um canal entre os deuses e os homens, aconselhando soberanos, cidadãos e filósofos em vários aspectos, desde questões sobre sua vida sexual até assuntos de Estado. O Oráculo costumava se expressar de maneira delirante, exercendo enorme influência.

Como parte do ritual de Delfos, o suplicante trazia oferendas para a Pítia, a sacerdotisa do templo, como um bolo sagrado, uma cabra ou uma ovelha. Após uma purificação cuidadosa, a Pítia se sentava em um tripé e entrava em um estado de transe, durante o qual recebia mensagens e profecias de Apolo. Durante o transe, que às vezes se transformava em frenesi, ela respondia perguntas, dava ordens e fazia premonições. Alguns especialistas afirmam que a comunicação divina era, então, interpretada e redigida por sacerdotes, em geral com versos

O milagre grego

ambíguos. Outros dizem que o Oráculo se comunicava diretamente com os suplicantes.

Durante muitos anos, a teoria de que vapores subiam do chão do templo e causavam a "inspiração", explicação encontrada pelos gregos, foi descartada pelos estudiosos do assunto. Apesar de ter havido muitos esforços nesse sentido, nunca fora encontrada nenhuma fissura ou ponto de onde pudesse sair o vapor intoxicante, considerado apenas um mito, como todo o restante do templo. Mas pesquisas científicas recentes feitas no local vêm abalando essa visão. Como publicado na revista *Scientific American* de agosto de 2003, um grupo formado por um geólogo, um arqueólogo, um químico e um toxicólogo desenterrou inúmeras evidências que sugerem que os antigos tinham toda a razão. O grupo possui provas concretas de que um gás petroquímico, que se encontra no leito de pedra abaixo do templo, subia até a superfície a ajudava a causar visões. Mais especificamente, a equipe descobriu que a substância que devia influenciar o Oráculo era o etileno – um gás de cheiro doce que era, outrora, utilizado como anestésico e que, em doses pequenas, produz sensação de euforia.

Com o surgimento do cristianismo, o templo acabou entrando em decadência e deixou de ser apreciado. Em torno de 361 d.C., o imperador romano Juliano, o Apóstata, tentou restaurar o santuário, mas o Oráculo lamentou, dizendo que seus poderes haviam desaparecido. Em 390 d.C., o imperador romano cristão Teodósio fechou o templo, como parte de seu movimento para erradicar todos os vestígios de cultos pagãos.

A ciência contemporânea talvez esteja redescobrindo os segredos perdidos do templo.

Vozes Míticas

Não te deve amedrontar, então, o pensamento dessa união
com tua mãe;
Muitos mortais em sonhos já subiram ao leito materno.
— SÓFOCLES, Édipo rei

Será que todos os meninos querem matar o pai e dormir com a mãe?

O Oráculo de Delfos teve papel central em um mito que se tornou referência mundial nas obras de Sigmund Freud. O "complexo de Édipo" é – na visão de Freud – o desejo de um menino competir com o pai e dormir com a própria mãe. Mas qual é o mito que está por trás da psicologia?

Édipo era filho de Laio, rei de Tebas, e de sua esposa, Jocasta. Um oráculo disse a Laio que ele morreria nas mãos do próprio filho – história que remonta aos princípios da criação do mundo na mitologia grega – e que esse filho se casaria com a própria mãe. Para se proteger, Laio levou o pequeno Édipo, na época com 3 anos de idade, para uma montanha, para morrer. O menino foi encontrado ainda vivo por um pastor, que o entregou a Políbio, rei de Corinto, que não tivera filhos com a esposa, Mérope. O casal criou Édipo como se fosse seu próprio filho e o menino cresceu sem saber de seu passado misterioso. Mas, quando foi a Delfos e ouviu a mesma profecia sinistra que havia perturbado Laio, Édipo fugiu de casa, acreditando estar poupando seu verdadeiro pai.

Foi então que o destino falou mais alto. Quando se encaminhava para Tebas, Édipo foi empurrado para fora da estrada por um carro e acabou lutando com o condutor e o passageiro, matando ambos em um ataque de "fúria no trânsito" da Antiguidade. O que Édipo não sabia era que um dos homens que matara era seu pai verdadeiro, o rei Laio. A primeira parte da profecia havia se realizado.

O Oráculo de Delfos, porém, também havia profetizado que o homem que decifrasse "o enigma da Esfinge" se tornaria rei de Tebas e se casaria com a rainha. No caminho para Tebas, Édipo se deparou com a Esfinge, que tinha cabeça de mulher, corpo de leão, cauda de serpente e asas. Enviada para assolar a cidade depois que Laio, aparentemente, desrespeitara os deuses, a Esfinge ficava em uma montanha nos arredores de Tebas e mandava todos que passassem decifrarem um enigma: "Que criatura tem, pela manhã, quatro pés, ao meio-dia, dois, e à tarde, três?"

Quem errasse, morria, e os tebanos estavam sendo dizimados pela Esfinge. Édipo, quando confrontado, respondeu: "O homem, que engatinha quando bebê, anda sobre dois pés na idade adulta e usa uma bengala quando é velho."

Furiosa com Édipo, a Esfinge pulou da montanha e morreu. Após resolver o enigma, Édipo chegou a Tebas, foi sagrado rei e casou-se com a rainha. Jocasta, claro, não tem ideia de que o novo marido é, na verdade, seu filho. A segunda parte da profecia se realizou. O casal teve dois filhos, Políníces e Etéocles, e duas filhas, Antígona e Ismene.

Édipo rei, de Sófocles (*c.* 496–406 a.C.), segundo dos três grandes autores de tragédia gregos, é a peça mais famosa a tratar dessa extraordinária história sobre confusão de identidade. Quando a peça começa, Édipo já é rei e está tentando descobrir o porquê de a cidade estar sendo assolada por uma praga, sem perceber que a causa são suas próprias ações. Através de uma série de acontecimentos, Jocasta se dá conta do que aconteceu e corre para o quarto. Depois, a verdade é revelada também para Édipo. Ele vai até o quarto e encontra Jocasta enforcada. Amaldiçoando a si mesmo, ele arranca os próprios olhos. Cego e ensanguentado, volta para o palco e pede para ser exilado. Édipo termina o dia perto de Atenas, onde é enterrado em segredo.

Por si só, tanto como mito quanto como tragédia, a história de Édipo é muito poderosa. Mas ela ganhou todo um novo significado quando o termo "complexo de Édipo" foi usado pelo médico austríaco Sigmund Freud em 1900. Freud usou a tragédia grega para fundamentar sua alegação de que todo menino tem a fantasia de matar o pai e fazer sexo incestuoso com a mãe, um desejo que precisa ser reprimido. Freud descreveu o "conflito", ou "complexo de Édipo", como um estágio do desenvolvimento e da conscientização psicossexual, que ocorre, primeiramente, aos 3 anos e meio de idade. Da mesma forma, o psicanalista alegou que toda menina tinha desejo de dormir com o pai, o que denominou "complexo de Electra".

Hoje, muitos pesquisadores da psicanálise e antropólogos rejeitam a ideia por completo. Acreditam que, caso um complexo como esse se desenvolva em uma criança, ele será produto de fatores pessoais e do ambiente social em que ela está inserida, e não parte de uma propensão universal.

Há ainda um outro famoso termo da psicanálise que tem origem na mitologia grega. O narcisismo, que costuma ser descrito como amor-próprio excessivo ou maligno, deriva da breve narrativa sobre Narciso. Filho de um deus rio e de uma ninfa, ele era um menino de beleza transcendental. Seus pais consultaram um vidente para saber se o filho teria uma vida longa, e a resposta foi que sim, contanto que o menino não visse o próprio rosto. Quando adulto, Narciso não amava ninguém, até que viu seu reflexo nas águas de um lago. Ele ficou encantado com a imagem e tentou tocá-la, mas caiu e se afogou. A versão de Ovídio para esse mito é um pouco diferente e afirma que Narciso foi, na verdade, punido por seu egocentrismo. Quando ele rejeitou o amor de Eco, uma ninfa, deixou-a tão desnorteada que ela definhou, até só restar sua voz. Pela crueldade que fez com a ninfa, Narciso foi punido com o afogamento. Após sua morte, ele se transformou na flor que carrega seu nome.

Vozes Míticas

Os deuses folgam de ouvir aos que sempre submissos se mostram...

Os Olímpicos são adversários difíceis de se enfrentar...

Os gloriosos presentes dos deuses não devem ser deixados de lado...

Não são nada semelhantes a raça dos deuses imortais e a raça dos homens que andam sobre a Terra...

Assim teceram os deuses os fios para os infelizes mortais; que vivam em dor enquanto eles próprios não tiverem cuidados, pois há sobre a soleira do palácio de Zeus duas jarras com os dons que ele nos dá, uma de males e outra de bens.

— *extraído da* Ilíada

Seria Homero apenas um personagem de *Os Simpsons*?

Dois longos poemas. Um é o relato sangrento e minucioso sobre homens em batalha. O outro é a história de um viajante perdido, tentando voltar para casa. A Ilíada e a Odisseia, de Homero, são até hoje consideradas pedras de toque da cultura ocidental. Ainda assim, é certo que sabemos muito pouco sobre a figura que teria escrito as duas obras, há quase 3 mil anos.

O homem que chamamos de Homero permanece quase que um mistério absoluto, e nem os estudiosos da mitologia sabem quase nada a respeito do poeta que influenciou nossa língua e nossa cultura de maneira tão profunda e significativa. Segundo a tradição, Homero foi um poeta grego cego, e alguns especialistas afirmam que ele viveu numa cidade localizada na costa leste do mar Egeu, ou na ilha de Quios. Mas isso é tudo. Além dessas pouquíssimas pistas, restam apenas especulações de gerações de leitores e especialistas.

Perdura, há milhares de anos, a dúvida se de fato Homero existiu e se ele foi autor da *Ilíada* e da *Odisseia*. Pesquisas recentes sobre a escrita na Grécia antiga, junto com estudos extensos sobre como a poesia oral da época era composta e preservada, vêm dando nova luz a esse debate. Existem inúmeras escolas filosóficas relacionadas a Homero. Enquanto uma defende que ele compôs e redigiu, de fato, os poemas, tão logo a escrita surgiu na Grécia, outras dizem que era um bardo analfabeto que apenas cantava os poemas, até a escrita surgir, perto do fim da sua vida. A partir daí, Homero teria tido a ajuda de escribas, que redigiam as informações que ele ditava. Há ainda uma terceira escola, que sustenta que os poemas homéricos eram memorizados por uma associação de recitantes públicos, chamados "rapsodos" — a versão antiga dos "cantores de baile" —, que mantiveram viva a tradição oral de Homero até a escrita surgir em Atenas, muitos anos depois.

No século XX, pesquisadores da região balcânica, onde, outrora, cantavam esses recitantes, encontraram bardos ainda vivos, que continuavam recitando épicos tão longos quanto os de Homero, ou até mais. Para a maioria de nós, tão acostumados com notícias instantâneas — que nos demandam baixa concentração e uma memória fraca, daquelas que precisam consultar o Palm Pilot ou o Blackberry para lembrar de um simples número de telefone —, parece incrível que alguém tivesse a capacidade de recontar histórias tão longas. Mas os épicos homéricos nasceram séculos antes do poeta, quando bardos improvisavam, aperfeiçoavam e até aumentavam as histórias que recitavam. É muito provável que esses bardos tenham criado uma série de poemas para contar a história da Guerra de Troia e que Homero tenha dado a ela seu toque de genialidade.

Em *Navegando o mar de vinho*, Thomas Cahill sustenta, de modo persuasivo, que Homero não só existiu como vivenciou aquilo que escreveu. "Homero era considerado um bardo cego e errante, mas isso se deve, quase com certeza, ao fato de o poeta ter feito, na *Odisseia*, a descrição de um bardo cego que se apresentava, e que as pessoas passaram a acreditar ser uma descrição dele mesmo. Seja qual for o caso, é muito provável que ele enxergasse, pelo menos no início de sua vida, pois há muitos relatos realistas na *Ilíada* para pensarmos que o poeta nunca se deparou com alguma batalha. É mesmo muito pouco provável que Homero não tenha servido como soldado. (...) Foram raros os homens gregos importantes que não serviram o exército quando jovens, ou que não se interessaram, já adultos, pelos assuntos de guerra."

Cego ou não, real ou não, o homem que chamamos de Homero transformou o modo pelo qual as pessoas experimentavam a mitologia. E, no fim das contas, o que importa mesmo são os poemas em si. Quando se comparam as palavras, emoções e ações dos dois épicos homéricos com a literatura mitológica precedente – como a egípcia e a mesopotâmica –, percebe-se como Homero humanizou a mitologia. Sem dúvida seus deuses também eram distantes e poderosos. Mas eles eram intensamente humanos – com todas as falhas que ser humano implica. Sentiam raiva, desejo, inveja e, como Hera, vontade de se vingar. E talvez o diferencial de Homero e do "Milagre Grego" fosse que, no âmago da questão, havia essa noção de que o divino deveria se tornar humano.

Como Homero encaixou uma guerra de dez anos em um único poema?

Em primeiro lugar, a *Ilíada* — cujo significado é "poema sobre Ílion (Troia)" —, não conta a história da Guerra de Troia. Para ser ainda mais exato, ela narra eventos ocorridos no último ano da guerra, travada entre exércitos dos reinos da Grécia micênica e a cidade de Troia, situada na costa da atual Turquia. Segundo a lenda, a Guerra de Troia durou dez anos e terminou com a derrota dos troianos — tudo porque Helena, jovem esposa do rei Menelau, de Esparta, havia fugido com o belo Páris, príncipe de Troia. Mas a história contada na *Ilíada* — dividida em 24 cantos, com mais de 15.600 linhas — cobre apenas 54 dias. E a maior parte dela se concentra em quatro dias de luta, separados por dois dias de trégua. Ao fim da história, Aquiles ainda está vivo e Troia ainda não foi tomada.

Então, do que fala o poema?

Por incrível que pareça, de homens teimosos brigando por causa de uma mulher bonita. A própria guerra, claro, foi travada, em tese, por causa de Helena. O épico começa com uma briga entre Agamêmnon, irmão do rei micênico Menelau e líder das tropas gregas, e Aquiles, o maior guerreiro grego. Agamêmnon exige que uma das mulheres troianas capturadas lhe seja entregue como prêmio de guerra. Mas a troiana escolhida é filha de um sacerdote de Apolo e os gregos são aconselhados a levar a jovem de volta a seu pai. Quando Agamêmnon se recusa a entregá-la, Apolo lança uma praga sobre as tropas gregas, dizimando centenas de guerreiros até Agamêmnon ceder. Em troca da jovem que entrega, porém, o rei teimoso exige uma outra moça que havia sido dada como prêmio de guerra a Aquiles.

Esse episódio aparentemente insignificante e mais o conflito entre Agamêmnon e Aquiles são o âmago do poema. Parecendo mais com uma criança pirracenta do que com o maior guerreiro de todos os tempos, Aquiles se retira para sua tenda e se recusa a continuar

O milagre grego

lutando. Sem o herói, os gregos são acuados de volta para suas embarcações pelas tropas troianas, lideradas por Heitor. Heitor é filho de Príamo, rei de Troia e o maior herói troiano.

Usando a armadura de Aquiles, Pátroclo — seu melhor amigo, companheiro de tenda e, segundo alguns especialistas, amante — tenta liderar os gregos de volta ao combate. Mas ele não é páreo para Heitor, que o acaba matando. Após a morte de seu amigo e camarada, Aquiles só quer vingança. Ele recebe uma nova armadura feita por Hefesto, o deus ferreiro, volta para o campo de batalha, massacra as tropas troianas e mata Heitor nos arredores de Troia. Ele amarra o corpo do herói morto a seu carro de combate e o arrasta pelas cercanias de Troia, chegando até sua tenda. Depois, além de se recusar a entregar o corpo aos troianos, mata alguns prisioneiros e ainda ameaça esquartejar o herói, mas o rei Príamo lhe pede clemência. Os deuses ordenam que Aquiles satisfaça o desejo de Príamo, mas, no fim das contas, é seu próprio senso de piedade que faz com que ceda ao velho homem. Ele entrega o corpo de Heitor para que seja pranteado devidamente e a história termina com o funeral do herói troiano.

Há quase 3 mil anos as pessoas consideram a *Ilíada* uma expressão comovente do heroísmo, idealismo e da tragédia que demanda uma guerra. Além das cenas de combate, o poema também conta como era a vida em Troia. Descreve a despedida emocionante entre Heitor e sua esposa, Andrômaca, que previra sua morte. Heitor, um grande soldado, porém um homem de família, é recrutado para defender seu país e, ao fazê-lo, perde tudo. Avesso a combates, ele repreende seu irmão, Páris, por ter iniciado a guerra, mas não deixa de se manter leal a ele. Heitor, que, de muitas formas, pode ser considerado o verdadeiro "herói" da *Ilíada*, é a personificação dos ideais homéricos de honra, lealdade e obrigação social.

Seria a *Ilíada* nossa única obra sobre a Guerra de Troia?

Em uma palavra: não.

Muitos dos acontecimentos que levaram à *Ilíada* não são narrados no poema, que é nitidamente focado na guerra em si e contém descrições vívidas, pulsantes da batalha e da conduta dos homens e dos deuses. Um dos momentos mais terríveis da época foi narrado na peça *Agamêmnon*, de Ésquilo, e fala do sacrifício de Ifigênia, filha de Agamêmnon. A peça conta que os gregos estavam prontos para navegar, mas não conseguiam obter um vento favorável, pois a deusa Ártemis, em certa ocasião, havia sido desdenhada pelo rei Agamêmnon. Para salvar a expedição, o rei foi aconselhado a sacrificar sua própria filha. Ifigênia, acreditando que iria se casar com Aquiles, colocou um vestido de noiva e foi levada para o altar, mas, no fim, descobriu que seria sacrificada. Após a morte da jovem, os ventos voltaram a favorecer. (Há uma outra versão que diz que Ártemis interviu no último minuto e enviou um animal para substituir Ifigênia, assim como, no Gênesis, Deus havia enviado um carneiro para Abraão quando ele estava pronto para sacrificar o filho Isaque.)

Há uma outra cena famosa – sobre Aquiles – que não provém da *Ilíada*, mas da mitologia. Como conta Ovídio, Aquiles fora mergulhado no rio Estige quando bebê. Por causa disso, seu corpo era insuscetível a ferimentos, a não ser no calcanhar, por onde sua mãe o havia segurado no momento do mergulho. Foi quando Páris lhe acertou uma flecha no calcanhar que Aquiles morreu. Essa foi, claro, a origem da expressão, que remete ao ponto fraco, ou vulnerável, de uma pessoa.

Ainda na lista dos acontecimentos que não constam na *Ilíada* está a própria queda de Troia. A cena é descrita em *Eneida*, poema épico do romano Virgílio. *Eneida* conta como os gregos construíram um enorme cavalo de madeira, "o cavalo de Troia", e o colocaram próximo às muralhas da cidade. Ulisses e outros guerreiros se esconderam dentro do cavalo oco, ao passo que o restante das tropas gregas navegou de volta para casa. A profetisa Cassandra* e o sacerdote Laocoonte aconselharam os troianos a não levarem o cavalo para a cidade, mas foram ignorados. Sinon, um grego deixado para trás por suas tropas para fornecer "desinformações", conseguiu convencer os troianos de que o cavalo era uma oferenda sagrada, que traria a proteção dos deuses. Os homens de Troia levaram o cavalo para a cidade e, durante a noite, enquanto se "recuperavam" das comemorações pela vitória, Ulisses e seus companheiros se arrastaram para fora do cavalo. Os portões da impenetrável Troia foram abertos e o exército grego, após ter retornado de uma ilha próxima, onde havia ficado escondido, invadiu a cidade. Os gregos aniquilaram quase todos os troianos, botaram fogo na cidade e levaram Helena de volta.

E, por fim, a própria causa da guerra provém de um mito antigo, e não de Homero. Os problemas começaram, de fato, com um incidente ocorrido em um banquete de casamento divino. Todos os deuses e deusas haviam sido convidados, com exceção de Éris, a deusa da discórdia. Ofendida, tentou fomentar desavenças. Enviou uma maçã de ouro para o banquete, com a inscrição "Para a mais bela". Três deusas – Hera, Atena e Afrodite – reivindicaram para si a maçã. No fim,

---

* Filha de Príamo, Cassandra era tão bela que Apolo por ela se apaixonou e lhe concedeu o poder de profetizar. Mas ela rejeitou as investidas do deus e foi punida: Apolo exigiu que ninguém acreditasse em suas profecias, nem mesmo os troianos, que foram avisados por ela de que deveriam devolver Helena, mas ignoraram seu conselho. Após a queda de Troia, Agamêmnon levou Cassandra para Micenas como sua escrava e a ignorou quando ela profetizou a sua morte. Depois que Clitemnestra, esposa de Agamêmnon, mandou matar o marido, Cassandra foi também assassinada. Hoje, seu nome é usado para descrever profecias malditas.

o belo Páris, filho do rei de Troia, foi trazido para julgar a disputa. As três deusas tentaram suborná-lo, mas ele entregou a maçã para Afrodite, pois ela lhe havia prometido Helena, a mulher mais bela do mundo, filha semidivina de Leda e Zeus.

Helena já era casada com o rei Menelau de Esparta. Quando Páris foi lhe fazer uma visita, porém, Afrodite fez com que ela se apaixonasse pelo príncipe de Troia e os dois fugiram de Esparta juntos. Páris não apenas roubou a esposa de seu anfitrião, mas também quebrou o código de honra sagrado, pois não foi um bom visitante. Menelau e seu irmão organizaram uma grande expedição a Troia, para recuperarem Helena – e, por esse motivo, ela foi, nas palavras do dramaturgo Christopher Marlowe, "o rosto que lançou ao mar milhares de navios/E incendiou as torres inexpugnáveis de Ílion".

Houve mesmo uma Guerra de Troia?

A guerra aconteceu? Troia existiu mesmo? Agamêmnon, Helena e Heitor foram pessoas reais? Ou será que Homero teceu, como fez Shakespeare em suas peças sobre reis de verdade, uma história que transformava o mortal em imortal?

Desde a descoberta de Troia, por Heinrich Schliemann, no século XIX, muitas escavações vêm sendo feitas na tentativa de esclarecer a verdadeira questão da existência de Troia. A cidade que Schliemann pensou ser Troia era, na verdade, muito mais antiga e, após centenas de anos de pesquisas arqueológicas, os especialistas ainda não chegaram a uma conclusão quanto à existência da cidade e da Guerra de Troia. Enquanto alguns acreditam que o épico de Homero seja uma ficção do início ao fim, outros defendem que o poeta pegou pequenos conflitos envolvendo os gregos entre 1500 e 1200 a.C.

O milagre grego

e os transformou em algo maior. Há ainda quem afirme que a lenda de Troia seja baseada em uma grande guerra travada entre os gregos micênicos e os troianos, na metade do século (1200 a.C.). Arqueólogos e outros especialistas se uniram para formar um retrato falado desse confronto entre duas "superpotências" da Antiguidade. Os arqueólogos encontraram fortes evidências históricas nas ruínas de Troia e de outras cidades que confirmam alguns dos eventos descritos nos épicos.

Em um artigo do Archaeology Institute of America (maio de 2004), Manfred Korfmann, diretor das escavações feitas em Troia e professor de arqueologia da Universidade de Tübigen, Alemanha, deu sua resposta para a questão da "verdadeira" Guerra de Troia:

"De acordo com descobertas históricas e arqueológicas, em especial da última década, é muito provável que tenham ocorrido diversos conflitos armados em Troia e seus arredores, no final da Idade do Bronze. Hoje não sabemos se todos ou alguns desses conflitos se transformaram, na memória dos povos posteriores, em uma 'Guerra de Troia', ou se houve de fato, dentre esses conflitos, uma guerra única e especialmente memorável. Se levarmos em conta tudo que sabemos até agora, porém, devemos pressupor que Homero falava a verdade, que sua história sobre uma batalha militar entre os gregos e os habitantes de Troia foi baseada em sua memória dos acontecimentos históricos — sejam eles quais tenham sido. Se um dia alguém me abordasse e dissesse acreditar ter havido de verdade uma guerra no local de minhas escavações, minha resposta, como arqueólogo que esteve nas ruínas de Troia, seria: por que não?"

Vozes Míticas

Vede, vede como os homens mortais lançam sempre a culpa sobre nós, os deuses! Somos a fonte do mal, dizem eles, quando, na realidade, devem agradecer apenas à própria loucura, se suas desgraças são piores do que deveriam ser...

Todos os homens precisam da ajuda dos deuses...

O Olimpo, onde dizem dos deuses a sede firme sempre ficar. Nem por ventos açoitada, nem por chuva inundada, nem neve nela cai, antes sempre ar expande-se sereno, branca sobrepaira claridade...

Os deuses, assemelhando-se a todo tipo de estranho, usam diferentes disfarces de cidade em cidade, observando as injustiças e também a honestidade dos homens...

Então a verdade é que os deuses não dão aos homens dons de graça — nem beleza, nem inteligência, nem eloquência...

— extraído da Odisseia

Quem é o ardiloso herói grego que está louco para voltar para casa?

Não há nada como nossa casa — como bem sabem todos aqueles que assistiram *E.T.: O Extraterrestre*. Mas a história do pequeno alienígena é sopa, se comparada à do mais famoso viajante que tenta voltar para casa da literatura, Ulisses, o esperto rei de Ítaca. Ulisses é o astro da *Odisseia*, uma das obras mais influentes da história Ocidental e uma das maiores histórias de aventura de que se tem notícia. Sua origem

O *milagre grego* 343

permanece incerta, mas, de acordo com a tradição, a *Odisseia* foi composta por Homero, provavelmente em torno de 700 a.C. O poema narra a longa viagem de Ulisses de volta para casa, em Ítaca, ilha próxima à costa noroeste da Grécia, após a batalha contra Troia. Um dos heróis da *Ilíada*, Ulisses (versão latina – "Ulixes" – para o grego "Odisseu") levou crédito pela ideia do Cavalo de Troia e, da mesma forma que usou uma trapaça para dar fim a uma guerra de dez anos, confiou em sua esperteza para enfrentar adversidades ainda maiores na *Odisseia*.

Como a *Ilíada*, a *Odisseia* contém 24 cantos, mas é bem menor em extensão, com 12 mil linhas, e ocorre em um período de cerca de dez anos. Diferente da *Ilíada*, que tem um quê de tragédia, a *Odisseia* é uma história de aventura e é, de certa forma, mais "divertida". Ela já foi chamada de "comédia", no sentido original do termo, em referência à ordem que se restaura no final da história, com o reencontro de uma família. Os mocinhos e os bandidos são facilmente identificáveis. Muito diferente de Aquiles ou Heitor, Ulisses é um herói ardiloso – resoluto, curioso e, acima de tudo, tão determinado quanto o E.T. ou a Dorothy Gale, do Kansas, a voltar para casa, após quase vinte anos de afastamento – dez deles lutando em Troia, três perdido em alto-mar e sete na ilha de Calipso, onde começa sua narrativa.

Conta a *Odisseia* que Ulisses era prisioneiro de Calipso, uma ninfa do mar cujo nome significa "a ocultadora", até que os deuses do monte Olimpo decidiram que era hora de ele voltar para Ítaca e para sua esposa fiel, Penélope. Durante a longa ausência do marido, ela fora pressionada a aceitar que ele estava morto e que deveria se casar de novo para que Ítaca tivesse um novo rei. Telêmaco, filho de Ulisses, ressentia os nobres pretendentes de sua mãe e, assim, a deusa Atena lhe sugeriu que fosse em busca de notícias sobre o pai. E então ele embarcou numa jornada para isso.

Nesse meio-tempo, a história volta para Ulisses. Quando Calipso o libertou, ele se lançou ao mar em uma jangada, mas Posêidon – furioso com o herói por motivos que surgirão mais à frente – enviou uma tempestade e ele naufragou. Quando alcançou terra firme, foi descoberto por Nausica, a bela filha do rei dos feácios. Acolhido por esse povo, Ulisses contou a eles sobre sua vida de errante que teve início após o fim da Guerra de Troia, quando ele embarcou de volta para casa com mais 12 navios, com cinquenta homens cada.

Primeiro, contou aos feácios sobre os lotófagos, os "comedores de lótus", que consumiam a planta narcótica que fazia os homens esquecerem de sua terra natal e de seus objetivos. Depois, contou como cegou o ciclope Polifemo com uma estaca de madeira quente. Ulisses, muito sagaz, dissera a Polifemo que seu nome era "Ninguém", pois, assim, os outros ciclopes ficariam confusos ao ouvir Polifemo gritando que "Ninguém" estava tentando lhe matar. Escondendo seus companheiros debaixo de algumas ovelhas para que pudessem passar despercebidos pelo ciclope cego, Ulisses e seus homens conseguiram fugir – mas, quando já estava em seu navio, o herói cometeu o erro de zombar do gigante e revelou a ele seu nome. O ciclope, então, rezou para Posêidon, seu pai, que vingou o filho cego com a promessa de que tornaria a viagem de Ulisses um pesadelo.

Após ter o navio desviado de seu curso, Ulisses navegou até a ilha da feiticeira Circe, que transformou todos os tripulantes em porcos, mas quis o herói para ser seu amante. Tendo tomado uma erva mágica que o protegia contra o feitiço de Circe, Ulisses dormiu com a feiticeira e, subsequentemente, aprendeu como restituir seus companheiros à forma humana e como passar ileso pelos monstros marinhos Cila e Caríbdis. A feiticeira também lhe explicou como deveria fazer para passar pelas Sereias, ninfas do mar que usavam seu belo canto para atrair marinheiros para a morte em uma ilha mágica. Por fim, avisou aos membros da tripulação para não comerem o gado sagrado de Hélios (o sol).

O navio de Ulisses sobreviveu à maioria dos perigos e parecia estar pronto para voltar para Ítaca sem maiores problemas, mas alguns tripulantes ignoraram os conselhos de Circe e comeram o gado sagrado do deus sol. Como punição, o navio foi destruído por um raio. Todos os homens se afogaram, menos Ulisses, que foi levado pelo mar até a ilha da bela ninfa Calipso, que lhe prometeu vida eterna, caso os dois se casassem. Após sete anos na ilha de Calipso, um dia Ulisses foi para a beira do mar e chorou por sua amada esposa, Penélope. Ao ver a cena, Atena sentiu pena do herói e pediu a Zeus que o libertasse de seu sofrimento. Ulisses construiu uma jangada e foi parar na ilha dos feácios, onde a jovem princesa Nausica o encontrou, nu, com apenas um galho estratégico cobrindo seu corpo. A princesa levou-o para a corte de seu pai e, lá, o herói começou a recontar suas aventuras.

Após terminar sua história, ele voltou para casa. Reencontrou o filho Telêmaco e foi para o palácio, vestido em trapos de mendigo. Penélope passara anos enganando seus pretendentes com a promessa de que se casaria com um deles quando terminasse uma tapeçaria que fazia, que ela, na verdade, desfazia todas as noites. Os pretendentes, irritados, exigiram que ela escolhesse alguém, e ela por fim concordou em se casar com o homem que curvasse o grande arco de Ulisses e lançasse uma flecha que passasse por 12 machados. Ulisses, disfarçado, pegou o arco e venceu o concurso, matando, em seguida, todos os jovens pretendentes desarmados de Penélope, no total de 108, e voltando para a esposa.

Todos os mitos romanos foram extraídos da mitologia grega?

O "Milagre Grego", em Atenas – evidenciado nas tragédias dos três grandes dramaturgos que basearam suas obras na mitologia –, logo entrou em colapso. Em 431 a.C., teve início uma série de guerras com a rival Esparta. Em 429 a.C., a peste atingiu Atenas, matando Péricles e muitos outros. Em 404 a.C., Atenas se rendeu a Esparta, finalizando assim as desastrosas Guerras do Peloponeso, que haviam dividido a Grécia. A oligarquia, governo comandado por um pequeno grupo de aristocratas ricos, voltou a imperar em Atenas.

A ruína da Era de Ouro foi selada em 338 a.C., quando o rei Filipe da Macedônia uniu toda a Grécia sob o seu comando. Era o fim de uma era. As cortinas haviam se fechado e as luzes apagado para a outrora gloriosa cidade-Estado e todas as suas conquistas memoráveis. Mas um novo ato do drama da glória grega estava para começar quando Filipe foi assassinado e substituído por seu ambicioso filho, Alexandre. Aluno de Aristóteles, Alexandre, o Grande, difundiu a cultura, a língua e o pensamento grego por todo o Mediterrâneo oriental. Alexandre estabeleceu no Egito sua cidade homônima, Alexandria, e transformou-a no centro da cultura grega, posição que manteve pelos trezentos anos seguintes. Lá, no templo das Musas, foram reunidos os clássicos da literatura grega e a ciência progredia conforme estudiosos se dedicavam seriamente ao estudo da matemática, da astronomia e da medicina. Em Alexandria, judeus traduziram para o grego as escrituras hebraicas ancestrais, compondo a primeira versão grega da Bíblia, que ficou conhecida como Septuaginta, e Apolodoro formou sua biblioteca – o conjunto de obras mitológicas mais completo e confiável que já havia sido criado, cobrindo desde a criação do mundo até a morte de Ulisses. O esforço maciço de Alexandre para "helenizar" seu império perdurou mesmo após a sua morte, na Babilônia, em 323 a.C.

O milagre grego

Uma nova estrela, porém, surgia no Mediterrâneo. Uma pequena tribo indo-europeia* das margens do rio Tibre, que vivia próxima à futura cidade de Roma, começava a construir um império incomparável que viria a dominar e controlar o mundo mediterrâneo e outras regiões pelos trezentos anos seguintes. Esses guerreiros chegaram na Grécia em 229 a.C., saquearam Corinto em 146 a.C. e logo transformaram o país em uma província romana. Em vez de imporem seus mitos e deuses aos povos dominados, os romanos logo absorveram as ideias e culturas dos conquistados, em especial dos gregos, cujas lendas e histórias gloriosas adotaram como se fossem suas.

A mitologia romana, na verdade, parece mais uma cópia da mitologia grega. Como afirmou Thomas Cahill: "De todos os povos da Terra, os romanos talvez tivessem a religião mais chata. (...) O contato com as emocionantes histórias da mitologia grega e com a belíssima arte que acompanhava essa mitologia — contato que começou com a colonização grega do sul da Itália — encorajou os romanos a florearem sua própria religião à moda grega."

Desde o princípio dos tempos, os romanos já possuíam uma mitologia própria. Aliás, muitas das semelhanças básicas entre a mitologia romana e a grega remontam à herança indo-europeia que as duas culturas têm em comum. Antes de os romanos entrarem em contato com a cultura grega, cultuavam os deuses de seus ancestrais diretos, os latinos, que devem ter chegado à península Itálica por volta de 1500 a.C. e à região da futura Roma em torno de 1200 a.C. Os romanos

---

* O termo "indo-europeu" costuma se referir aos povos que viveram ao norte do mar Negro, no sudeste da Europa. Cultuavam um deus guerreiro que governava o céu. Um grupo de indo-europeus migrou para o oeste, onde ficam hoje a Grécia e a Itália. Outro grupo migrou para o sul, para o norte da Índia. Denominados arianos, eles criaram o deus céu e guerreiro Indra e serão discutidos no capítulo seis.

nativos possuíam muitos deuses próprios, entre eles as três divindades principais – Júpiter, Marte e Quirino –, que são conhecidas como a "tríade arcaica". Júpiter governava como deus dos céus e passou a ser identificado com Zeus. Marte era deus da guerra e ocupava uma posição muito mais importante na mitologia romana do que a de Ares, também deus da guerra, na mitologia grega. Quirino, um deus da agricultura, aos poucos foi perdendo a importância e sendo absorvido pelos outros deuses gregos.

No final dos anos 500 a.C., os romanos já haviam substituído a "tríade arcaica" pela "tríade capitolina" – Júpiter, Juno e Minerva –, que levou esse nome em homenagem ao monte Capitólio, em Roma, onde ficava o principal templo a Júpiter. Nessa nova tríade, Júpiter continuou sendo o deus supremo dos romanos. Identificavam Juno com a grega Hera; e Minerva, com Atena. Foi durante os anos 300 a.C., quando os romanos passaram a ter mais contato com o pensamento grego, que começaram a cultuar os deuses e deusas dos helênicos, dando a eles nomes romanos, templos e santuários.

Entre 500 e 100 a.C., surgiram novas figuras mitológicas romanas, quase todas baseadas em divindades gregas. Além dessas divindades de inspiração grega, também cultuavam muitos deuses e deusas nativos, incluindo Fauno, um espírito da natureza que foi posteriormente associado a Pã; Pomona, deusa das frutas e árvores; Término, deus das demarcações dos campos; e Tiberino, deus do rio Tibre.

Os primeiros habitantes de Roma acreditavam que os deuses e deusas tinham poder sobre a agricultura e todos os outros aspectos do dia a dia dos homens. Por exemplo, Ceres era a deusa das colheitas e passou a ser associada a Deméter. Seu festival era a Cereália, uma cerimônia que ocorria em abril (e origem da palavra "cereal"). Sua filha, Perséfone, tornou-se a romana Proserpina. A deusa Vesta guardava a lareira das casas e foi associada a Héstia. O deus Jano protegia

O milagre grego 349

as portas e portões. Para isso, ele tinha duas faces opostas; também presidia o começo de tudo, e foi assim que seu nome acabou sendo associado ao primeiro mês do calendário romano, janeiro. Júpiter, que logo se tornou o deus supremo dos romanos, foi cultuado primeiramente como um deus do céu, com poderes sobre o tempo, o que, sem dúvida, confirma sua ligação com Zeus. (Os nomes dos dois deuses também têm ligação, segundo a maioria dos linguistas, pois derivam da mesma raiz indo-europeia para "céu"). Líber, o antigo deus romano do vinho, foi associado a Dioniso e também era chamado de Baco.

Apesar da ligação com os mitos e deuses gregos, conforme Roma crescia e se transformava em uma república, e depois em um império, a religião local foi se tornando muito diferente da dos gregos. É verdade que, como os gregos e outros povos ancestrais, os romanos frequentavam templos, faziam sacrifícios, acreditavam em superstições e no poder do "augúrio", ou da adivinhação, eram obcecados por astrologia e cultuavam os deuses do lar. Mas estavam muito menos interessados em mitologia e teologia do que no poder bruto, na ordem e na glória romana – aplicada através de sua superioridade militar e das leis conhecidas como *Pax Romana*. Era isso que motivava os romanos, à medida que se tornavam um império e começavam a dominar a Europa e o Mediterrâneo. Eles estavam muito mais preocupados em construir boas estradas para suas legiões trafegarem do que em impor tradições míticas aos povos que conquistavam. Na verdade, como assinalou o historiador Charles Freeman: "A tolerância aos cultos locais e a prontidão com que os romanos assimilavam esses cultos foram importantes fatores que contribuíram para a consolidação do império." Quando Júlio César e Augusto foram deificados após a morte, dando início a uma era de culto aos imperadores, houve

350 MITOLOGIA

uma consolidação do poder político, e não de uma nova teologia. Mas os cidadãos romanos foram espertos o suficiente para percebê-la.

Quem foram Rômulo e Remo?

Ao contrário dos gregos, os romanos acreditavam que suas divindades eram figuras históricas e usavam os mitos para explicar a fundação e a história de sua nação. O melhor exemplo dessa ênfase histórica é a história de Rômulo e Remo, os lendários fundadores de Roma.

Rômulo e seu irmão Remo eram filhos gêmeos do deus da guerra Marte (o grego Ares), que estuprara Reia Sílvia, a primeira virgem vestal, quando ela se banhava. Reia Sílvia, após ter quebrado seu voto de castidade, foi aprisionada e afastada dos filhos, que foram colocados em um pequeno barco* e deixados à deriva no rio Tibre. Quando o barco chegou a terra firme, os meninos foram encontrados e resgatados por um pica-pau e uma loba – animais sagrados de Marte. A loba cuidou dos irmãos até eles serem encontrados por um pastor, que os levou e os criou.

Os gêmeos se tornaram caçadores e guerreiros, e eram tão respeitados que os homens concordaram em viver sob seu domínio em uma nova cidade. Rômulo e Remo decidiram erigir uma cidade no ponto próximo ao Tibre, onde a loba os havia encontrado. Na fundação da cidade, porém, houve uma briga séria entre os dois irmãos, que acabaram lutando entre si. Rômulo matou Remo e chorou sobre seu cadáver. Após se recuperar da dor, Rômulo construiu a nova cidade de Roma, segundo consta, em 753 a.C.

---

* Algumas versões dizem se tratar de um cesto, fazendo um interessante paralelo com as histórias de Moisés, de Sargão da Mesopotâmia e de Ciro da Pérsia, todos grandes líderes que foram colocados em um cesto e deixados em algum rio.

O milagre grego

A cidade, a princípio, era habitada por escravos fugitivos, bandidos e assassinos, e possuía uma perigosa escassez de mulheres, e, com o tempo, os romanos perceberam que precisavam de esposas. Quando os sabinos, um povo que vivia nas proximidades, foram a Roma para celebrar um festival religioso, os romanos percorreram as multidões, agarraram as mulheres sabinas e as mantiveram como noivas cativas, episódio que costuma ser retratado nas artes clássicas como *O rapto das sabinas*. Após esse episódio, houve uma luta entre as tribos sabinas e os romanos. A pedido de Júpiter, as sabinas se colocaram no meio da batalha e exigiram paz. Os sabinos acabaram se juntando a Roma.

Os romanos acreditavam que Rômulo fora o primeiro rei da cidade e, segundo a mitologia local, ele governou por quarenta anos, antes de desaparecer durante uma tormenta. Rômulo foi, em tese, o primeiro dos sete reis lendários que governaram Roma desde a sua fundação até cerca de 500 a.C. Há poucos indícios de que esses sete reis tenham mesmo existido, ou que os eventos ligados a seus reinados tenham realmente acontecido. Mas contribuíram para que o épico da fundação de Roma tivesse um final feliz.

VOZES MÍTICAS

Canto as armas e o varão que, expulso pelo destino das praias de Troia para a Itália, chegou primeiro ao litoral da Lavínia. Por muito tempo, na terra e no mar, esteve à mercê dos deuses superiores, incitados pela ira sempre lembrada da cruel Juno. Muitas provações, também, sofreu na guerra, para fundar uma cidade e trazer os seus deuses ao Lácio. Daí saíram o povo latino, os antepassados albanos e as muralhas da poderosa Roma.

— VIRGÍLIO, Eneida

Homero estava presente da lista de livros dos romanos?

Parece que sim. Os romanos não eram bobos, sabiam reconhecer uma coisa boa quando viam. O épico nacional sobre a Roma antiga, a *Eneida*, segue um modelo muito parecido com o dos grandes épicos gregos, a *Ilíada* e a *Odisseia*.

E *Eneida*, poema complexo que celebra as virtudes de Roma e confere um passado glorioso ao império, foi escrito pelo poeta Virgílio (às vezes denominado Vergílio), entre 30 e 19 a.C. Virgílio escolheu Eneias, herói mítico de Troia e filho da deusa Afrodite e de Anquises, um príncipe da casa real troiana, para expressar a moral e os valores religiosos da Roma antiga. Escrita em homenagem a Augusto, o primeiro imperador romano, que, tempos depois, foi considerado filho de Eneias, ela é formada por 12 livros. Os primeiros seis livros imitam a *Odisseia*, pois descrevem as aventuras de Eneias no mar após a tomada de Troia pelos gregos.

Eneida começa com o naufrágio de Eneias e seus companheiros troianos, e sua chegada a Cartago, cidade que foi fundada, na verdade, pelos fenícios, no norte da África, em torno de 800 a.C. – centenas de anos depois da queda de Troia, narrada pela *Ilíada*. Uma vez em terra firme, Eneias encontra Dido, rainha de Cartago, apaixona-se por ela e reconta para sua corte o episódio da queda de Troia: a história muito amada sobre o cavalo de madeira, as aventuras de Sinon e Laocoonte, e sua própria fuga. Depois, como Ulisses, que havia regalado os feácios com suas narrativas, na *Odisseia*, Eneias divertiu seus ouvintes com o relato de suas próprias aventuras.

Dido e Eneias logo se envolveram em um romance intenso, mas os deuses estavam preocupados com o destino de Roma. Ordenam que Eneias – a alma desse destino – abandone Dido. Desesperada e enraivecida, ela comete suicídio, e, em seu leito de morte, amaldiçoa

O milagre grego

o herói e seus descendentes. Tempos depois, após chegar à Itália, Eneias desceu ao mundo dos mortos – onde encontrou Dido e seu pai falecido – e foi informado sobre seus futuros descendentes, os romanos. Após retornar ao mundo dos vivos, ele aportou, com seus companheiros, na foz do rio Tibre, no Lácio.

Os últimos seis livros Virgílio baseou na *Ilíada*, e eles começam com a chegada de Eneias no lugar que viria a ser construída a cidade de Roma. O rei de lá, Latino, oferece terras a Eneias, para seu povo, e a mão de sua filha, Lavínia, que na verdade já estava prometida para um rei local. Eclodiu, assim, uma guerra entre o povo desse rei e os sobreviventes de Troia. A guerra foi violenta e, por fim, Eneias e o rei rival decidiram solucionar o conflito com uma luta única. Durante essa luta, Eneias feriu seu oponente e estava disposto a lhe conceder misericórdia, mas, nesse momento, avistou algo que o lembrou de um amigo que havia perdido – como Aquiles havia perdido Pátroclo. Ele, então, enterrou sua espada no peito do rei guerreiro.

Eneias fundou a cidade que chamou de Lavium, em homenagem a sua esposa Lavínia, antes de morrer. Tempos depois, seu filho, Ascânio, mudou a cidade para Alba Longa, onde, após 12 gerações – ou 450 anos – nasceram os gêmeos Rômulo e Remo.

VOZES MÍTICAS

E, enquanto Paulo os esperava em Atenas, seu espírito se comovia em si mesmo, vendo a cidade tão entregue à idolatria. De sorte que disputava na sinagoga com os judeus e religiosos, e todos os dias na ágora com os que se apresentavam. E alguns dos filósofos epicuristas e estoicos contendiam com ele. Uns diziam: "Que quer dizer esse paroleiro?" E outros: "Parece que é pregador de divindades estrangeiras." (Isso porque lhes anunciava Jesus e a ressurreição.) E tomando-o então pela mão, conduziram-no ao Areópago [uma colina a oeste da Acrópole], dizendo: "Poderíamos nós saber que nova doutrina é essa de que falas? Pois coisas estranhas nos trazes aos ouvidos; queremos, pois, saber o que vem a ser isso." Pois todos os atenienses e estrangeiros residentes de nenhuma outra coisa se ocupavam, senão de dizer e ouvir alguma novidade.

E, estando Paulo diante do Areópago, disse: "Homens atenienses, em tudo vos vejo um tanto supersticiosos. Porque, passando eu e vendo os vossos santuários, achei também um altar em que estava escrito: "Ao deus desconhecido." Esse, pois, que vós honrais, não o conhecendo, é o que eu vos anuncio. O Deus que fez o mundo e tudo que nele há, sendo Senhor do céu e da Terra, não habita em templos feitos por mãos de homens, nem tampouco é servido por mãos de homens, como que necessitando de alguma coisa, pois ele mesmo é quem dá a todos a vida, e a respiração, e todas as coisas. De um só ele fez toda a raça humana para habitar sobre toda a face da terra, fixando os tempos anteriormente determinados e os limites do seu habitat. Para que buscassem ao Senhor, se porventura, tateando, o pudessem achar, ainda que não está longe de cada um de nós; porque "nele vivemos, e nos movemos, e existimos"; como também alguns dos vossos poetas disseram: pois somos também sua geração.

— Atos dos Apóstolos 17:16-28

O que eram as bacanais e as saturnais?

Após uma conversão milagrosa, o apóstolo Paulo, um judeu de Tarso (na atual Turquia) que outrora perseguira partidários de Jesus, passou

O milagre grego

anos viajando pelo mundo greco-romano durante o primeiro século, pregando o evangelho, ou "a boa-nova", de Jesus Cristo. A passagem bíblica citada anteriormente descreve sua experiência em Atenas, onde tentou convencer os homens de que Jesus era o Deus único.

Essa cena foi seguida por outro episódio interessante, em que Paulo causou bastante tumulto. Durante uma viagem a Éfeso, onde ficava o templo da deusa Ártemis, uma das Sete Maravilhas do Mundo Antigo, Paulo continuou pregando contra a idolatria. Mas os prateiros e artesãos da cidade, que ganhavam a vida vendendo seus ídolos e estátuas, não gostaram de saber que havia um homem propagando uma religião que dizia "Jogue fora os ídolos de falsos deuses". Os prateiros organizaram uma emboscada e capturaram dois companheiros de Paulo. Um funcionário público local resolveu interferir para acalmar as massas e, por fim, deu um conselho bem atual aos artesãos: se quisessem fazer algo em relação a Paulo e os outros cristãos, deveriam entrar com um processo!

O mundo ocidental havia alcançado uma nova encruzilhada: a chegada de Paulo e do Novo Testamento. Embora os romanos tivessem crucificado Jesus por traição, em Jerusalém, por volta de 30 d.C., os seguidores do cristianismo continuaram disseminando a nova religião pelo império. Paulo, cidadão romano, acabou indo a Roma, onde foi aprisionado, e segundo o relato, morto. Pedro, um dos 12 apóstolos originais de Jesus, também teria morrido ali, durante o período de perseguição aos primeiros cristãos. Mas Roma estava prestes a se transformar. E, quando se transformou, algumas práticas ancestrais bateram de frente com o cristianismo.

No decorrer do Império Romano (grosso modo, de 27 a.C. a 476 d.C.), a religião foi ficando cada vez mais centralizada na família imperial e o próprio imperador Augusto foi deificado após sua morte, bem como seu tio Júlio César, que foi deificado após ter sido assassinado. Ainda assim, como afirmou Thomas Cahill, em *Navegando o mar*

356 MITOLOGIA

de vinho: "A religião romana era quase que uma religião de obrigações contratuais entre homens de negócios. (...) Não apenas eram poucos os mitos de Roma, como também praticamente não existia uma teologia (...) e esses foram os enigmas que estimularam especulações por parte dos primeiros filósofos gregos".

Talvez o único aspecto da religião romana que não era "entediante" fossem as bacanais, festas selvagens e místicas que celebravam o deus romano (e grego) do vinho, Baco. Introduzidas na Itália em torno de 200 a.C., as bacanais ocorriam em segredo e, a princípio, só incluíam mulheres. Mais tarde, os homens passaram a ser aceitos nos rituais e os festivais, que desde os tempos gregos tinham um quê de festança regada a vinho e liberdade sexual, ganharam tanta reputação que passaram a ser vistos como uma ameaça. Em Roma, as bacanais se tornaram tão grandes que as pessoas começaram a pensar que seus participantes planejavam crimes e conspirações políticas. Isso levou à criação de um decreto do Senado, em 186 a.C., que restringia severamente o festival. Apesar das duras punições que eram infligidas naqueles que violassem o decreto, as bacanais perduraram ainda por muito tempo, em especial no sul da Itália.

Outro festival popular em Roma era a comemoração das saturnais, um feriado de ação de graças que marcava o início do solstício do inverno e homenageava Saturno, o deus da agricultura. As saturnais começavam em 17 de dezembro e, embora os primeiros festivais tivessem tido duração de apenas dois dias, com o passar do tempo a celebração passou a durar uma semana inteira, perdendo sua importância agrícola e se resumindo a um período de alegria geral. Até os escravos tinham direito a liberdade temporária para fazer o que bem entendessem, enquanto os romanos banqueteavam, visitavam os amigos, acendiam velas e trocavam presentes.

As inúmeras semelhanças entre as saturnais e o Natal não são mera coincidência. Os cristãos do século IV fixaram 25 de dezembro como

O milagre grego

o dia do nascimento de Cristo, pois a data já era um feriado para os pagãos. Dessa forma, evitaram o problema de eliminar feriados já populares enquanto convertiam a população ao cristianismo. Em 350, o papa Júlio I declarou que o nascimento de Cristo seria comemorado no dia 25 de dezembro. Não resta dúvida de que ele tentava tornar a conversão o mais indolor possível para os pagãos romanos; a nova religião foi absorvida com mais facilidade quando o povo percebeu que não deixaria de comemorar suas festas tradicionais. (Outra ligação entre a data cristã e a mitologia é o nascimento de Átis, deus da vegetação na Ásia Menor e parceiro de uma deusa conhecida como Cibele, uma das deusas "estrangeiras" adotadas pelos romanos. Seu templo em Roma, que foi tomado pelos cristãos no século IV, ficava no local onde hoje se encontra o Vaticano.)

A partir da conquista romana da Grécia, outras muitas religiões exóticas foram se infiltrando no império, inclusive o culto à deusa egípcia Ísis e o mitraísmo, uma religião persa de mistério, para homens iniciados, que fez sucesso no Império Romano nos séculos II e III d.C. Talvez tenham sido os soldados romanos que levaram para Roma o culto ao deus persa Mitra, uma das muitas religiões de mistério que competiam por adeptos no império naquela época. Segundo o historiador Plutarco (46–125 d.C.), o culto a Mitra foi introduzido em Roma por piratas que haviam sido capturados e trazidos da Cilícia. Por volta de 100 d.C., a religião já era popular entre burocratas, soldados e escravos. Nas legiões romanas era ainda mais popular, pois o mitraísmo pregava em especial a honra e a coragem, a irmandade do Bem combatendo o Mal. A religião possuía várias semelhanças com o cristianismo – incluindo um dia sagrado que era celebrado em 25 de dezembro – e se tornou tão popular que precisou ser sufocada pelos pais do cristianismo no século IV.

Foi nesse terreno fértil, de cultos rivalizando em busca de adeptos, que o cristianismo teve sua estreia no mundo romano. Apesar das perseguições que sofria, em especial nos momentos de tensão civil, como no período de Nero – que era, segundo muitas autoridades bíblicas, a "Besta", associada ao número 666, no Apocalipse de João –, o cristianismo se manteve firme na conquista de adeptos. As coisas mudaram de vez no reinado de Constantino I, que foi nomeado imperador das províncias ocidentais de Roma, em 306 d.C. Em 312, Constantino derrotou seu maior rival após ter uma visão que lhe prometeu a vitória caso ele lutasse sob o signo da cruz cristã. Em 313, Constantino e Licínio, imperador das províncias orientais, concederam aos cristãos liberdade de culto. Depois de derrotar seu coimperador, em 324, Constantino mudou a capital para Bizâncio, em 330, renomeou a cidade de Constantinopla (atual Istambul, na Turquia) e fez do cristianismo a religião oficial do Estado romano.

Após a morte de Constantino, em 337, seus três filhos e dois sobrinhos lutaram pelo controle do Império Romano. Um dos sobrinhos – Juliano, que depois foi denominado o Apóstata – tornou-se imperador em 361. Juliano, que havia estudado os clássicos gregos, interessou-se pelos deuses gregos e submeteu-se a uma "conversão pagã". Como imperador, tentou acabar com a expansão do cristianismo e restaurar a religião romana tradicional. Em 363 d.C., Juliano foi morto em uma tentativa de invasão à Pérsia. Próximo ao final do século II, o cristianismo já estava estabelecido como religião oficial do império e Roma, aos poucos, tornava-se a cidade central dos seguidores de Jesus Cristo. Todos os outros cultos foram proibidos em 391 d.C. por um edito do imperador Teodósio I. Após a morte desse imperador, em 395, o império se dividiu permanentemente em Império Romano do Oriente e Império Romano do Ocidente.

O milagre grego 359

A partir daí, o Império Romano do Ocidente não parou mais de enfraquecer. Os vândalos, visigodos e outros povos germânicos invadiram a Espanha, a Gália e o norte da África. Em 410, os visigodos saquearam Roma, e o império "caiu" em 476, ano em que o chefe de tribo germânico Odoacro destituiu Rômulo Augústulo, último soberano do império, do trono. O Império Romano do Oriente sobreviveu como Império Bizantino até 1453, quando os turcos tomaram Constantinopla.

CAPÍTULO CINCO

UMA ERA DE MACHADOS, UMA ERA DE ESPADAS

Os mitos celtas e nórdicos

Na grande carnificina da planície de Muirthemné, Cuchulainn matou 130 reis, além de uma incontável horda de cachorros e cavalos, mulheres e meninos e crianças e gentalha de todo tipo. Não houve um homem em três que conseguisse escapar sem ter o fêmur, ou a cabeça, ou o olho esmagados, ou sem levar consigo uma cicatriz para o resto da vida. E, quando a batalha acabou, Cuchulainn não tinha nem um único arranhão ou mancha em seu corpo, nem no de seus ajudantes, nem de seus cavalos.

— extraído de *A razia das vacas de Cooley*

Não partas mais meu coração hoje,
Em muito breve alcançarei meu túmulo.
O sofrimento é maior do que o mar.

— "The Poem of Derdriu" ("O poema de Derdriu"),
em *O exílio dos filhos de Uisliu*

Uma era de machados, uma era de espadas, escudos despe-
daçados,
Uma era de tormentas, uma era de lobos, antes que a era dos
homens desmorone.

— Edda Poética

No primeiro contato que os romanos tiveram com esses
guerreiros nus e insanos, ficaram chocados e amedrontados.
Os homens não estavam apenas nus, eles bradavam e pareciam
possuídos, tamanhos eram sua força e entusiasmo. Incitados
pela barulheira infernal das gaitas, eles apresentavam ao inex-
periente e palpitante sensório romano um evento multimídia
com terrores que não perdiam nada para o inferno.

— Thomas Cahill,
Como os irlandeses salvaram a civilização (1995)

Como podemos saber quais eram as crenças dos celtas?

Os druidas praticavam sacrifício humano?

Existe alguma relação entre os druidas e Stonehenge?

Quem é quem no panteão celta

O que foi *A razia das vacas de Cooley*?

Como alguém pode ficar muito esperto comendo um peixe mítico?

Qual é a relação entre os celtas e o Dia das Bruxas (*Halloween*)?

O que é o *Mabinogion*?

Que outra mitologia além da celta saiu arrasando do norte da Europa?

Como a axila de um gigante e uma vaca ajudaram a criar o mundo nórdico?

Quem é quem no panteão nórdico

Quem é o herói mais importante da mitologia nórdica?

MARCOS DA MITOLOGIA
Os celtas e a Europa setentrional
Período antes de Cristo (a.C.)

3500–3200 Círculos e fileiras de pedras eretas são erguidos pelo norte e pelo oeste europeu.

Início da construção de Stonehenge, no sul da Inglaterra (completado em torno de 1500); o alinhamento que o monumento faz com o nascer do sol parece estar ligado a seu propósito. É possível que também tenham ocorrido sacrifícios humanos no local. A extração, lapidação e transporte dessas pedras enormes, por longas distâncias, sugere uma organização social sofisticada, mas até hoje nenhum registro escrito foi encontrado.

c. **3000** Passagens-túmulos elaboradas são construídas na Irlanda.

c. **2300** Idade do Bronze na Europa; objetos de bronze começam a aparecer em túmulos.

c. **1200** Na região do Danúbio, emerge a cultura dos campos de urnas: as cinzas dos mortos eram colocadas em grandes urnas que eram depositadas em necrópoles comunais.

c. **1000** Primeiras fortificações em colinas do oeste da Europa.

c. **800** Início da Idade do Ferro celta em Hallstatt (Áustria).

753 Fundação de Roma.

c. **500** Túmulos na França contêm objetos importados dos gregos e etruscos – indício do comércio entre os celtas e as civilizações mediterrâneas; carros de combate e armas passam a ser usados em enterros.

Uma era de machados, uma era de espadas 365

450 A cultura celta de La Tène emerge na Europa Ocidental e Central, fazendo nascer um estilo de arte inconfundível. O estilo de La Tène dava ênfase a padrões elaborados com curvas e espirais entrelaçadas, e retratava plantas e animais de maneira altamente estilizada, muito pouco semelhante às formas da natureza.

c. 400 Os celtas se expandem até as Ilhas Britânicas. Era de Ouro de Atenas.

390 Tribos celtas incendeiam Roma.

c. 350 As tribos celtas alcançam a Irlanda.

272 Invasores celtas pilham Delfos, na Grécia.

228 Os celtas se instalam na Galácia, na Ásia Menor (Turquia).

c. 100 Os celtas constroem seus primeiros povoados fortificados na Europa Ocidental.

70 Idade de Ouro de Roma: surgem obras de Cícero, Ovídio e Virgílio.

58–50 Júlio César completa a conquista da Gália.

31 Otaviano torna-se o imperador César Augusto.

Depois de Cristo (d.C.)

9 Três legiões romanas são destruídas por tribos germânicas no Reno.

47 A Grã-Bretanha sofre invasão romana.

100 A lendária rainha Medb (Maeve) de Connacht reina na Irlanda.

122 O imperador Adriano constrói muralhas e torres de defesa para fortificar a fronteira norte da Bretanha Romana.

166 Tribos germânicas invadem o norte da Itália.

253 A invasão germânica da Gália destrói as prósperas províncias do noroeste.

378 Funcionários públicos romanos destratam os visigodos, causando uma rebelião; o imperador Valente é assassinado e seu exército, dizimado.

401 Patrício, um bretão, é vendido como escravo na Irlanda. Mais tarde, se tornará conhecido como São Patrício.

406 Membros de tribos germânicas invadem o Império Romano.

410 Última retirada das legiões romanas da Grã-Bretanha.

Alarico, o godo, saqueia a cidade de Roma.

431 O Concílio de Éfeso declara que a Virgem Maria é a Mãe de Deus.

432 Patrício, já como bispo, chega à Irlanda; ele converte irlandeses celtas ao cristianismo.

441 Anglo-saxões começam a colonizar a Inglaterra.

451 Átila, o Huno, é derrotado em Troyes.

455 Em um ataque marítimo partindo da África, os vândalos saqueiam Roma.

476 O último imperador romano, Rômulo Augústulo, é deposto; ele é substituído por Odoacro, "Rei da Itália", marcando o fim do Império Romano no ocidente.

***c.* 500** Brígida (que se tornará Santa Brígida) funda uma abadia em Kildare, Irlanda.

597 Santo Agostinho converte anglo-saxões ao cristianismo.

Uma era de machados, uma era de espadas 367

636   Fundação do Monastério de Lindisfarne.

789   Primeiro registro de um ataque viking na Inglaterra, em Weymouth.

793   Vikings pilham o Monastério de Lindisfarne, próximo à costa britânica.

866   Vikings ocupam a cidade britânica de York.

870   Vikings se instalam na Islândia.

902   Vikings estabelecem uma base fixa em Dublin.

911   Vikings fundam o Ducado da Normandia.

982   Vikings se fixam na Groenlândia.

986   Vikings alcançam a América do Norte e fixam povoados na região.

999–1000   O cristianismo é aceito na Islândia.

1016   O rei Canuto, da Dinamarca, é coroado rei da Inglaterra.

1066   Batalha de Hastings: normandos – descendentes dos vikings – invadem e conquistam a Inglaterra.

***c.* 1220**   *Edda em Prosa*, mitos nórdicos reunidos por Snorri Sturluson.

Imagine o seguinte: estamos cinquenta anos antes do nascimento de Jesus, é um dia típico no mundo antigo. Na Grécia, em Atenas, filósofos e seus alunos percorrem as ruas, com suas Grandes Ideias, enquanto passam por templos com séculos de existência e estátuas elegantes e graciosas, esculpidas em mármore. No Egito – onde as pirâmides já têm mais de 2 mil anos de idade! –, em Alexandria, a Grande Biblioteca está repleta de estudantes, alguns lendo as grandes obras da literatura clássica, outros se dedicando à filosofia, desenhando mapas do mundo e estudando matemática e astronomia avançadas. Em Roma, começa a florescer a Era Clássica de poetas e escritores e, pouco tempo depois, o Império Romano já estará difundindo sua língua, leis, organização militar e suas estradas, construídas com esmero, pelo mundo mediterrâneo e europeu.

Mas, em um campo de batalha distante, em algum lugar da Europa, o general romano Júlio César lidera suas ordenadas legiões contra um grupo de guerreiros nus e uivantes. Os bárbaros entram em campo com instrumentos musicais esquisitíssimos – gaitas estrepitosas feitas com pele de animal e trompetes curvados e estranhos. Se ganharem a luta, esses "selvagens" certamente levarão como troféu as cabeças dos inimigos romanos e sacrificarão centenas de prisioneiros nas cerimônias presididas pelos druidas, uma mistura de mágicos e sacerdotes. Os sacerdotes druidas não cultuam seus deuses em templos majestosos localizados em cidades. Seus deuses estão em toda a parte, uma infinidade de espíritos míticos que circulam pelas florestas, campos, montanhas, lagos e nascentes. Até pelos estranhos e misteriosos círculos de pedra que salpicam a paisagem da Europa.

Descendentes dos povos indo-europeus ancestrais, esses guerreiros selvagens eram chamados de *celtae* ou *galli* pelos romanos e *keltoi* e *galatatae* pelos gregos. Hoje, são conhecidos pelo nome genérico celta.*

Enquanto civilizações grandiosas e gloriosas nasciam e morriam nos mundos mediterrâneos do Egito, da Mesopotâmia, Grécia e Roma, os agitados celtas continuavam ganhando a vida através de uma existência seminômade, em um mundo selvagem e cruel, com batalhas constantes, uma realidade que seus contemporâneos de Alexandria, Babilônia, Atenas ou Roma já não viviam havia tempos. Após migrarem por milhares de anos pela Europa, eles se fixaram de maneira intranquila na periferia do Império Romano – e de seu derradeiro sucessor, a Igreja de Roma. Já no início do século I, seus principais postos avançados ficavam na Irlanda, nas Ilhas Britânicas e na Bretanha, nordeste da França.

O pouco que sabemos sobre esse povo selvagem remonta a períodos muito mais antigos. De acordo com descobertas históricas e arqueológicas, os celtas se estabeleceram primeiramente no nordeste da Europa e depois ocuparam uma larga faixa territorial que se espalhava por quase todo o oeste europeu. Escavações feitas na Áustria e na Alemanha indicam que eles viveram primeiro em Hallstall (Áustria), perto de Salzburgo, já que lá foram encontradas centenas de sepulturas celtas, que datam de cerca de 700 a.C. Em locais como Hochdorf, na Alemanha, também foram encontrados túmulos celtas,

---

* No original, *Celts*. A pronúncia exata do termo em inglês é algo como "kelts", embora o famoso time de basquete norte-americano, que leva esse nome, costume ser chamado de "seltic".

370   MITOLOGIA

onde os corpos foram enterrados junto com carroças inteiras, cheias
de objetos de luxo – sem dúvida, para aqueles que acreditavam que
iriam para outro lugar na próxima vida. Infelizmente não foi encontrada nenhuma espécie de *O livro dos mortos*, versão "Alpes suíços",
como os deixados pelos egípcios, o que dificulta um conhecimento
mais aprofundado dessa cultura.

Em torno de 500 a.C., porém, algo aconteceu. Enquanto Atenas
entrava em sua Idade de Ouro e a República Romana começava a
dar seus primeiros sinais de vida, os celtas começavam a se espalhar
pelo ocidente europeu. Nessa mesma época, ou talvez em cerca de
350 a.C., eles cruzaram os mares e alcançaram as Ilhas Britânicas e
a Irlanda, onde estabeleceram suas sociedades mais duradouras. Os
motivos que levaram a essa migração em massa ainda são desconhecidos – mudança climática, fome e superpopulação são prováveis suspeitos. Mas os celtas estavam de mudança. E eram destemidos, como
bem aprenderam os romanos e os gregos. Em 387 a.C., um grupo de
celtas atacou e incendiou Roma, uma sociedade que ainda estava nas-
cendo. Outro grupo de invasores pilhou o templo sagrado de Delfos,
na Grécia, em 279 a.C.*

Os celtas também estavam em rota de colisão com o destino.
Embora fossem aterrorizantes e difíceis de serem subjugados, nunca
alcançaram de fato o status de "nação", permanecendo como grupos

---

* Um dos muitos povos descendentes dos celtas foram os gauleses, os quais Paulo
menciona em sua Epístola aos Gálatas, que viviam na região da Galácia, atual
Ancara, Turquia. Nessa carta, de suma importância, Paulo afirma que os gentios
(não judeus) não precisavam se tornar judeus antes de se converterem ao cristianismo. Paulo também incluiu uma relação bastante específica de vícios que deviam
ser comuns na Galácia, como a fornicação, a impureza, a libertinagem, a idolatria, a
feitiçaria, a inveja, a embriaguez e a boemia. Mas os gálatas – como os celtas – certamente não eram os únicos que viviam dessa forma no mundo do século I.

Uma era de machados, uma era de espadas 371

de tribos dispersos, liderados por reis guerreiros. Assolados pelas constantes batalhas internas, os celtas acabaram se rendendo aos ataques dos oponentes mais "civilizados" entre 300 e 100 a.C. Durante esse período, os romanos conquistaram a maior parte da Europa celta, acabando com quase todos os vestígios dessa sociedade no continente e absorvendo alguns de seus mitos em sua própria mitologia, mesclando as crenças e deuses romanos com as divindades dos locais conquistados. Quando o líder celta Vercingétorix conseguiu reunir várias tribos na Gália, o povo celta deu seu último sopro de vida. Em 52 a.C., porém, César destruiu as tribos após uma campanha árdua, que durou oito anos. César poupou 2 mil sobreviventes da batalha, mas mandou cortar as mãos de todos os guerreiros. O líder Vercingétorix foi executado em Roma. Os únicos celtas que conseguiram preservar a cultura local por mais tempo foram os que ficaram protegidos pelo mar, nas Ilhas Britânicas e na Irlanda – seus refúgios fortificados não sucumbiram ao Império Romano, mas acabaram se rendendo à Igreja Romana quando São Patrício converteu os irlandeses celtas ao cristianismo. É por isso que muitos aspectos da mitologia celta, de suas crenças e cultos, são associados aos irlandeses, galeses, escoceses e britânicos.

Hoje, quando pensamos nos celtas, a imagem que vem à cabeça é a de uma república estudantil que desandou. Barulhentos, turbulentos e apreciadores de festanças e bebedeiras – em especial antes de uma batalha. Essa impressão não está nada longe da verdade. Segundo o historiador William K. Klingaman, em *The First Century* ("O primeiro século"): "Nessa época, nada aterrorizava mais um soldado romano do que o prospecto apavorante da captura, tortura e mutilação pelos sacerdotes druidas. (...) Enfrentar os igualmente civilizados gregos, ou até os ferozes partos, era uma coisa: lutar contra inimigos quase sobre-humanos, que, segundo os rumores, bebiam sangue humano e assavam carne humana era outra, bastante diferente."

MITOLOGIA

Mas isso é apenas parte da história. Esse povo independente, tribal e primitivo também tinha um lado sensível. Sabiam ser poéticos, artísticos e até românticos – e profundamente religiosos. Embora, hoje, suas práticas espirituais possam deixar muito a desejar, os celtas mantinham uma forte conexão com os deuses do mundo natural. Para eles, a religião estava ligada a bosques sagrados, picos de colinas, lagos e nascentes. Eles acreditavam no poder de cura da água e usavam plantas sagradas – como as folhas perenes de visco – para curar doenças, promover a fertilidade das mulheres e celebrar a vida no meio do inverno.

Do pouco que sobreviveu da mitologia celta, sabemos que, para esse povo, os deuses estavam em toda a parte – na terra, na água, nas florestas e nos animais, que consideravam de grande valor, como os cavalos. Embora o deus sol celta fosse importante, não era uma divindade onipotente, como o deus egípcio. Talvez fizesse sentido, considerando que viviam em uma parte do mundo mais fria e escura, onde o sol não brilhava com tanta frequência, nem com tanta força. Mas, da mesma forma que os mitos do Egito, da Mesopotâmia, Grécia e Roma contribuíram para iluminar a cultura desses povos, as lendas dos celtas também ajudam a compreender esse povo que encontrou seu lugar especial na civilização ocidental.

VOZES MÍTICAS

Como nação, são extremamente supersticiosos. As pessoas doentes, ou que tenham se exposto aos perigos de uma batalha, oferecem sacrifícios humanos nas cerimônias conduzidas pelos druidas. Os celtas acreditam que a única forma de se preservar a vida de um homem é sacrificando a vida de outro em seu lugar. Com frequência ocorrem sacrifícios tribais, nos quais enormes gaiolas de vime com formas humanas são abarrotadas

de homens vivos e incendiadas, para que as vítimas queimem até a morte. Eles acreditam que os deuses preferem o sacrifício de ladrões e bandidos, mas, quando há escassez de criminosos, não hesitam em compensar a falta de homens com inocentes.

– Júlio César, A guerra da Gália

Como podemos saber quais eram as crenças dos celtas?

Ao estudar os celtas – em particular seus mitos e crenças –, ficamos numa posição parecida com a do provérbio sobre seis cegos descrevendo um elefante: cada um toca uma parte diferente do animal e tira suas próprias conclusões baseadas na parte em que encostou. Quando se tenta entender os celtas, o que se vê são muitas partes desconexas, mas é difícil visualizar a situação como um todo.

Ao contrário das grandes civilizações que os precederam, os celtas deixaram pouquíssimas marcas indeléveis. Eles eram um povo iletrado, em sua maioria, que não produziu nenhum material escrito durante muito tempo – nenhum *Gilgamesh*, nenhum *Livro dos mortos*, nenhuma *Ilíada*, nenhuma Bíblia Sagrada. Embora tenham passado de nômades errantes para agricultores sedentários, nunca construíram grandes cidades e não deixaram nenhum tipo de registro ou papelada burocrática que fornecesse dicas sobre seus hábitos e costumes. Alguns sacerdotes druidas faziam uso de uma forma de escrita rudimentar, mas, se deixaram algum tipo de registro sobre a religião, mitologia, poesia ou sobre os hinos celtas, esses nunca foram encontrados. Também não se tem notícia de nenhuma história da criação do mundo segundo os celtas.

O que nos sobra é um punhado de outras fontes, como alguns escritores do Período Clássico de Roma, sendo o principal deles Júlio

MITOLOGIA

César – a maldição de gerações de estudantes de latim. César e outros repórteres romanos costumavam descrever a fascinação que os celtas tinham por rituais que os romanos "civilizados" consideravam bárbaros, dentre eles o sacrifício humano, o hábito de decapitar suas vítimas, suas estranhas formas de adivinhação e a atitude que esse povo tinha perante a vida após a morte, que os romanos consideravam curiosa. Mas, como esses escritores desdenhavam os celtas e os consideravam um povo muito inferior, suas observações devem ser lidas com muita cautela.

A arqueologia nos fornece algumas pistas sobre como eram os primeiros celtas e como eles viviam, mas, também nesse caso, é importante lembrar que há grandes lacunas nos registros. Os celtas não deixaram para trás pirâmides, nem templos, nem bibliotecas cheias de registros cuneiformes, nem cidades para serem desenterradas, como Cnossos, Troia ou Nínive. Seus lugares sagrados eram, em geral, áreas delimitadas ao ar livre, como um bosque de carvalhos sagrados, ou um lago ou nascente sagrada. Eles costumavam cavar poços ou fossas profundas para se comunicarem com as forças misteriosas do mundo inferior. E suas construções mais duradouras, que sobreviveram em seus assentamentos, foram, quase todas, maculadas por conquistadores que chegaram depois. Por exemplo, os celtas achavam que as famosas águas minerais de Bath, na Inglaterra, tinham poder sagrado de cura e estavam associadas a Sulis, uma deusa local pouco conhecida, considerada protetora dessas nascentes termais. Após a conquista romana da Grã-Bretanha, o local foi transformado em *Aquae Sulis* ("Águas de Sulis") e lá foi construído um templo que os romanos dedicaram a Sulis Minerva, que, como se observa, promovia a assimilação da deusa local a uma de suas próprias divindades. Posteriormente, a realeza britânica transformou a estância mineral de Bath em um spa real e, por fim, na era vitoriana, o local se tornou um balneário onde a aristocracia inglesa podia se regalar.*

Quanto aos antigos cemitérios celtas, os que foram descobertos na região dos Alpes alemães nos renderam algumas pistas sobre os mitos, práticas religiosas e crenças desse povo. No entanto, essas descobertas recentes também datam do período pós-romano e, em alguns casos, foram por isso contaminadas. Algumas poucas imagens sobreviventes de deuses celtas do período pré-romano foram encontradas e, nelas, está retratado um deus com chifres de veado. E algumas estatuetas em pedra mostram três mulheres sentadas, ao que tudo indica representando uma deusa mãe personificada através de três pessoas, a donzela, a mãe e a mulher idosa. Mas os expositores dos museus não estão exatamente repletos de coleções grandiosas de estátuas e cerâmicas celtas. Conseguir uma impressão visual da antiga cultura celta é, em última análise, um negócio arriscado.

Mas há uma luz no fim desse túnel escuro que é o passado celta. Um dos ramos da família celta merece uma coroa de louros por sua excelente preservação de registros. Felizmente, os celtas que se fixaram na Irlanda, no País de Gales e no sudeste da Inglaterra conservaram suas ricas tradições orais, mitos "fundadores" e histórias de deuses e heróis lendários. E há várias coleções importantes de mitos irlandeses e galeses que captam a voz e o espírito do mundo celta pré-cristianismo.

---

* A sacralidade das águas, para os celtas, também pode ser comprovada pelos milhares de moedas que foram encontrados nas nascentes de Bath. Sabemos que, para esse povo, a prática de jogar objetos na água era comum, pois muitos artefatos — como espadas e escudos — foram encontrados em lagos e poços próximos a assentamentos celtas. Vestígios dessa crença perduram até hoje através da prática corriqueira de se jogar moedas em fontes e poços dos desejos.

MITOLOGIA

No entanto, essas fontes requerem um grande cuidado. A maior parte das histórias sobreviventes só foi passada para o papel nos séculos XI e XII, muito depois da conversão da Irlanda e das Ilhas Britânicas ao cristianismo, no século V. Nos monastérios irlandeses e britânicos, os monges letrados – os mesmos que foram, em grande parte, responsáveis pela preservação dos textos bíblicos durante a Idade das Trevas europeia – transcreveram muitas das histórias tradicionais dos celtas, mas é muito provável que tenham feito uma lavagem nos originais, adicionando a eles camadas de sentimentalismo bíblico ou cristão. Mas quem não tem cão caça com gato. Essas narrativas irlandesas e galesas são o melhor que temos – e elas fizeram uma enorme contribuição às literaturas irlandesa e britânica.

Dessas fontes tardias, há três, originais da Irlanda, que são mais significativas e divertidas. O *Livro das Invasões* ("Leabhar Gabhala"); o Ciclo do Ulster – que inclui um épico fundamental chamado *Táin Bó Cúailnge* (cuja pronúncia seria algo como *tóin bô cul-i*), ou *A razia das vacas de Cooley*; e o *Ciclo feniano* foram todos redigidos nos monastérios irlandeses, responsáveis pela preservação da escrita durante a Idade Média. Uma quarta coleção, o *Mabinogion*, foi escrita no País de Gales, mas até hoje não se sabe como a obra foi parar no papel. Seus fragmentos mais antigos datam de 1225, mas a versão mais antiga da obra completa data de 1400.

A primeira dessas coleções – o *Livro das Invasões da Irlanda* ("Leabhar Gabhala") – data do século XII e se propõe a compilar a "história" da Irlanda. Certamente fruto de uma tradição oral muito mais antiga – como ocorrera com *Gilgamesh* e com a *Teogonia* de Hesíodo –, o livro descreve uma série de cinco ocupações míticas sucessivas da Irlanda, incluindo a de uma geração considerada descendente do bíblico Noé. Esses floreios bíblicos eram típicos do cristianismo medieval, que procurava acrescentar toques de "legitimidade" religiosa aos antigos

Uma era de machados, uma era de espadas 377

mitos pagãos. A história termina com a chegada dos ancestrais dos celtas na Irlanda.

No centro do relato há uma narrativa sobre a última raça de deuses da Irlanda, os Tuatha ("tribo" ou "povo"), cuja história faz parte de um mito fundador conhecido como Tuatha De Danaan. Os Tuatha – "povo da deusa Danu" – foram a quarta das cinco raças que invadiram a Irlanda e enfrentaram duas batalhas em busca da supremacia. Na primeira, derrotaram os desajeitados Fir Bolg. Na segunda, enfrentaram os Fomóiré, uma raça de seres malignos, disformes e violentos que controlava o país. Depois de derrotarem os Fomóiré, deram a eles a província de Connacht. Como esse relato fornece uma lista da maioria das divindades adoradas pelos irlandeses celtas antes da sua conversão ao cristianismo, em 400 d.C., é uma fonte valiosa para quem pretende reunir os aspectos principais da última fase da mitologia celta. Os Tuatha acabaram sendo sucedidos pelos celtas, que teriam vindo da Espanha (talvez da Galícia Celta, daí o uso do termo "gaélico" para irlandês). Após serem derrotados, os Tuatha se retiraram para o subterrâneo de montes chamados *sídhe*, onde continuaram exercendo papel importante nas lendas irlandesas como as "pessoas diminutas", também conhecidas como gnomos.

A segunda coleção de narrativas é denominada Ciclo de Ulster, e sua obra mais importante é o *Táin Bó Cúailnge*, ou *A razia das vacas de Cooley* – às vezes chamado apenas de *Táin*. Combinando mitologia com as lendas dos antigos heróis irlandeses, o *Táin* é a versão irlandesa da *Ilíada* e da *Eneida* em uma só obra, uma história que descreve os conflitos entre duas províncias do norte irlandês, Ulster e Connacht. Submersa no mundo do sobrenatural, a obra apresenta a rainha-deusa Medb, que talvez seja baseada em uma figura histórica real, e o maior herói nacional da Irlanda, Cuchulainn (*cu-hu-lim*), uma espécie de Gilgamesh, Hércules e Aquiles em uma só pessoa.

378   MITOLOGIA

O terceiro grupo importante de histórias irlandesas é o Ciclo Feniano, também compilado no século XII, que narra as aventuras de outro herói folclórico irlandês, Finn MacCool, e seus guerreiros seguidores, chamados de Fianna, famosos pelo tamanho e força gigantescos. Mais uma vez, trata-se de personagens lendários, provavelmente baseados em pessoas reais – mesmo caso da *Ilíada* –, embora também interajam com verdadeiras divindades míticas. Acredita-se que os acontecimentos narrados no Ciclo Feniano estejam relacionados com a realidade política e social da Irlanda por volta de 200 d.C.

Por fim, o *Mabinogion* é uma coleção de histórias galesas, também compilada no século XII d.C. As narrativas contam a história mítica de partes da Grã-Bretanha, mas muitos dos deuses da mitologia galesa possuem enorme semelhança com os Tuatha De Danaan, da mitologia irlandesa, talvez porque os irlandeses celtas que migraram para a Grã-Bretanha levaram seus mitos consigo. Essas narrativas são importantes não apenas porque oferecem uma visão da mitologia galesa, mas também porque fazem as primeiras referências e contam as primeiras histórias sobre um homem que, séculos depois, seria conhecido como o lendário rei Arthur.

VOZES MÍTICAS

(Os druidas) se ocupam das questões éticas, além de seus estudos sobre os fenômenos naturais. E, por serem considerados os mais justos de todos, têm o poder de decidir questões judiciais, tanto as individuais quanto aquelas que lidam com o bem comum. Dizem que eles também controlavam o rumo das guerras e checavam os exércitos que entrariam em batalha, e, principalmente, julgavam casos de homicídio. (...) E tanto os druidas quanto outros defendem que a alma e o cosmos são

imortais, embora, em algum momento do futuro, o fogo e a água prevaleçam sobre eles.

— ESTRABÃO *(63 a.C.–24 d.C.?)*, Geografia

Os druidas praticavam sacrifício humano?

Quando não estavam tempestuando por aí em seus cavalos, saqueando povoados e atacando seus inimigos, os celtas costumavam se reunir para cultos cerimoniais em ambientes naturais e abertos, como as florestas, onde o carvalho era considerado especialmente sagrado. Mas, antes que você imagine um cenário pastoral como de um filme de Walt Disney, em que pássaros, coelhos e outros bichos juntam forças para fazer uma guirlanda de margaridas e colocá-la em volta do pescoço de uma espécie de mago Merlim benevolente, considere o seguinte: o sacrifício humano era, sem dúvida, natural para os celtas. Podiam golpear a vítima com um porrete, cortar-lhe a jugular, garroteá-la – estrangular com uma corda – ou mesmo afogá-la. Embora os romanos fossem hostis para com os druidas e exagerassem um pouco em seus relatos, é possível que, como reportou Júlio César, algumas vítimas sacrificais fossem queimadas dentro de enormes gaiolas de vime, modeladas com formas humanas. Tácito, escritor romano do século I, registrou que os druidas analisavam as convulsões de morte e o derramamento de sangue das vítimas para prever o futuro. Depois, é possível que o corpo fosse jogado em um pântano.

Em 1984, os restos mortais de um homem mumificado foram encontrados em uma turfeira em Lindow Moss, perto de Manchester, na Inglaterra. A turfa é um excelente conservante natural e o rapaz do pântano – que ficou conhecido como Homem de Lindow – estava

380 MITOLOGIA

em ótimo estado de conservação. O Homem de Lindow tinha as mãos lisas, sem calos, o que sugere que fosse de origem nobre, e não um trabalhador, provavelmente um príncipe druida irlandês. Sabemos até o que ele comeu antes de ser sacrificado – pedaços de um bolo de forno enegrecido que continha traços de visco. Ele levou três golpes de machado na cabeça, foi estrangulado com uma corda de três nós e teve o sangue derramado por um corte na jugular. Segundo especialistas que estudaram seus restos mortais, o Homem de Lindow deve ter se oferecido em sacrifício aos deuses para ajudar na derrota dos romanos que invadiam a Grã-Bretanha em 60 d.C. Ele foi uma vítima voluntária – uma vítima de sacrifício pelo bem do seu povo.*

Mas, para ser justo, os cultos celtas não se resumiam a sacrifícios humanos. Vestígios arqueológicos encontrados em cemitérios indicam que eles acreditavam na vida após a morte e na imortalidade da alma. Enterravam os mortos com armas e outros itens indispensáveis para a viagem. Às vezes, junto ao corpo do falecido, colocavam rodinhas que simbolizavam o sol e forneceriam luz na pós-morte.

Os celtas eram também panteístas e reverenciavam uma gama de divindades naturais, incluindo deuses dos trovões, da luz, da água e do sol, veados e cavalos. Quando estavam preocupados com o fornecimento contínuo de alimentos, buscavam deuses como Sucelos – "o que bate com força" –, que acordava as plantas na primavera. Sucelos o fazia batendo seu martelo de cabo longo na terra castigada pelo inverno.

---

* Talvez isso ajude a compreender por que os celtas não tiveram dificuldade em aceitar os ensinamentos de São Patrício (*c.* 389–461 d.C.) quando ele explicou que Jesus havia se sacrificado por seu povo. Esse conceito deve ter agradado aos celtas, que também se identificaram com a comparação que Patrício fez entre a Santíssima Trindade e o trevo de três folhas, pois o número 3 era sagrado para esse povo.

Uma era de machados, uma era de espadas 381

Talvez o aspecto mais incompreendido – e, atualmente, mais romantizado – da crença celta seja a classe de sacerdotes hereditários denominados druidas. Treinados nas artes da mágica e da adivinhação, eles aconselhavam reis e chefes de tribo, serviam como juízes em julgamentos e supervisionavam cerimônias religiosas – inclusive sacrifícios –, que costumavam acontecer em bosques de carvalhos. (Linguistas sugerem haver uma relação entre os termos "druida" e "carvalho".) Na Irlanda Celta, os druidas também eram guardiões da sabedoria que memorizavam a história de suas tribos – em oposição aos bardos, que cantavam as lendas, e aos adivinhos, chamados *filidh*, que mantinham as tradições sagradas e que, ao contrário dos druidas, conseguiram sobreviver à era cristã. Embora não haja quase nenhum registro histórico sobre os druidas, uma passagem memorável, e bastante citada, de um escritor romano, conta que eles vestiam túnicas brancas e usavam uma foice de ouro para cortar ramos de visco. Os celtas acreditavam que o visco era uma planta sagrada, com o poder milagroso de curar todas as doenças, promover a fertilidade nas mulheres, ser um antídoto contra venenos, proteger contra bruxarias e, mais comumente, trazer bênçãos e boa sorte. Sem falar que a plantinha estava no bolo comido pelo Homem de Lindow antes de sua morte ritual.

De fato, o visco era considerado tão sagrado que até inimigos, quando se encontravam debaixo de um ramo na floresta, baixavam as armas, trocavam um cumprimento amigável e prometiam trégua até o dia seguinte. Esse antigo hábito originou a prática de se pendurar ramos de visco nas salas ou portas de entrada dos ambientes, em sinal de paz. O uso dessa planta que, no passado, era tão poderosa para os druidas, nas festividades natalinas é apenas um dos exemplos dos cruzamentos entre os costumes dos celtas e outros povos pagãos e as práticas cristãs. Mas, quando a Grã-Bretanha foi cristianizada,

382   MITOLOGIA

os bispos passaram a não permitir o uso do visco em igrejas, pois ele era considerado símbolo central de uma religião pagã.

Existe alguma relação entre os druidas e Stonehenge?

Como sugere o slogan de um famoso jornal norte-americano, "Mentes que pensam querem saber".* E as mentes que pensam vêm se perguntando há séculos: será que a antiga religião celta tinha alguma coisa a ver com o monumento megalítico chamado Stonehenge?

Localizado no sudoeste da Inglaterra – próximo às águas de Bath –, Stonehenge é um dos pontos mais conhecidos do mundo, e é a fonte inspiradora de muitas teorias, algumas sérias, outras pseudocientíficas. O monumento vem atraindo curiosos, supersticiosos e cientistas há centenas de anos, permanecendo, porém, envolto em mistérios. Estariam aquelas pedras gigantescas – que pesam toneladas e foram transportadas por centenas de quilômetros – dispostas em formato circular, no meio da paisagem, para funcionarem como um calendário ou "relógio" e ajudarem os bretões primitivos a medir as estações do ano? Ou será que eram mais um sinalizador para os alienígenas que precisavam de um local de pouso na Terra? Ou será que é Merlim, o famoso mágico da lenda arthuriana, quem está por trás do mistério de Stonehenge?

Essa última sugestão, apresentada pelo antigo "historiador" Geoffrey de Monmouth, dizia que Merlim havia construído o monumento de forma mágica, como a "Dança dos Gigantes", para celebrar uma vitória em batalha. A ideia vai de acordo com uma teoria popular do movimento *New Age* – de que Stonehenge era uma espécie

---

* Comentário referente ao jornal *National Enquirer*. (N. T.)

Uma era de machados, uma era de espadas 383

de altar gigante onde os sacerdotes druidas faziam sacrifícios – pois não resta nenhuma dúvida de que Merlim era um druida. É perfeitamente concebível que os druidas tenham estabelecido Stonehenge como um ponto privilegiado para realizarem seus próprios cultos cerimoniais – embora os cultos em si permaneçam desconhecidos até hoje, a não ser por meras especulações. Não dispomos de um conjunto organizado de hieróglifos para nos descrever como os druidas observavam o solstício de verão, com os primeiros raios de sol do dia se espalhando entre as lacunas das gigantescas colunas de pedra. Também não temos gravuras da cerimônia que ocorria em um dia específico de verão, quando a famosa "Pedra do Calcanhar" formava uma longa sombra fálica no centro do círculo de pedras, em um "Casamento de Verão" simbólico entre o Pai Céu e a Mãe Terra.

Enquanto não houver pistas sólidas, consistentes, sobre o propósito original de Stonehenge, as pessoas continuarão especulando. Sendo assim, é importante ter sempre em mente que: de acordo com a maioria dos especialistas, Stonehenge já existia muito antes da chegada dos celtas à Grã-Bretanha. Após sua chegada, os druidas celtas devem ter se apropriado do lugar para realizarem suas cerimônias religiosas. Mas é muito pouco provável que tenham erigido o monumento. Segundo descobertas arqueológicas recentes, ele foi construído em três fases principais, iniciando em cerca de 3300 a.C. e perdurando por quase outros 2 mil anos, até cerca de 1500 a.C. O famoso círculo de pedras colossais do monumento talvez tenha sido construído entre 1800 e 1700 a.C., sendo que os celtas só devem ter chegado às Ilhas Britânicas depois de 350 a.C. E, mesmo havendo quem conteste que eles chegaram muito antes, por volta de 700 a.C., ainda assim estavam a séculos de distância da construção de Stonehenge.

QUEM É QUEM NO PANTEÃO CELTA

A lista a seguir está dividida em duas partes. A Parte I compreende os principais deuses que os primeiros celtas da Europa cultuavam, antes de caírem sob o domínio romano e de o druidismo ser suprimido. A Parte II apresenta os principais deuses e personagens míticos da Irlanda Celta, preservados nas coleções escritas posteriores.

Parte I: Antigos Deuses Celtas Cultuados pela Europa

Belenos Deus celta da agricultura, Belenos também representava o poder de vida e de cura do sol. Os romanos o associaram a Apolo e criaram seu próprio "Apolo Belenos". O grande festival em homenagem ao deus, chamado Beltane ("fogo brilhante, ou vistoso"), era celebrado no dia 1º de maio do calendário romano, quando eram acesas fogueiras para reaquecer a Terra. Animais eram guiados pelo meio do fogo para serem purificados e protegidos contra doenças, e alguns especialistas acreditam que a prática tenha ligação com a canção de ninar que fala da "vaca pulando sobre a lua".*

Cernunnos (pronúncia: *kur-nu-nós*) Chamado de "deus cornífero", Cernunnos (nome latino dado pelos romanos) é uma das divindades celtas mais antigas e sua origem está ligada às figuras com chifres que eram pintadas nas cavernas da Europa – França e Grã-Bretanha – no período Paleolítico, ou Idade da Pedra. Com chifres de veado, ele era considerado senhor das bestas, e tinha

---

* Essa canção de ninar não é popular no Brasil. (N. T.)

Uma era de machados, uma era de espadas 385

a capacidade de se metamorfosear e se transformar em uma cobra ou um lobo.

Cernunnos era um deus pastoral e agrícola, responsável pela fertilidade e abundância, e os celtas acreditavam que ele distribuía frutas, grãos e riqueza. Mas ele também era associado às pequenas "rodinhas solares" que eram colocadas nos túmulos, prováveis emblemas do sol que deveriam iluminar o mundo inferior.

Epona Conhecida como a "deusa dos cavalos", Epona também era associada à terra e à fertilidade, e era uma das deusas celtas mais populares. Uma história muito antiga conta que Epona nasceu quando seu pai, que odiava as mulheres, copulou com um cavalo. Ela é uma das poucas divindades cujos monumentos de pedra ainda sobrevivem, a maioria na França. A deusa costuma ser representada com um cavalo, animal reverenciado no mundo celta por sua beleza, rapidez, bravura e vigor sexual. Às vezes era retratada cavalgando em uma sela lateral ou em pé, ao lado de dois pôneis.

Quando oficiais de cavalaria romanos conheceram o mito de Epona, adotaram-na e passaram a celebrar um festival oficial em homenagem à deusa, que ocorria todos os anos, em 18 de dezembro. Ela é a única deusa celta a quem foi concedida a honra de uma festividade romana.

Nantosuelta Deusa cujo nome significava "rio errante", e que já foi considerada deusa da água, Nantosuelta é hoje vista como uma antiga divindade da fertilidade – sendo a água um poderoso símbolo do nascimento. Padroeira dos lares, era parceira de Sucelos, um deus agrícola, e costuma ser retratada com uma cesta de maçãs.

MITOLOGIA

Sucelos Às vezes descrito como "rei dos deuses", Sucelos era um deus da fertilidade cujo nome significava "o que bate com força". Sempre retratado com seu martelo de cabo longo, ele usava sua ferramenta para acordar as plantas e anunciar a chegada da primavera.

Taranis Deus dos trovões, Taranis cruzava o céu em seu carro, cujas rodas emitiam trovões e cujas fagulhas dos cascos dos cavalos soltavam raios. Importante deus celta das guerras, foi associado pelos romanos a Júpiter (como Zeus, deus dos trovões) e, às vezes, a Marte. (Taranis também tem ligação com o nórdico Thor; ver adiante.) O poeta romano Lucano afirmou que Taranis era o deus para quem os celtas faziam sacrifícios humanos, mas pesquisas mais recentes mostram que esse tipo de sacrifício era feito para vários deuses celtas. Segundo a arqueologia, havia sete altares dedicados a Taranis no mundo celta, todos datando do período romano.

Parte II: Deuses da Irlanda Celta

Brigid ou Brígida Conhecida como "a sublime", Brigid era uma deusa irlandesa da fertilidade e da guerra. Foi supostamente criada por um druida e era uma divindade "multifuncional", responsável pela cura, pelo fogo, pelos ferreiros, pela poesia, sabedoria e pela proteção dos rebanhos. Como diz o ditado, o trabalho de uma mulher não acaba nunca.

Seu dia sagrado, o Imbolc, era um dos quatro festivais religiosos anuais mais importantes para os celtas. O evento ocorria na primavera e celebrava as ovelhas que se enchiam de leite – um poderoso símbolo de fertilidade e renascimento para os irlandeses celtas. O festival era também um período em que, tradicionalmente, esposas ou maridos podiam abandonar seus casamentos de maneira legítima.

Mais intrigante que as histórias míticas sobre Brígida são os paralelos entre a deusa pagã e sua homônima do século VI, Santa Brígida (450–523 d.C.), que cegou os próprios olhos para escapar de um casamento arranjado e se tornar freira. Por exemplo, a deusa Brígida era conhecida por sua generosidade, e Santa Brígida, que se tornou uma das padroeiras da Irlanda, era conhecida por sua milagrosa capacidade de alimentar as pessoas e praticar infindáveis atos de bondade. Santa Brígida é sempre retratada portando um fogo que, diziam, se mantinha aceso por centenas de dias, e a deusa Brígida era associada aos rituais das fogueiras de purificação. Por fim, o festival em homenagem a Santa Brígida é comemorado no dia 1º de fevereiro, o mesmo dia em que era celebrado o Imbolc, festival da deusa Brígida.

Dagda   Conhecido como o "bom deus", Dagda era visto pelos irlandeses como "pai dos deuses", mas não tinha nenhuma semelhança com divindades como Zeus. Pense em John Goodman: gentil, gordinho e um tanto rude. Dagda usava uma túnica obscena de tão curta e carregava uma arma móvel gigantesca – uma clava mágica que podia matar por uma extremidade e restaurar a vida pela outra. Deus da mágica, da sabedoria e da fertilidade, Dagda era ainda o deus "provedor", pois possuía uma enorme e inesgotável fonte de alimentos, o "caldeirão de Dagda". O caldeirão, que nunca esvaziava, foi posteriormente associado ao Santo Graal, que, em tese, foi utilizado por Jesus na Última Ceia e levado para as Ilhas Britânicas por José de Arimateia.

Filho da grande deusa Dana, Dagda copulava com várias deusas, mas sua consorte mais significativa foi a deusa da batalha

Morrigan, pois dizia-se que a união do casal trazia segurança para o povo irlandês. Dagda deve ter sido uma versão local de Sucelos, deus celta da agricultura, e tinha alguns outros nomes, como Aed (fogo), Ollathir (pai de tudo) e Ruad Rofessa (senhor de grande conhecimento).

Dana (Danu)   Mãe de Dagda, Dana era também a deusa mãe de toda uma raça divina, conhecida como Tuatha. Segundo a mitologia irlandesa, quando os Tuatha foram suplantados pelos celtas, eles partiram para as colinas subterrâneas da região e se transformaram em gnomos, as "pessoas diminutas" que habitam o folclore irlandês. Dana encontrou moradias subterrâneas para todos os Tuatha. Esses locais ficaram conhecidos como "montes das fadas" (*sídh*) e foram a origem de muitos nomes lendários de locais na Irlanda. Há dois montes famosos de County Kerry que são conhecidos como "seios de Anu", outro nome dado à deusa.

Lug   Associado aos raios do sol e à luz, Lug (pronúncia: *lu*) era o "deus iluminado", guerreiro valente, mágico e artesão, além de ser parente de sangue tanto dos Tuatha De Danaan quanto de seus rivais, os Fomóiré. Dentre as muitas armas maravilhosas que forjava, havia uma espada que podia cortar qualquer coisa e uma lança que garantia a vitória de quem a usasse. Depois que os Tuatha foram derrubados na Irlanda, e transformados nas "pessoas diminutas", Lug tornou-se Lug Chromain ("pequeno Lug corcunda"), um artesão cujo nome foi, posteriormente, anglicizado e transformado no termo *leprechaun* ("gnomo").

Um outro vestígio, um tanto irônico, de Lug é o nome da antiga metrópole colonial da Irlanda. A "fortaleza de Lug" tornou-se

Uma era de machados, uma era de espadas   *389*

Lugdunum, que, latinizada pelos romanos, virou Londinium e, mais tarde, Londres.

O Lugnasa, festival em homenagem a Lug, era comemorado em 1º de agosto, sendo uma das quatro festividades fundamentais da Irlanda Celta, que marcava o início das colheitas. O festival tem um papel central na obra do dramaturgo irlandês Brian Friel, *Dancing at Lughnasa.*

Morrigan (Nemain, Badb, Macha)   Conhecida como "rainha dos fantasmas", Morrigan (pronúncia: *mor-ri-an*) era deusa dos cavalos e da guerra e tinha o poder de se metamorfosear, podendo passar da forma humana para formas de animais. Sempre que aparecia como corvo, era sinal de que a morte estava por perto. Costumava ser vista no vau dos rios, onde ficava esperando os guerreiros passarem para determinar quais morreriam em batalha no dia em questão. Ficava nos rios lavando os corpos dos mortos e, por isso, era conhecida também como "lavadeira do vau".

Uma das histórias mais importantes sobre Morrigan aparece na grande obra *A razia das vacas de Cooley*, quando ela, sem sucesso, tentou seduzir o herói Cuchulainn. (Pronúncia: *cu-hu-lim*; ver adiante.) O guerreiro, determinado a fazer guerra, e não amor, rejeitou as investidas da deusa e, assim, selou seu destino.

Nuada (Nudd)   Rei supremo do panteão celta-irlandês, Nuada era o líder lendário dos Tuatha, mas perdeu um braço em batalha e teve de abdicar do trono. Tempos depois, ganhou um braço de prata mágico e pôde reclamar seu reinado, mas, como perdeu a coragem em guerras posteriores, precisou se aposentar e entregou o trono a Lug.

Vozes Míticas

O primeiro espasmo colérico dominou Cuchulainn e o transformou em uma figura monstruosa, abominável e amorfa, da qual nunca se tinha tido notícia. Suas canelas e juntas, todos os nós de seus dedos, ângulos e órgãos de seu corpo, da cabeça aos pés, tremeram como uma árvore no dilúvio, ou uma cana num riacho. Seu corpo girou de maneira furiosa dentro de sua pele, de modo que seus pés, canelas e joelhos viraram para trás e seus calcanhares e panturrilhas viraram para a frente. Os tendões de suas panturrilhas giraram para a frente de seus joelhos, cada grande nó do tamanho do pulso fechado de um guerreiro. Na sua cabeça, as têmporas se esticaram até a nuca, uma saliência vigorosa, imensa, sem medida, do tamanho da cabeça de uma criança de um mês de idade. Sua face e seus traços se transformaram em uma bola vermelha: tragou um dos olhos para dentro de forma tão profunda que uma garça selvagem não conseguiria retirá-lo das profundezas de seu crânio; o outro olho caiu por sobre sua bochecha. Sua boca ficou estranhamente distorcida: a pele de sua bochecha descascou a partir de sua mandíbula, até que a goela apareceu, seus pulmões e fígado bateram em sua boca e garganta.

– *extraído de* A razia das vacas de Cooley

O que foi *A razia das vacas de Cooley*?

A descrição sinistra acima, sobre a transformação de um belo e jovem herói em uma máquina mortífera abominável, é o retrato de Cuchulainn, o maior guerreiro da mitologia e folclore irlandeses, e personagem central do Ciclo de Ulster e de uma de suas principais narrativas, *A razia das vacas de Cooley* (*Taín Bó Cúailnge*).

O Ciclo de Ulster foi transcrito pela primeira vez durante a era cristã, recebendo influências dessa cultura religiosa, mas pertence a um período mais antigo e sombrio da história da Irlanda, centenas de anos antes da chegada de São Patrício e do cristianismo. Embora haja quem afirme que o ciclo ocorreu durante o período de Jesus Cristo, essa ideia se baseia em fatos insuficientes, pois as narrativas talvez sejam versões de lutas reais ocorridas entre grupos irlandeses bem mais antigos. Com o passar do tempo, porém, as histórias foram ganhando um tempero mitológico e lendário, além de episódios fantásticos sobre sexo, bebedeiras e matanças – em quase igual medida.

Existem diferentes versões sobre o nascimento de Cuchulainn, mas sua história começa quando Lug, rei dos deuses, engravida, em um sonho, Deichtiné, a irmã (ou filha) de Conchobor (pronúncia: *conor*), lendário rei de Ulster. A criança – Setanta – possuía poderes extraordinários devido a sua linhagem divina e acabou ganhando mais força quando foi instruída por deusas na arte da guerra. Mas o pequeno Setanta entrou numa fria quando matou o cão de guarda do deus ferreiro Culann que o havia atacado. Cheio de raiva, Culann exigiu uma restituição e o menino concordou em assumir o posto do cão de guarda enquanto um novo animal fosse treinado. Por causa do episódio, o nome de Setanta mudou para Cuchulainn – "o cão de Culann".

Quando o pequeno Cuchulainn cresceu, tornou-se um homem de beleza extraordinária e um guerreiro feroz, capaz de se transformar numa terrível visão do terror quando era tomado pelo frenesi da batalha – às vezes traduzido como "espasmo colérico". Armado com a lança mágica Gae Bulga, que infligia apenas feridas mortais, e acompanhado por um cocheiro cujo carro de combate podia ficar invisível,

Cuchulainn era um valente caçador de cabeças e sempre voltava cheio delas de uma batalha. Quando precisava voltar à sua forma mortal, após uma luta, era ajudado por donzelas nuas que ficavam se exibindo enquanto ele era mergulhado em três barris sucessivos de água geladíssima, até que estivesse mais calmo – sem dúvida, a versão celta da proverbial "ducha fria".

A única personagem do *Táin* que se emparelha a Cuchulainn é a rainha Medb (Maeve), a lendária rainha guerreira da província rival de Ulster, Connacht. Embora seja uma mortal na história, Medb também era uma poderosa deusa da fertilidade – obstinada, forte, dominadora e dona de um apetite sexual voraz. Seu nome significava "aquela que intoxica" – figurativa e literalmente – e tem relação direta com o hidromel,* bebida medieval. Como afirmou a autoridade em celtas Miranda Jane Green: "Sua promiscuidade exuberante simboliza a fertilidade da Irlanda e o fato de seu nome ser associado a uma bebida alcoólica está ligado ao conceito de união entre deusa e soberana mortal. (...)" Antes das batalhas, ela acalmava os guerreiros que sabiam que lutariam no dia seguinte. Como escreveu Thomas Cahill – e isso não era nenhum mito –, "a embriaguez insensata era o prelúdio habitual do guerreiro antes de dormir".

No *Táin*, Medb se casou com o rei Ailill, um homem mais velho, apenas porque ele tinha dinheiro. A história começa, na verdade, com uma cena cômica, na qual o rei e a rainha discutem na cama qual dos dois seria o mais rico. Ailill diz: "Hoje me dei conta de como sua situação de vida melhorou desde que você se casou comigo." Medb responde dizendo que seu dote de noiva era tão abastado que o marido seria, basicamente, um "gigolô". Da mesma forma que, na Grécia antiga, um argumento mesquinho – Hera, Afrodite e Atena

---

* Em inglês, "*mead*". (N. T.)

discutindo quem seria a mais bela – levou à Guerra de Troia, essa "conversa íntima" contenciosa logo levou a uma série de matanças, destruições e mortes indiscriminadas.

Quando Ailill provou a Medb que, de fato, era mais abastado do que ela – ele tinha um touro a mais, um touro branco muito especial –, a rainha, determinada a não sair perdendo, ordenou que seus homens roubassem o famoso Donn Cúailnge, o Touro Castanho de Cooley, que ficava na rival Ulster. Seus homens, porém, foram impedidos pelo herói local, Cuchulainn, que, sozinho, combateu os invasores. Após ter os planos frustrados pelo herói de Ulster, Medb elaborou uma trama para matá-lo e ordenou sucessivos ataques de seus exércitos, mas não teve sucesso.

A história termina com uma ironia macabra. Enquanto os homens realizavam um verdadeiro derramamento de sangue, o Touro Castanho de Cooley estava longe, lutando contra o Touro Branco de Connacht, do rei Ailill, e uma peleja épica toma conta de toda a Irlanda. Por fim, o Touro Castanho – o prêmio que Maeve desejara – derrota o Touro Branco. Mas, ao voltar para Ulster, o animal, exausto, morre, desfalecendo em uma poça de sangue, vômito e excremento – uma imagem nada bela. Todas as lutas e mortes tinham sido basicamente em vão, e o herói Fergus, amante de Medb e líder dos homens de Connacht, conclui com a moral que poderia, de igual maneira, estar presente na *Ilíada*: "Seguimos os passos de uma mulher desorientada. É comum isso acontecer com o rebanho que segue uma égua, acabar perdido e destruído."*

---

* Segundo a lenda, o autor do *Táin*, Fergus, é também um herói irlandês de tamanho, força e apetite sexual sobre-humanos. Ele era rei de Ulster antes de Conchobar. Um dia, uma de suas amantes lhe pediu que deixasse seu filho ser rei por um dia, como condição para dormir com ele, e Fergus consentiu. Mas o filho, Conchobar, provou ser tão popular que Fergus foi impedido de retornar ao trono. Tempos depois, Fergus

MITOLOGIA

Quando acaba o *Táin*, a história de Cuchulainn ainda não chegou ao fim. Outras narrativas do Ciclo de Ulster continuam sua lenda. Contam que Medb recrutou três feiticeiras – filhas de um homem morto pelo herói – para darem um fim ao guerreiro sobrenatural. No fim, não se sabe se por causa de sua própria lança mágica ou de uma lança jogada por uma das feiticeiras, Cuchulainn é ferido e morre. Mas ele se agarra a uma pedra para morrer em posição ereta. Por três dias – os celtas adoravam o número três – ele impede os avanços de invasores, repetidas vezes. Mas nem sua coragem e força sobre-humana foram suficientes. Ao final dos três dias, um corvo, símbolo de Morrigan, deusa da guerra, pousa no ombro do herói, que expira. Cuchulainn, guerreiro lendário, ganhou muito prestígio no folclore irlandês e passou mesmo a ser tratado como defensor de toda a Irlanda. Na sede dos Correios de Dublin, cenário do famoso Levante da Páscoa de 1916, em que republicanos irlandeses lutaram contra forças britânicas, há uma estátua do herói mítico no momento de sua morte, quase como a figura de Cristo na *Pietá*, com o corvo pousando em seu ombro.

Já Medb, a rainha, morreu quando seu sobrinho, usando um estilingue, a atingiu na cabeça com um pedaço de queijo duro.

Como alguém pode ficar muito esperto comendo um peixe mítico?

Há anos mães vêm aconselhando seus filhos a comer peixe. "Faz bem para o cérebro", dizem elas. Quem atentou para esse conselho foi Finn

---

teve uma discussão com Conchobar a respeito da crueldade ocorrida com Deirdre, uma jovem que se jogou debaixo da roda de um carro para não ter de se casar com um pretendente escolhido por Conchobar. Após o ocorrido, Fergus se juntou ao exército rival de Connacht e tornou-se amante da rainha Medb.

MacCool, o super-herói irlandês que protagoniza o Ciclo Feniano*
de narrativas, que se passa na província de Leinster, em torno de
200 d.C. Uma lenda famosa conta que MacCool adquiriu vasta sabedoria quando queimou o polegar enquanto cozinhava o Salmão do
Conhecimento. Sim, você leu direitinho. MacCool era jovem e trabalhava para o poeta e druida Finnegas, que lhe deu um peixe para
cozinhar. Mas não era qualquer peixe. O Salmão do Conhecimento
possuía toda a sabedoria do mundo e o bardo Finnegas levara sete anos
até conseguir pescá-lo. O velho poeta entregou o peixe a MacCool,
deu-lhe instruções sobre como cozinhá-lo e alertou o jovem para,
contudo, não comer nem um pedacinho do alimento. Mas, quando
estava cozinhando, MacCool queimou o polegar e o colocou na boca
para aliviar a dor. Finnegas, na mesma hora, percebeu que o rapaz
ganharia todo o conhecimento do mundo e disse a ele que comesse o
restante do salmão mágico. A partir daquele dia, sempre que MacCool
tinha um problema, bastava levar o polegar à boca e a solução lhe era
revelada.

O Ciclo Feniano inclui outras histórias com Finn MacCool. Uma
das mais famosas e populares é "A perseguição de Diarmuid e Grainne",
uma história tão doce quanto amarga sobre um amor perdido. Conta

---

* "Fenian" ("Feniano", em português) tornou-se um nome importante na história
da Irlanda. Surgido em torno de 1850, foi usado por nacionalistas irlandeses que
lutavam para libertar a nação do domínio britânico. Muitos Fenianos também per-
tenceram à sociedade secreta revolucionária denominada Irmandade Republicana
Irlandesa, fundada nos Estados Unidos. Os Fenianos exerceram enorme influência
sobre uma geração posterior de nacionalistas irlandeses e, após anos de rebeliões e
guerrilhas, a Irlanda obteve a independência, em 1921 – embora a província tenha
permanecido sob o controle britânico. Herdeiro político dos Fenianos, o partido
nacionalista *Sinn Féin* ("Nós mesmos") surgiu como um movimento em busca da
autossuficiência em 1905.

que MacCool ia se casar com Grainne, a bela filha de um rei irlandês. No entanto, quando a moça viu, em sua cerimônia de casamento, um dos guerreiros de MacCool, Diarmuid, se apaixonou no mesmo instante, largando o noivo no altar e fugindo com seu novo amante.

MacCool reuniu seus melhores guerreiros, os Fianna, e partiu em busca do casal. A maior parte da história prossegue contando as aventuras de Grainne e Diarmuid enquanto fogem de MacCool, com a ajuda de Oengus, deus do amor. A perseguição durou 16 anos, até que o rejeitado MacCool cedeu e perdoou os amantes, que se estabeleceram em Tara, lendário centro político dos reis irlandeses.

Tempos depois, Diarmuid e MacCool caçavam juntos quando o amante foi ferido mortalmente por um javali mágico. MacCool tinha o poder de salvar a vida do amigo apenas dando-lhe um pouco d'água. Mas, conforme ele enchia as mãos, a água escorria por seus dedos e, assim, Diarmuid acabou morrendo.

As narrativas do Ciclo Feniano também falam muito do filho e do neto de MacCool, Ossian e Oscar. Uma das histórias mais importantes conta que Ossian, um belo poeta-guerreiro, caçava quando encontrou Niamh, a deusa do Outro Mundo irlandês. Os dois se apaixonaram e foram galopando para a Terra da Juventude Eterna – um lugar onde sofrimento, dor e velhice eram desconhecidos. Os amantes conceberam um filho lá, mas o poeta-guerreiro começou a sentir falta da Irlanda e de sua família. Niamh concordou em deixá-lo partir e entregou-lhe seu cavalo mágico. Mas avisou que haveria uma condição: Ossian não poderia descer do cavalo.

Já na Irlanda, Ossian deu-se conta de que haviam passado trezentos anos desde que partira de sua terra natal. Certo dia, parou para ajudar uns homens que carregavam um grande bloco de pedra e caiu do cavalo. Na mesma hora, envelheceu os trezentos anos perdidos, virando pó. Uma outra versão, sem dúvida cristianizada, conta

Uma era de machados, uma era de espadas   397

que Ossian envelheceu terrivelmente, mas não morreu. Em vez disso, encontrou São Patrício e contou-lhe as façanhas de seu pai. O diálogo foi compilado e compõe uma outra coleção de narrativas irlandesas, *The Interrogation of the Old Men* ("Diálogo dos sábios") (*c.* 1200 d.C.).

Por serem figuras lendárias da história da Irlanda, tanto Finn MacCool quanto Ossian aparecem nas obras de gerações de grandes escritores irlandeses, mais notadamente no poema "As peregrinações de Oisin"* (1889), de William Butler Yeats. Talvez a referência mais famosa seja o romance experimental de James Joyce, *Finnegans Wake* (1939), cujo personagem Finn foi inspirado em Finn MacCool.

Qual é a relação entre os celtas e o Dia das Bruxas (*Halloween*)?

Em uma das lendas sobre Finn MacCool, seu primeiro ato como guardião do palácio do rei, em Tara, foi livrar a corte do malicioso *goblin* Aillen, que incendiava o palácio todos os anos, durante a Festa de Samhain (pronuncia-se *sou-ein*). Celebrado da noite de 31 de outubro até 1º de novembro, a festa marcava o Ano-Novo, o fim do verão e da colheita e a chegada do inverno escuro e gelado. Era um momento do ano associado à morte e animais eram trazidos dos campos para serem abatidos.

O período também era considerado perigoso. Durante a festa, as fronteiras entre o mundo dos vivos e o dos mortos eram rompidas, "as cortinas se abriam" e os espíritos do "Outro Mundo" podiam vagar pela Terra. Na noite de 31 de outubro, os espíritos dos mortos cometiam travessuras e destruíam as plantações. Mas sua presença não era de todo ruim – eles facilitavam a prática dos druidas de preverem o futuro.

---

* Oisin e Ossian são variações do mesmo nome. (N. T.)

Como muitas outras festividades celtas, a festa de Samhain estimulava os druidas a montarem fogueiras enormes, sacrificarem animais e se reunirem para queimar plantações em honra aos deuses. Durante esse festival do fogo, os celtas usavam máscaras e fantasias, consistindo tipicamente de cabeças e peles de animais, e tentavam prever o futuro uns dos outros.

Já deu pra perceber? "Travessura ou gostosura?" e "Elvira, a rainha das trevas" surgiram, de certa forma, há 2 mil anos, em uma festividade pagã irlandesa.

Quando findava a festa de Samhain, os celtas reacendiam suas lareiras com o fogo da fogueira sagrada, em busca de proteção para o inverno que viria pela frente. Alguns estudiosos acreditam que o Homem de Lindow (ver anteriormente) serviu como substituto simbólico em um ritual de execução do rei, que era morto três vezes – era estrangulado, golpeado e apunhalado – durante as celebrações de Samhain.

Em 43 d.C., a maior parte dos territórios celtas já estava sob o domínio romano. Durante os quatro séculos que se seguiram, dois festivais romanos foram incorporados à tradicional celebração de Samhain. O primeiro foi a Ferália, um dia no final de outubro em que os romanos tinham a tradição de comemorar a passagem dos mortos. O segundo foi um dia para homenagear Pomona, deusa romana das frutas e árvores. O símbolo de Pomona é a maçã, e a tradição de apanhar com a boca maçãs em um balde d'água, que é praticada durante o Dia das Bruxas, é apenas mais um vestígio desse passado pagão.

É claro que naquela época, como hoje, alguns cristãos não viam toda essa frivolidade pagã com bons olhos. Na década de 800, a influência do cristianismo já havia se alastrado pelo território celta. No século VII, o papa Bonifácio IV estabeleceu 1º de novembro como o Dia de Todos os Santos, dia para honrar santos e mártires. Acredita-se que essa tenha sido uma tentativa de substituir o festival celta dos mortos – mascarando-o (captou?) com uma festividade semelhante, porém aprovada pela Igreja. A celebração também era chamada de *All-hallows* ou *All-hallowmas* (derivam do termo *Alholowmesse*, do inglês médio, que significava "dia de todos os santos"), e a noite anterior à festa, noite de Samhain, passou a ser denominada *All-hallows Eve* ("Véspera de *All-hallows*"), donde surgiu o termo *Halloween*. Tempos depois, em 1000 d.C., a Igreja nomeou 2 de novembro como o Dia de Todas as Almas, em homenagem aos mortos. Suas comemorações eram quase iguais às de Samhain, com grandes fogueiras, desfiles e pessoas fantasiadas de santos, anjos e demônios. Juntas, as três celebrações – a Véspera do Dia de Todos os Santos, o Dia de Todos os Santos e o Dia de Todas as Almas – eram chamadas de *Hallowmas*. Uma convergência semelhante ocorreu na conquista espanhola do México e originou o "*Halloween* hispânico", *Día de los Muertos* ("Dia dos Mortos"). (Ver capítulo 9, *O que é o "Dia dos Mortos"?*.)

Outra festividade importante para os celtas era Beltane, que ocorria em 1º de maio e anunciava a chegada do verão e da época de plantio. Beltane era celebrado como um dia de purificação pelo fogo, durante o qual, segundo a crença celta, as fadas ficavam especialmente ativas. Na Bretanha Romana, Beltane foi associado a um festival romano chamado florália, que também homenageava a deusa da primavera, Flora. Com o passar do tempo, a festa celta e a romana foram fundidas em uma, o *May Day* (Primeiro de Maio), uma festividade que talvez remonte a festivais egípcios e indianos ainda mais antigos.

Hoje, o *May Day* evoca uma imagem alegre de inocência vernal – crianças felizes dançando em volta de um mastro enfeitado com longas fitas coloridas e flores. Mas, em sua origem, Beltane era um festival de fertilidade e o mastro gigantesco, denominado *Maypole*, era um símbolo fálico assumido e declarado. Essa costumava ser a ocasião em que os rapazes e moças voltavam seus pensamentos para

MITOLOGIA

algo mais além do amor. No mundo pré-cristão, não havia tantas restrições morais em relação ao sexo e os amantes deixavam as fogueiras de Beltane de lado para se perderem pela floresta. Embora a festividade tenha sido filtrada para uma versão própria para menores na Europa cristã, os puritanos que migraram para a América preferiram deixar de lado a tradição, provavelmente numa tentativa de esquecerem seu passado pagão. Por isso, o *May Day* nunca se consolidou na América do Norte, embora continuasse sendo comemorado na Europa.

VOZES MÍTICAS

Llenllweag, o irlandês, tomou Caledvwlch, girou-o com suas próprias mãos e matou Diwrnach, o irlandês, e todo seu séquito; as tropas da Irlanda vieram e lutaram, e quando essas tropas foram enviadas, Arthur e sua força embarcaram no navio em sua presença, com o caldeirão repleto de tesouros da Irlanda.

— *"How Culhwch Won Olwen"*
(*"Como Culhwch conquistou Olwen"*), *do* Mabinogion

O que é o *Mabinogion*?

Além dos mitos e lendas irlandeses já mencionados neste livro, uma outra obra de literatura celta foi preservada no País de Gales, onde os mitos só foram transcritos muitos séculos depois de seu surgimento. Mais uma vez, trata-se de um provável caso de histórias recontadas a partir do ponto de vista de algum escritor da era cristã. Ainda assim, a maioria dos mitos galeses conhecidos deriva de uma coleção chamada *Os quatro ramos do Mabinogi*, mais comumente chamada de *Mabinogion*, que foi compilada em torno do século XII. As narrativas da coleção descrevem a história mítica do País de Gales e muitos dos deuses

Uma era de machados, uma era de espadas — página 401

da mitologia galesa lembram os Tuatha De Danaan da mitologia irlandesa. Imagina-se que os irlandeses celtas tenham migrado para a Grã-Bretanha e levado consigo sua mitologia. As histórias são importantes, pois fornecem a única visão que há dos mitos galeses antigos e incluem as primeiras referências aos personagens e narrativas que, mais à frente, se transformariam na lenda do rei Arthur.

A primeira das quatro narrativas de *Os quatro ramos do Mabinogi* conta a história de Pwyll, sua esposa, Rhiannon, e o filho do casal, Pryderi. A deusa Rhiannon — um possível vestígio da deusa celta dos cavalos, Epona — estava noiva, mas queria mesmo era se casar com Pwyll, um rei do sudoeste do País de Gales. Ela se cobre de ouro e cavalga sua égua branca na frente do rei, que se apaixona por sua beleza. Os dois acabam se casando e concebendo um filho, Pryderi. Mas, logo após seu nascimento, o bebê foi roubado e, para se livrar da culpa, os seis serviçais de Rhianna mataram um cachorro e mancharam os lábios da deusa com sangue. A rainha foi condenada por assassinato e forçada a ficar sentada na porta do marido, contando a estranhos seu crime e oferecendo-se para carregá-los em suas costas, como um cavalo. Pryderi, na verdade, não havia sido assassinado, mas sim raptado e abandonado perto de um estábulo. O menino foi criado por pais adotivos que, após algum tempo, perceberam quem ele era e o devolveram para Rhiannon, que foi liberada de seu castigo.

Em outra parte de *Os quatro ramos do Mabinogi* aparecem as primeiras ligações com a lenda arthuriana. A história de "Culhwhc e Olwen", que data de cerca de 1100 d.C., contém muitos nomes e lugares que viriam a ser relacionados a Arthur, dentre os quais a referência a uma espada cujo nome galês — Caledvwlch — significa "ruptura de batalha". A espada, dotada de grande poder, foi posteriormente relacionada a Excalibur, a lendária "espada cravada na rocha". Menciona-se, ainda, o pai e a esposa de Arthur, Uthyr (Uther) Pendragon e Gwenhwyfar

402   MITOLOGIA

– em português, Genebra. Há também referências a um caldeirão que, em algumas versões, adquire propriedades mágicas, e que se acredita ser uma antiga ligação à posterior busca de Arthur pelo Santo Graal, e talvez remeta ao caldeirão do deus irlandês Dagda, que provia uma fonte inesgotável de alimentos.

As primeiras referências a Arthur encontradas no *Mabinogion* provavelmente derivam de mitos irlandeses ainda mais antigos. É provável que histórias sobre heróis irlandeses tenham se mesclado com histórias galesas, resultando nas primeiras lendas sobre Arthur, personagem que deve ter sido inspirado em um chefe tribal celta que viveu no País de Gales durante os anos 500 d.C. e que liderou a batalha contra a invasão dos saxões. (Há quem defenda a tese de que ele viveu no período romano e liderou a revolta contra o domínio de Roma em torno de 400 d.C. Os romanos se retiraram da Grã-Bretanha em 410 d.C.) Seja qual for o caso, por volta de 1000 d.C., as histórias sobre Arthur foram exportadas para a Bretanha, uma das fortificações celtas na França, e foram propagadas pelos menestréis bretões por toda a Europa.

A lenda arthuriana que sobrevive até hoje deriva, em sua maior parte, das tradições escritas por Sir Thomas Malory (falecido em 1471), autor inglês que criou a narrativa que todos conhecemos. Malory não tinha nada de intelectual pretencioso, era um criminoso violento que já havia cometido roubos e assassinatos. Em 1451, foi preso e passou grande parte de sua vida na prisão, onde deve ter escrito a maioria de seus trabalhos. Baseada em lendas e histórias variadas – como a "história" antiga da Grã-Bretanha, de Geoffrey de Monmouth, e muitas outras fontes, incluindo um grupo de oito romances chamados *O livro do rei Arthur e seus nobres cavaleiros da Távola Redonda* –, a lenda de Malory recebeu um título mais grandioso: *Morte de Arthur*.

Um dos personagens centrais da história de Malory, que não consta no *Mabinogion*, é Merlim, o mago que realizou o nascimento de Arthur. As origens de Merlim, de fato, remontam a um personagem do passado celta ainda mais antigo, o mago galês Myrddin. Muitas autoridades acreditam que as raízes de Merlim têm origem nos druidas. A ele foram atribuídas muitas e grandiosas façanhas mágicas, desde a captura e morte de dragões até a construção de Stonehenge. Mas seu papel na lenda arthuriana – é ele quem reúne, de forma mágica, os pais de Arthur, que cria o menino e que crava Excalibur na rocha – só foi registrado no século XII. O *Mabinogion* também não menciona a meia-irmã de Arthur, Morgan le Fay (Morgaine, Morgana), que foi apresentada, na obra de Geoffrey de Monmouth, como uma curandeira capaz de se metamorfosear. Já no período de Thomas Malory, ela foi considerada a causa do declínio de Arthur. Fechando o círculo de conexões celtas, muitos estudiosos defendem que Morgan seja uma versão posterior de Morrigan, a deusa da guerra dos celtas, que provocou a morte do grande herói irlandês, Cuchulainn.

VOZES MÍTICAS

O Valhalla fica perto, é amplo e dourado. É Odin quem lá preside e, dia após dia, escolhe matadores para se juntarem a ele. Todas as manhãs, os homens se armam e lutam no grande pátio e matam uns aos outros; todas as noites, eles se recompõem, galopam até o salão e banqueteiam. É fácil reconhecer o salão: seu teto é feito de escudos e suas vigas são lanças. Armaduras de peito ficam jogadas pelos bancos. Um lobo fica à espreita na porta ocidental e uma águia paira no ar.

– extraído de The Norse Myths *("Os mitos nórdicos"), de* KEVIN CROSSLEY-HOLLAND

> **Já faz quase 350 anos que nós e nossos pais habitamos essa tão adorável terra e nunca antes houve um terror tão grande na Bretanha quanto o causado por essa raça pagã, nem nunca antes se havia pensado que seria possível fazer uma invasão marítima como essa.**

> – ALCUÍNO *(793 d.C.)*, *pensador inglês*

Que outra mitologia além da celta saiu arrasando do norte da Europa?

Talvez seu primeiro contato tenha sido com os desenhos do *Looney Tunes*, quando Hortelino Trocaletras colocou um elmo com chifres e cantou "Mate o toelho! Mate o toelho!", tendo ao fundo *O anel de Nibelungo*, de Wagner. Ou talvez tenha sido a cena do filme *Apocalipse Now* em que helicópteros norte-americanos atacaram uma aldeia vietnamita ao som da "Cavalgada das Valquírias". Ou, quem sabe, sua introdução ao assunto tenha se dado com Thor, personagem em quadrinhos da Marvel. Ou com o "tronco de Natal", ou com o time de futebol americano Minnesota Vikings. Talvez tenha sido com John Ronald Reuel Tolkien (1892–1973) e o mundo mágico de gigantes, anões, runas, espadas mágicas e anéis poderosos que o autor de *O senhor dos anéi*s* criou.

---

* Especialista em poesia e mitologia medievais, Tolkien lecionou as literaturas e mitologias germânica e nórdica na Universidade de Oxford por mais de trinta anos, período durante o qual também escreveu a obra *O hobbit* e a trilogia *O senhor dos anéis*. Seus livros mergulham fundo nos mitos nórdicos e germânicos, e o nome de seu mago, Gandalf – que, às vezes, se assemelha ao deus Odin –, deriva da poesia nórdica. A Terra Média, da trilogia *O senhor dos anéis*, também deriva da mitologia nórdica, onde o mundo dos homens é chamado de Midgard.

Uma era de machados, uma era de espadas   *405*

Influentes e populares, todas essas imagens foram baseadas nos mitos nórdicos e germânicos dos vikings.

Ao pensar em "viking", talvez você imagine um homem musculoso e barbudo, carregando uma espada e um elmo com chifres, e viajando em um barco-dragão, acompanhado de sua mulher colossal com um nome esquisito, como Brunhilde. Caso tenha imaginado, não estava errado. Cada uma dessas imagens é uma representação dos ferozes vikings, ou nórdicos, que aterrorizavam, estupravam e saqueavam tudo que encontravam pela frente na Europa, durante mais ou menos trezentos anos, entre 800 e 1100 d.C. Depois disso, foram cristianizados e pararam um pouco de "pintar o diabo".

Como percebemos pela declaração do pensador Alcuíno (anteriormente), que teve sua primeira experiência "viking" quando invasores partiram dos fiordes da Noruega, em junho de 793, os homens do norte não podiam ser simplesmente ignorados. Depois de pilharem um monastério na ilha de Lindisfarne, próxima à costa nordeste da Inglaterra, onde monges realizavam o tranquilo trabalho de copiar manuscritos religiosos, os invasores vikings passaram mais alguns séculos devastando regiões da Inglaterra, Irlanda e Escócia. Em 841, eles estabeleceram Dublin como base de inverno e começaram a realizar ataques cada vez mais longe de casa, saqueando e incendiando cidades na França, Itália e Espanha, e espalhando o medo por onde passavam.*

Se os celtas eram uma espécie de república estudantil bagunceira, os vikings eram uma gangue de motoqueiros sem lei – "osso duro de roer". Por fim, acabaram sossegando e se tornaram os respeitáveis e civilizados escandinavos que conhecemos hoje.

---

* Os vikings alcançaram até a América do Norte, fixando povoados no Canadá quinhentos anos antes da chegada de Colombo. Mas a estadia viking foi temporária e não deixou nenhum impacto permanente nas Américas.

MITOLOGIA

Mas, então, tudo se resumia a pilhagens, estupros e destruição? Ou havia um outro tipo de viking, mais calmo e gentil?

A resposta é: na verdade, não. Durante quase toda a sua história, os vikings foram piratas e guerreiros valentes, descendentes das tribos germânicas que se fixaram no noroeste da Europa. Desde 2000 a.C., alguns desses povos já haviam migrado para as atuais Dinamarca, Noruega e Suécia, onde se estabeleceram como agricultores e pescadores, até que a superpopulação e o clima pouco convidativo do norte os levaram a aplicar o vasto conhecimento que tinham sobre navegação oceânica para realizar pirataria e invasões. No ano 9 d.C., as tribos germânicas continentais já haviam destruído e massacrado mais de 15 mil legionários romanos, em um dos maiores desastres militares da história de Roma. Essas mesmas tribos, mais à frente, ajudariam a derrubar o Império Romano.

Embora esses grupos tenham se espalhado pelo norte europeu, todos os homens do norte partilhavam do mesmo estilo de vida. Era uma cultura dura, na qual mulheres e escravos eram cidadãos de segunda classe e filhos indesejáveis eram expostos às forças da natureza e deixados para morrer. Essa cultura brutal tinha uma mitologia tal qual – de deuses guerreiros selvagens que exigiam sacrifício de sangue. Há histórias que falam de um local sagrado dos deuses nórdicos, em Uppsala, Suécia, onde homens sacrificados eram pendurados em árvores. Há ainda um relato sobre o enterro de um rei viking, onde uma escrava concubina foi estuprada por todos os companheiros do rei, estrangulada e jogada na pira funerária em sacrifício. Os vikings acreditavam que a morte de um guerreiro garantia seu lugar no paraíso dos combatentes, o Valhalla. Lá, no grande Salão do Massacre, os guerreiros viveriam junto aos deuses, lutando durante o dia e banqueteando à noite, até a chegada do fim do mundo, na superabrangente e apocalíptica Batalha dos Deuses.

Uma era de machados, uma era de espadas 407

Mas, para os vikings, as lutas não esperavam a morte para começar. Conhecidos como "homens do norte", ou "nórdicos", eles aterrorizaram quase toda a Europa, conquistando ou saqueando partes da França, Alemanha, Itália e Espanha. Os "homens do norte" se tornaram "normandos" quando fixaram uma base na França (Normandia), e invadiram a Inglaterra de Guilherme, o Conquistador, em 1066. O ramo sueco da árvore genealógica dos vikings se estabeleceu no Leste Europeu e ficou conhecido como "rus", de onde deriva o termo "Rússia". O nome "viking" provavelmente veio depois, derivando de Vik, no sul da Noruega. Dizer que alguém "quer dar uma de viking" significa dizer que a pessoa quer lutar como um pirata.

Ainda assim, apesar da merecida reputação de ferozes que tinham, a maioria dos homens do norte era composta por aldeões agricultores. Nas aldeias, viviam em uma sociedade mais ou menos dividida em três classes sociais – nobres, homens livres e escravos – com pouca mobilidade ascendente.

Os homens livres eram os agricultores, mercadores e comerciantes, e os escravos eram, em geral, pessoas que haviam sido capturadas em alguma batalha ou invasão viking. Os vikings falavam uma língua germânica, sendo que havia dois dialetos principais que todos conheciam. Também tinham um alfabeto chamado runas, um sistema de escrita estranho que fora usado, inicialmente, por sacerdotes, em rituais secretos. Como os celtas, os nórdicos também não deixaram registro escrito de seus mitos e lendas anteriores à conversão ao cristianismo.

Todavia, há duas grandes fontes de literatura nórdica, chamadas *Eddas*, que foram redigidas, durante a era cristã, a partir da compilação de uma tradição oral mais antiga. A Edda Poética é uma coleção de poemas compostos por anônimos entre 1000 e 1100 d.C. Vinte e quatro dos 38 poemas da Edda Poética são narrativas heroicas, muitas das quais contam as aventuras do grande herói e matador de dragões Sigurd (Siegfried em alemão; ver adiante). Há outros 14 poemas que falam, dentre outros assuntos, da criação e do fim do Universo, que se deu em uma conflagração ardente conhecida como Ragnarok, em que os deuses morreram.

A segunda coleção é a Edda em Prosa, escrita em torno de 1200 por Snorri Sturluson (1179–1241), poeta, historiador e cortesão islandês. A Edda em Prosa de Sturluson foi elaborada como uma cartilha, ou um compêndio, para outros poetas e consiste em um prefácio e três seções. A primeira seção fala sobre as divindades nórdicas, ao passo que a segunda e a terceira fornecem técnicas para aspirantes a poeta. Além da Edda em Prosa, Sturluson também escreveu a história dos reis da Noruega, desde o princípio dos tempos até seus contemporâneos. Homem rico e poderoso da Islândia, além de poeta medieval, Snorri Sturluson acabou envolvido em intrigas da corte norueguesa e foi assassinado em 1241, ao que tudo indica por ordens do rei.

Uma última fonte de mitologia nórdica são os *Skald* (Escaldos), palavra islandesa para um tipo de menestrel ou bardo, uma forma complexa de poesia que sobreviveu durante o período de cerca de 900 até 1200 d.C. A maioria dos poetas de corte da Escandinávia era originária da Islândia, e centenas desses poemas – que lidavam mais com questões contemporâneas do que com figuras míticas – foram preservados nas sagas islandesas do período entre 1100 e 1200. No entanto, os Escaldos foram compostos depois do início da conversão da Escandinávia ao cristianismo e, portanto, receberam, como a literatura celta, camadas de tradição, simbolismo e interpretação cristã.

Como a axila de um gigante e uma vaca ajudaram a criar o mundo nórdico?

De acordo com a Edda, havia dois lugares antes da criação da vida – Muspel ("fim do mundo"), uma região ardente ao sul, e Niflheim ("mundo sombrio"), uma terra ao norte, formada de gelo e de uma névoa gelada. Entre eles, ficava o Ginnungagap – "o incrível vazio" –, um grande vácuo onde os dois mundos, do calor e do gelo, colidiram, congelaram, e todas as coisas foram criadas. Da união dos dois lugares surgiu o primeiro ser vivo, o primordial gigante gelado Ymir, que logo ganhou a companhia de uma vaca primeva chamada Audhumla, de cujas tetas corriam os quatro rios de leite que mantinham Ymir vivo. Depois, Ymir deu à luz três seres, que nasceram a partir do suor de sua axila e de uma de suas pernas. Nesse ínterim, um segundo gigante, Buri, conseguiu se libertar dos blocos de gelo salgado de Niflheim, que haviam sido lambidos pela vaca Audhumla. Buri criou um filho chamado Bor, que se casou com a giganta Bestla e, com ela, teve três filhos – Odin, Ve e Vili –, que dão início à primeira raça de deuses.

A história, que soa como os relatos da criação gregos, conta que Odin tornou-se homem, juntou-se a seus irmãos e assassinou Ymir. O incrível derramamento do sangue do gigante criou um grande dilúvio que matou todos os gigantes gelados, com exceção de Bergelmir e sua esposa, que escaparam da inundação em um barco e recriaram a raça de gigantes nevados. Apesar de os deuses terem vencido os gigantes na batalha da criação do mundo, os descendentes desses gigantes planejaram uma vingança contra os vitoriosos – a inimizade entre essas duas raças irá permear toda a mitologia nórdica. (Não se sabe se a história do dilúvio nórdica é anterior à era cristã, ou se o fato é um exemplo da influência bíblica nas tradições do norte.)

Após livrar-se de Ymir, Odin tornou-se – como Zeus – soberano supremo do mundo e criou a Terra e o céu, a partir do corpo e do

MITOLOGIA

crânio do gigante, respectivamente. O sangue de Ymir transformou-se nos oceanos, suas costelas, nas montanhas e sua carne, na terra. Os deuses, então, encontraram dois troncos jogados em uma praia e transformaram-nos nos dois primeiros seres humanos, Ask (freixo) e Embla (olmo ou videira).

Para sustentar toda a criação, havia um freixo gigante, conhecido como Yggdrasil, que possuía três raízes. Uma das raízes se estendia até Niflheim, o mundo gelado. A outra, até Asgard, o reino dos deuses. E a terceira raiz ia até Jotunheim, a terra dos gigantes. Três irmãs, chamadas Nornas, viviam em volta da base da árvore e controlavam o passado, o presente e o futuro, determinando o destino dos homens. Nidogg, uma serpente colossal, leal aos gigantes derrotados, vivia perto da raiz em Niflheim, e a roía constantemente na tentativa de derrubar a árvore e, com ela, os deuses de Asgard.

Após a criação do mundo, Odin e os irmãos construíram sua morada sagrada em Asgard. Odin e os outros deuses de Asgard são denominados *aesir* (deuses do céu), mas há uma outra raça de deuses menos importantes, chamados *vanir* (deuses da terra), que devem ter sido deuses da fertilidade, preexistentes à chegada dos vikings na região, embora pouco se saiba sobre suas origens. Uma ponte chamada Bifrost – que costuma ser descrita como o arco-íris, mas também é associada à Via Láctea – conecta Asgard à Terra, ou Midgard, onde vivem os homens. No interior das muralhas de Asgard, os deuses construíram palácios e salões, dentre eles o Valhalla, o Salão do Massacre. Reis e heróis perdidos em batalha eram levados para lá pelas Valquírias – "as que escolhem os mortos" – para passarem o tempo banqueteando e lutando, sempre prontos para defender Asgard do ataque dos gigantes. O ataque ocorreu na batalha assustadora e apocalíptica chamada Ragnarok, que significa, literalmente, "destino dos deuses", e que ficou conhecida em alemão como *Götterdämmerung*, ou "crepúsculo dos deuses". Fãs das óperas de Wagner devem conhecer bem esses lugares, pois eles aparecem na obra *O anel de Nibelungo*.

O mito do Ragnarok é bastante peculiar, pois faz um relato completo sobre o fim do mundo – uma grande batalha entre os deuses e deusas de Asgard e os gigantes, ansiosos para vingarem o ataque de Odin a seus ancestrais na criação do mundo. Quando o Ragnarok chega, a maioria dos deuses, deusas e gigantes morre e a Terra é destruída pelo fogo. Após a batalha, o deus Balder e sua esposa renascem e, junto a vários filhos dos deuses mortos, formam uma nova raça de divindades. Durante o Ragnarok, um homem e uma mulher se refugiam na Árvore do Mundo, Yggdrasil, e acabam dormindo por toda a batalha. Quando a terra volta a ser fértil, o casal acorda e inicia uma nova raça de homens.

QUEM É QUEM NO PANTEÃO NÓRDICO

Balder Conhecido como "o bom" ou "o belo", Balder era o filho favorito do deus supremo Odin e famoso por sua beleza e sabedoria. Eloquente e cheio de graça, era, no entanto, um deus ineficaz, sendo sua morte o aspecto mais importante de sua história. Conta o mito que, quando Balder tinha pesadelos, sua mãe, Frigg, percebia que o filho estava destinado a morrer e, assim, pediu que todas as coisas vivas e objetos jurassem nunca ferir seu formoso rebento. Conscientes da invulnerabilidade do deus, as outras divindades se divertiam jogando-lhe pedras e outros objetos, mas Balder nunca se feria. Invejando a invencibilidade alheia, o trapaceiro Loki descobre que o visco – planta que, para os druidas celtas, tinha grande poder de cura – não fizera o juramento a Frigg. Loki, então, pega um galho da planta, faz um dardo e o entrega

412 MITOLOGIA

ao irmão cego de Balder, **Hod**. Loki guia a mira de Hod e faz com que o dardo de visco acerte Balder, que morre na hora. Enquanto os deuses velavam a morte do deus, sua esposa, **Nanna**, sofreu uma morte instantânea, causada pela imensa dor que sentiu, e foi, então, queimada na pira funerária junto ao marido. Hel, deusa do mundo inferior, concorda em libertar Balder da morte, com a condição de que todas as pessoas e coisas do mundo chorassem por ele. Mas o malevolente Loki – dessa vez disfarçado de giganta – se recusa a chorar, mantendo Balder preso no mundo dos mortos. A lenda dizia que, com a renovação do mundo após a Batalha de Ragnarok, Balder – que pertence ao arquétipo dos deuses ressurretos – e Nanna dariam início a uma nova idade de ouro dos deuses.

Bragi   Deus da poesia e da eloquência, Bragi era chamado por Loki de "convencido",* e a palavra inglesa "brag" [gabar-se] vem de seu nome. Era casado com Idun.

Freyr (Frey)   Freyr ("senhor"), deus da agricultura, da fertilidade e da abundância, e sua irmã e consorte Freyja ("dama"), deusa do amor e da fertilidade, formavam os *vanir* – divindades da terra e da água, diferentes dos *aesir*, divindades do céu. Mas o casal tinha sua importância e seu lugar em Asgard, junto aos outros deuses. São filhos gêmeos de **Njord**, deus do mar, e **Skadi**, deusa das montanhas e florestas. Frey garantia o sucesso das colheitas e Freyja abençoava os casamentos.

Por serem deuses da fertilidade, Freyr e Freyja eram associados, respectivamente, aos rituais que envolviam orgias e à liberdade

---

* Em inglês, "*braggart*". (N. T.)

sexual da Europa pré-cristã. Freyja, que tinha o espírito livre e voluptuoso, como Inanna e outras deusas do amor e da fertilidade do Oriente Próximo, dormiu com quatro anões, em noites sucessivas, em troca de um valioso prêmio, o "colar flamejante", símbolo de sua fertilidade. Alguns relatos afirmam que Freyja é líder das Valquírias, mulheres que escolhem quem morrerá em batalha e será levado para o Valhalla, onde se transformam em servas divinas. Freyja também é responsável por selecionar, dentre os guerreiros mortos, quais iriam morar com ela em seu palácio, em Asgard.

Frigg Deusa mãe, Frigg era a esposa principal de Odin, pai dos deuses. Controlava o céu e as nuvens, protegia os lares e o casamento, e era a concedente das crianças. Preferiu não morar com Odin e residia em sua própria morada, modesta, onde, junto a suas criadas, fiava linhas de ouro e tecia nuvens. Clarividente, Frigg sabia dos acontecimentos do presente e do futuro, mas não podia modificá-los. Quando soube que seu filho, Balder, estava destinado a morrer, tentou alterar o destino exigindo de todas as coisas do mundo a promessa de que não machucariam o deus. Mas ela ignorou o visco, pois acreditava que a planta era muito jovem e fraca para ser uma ameaça. Loki, aproveitando-se da omissão de Frigg, matou Balder e foi exilado para o mundo inferior. Algumas tradições contam que as lágrimas de Frigg se transformaram nas frutinhas do visco. Quando Frigg soube que a vida de Balder seria restaurada, pendurou um galhinho de visco no alto e prometeu beijar todos que passassem por debaixo dele — mais um aspecto relacionado às origens da tradição natalina (norte-americana) do visco, que, nos rituais celtas, era um símbolo de boa vontade. Frigg tem ligações com uma outra antiga deusa germânica,

414 MITOLOGIA

chamada **Frea**, e seu nome deu origem à palavra "Friday" [sexta-feira em inglês].

Heimdall Conhecido como "iluminador do mundo", Heimdall era deus da aurora e filho de Odin. Era famoso por sua audição e visão aguçadas – podia ouvir a grama crescer e ver o dia ou a noite a quilômetros de distância –, e vigiava Bifrost, a Ponte do Arco-Íris que levava a Asgard. Estava sempre pronto para soar sua trombeta e avisar a todos que a Batalha de Ragnarok iria começar. Atribui-se ao deus, ainda, a criação da ordem social entre os homens, durante suas visitas a Midgard. Em um conto, Heimdall dorme na choupana de um homem pobre e recebe pouca comida. Nove meses depois, uma mulher dá à luz **Thrall**, o primogênito de uma raça de servos, ou escravos. Depois, o deus dormiu em uma fazenda, onde foi muito bem-tratado por pessoas trabalhadoras e gerou **Karl** (origem da palavra "caipira" – "churl" em inglês), primeiro de uma raça de camponeses livres. Por fim, dormiu em um salão nobre, onde também foi bem-tratado e gerou **Jarl** (origem da palavra "conde" – "earl" em inglês), primeiro de uma raça de nobres.

Quando a Batalha de Ragnarok finalmente chegou, Loki roubou a espada de Heimdall, mas o deus conseguiu matar o tra-paceiro antes de morrer por suas próprias feridas.

Hel Filha de Loki e de uma giganta, Hel era a deusa sinistra da morte e do mundo inferior, e dizia-se que era metade negra, metade branca. Foi jogada na região gelada por Odin, que decretara que ela imperaria sobre aqueles que morressem de doença ou velhice. Hel também era irmã do lobo monstruoso **Fenrir** e da serpente

Uma era de machados, uma era de espadas 415

Jormungand, as duas criaturas que a ajudaram a liderar a batalha final contra os deuses.

Hel governava o mundo dos mortos, que levava seu nome. De acordo com descrições do local, a estrada para o inferno nórdico era um rio gelado cheio de blocos de gelo e armas, e sua entrada era vigiada por um enorme cão de guarda, semelhante ao grego Cérbero.

Idun Esposa de Bragi, Idun era deusa da imortalidade e guardava as maçãs de ouro que preservavam a juventude eterna dos deuses. Certa vez, Loki foi forçado a atrair Idun para fora de Asgard, para que um gigante pudesse roubar as maçãs de ouro e enfraquecer os deuses. Odin e os outros deuses começaram a definhar. Usando a pele de um falcão mágico e falando as palavras secretas – as runas –, Loki transformou-se em um pássaro e voou até o palácio do gigante, trazendo Idun e as maçãs de volta e salvando os deuses, depois de ter, ele mesmo, os colocado em situação de risco.

Loki Trapaceiro supremo entre os deuses, Loki, cujos pais são desconhecidos, talvez fosse filho de gigantes – os inimigos jurados dos deuses. Mas era companhia frequente de Odin e Thor. Embora pudesse ser destrutivo e malicioso, ele era também um deus atraente e ajudava as outras divindades em momentos de dificuldade – em geral, dificuldades que ele próprio criava.

Na Edda de Snorri Sturluson, Loki é descrito como um deus "de aparência agradável e bela, de caráter maligno e de modos muito inconstantes. Ele tinha, muito mais do que os outros deuses, o tipo de inteligência que chamamos de astuciosa, além de estratagemas para todas as eventualidades. Loki sempre colocava os *aesir*

416 MITOLOGIA

nas situações mais difíceis, e costumava tirá-los dessas situações com suas manobras".

Uma história típica conta que Loki zombava de Odin, que queria dormir com Freyja depois de saber que ela havia dormido com quatro anões para conseguir o maravilhoso "colar de Brisings". Disfarçado de mosca, Loki encontrou Freyja dormindo, transformou-se em uma pulga e picou os seios da deusa. Quando ela se virou na cama, Loki abriu o fecho de seu colar e o levou para Odin, que concordou em devolvê-lo a Freyja, caso ela agitasse uma guerra entre os homens.

Com o passar do tempo, Loki tornou-se tão amargo com o desdém dos outros deuses que iniciou o Ragnarok. A grande batalha foi acionada depois que o trapaceiro aprendeu como ferir Balder com um galho de visco, causando sua morte. Como punição para seu crime, Loki foi preso a três pedras enroladas nos intestinos de seu próprio filho, que endureceram para amarrá-lo bem. Depois, foi colocada sobre sua cabeça uma cobra que ficava pingando veneno em seu rosto, até que, certo dia, Loki conseguiu escapar e liderar os gigantes na apocalíptica Batalha de Ragnarok. Durante a luta, um dos filhos de Loki, o monstruoso lobo Fenrir, engoliu o sol e mordeu a lua, e a outra cria do deus, a serpente peçonhenta Jormungand, que nadava no grande oceano que circundava o mundo, agitou as profundezas do mar e lutou com Thor.

Odin Também é conhecido como Woden ou Wotan, cujas origens remontam a um deus germânico mais antigo, era o rei do panteão nórdico. Pai de Thor, Balder e de outros deuses, ele vivia em Asgard e governava a morada dos deuses.

Para aprender a sabedoria secreta das runas, Odin perfurou o próprio corpo com sua lança e pendurou-se na Árvore do

Uma era de machados, uma era de espadas 417

Mundo, Yggdrasil. Após nove dias e nove noites de sofrimento e autossacrifício, Odin aprendeu todo o conhecimento secreto e livrou-se da morte. Essa história, um mito antigo que foi transcrito depois da era cristã, certamente conecta Odin à figura de Jesus, que também foi perfurado, porém pendurado em uma cruz de madeira, que talvez fosse uma árvore, antes de ressuscitar.

Associado à batalha, à magia e à inspiração poética, e conhecido como protetor dos reis e heróis, Odin tinha um olho só, pois havia trocado seu outro olho por um gole da água de uma nascente que provocava clarividência. Quando era chegada a hora de um guerreiro morrer, era Odin quem enviava as Valquírias aos campos de batalha para selecionarem quem seria levado para o Salão do Massacre, em Asgard. Seus guerreiros mais devotados eram chamados de "Berserkers", que deve significar "camisa de urso", pois muitos deles usavam pele de urso ou lobo em campo. Os Berserkers eram famosos e temidos pelo estado de frenesi delirante em que entravam durante as batalhas, que era possivelmente causado por cogumelos alucinógenos. Esse êxtase em batalha também conecta Odin aos poetas, pois acreditava-se que eles entravam em estado de inspiração durante o frenesi artístico. Na batalha apoteótica de Ragnarok, Odin foi morto e engolido pelo terrível lobo Fenrir.

Seu nome germânico, Woden, é origem da palavra "Wednesday", quarta-feira em inglês.

Thor Segundo em importância no panteão nórdico, após Odin, Thor era o soberano do céu, deus dos raios e trovões. Os trovões saíam de seu martelo, Mjolnir, "o destruidor", uma arma tão devastadora que podia destruir gigantes e montanhas com um único golpe. Quando Thor jogava seu martelo, ele voltava para sua mão de forma mágica, como um bumerangue. É muito provável que ele tenha derivado de um outro deus germânico, chamado Donar, e que tenha ligações com o deus celta dos trovões Taranis. (Ver anteriormente.)

Thor tinha uma estatura imensa, barba vermelha, olhos flamejantes e um apetite gigantesco. Ele era o deus viking mais popular, pois sua vida refletia os valores desses guerreiros. Era um gigante generoso e gentil, mas entrava em estado de fúria quando provocado.

Uma narrativa popular conta que um gigante havia roubado o martelo de Thor e dito que só o devolveria se recebesse Freyja, a deusa, como noiva. Thor e Loki se disfarçaram para visitar o gigante, Thor vestido como Freyja, sob um véu nupcial, e Loki como uma criada. Durante o banquete de casamento, Thor quase revelou sua identidade ao comer e beber da maneira insaciável de sempre – ele era capaz de beber um oceano –, mas Loki, muito esperto, explicou que "ela" não comia havia oito noites, ansiosa pelo casamento. A "noivinha", então, pediu para ver o lendário martelo de Thor e usou-o para esmagar o crânio do gigante e aniquilar os outros convidados.

Thor morreu na Batalha de Ragnarok, afogado no veneno de sua própria vítima, a Serpente do Mundo, Jormungand.

"Thursday", quinta-feira em inglês, deriva do nome Thor.

Quem é o herói mais importante da mitologia nórdica?

Sigurd, o exemplo mais perfeito de um guerreiro nórdico, era uma espécie de rei Arthur daquela região, uma figura com possível origem histórica, que se tornou chamariz para uma diversidade de narrativas, como afirmou Kevin Crossley-Holland, autoridade em mitologia nórdica. Filho de um guerreiro e neto de um grande rei protegido por

Uma era de machados, uma era de espadas 419

Odin, Sigurd era um belo e imponente matador de dragões e herói das mulheres – um mortal com possíveis ancestrais divinos. Ele consta como o herói humano mais importante da mitologia nórdica – mais de metade da Edda Poética fala sobre ele – e as histórias sobre suas aventuras não causaram impacto apenas na mitologia viking. Tolkien é um dos que se inspiraram muito nessas lendas heroicas sobre um anel de ouro feito por anões, que aumenta a riqueza de seu dono, mas também lhe lança uma terrível maldição. As histórias de Sigurd também serviram de modelo para o herói mítico alemão Siegfried, personagem da *Canção dos Nibelungo*s, famoso épico germânico, composto em torno de 1200, que, por sua vez, serviu de base para *O anel de Nibelungo* (1869–1876), ciclo de óperas de Wagner.*

As histórias de Sigurd provavelmente nasceram na região do Reno, Alemanha, no século V d.C., e chegaram até a Escandinávia, onde foram transformadas em poesia, na Edda, a coleção de poemas composta na Islândia entre 1000 e 1100. A prosa *Volsungasaga*, escrita na Islândia entre 1100 e 1200, conta a história em detalhes.

De acordo com esses mitos, Sigurd nasceu depois que o pai, Sigmund, foi assassinado. Antes de morrer, Sigmund previu que seu filho realizaria grandes feitos e nunca seria esquecido. Criado por um rei, o herói tinha um tutor, o anão Regin, que lhe deu um cavalo mágico e lhe forjou uma espada fantástica, Gram, a partir de fragmentos da espada que seu pai ganhara de Odin. Sigurd usou a espada para vingar a morte do pai.

---

* Composto entre 1853 e 1874, o ciclo começa com *Das Rheingold* ("O ouro do Reno"), que serve de prólogo para as três óperas principais: *Die Walküre* ("As Valquírias"), *Siegfried e Die Götterdämmerung* ("O crepúsculo dos deuses"). Os quatro trabalhos foram apresentados como um ciclo, pela primeira vez, em 1876, na abertura do Festival Opera House, construído por Wagner em Bayreuth, Alemanha.

420   MITOLOGIA

A aventura central dos mitos de Sigurd é o assassinato do dragão Fafnir. Fafnir, a princípio um homem poderoso, ambicioso, violento e detentor de poderes mágicos, era filho de um agricultor que também tinha o dom da magia. Ele e seu irmão Otr tinham a capacidade de se metamorfosear. Certo dia, quando passeava com os outros deuses, Loki matou uma lontra que era, na verdade, Otr (origem da palavra "otter", lontra em inglês) metamorfoseado. Quando o pai de Otr soube o que havia acontecido, exigiu uma compensação dos deuses, e Loki concordou em preencher a pele da lontra com ouro. O trapaceiro, convenientemente, encontrou um anão que vivia nas proximidades e possuía um enorme tesouro, incluindo um anel de ouro, o qual Loki confiscou. Após ser privado de seu tesouro, o anão amaldiçoou o anel, que arruinaria quem quer que o possuísse. O primeiro a morrer foi o agricultor que recebeu a riqueza — seu filho Fafnir o assassinou, roubou o ouro e transformou-se em um dragão, para passar o restante de sua vida vigiando o tesouro. (Leitores de Tolkien irão reconhecer esses temas, que são semelhantes à narrativa sobre o Anel do Poder, que era ciosamente vigiado por quem quer que o possuísse.)

Ávido por tomar o tesouro para si, Regin, irmão de Fafnir e tutor de Sigurd, instruiu o jovem guerreiro a respeito de como matar o dragão, escondendo seu plano secreto de matar Sigurd assim que ele realizasse a façanha. Fafnir, o dragão, só deixava seu covil e seu tesouro escondido para beber água em um rio local. Sigurd cavou um buraco no caminho entre o rio e o covil e escondeu-se dentro dele. Quando o dragão passou sobre o buraco, Sigurd esfaqueou seu coração. Depois, o herói assou o coração do dragão morto, seguindo as instruções de Regin, mas acabou se queimando no fogo e colocando o dedo na boca. Depois de provar o suco mágico de Fafnir, Sigurd compreendeu os sons que alguns pássaros à sua volta faziam — eles tentavam alertá-lo de que Regin pretendia matá-lo. Sigurd arrancou a cabeça de Regin, bebeu um pouco de seu sangue, comeu o coração do dragão e, depois, encontrou o covil de Fafnir e o anel de ouro.

Após tomar o anel para si, Sigurd também foi amaldiçoado. Ele foi amado pela Valquíria Brynhild (Brünhilde na versão de Wagner), com quem prometeu se casar, mas ela vivia presa em um círculo de fogo, pois tinha ofendido Odin – uma espécie de "Bela Adormecida". Sigurd resgatou Brynhild, mas acabou entregando a Valquíria a outro homem. Quando ela descobriu que fora enganada, mandou matar o herói para, depois, se sacrificar, atirando-se na pira funerária de seu amado.

O anel de ouro e o restante do tesouro foram escondidos no Reno, onde permanecem até hoje.

Vozes Míticas

Os dois humanos que se esconderam no interior de Yggdrasill serão denominados Lif e Lifthrasir. (...) Lif ("vida") e Lifthrasir ("remanescente próspero") terão filhos. Seus filhos terão filhos. Haverá vida e nova vida, vida em todos os cantos da Terra. Aquele foi o fim, e esse é o começo.

– *extraído de* The Norse Myths, *Kevin Crossley-Holland*

PONTE PARA O ORIENTE

Oh, o Oriente é o Oriente e o Ocidente é o Ocidente, e os
dois jamais se encontrarão,
Até que a Terra e o Céu se encontrem no Grande Julgamento
de Deus;
Mas não há nem Oriente nem Ocidente, nem Fronteira, nem
Raça, nem Nascimento,
Quando dois homens se enfrentam face a face,
Embora venham dos confins opostos do mundo!

— RUDYARD KIPLING, "The Ballad of East and West"
("Balada do Oriente e Ocidente")

As histórias, as lendas e os mitos do norte da Europa, do mundo
mediterrâneo e do antigo Oriente Próximo são, em sua maioria,
fruto de religiões que há muito tempo já morreram. É verdade que
alguns de seus deuses, rituais, conceitos e teorias permanecem vivos
até hoje, seja através da influência que exerceram em fés posteriores,

Ponte para o Oriente 423

como o judaísmo, o cristianismo e o islamismo, seja através de celebrações tradicionais e superstições. O badalado movimento *New Age*, que retoma o culto aos deuses, o movimento Wicca e o neodruidismo também vêm tentando ressuscitar antigas crenças e cultos míticos e outros aspectos dos "velhos tempos". Mas, bem, sejamos justos, a maioria das mitologias da Europa e do Oriente Próximo são peças de museu.

Quando falamos sobre a Ásia, porém, a história é outra – em especial na Índia, China e Japão, e em outros locais onde o hinduísmo, o budismo e o xintoísmo ainda são religiões influentes e difundidas, com raízes profundas nos mitos de um passado muito distante. Quase tão antigas quanto o Egito e a Mesopotâmia, as civilizações da Índia e da China, em particular, ainda possuem características que derivam de sistemas míticos que nasceram nos confins da Pré-História. Conhecer essas tradições antigas – que a nós, ocidentais, parecem tão "estrangeiras" – sempre foi intrigante e importante, mas a necessidade de compreender melhor as crenças que formam a alma de quase toda a Ásia é hoje maior do que nunca.

Os motivos para isso são bastante óbvios. Para começo de conversa, nosso mundo está mudando. A toda velocidade. Viajar é tão fácil que o planeta parece cada vez menor. A tecnologia evolui tanto que o mundo parece girar cada vez mais rápido. Quando você liga, de Nova York, para a "assistência técnica" do seu banco ou da empresa que fabricou seu computador, pode ser que a pessoa do outro lado da linha esteja em Nova Délhi. As decisões tomadas em Pequim e Bombaim – mais do que nunca – afetam os povos de Boise, Buenos Aires, Berlim e do Bronx. As ideologias conflitantes do Oriente e do Ocidente complicaram nossas vidas. E os armamentos cada vez mais sofisticados que surgem a cada dia tornam tudo ainda mais perigoso.

Sim, "o Oriente é o Oriente e o Ocidente é o Ocidente". Mas os dois agora estão juntos, através do ciberespaço, das centrais de telefonia

424 MITOLOGIA

e, sem dúvida, das grandes lojas de departamentos, onde prateleiras ocidentais estão cheias de bens produzidos pelos povos orientais.

E então há os números, simples e brutos – as populações estão mudando e crescendo. Embora seja atualmente a nação mais populosa do mundo, com mais de 1,3 bilhão de habitantes (em 2011), a China em breve será superada nesse índice duvidoso pela Índia, que, em 2010, já havia passado da marca de 1,2 bilhão de habitantes. Juntas, as duas nações já contabilizam quase um terço da população do planeta. E os números não param de crescer, ao mesmo tempo que, de modo geral, caem as taxas de natalidade do Ocidente.

Historiadores costumam ter de responder qual seria o acontecimento mais importante de toda a história mundial. Conquanto seja impossível dar uma resposta definitiva, é possível prever que alguns dos acontecimentos mundiais mais importantes dos primeiros anos do século XXI não acontecerão nas capitais da Europa e das Américas. O mais provável é que ocorram na Índia, na China ou em outros países asiáticos, onde as populações e economias crescentes vêm mudando a realidade global. Vistos, até pouco tempo, como nações de "terceiro mundo" em desenvolvimento, esses países estão se industrializando rapidamente e assumindo o comando da ciência e engenharia. Como as superpotências ocidentais, possuem arsenais nucleares e ambicionam conquistar o espaço. Mantendo a antiquíssima tradição como inovadores na ciência e na tecnologia, ganharão força na economia e disputarão a liderança do mundo.

Mas onde, nesse cenário geopolítico, se encaixariam os mitos? Não há exagero em afirmar que em todos os cantos. Se quisermos entender para onde o mundo está indo, precisamos conhecer melhor a história dessa parte do planeta. E que maneira melhor para o fazermos do que conhecendo seus mitos e vendo como eles revelam parte de sua alma coletiva?

CAPÍTULO SEIS

O BRILHO DE MIL SÓIS

Os mitos da Índia

Tão luminoso era aquele ser magnânimo,
como mil sóis que surgissem juntos no firmamento.

— Bhagavad-Gita

Pois certa é a morte para quem nasce
E certa é a morte para aquele que morre;
Portanto, não lamentes
O inevitável.

— Bhagavad-Gita

Se me fosse perguntado debaixo de que céu a mente humana
mais desenvolveu algumas de suas dádivas, que mais profundamente ponderou sobre os maiores problemas da vida, e
que encontrou soluções para alguns deles, soluções essas que
merecem a atenção dos estudiosos de Platão e Kant, eu apontaria a Índia. E se eu perguntasse a mim mesmo em que literatura nós (...) podemos encontrar os ajustes tão necessários

para tornar nossa vida interior mais perfeita, mais abrangente, mais universal. Na verdade uma vida mais verdadeiramente humana, não apenas para esta vida, mas para uma vida trans-figurada e eterna, novamente eu apontaria a Índia.

– MAX MÜLLER

Como saber quais eram as crenças da Índia antiga?

Que papel tiveram os mitos na Índia antiga?

Se tudo se resume a um ciclo de nascimento e destruição, onde começa a criação do mundo hindu?

Como encaixar dez deuses em um?

Quem é quem no panteão hindu

Que tipo de herói não queria lutar?

Por que um herói baniria a própria esposa?

O que é Nirvana?

MARCOS DA MITOLOGIA
Índia

Período antes de Cristo (a.C.)

c. **4500** Introdução de técnicas de irrigação na região do vale do Indo, no noroeste indiano.

Início do cultivo do arroz no rio Ganges.

Cerâmica feita com técnica de impressão com cordas

c. **2500** Surgimento de civilização nas planícies do vale do Indo, nas antigas cidades de Mohenjo-Daro e Harappa, localizadas no centro da planície do rio Indo, entre o atual Paquistão e o noroeste indiano; desenvolvimento das cidades muradas.

Encontrados, em Mohenjo-Daro, os primeiros tecidos de que se tem notícia.

2000 Colapso da civilização do vale do Indo.

1500 Invasores nômades indo-arianos chegam ao noroeste da Índia e lá se estabelecem.

Começam a ser compostos os hinos, em sânscrito, do *Rig-Veda* (completados em torno de 900 a. C.).

1030 Arianos fixados na Índia se expandem até o vale do Ganges.

c. **1000** Arianos estabelecem pequenos Estados na Índia.

c. **900** Início da composição dos últimos *Vedas*, *Brâmanas* e *Upanishades*.

c. **800** Surgimento da cultura urbana no vale do Ganges.

O brilho de mil sóis   429

c. **600**   Dezesseis reinos arianos se espalham pelo norte da Índia. Desenvolvimento do hinduísmo.

563   Nascimento do Buda.

540   Nascimento de Mahavira, fundador do jainismo.

c. **500**   São compostos códigos de leis religiosas. Introdução do sistema de castas na Índia.

c. **483**   Morte do Buda.

c. **400**   Composição e compilação dos poemas épicos *Mahabharata* e *Ramayana*.

326   Alexandre, o Grande, cruza o rio Indo até a Índia; esse foi o maior avanço de seu império.

321   Chandragupta funda o Império Mauria.

297   Chandragupta, primeiro homem a unir o subcontinente indiano, abdica em favor de seu filho, Bindusara.

273   Açoka toma o trono e inicia seu reinado.

262   Açoka converte-se ao budismo; renúncia à violência; o budismo torna-se a religião do Estado.

232   Morte de Açoka.

c. **100**   Composição do *Bhagavad-Gita*, com seus setecentos versos.

Q uando a primeira bomba atômica foi testada, com sucesso, no deserto do Novo México, em julho de 1945, Robert Oppenheimer — o jovem físico brilhante que dirigia o laboratório de Los Alamos — relembrou o momento com as seguintes palavras:

> Esperamos até que a onda de impacto passasse, saímos de nosso refúgio e então foi tudo muito sombrio. Sabíamos que o mundo nunca mais seria o mesmo. (...) Lembrei-me do que dizia o *Bhagavad-Gita*, a escritura hindu: Vishnu estava tentando persuadir o príncipe a cumprir seu dever e, para impressioná-lo, surgiu em sua forma cheia de braços e disse: "Tornei-me a Morte, a destruidora dos mundos." Acho que todos pensamos isso, de certa forma.*

Imagine a cena. Um dos momentos mais importantes da história da humanidade acabou de acontecer e foi marcado não por uma passagem da Bíblia, ou de algum filósofo grego, ou de Shakespeare, mas sim por uma referência obscura de uma tradição mítica da Antiguidade. Para muitos ocidentais, acostumados com as doutrinas judaico-cristãs e com o racionalismo nascido na Grécia, que floresceu na Europa Iluminista, o legado mítico da Índia permanece inescrutável. É uma viagem mágica e misteriosa por um mundo exótico e fantástico.

---

* *The Making of the Atomic Bomb* ("A fabricação da bomba atômica"), de Richard Rhodes, p. 676.

O brilho de mil sóis 431

Um deus de tez azulada e muitos braços. Uma divindade com cabeça de elefante que anda por aí no dorso de um rato. Uma deusa horripilante, enfeitada com partes de corpos cortados. Um rei macaco que ficaria muito à vontade no filme *O Mágico de Oz*. Uma deidade incrível, que dança até destruir o mundo. E um templo com mil anos de idade, adornado com uma penca de imagens eróticas, de figuras fazendo contorcionismos desconcertantes.

É o desenrolar de milhões de tapetes de ioga, nas academias de todo o mundo, transformando uma busca pela iluminação, que já dura 3 mil anos, na última moda da malhação. É "Instant Karma" e *Kama-Sutra* juntos, uma imagem confusa para muitos ocidentais, acostumados a ver grupos de rapazes vestindo túnicas amarelo-laranja pedindo dinheiro nos aeroportos e cantando o "Hare Krishna".

E que história é essa de "vaca sagrada"?

A Índia ocupa uma península triangular quase do tamanho da Europa Continental, que se estende do território asiático até o oceano Índico, e é repleta de contrastes físicos marcantes – montanhas incríveis, um grande deserto, campos extensos, rios sinuosos, planícies tropicais e florestas úmidas, banhadas pelas revigorantes, e às vezes destrutivas, monções. Os diversos destinos que essa nação teve na Antiguidade se deram, em parte, pelo fato de ocupar uma região dividida por essas fronteiras físicas – a oeste, o mar Arábico e um vasto deserto, o Thar; a leste, a baía de Bengala; e, ao norte, o gigantesco e nevado Himalaia, que separa a Índia da China.

Apesar disso, há muitos séculos essa terra remota e obscura vem atraindo o Ocidente. Primeiro por sua seda e seus temperos. Depois, por sua abordagem diferenciada das "Grandes Questões" – a eternidade, o bem e o mal, o significado da vida. A Índia, que sempre teve uma visão cósmica totalmente diferente do pensamento tradicional ocidental, há muito tempo se interessa pelo transcendental e o imortal, pela ideia de que criação e destruição são um ciclo interminável e que

MITOLOGIA

432

a alma é uma essência que busca a perfeição através da reencarnação. Essas ideias encontraram expressão naquilo que o mitólogo Arthur Cotterell chamou de "uma gama de mitos e lendas sem comparação no restante do mundo".

As raízes desses mitos são também muito antigas e remontam às amplas planícies do vale do rio Indo, há mais de 4.500 anos. A antiga civilização do vale do Indo, que se concentrava na atual região fronteiriça entre o noroeste da Índia e o sul do Paquistão, prosperou por mil anos. É muito provável que sua cultura se baseasse no antiquíssimo culto às deusas e à fertilidade, bem como na adoração das vacas, consideradas sagradas por causa do leite que proviam e dos excrementos, que ajudam a fertilizar as plantações. Sua sobrevivência durou até a chegada de um grupo de nômades guerreiros que invadiu a região por volta de 1500 a.C. Esses novos visitantes, falantes de uma língua chamada "sânscrito", de onde derivaram todas as outras línguas indo-europeias, provavelmente vinham da cordilheira do Cáucaso, na Ásia Central. Eles se autodenominavam *arya* (que significa "da mesma família" ou "nobre") e, com o passar do tempo, ficaram conhecidos como arianos.* Tal qual os chamados "micênicos", que haviam invadido a Grécia e levado consigo seus próprios deuses, mesclando-os

---

* Devido à infeliz associação a Hitler e ao nazismo, o termo "ariano" ficou maculado. Hitler e os nazistas usavam a palavra para se referir aos alemães e a outros povos do norte europeu, considerados uma raça superior a todas as outras. O uso racista do termo perdura até hoje dentre grupos partidários da supremacia branca, como o Nação Ariana, dos Estados Unidos. Até a suástica, usada como um símbolo do poder nazista, é uma adaptação de um símbolo hindu, que significava, originalmente, "deixe coisas boas acontecerem". Dentre os outros povos que se autodenominam arianos, estão os iranianos; o próprio nome "Irã" deriva da palavra "ariano".

O brilho de mil sóis 433

às divindades locais, os arianos conquistaram aquilo que restava da civilização do Indo e impuseram aos habitantes locais seu panteão estilo "macho alfa". Essa é, pelo menos, a tese prevalecente; uma outra escola de pensamento defende que houve uma migração mais pacífica e amigável.

Depois de estabelecidos, os arianos se espalharam pelo sul e pelo leste, chegando a estender seu domínio por quase toda a Índia. Com o passar do tempo, seus deuses e sua cultura acabaram se combinando às culturas e deuses locais – o que nós, ocidentais, passamos a denominar "hinduísmo" foi fruto desse antigo casamento. Apesar de não terem desenvolvido um governo imperial grandioso e voraz que ambicionasse conquistar o mundo – da mesma forma que não houve nenhum Estado dominante da Grécia antiga –, os povos desse "subcontinente" vasto e diverso acabaram se unindo através de seus mitos, uma união que nenhum Estado ou governo burocrático seria capaz de realizar. Suas crenças e rituais sagrados, o sânscrito, seus templos sagrados dedicados a um universo de deuses e deusas – e o sólido sistema de "castas" consolidado graças à sua religião – formaram a alma da cultura indiana.

Ainda assim, falar de "hinduísmo" como uma religião monolítica é um erro. Não há um papa, nem uma hierarquia. Não há um fundador, nem um profeta central. Não há um credo unificador. Nem o Vaticano, nem Meca, nem Jerusalém. Da forma como existe hoje, o hinduísmo – e suas duas principais ramificações, o budismo e o jainismo – é uma coleção complexa de crenças, com um vasto panteão de deuses e diferentes escolas de pensamento. Sua diversidade desnorteante levou escritores como Ninian Smart, historiador, a fazer comentários como: "O simples ato de se considerar uma coisa única chamada hinduísmo pode ser um equívoco, por causa da grande variedade de costumes, cultos, deuses, mitos, filosofias, rituais, movimentos e estilos de arte e música que fazem parte dessa religião (...). É como se muitos hinduísmos tivessem se fundido em um só. Hoje, se parece mais como o tronco de uma única árvore, mas, no passado, era como um emaranhado de raízes altamente divergentes."

A partir dessas raízes antigas – as histórias, lendas e mitos da Antiguidade –, surgiu uma religião vibrante, pulsante, com uma consciência coletiva que tem poucos paralelos em outras culturas ou sistemas de crença, tanto no Oriente quanto no Ocidente.

VOZES MÍTICAS

Pesquisadores que estudam a Índia se perguntam por que uma cultura tão antiga, tão rica em matéria de escultura e arquitetura, de literatura mítica e romântica, carece de escritos históricos críticos. Alguns sugerem que obras históricas da Índia antiga, escritas em sânscrito, tenham, por motivos ainda inexplicados, sofrido uma destruição em massa. Uma explicação mais plausível sugere que elas nunca tenham existido. (...) O principal interesse dos indianos hindus, no passado, não era o surgimento e a queda de impérios históricos, mas sim os governantes da idade de ouro mítica. (...) A falta de registros históricos revela não apenas a preocupação hindu com o transcendente e o eterno, mas também o senso geral de que a vida social era imutável e repetitiva. (...) Em uma sociedade que desconhecia mudanças, sobre o que escreveriam os historiadores? Quando acontecimentos reais eram registrados, costumavam ser alterados para mito, para ganharem uma importância universal e eterna.

— DANIEL BOORSTIN, Os descobridores

O brilho de mil sóis 435

Se o matador pensa que mata,
E a vítima pensa que morre,
Então ambos não compreendem.
Ele não mata, ela não morre.

— *Katha Upanishades*

Como saber quais eram as crenças da Índia antiga?

Os antigos egípcios nos deixaram *O livro dos mortos*, os mesopotâmicos, *Gilgamesh*. Os gregos nos deram Homero e Hesíodo. Os celtas deixaram histórias que foram preservadas por monges cristãos. Mas, quando se trata da mitologia da Índia antiga, temos uma vasta coleção de escritos míticos e religiosos que botam todas essas outras mitologias no chinelo. Se alguém merece o apelido de "povo do livro", seriam os compiladores das enormes bibliotecas da Índia.

Quando os arianos chegaram no vale do Indo, entre 1700 e 1500 a.C., trouxeram consigo o sânscrito, a língua escrita mais antiga da Índia até onde se tem registro. Embora tenha deixado, a partir de cerca de 100 a.C, de ser uma "língua viva", o sânscrito — como o latim na Europa medieval — continuou sendo utilizado como a "língua culta" da poesia, ciência, filosofia e religião. O núcleo das crenças e práticas hindus é formado por um conjunto de hinos, poesias, diálogos filosóficos e lendas, em sânscrito, que compreende, dentre outros textos, os *Vedas* e os *Upanishades*, os épicos *Ramayana* e *Mahabharata* — que contém uma seção importante, chamada *Bhagavad-Gita* — e os *Puranas*.

Acredita-se que os *Vedas*, as mais antigas obras sagradas escritas em sânscrito, tenham sido compostos entre 1400 e 400 a.C., período da história indiana chamado de "Era Védica". Acredita-se, ainda, que sejam mais antigos que qualquer outra escritura sagrada pertencente

436 MITOLOGIA

a uma religião ainda viva, incluindo o Antigo Testamento dos hebreus. Mais antigo do que os *Vedas*, apenas os *Textos das pirâmides* dos egípcios. Como a maioria dos documentos míticos e religiosos, os *Vedas* devem ter surgido muito antes, na forma oral, e talvez remontem a 4000 a.C. A tradição hindu defende que foram compostos em 3500 a.C., no período de Krishna, encarnação terrestre do deus Vishnu, e somente depois foram transcritos por escribas anônimos.

Existem quatro *Vedas*, a começar pelo mais antigo e mais famoso, o *Rig-Veda*. (Os *Vedas* posteriores incluem o Sama-Veda, o Yajur-Veda e o Atharva-Veda.) Escritos em sânscrito arcaico e traduzidos para o Ocidente, pela primeira vez, por Max Müller, no século XIX, os *Vedas* têm sido objeto de estudo não apenas por sua importância religiosa, mas também por suas ligações com a história das línguas indo-europeias, incluindo o grego, o latim, as línguas germânicas e eslávicas. O sânscrito arcaico, além de ter originado as línguas supracitadas, também foi o ponto de origem de muitos idiomas falados na Índia atual, como o hindi e o urdu. Para muitos ocidentais, é uma língua mais obscura e indecifrável que o grego e o latim. Mas muitos linguistas consideram-na uma língua altamente polida e sistemática, com regras gramaticais precisas.

A palavra "Veda" significa "conhecimento" ou, mais especificamente, "conhecimento sagrado". Os *Vedas*, que são, de certa forma, equivalentes aos Salmos do Antigo Testamento, compreendem coleções de poemas que eram usados como livro de canto para os ritos sagrados da antiga religião védica. O *Rig-Veda* contém mais de mil hinos, em um total de 10 mil versos – um número impressionante, se comparado aos 150 Salmos bíblicos.

Dentre adições posteriores ao *Rig-Veda*, há dois textos importantes, que foram escritos na forma de comentários sobre os *Vedas* – os *Brâmanas* e os *Upanishades*.

O brilho de mil sóis 437

Os *Brâmanas* são longos ensaios em prosa; explicam a mitologia e a teologia por trás dos rituais sagrados indianos, que incluíam oferendas aos deuses, cantos, peregrinações e atos de caridade ou abnegação, como os tabus alimentares. De acordo com Devdutt Pattanaik, em *Indian Mythology* ("Mitologia indiana"), "o guardião desses manuais era conhecido como brâmane. Por cuidarem da sabedoria védica (...) os brâmanes serviam de elo entre o reino material e o espiritual. Eles sabiam o segredo do cosmo. (...) À medida que os povos, comunidades e tribos se misturavam e se fundiam, os brâmanes védicos tentavam manter a posição superior e a pureza espiritual, não dividindo seus alimentos nem suas filhas com não brâmanes". Surgiu, assim, um sistema, organizado em torno desse sacerdócio, chamado bramanismo, liderado pelos sacerdotes védicos – também chamados de brâmanes –, os quais ocupavam, com sucessão hereditária, o lugar mais alto da sociedade. E da mesma forma que o latim, língua sagrada do cristianismo, era escrito e lido quase que exclusivamente pelo clero, o sânscrito tornou-se um bem exclusivo dos brâmanes. Conhecimento foi, é e sempre será sinônimo de Poder.

Os *Upanishades* são obras filosóficas, das quais 108 foram preservadas; surgiram entre 800 e 600 a.C. e passaram a ser parte básica do hinduísmo conforme a religião evoluiu. "Upanishades" significam algo como "sentar ao lado de maneira devotada", ou "sentar próximo". Eles foram escritos, como algumas obras da filosofia grega, sob a forma de um diálogo entre professor e aluno.

No núcleo dessas obras filosóficas há a noção de Brahma, a força divina universal que vive em toda a criação, inclusive na alma humana, que os indianos creem ser eterna. Além de expressarem a ideia de que o conhecimento proporciona elevação espiritual, os *Upanishades* também introduziram a noção de que uma única vida é insuficiente

438 MITOLOGIA

para se conseguir adquirir toda a sabedoria necessária. Após acumular conhecimento através de muitos renascimentos, uma pessoa pode, enfim, se reunir a Brahma e alcançar o *moksha*, a derradeira "libertação", ou "salvação", que é o verdadeiro objetivo de todos os seres humanos.

Outra fonte fundamental de mitos da Índia é a epopeia *Mahabharata*, uma das mais extensas obras literárias da história, sete vezes maior do que a *Ilíada* e a *Odisseia* juntas. Os indianos acreditam que o *Mahabharata* havia sido ditado a Ganeça, o deus da sabedoria, que tem cabeça de elefante. Na verdade, é uma coleção de escrituras, em sânscrito, compostas por uma variedade de autores que viveram em diferentes épocas, e partes da obra podem ter mais de 2.500 anos de idade.

Mahabharata significa, literalmente, "Grande Rei Bharata", e o poema narra uma disputa familiar cataclísmica entre descendentes do rei Bharata — duas famílias aparentadas, os Pandavas e os Kauravas, que viveram no norte da Índia por volta de 1200 a.C. Os irmãos Pandavas perderam o reinado para os primos, os Kauravas, e deram início, então, a uma batalha para reavê-lo.

A narrativa principal da epopeia sofre constantes interrupções de outras histórias e discussões, religiosas e filosóficas, uma das quais é a importantíssima obra denominada *Bhagavad-Gita* (A Canção do Senhor). Talvez a escritura hindu mais lida, mais amada e mais importante, é apresentada sob a forma de uma conversa entre o herói guerreiro Arjuna e o deus Krishna, que assume a forma mortal e se disfarça de cocheiro de Arjuna. O *Gita*, como é conhecido, expõe os ensinamentos de Krishna a Arjuna, que enfrenta uma crise moral quando os dois exércitos se preparam para lutar.

O outro grande poema épico indiano é o *Ramayana*, que, em tese, descreve acontecimentos ocorridos há 870 mil anos. O poema contém 24 mil pares de versos — também escritos em sânscrito — atribuídos

O brilho de mil sóis 439

a um sábio chamado Valmiki, que o escreveu em torno de 500 a.C. Em resumo, trata-se da história de Rama, um príncipe exilado pelo pai, por 14 anos, por causa de uma disputa pelo trono. Como a *Ilíada*, fala basicamente de uma guerra causada por uma mulher, visto que o enredo principal narra um conflito entre o príncipe Rama e um rei-demônio, chamado Ravana, que sequestrara Sita, esposa amada de Rama. A tradução para o hindi, feita pelo poeta Tulsidas, no fim da década de 1500 d.C., é ainda a versão mais popular que temos do *Ramayana*.

Por fim, há uma grande coleção de textos em sânscrito chamada *Puranas*, compilada entre os primeiros séculos da era cristã e o século XVI. Escritas, em sua maior parte, em versos, as histórias apresentam uma enciclopédia da sabedoria hindu, muitas vezes sob a forma de um diálogo – como as obras de Platão – entre um sábio e um grupo de discípulos. Existem 18 *Puranas* principais e 18 secundários, sendo que cada um consiste em um livro extenso com narrativas variadas sobre deuses e deusas, hinos, cosmologia, regras da vida e rituais. Os *Puranas* não são apenas referências e guias extensos e essenciais sobre religião e cultura, mas também narram as crenças hindus sobre a criação da terra e descrevem como ela, periodicamente, acaba e renasce.

Da mesma forma que muitas igrejas cristãs têm a tradição de usar o catecismo para ensinar seus preceitos básicos, os hindus usavam os *Puranas* para divulgar seus princípios e práticas religiosas para a maioria das pessoas iletradas e para aquelas que não tinham acesso às tradições védicas mais antigas, como as mulheres e os membros das castas inferiores da Índia. Muitos *Puranas* têm importância especial para quem quer entender a mitologia, pois foram compostos para explicar a ligação entre lugares e acontecimentos mitológicos, como a origem de um local sagrado onde uma divindade se manifestara.

440 MITOLOGIA

Palavras, porém, não são tudo que temos quando se trata da vastíssima mitologia indiana. Além dos milhares de templos hindus ainda ativos, temos a arqueologia. No final do século XIX, durante a era do domínio colonial britânico no Paquistão e na Índia, estudiosos britânicos foram os primeiros ocidentais a descobrir vestígios arqueológicos de cidades inteiras localizadas na região do vale do Indo. As cidades estavam cheias de artefatos antigos enterrados na terra. Na década de 1920, arqueólogos encontraram os vestígios de uma civilização desconhecida até então, hoje chamada de "Harappa", nas duas cidades centrais da região, Harappa e Mohenjo-Daro. (Mais recentemente, outras descobertas importantes foram feitas em lugares como Kalibangan, Lothal e Surkotada – na Índia e no Paquistão.) Organizadas em torno de uma cidadela, essas cidades eram cuidadosamente planejadas e contavam com ruas pavimentadas e sistemas subterrâneos de esgoto. As escavações também revelaram grandes casas de banho, com salas interligadas, onde talvez ocorressem rituais de purificação, além de símbolos fálicos proeminentes e um grande número de estátuas de deusas, indicando que esses povos antigos davam ênfase aos rituais de fertilidade. Contudo, a civilização Harappa, que continha um sistema de pesos e medidas uniforme e cobria uma área geográfica maior do que aquelas cobertas pelas civilizações egípcia e suméria, entrou em colapso por volta de 1700 a.C. Não existem registros nem indícios históricos suficientes que expliquem esse declínio, mas é possível que tenha ocorrido devido a uma mudança no curso do rio, que abalou a agricultura local e a economia do vale do Indo.

O fim da civilização Harappa ocorreu quase que no mesmo período da chegada dos arianos. E da fusão dessas duas culturas ancestrais surgiria o hinduísmo – uma mitologia, religião e filosofia que moldou, por completo, o futuro e a identidade da Índia.

Vozes Míticas

Na religião védica, as pessoas sentiam um poder sagrado no ritual de sacrifício. Chamavam esse poder sagrado de Brahma. Acreditava-se que a casta sacerdotal (...) também possuía esse poder. Como o sacrifício ritual era visto como o microcosmo de todo o Universo, Brahma foi aos poucos significando um poder que tudo mantém. Todo o mundo era visto como a atividade divina brotando do misterioso ser de Brahma, que era o significado interior de toda existência.

Ninguém podia dirigir-se a Brahma como "vós"; Brahma é um termo neutro, nem masculino nem feminino; tampouco é percebido como a vontade de uma divindade soberana. Brahma fala à humanidade. Não pode se encontrar com homens e mulheres; transcende todas essas atividades humanas. Também não nos responde de uma maneira pessoal: o pecado não o "ofende", e não se pode dizer que nos "ame" ou fique "furioso". Agradecer-lhe ou louvá-lo por criar o mundo seria inteiramente inadequado.

— KAREN ARMSTRONG, Uma história de Deus

Tudo que existe é habitação do Senhor,
Tudo, em si, é um universo individual de movimentos no
movimento universal.
Saibas apreciar essa renúncia e talvez regozijes a existência,
Não cobices a riqueza alheia.
Ainda neste mundo, na prática de suas ações,
O homem pode desejar viver cem anos;
Desse modo — e de nenhum outro — te sucederá.
As ações não aderem ao homem.

— extraído dos Upanishades

Que papel tiveram os mitos na Índia antiga?

Talvez seja melhor perguntar: "Que papel não tiveram os mitos na Índia antiga?"

Embora estranhamente não haja nenhuma palavra que equivalha a "mito" nas muitas línguas faladas na Índia, poucos lugares no mundo foram tão cercados e influenciados por seus mitos quanto a Índia antiga. Da dieta vegetariana, seguida por muitos indianos, à noção de que as águas do rio Ganges são sagradas, ao rígido sistema de classes sociais que divide seu povo, as ideias religiosas nascidas da mitologia ditavam a vida indiana em todos os aspectos. Como escreveu Anna Dallapiccola, em *Hindu Myths* ("Mitos hindus"): "Os mitos permeiam a totalidade da cultura indiana, vestígios de acontecimentos mitológicos salpicam o país inteiro, mitos antigos são recontados e novos mitos são criados (...) Cada história tem ligação com muitas outras, sendo difícil decidir qual é a mais emocionante; todas se mesclam em um oceano de histórias."

O poder dos mitos na vida diária da Índia antiga nasceu das tradições védicas, que constituíram o coração das práticas religiosas do país por séculos. Remontando a antes de 1500 a.C., quando os *Vedas* foram escritos, as tradições védicas eram voltadas para uma geração mais antiga de deuses, mas estavam sempre presentes nas ações dos sacerdotes, que pediam favores aos deuses cantando ou oferecendo-lhes flores, alimentos e presentes. Os sacerdotes também supervisionavam os rituais de passagem, como o casamento, o parto e a morte, e – talvez ainda mais importante – faziam sacrifícios em altares de fogo, na esperança de conseguirem agradar os deuses. Tolerantes em relação aos costumes e crenças locais, os sacerdotes védicos – que se tornariam brâmanes – abarcavam os cultos locais, que adoravam árvores, cobras, montanhas, rios e outras divindades regionais, conforme se espalhavam pela Índia. Ao incorporarem os cultos localizados ao vedismo, eles não apenas aumentaram o número de seguidores na Índia, mas também ampliaram o vasto panteão de deuses.

Com a introdução dos *Upanishades*, entre 800 e 500 a.C., ocorreu uma mudança marcante na estrutura do pensamento mítico indiano. A ênfase deixou de ser na simples crença de que realizar sacrifícios em nome de um deus individual traria proteção, ou um bom marido, ou a chuva para molhar as plantações. O surgimento dos *Upanishades* inaugurou uma nova era de uma crença muito mais abstrata, que reduziu os muitos deuses ancestrais a um único conceito, denominado Brahma, e direcionou sua ênfase para a noção de que a alma humana deveria escapar do ciclo eterno de morte, renascimento e ressurreição para se ligar a Brahma, o Absoluto.

Esse salto cósmico englobava uma outra noção, também introduzida pelos *Upanishades* – a noção de carma, a lei de causa e efeito que determina que toda ação tem consequências e toda consequência influencia a maneira como a alma renascerá. Diferente dos egípcios ou cristãos, que acreditavam que um comportamento adequado garantiria uma pós-vida satisfatória, o conceito dos indianos – em resumo – defendia que viver uma boa vida significava que a alma nasceria em um estado mais elevado na próxima encarnação. Uma vida perversa não era sinônimo de condenação, mas sim de que a alma renasceria em um estado menos elevado, até como um animal. Esse ciclo contínuo de vida-morte-reencarnação perdura até a pessoa alcançar a perfeição espiritual, momento em que a alma entra em um novo nível de existência chamado *moksha* ("libertação", ou "salvação") e se junta a Brahma, o divino supremo.

No que esses conceitos religiosos mais abstratos se consolidavam, os rituais antigos não foram abandonados, mas passaram a fazer parte de uma nova ordem que se incluía dentro de um conceito chamado dharma – um senso de "dever" moral e espiritual, que abrangia todos os aspectos da vida e que envolvia também a verdade e a honradez. Em sua essência, dharma é sinônimo de uma vida correta. Acredita-se que a manutenção do dharma traz ritmo para o mundo natural e ordem na sociedade. Já sua não preservação resulta na incerteza, nos desastres naturais e nos acidentes – o que *Guerra nas Estrelas* chamaria de "um grande distúrbio na Força", ou Lemony Snicket, dos famosos livros infantis, de "Desventuras em Série". Para manter o dharma, era essencial a adesão às práticas religiosas e a ordem social. Cada homem deveria cumprir o dever que lhe fosse determinado por sua posição. Para as mulheres, como observa Devdutt Pattanaik, "havia apenas um dharma: obedecer ao pai quando solteira, ao marido quando casada e ao filho quando viúva". Não tem muito a ver com o conceito de Nirvana das feministas modernas, mas, sem dúvida, vai de acordo com as noções de outras sociedades ancestrais patriarcais.

A ordem do bramanismo se centrava em torno da estrutura social brâmane, que, com o tempo, se tornaria o sistema de castas hindu. O sistema de castas, uma divisão altamente rígida de classes sociais, pode ter existido de alguma forma antes da chegada dos invasores – ou imigrantes – arianos ao vale do Indo. Mas foram os arianos que, após conquistarem quase todo o território indiano, começaram a usar o sistema de castas para limitar o contato entre seu povo e o povo aborígine conhecido como dravidiano. Em sânscrito, a palavra "casta" significa "cor" e muitos acreditam que os arianos, povo alto, de pele clara e possivelmente olhos azuis, tenham imposto o sistema aos dravidianos, povo aborígine de pele escura.

As três divisões sociais originais se tornaram, com o passar do tempo, quatro castas principais – que também foram se dividindo em muitas subcastas – com suas próprias regras de comportamento, em especial no que concerne ao casamento. Casar-se com alguém

O brilho de mil sóis 445

de outra casta – como um aristocrata inglês se casando com uma "plebeia" – estava fora de cogitação. Não era dharma.

No topo do sistema de castas ficavam os brâmanes, os sacerdotes e eruditos que se dedicavam às questões espirituais; depois vinham os xátrias, os soberanos e guerreiros que administravam a sociedade; abaixo deles ficavam os vaixias, mercadores e profissionais que cuidavam da economia; e depois os sudras, operários que serviam à sociedade. Durante séculos, houve um grande grupo que ficava abaixo da última casta, dos sudras. Conhecidos como dalits ("derrotados" ou "abaixo do chão"), eles eram os "intocáveis" que realizavam os serviços mais reles e não faziam parte do sistema de castas – donde a palavra inglesa "outcast", que significa "rejeitado".*

Da mesma forma que sacerdotes mandavam na Europa medieval, e imanes e aiatolás ainda ditam as regras dos governos islâmicos de locais como o Irã, a casta brâmane, composta de sacerdotes, filósofos e eruditos, tinha superioridade na sociedade da Índia antiga. Aristocratas e poderosos, os brâmanes conquistavam e mantinham sua posição social através de princípios religiosos. Em *Armas, germes e aço*, obra em que expõe sua visão pioneira da história da humanidade, Jared Diamond cunhou o termo "cleptocracia" para descrever as classes dominantes e as maneiras através das quais essas classes transferem para si a riqueza – e o poder – do povo. Longe de estar

---

* Os dalits, ou intocáveis, costumavam trabalhar curtindo couro, varrendo ruas ou em serviços vis que eram proibidos aos membros das quatro castas. Em 1950, a intocabilidade foi declarada constitucionalmente ilegal, mas a discriminação contra os dalits permanece impregnada na sociedade indiana, e uma forma de "apartheid" de castas perdura até hoje. De acordo com a Human Rights Watch, os dalits costumam ser vítimas da violência. "Pária", termo da língua tâmil para designar pessoas sem casta, também é sinônimo de excluído social.

446 MITOLOGIA

limitada aos brâmanes indianos, a visão um tanto cínica de Diamond a respeito desses sistemas faz um bom resumo dos alicerces que sustentam o sistema de castas: "[Uma] maneira que os cleptocratas têm de ganhar o apoio público é construindo uma ideologia ou religião que justifique seus meios. As sociedades tribais já tinham suas crenças no sobrenatural, da mesma forma que as religiões modernas. Mas as crenças sobrenaturais dos bandos e das tribos não serviam para justificar uma autoridade central, nem a transferência de riqueza, nem para manter a paz entre membros de tribos diferentes. Quando as crenças sobrenaturais ganharam essas funções e foram institucionalizadas, foi então que se transformaram naquilo que chamamos de religião."

Quando a mitologia se transforma em religião, costumam surgir rituais.* Isso era visível na Índia, onde, desde a Antiguidade, o sagrado Ganges, rio que nasce no alto do Himalaia e é reverenciado como a manifestação física da deusa Ganga, vem sendo associado à purificação. Banhar-se nas águas do Ganges ainda é um desejo permanente na vida dos hindus e, a cada ano, milhares de adoradores fazem peregrinações para visitar cidades sagradas, como Varanasi (Benares) e Allahabad e se banhar. Às margens do Ganges, enfileiram-se templos com escadarias que levam até as águas do rio, para que os peregrinos possam se lavar e levar consigo um pouco da água sagrada. Enquanto alguns buscam apenas purificação, os doentes e inválidos – como os milhares de cristãos que visitam locais "milagrosos", como Lourdes – viajam na esperança de que o toque da água curará suas doenças.

---

* Existe uma escola de mitologia chamada ritualismo, que sugere que os rituais precedem os mitos – meras histórias criadas para justificar os rituais. Uma espécie "quem veio antes: o ovo ou a galinha?", o conceito ritualista não altera o fato de que rituais e mitos, juntos, formam um poderoso tipo de crença e ordem social.

O brilho de mil sóis 447

Há também quem vá para o rio para morrer, pois os hindus creem que quem morre no Ganges se livra dos pecados.*

Outro símbolo da ordem que até hoje permeia a sociedade indiana foi a construção dos templos hindus, que começou em torno de 300 d.C., durante o período da Dinastia Gupta (*c.* 320–550 d.C.), conhecido como o Período de Ouro da Índia, graças às conquistas do país nas áreas da literatura, ciência, matemática, arte e arquitetura. Construídos para venerar suas divindades, esses templos, hoje espalhados por toda a Índia, eram a morada dos deuses e recebiam seus devotos, que para lá se dirigiam na esperança de absorver um pouco da força do deus e levá-la consigo em sua vida diária. Quando iam para o templo, os fiéis expressavam sua adoração, faziam oferendas e buscavam proteção. Muitas vezes adornados com esculturas eróticas que celebravam o panteão hindu, os templos representaram mais um passo na formação da sociedade indiana. Como ressaltou Devdutt Pattanaik: "Os reis, não satisfeitos em contatar os deuses através de árvores, animais, rios e formações rochosas, financiaram a produção de ídolos de metal e pedra que eram mantidos como relíquias nos templos. Entre 800 e 1300, surgiram enormes complexos de templos. Eles eram controlados e administrados pelos brâmanes, que, mais uma vez, dominavam a sociedade. (...) A hierarquia das castas também se manifestava nas tradições dos templos, pois a casta de uma pessoa, definida a partir de sua profissão, determinava se ela poderia ou não entrar neles. Com os rituais nasceu a ideia de impureza. Aqueles que

---

* Infelizmente o Ganges tornou-se um depósito de lixo químico industrial, de carcaças de animais e restos humanos, além de esgoto aberto para os milhões de pessoas que vivem ao longo de sua extensão. Pode até ser um rio divino, mas é também um rio que foi seriamente danificado pelas mãos do homem.

MITOLOGIA

faziam parte das castas inferiores – varredores, sapateiros e outros serviçais – eram os mais impuros."

VOZES MÍTICAS

No princípio floresceu o lótus. Dentro dele Brahma se sentou. Ele abriu os olhos e percebeu que estava completamente sozinho. Assustado, buscou a origem do lótus sobre o qual havia assentado. A flor emergia do umbigo de Vishnu, que dormia nos anéis da serpente Ananta/Sesha, na superfície de um oceano infinito de leite. Tendo sido criado por Vishnu, Brahma começou a criar as coisas vivas.

– VISHNU PURANA

Não havia nada, nem não existência, nem existência, nem a atmosfera, nem o firmamento que está além. O que fazia parte do quê? Onde? Sob a proteção de quem?

Não havia morte nem imortalidade então. Nenhum sinal característico do dia ou da noite. Apenas o Uno respirava, sem vento, sustentado por sua Própria energia – nada mais havia então.

Existia abaixo? Existia acima?

Quem pode ter a certeza de saber? Quem irá dizê-lo? Quem a produziu? De onde veio a criação? Os deuses são posteriores à formação deste mundo. Quem pode, então, conhecer suas origens?

Quem pois sabe de onde surgiu, de onde surgiu essa emanação, se Deus a dispôs ou se não? Só aquele que tudo vê no mais alto céu sabe. Ou talvez não!

– *Rig-Veda 10:129*

Se tudo se resume a um ciclo de nascimento e destruição, onde começa a criação do mundo hindu?

Talvez o "Uno" saiba. Talvez o "Uno" não saiba. Tudo depende.

Se esses enigmas cósmicos lhe deixam de cabelo em pé, bem-vindo ao mundo do pensamento oriental. Na tradição hindu, bem como em outras civilizações, as explicações podem variar do sublime ao profundo e ao profundamente enigmático, de ponta a ponta. Venha se servir na mesa do bufê de histórias da criação do mundo hindu.

De entrada, experimente a variedade "ovo cósmico", uma das narrativas da criação para a qual existem inúmeras variações populares. Segundo uma antiga versão folclórica, uma deusa suprema depositou três ovos em uma flor de lótus e desses ovos emergiram três mundos e três deuses – Brahma, Vishnu e Shiva. Quando os dois primeiros deuses se recusaram a fazer amor com sua "mãe", ela os reduziu a pó com seu olhar flamejante. Shiva, porém, concordou em realizar a tarefa em troca do terceiro olho chamejante da deusa. Após consegui-lo, Shiva não teve piedade – usou-o para incinerar sua mãe e reavivar seus irmãos. O trio divino decidiu povoar o mundo e percebeu que, para isso, precisavam de esposas. Os três deuses, então, dividiram o restante da deusa cremada em três montes de cinzas e, usando a força do terceiro olho, criaram três deusas. Juntos, os três deuses e as três deusas povoaram o cosmo.

Uma outra história do "ovo cósmico" conta que um ovo de ouro boiava nas águas primordiais. Ele foi quebrado ao meio pelo deus Brahma, em seu papel de criador. As duas metades da casca do ovo formaram, então, o céu e a Terra. As montanhas, nuvens e névoas se originaram das membranas do ovo, os rios de suas veias e o oceano de seu fluido.

450 MITOLOGIA

Há pelo menos mais dois relatos da criação do tipo "ovo cósmico". Em um deles, toda a criação simplesmente estava contida dentro de um ovo que seria quebrado. Em outro, que faz parte de um dos *Puranas*, a criação começa quando o deus Shiva surge com uma aparência andrógina e deposita sua semente flamejante em sua metade feminina. Um ovo cósmico nasce dessa união.

Entender esses ovos mexidos não é tarefa fácil. Então vamos deixar de lado a chocadeira divina e pular para outra visão popular sobre a criação do mundo, tirada do *Mahabharata*, que é muito retratada nas artes indianas. Segundo essa versão, o deus Vishnu descansava sobre uma serpente de muitas cabeças – a serpente costuma ser um símbolo de regeneração por trocar de pele –, cujos inúmeros anéis simbolizam os infindáveis ciclos da vida. Quando o deus assumiu a forma de fogo devastador, destruidor do Universo, surgiram no céu nuvens carregadas, que extinguiram as chamas, deixando para trás um grande oceano. Deitado sobre a serpente, que flutuava no imenso oceano, Vishnu caiu em sono profundo. Uma flor de lótus brotou de seu umbigo e, dentro do lótus, estava Brahma, a força criativa que, mais uma vez, foi responsável por ativar o processo de regeneração.

Por fim, há uma história da criação hindu em que o homem aparece. Manu foi o primeiro homem, filho de Brahma e Sarasvati; sua história possui paralelos óbvios com as de Noé, Deucalião e outros sobreviventes do dilúvio mesopotâmico. Quando o mundo foi ameaçado por um dilúvio, Brahma tomou a forma de um peixe e disse a Manu que construísse um grande barco e nele guardasse as sementes de todas as coisas vivas da Terra. Quando as águas da enchente subiram, tudo foi submerso, mas o barco de Manu conseguiu parar no pico mais alto do Himalaia. Quando as águas baixaram, Manu deu uma oferenda aos deuses, que produziram uma linda mulher, chamada Parsu. Ela e Manu se tornaram, assim, os pais da raça humana.

O brilho de mil sóis　　　　451

Mas, então, alguém pode questionar: onde começou a criação do mundo hindu?

Pode ser que ninguém saiba. Mesmo se o "Uno" souber.

Como encaixar dez deuses em um?

É simples. Conte seus "avatares".

Na mitologia indiana, os deuses costumam aparecer em diferentes formas físicas, denominadas avatares. Baseado no termo em sânscrito que significa "descida de uma divindade do céu" (tradução da definição dada pelo *American Heritage Dictionary*), um avatar não é um simples disfarce que o deus usa quando bem entender − como Zeus, que se transformava em raio, depois em cisne e depois voltava à sua forma divina. Também não se trata de uma simples manifestação, como o Ganges em relação à deusa Ganga. Um avatar é uma entidade completamente diferente. Na mitologia e teologia hindus, um avatar pode ser humano ou animal e ter seu próprio nome, personalidade, características físicas e objetivos de vida.

Isso significa que a deusa Devi podia ser uma mãe benevolente − mas seu avatar Durga podia ser tenebroso e destrutivo. O avatar de um deus também podia ser um peixe ou um javali. Esses são, por exemplo, dois dos avatares de Vishnu, o deus central mais associado a essas encarnações. Vishnu aparece em pelo menos dez formas diferentes, variando de uma tartaruga a um brâmane anão, a um rei ou um herói guerreiro. Como bem demonstrarão Vishnu e outras divindades presentes nesse "quem é quem", os avatares davam aos deuses hindus oportunidades épicas para aventuras e façanhas miraculosas.

QUEM É QUEM NO PANTEÃO HINDU

Embora o panteão hindu seja constituído por praticamente milhares de deuses, as listas a seguir compreendem algumas das principais divindades cultuadas na Índia ao longo de sua história. A Parte I inclui os primeiros deuses do panteão védico. São os deuses proeminentes no *Rig-Veda* e que fizeram parte da tradição oral que data da chegada dos arianos, em 1500 a.C. A Parte II contém os deuses, e suas respectivas manifestações, que tiveram papel dominante no período após o estabelecimento do panteão hindu, a partir de cerca de 600 a.C. Os primeiros deuses não foram substituídos, mas, em sua maioria, perderam poder e foram rebaixados de posto na hierarquia divina.

Parte I: "Os Primeiros Deuses"

Agni   Ori, deus do fogo, é uma das três divindades principais do antigo *Rig-Veda*. Embora utilizasse muitos disfarces, costuma ser retratado com sete braços e cabeça de bode, ou como um homem vermelho com muitos braços e pernas, cavalgando um carneiro, arrotando e emitindo luz. Agni é mais do que um simples produtor de fogo – ele é a centelha vital da natureza, que às vezes consome para criar. Manifestava-se tanto como um raio quanto como uma fagulha da imaginação humana, e simbolizava o conceito hindu de nascimento pela destruição. Considerava-se que o deus, em seu papel de "guardião", havia criado o sol e preenchido a noite com estrelas.

Quando os hindus cremam o corpo de um morto, acreditam que Agni enviará a alma do falecido ao céu, na forma de uma fumaça, e concederá a ela imortalidade. Um dos símbolos do deus é uma vara fálica que, quando esfregada em um buraco de madeira, faz fogo – uma metáfora para o calor do ato sexual.

O brilho de mil sóis 453

Indra Nos antigos hinos védicos, Indra aparece como rei dos deuses, deus soberano do céu, das tempestades e dos trovões — muito semelhante ao grego Zeus. Talvez tenha sido baseado em um guerreiro ariano histórico, sendo um grande lutador e grande apreciador do *soma* — o néctar dos deuses. Costuma ser retratado com a barriga inchada, cheia da bebida intoxicante. Era naturalmente alto e forte, mas, quando bebia o *soma* ficava gigantesco e preenchia os céus e a Terra.

O status e poder de Indra são fruto da batalha em que derrotou Vritra, o senhor do caos, uma serpente-dragão que suga toda a água do mundo causando a seca. Durante o combate intenso, a serpente engole Indra e mantém a vantagem até que os outros deuses aderem à luta e fazem com que a besta vomite. Indra pula para fora da boca de Vritra, usa um raio para matá-lo e, depois, liberta as monções, as chuvas vitais da Índia. Após matar o dragão, Indra pôde separar as águas da terra e fazer com que o sol nascesse todas as manhãs. (Vale lembrar que as narrativas sobre um deus poderoso que vence um monstro do mar ou dragão do caos são muito antigas e compartilhadas por quase todas as mitologias: Marduk-Tiamat, Set-Apep, Zeus-Tífon, Javé-Leviatã são alguns exemplos.)

Com o passar do tempo, os mitos da Índia foram mudando e o status de Indra diminuiu, sendo que muitas de suas funções e poderes foram tomados por Vishnu (ver adiante). Uma pequena história simbólica dessa transferência de poder conta que Vishnu levantou uma montanha inteira com um único dedo e usou-a como para-sol para proteger o povo da Índia das chuvas torrenciais de Indra. Claramente sobrepujado pela força de Vishnu, Indra assumiu sua posição mais baixa na hierarquia, como deus da chuva.

454 MITOLOGIA

Soma Certa bebida norte-americana se autodenomina "rei da cerveja". *Soma* talvez seja o "deus da cerveja". Divindade bastante peculiar, o *soma* não é apenas o nome de um deus – o deus védico da lua –, como também de uma bebida sagrada. Como deus, é considerado criador e pai dos outros deuses védicos – um indício da importância da bebida dos deuses.

Em sua forma líquida, o *soma* era uma poção que induzia o êxtase. A julgar pelas muitas menções contidas no *Rig-Veda*, o *soma* era, sem dúvida, um importante, se não indispensável, elemento nos antigos rituais védicos. Por ser altamente intoxicante ou aluci-nógeno, o "ingrediente ativo" do *soma* tem sido objeto de muitas con-jecturas. Na *The Encyclopedia of Psychoactive Substances*, o autor, Richard Rudgley, catalogou algumas das possíveis substâncias que tornavam o antigo ponche tão poderoso – dentre elas, *cannabis*, ginseng, ópio, uma espécie de "cogumelo mágico" e uma planta chamada arruda-síria. A maioria delas, segundo Rudgley, já foi descartada e a verdade por trás do *soma* permanece desconhecida.

Se o termo "*soma*" lhe parece um pouco familiar, talvez seja por duas razões. Além de ser o nome da marca de um relaxante mus-cular norte-americano, também foi usado como nome de um nar-cótico no romance *Admirável mundo novo*, de Aldous Huxley, escritor inglês que era não apenas estudioso do hinduísmo, como também famoso por suas experimentações com drogas alucinógenas.

Surya Uma das divindades indianas mais antigas, Surya é o deus do sol, um homem vermelho-escuro com três olhos e quatro braços, que andava por aí em seu carro. Nos antigos hinos do *Rig-Veda*, ele é descrito como um deus de intensidade quase insuportável, causador do calor excessivo da estação seca na Índia. Quando sua intensidade se tornou demais para sua esposa, **Sanjina** ("cons-ciência"), ela transformou-se em uma égua e foi viver na floresta.

O brilho de mil sóis 455

Transformando-se em um cavalo, Surya a seguiu e os dois copularam, dando à luz o guerreiro Revanta e dois irmãos gêmeos que viriam a ser os eternamente jovens e belos mensageiros da alvorada.

Quando o pai de Sanjina entrou em cena, cortou parte do brilho de seu genro, jogando os fragmentos reluzentes do sol na Terra. Essas "gotas de sol" se transformaram nas armas dos outros deuses – o disco de Vishnu e o tridente de Shiva.

Com Surya, Sanjina também produziu o deus do mundo inferior, Yama.*

Yama   Originalmente considerado o primeiro homem na doutrina védica, Yama tinha uma irmã gêmea, Yami, que o desejava. Por resistir à tentação incestuosa, foi imortalizado e vinha julgar aqueles que adentravam o mundo inferior. Como deus da morte, representava o julgamento, trazendo alegria aos virtuosos e corretos e infligindo sofrimento aos pecadores.

Parte II: A Segunda Geração/Deuses Posteriores

Brahma   Deixe de lado as noções de Deus como um homem de barba branca, sentado em um trono. Ou qualquer outra forma tangível que os deuses incorporam nas muitas mitologias. Prepare-se

---

* **Mitra** era um deus do sol védico menos importante para os hindus, mas que deve ser mencionado, pois acabou viajando para muito longe da Índia. Seu irmão gêmeo é **Varuna**, guardião da ordem cósmica, e acreditava-se que ambos eram divindades jovens, belas e brilhantes. Mitra governava o dia, e Varuna a noite. Deus da amizade e dos contratos, Mitra era bondoso e considerado um mediador entre os deuses e o homem. Embora tivesse uma posição privilegiada no período pré-védico, perdeu importância após a chegada dos indo-arianos. Mas na Pérsia sua vida foi mais longa, pois acabou sendo posteriormente adotado pelos romanos como o deus **Mitra**. (Ver a pág. 238, "*O que três mágicos persas foram fazer em Belém no nascimento de Jesus?*".)

para uma realidade bastante diferente. Brahma, o tipo de Deus mais absoluto e abstrato que há, é um conceito – a alma do Universo, a essência da vida, a força divina que sustenta todo o cosmo. Glorificado acima de todas as outras formas de Deus nos *Upanishades*, Brahma ("Aquele que é múltiplo") é a divindade absoluta – infinito, imutável e impessoal.

Na mitologia hindu, contudo, Brahma torna-se vivo e real e se envolve nas questões mundanas quando se manifesta através da trindade de deuses chamada Trimúrti. A Trimúrti é formada por Brahma, Vishnu e Shiva, que são, respectivamente, o criador, o preservador e o destruidor do Universo.

Ficou confuso? Então pare e pense na noção cristã de Deus – Todo-poderoso, Onisciente, Criador de todas as coisas. Mas o cristianismo ortodoxo também ensina que esse Deus existe em "três pessoas" – o Pai, o Filho e o Espírito Santo.

Brahma, o Criador Uma das três manifestações de Brahma, Brahma é chamado de "senhor e pai de todas as criaturas" e considerado o maior dos sábios e o primeiro deus. Uma história da criação do mundo conta que ele nasceu de um ovo de ouro que boiava nas águas primordiais, ao passo que outra versão afirma que ele tenha brotado da essência primeva de Brahma. De acordo com um terceiro relato, Brahma emergiu de uma flor de lótus cuja semente germinara no umbigo do deus Vishnu. A imagem do lótus, uma bela flor que boia sobre águas pantanosas, representa o ideal de vida hindu, viver no mundo sem se deixar corromper por ele. Acredita-se que Brahma tenha pensado o mundo enquanto meditava e que seja pai dos deuses e dos homens.

Quando Brahma nasceu, tinha apenas uma cabeça, mas, com o tempo, lhe nasceram cinco rostos, para que ele pudesse manter

O brilho de mil sóis 457

a bela Sarasvati sempre à vista. (Uma lenda posterior conta que uma das faces de Brahma foi destruída, restando-lhe apenas as quatro com as quais costuma ser retratado.) Antiga deusa agrícola da fertilidade, Sarasvati – que é também o nome de um dos rios sagrados da Índia – nasceu de uma das laterais de Brahma e é cultuada como deusa das artes criativas, da poesia, música, ciência e linguagem. Ela não apenas recebeu crédito pela invenção do sânscrito, como também deu à luz o primeiro homem, Manu, filho de Brahma.

Uma lenda conta que Brahma e seu companheiro Vishnu discutiam qual dos dois teria criado o Universo. Enquanto debatiam, um grande *linga* – palavra que significa "falo" na terminologia hindu – surgiu no oceano, envolto em chamas. Enquanto contemplavam sua imensidão, Brahma e Vishnu avistaram uma caverna nas profundezas do falo criativo, e era lá que residia o deus Shiva. Espantados com a visão, admitiram que Shiva era o criador definitivo.

Por fim, falemos de Brahma, o guardião do tempo cósmico. Se você acha que perde muito tempo na sala de espera do consultório médico ou na fila do caixa do supermercado, considere o incrível mistério daquilo que podemos chamar de "tempo de Brahma". Segundo a complexíssima matemática do universo hindu, um dia na vida de Brahma – um *kalpa* – dura o equivalente a 4.320 milhões de anos na Terra. Uma "noite de Brahma" tem a mesma duração. Divididos em ciclos menores e constantes, cada um desses *kalpas* termina conforme o mundo é consumido pelo fogo e o Universo, destruído e recriado. De acordo com o pensamento hindu, estamos vivendo a era Kali-Yuga, o ato final de um *kalpa* iniciado éons atrás, uma era sombria que está se aproximando do fim, quando o mundo será destruído e, mais uma vez, preparado para mais um ciclo de criação.

Salman Rushdie, em *Os filhos da meia-noite*, seu premiado romance sobre a Índia moderna, captura um pouco da noção da imensidão desse conceito de tempo indiano e de seu impacto nas pessoas:

Pense nisto: a história, segundo minha versão, entrou em uma fase nova em 15 de agosto de 1947 – mas, segundo uma outra versão, essa data inescapável não é nada mais do que um instante passageiro na Era das Trevas, Kali-Yuga, na qual a vaca da mortalidade foi reduzida a ficar parada, cambaleando em uma única pata! Kali-Yuga – a jogada azarada em nosso jogo de dados nacional; o pior de tudo; a era em que as posses dão uma posição ao homem, em que riqueza equivale a virtude, em que a paixão é o único vínculo entre os homens e as mulheres, em que a falsidade gera sucesso (é de espantar que, em tal era, eu também fique confuso quanto ao bem e o mal?) (...) Me sentindo desde já eclipsado, devo acrescentar assim mesmo que a Era das Trevas é apenas a quarta fase do atual ciclo Maha-Yuga, que é, no total, dez vezes mais longo; e se você parar para pensar que levam mil Maha-Yugas para completar um único dia de Brahma, entenderá o que quero dizer com proporção.

À medida que os mitos indianos foram mudando, Brahma, aos poucos, saiu de cena, sendo ofuscado por dois deuses mais ativos na trindade hindu – Shiva e Vishnu – e por uma poderosa deusa mãe, Devi.

Devi Acredita-se que Devi, a grande deusa mãe da mitologia hindu, tenha derivado da deusa Mãe Terra original que era cultuada no vale do Indo antes da chegada dos arianos. Devi, ou Mahadevi ("a grande deusa"), é a força criativa, mas também exige sacrifícios. Como as divindades masculinas, tem muitos avatares, alguns

O *brilho de mil sóis*   459

dos quais se tornam as esposas e parceiras – ou xácti – dos três deuses. Muitas das inúmeras deusas do hinduísmo são vistas como aspectos dessa grande deusa.

Durga   A deusa Durga, cujo nome significa "inacessível" ou "inalcançável", é o avatar sombrio da deusa mãe Devi. Durga, feroz e forte, com pele amarelada e dentes de vampiro, emergiu das chamas cuspidas pelos deuses Vishnu e Shiva quando lutavam contra um poderoso demônio-búfalo chamado Mahisha. Cavalgando um leão e carregando em suas quatro mãos uma clava, uma armadilha de corda, uma espada e um tridente, Durga seduziu o demônio-búfalo, capturou-o com o nó corredio e o decapitou.

Como consorte de Shiva, a deusa combate o mal, espanta os demônios do mundo e destrói a ignorância. E, apesar de sua origem e natureza assustadora, violenta e combativa, Durga é também deusa do sono e da criatividade e, nesse sentido, foi-lhe atribuída a introdução da ioga à humanidade.

A deusa talvez não tenha noção do que causou. Uma rápida busca na Internet pelo termo "ioga" leva a quase 20 milhões de respostas! São poucas as academias que, hoje, não oferecem algum tipo de exercício relacionado à ioga, tornando essa forma de disciplina hindu um dos aspectos mais compartilhados da cultura indiana no mundo. A ioga foi praticamente um segredo dos indianos até o século XVIII e talvez remonte ao período antes da chegada dos arianos no vale do Indo, segundo descobertas arqueológicas. Em sua essência, todas as formas de ioga são disciplinas designadas a formar um elo do corpo e da mente com a alma inconsciente, tranquilizando a mente para que ela consiga alcançar uma breve iluminação. A raiz da palavra em sânscrito para "ioga" é a mesma da palavra inglesa *"yoke"* ("jungir" em português), como, por exemplo,

460 MITOLOGIA

"jungiram os bois para trabalhem juntos". Embora existam vários tipos de ioga, a mais conhecida para os ocidentais é a hatha ioga, uma série de técnicas de respiração e exercícios de alongamento que pretende libertar o espírito, canalizando a energia através da coluna vertebral para o restante do corpo. A técnica surgiu como preparação para a meditação intensa que faz parte da raja ioga ("ioga real"), uma das quatro formas principais de ioga tradicional. Outras derivações populares de técnicas de ioga são a Meditação Transcendental, que faz uso da repetição constante de um nome divino (mantra), e a bhakti ioga, que envolve a dedicação de todas as ações e pensamentos a um deus escolhido. Talvez os praticantes de ioga mais conhecidos no mundo todo sejam os membros do Movimento Hare Krishna, que têm o hábito de cantar o nome do Supremo Krishna para alcançar o êxtase.

Ganeça (**Ganesha**) Ganeça, um homem baixinho, pançudo e com cabeça de elefante, que anda por aí nas costas de um rato (ou camundongo, segundo algumas tradições) e remove obstáculos que impeçam o sucesso, é o deus da sabedoria, da literatura e da boa sorte. Filho de Shiva e Parvati, a história conta que um dia sua mãe lhe pediu que vigiasse a porta enquanto ela se banhava. Quando Ganeça impediu a entrada de seu pai no banho, o deus, encolerizado, decapitou o próprio filho. Para acalmar a esposa furiosa, Shiva substituiu a cabeça de Ganeça pela primeira que encontrou no caminho – a cabeça de um elefante.

Ao invocar o nome de Ganeça no início de qualquer atividade, o devoto abre as portas para o sucesso material e o crescimento espiritual.

O brilho de mil sóis

Ganga Ganga é a deusa da água e da purificação, cuja manifestação é o rio Ganges. Casada com o oceano, a deusa precisa ter cuidado para não cair do céu numa enxurrada – uma alusão óbvia à ameaça de enchente – e não levar embora a terra. Segundo a lenda, Shiva protege a Terra dessa ameaça com seu cabelo emaranhado, que suaviza a queda de Ganga do céu. Depois, Shiva divide Ganga em sete rios (o Ganges e seus afluentes).

Kali Quando Indiana Jones teve de confrontar os bandidos do Templo da Perdição, ele estava, na verdade, enfrentando uma divindade muito má, que exigia o coração de vítimas de sacrifício. A sanguinária Kali não foi fruto da imaginação fértil dos hollywoodianos Spielberg e Lucas. A deusa Kali, conhecida como "a negra", descende de Durga e de outro avatar sombrio da grande deusa Devi.

Kali talvez seja a mais horripilante das deusas – tanto em relação à mitologia indiana quanto a todas as outras. Ela nasceu da testa de Durga, enquanto esta lutava contra o demônio Raktavija. Kali saltou da testa para vencer a batalha, destruiu o demônio e depois bebeu todo seu sangue, evitando que caísse na terra e produzisse mais demônios. (Uma outra versão conta que o nascimento de Kali resultou das implicâncias de Shiva com a esposa, Parvati, que tinha a pele escura. Após pensar com cuidado, a deusa arrancou a própria pele, tornou-se Kali.)

Deusa da destruição, em geral retratada com acessórios horrendos e grotescos – um colar de cabeças humanas e um cinto de braços cortados ou cobras –, Kali tem uma relação direta com o sacrifício humano e, em uma de suas imagens mais conhecidas, aparece dançando sobre o cadáver excitado de Shiva. Mas, até nessa imagem de prazer e dor, há regeneração. E, na visão hindu, destruição e criação são dois lados da mesma moeda. Pois, quando dança sobre o cadáver de Shiva, Kali, na verdade, o faz reviver.

Kali também é responsável por uma palavra grosseira do inglês – "thug", algo como "gângster" em português. Durante séculos, existiram na Índia grupos de assassinos profissionais que eram conhecidos como *Thugs* (termo que deriva da palavra "*thag*", do dialeto hindustani, que significa "ladrão") e que formavam uma sociedade criminosa e cometiam assassinatos e roubos em homenagem a Kali.

Krishna Um dos avatares de Vishnu, Krishna, o deus de tez azulada, é também cultuado por seu próprio mérito, sendo uma das divindades hindus mais populares, uma espécie de Héracles indiano. Krishna costuma ser retratado com uma flauta nas mãos e com sua parceira, a leiteira **Radha** – uma manifestação de **Lakshmi**, esposa de Vishnu – a seu lado.

Um relato conta que ele nasceu a partir de um único fio de cabelo preto, que Vishnu arrancara da própria cabeça e colocara no útero de uma mulher. Criado para livrar o mundo do mal, Krishna lutou contra um demônio-touro, um demônio-cavalo e contra Kansa, seu tio, um rei perverso que fora avisado por um oráculo de que seria assassinado por um dos filhos da própria irmã. Kansa decidiu, assim, matar as crianças, mas, através de uma série de acontecimentos incrivelmente complexos, Krishna e seus irmãos foram salvos pelos outros deuses. Determinado a dar um fim em Krishna, o rei Kansa enviou a demônia Putana para amamentar o recém-nascido com leite envenenado, mas Krishna, mesmo bebê, já tinha poderes incomuns. Ele matou a demônia sugando toda a vida que havia em seu corpo enquanto ela dava de mamar.

O brilho de mil sóis 463

Quando jovem, Krishna era famoso por sua beleza e virilidade irresistíveis. Uma história muito retratada nas artes indianas conta que o deus roubou as roupas de um grupo de leiteiras que se banhavam. As mulheres foram até ele, o saudaram e tiveram suas roupas devolvidas.

A lenda sobre a morte de Krishna se assemelha àquela do herói grego Aquiles. O deus estava sentado, meditando, quando um caçador que perseguia um antílope viu a sola de seus pés e pensou que fossem as orelhas do animal. Ao lançar uma flecha nos pés de Krishna, o caçador atingiu o ponto vulnerável do deus e o matou — portanto, o calcanhar de Aquiles também poderia ser chamado de "a sola dos pés de Krishna".

Lakshmi Esposa de Vishnu, Lakshmi é a deusa da boa sorte e da riqueza. Dona de uma beleza perfeita, já nasceu adulta da espuma do oceano — da mesma forma que Afrodite, o ideal de beleza grego. Simbolizada pela flor de lótus — que representa o princípio feminino: o útero, a fertilidade e as águas vivificantes —, Lakshmi é a personificação da benevolência maternal. Nas tradições ancestrais, eram realizados rituais simbólicos em que os soberanos indianos se casavam com Lakshmi, como na Mesopotâmia, em que os reis se uniam a Inanna em ritual para garantir a prosperidade da terra.

Parvati Outro avatar de Devi, a mãe divina, Parvati ("montanha") é a reencarnação da primeira esposa de Shiva, Sati, e sua segunda esposa. Filha do sagrado Himalaia, é também a mãe afetuosa de Ganeça e é quem recebe a enorme energia espiritual e sexual de Shiva e a liberta para o mundo. Um mito conta que Shiva rejeitou Parvati num primeiro momento por causa de sua pele escura, mas

464 MITOLOGIA

voltou atrás quando viu o corpo da deusa brilhar. Esse talvez seja um indício de que Parvati originou como uma deusa aborígine pré-ariana que foi absorvida pelo panteão hindu.

Sati   Filha de um deus antigo chamado **Daksha**, Sati casou-se com Shiva apesar das objeções do pai. O desentendimento levou a uma querela a respeito de quais parentes seriam convidados para jantar – quantos arquétipos! – e a uma disputa familiar sanguinolenta quando Daksha resolveu reunir todos os deuses para um sacrifício especial e esnobou o genro. Encolerizada, Sati jogou-se na fogueira sacrifical. Ao saber da tragédia, Shiva matou a maioria dos convidados do banquete e decapitou Daksha, substituindo sua cabeça pela de um cordeiro. Daksha arrependeu-se do que fez e tornou-se servo leal de Shiva, que realizou sua dança da destruição fazendo com que Sati reencarnasse como sua segunda esposa, Parvati.

Ficou confuso?

A lenda da leal e obediente Sati perdura através de uma realidade infeliz. Na Índia, ainda se pratica o tradicional "sati", quando viúvas se jogam na pira funerária de seus falecidos maridos, em um ato de autoimolação suicida. Conhecida em outras culturas ancestrais, a prática talvez só tenha sido introduzida para os indianos no século I depois de Cristo, tornando-se, a partir daí, um hábito muito disseminado. Banida pelas autoridades coloniais britânicas no século XIX, a tradição continuou sendo realizada esporadicamente. Em um processo criminal recente, 11 indianos foram acusados – mas depois absolvidos por uma corte especial – de encorajarem uma viúva a cometer "sati" em 1988.

Shiva, o Destruidor   O onisciente castigador dos maus tem quatro braços e grande poder e é conhecido como o Destruidor, pois periodicamente destrói o mundo para que ele seja recriado. Shiva possui um "terceiro olho", de onde sai o fogo que destrói a criação.

O deus, que costuma ser retratado dançando, assombra cemitérios e vive com demônios e outros seres sobrenaturais. Mas ele está acima de qualquer distinção simples entre o bem e o mal e seus seguidores o consideram um deus misericordioso, mesmo com tantas características assustadoras. Segundo a filosofia hindu, Shiva evita participar de forma ativa nas questões humanas, e a arte hindu costuma representá-lo meditando solitário em uma montanha.

Vishnu, o Preservador Vishnu, um dos principais deuses do hinduísmo, tem natureza bondosa e é chamado de o Preservador por seus adoradores, que acreditam que o deus procura garantir o bem-estar da humanidade.

Dentro da complexidade que é a mitologia hindu, Vishnu cria, preserva e destrói o mundo repetidas vezes, seguindo os *yugas*, que são unidades de tempo. O período que vivemos hoje é chamado de Kali-Yuga, uma era de trevas, caracterizada pelas dissensões, guerras e conflitos, na qual o materialismo domina os desejos, a virtude é inexistente e o único prazer é o sexo. Há ocasiões em que Vishnu desce à Terra sob a forma de um avatar, como, por exemplo, quando o Universo tem de enfrentar uma catástrofe ou a humanidade está em busca de conforto e orientação. Em muitos mitos ele aparece combatendo algum *asura* (demônio) que esteja ameaçando os deuses ou a ordem universal. Embora Vishnu tenha inúmeros avatares, ou encarnações físicas, os dez listados a seguir são considerados os de maior importância:

1. **Matsya**, o avatar de peixe que aparece na história de Manu, o primeiro homem, e lhe avisa da enchente que estava para chegar.
2. **Kurma**, o avatar da tartaruga, que sustentou uma montanha sagrada com o casco durante uma batalha com demônios.
3. **Varaha**, o avatar do javali, que usou suas presas para levantar a Terra, na forma de uma bela mulher, que estava submersa no oceano. Uma outra versão conta que um demônio havia roubado os *Vedas* e empurrado a Terra para dentro do mar, e o javali salvou a Terra e as escrituras sagradas com suas presas.
4. **Narasimha**, o avatar do homem-leão que matou o demônio invulnerável que vinha aterrorizando o mundo.
5. **Vamana**, o avatar do brâmane anão, que enganou um *asura* quando pediu que este lhe concedesse um pedaço de terra correspondente a três passos. O demônio, chamado Bali, concordou com o anão, e Vishnu, então, voltou a seu tamanho normal, com dois passos cobriu toda a Terra e, com o terceiro passo, esmagou Bali.
6. **Parashu-Rama** foi um homem corajoso, pertencente à casta dos brâmanes. Ele ganhou de Shiva um grande machado para punir os membros da casta guerreira (xátrias) que haviam se tornado arrogantes e estavam subjugando os brâmanes. Após vencer 21 batalhas, Parashu-Rama provou a supremacia dos brâmanes.
7. **Rama**, que costuma ser retratado como rei, tendo um arco e flecha nas mãos, é um herói mortal popular do hinduísmo e a figura central do *Ramayana* (ver a seguir).
8. **Krishna** é o outro avatar divino de Vishnu e o personagem central do *Mahabharata* e do *Bhagavad-Gita*. Neste último, ele

assumiu o papel de cocheiro de Arjuna e os dois travam um longo debate filosófico (ver a seguir).

9. O **Buda** é o único avatar que pode ser associado a uma figura histórica real – o grande mestre religioso que fundou o budismo (ver a seguir). Especialistas sugerem que o Buda tenha sido transformado em avatar para atrair devotos para o hinduísmo.

10. **Kalki** é o avatar que virá para finalizar a era de trevas que vivemos atualmente (Kali-Yuga). Em uma visão apocalíptica, ele chegará em um cavalo branco, com uma grande espada na mão, e punirá todos os malfeitores do mundo, dando início a uma nova era de Ouro.

VOZES MÍTICAS

No campo de batalha, quem nos enfrenta são mestres, pais e filhos, netos, avós, cunhados, tios e sogros.

Não desejo matá-los, nem mesmo se eu for morto. Nem mesmo pela soberania dos três mundos, quem dirá pelo reino terrestre unicamente!

– Bhagavad-Gita 1:34–35

O autor do *Mahabharata* em nenhum momento estabeleceu a necessidade do combate físico; pelo contrário, comprovou sua futilidade. Ele fez os vitoriosos chorarem lágrimas de tristeza e arrependimento e lhes deixou nada mais do que um legado de miséria.

– MOHANDAS GANDHI

Que tipo de herói não queria lutar?

É difícil imaginar que um épico de guerra fosse a obra favorita de um dos mais notáveis apóstolos da não violência do século XX. Mas, ao que tudo indica, Mahatma Gandhi (1869–1948), líder do movimento de resistência pacífica que garantiu a independência da Índia do domínio britânico, em 1947, foi profundamente influenciado pelo poema indiano sobre guerra e paz chamado *Mahabharata*.

O *Mahabharata*, cujas origens devem remontar a uma tradição oral muito mais antiga, foi registrado pela primeira vez entre 500 e 400 a.C., e continuou sendo refinado e revisado até 500 d.C.. Pelo menos quatro vezes mais longo do que a Bíblia, o épico narra a disputa entre duas famílias aparentadas – os Pandavas e os Kauravas – que descendiam do rei Bharata. Com o passar dos séculos, a palavra "Bharata" passou a ser sinônimo de Índia e, por essa razão, acredita-se que o poema conte a história do próprio país. Embora alguns de seus heróis tenham sido personagens históricos, a data em que teria ocorrido a guerra que inspirou o poema – outrora estabelecida em 3102 a.C. – foi desmentida.

Um pedacinho, porém importantíssimo, do *Mahabharata* é a amada escritura hindu *Bhagavad-Gita* (A Canção do Senhor, ou Bem-aventurado). O herói da escritura é o guerreiro Arjuna, uma espécie de "Aquiles" dos Pandavas – filho semidivino de Indra, o deus ancestral, com uma mortal. Enquanto se preparava para entrar na batalha que estava sendo travada entre os Pandavas e os Kauravas, Arjuna teve uma longa conversa com o deus Krishna, que assumira o papel de seu amigo e cocheiro. Arjuna viu-se diante de um dilema moral, expresso na abertura do *Bhagavad-Gita*. Como membro da casta guerreira, ele sabia que precisava defender seu irmão, o rei. No entanto, a tropa inimiga que teria de enfrentar era formada por

O brilho de mil sóis 469

primos, outros parentes e professores e a ideia de matar esses amigos e familiares em troca de um reinado o deixou paralisado.

Enquanto Arjuna tentava descobrir o que fazer, Krishna lhe passou seus ensinamentos – enquanto a batalha aguarda, por 18 capítulos – afirmando que as pessoas podem alcançar a liberdade se cumprirem seus deveres sem se prenderem aos resultados de suas ações. O historiador da religião Peter Occhiogrosso, ao resumir o *Gita*, escreveu: "Seu principal argumento moral é que os corpos podem morrer, mas não as almas. Como o dharma, ou dever, de Arjuna era a arte da guerra, eram ossos do ofício." Como disse o Supremo Krishna ao herói: "É melhor a pessoa cumprir seus próprios deveres, ainda que sejam imperfeitos, do que cumprir os de outrem perfeitamente."

Por fim, Krishna se mostra a Arjuna em sua forma universal: ele é o tempo que a tudo devora. Reconhecendo seu dever, o herói volta ao campo de batalha. A guerra, travada durante 18 dias, ceifa a vida de muitos heróis, de ambos os lados. No fim, graças a algumas táticas habilidosas que Krishna ensinara a Arjuna, os Pandavas saíram vitoriosos.

Por que um herói baniria a própria esposa?

Quão pura e perfeita uma esposa devotada precisa ser para agradar o marido – e os vizinhos? Essa é a questão central do *Ramayana*, a outra grande epopeia indiana. O poema, que tem um quarto da extensão do *Mahabharata*, é mais acessível e sua popularidade perdura há séculos. O épico se passa em Ayodhya, no norte da Índia, e seu protagonista é Rama, sétimo avatar de Vishnu e filho primogênito e herdeiro de um rei indiano. Como outras lendas e folclores heroicos populares, fala de um príncipe espoliado, vítima de uma madrasta perversa.

MITOLOGIA

As provações de Rama começam quando sua madrasta exige que o filho Bharata, meio-irmão de Rama, seja rei. O pai de Rama prometera cumprir o desejo da esposa e assim o fez. Rama, consciente de suas obrigações, aceita seu destino − seu dharma − e é forçado a se exilar, indo viver na floresta pelos próximos 14 anos de sua vida, ao lado da bela esposa, Sita − cujo dharma era permanecer ao lado do marido − e do irmão leal, Lakshmana. (Nesse ínterim, Bharata reconhece o direito de Rama de governar. Ele deposita as sandálias do meio-irmão no trono e concorda em governar a partir de um pequeno vilarejo até a volta de Rama.)

Na floresta, Sita é raptada pelo rei dos demônios, Ravana, que a leva para seu reino, na ilha de Lanka (hoje o Sri Lanka, outrora denominado Ceilão). Rama entra em guerra contra Ravana e seus seguidores e recebe ajuda de um exército de macacos liderado pelo general-macaco Hanuman, deus que tinha capacidade de se metamorfosear. Uma das divindades mais adoradas da Índia, Hanuman é um curandeiro habilidoso, dotado de poderes sobrenaturais, que conhece as qualidades curativas das ervas. Rama consegue derrotar Ravana, matando-o com uma flecha, e resgatar Sita. De início, porém, o herói duvida da fidelidade da esposa. Depois de ser obrigada a passar por um julgamento de fogo, durante o qual sua inocência foi comprovada, Sita é recebida de volta pelo marido e os dois retornam a Ayodhya, onde Rama é consagrado rei.

Mas lá também, como narra o último livro do *Ramayana*, a "infidelidade" de Sita é questionada. Consciente da falsidade dos rumores, mas sentindo-se obrigado a cumprir seu dever de rei de respeitar os desejos do povo, Rama bane Sita, grávida, do reino. Após tanto sofrimento, Sita pede à Mãe Terra que a leve embora; o chão se abre aos seus pés e ela desaparece para sempre. Após dividir o reino entre seus

O brilho de mil sóis 471

dois irmãos, Rama entra em um rio e renuncia à vida, tomando de volta sua forma divina, Vishnu.

O que é Nirvana?

Não, não é a banda de Kurt Cobain. É quando se atinge um estado de espírito tal que se vive em paz, abençoado. Um estado sem desejo. De perfeição. No budismo. Mas, espere. Estamos colocando o carro na frente dos bois.

Nos anos 500 a.C., o bramanismo, que se desenvolvera a partir da mitologia indiana, passava pelas dificuldades iniciais que costumam ocorrer quando fiéis pegam os ensinamentos apreendidos e os personalizam. Ou decidem que deve haver outra versão da Verdade. Duas das reações mais profundas à teologia e ordem social do bramanismo emergiram quase que simultaneamente e tiveram, ambas, impactos duradouros. A primeira – o budismo – se desenvolveu durante o século VI a.C., a partir dos ensinamentos e crenças de Siddhartha Gautama, líder de um movimento de reforma social e religiosa, que passou a ser conhecido como o Buda ("o Iluminado"). O segundo – o jainismo – começou a se desenvolver em torno de 580 a.C. por Mahavira, cujo nome significa "o grande herói".

Conhecido quase no mundo inteiro, graças às pequenas estátuas em que aparece rechonchudo, sentado de pernas cruzadas na posição do lótus, com os olhos fechados de forma serena e com as palmas das mãos viradas para cima, o Buda é um personagem universal. De acordo com escavações arqueológicas concluídas em 1995, ele nasceu Siddhartha Gautama, por volta de 563 a.C., na fronteira entre o Nepal e a Índia, cerca de 233 quilômetros a sudoeste de Catmandu. Além desses poucos detalhes, porém, são poucas as informações concretas sobre sua vida. A lenda budista sugere que a mãe do Buda, Maya, sonhou que o filho entrava em seu útero sob a forma de um elefante branco. Segundo o folclore, o nascimento do menino foi acompanhado por terremotos. E o próprio Buda alegava ser uma encarnação do antigo deus hindu Indra.

Há também a conhecida "biografia" que se inicia na juventude decadente do Buda nos arredores do palácio de seu pai, o rei Suddhodana, pertencente à casta dos guerreiros. Quando Suddhodana recebeu a profecia de que o filho só se tornaria um grande líder se não visse os sofrimentos do mundo, tentou proteger Siddhartha, proibindo até o uso das palavras "morte" e "luto" na presença do rapaz. Sempre que Siddhartha saía do palácio, seu pai ordenava que serviçais o antecipassem e varressem as ruas e as cobrissem de flores. Outra lenda afirma que Siddhartha ganhou três palácios e milhares de dançarinas – entre 10 mil e 40 mil – para manterem-no ocupado.

A realidade, porém, alcançou Siddhartha. Depois de se casar com a princesa Yasodhara e com ela ter um filho, o jovem, que então tinha vinte e poucos anos, teve uma série de visões – ou encontros de fato. Na primeira visão, viu um ancião. Na segunda, um homem doente e, na terceira, um cadáver. Na quarta visão, Siddhartha encontrou um monge errante. As três primeiras visões convenceram Siddhartha de que a vida era um processo de envelhecimento, doença e morte – "tudo se deteriora". A visão do homem religioso o convenceu de que deveria abandonar a família e buscar iluminação espiritual.

Inspirado por suas descobertas, Siddhartha renunciou à família e à riqueza, tornou-se um monge errante e passou os seis anos seguintes de sua vida praticando formas extremas de abnegação e mortificação.

O brilho de mil sóis 473

Vivendo na imundície e alimentando-se esporadicamente de apenas alguns poucos grãos de arroz, ele arrancava os pelos da barba, um a um, como forma de infligir castigo em si mesmo. Com o passar do tempo, porém, percebeu que a abnegação e mortificação extremas nunca levariam à Iluminação e, assim, abandonou as práticas.

Um dia, quando passeava por um vilarejo, Siddhartha resolveu sentar-se sob uma figueira, à sombra, conhecida como árvore *bo*, ou *bodhi* ("árvore da sabedoria"), determinado a meditar até que atingisse a Iluminação e concluísse sua jornada em busca do segredo da libertação do sofrimento. Enquanto meditava, foi tentado pelo demônio Mara, da mesma forma que Jesus, segundo os evangelhos, passou por tentações no deserto. Primeiro, o demônio enviou suas belas filhas para seduzirem Siddhartha. Mas ele resistiu. Depois, ameaçou-o com espíritos malignos. Mas Siddhartha permaneceu firme. Em seu ato final, o demônio jogou um disco flamejante na cabeça de Siddhartha, mas o disco transformou-se em um dossel de flores.

Após passar cinco semanas sentado, meditando, e resistir a uma tempestade devastadora, Siddhartha por fim alcançou a Iluminação. As raízes do sofrimento, descobriu, são os desejos, e o homem precisa apenas alcançar esse estado livre de desejos para superar a dor. Livre de todo sofrimento e do ciclo da reencarnação, Siddhartha tornou-se o Buda e decidiu ensinar o caminho a outras pessoas, pregando a doutrina da compaixão e da moderação.

Em sua primeira cerimônia religiosa, realizada próxima à cidade sagrada de Varanasi, o Buda pregou seu primeiro sermão a cinco religiosos. O sermão, que incluía a "verdade salvadora" de sua mensagem, foi um dos acontecimentos sagrados mais importantes do budismo.

MITOLOGIA

À medida que continuou pregando pelo norte da Índia, o Buda foi atraindo mais discípulos e aumentando sua fama. Logo começaram a surgir, entre os fiéis, histórias sobre sua vida, descrevendo suas descobertas religiosas e compaixão – além de outras que falavam de seus poderes mágicos. Os fiéis acreditam que o Buda tenha vivido muitas vidas antes de nascer como Siddhartha Gautama, e as histórias que narram os acontecimentos dessas vidas prévias, chamadas *jatakas*, se tornaram uma boa forma de se entender a mensagem do Buda, a qual inclui o conceito de Nirvana. Não, não a banda de Kurt Cobain.

Segundo a crença budista, o Nirvana é um estado de espírito de paz e felicidade absolutas. Quem alcança o Nirvana consegue escapar do ciclo contínuo de morte e renascimento causado pelos desejos mundanos dos indivíduos, como o anseio pela fama, pela imortalidade e pela riqueza. No budismo, as pessoas atingem o Nirvana apenas quando eliminam esses desejos por completo.

O Buda pregava que era possível alcançar o Nirvana seguindo o Caminho Médio entre os extremos da abnegação ascética e da sensualidade, vivendo no mundo com compaixão e praticando o Nobre Caminho de Oito Passos, que são:

1. Entendimento correto ou conhecimento da verdade;
2. Pensamento correto, a intenção de renunciar ao mal;
3. Linguagem correta, ou nada dizer para machucar os outros;
4. Conduta correta, respeitando-se a vida, a moralidade e a propriedade;
5. Modo de vida correto, trabalhar com aquilo que não prejudique o outro;

O brilho de mil sóis 475

6. Esforço correto, a luta para libertar a mente do mal;
7. Atenção plena correta, controlar os sentimentos e os pensamentos;
8. Contemplação correta através da prática de formas adequadas de concentração.

"Através da observação e do esforço", resume Jonathan Forty, autor de *Mythology: A Visual Encyclopedia*, "a pessoa consegue escapar das leis do carma. (...) O objetivo do budismo é escapar desse ciclo de renascimento cármico e atingir o Nirvana, ou se libertar desse ciclo e se reunir com o Uno."

Quando tinha cerca de 80 anos, o Buda adoeceu e morreu. Seus discípulos realizaram um funeral elaborado, cremaram seu corpo e distribuíram os ossos como se fossem relíquias sagradas.

Na história da Índia, o budismo alcançou o ponto alto quando um imperador chamado Açoka se converteu, em 262 a.C., renunciando à violência e estabelecendo o budismo como religião do Estado (Açoka morreu em 232 a.C.). A tradição budista conta que Açoka ficara horrorizado ao saber o quanto se gastava para construir um império e, assim, abraçou a causa budista. Hoje, o budismo é uma das maiores religiões do mundo, sendo uma força dominante, tanto no âmbito religioso quanto no social, na maior parte da Ásia há mais de 2 mil anos. A religião conta também com cerca de 364 milhões de seguidores.

Como a popularidade do budismo não parava de crescer, os brâmanes tentaram mesclar a religião com seus próprios ensinamentos, e retrataram o Buda como o nono avatar de Vishnu, que seria como o judaísmo tradicional tentando encaixar Jesus e Maomé na mesma lista de profetas. A medida foi bem-sucedida em alguns aspectos, pois o budismo foi, aos poucos, deixando de exercer influência dinâmica na Índia. Quando líderes da Dinastia Gupta reunificaram o norte da Índia, em torno de 320 d.C., foi feita uma revitalização do pensamento religioso hindu, ocorrendo o fortalecimento do sistema de castas e o desaparecimento do budismo como uma força no país.

Mais ou menos no mesmo período do surgimento do budismo, emergiu a segunda maior ramificação do hinduísmo na Índia, o jainismo. Como o budismo, o jainismo pode ser ligado a um homem, possivelmente uma figura histórica de fato. Acredita-se que Mahavira tenha nascido em 540 a.C., filho de pais aristocratas e contemporâneo do Buda, embora os dois talvez nunca tenham se encontrado. Não obstante, alguns mitos sobre sua vida foram criados, como ocorrera com seu contemporâneo. Diz-se que no nascimento de Mahavira os deuses desceram do céu e jogaram flores, néctar e frutas no palácio de seu pai. Existem muitas lendas extraordinárias sobre sua infância, mas, quanto à sua vida adulta, diz-se que viveu uma vida comum até a morte dos pais. Aos 32 anos, teria abdicado de suas possessões, abandonado a esposa e o filho, e se tornado um monge errante. O céu teria brilhado como um lago coberto de lótus quando esse fato ocorreu.

Os ensinamentos de Mahavira formam a base do jainismo, que é centrado na crença de que todas as coisas vivas possuem uma alma eterna, chamada *jiva*, e corpo físico temporário. A libertação do mundo de sofrimentos pode ser alcançada através da renúncia ao pecado e à violência e da dedicação à penitência estrita e a uma conduta extrema e disciplinada de não violência. No jainismo, *sadhus* (homens sagrados) e *sadhvis* (mulheres sagradas) tentam se separar da vida mundana com um voto de pobreza, e suas posses não podem exceder uma vassoura, túnicas simples, vasilhames para comida e bengalas. Eles só podem viver dentro de construções por um período breve e têm de implorar pela comida que comem. Também não podem matar nenhuma criatura e os monges jainistas precisam usar um véu ou uma máscara sobre a boca, para que nenhum inseto seja engolido por acidente.

O brilho de mil sóis　　　　477

Embora não tenha alcançado grandes proporções, tendo cerca de quatro milhões de seguidores em todo o mundo, o jainismo foi influente. Leigos, ou seguidores que não sejam sacerdotes ou monges, seguem um código de conduta menos rigoroso e apoiam o sacerdócio. Muitos desses leigos são homens de negócios que prosperaram, em grande parte, porque os jainistas possuem reputação de agirem com honestidade escrupulosa nas atividades comerciais que não envolvam diretamente a morte de nenhum ser vivo.

CAPÍTULO SETE

TODO LUGAR DEBAIXO DO CÉU

Os mitos da China e do Japão

A montanha repousando sobre a terra: imagem de uma separação distante. Assim, aqueles no topo podem garantir sua posição por generosamente praticarem o dar para com aqueles que ocupam uma posição inferior.

— *I Ching* (O Livro das Mutações), século XII a.C.

Ser capaz de praticar cinco coisas em todo lugar debaixo do céu constitui a virtude perfeita... majestade, generosidade, sinceridade, seriedade e bondade.

— CONFÚCIO, 551–479 a.C.

O Caminho para o Paraíso não possui favoritismos. Está sempre com o homem de bem.

— LAO-TZU, *c.* 520 a.C.

Antes de o céu e a Terra tomarem forma, tudo era turvo e amorfo. Por esse motivo, recebeu o nome de O Grande Início. O Grande Início produziu o vazio, e o vazio produziu o Universo (...). As essências combinadas se tornaram o *yin* e o *yang*, as essências concentradas se tornaram as estações, e as essências espalhadas das quatro estações se tornaram as miríades de criaturas do mundo.

— HUAI-NAN TZU, século II a.C.

O que são os ossos do oráculo?

Como os antigos chineses acreditavam que o mundo havia começado?

Que papel os "valores familiares" desempenharam na mitologia chinesa?

Quem é quem no panteão chinês

O que biscoitos da sorte têm a ver com a religião chinesa?

Que religião se afastou da abordagem de Confúcio?

Quem foi o primeiro imperador divino no Japão?

Como o xintoísmo tornou-se uma religião de "fusão asiática"?

Quem é quem no panteão japonês

MARCOS DA MITOLOGIA
China

Como a história egípcia (ver capítulo 2) é dividida em eras dinásticas, a história da China antiga também se caracteriza por períodos de dinastias imperiais, após os chamados períodos pré-histórico e lendário.

Período antes de Cristo (a.C.)
Eras pré-histórica e lendária

***c.* 8500** Surgimento dos primeiros trabalhos em cerâmica chineses.

***c.* 7000** Formação das primeiras cidades rurais na base do rio Amarelo (Huang He).

***c.* 3500** Início do cultivo do arroz próximo à costa leste.

Surgimento das primeiras cidades planejadas no norte da China, com áreas residenciais e de cemitérios diferenciadas.

***c.* 2700** Prática de tecelagem em seda.

***c.* 2500** Construção das primeiras cidades muradas.

2205 — 2197 Reinado de Yu, lendário imperador da primeira dinastia, Xia.

***c.* 1900** Primeiro uso de urnas funerárias ricamente pintadas no oeste da China.

Dinastia (Yin) Shang (1523—1027)

1300 Ossos do oráculo feitos a partir de ossos de cervos e pedaços de casco de tartaruga, com inscrições, são usados na prática divinatória.

Criação da escrita chinesa.

Prática de funerais reais com sacrifícios humanos.

Dinastia Zhou (1027—221)

c. **1000** A fundição de bronze chinesa atinge um nível avançado e incomparável a qualquer lugar do mundo nessa época.

Origem do *Yi Jing* (*I Ching*, O Livro das Mutações).

841 Início da história registrada com exatidão na China.

Exploração e mapeamento inicial da geografia chinesa, com o patrocínio do Estado.

c. **650** Aumento das habilidades em pintura em seda, em laca e cerâmica.

c. **563—483** Vida do Buda.

c. **551—479** Vida de Confúcio, o filósofo de maior influência na história da China.

c. **520** Data especulada para o nascimento de Lao-tzu (Laozi), filósofo e fundador tradicional do taoismo.

513 Primeira menção do uso do ferro; técnicas de fundição permitem a produção de grandes quantidades de ferramentas e armas.

371—289 Vida do filósofo Mêncio, que dá prosseguimento aos ensinamentos de Confúcio.

c. **360** Uso bastante difundido de bestas como armas de guerra.

484 MITOLOGIA

325 O príncipe de Qin recebe o título de *Wang* (rei) e declara reinar sobre toda a China.

***c.* 300** Introdução da cavalaria.

Dinastia Qin (221—207)

214 Início da construção da Grande Muralha.

206 Conclusão da construção da Grande Muralha.

O primeiro imperador da China, Shi Huangdi, unifica o país. Ao morrer, é enterrado em uma montanha vasta, artificial. Sua tumba, descoberta em 1974, foi protegida por um exército — agora conhecido — de setecentos guerreiros em terracota pintada (um tipo de cerâmica).

Dinastia (Ocidental) Han (206 a.C.—9 d.C.)

206 Liu Bang se autoproclama imperador da nova Dinastia Han; a capital é estabelecida em Chang'an.

165 Primeiros exames oficiais para a seleção de servos civis chineses.

141 O poder da Dinastia Han se expande para a China Ocidental sob o imperador Wudi.

136 O confucionismo torna-se uma religião de Estado.

111 A China conquista e incorpora o norte do Vietnã.

***c.* 110** Abertura da Rota da Seda pela Ásia Central. A rota liga a China ao sudoeste asiático e, mais tarde, à Europa.

108 A China assume o controle da Coreia.

98 O Estado estabelece o monopólio do álcool.

Todo lugar debaixo do céu 485

Depois de Cristo (d.C.)
Dinastia (Oriental) Han (25 – 220)

2 Realizado o primeiro censo da população chinesa, com mais de 57 milhões de habitantes, a maioria concentrada no norte.

57 O embaixador do rei de Nu (Japão) é reconhecido pelo imperador Han.

65 Primeiro vestígio do budismo na China.

106 Invenção do papel por Cai Lun, um eunuco que servia à corte imperial. Com essa invenção, os chineses puderam descartar os dispendiosos blocos de bambu e seda e adotar um instrumento de escrita que podia ser transportado com mais facilidade.

168 Após a morte do imperador Huandi, o Império Han inicia um período de rápido declínio, semelhante em alguns aspectos ao declínio do Império Romano. O império entra em colapso em 220.

220 – 265 Três reinos (Wei, Shu e Wu): período de desunião.

***c.* 250** Primeiro uso de que se tem registro da bússola de magneto (imantada).

265 – 589 Período de divisão entre os impérios Wei (norte) e Qi (sul).

***c.* 350** Invenção de um estribo rígido e metálico na China, uma inovação de suma importância para o equipamento de guerra da cavalaria.

399 O monge e peregrino chinês Fa Xian viaja até a Índia para estudar o budismo.

444 O taoismo é decretado a religião oficial do Império Wei após a conversão do imperador.

MITOLOGIA

446 Rebelião no monastério budista contra reformas taoistas. O imperador Wei ordena a execução de todos os monges no império; contudo, muitos escapam.

477 O budismo torna-se a religião do Estado na China. Em 489, um enorme complexo de templos em cavernas é erigido na província de Yungang, ao norte.

Dinastia Sui (590—618)

589 Início da reunificação da China.

***c.* 600** Início da impressão de livros.

Dinastia Tang (618—906)

618 Sob o controle da Dinastia Tang, a China torna-se um vasto império de 60 milhões de pessoas.

626 A corte de Tang adota o budismo.

Ascensão de oficiais eruditos.

Expansão em direção à Coreia, Manchúria, Ásia Central.

630 Primeiro embaixador japonês recebido na corte Tang.

907—960 Período das cinco dinastias.

Dinastia Song (960—1279)

1215 Mongóis assumem o controle de boa parte do norte da China; Genghis Khan controla um império que se estende desde o oceano Pacífico até o mar Cáspio, no Oeste, antes de sua morte em 1227.

1260—94 Reinado de Kublai Khan.

1275—1295 Marco Polo chega à China, que tem reinado mongol.

Todo lugar debaixo do céu

Japão

Período Antes de Cristo (a.C.)

c. **10000** Surgimento dos mais antigos vasos em cerâmica de que se tem registro, fabricados em Honshu.

c. **660** Jimmu-tenno ("imperador guerreiro divino") torna-se o primeiro imperador lendário do Japão.

c. **500** O cultivo do arroz vindo da China espalha-se pelo Japão.

Depois de Cristo (d.C.)

57 O embaixador do rei de Nu (Japão) é reconhecido pelo imperador Han da China.

247 Guerra civil entre reinos rivais.

260 O Templo de Amaterasu, o mais sagrado e reverenciado da religião xintoísta, é fundado em Ise.

c. **300** Surgimento do estado de Yamato, no Japão.

478 Surgimento do primeiro templo xintoísta.

538 O budismo chega ao Japão através da China e da Coreia.

592 Conflito entre clãs por causa do budismo e divindades locais leva à execução do imperador.

630 Primeiro embaixador japonês na corte Tang.

685 O budismo torna-se a religião do Estado no Japão; em **741**, templos budistas são construídos em toda a região por decreto governamental.

488 MITOLOGIA

1º de janeiro de 1946   O imperador japonês Hirohito (morto em 1989) negou sua própria divindade. Em 1947, a Constituição japonesa deu fim ao xintoísmo oficial do Estado. O Japão moderno é uma democracia parlamentar, na qual o imperador é o líder do Estado, mas o primeiro-ministro eleito é o líder do governo.

E m 1793, o rei inglês George III enviou um emissário a Pequim, corte do imperador chinês Qiang Long. Chegando lá, o embaixador britânico apresentou um generoso conjunto de presentes ao governante chinês, incluindo seiscentos estojos com instrumentos científicos. O imperador, membro da Dinastia Qing, que já ocupava o trono por quase sessenta anos, mostrou-se educado, mas nada impressionado. "Não há nada que não tenhamos", disse ele a Lorde McCartney, o enviado britânico. "Nunca antes vimos tantos objetos estranhos ou primitivos, nem precisamos dos produtos manufaturados de seu país."

Parecia ser verdade. Durante grande parte de sua história de 4 mil anos, a China havia prosperado em meio ao completo isolamento, um império misterioso e pouco acolhedor, que não desejava nem precisava do contato com estrangeiros. Separada da maioria de seus vizinhos por causa das barreiras naturais — as montanhas do Himalaia a oeste, o deserto de Gobi e o território proibido da Mongólia ao norte e o oceano Pacífico a leste —, a China havia gastado uma rica fortuna e incontáveis vidas na construção de muros.* Atrás dessas formidáveis barreiras de terra e pedras, protegidas do olhar de potenciais invasores e ávidos

---

* A Grande Muralha da China é datada desde a Dinastia Ming (1368-1644 d.C.). Entretanto, os registros de construção de muralhas pelos chineses remontam a 600 a.C., e a ideia de se construir uma Grande Muralha extensa nasceu durante a Dinastia Qin (221-206 a.C.).

MITOLOGIA

missionários cristãos, as dinastias sucessivas da China haviam desenvolvido uma civilização que estava muitos anos à frente de qualquer de suas contemporâneas. Os chineses não apenas criaram uma vasta rede de cidades rurais unidas por uma burocracia notável e uma única linguagem escrita; também inventaram o papel, a impressão gráfica, a pólvora, os fogos de artifício, o sismógrafo, o macarrão, a bússola e embarcações capazes de navegar pelo mundo, muito antes de os ocidentais o fazerem. A China foi, nas palavras do historiador Daniel Boorstin, "um império sem desejos".

Ainda assim, apesar de seu histórico de escrita antigo, a China não nos deixou um legado mítico escrito muito rico. Ao contrário dos egípcios, que armazenavam milhares de textos funerários em suas magníficas tumbas, os chineses, ao que tudo indica, não tinham tanta preocupação com rituais funerários elaborados e acabaram não deixando nenhum mapa detalhado da vida após a morte, embora tenham construído tumbas amplas. Embora quase toda grande civilização antiga compusesse poemas épicos de amor e guerra, não há nenhuma obra chinesa como *Gilgamesh*, a *Ilíada* ou o *Ramayana*. A China, sem dúvida, teve sua cornucópia dos relatos da criação do mundo e do dilúvio – de fato, seis histórias distintas da criação e quatro narrativas de dilúvio, cada qual com personagens diferentes. Há algo intrigante, no entanto: esses relatos não enfatizam uma retribuição divina a um comportamento pecaminoso. Além disso, embora os chineses acreditassem na existência de uma grande variedade de deuses da natureza, governantes míticos semidivinos e reis-sacerdotes proféticos, como fica claro no tratado intitulado *Questões do paraíso*, do século IV, e na enciclopédia de deuses do século III, *O clássico das montanhas e mares*, era a ingenuidade humana – não a intervenção divina – o fator encarado como a solução para a maioria dos problemas.

Todo lugar debaixo do céu 491

Não surpreende, pois, que a mitologia nunca tenha formado na China a profunda identidade cultural que é tipicamente associada à Grécia ou Índia. Nem é surpresa o fato de não ter se tornado uma religião de Estado monolítica ou ter possuído sacerdotes poderosos, como no caso do Egito. Pelo contrário, a vasta extensão e as diferenças regionais da China puseram em xeque o desenvolvimento de uma mitologia "nacional" única, capaz de unificar o país. Mesmo as gerações de estudantes chineses que ficavam imersas nos trabalhos de cunho mítico da literatura nacional, conhecida como Cinco Clássicos, não o faziam com o objetivo de se tornarem sacerdotes. Elas o faziam com o objetivo de se prepararem para o ancestral do vestibular chinês, os "exames de serviço civil", um requisito para a ascensão na escada burocrática imperial ou para progredir no exército. (Os chineses possuem até hoje um "deus das provas", chamado Kui Xing, que era invocado por estudiosos para a obtenção de auxílio divino na hora dos testes).

Contudo, onde a mitologia falhou em unificar a China, a filosofia foi bem-sucedida. Bem mais importante do que os poetas e contadores de histórias chineses eram os sábios e eruditos. Ao pensarmos na China, o que vem à mente é Confúcio, não um poeta como Homero.

Os dois grandes ramos da filosofia chinesa nativa, o confucionismo e o taoismo – ambos introduzidos por volta de 500 a.C. – sem dúvida moldaram a história, o governo e a cultura chineses, mais do que qualquer mito ou crença religiosa. Enfatizando a ordem social, a lealdade à família e ao rei e a veneração de antepassados, o confucionismo é um código moral de conduta adequada, projetado para se atingir um mundo ideal pacífico, onde cada indivíduo possua seu lugar dentro da família e cada família tenha um lugar na sociedade. O confucionismo coloca a virtude de uma ordem pública disciplinada acima

MITOLOGIA

da necessidade de se recorrer aos deuses, enquanto que o taoismo, a segunda maior escola do pensamento chinês, reforça a importância de os indivíduos viverem de maneira simples e próxima da natureza. De longe a mais influente das duas, o confucionismo foi proclamado religião do Estado em 136 a.C., durante a poderosa Dinastia Han – um período de quatrocentos anos na história chinesa que costuma ser equiparado ao Império Romano em termos de tamanho e prestígio. Quando o confucionismo estava sendo institucionalizado, o budismo foi importado da Índia, acrescentando novo tempero ao *pot-pourri* filosófico chinês e criando um quadro marcadamente distinto de outras civilizações, onde a mitologia quase sempre permeava tudo.

Outro fator significativo, mas bem mais atual, contribuiu para a diminuição do legado mítico da China. O estudo de mitos chineses e fontes míticas foi duramente atrofiado durante o regime comunista. O todo-poderoso Partido Comunista oficial chinês, que ocupa o poder no país desde 1949, suprimiu em grande escala todas as religiões, que eram encaradas como mera superstição. O confucionismo clássico sofreu a oposição dos detentores do poder maoistas – que criaram uma mitologia própria para promover o presidente Mao – por enfatizar o passado e, na visão do partido, justificar a desigualdade social.

Os Cinco Clássicos, estudados por aspirantes a burocratas e funcionários públicos por 2 mil anos, foram postos de lado, dando lugar ao pequeno Livro Vermelho de Karl Marx e do presidente Mao. Durante décadas de um regime comunista rígido e autoritário, o partido transformou templos budistas e taoistas em museus, escolas e salões de eventos, e o estudo da mitologia e de outras tradições chinesas antigas sofreu um forte abalo. Toda uma geração de acadêmicos, eruditos e pesquisadores foi eliminada em grande escala no levante violento da grande Revolução Cultural do proletariado, da década de 1960, quando muitas universidades foram fechadas por anos e embaixadas estrangeiras tiveram um fim. Cerca de sete milhões de estudantes, professores e outros profissionais não sobreviveram à purificação e repressão da era da Guarda Vermelha.*

A "abertura" diplomática da China que se seguiu à visita histórica do presidente Richard Nixon, em 1972, também liberou o país em outros sentidos relacionados ao seu passado mítico. As antigas artes de cura chinesas, como a acupuntura, a "restauração de energia" e os medicamentos herbais, fazem cada vez mais parte do arsenal médico ocidental. Muitos ocidentais agora decoram suas casas e escritórios com atenção cuidadosa por causa do *feng shui* (pronunciado "fung shuei"), a antiga arte chinesa de arrumar os objetos de maneira a criar um senso de equilíbrio e harmonia. De acordo com o *feng shui*, a energia de força vital, denominada *chi*, flui a partir de cada ser animado ou inanimado e pode ser propagada por meio de uma disposição cuidadosa dos móveis e uso apropriado de cores.

Nas artes, um grupo de cineastas chineses, conhecido como "Quinta Geração", apresentou às plateias americanas a história e as tradições folclóricas chinesas em filmes como *Lanternas Vermelhas*, *Yellow Earth* ("Terra Amarela") e *Adeus, Minha Concubina*. O cineasta sino-americano Ang Lee surpreendeu o mundo com seu lendário conto

---

* Com as reformas que sobrevieram à China durante quase trinta anos desde a "reabertura" do país na era pós-Mao, as atitudes do governo em relação à religião foram bastante atenuadas. Reconhecendo hoje o valor da ênfase que o confucionismo dá a um comportamento moral correto, o partido devolveu o controle de alguns templos a grupos religiosos. Mas a religião na China ainda está, em sua maior parte, em mãos oficiais. De início, o governo aprovou um movimento que combinava as filosofias budista e taoista a exercícios de respiração profunda e artes marciais. Contudo, Falun Gong, como é conhecido, vem sofrendo ataques oficiais desde 1999, quando dez mil de seus seguidores fizeram protesto em frente à sede do partido.

folclórico *O Tigre e o Dragão*. Escritores sino-americanos aclamados, como Amy Tan, autora de *O clube da felicidade e da sorte* e *A mulher do deus da cozinha*, alcançaram um público internacional ao explorarem tradições míticas e familiares chinesas e o impacto que tiveram em uma geração de sino-americanos. Até a Disney embarcou nesse dragão com a animação de 1998, *Mulan*, uma versão "*girl power*" de uma lenda chinesa em que a heroína toma o lugar de seu pai em uma batalha – a mesma Fa Mu Lan sobre a qual Maxine Hong Kingston escreveu em seu ensaio vencedor de prêmios *Woman Warrior* ("Guerreira mulher").

Durante os últimos trinta anos, ao lado dessa vanguarda de uma nova "revolução cultural", uma geração de arqueólogos e pesquisadores também pôde espiar por entre a "Grande Muralha" que cerca a história antiga da China. À medida que vão espiando, começam a revelar os mitos ricos, criativos e coloridos que nasceram no "império sem desejos".

VOZES MÍTICAS

Chega o trovão, ressonando da terra:
A imagem do Entusiasmo.
Assim os reis antigos criaram a música,
Como forma de honra ao mérito,
E a ofereceram com esplendor
À Divindade Suprema,
Convidando seus ancestrais para estarem presentes.
— *extraído do* I Ching

O que são ossos do oráculo?

Perto do final do século XIX, um grande número dos chamados "ossos do dragão" começou a aparecer em lojas apotecárias por toda

Todo lugar debaixo do céu 495

a China. Transformados em pó para serem usados como medicamentos alternativos e afrodisíacos, esses ossos – segundo a crença popular – tinham propriedades mágicas, pelo fato de terem marcas estranhas em sua superfície. Os estudiosos ficaram a par da existência de tais "ossos de dragão" no início do século XX e, já na década de 1920, quando extensas escavações foram feitas nas proximidades de algumas das mais antigas aldeias chinesas ao longo do rio Amarelo, mais de cem mil desses ossos haviam sido desenterrados, o que provou ser uma mina de ouro arqueológica.*

Fabricados com ossos de cervos e bois, bem como com pedaços de cascos de tartaruga, esses artefatos foram, tempos depois, identificados como "ossos do oráculo", usados pelos sacerdotes reais – e até pelos próprios monarcas chineses iniciais – para profetizar, através de ancestrais mortos. Representando a mais primitiva religião na China, os ossos eram marcados com caracteres chineses de uma das mais antigas formas gráficas conhecidas do idioma chinês escrito. Em antigas sessões de adivinhação, os ossos eram marcados com um corte superficial – e, com o passar do tempo, com "perguntas" escritas – e aquecidos, até que o osso ou o casco rachasse. As fissuras resultantes eram então "lidas" por um sacerdote, que fazia predições com base na configuração das rachaduras. Em geral, pedia-se para "se ler a sorte" com relação a perguntas simples, que envolviam as condições climáticas, o sucesso de uma caçada ou batalha ou o sexo de uma criança por nascer.

---

* Seres humanos primitivos apareceram há mais de um milhão de anos no que agora é a China. Até cerca de 10000 a.C., algumas culturas da Nova Idade da Pedra haviam se desenvolvido na área do rio Amarelo e, a partir delas, uma civilização distintamente chinesa foi emergindo aos poucos. Uma delas foi a cultura longshan, que se espalhou por grande parte do que é hoje a terça parte oriental do país. A primeira dinastia chinesa, a Dinastia Shang (1523–1027 a.C.), surgiu a partir da cultura longshan durante a década de 1700 a.C.

496 MITOLOGIA

O curioso é que uma "leitura" indicando "sim" significava o nascimento de um menino, enquanto que "não" significava uma menina – uma indicação de uma preferência muito antiga dos chineses por crianças do sexo masculino. Isso ainda constitui uma preocupação na China, em que métodos modernos de verificação prévia do sexo do bebê são utilizados para abortar fetos femininos.

Embora provavelmente representem tradições que remontam a um período muito mais antigo da história da China, muitos desses ossos do oráculo datam de 1300 a.C., período da Dinastia Shang (1523–1027 a.C.), um dos primeiros reinados na história da China a contar com significativas evidências arqueológicas. Fixados no vale do rio Amarelo (Huang He), os Shang se organizavam em uma espécie de cidade-Estado, com um rei que também devia atuar como sacerdote, algo semelhante à organização da antiga Mesopotâmia. Outras descobertas relacionadas à Dinastia Shang incluem cálices de bronze sofisticados, que exibem um alto grau de habilidade com trabalhos em metal. No lado mais obscuro dos registros arqueológicos estão as tumbas da Dinastia Shang, nas quais monarcas e nobres eram enterrados com tesouros, que incluíam carros de guerra – em geral, acompanhadas de cavalos e cocheiros. Assim, fica claro que sacrifícios humanos eram realizados durante o período dos Shang, e restos mortais de vítimas sacrificais, que eram decapitadas durante as cerimônias, em grupos de dez pessoas, foram encontrados nessas tumbas. Patricia Ebrey, uma estudiosa da família e realeza chinesas, escreve que a tumba de um rei Shang, que reinou por volta de 1200 a.C., "continha os restos mortais de noventa seguidores que acompanharam o monarca em sua morte, 74 sacrifícios humanos, 12 cavalos e 11 cachorros. (...) Alguns seguidores recebiam caixões e estojos ritualísticos de bronze ou armas próprias; outros (em geral, mulheres) não os recebiam, mas possuíam ornamentos pessoais; ainda outros

Todo lugar debaixo do céu 497

não recebiam quaisquer objetos e eram decapitados, cortados em dois ou mortos com mutilações de diversos tipos". (Ao que tudo indica, o sacrifício humano foi abolido durante o período dinástico seguinte, o da Dinastia Zhou, de 1027–221 a.C.)

Durante esse período inicial da história da China, sob a Dinastia Shang, a "religião" baseava-se, em grande parte, no conceito de que cada pessoa possuía duas almas – uma "física" e outra "eterna" –, que poderiam ser mantidas vivas por meio dos sacrifícios executados por um membro da família que fosse do sexo masculino. Com o sacrifício apropriado, a alma eterna se tornava uma divindade de poder e influência, que poderia responder questões de adivinhação ou prestar outros favores divinos. Contudo, se a alma de um ancestral falecido fosse negligenciada ou tratada com indiferença, essa alma se tornaria um demônio e assombraria os viventes. A vasta maioria da população chinesa, no decorrer de sua história, sempre foi composta de trabalhadores rurais, e essa classe de fazendeiros tinha pouco a ver com tais crenças da nobreza, que ficavam então reservadas aos grandes proprietários de terras. Ao contrário, a religião dos trabalhadores rurais girava em torno do culto de divindades locais do solo e da água e de cultos xamãs com médiuns espíritas – práticas em grande parte rejeitadas pelas classes mais altas. Assim como o sacrifício humano no lado nobre, também havia um lado obscuro nesses ritos locais. Em muitos vilarejos rurais, havia festejos à beira do rio nos quais belas meninas eram selecionadas como "noivas do rio". Elas eram colocadas em um bote e, por fim, eram afogadas como oferenda ao deus do rio.

A religião chinesa se desenvolveu com uma poderosa classe sacerdotal e os cultos de sacrifício eram executados pelo chefe da família ou por oficiais do Estado. Os sacrifícios incluíam uma variedade de animais domésticos, ou vinho derramado como libação. Segundo os historiadores W. Scott Morton e Charlton Lewis, a ideia de um sacrifício apropriado era tão importante que a queda do reinado seria atribuída a uma época em que os "sacrifícios foram interrompidos".

Os métodos de profecia que produziram os antigos ossos do oráculo se tornaram mais sofisticados com o tempo e foram formalizados em um importante clássico chinês chamado *I Ching* (também chamado de *Yi Jing*, entre outras formas de escrita romanizadas), ou *O Livro das Mutações*. Considerado um dos mais antigos e influentes, dentre os textos da Antiguidade chinesa conhecidos como os Cinco Clássicos, o *I Ching* deve ter surgido em 1122 a.C., no início da Dinastia Zhou, que dominou a China por mais de oitocentos anos, incluindo o período em que Confúcio viveu. Além do *I Ching*, havia: *O Clássico da História*, material sobre monarcas antigos de autenticidade duvidosa; *O Clássico da Poesia*, uma coleção de canções folclóricas e cerimoniais; *O Conjunto de Rituais* (ou Ritos); e os *Anais da Primavera e do Outono*, atribuídos a Confúcio. Essa família de livros constituía a base de estudo para a prova do império, que precisava ser aprendida e dominada por quem quer que desejasse progredir na burocracia imperial até o início do século XX.

Assim como os ossos do oráculo, o *I Ching* foi usado no início para prever o futuro. Uma pessoa com uma pergunta seguia um ritual específico que envolvia lançar bastões especiais ou moedas e, em seguida, buscar o comentário apropriado no *I Ching*. Com o tempo, com a influência crescente do confucionismo, a função do *I Ching* evoluiu e, por volta dos anos 500 a.C., o livro era visto como uma obra de filosofia.

Tradicionalmente, acreditava-se que os princípios contidos no *I Ching* surgiram com Fu Hsi (Fu Xi), um deus criador tido como um dos lendários governantes da China antiga. (Ver pág. 507, *Quem é quem no panteão chinês*.) Também foi aceito durante muito tempo que o próprio Confúcio havia escrito ou editado o *I Ching*. Nos últimos cinquenta anos, entretanto, descobertas arqueológicas e linguísticas contribuíram para uma reformulação das teorias acerca da história do livro. Pesquisadores têm sido muito ajudados pela descoberta, na década de 1970, de tumbas da era da Dinastia Han, na província de Hunan. (Os Han governaram a China por quase quatrocentos anos, durante cerca de 200 a.C. até 200 d.C.) Uma dessas tumbas continha textos do *I Ching* quase completos, do século II a.C., textos que são séculos mais antigos que os textos que haviam sido descobertos antes. Bastante parecidos com o conhecidíssimo *I Ching*, esses textos da tumba contém comentários adicionais do *I Ching*, antes desconhecidos e aparentemente escritos como se devessem ser atribuídos a Confúcio. O ponto é que, após uma investigação considerável, muitos estudiosos modernos duvidam da existência real do mítico governante Fu Hsi (Fu Xi) e acreditam que Confúcio não teve nada que ver com o *O Livro das Mutações*.

Os ossos do oráculo e os textos de adivinhação inerentes ao período Shang continham outro importante conceito religioso-mítico chinês que ditou a história da China por 2 mil anos. A Dinastia Shang fora empossada porque acreditava-se que possuíam "ligações familiares". Na visão dos antigos chineses, os fundadores da China haviam sido divindades, e os ancestrais dos Shang se uniram a esses governantes divinos no céu. Para os Shang, o céu era bastante ativo nas questões terrenas e eles governavam com a intercessão de um deus supremo a quem chamavam de Shang Di – o Senhor nas Alturas.

A ideia de que ligações com o céu guiavam o reinado de um monarca terreno evoluiu para um conceito chinês denominado "mandato do céu". O mandato, em essência, era um sinal de aprovação divina. Se um rei fosse um bom governante, continuava no poder; se reinasse de maneira tola, os céus ficariam descontentes e dariam o mandato a outro – uma espécie de cúpula divina de diretores despedindo o CEO. Os primeiros a exercerem o mandato foram os membros da Dinastia Zhou (1027–221) da China Ocidental, quando destronaram a Dinastia Shang. Os Zhou tornaram claro, ao explicarem o mandato aos derrotados da Dinastia Shang, que se o rei deles não tivesse sido tão perverso, seu mandato não teria sido retirado. A mesma lógica foi usada mais tarde para destronar os Zhou.

Uma consequência significativa da ideia do mandato divino era que não se fazia necessário que um homem fosse nobre de nascença para liderar uma revolta e se tornar um imperador legítimo. Aliás, algumas dinastias se iniciaram com pessoas comuns, incluindo a poderosa Dinastia Han, cujo primeiro imperador era um oficial rebelde do exército que tomara o poder durante uma guerra civil. Se o imperador governasse de maneira tola ou falhasse em executar os rituais apropriados, ele era "demitido" – quer fosse nobre, quer comum – e, muito provavelmente, sem um "seguro-desemprego" generoso.

Por outro lado, o mandato divino também promovia a ideia de que "o poder é o certo", já que qualquer fundador de uma dinastia recebia o mandato em virtude de seu sucesso, e qualquer governante fracassado era considerado como o tendo perdido, não importava o quão grande fosse sua virtude pessoal. O mandato também encorajava tanto a união chinesa quanto uma atitude desdenhosa para com o restante do mundo, já que havia apenas um único mandato e, portanto, apenas um governante legítimo de toda a humanidade, o imperador da China.

Quando a Dinastia Shang foi destronada pelos Zhou, o progresso essencial da civilização chinesa continuou. Foi durante a Dinastia Zhou que os principais filósofos da história chinesa, Confúcio e Lao-tzu, viveram e formularam as duas escolas de pensamento que modelariam a civilização chinesa – o confucionismo e o taoismo.

Todo lugar debaixo do céu 501

VOZES MÍTICAS

As pessoas dizem que, quando o Céu e a Terra se abriram e se desenvolveram, a humanidade ainda não existia. Nü Kua misturou terra amarela e fabricou os seres humanos. Embora ela trabalhasse com fervor, não teve força suficiente para concluir o trabalho, então fez desenhos na lama usando uma corda como contorno e os levantou para fazer os seres humanos. É por esse motivo que os ricos aristocratas são os seres humanos feitos a partir da terra amarela, ao passo que as pessoas comuns e pobres são os seres humanos feitos com os desenhos da corda.

— *extraído de* Chinese Mythology
(Mitologia chinesa), de Anne Birrell

Como os antigos chineses acreditavam que o mundo havia começado?

Ovos e lama. *Yin* e *yang*. Um gigante, um cabaceiro e uma criança em perigo. Todos esses elementos ancestrais aparecem em destaque nas histórias da criação do mundo chinesas, que variam numa escala que vai desde o profundamente primordial e primitivo até o folclórico e floreado, à medida que tentam explicar como o mundo teve início.

Assim como outras civilizações, a China possui várias histórias da criação, que emergiram de suas muitas regiões e longa história. Essas histórias derivam de uma variedade de fontes, incluindo os Cinco Clássicos, *Questões do céu* (um texto antigo do século IV a.C.) e uma compilação anônima intitulada *O clássico das montanhas e mares*. A última dessas obras, formada entre o século III a.C. e o século II d.C., é o que existe de mais próximo a uma "enciclopédia" chinesa de mitos, incluindo mais de duzentas figuras míticas.

502 MITOLOGIA

A história da criação mais influente da China descreve o Universo vindo à existência apenas por meio de uma nuvem de vapor que é suspensa na escuridão. A partir desse caos primitivo, surgem duas forças essenciais, o *yin* e o *yang*. Dois opostos – unidos como um sanduíche de queijo e presunto cósmico –, essas forças afetaram a cultura e sociedade chinesas em todos os níveis, em especial no sistema filosófico que surgiu mais tarde, o taoismo.

O *yin* e *yang*, que costuma ser representado por um círculo com áreas claras e escuras, existe em um equilíbrio delicado e permeia todo o universo chinês. Enquanto o *yin* é associado às qualidades do "feminino" – frio, peso, escuridão e terra –, o *yang* está ligado às qualidades "masculinas" – calor, luz, brilho, céu e o sol. Acredita-se que a interação entre esses dois opostos criou a maior porção do Universo, das estações e do mundo natural. O *yin* deu à luz a água e a lua; o *yang* deu à luz o fogo e o sol.

É como escreve o historiador Alasdair Clayre em *The Heart of the Dragon* ("O coração do dragão"): "Pensar nos termos do *yin* e *yang* significa analisar o Universo em pares de opostos em uma rede fluida, tais como sombrio e brilhante, decadente e ascendente, luz da lua e luz do sol, frio e quente, terreno e celeste ou feminino e masculino (...). Os homens e as mulheres não são vistos como sendo exclusivamente *yang* ou *yin*: cada um possui apenas uma predominância de um aspecto ou do outro (...). A relação dos dois elementos de um par *yin* e *yang* não é estática, mas é encarada como um ciclo contínuo, em que cada um tende a se tornar dominante e responsivo em turnos alternados."

A criação é descrita em diversas outras histórias que eram bastante conhecidas pelos antigos chineses. Duas das mais populares envolvem um par dos deuses mais importantes da China, Panku (Pan Gu, P'an Ku), uma divindade primordial gigantesca descrita como a

Todo lugar debaixo do céu 503

criança do *yin* e *yang*, e Nü Gua (também Nü Kua, Nu Wa), uma divindade popular conhecida como "mulher-cabaceiro" ou "mulher-Gua". O último nome faz referência a criaturas semelhantes a caracóis que perdem suas cascas e simbolizam a regeneração.

No mito da criação de Panku, cuja história se tornou o mito chinês da criação mais popular já no século III d.C., o mundo é um ovo enorme recheado de caos, onde o gigante Panku tem estado adormecido há 18 mil anos. Quando Panku – cujo nome é traduzido como "antiguidade enrolada" – cresce o suficiente para rachar o ovo, seu fluido claro, translúcido (a matéria etérea de *yang*) vaza e flutua, tornando-se os céus. A gema, mais pesada (*yin*), escorre e se torna a Terra. Com medo de que o céu e a Terra possam convergir, Panku empurra o céu para cima com a cabeça e a Terra para baixo com os pés. Como o grego Atlas, ele permanece nessa posição por mais 18 mil anos, até perceber que o céu está alto o suficiente e não cairá. Exausto por seus esforços, Panku deita-se para descansar e morre dormindo. Quando está morrendo, sua respiração se torna o vento e as nuvens, e sua voz, o trovão. Um de seus olhos se torna o sol, e o outro, a lua. Seus membros se tornam as montanhas e suas veias viram estradas. Nenhuma parte desse corpo gigante deixa de ser utilizada na criação do mundo. Em versões posteriores da história, até as moscas, pulgas e outros parasitas em seu corpo são transformados em ancestrais do homem.

Prefere uma história da criação que seja mais "suja"? Os castos chineses não possuem um conto da criação que envolva muito sexo, mas há um que envolve brincar na lama.

Que tal a antiga narrativa estrelando Nü Gua, a deusa da fertilidade e mãe da criação, que se sente sozinha depois que o mundo veio à existência? Revirando o barro úmido das margens do rio Amarelo, Nü Gua produz pequenas figuras e impregna cada uma com a força do *yin* ou *yang*, de modo que as figuras adquirem vida. Aquelas que

504 MITOLOGIA

recebem o *yang* tornam-se homens, e as que recebem o *yin*, mulheres. Quando Nü Gua se cansa de modelar as figuras, uma por uma, ela sacode o barro preso no fim de uma corda, ou vinha, que havia arrastado em sulcos no chão lamacento. As figuras deformadas que surgem a partir dos montes de lama caída no chão se tornam os homens que nascem pobres, ao passo que as figuras belas, modeladas pelas mãos da deusa com o barro do rio Amarelo, se tornam a nobreza chinesa.

Nü Gua também aparece em uma das diversas histórias chinesas do dilúvio, apropriadas para uma região que está sob constante ameaça de violentas inundações. (O rio Amarelo tem sido chamado de "tristeza da China" por causa da ferocidade de suas inundações devastadoras.) Ao contrário das histórias do dilúvio de outras civilizações, nas quais homens como Noé e Deucalião desempenham o papel principal, a versão chinesa apresenta Nü Gua, junto com seu irmão, Fu Hsi, e seu pai. Nessa lenda, um deus do trovão em forma de peixe e com rosto, escamas e barbatanas verdes fica irado com a família de Nü Gua. Temendo o deus, o pai de Nü Gua constrói uma jaula de ferro do lado de fora de sua casa e fica aguardando, com um forcado, um eventual ataque do deus peixe. Em meio a uma forte tempestade, o deus do trovão chega e ameaça o pai de Nü Gua. Mas o astuto homem consegue prender o deus na jaula e planeja cozinhá-lo. Com a divindade do trovão presa, o pai sai para comprar temperos, para que o deus do trovão fique saboroso quando for cozido, mas, antes, avisa às crianças que não deem nada ao deus para beber. Quando o deus do trovão clama que está com sede, Nü Gua fica com pena e lhe dá de beber. Engolir água faz com que o deus recupere todo o seu poder, soltando-se da jaula. Antes de escapar, ele dá um de seus dentes às crianças. Elas o plantam e logo cresce uma árvore, contendo uma enorme cabaça.

Ao retornar, o pai descobre que o deus fugiu e que uma árvore foi plantada e está crescendo. Temendo uma vingança do deus do

Todo lugar debaixo do céu 505

trovão, ele constrói um barco de ferro e entra nele, enquanto as crianças sobem no grande cabaceiro. Quando as chuvas incessantes começam, tanto o barco quanto o cabaceiro flutuam até o céu. O pai bate na porta do rei dos céus, que fica tão surpreso com os inesperados visitantes que decide parar a chuva. Na mesma hora, o barco e o cabaceiro despencam de uma altura de 1.600 metros até a Terra. O pai morre, mas os dois filhos no cabaceiro são poupados; Nü Gua e o irmão Fu Hsi então povoam o mundo mais uma vez.

Em seu livro *Chinese Mythology* ("Mitologia chinesa"), Anne Birrell apresenta uma versão um tanto diferente desse mito, na qual Nü Gua e o irmão Fu Hsi — cujo nome significa "vítima prostrada ou sacrifical" — criam a humanidade, mas sentem vergonha de seu incesto:

Há muito tempo, quando o mundo começou, havia duas pessoas, Nü Gua e seu irmão mais velho. Eles viviam no monte K'un-lun. Não havia ainda nenhuma pessoa comum no mundo. Eles conversaram sobre se tornarem marido e mulher, mas sentiram vergonha. Assim, o irmão subiu rapidamente o monte K'un-lun com Nü Gua e rezou:

Oh, Céus, se Vós fizerdes de nós marido e mulher,
fazei com que todo o vapor enevoado se concentre.
Se não, então fazei com que todo esse vapor se disperse,

Nesse momento, todo o vapor enevoado sem demora se concentrou. Quando Nü Gua ficou íntima de seu irmão, ambos entrelaçaram algumas folhas de grama para cobrir seus rostos. Até o dia de hoje, quando um homem toma uma esposa, ambos seguram um leque, como símbolo do que aconteceu há muito tempo.

Já na época da Dinastia Han (206 a.C.–220 d.C.), esses dois deuses costumavam ser representados como figuras em forma de serpente, com cabeça humana e caudas interligadas. Na tradição chinesa, Nü Gua é também a deusa casamenteira e mediadora, que ajuda a arranjar casamentos.

Outra história popular de dilúvio envolve um deus com corpo de serpente e cabeça humana, chamado de Gong Gong (Kung Kung, ou "trabalho comum"), que agita as águas da Terra com tanta violência que elas passam a ser uma ameaça de caos no mundo. Gong Gong então tenta, sem sucesso, destronar seu pai, Zhu Rong, o benevolente senhor do cosmo. Quando Gong Gong golpeia com violência uma das montanhas do céu que sustentam o firmamento, faz com que o cosmo se incline. Esse mito explica por que os rios da Terra fluem na direção sudoeste. Como deusa protetora da criação, Nü Gua restaura a ordem preenchendo o buraco no céu e sustentando-o com as patas de uma tartaruga gigante.

Que papel os "valores familiares" desempenharam na mitologia chinesa?

Comparados aos deuses gregos, romanos, egípcios, mesopotâmicos, indianos e celtas, que frequentemente se prostituíam, traíam e flertavam e eram sedentos e obcecados por sexo, os deuses chineses parecem ser modelos de decoro. Claro, os mitos chineses tinham lá os seus vilões, malfeitores e irmãos gananciosos. Mas não há nenhum adúltero em série, como Zeus, no panteão chinês. Nem há qualquer Cuchulainn em busca de uma oportunidade para deflorar uma donzela virgem. Como comenta Anne Birrell: "O mito heroico chinês difere de outras mitologias em sua ênfase primitiva na virtude moral

Todo lugar debaixo do céu 507

do herói guerreiro." A mitologia chinesa tem "classificação livre" e é moralmente irrepreensível.

Mesmo quando há a sugestão de um incesto na mitologia chinesa, como na história do dilúvio com Nü Gua e seu irmão, que repovoam o mundo, os dois irmãos sentem vergonha de seu comportamento e "cobrem suas faces". Dormir com todo mundo não é algo permitido na mitologia chinesa, "filhos bastardos" não têm lugar e há pouca tolerância para com disputas em família, pois esta devia ser honrada.

Em vez disso, os deuses chineses costumam ser tipos trabalhadores, criativos. O irmão de Nü Gua, o deus Fu Hsi, por exemplo, inventa a rede e ensina as pessoas a pescar. O deus engenheiro Yu descobre como deter uma perigosa inundação do rio e é recompensado com a imortalidade. Huang Di ("O Grande Deus Amarelo") inventa as roupas e as moedas, ao passo que Shen Nong revela o valor medicinal das plantas e até morre ao tentar criar novos remédios. A autora Anne Birrell sugere que a natureza limpa do panteão chinês pode ser obra daqueles que mais tarde compilaram os mitos da China – um grupo pós-Confúcio que colocava a virtude acima de uma narrativa enérgica. "O tema do amor é raro", escreve ela, "e é narrado de uma maneira sexualmente não explícita, o que pode sugerir uma antiga edição cautelosa".

QUEM É QUEM NO PANTEÃO CHINÊS

No panteão chinês, há literalmente centenas de deuses, maiores e menores, que eram adorados tanto em âmbito local quanto nacional. *O clássico das montanhas e mares* especifica mais de duzentos deuses diferentes. Algumas dessas divindades emergem de uma história distante da China e podem ter sido antigos governantes reais cujas realizações permitiam que elevassem a si mesmos à condição de deuses. Alguns

508 MITOLOGIA

desses imperadores/divindades míticos receberam até uma data para seu reinado. Três deles eram chamados de os "três soberanos" e três eram conhecidos como "reis sábios".

Fu Hsi (Fu Xi) O primeiro dos três soberanos e irmão de Nü Gua, Fu Hsi (traduzido como "grande brilho" em algumas tradições e "vítima sacrifical" em outras) é um deus que, a partir do século IV a.C., é considerado um importante criador e protetor da raça humana, em especial durante enchentes e outras calamidades. Acredita-se que Fu Hsi seja responsável pela invenção da escrita, da caça e, mais importante, que esteja envolvido no processo de adivinhação por meio dos ossos do oráculo, que mais tarde se tornaram *O Livro das Mutações* (*I Ching*). Quando Fu Hsi observou as marcas presentes em todos os pássaros e bestas, contemplou a ordem divina das coisas e criou as primeiras marcas a partir das quais os homens podem fazer profecias.

Em uma narrativa encantadora, Fu Hsi observa uma aranha fiando uma teia e, inspirado, cria redes a partir de cordas entrelaçadas, que utiliza para ensinar os humanos a caçar e pescar.

Na época da Dinastia Han, Fu Hsi foi declarado como tendo sido o primeiro imperador, que reinou de 2852 a 2737 a.C.

Guan Di (Kuan Yu, Kuan Kung) Uma figura saída do folclore confucionista chinês, Guan Di é um deus da guerra que pode ter sido um general de exército de verdade, executado como prisioneiro de guerra durante um período de divisão na China. Embora talvez tivesse sido um homem, o deus tinha 2,70 metros de altura e uma força extraordinária; além disso, Guan Di em geral é representado como tendo a face vermelha e barba em forquilha. Mas, ao contrário dos deuses de guerra ferozes de outras mitologias, Guan

Di é conhecido por sua cortesia, fidelidade e por ficar satisfeito quando a paz prevalece. Em 1594, o imperador chinês reconheceu Guan Di como deus e ofereceu sacrifícios a ele.

Hou T'ou (Ti, She) Conhecido como "príncipe da Terra", Hou T'ou é a divindade da agricultura e fertilidade que se manifesta como o planeta inteiro. A cada ano na China antiga, o imperador e os oficiais das vilas de todo o país viravam a primeira pá de terra na época de plantio como parte de uma cerimônia de fertilidade, refletindo a preocupação da China com alimentar seus muitos habitantes.

Huang Di (Huang-Ti) O terceiro dos três soberanos e líder mítico cujo nome significa "grande deus amarelo", Huang Di é também chamado de "imperador amarelo".* Considerado aquele que trouxe a civilização para a China, Huang Di é o suposto inventor das roupagens superior e inferior, armas, bússola, moedas e do governo. Um guerreiro amante da paz que possui quatro faces, de modo que pode ver tudo, Huang Di luta quatro batalhas. Em uma delas, ele usa a água para derrotar seu irmão, o deus do fogo **Yan Di**, o "grande deus chamejante", e ganha a soberania do mundo. Em outra batalha, Huang Di usa a seca para derrotar o deus guerreiro de "Muitas Pilhérias", que possui a arma da chuva.

---

* O amarelo era considerado uma cor régia em reconhecimento do solo rico, amarelado de argilo-calcário ou lodo, cujos sedimentos são depositados pelo Huang He, ou rio Amarelo. O solo argilo-calcário amarelo era a fonte de boas plantações para sustentação da vida na China, assim como a terra escura do Nilo, no caso do Egito. Quando a Cidade Proibida imperial foi construída, tempos depois, a cobertura de seus telhados era amarela.

MITOLOGIA

Na tradição taoista, Huang Di torna-se o deus supremo e sonha com um paraíso onde as pessoas vivam em harmonia com a natureza.

Imperador de Jade   Divindade às vezes conhecida como Yu Huang ou Huang Shang-Ti, o Imperador de Jade torna-se o governante divino dos céus durante a Dinastia Song (960–1279 d.C.). Ele vive em um palácio celeste, semelhante aos da Terra, e governa por meio de um serviço civil, assim como o da China. Sua parceira é **Xi Wang Mu**, "a rainha-mãe do oeste", que se parece mais com a bruxa má do oeste. Uma tirana poderosa, Xi Wang Mu envia pragas e punição à Terra, guarda o elixir da imortalidade e preside o paraíso.

Lung   Embora não seja de fato um deus, Lung é o dragão benevolente associado no folclore chinês às nuvens, névoa, chuva e rios. Menos parecido com a criatura demoníaca que São Jorge combate e mais semelhante a um dragãozinho inofensivo, Lung é tão cativante que algumas vezes os deuses tomam a forma de dragões, que, com o tempo, veio a se tornar o símbolo da realeza chinesa. O dragão chinês deve ter evoluído a partir da serpente, um antigo símbolo real considerado imortal, já que era capaz de renovar a si mesma quando trocava de pele.

Nü Gua (Nü Kua,a Nu Wa)   Grande deusa criadora, Nü Gua é uma deusa da fertilidade bastante antiga que permaneceu popular nos mitos e lendas da China ao longo de toda sua história. Como a divindade que criou os homens e salvou o Universo da catástrofe quando Gong Gong (Kung Kung) trouxe a ameaça, ela é uma protetora poderosa. Durante a posterior Dinastia Han (202 a.C.–220 d.C.), ela é vista como a irmã e esposa de Fu Hsi. Nesse último papel, ela recebe o crédito por ensinar às pessoas como procriar e educar as crianças.

Os Quatro Ao   Os Quatro Ao são deuses da água que tomam a forma de dragões e estão sob o comando do Imperador de Jade. Controlando a chuva e o mar, cada um recebeu uma área de terra e mar para vigiar.

Panku (Pan Gu)   Deus criador primitivo, filho do *yin* e *yang*, Panku nasce de um ovo cósmico em um dos mais importantes mitos chineses da criação. Após sua morte, as partes de seu corpo se transformaram nos vários pedacinhos do Universo e da Terra, e os insetos oriundos de seu corpo se tornaram as "pessoas de cabelo escuro" (os chineses). Muitos estudiosos acreditam que Panku possa ter se originado em outro lugar da Ásia Central e chegado à China no século II ou III d.C.

Shen Nong   Representado como um ser divino com cabeça de pássaro, Shen Nong ("imperador flamejante") é o segundo dos três soberanos, um imperador lendário que inventou a carroça e ensinou as pessoas a cultivarem o solo. Shen Nong é também o antigo deus da farmácia, que revela as propriedades medicinais das plantas à humanidade. Na mitologia, ele possui um estômago que vê tudo, o que permite que possa ver os efeitos de seus experimentos com ervas medicinais. Para seu azar, ele testa um tipo de grama que faz com que seus intestinos se rompam.

Shun (Yu Di Shun)   Um dos três governantes sábios da Antiguidade, Shun é outro deus rei virtuoso a quem os céus enviam pássaros para arrancarem sua plantação e puxarem seu arado.

512 MITOLOGIA

Tsao Chun (Zao Jun) Antiquíssimo "deus da cozinha" da mitologia chinesa, Tsao Chun é o deus do lar mais importante na China e mora no espaço próximo ao fogão nos lares chineses. Representado como um velhinho bondoso cercado de crianças, ele fornece o *chi*, ou energia, que ajuda na nutrição. A cada festividade de Ano-Novo, acredita-se que ele visite o céu e faça um relatório sobre cada casa. Antes de ele partir, cada casa tenta "suborná-lo", lambuzando a boca do ídolo de Tsao Chun com uma geleia ou mel, para ajudá-lo a falar "palavras doces" e evitar dizer qualquer coisa ruim ao chegar ao céu.

Em seu romance *A mulher do deus da cozinha*, Amy Tan faz com que uma personagem americana pergunte se o deus da cozinha é igual ao Papai Noel. Uma mulher idosa chinesa responde com raiva: "Ele não é o Papai Noel. Parece mais com um espião – um agente do FBI, da CIA, da Máfia, pior que a Receita Federal, esse tipo de pessoa. E ele não dá presentes, você é quem tem de dar presentes a ele. Durante todo o ano você precisa mostrar respeito a ele – dar-lhe chá e laranjas. Quando o Ano-Novo chinês chega, você deve dar a ele coisas ainda melhores – talvez uísque pra beber, cigarros pra fumar, doce pra comer, esse tipo de coisa. O tempo todo você fica na esperança de que a língua dele fique doce, que ele fique um pouco bêbado para que, quando for se encontrar com o grande chefe, relate coisas boas sobre você." Então, a mãe chinesa acrescenta: "A mulher dele era boazinha, ele não."

Yao (Tang Di Yao) Outro dos três governantes sábios da Antiguidade, Yao é um imperador mítico que foi elevado ao status de deus. Yao vive de maneira frugal e sempre se importa com as pessoas. Mas, por seu filho não ser digno de ascender ao trono, Yao escolhe seu genro como sucessor, e Confúcio o seleciona como modelo de um governante.

Todo lugar debaixo do céu 513

Yi (Hou I, Hou Yi) Talvez o maior dos deuses-heróis chineses, Yi é o grande arqueiro que aparece em um mito datando do século VI a.C. Nesse mito, há dez sóis, todos filhos do soberano dos céus. Quando todos aparecem ao mesmo tempo, o calor intenso faz as plantações murcharem e o senhor dos céus envia o arqueiro Yi para restaurar a ordem. Yi, porém, em vez de mandar os sóis irem para casa, atira em nove deles com suas flechas. Embora os fazendeiros fiquem contentes, Yi é banido pelo deus dos céus para viver como mortal na Terra, com sua esposa **Chang E**. Triste por ter perdido a imortalidade, Chang E adquire um elixir especial da Rainha Mãe do Oeste e o consome, muito embora metade fosse destinada a seu marido. Por sua desobediência, Chang E é enviada para a Lua e torna-se a deusa de lá. Yi aceita sua condição de mortal, mas em alguns relatos volta para o céu após ser perdoado.

Yu (Da Yu) Outro dos três governantes sábios da Antiguidade, Yu é um deus engenheiro que aparece em um mito fundador. Quando o imperador Shun pede a Yu que trabalhe para conter as águas de uma grande inundação, ele deixa a tarefa nas mãos de sua esposa e dos filhos. Em vez de construir um barco para escapar das águas, Yu passa 13 anos criando canais para controlarem a inundação que periodicamente ameaça partes da China. Yu é premiado com o trono por seu trabalho. Diz-se que ele fundou a lendária primeira dinastia chinesa, a Xia, entre 2205 e 2197 a.C., mas não há relatos históricos que confirmem a existência dela.

VOZES MÍTICAS

O Mestre disse: Aos 15 eu me dediquei a aprender. Aos 30, havia plantado meus pés firmes no chão. Aos 40, não mais sofria com perplexidades. Aos 50, eu sabia quais eram os mandamentos

do Céu. Aos 60, eu os escutei com ouvidos dóceis. Aos 70, pude seguir os ditos do meu próprio coração, pois aquilo que eu desejava não mais ultrapassava os limites da retidão.

— extraído de Os diálogos de Confúcio

Ele [Confúcio] tem tido maior influência na China do que qualquer outro ser humano. Ainda assim, quase nada se sabe sobre ele como homem (...). O ensinamento central de Confúcio era de que nada é mais importante para o homem do que o próprio homem. Ele próprio se recusou a ter qualquer coisa a ver com quatro tipos de coisa: o que era violento, o que era desregrado, o que era estranho e o que tinha ligação com o sobrenatural. "Deve-se reverenciar deuses e espíritos", disse ele certa vez, "mas ainda mantê-los distantes."

— extraído de O coração do dragão, *de Alasdair Clayre*

O que biscoitos da sorte têm a ver com a religião chinesa?

"Confúcio diz..."

Por anos, essas palavras têm combinado a sabedoria de biscoitos da sorte com o humor dos filmes antigos de Charlie Chan, de fato reduzindo Confúcio e sua filosofia a uma série de piadas insossas. É uma pena. Porque, na história chinesa, o lendário filósofo Confúcio é uma das pessoas mais importantes que já viveu, responsável pelas práticas éticas e pela filosofia política que conduziram a história da China por 2 mil anos.

Assim como a vida de Jesus ou do Buda, partes da biografia de Confúcio devem ser aceitas sem questionar. De acordo com a tradição, Confúcio nasceu em 551 a.C., em Lu, na província de Sandong, no nordeste chinês. Seu nome era Kong Fu Zi ("o grande mestre Kong") e o nome "Confúcio" é a forma latinizada usada pela primeira vez pelos jesuítas que foram à China no século XVII. Embora se acredite que Confúcio tenha praticado arco e flecha e música – atividades típicas da nobreza chinesa –, ele parece ter nascido em circunstâncias um tanto humildes. De acordo com uma tradição, seus pais morreram quando ele era criança, mas em suas obras há poucas referências ao pai, à mãe ou a uma esposa, embora acredite-se que Confúcio tenha tido um filho que morreu, bem como uma filha. Quando Confúcio morreu, ele era quase que um total desconhecido na China.

Embora não haja evidência de que o filósofo tenha escrito algo, acredita-se já por um bom tempo que ele tenha editado a coleção dos antigos livros de sabedoria conhecidos como Cinco Clássicos, incluindo o *I Ching*, o antigo guia de adivinhação no qual ele supostamente acrescentou seus próprios comentários. (Há controvérsias.) Suas conversas e expressões também foram incluídas em um livro contendo seus pensamentos e diálogos, chamado de *Analectos* (ou Diálogos) e que foi compilado por seus discípulos. Esses incluíam o antigo filósofo confucionista Mêncio (371–289 a.C.), que acreditava que as pessoas nasciam boas e precisavam apenas preservar "a compaixão natural do coração" que as torna humanas; e Xun Zi (meados dos anos 200 a.C.), que acreditava que as pessoas só podiam viver em paz se suas mentes fossem moldadas pela educação e regras claras de conduta.

Mas o confucionismo em si é o cerne da contribuição do filósofo. Inicialmente um código de conduta que apenas mais tarde evoluiu para o que pode ser chamado de "religião", o confucionismo não possui uma organização nem um clérigo. Nem ensina a crença em uma divindade ou na existência da vida após a morte. Em vez disso, enfatiza ideias morais e políticas, pondo ênfase no respeito pelos ancestrais

516   MITOLOGIA

e pela autoridade governamental, ao mesmo tempo que insiste que o lugar das mulheres é em casa. Essas ideias não eram novas ou radicais de maneira alguma, mas Confúcio lhes deu uma roupagem nova ao sugerir que o indivíduo possui um lugar próprio nas hierarquias política, societária e familiar e que, dentro delas, deve-se venerar os que estão acima e cuidar dos que ocupam uma posição inferior.

Confúcio ainda argumentou que a tradição e a ordem devem ser respeitadas para se manter o equilíbrio do Universo. Isso significava praticar a religiosidade, normas éticas e benevolência humana – ou *jen*, um conceito que abrange amor, bondade, integridade e lealdade e que se aplica a todos os aspectos da vida. Aderir ao *jen* depende de se seguir o "caminho intermediário" – ou moderação. Essencial a essa ideia era a versão confucionista da Regra de Ouro: "O que não quer que façam com você, não faça com os outros."

Por volta de 200 a.C., o primeiro império chinês extenso e unificado havia se iniciado sob o comando da Dinastia Han. Os governantes Han aprovavam a ênfase do confucionismo no serviço público e no respeito pela autoridade. Em 124 a.C., o governo criou a Universidade Imperial, para educar futuros oficiais do governo com os ideais confucionistas encontrados nos Cinco Clássicos. Candidatos que desejassem obter uma posição no governo precisavam passar por exames rigorosos, que tinham por base os Cinco Clássicos e um segundo conjunto de textos conhecido como Quatro Livros.* O domínio desses clássicos também era prova de aptidão moral e a assinatura oficial de

---

* Todos vindos após Confúcio, os Quatro Livros são: o Grande Aprendizado; a Média, sobre a moderação; os Analectos, uma coleção dos dizeres de Confúcio; e o Mêncio, a sabedoria coletada do sucessor de Confúcio. O estudo desses livros ainda permanece influente.

um cavalheiro chinês, mesmo daquele que não tivesse nascido nobre. Sob a Dinastia Han, a ideia de que a autoridade do imperador tinha origem divina também teve grande respaldo e o confucionismo se tornou cada vez mais a "religião" estatal da China dos anos 100 a.C. até meados do século XX. Quando os comunistas chineses obtiveram o controle do país em 1949, eles se opuseram ao confucionismo, porque encorajava as pessoas a olhar para o passado em vez do futuro. Estava entre os "quatro antigos" – ideias, hábitos, costumes e cultura antigos – rejeitados pelo partido na década de 1950. A oposição oficial ao confucionismo terminou em 1977. Desde então, o governo comunista tem relaxado algumas de suas políticas contra a religião e o confucionismo tem passado por um processo de revitalização no país.

VOZES MÍTICAS

Palavras verdadeiras não são belas.
Palavras belas não são verdadeiras.
Homens bons não discutem.
Aqueles que discutem não são bons.
Aqueles que sabem não são entendidos.
Os entendidos não sabem.

O sábio nunca tenta guardar as coisas.
Quanto mais faz por outros, mais ele tem,
Quanto mais dá a outros, maior sua abundância.
O Tao dos céus é pontudo, mas não faz mal algum.
O Tao do sábio é trabalho sem esforço.

— LAO-TZU, *Tao Te Ching 81*

Que religião se afastou da abordagem de Confúcio?

Ela tem sido usada como guia para criar gatos ou crianças, investir, pintar, entender física, curar a si mesmo e até reinterpretar "O Ursinho Puff". Coloque a palavra "tao" no título de um livro e ele passa a dar uma imagem de algum conhecimento interior secreto. Nada mal para uma filosofia que foi concebida em mistério e mito. O taoismo é uma filosofia que teve um início obscuro e lendário na China, durante os anos 300 a.C. – embora muitos praticantes afirmem que suas raízes orais existam há milhares de anos – e que adquiriu a qualidade de religião na década de 100 a.C.

Enquanto que o confucionismo enfatizava que uma vida boa só poderia vir por se viver em uma sociedade bem-disciplinada, que ressalte a cerimônia, o dever, a moralidade e o serviço público, o ideal taoista rejeitava as obrigações convencionais sociais e exortava os indivíduos a levar uma vida simples, espontânea e de meditação, próxima da natureza, e a enfrentar as mudanças como um processo inerente ao Universo. A palavra "*tao*" (também escrita como "dao" e pronunciada *dáu*) originalmente significava "caminho" ou "trilha". O tao significava entrar em ritmo com os ciclos da natureza e aprender a viver em harmonia com as estações em constante mudança.

As crenças do taoismo como filosofia são expostas no *Tao Te Ching* ("o clássico do caminho e da virtude"). O *Tao Te Ching* é uma coleção de diversas fontes, mas seus autores e organizadores são desconhecidos. Relatos pouco confiáveis afirmam que um homem chamado Laozi viveu durante os anos 500 a.C. e escreveu essas obras. Uma lenda conta como Laozi, em tese um guardião dos arquivos imperiais seis séculos antes da era cristã, podia prever a iminente decadência da sociedade. Ele se preparava para deixar a China e ir para a lendária Terra do Oeste. Um guarda na fronteira pediu a esse mestre um relato de suas ideias, e Laozi respondeu usando o *Tao Te Ching*. Contudo,

Todo lugar debaixo do céu 519

o *Tao Te Ching*, composto por 81 pequenas seções, deve ter sido compilado e revisado durante os anos 200 e 100 a.C. – bem depois de Laozi ter morrido. (Um encontro lendário entre Laozi e Confúcio também não deve ser nada mais do que isso – uma lenda.) Chuang-tzu, seu discípulo, viveu por volta de 329–286 a.C. e ampliou o *Tao* com um segundo livro, chamado *Chuang-tzu*.

Composto na maior parte em versos, o *Tao Te Ching* descreve a unidade da natureza – o *tao*, ou "caminho" – que faz cada coisa no Universo ser o que é, e determina seu comportamento. Enigmática e evasiva, essa união pode ser compreendida somente através de intuição mística. Porque, no taoismo, "a submissão, por fim, supera a força"; o livro ensina que o homem sábio não deseja coisa alguma. Ele nunca interfere no que acontece de forma natural no mundo ou em si mesmo. Uma passagem no *Tao Te Ching* diz: "O bem maior é como a água. A água é perfeita em beneficiar todas as criaturas, mas nunca entra em competição. Ela permanece em locais que muitos homens desprezam e assim se torna próxima do *Tao*." O *Tao Te Ching* também ensina que a simplicidade e o mover-se com a corrente de eventos são as chaves para um governo sábio.

Com o tempo, os taoistas começaram a exercer também práticas mais místicas na esperança de ajudar os adeptos a alcançar um estado transcendental. À medida que o taoismo evoluía para uma forma de culto, começava a adquirir aspectos da religião folclórica tradicional, incluindo o crescimento de um sacerdócio hereditário que empregava rituais para enviar as orações das pessoas a vários deuses folclóricos. Trabalhando em transe, o sumo sacerdote rezava para outras divindades, que eram aspectos do *Tao*, em busca de favores para as pessoas. Grupos taoistas também buscavam conseguir a imortalidade através de magia, meditação, dietas especiais, controle da respiração ou recitando as escrituras. Além desses caminhos "alternativos", muitos adeptos conduziam sua busca por conhecimento em várias pseudociências, como a alquimia e a astrologia.

Quem foi o primeiro imperador divino do Japão?

Para a maioria dos ocidentais, é a terra dos xóguns e samurais, um conjunto de quatro ilhas principais e milhares de outras menores, que quase não chegam ao tamanho do estado da Califórnia. Em meados no século XIX, o Japão emergiu de centenas de anos de quase isolamento e tornou-se um dos grandes impérios dos tempos modernos. Após isso, caiu sob a feroz destruição provocada pela Segunda Guerra Mundial, depois ressurgiu, como uma fênix, das cinzas para se tornar um império financeiro e comercial moderno.

De acordo com a lenda japonesa, o primeiro imperador dessa nação insular foi Jimmu-tenno, ou "imperador-guerreiro divino", que tradicionalmente governou de 660 a 585 a.C. Visto como o tataraneto da divina deusa do sol Amaterasu, Jimmu e seu irmão mais velho teriam, em tese, marchado em direção ao leste, partindo de uma região na ilha de Kyushu, com o intento de consolidar seu poder. Após seu irmão ser morto em batalha, Jimmu seguiu em frente, guiado por um corvo celestial. Seu exército prosseguiu a marcha, até chegar a Yamato, lar tradicional dos imperadores japoneses. O consenso hoje é o de que Jimmu-tennu não existiu, de que não havia imperadores na época e de que mais de uma dúzia dos supostos imperadores japoneses antigos eram invenções. Historiadores hoje afirmam que a linha imperial começou de fato no século V ou VI d.C.

Quando os imperadores de Yamato foram de fato estabelecidos, através de uma manobra de relações públicas projetada para estabelecer sua autoridade, eles proclamaram Amaterasu ancestral de seu clã. Histórias relacionando o imperador e os deuses forneciam a base

Todo lugar debaixo do céu 521

da religião do Estado, que ficou conhecida como xinto ("o caminho dos deuses").

As altas tradições militares do Japão – iniciadas com a lenda de Jimmu e outros imperadores guerreiros – perduraram por séculos, adentrando as duas instituições militares icônicas dos samurais e xóguns. Ambas as instituições eram inspiradas em lendas, mas nenhuma delas tinha um lugar na mitologia japonesa. Os samurais – imortalizados nos filmes de Akira Kurosawa – eram membros de uma classe guerreira hereditária, parecida com a dos cavaleiros na Europa medieval. Os antigos samurais defendiam o patrimônio dos aristocratas e, por volta de 1000 d.C., começaram a desenvolver um código de valores rígidos e de autodisciplina, prezando a cavalaria, habilidades com arco e flecha e bravura. Acima de tudo, valorizavam obediência e lealdade integrais a seus senhores e honra pessoal. A desonra implicava na obrigação de cometer um ritual suicida.

Os samurais começaram a se tornar mais poderosos em 1192, quando o imperador conferiu o título de xógum ("grande general") ao líder militar Yoritomo, da família Minamoto. Yoritomo estabeleceu o primeiro xogunato, ou governo guerreiro. Esses governos militaristas passaram a governar o Japão do final dos anos 1100 até meados dos anos 1800. Em 1867, à medida que o Japão lutava para se modernizar, o xogunato foi destituído e os poderes devolvidos ao imperador. Essa situação se tornou o pano de fundo para o filme de Tom Cruise, *O Último Samurai*, uma visão altamente romantizada dos samurais tradicionais tentando evitar os tempos modernos.

O escritor Stefan Lovgren destruiu esse "mito" hollywoodiano ao escrever para a *National Geographic*: "A mitologia colore toda a história. Algumas vezes, a lenda e o conto apenas embelezam o passado. Outras vezes, a mitologia pode de fato devorar a história. É isso que acontece no caso dos samurais, a aristocracia militar do Japão feudal. Os samurais são conhecidos como guerreiros fortes e corajosos, bons com as palavras. Na realidade, eles eram uma classe elitista e idônea (durante dois séculos) que gastava mais tempo bebendo e jogando do que dilacerando os inimigos em campos de batalha."

Como o xintoísmo tornou-se uma religião de "fusão asiática"?

A influência da China no Japão antigo foi tão profunda que é difícil separar as ideias japonesas daquelas que vieram da China no decorrer dos séculos. Embora seja provável que uma forma inicial do sistema religioso japonês conhecido como xintoísmo tenha existido antes da chegada dos ensinamentos budista e confucionista da China, o xintoísmo, sem dúvida, pode ser entendido como uma religião de "fusão asiática", porque só se tornou uma religião unificada, com uma mitologia completa, depois que a influência chinesa foi sentida. Existem, por exemplo, muitas semelhanças entre os relatos chinês e japonês da criação, incluindo a ideia de um ovo cósmico e um deus cujos olhos formaram o sol e a lua.

Não existem quaisquer registros da origem do xintoísmo e ninguém sabe quando ou como ele teve início. Uma mistura de diferentes crenças, o xintoísmo significa "o caminho dos deuses". Parece ter combinado as antigas práticas dos ainu (antigos habitantes do Japão, agora reduzidos a um pequeno número que vive em Hokkaido, a ilha mais ao norte do país) com o povo pré-histórico que migrou para o Japão partindo de outras regiões da Ásia, incluindo o povo mongol da Sibéria. O resultado foi uma religião centrada na natureza – montanhas, rios, pedras e árvores. O xintoísmo também reconhece a força dos deuses, conhecidos como *kami*, em processos tais como criatividade, doença, crescimento e regeneração. Enfatizando rituais em lugar de filosofia, o xintoísmo pouco se preocupa com a vida após a morte.

Tendo início por volta dos anos 500 d.C., as filosofias chinesas do budismo e confucionismo começaram a influenciar o xintoísmo, que

Todo lugar debaixo do céu

absorveu as divindades budistas em seu repertório, identificando-as também como *kami*. Os templos xintoístas adotaram imagens budistas e cerimônias do budismo eram utilizadas em funerais e cerimônias memoriais por todo o Japão. Sob a influência do confucionismo, o xintoísmo também enfatizava rigorosos padrões morais de honestidade, bondade e respeito pelos mais velhos e superiores.

Os mitos xintoístas aparecem no *Nihongi* ("As crônicas do Japão") e no *Kojiki* ("O registro de assuntos ancestrais"), ambos escritos nos anos 700 d.C. Esses mitos contam como os *kami* criaram o mundo e estabeleceram costumes e leis. De acordo com a mitologia xintoísta, a deusa do sol Amaterasu era ancestral da família imperial japonesa. No final dos anos 1800, o governo japonês inventou o Estado xintoísta, que enfatizava o patriotismo e as origens divinas do imperador japonês. Após a derrota do Japão na Segunda Guerra Mundial, em 1945, o imperador negou ser divino e o governo aboliu o Estado xintoísta.

QUEM É QUEM NO PANTEÃO JAPONÊS

Amaterasu Divindade mais significativa no panteão japonês, Amaterasu é a deusa do sol, também conhecida como "entidade augusta que faz o céu brilhar". Nascida do olho esquerdo do primordial deus criador Izanagi ao se banhar num córrego, Amaterasu recebeu a tarefa de governar o domínio dos céus enquanto que um de seus irmãos, **Tsuki-Yomi**, o deus da lua, foi designado para os domínios da noite, e outro irmão, **Susano**, deus das tempestades, constituído o governante dos oceanos.

Em um mito clássico de intrigas familiares com relações incestuosas, Amaterasu e seu irmão Susano entram em uma batalha épica. Em uma versão desse mito central japonês, Susano ficou furioso por ter recebido o que considera um reino ou domínio menor, mas, em outra versão, Amaterasu e Susano brigam para descobrir qual dos dois é o maior. Amaterasu mastiga a espada de Susano e cospe, criando três deusas. Revidando, Susano come algumas das joias de sua irmã e exala cinco deuses. À medida que a briga se intensifica, Susano cria nos céus uma espécie de "pânico neurótico" – faz crescer arrozais e arruína os templos manchando os muros com seu excremento. Quando atira a carcaça de um cavalo no salão de tecelagem onde Amaterasu e suas ajudantes fabricam roupas divinas para os outros deuses, ela se assusta e foge para a caverna do céu, fechando a entrada com uma enorme pedra e fazendo o mundo mergulhar numa escuridão.

À medida que a escuridão se dissipa, espíritos iníquos emergem e intensificam a destruição do mundo. Para salvar a criação, os outros deuses tentam enganar Amaterasu para que saia da caverna por fazerem com que uma deusa jovem da fertilidade chamada Uzume dance na entrada. Girando em êxtase, **Uzume** – também a deusa da risada – despe-se, rodando freneticamente, e os outros deuses berram de aprovação com esse striptease celestial.

Ouvindo a exaltação de dentro da caverna, Amaterasu não resiste e dá uma espiada. Os outros deuses seguram um espelho e penduram joias nas árvores do lado de fora da caverna para induzir a deusa do sol a parar de se esconder. Assim que ela sai da caverna, o mundo é mais uma vez banhado em luz e as forças do mal desaparecem.

Amaterasu é considerada como ancestral de Jimmu, o lendário imperador ancestral do Japão. Através de uma linhagem inquebrantável de descendentes, todos os imperadores japoneses afirmam ser

Todo lugar debaixo do céu 525

descendentes dela. O espelho, as joias e a espada utilizados para retirar Amaterasu da caverna são símbolos tradicionais da família real japonesa.

Benten Divindade da sorte e riqueza, Benten é a deusa associada à música e à eloquência. Tímida ao extremo, ela se casa com um príncipe-dragão do povo dragão que vivia ao redor do Japão. O dragão era horrendo, mas, por causa de seu senso de dever – um conceito japonês chamado *giri* –, ela, de maneira relutante, cumpriu seus votos de casamento. Tempos depois, a paz imperou em seu reino.

Em tempos posteriores, seguindo a introdução do budismo no Japão, Benten tornou-se uma deidade budista popular – a deusa da música, eloquência, riqueza, amor, beleza e das gueixas. Ela também prevenia os terremotos por se acasalar com as cobras brancas que viviam abaixo das ilhas japonesas.

Hachiman Especialmente popular entre os militares, Hachiman é o deus xintoísta da guerra, o protetor da nação e guardião das crianças. Quase um terço dos templos xintoístas em todo o Japão são dedicados a essa divindade que é identificada com o imperador Ojin (morto por volta de 394 d.C.), um líder militar renomado que foi mais tarde deificado.

Inari Deus do arroz e patrono dos fazendeiros. Quase toda aldeia japonesa possui um templo dedicado a Inari. Retratado como um homem idoso barbudo sentado em um saco de arroz, e muitas vezes ladeado por duas raposas, que são suas mensageiras, Inari é visto como um deus generoso que supervisiona a riqueza

526   MITOLOGIA

e a amizade e é reverenciado pelos comerciantes, por trazer o bem-estar. Sua esposa, **Uke-mochi**, é a deusa dos alimentos.

Izanagi (Macho Augusto) e **Izanami** (Fêmea Augusta)   Descendentes de um deus nascido a partir do "caos do oceano fervente" na época da criação, Izanagi é o criador das pessoas. Ele é ajudado por Izanami, sua irmã, cuja primeira criança é um monstro e a segunda, uma ilha. Esses nascimentos curiosos ocorrem porque Izanami fala antes de seu irmão e, nos costumes japoneses, os homens devem ir primeiro – o que pode dar uma ideia do papel tradicional das mulheres no Japão. Após terem percebido seu erro, tudo fica bem, e os dois deuses produzem pessoas, as ilhas japonesas e outros deuses.

De acordo com o mito, Izanami morre ao dar à luz um deus do fogo. Entretanto, mesmo na morte, ela é uma criadora poderosa, cujo vômito, urina e excremento tornam-se outros deuses. Transtornado com a morte de sua irmã consorte, Izanagi a segue até o submundo, ou "terra sombria". Em uma história que ecoa o mito grego de Orfeu, que desce até o Hades, ele é alertado a não olhar para ela, porque comeu a comida do submundo e já está em decomposição. Mas ele faz o que quer. Furiosa por ter sido coberta com vermes, Izanami envia uma horda de demônios atrás dele e promete matar mil pessoas na terra a cada dia – a razão mítica para a morte. Conseguindo escapar, Izanagi rola uma pedra enorme sobre a entrada do submundo e declara-se divorciado – um dos poucos casos de divórcio divino na mitologia. Essa história também reflete a atitude xintoísta de horror com a morte, decadência e dissolução.

Ao se banhar após ter escapado da morte, Izanagi retira a sujeira de si e forma espíritos nocivos. Mas também produz alguns deuses bons. Amaterasu surge de seu olho esquerdo, e Tsuki-Yomi, o deus da lua, de seu olho direito. (Essas histórias parecem refletir a influência do mito chinês de Panku, cujos olhos também se tornaram o Sol e a Lua.) Infame deus da tempestade, Susano surge a partir do nariz de Izanagi e de imediato começa a causar problemas.

O-kuni-nushi Deus da medicina e feitiçaria, cujo nome significa "grande mestre da terra", O-kuni-nushi é considerado o inventor da medicina. Ele costuma estar acompanhado por **Sukuna-Biko**, um deus anão habilidoso em agricultura e medicina, que sabe de quase tudo que acontece no mundo.

O-kuni-nushi também aparece num mito intrigante. Quando ele decide ajudar um coelho machucado, ignorado por seus sete irmãos, a boa ação lhe confere o direito de se casar com a filha do rei Susano. Isso porque o coelho é, na verdade, um outro deus disfarçado. Irados por terem perdido tal oportunidade, os irmãos de O-kuni-nushi o matam, mas ele consegue se regenerar. Descontente com o fato de sua filha estar se casando, Susano submete o futuro genro a uma série de testes. Primeiro, O-kuni-nushi é lançado em uma sala repleta de cobras, mas sua noiva lhe dá um cachecol mágico, que o protege. Em seguida, é obrigado a dormir num quarto cheio de insetos, mas é salvo mais uma vez pelo cachecol mágico. Por fim, é preso em um círculo de fogo queimando na grama, mas é levado em segurança a uma câmara subterrânea por um camundongo amigo.

Em retribuição aos testes de seu sogro, O-kuni-nushi amarra o cabelo de Susano nas vigas do telhado e foge com o arco mágico e a harpa dele. O deus da tempestade ganha respeito por seu novo genro e permite que governe uma província no centro do Japão.

O-wata-tsumi O deus chefe do mar. O deus O-wata-tsumi foi criado quando Izanagi se purificou após descer ao submundo. (Em outros relatos, O-wata-tsumi é descendente de O-kuni-nushi.) O-wata-tsumi possui significância na história mítica japonesa porque é considerado outro ancestral divino do primeiro imperador, Jimmu.

Susano (Susanowo) O deus das tempestades e personificação divina das forças da desordem, Susano é conhecido como uma "divindade impetuosa, ágil e corajosa". Ele nasce quando o pai divino, Izanagi, limpa o nariz ao se banhar num córrego. Quando o Universo é dividido e é dado à irmã de Susano, Amaterasu, a deusa do sol, os céus, Susano se sente ludibriado, achando que recebeu pouco em relação a ela. Banido por seu pai por causa de sua atitude desafiadora, Susano começa sua longa luta para destronar Amaterasu e quase traz uma catástrofe ao mundo, conhecida como "a crise divina". Assustada com o irmão, Amaterasu se escondeu numa caverna, privando o mundo da luz do sol.

Após a crise, Susano é expulso dos céus e mais tarde ganha algum respeito ao derrotar o dragão de oito cabeças **Yamato-noorichi**, – que havia devorado sete das oito filhas do rei local – e parece ser a inspiração para o monstro favorito do Japão, Godzilla. Susano consegue o feito enchendo oito tigelas com arroz e vinho e atraindo o monstro, que as engole. Quando a serpente fica tonta, Susano corta o estômago da criatura e encontra uma espada mágica no interior. Como prêmio, recebe o reino que salvou, bem como a princesa **Kusanada-hime**, também conhecida como Princesa do Arroz com Casca. A filha dos dois, que se casa com o deus da medicina O-kuni-nushi, é vista como uma ancestral dos imperadores japoneses.

Todo lugar debaixo do céu 529

Desde 1946, quando o imperador japonês Hirohito negou sua divindade, depois que a Constituição japonesa encerrou o "Estado xintoísta", o Japão tem sido uma democracia parlamentar, na qual o imperador é o chefe do Estado e o primeiro-ministro, o governante eleito. Mas ideias antigas custam a morrer. Houve uma controvérsia recente no Japão, com respeito a novos regulamentos que exigem que os professores fiquem de pé nas salas de aulas, olhando para a bandeira ao entoarem o hino nacional. Banida por três anos após a ocupação americana do Japão pós-guerra, a "Bandeira do Sol Nascente" do país é um vestígio da antiga ligação entre o Japão – ou Nipon, que significa "sol nascente" – e a deusa do sol.

Contudo, muitos japoneses sentem que a Bandeira do Sol Nascente do Japão é um símbolo do passado militarista e imperialista, quando as tropas arrasavam tudo sem piedade na Ásia, no período antes e durante a Segunda Guerra Mundial. A resistência pública ao requisito recebeu apoio de uma fonte inesperada. De acordo com o *The New York Times*, o próprio imperador Akihito expressou publicamente sua oposição à lei da bandeira.

POVOS ANTIGOS, MUNDOS NOVOS

Oh, maravilha!
Que esplêndidas criaturas!
Como é bela a espécie humana! Oh, admirável mundo novo
Onde vive essa gente!
— WILLIAM SHAKESPEARE,
A tempestade (ato V, cena 1)

Por séculos, a África, as Américas, a Austrália e as ilhas do Pacífico viveram em total isolamento, terras completamente separadas do mundo "conhecido" por vastos oceanos, selvas, desertos e grandes áreas descampadas. A existência da África já era reconhecida desde a Antiguidade, mas, graças a sua geografia pouco convidativa, seu território era praticamente impenetrável. As Américas, que ocupam 28% do território mundial, se estendiam desde o norte gelado, em um hemisfério, até o "fim da Terra", no outro. A Austrália e os milhares de ilhas do Pacífico residiam muito além da imaginação dos ocidentais. Ainda assim, todas essas regiões foram berço de sociedades antiquíssimas, com seus mitos, religiões e tradições, que se mantiveram isoladas de influências externas.

Povos antigos, mundos novos   531

Mas isso mudou para sempre depois do século XV. Durante a "Era dos Descobrimentos" europeia, navegantes portugueses tornaram a África mais acessível ao tentarem alcançar a Ásia pelo mar. Cristóvão Colombo, motivado pelo desejo de encontrar rotas ainda mais rápidas em direção ao ouro, ao jade, à seda e aos temperos saborosos que o paladar europeu, cansado das carnes salgadas, ansiava experimentar, não tardou em seguir o exemplo dos pioneiros portugueses. Navegando com a bandeira espanhola, Colombo se lançou, em 1492, na primeira de quatro viagens que viriam a revelar regiões nunca antes sonhadas, dando à Espanha a liderança na descoberta, e posterior pilhagem, do "Novo Mundo", começando pelo Caribe e alcançando a América do Sul e a do Norte. O domínio espanhol nas Américas logo foi ameaçado pelos ingleses, franceses, holandeses e outros povos europeus – cada qual reivindicando, em nome de seus reis ou de Deus, um pedaço da terra que já era ocupada por milhões de outras pessoas. Nos séculos XVIII e XIX, as "descobertas" se expandiram até as ilhas do Pacífico, dando aos nativos e aos aborígines da Austrália um destino semelhante. Milhões de pessoas foram escravizadas, convertidas, desalojadas e praticamente dizimadas, destino idêntico ao de grande parte de seu legado mítico.

A história desses "mundos novos", portanto, é uma história tanto de começos quanto de fins. Para os europeus, foi um período extraordinário de crescimento do império, colonização e dominação. Para os povos "descobertos", porém, foi o fim de muitas tradições estimadas. A África pululava de culturas, religiões e deuses quando os portugueses lá chegaram, afoitos para batizar os "bárbaros" que encontravam na costa oeste e nas margens do rio Congo. Mas logo os portugueses perceberam que os árabes já haviam "descoberto" grande parte do território africano e, muito empenhados, começaram a importar o islamismo. Em tempo, a África tornou-se o campo de batalha para um conflito entre o cristianismo e o islamismo que durou séculos,

532 MITOLOGIA

e os mitos e crenças nativas acabaram ficando no meio desse fogo cruzado.

A situação era parecida nas Américas, onde, antes da chegada dos europeus, uma diversidade impressionante de culturas e civilizações prosperava, desde o reinado de Montezuma até as pirâmides maias da América Central, passando pelas altas cidades andinas dos incas. Prováveis descendentes dos povos que vieram da Sibéria durante o declínio da última grande Era do Gelo, os habitantes das Américas variavam desde os povos da região inca até as tribos do nordeste e as comunidades rurais do sudeste da América do Norte, passando pelas civilizações monumentais do México, da América Central e do Peru. No entanto, como aconteceu na África, logo os deuses e lendas ameríndias foram esmagados pelos soldados do cristianismo europeu, e os povos locais experimentaram consequências devastadoras. O mesmo cenário se concretizou na Austrália. Berço de centenas de milhares de aborígines, a região serviu como um experimento para os britânicos, que tentaram exportar o crime, transformando um continente inteiro em colônia penal – até a descoberta de ouro no local. Hordas de mineradores não tardaram a chegar, seguidos de perto por hordas de missionários.

Além do mesmo destino cruel, de destruição e dizimação, os povos desses "mundos novos" também compartilham de alguns paralelos fascinantes.

Em primeiro lugar, a maioria de seus mitos reflete uma tradição oral que só veio a ser registrada por escrito muito depois, na maioria dos casos. A sobrevivência desses mitos é prova do desejo e da capacidade humana de preservar aquilo que lhe é sagrado. Esses mitos só foram transcritos após a introdução do cristianismo – como ocorrera com os celtas e os nórdicos. Mas isso não significa que não podemos "conhecê-los" de fato, apenas que precisamos levar em consideração

Povos antigos, mundos novos 533

os preconceitos que estavam envolvidos em sua preservação e o desejo que os nativos tinham de que essas histórias e rituais sagrados fossem protegidos e mantidos em segredo.*

Uma segunda característica em comum entre África, Américas e Pacífico são suas histórias da criação do mundo, a maioria marcada pela presença de uma divindade que dá forma ao cosmo e depois sai de cena. Os mitos dessas regiões também compartilham de uma fascinação pelos "trapaceiros", animais muito travessos, e por animais em geral, que têm, nessas mitologias, papéis mais significativos do que em outras tradições. Todas essas culturas possuem inúmeras histórias sobre irmãos gêmeos. E, em seus mundos cheios de espíritos, o xamã, ou "médico bruxo", costumava ser reverenciado como membro mais importante da sociedade.

Por fim, chegamos ao paralelo mais importante de todos. Na história de todas essas culturas, o tema que prevalece é a destruição. As "descobertas" da África, das Américas e da região do Pacífico foram marcadas por uma tragédia central avassaladora – o esforço intensivo dos conquistadores para substituir as ideias e línguas nativas por suas próprias versões de Deus, verdade e civilização. O esforço foi muito – embora não totalmente – bem-sucedido.

Apesar do passado sombrio, os mitos desses povos e regiões não estão mortos nem desaparecidos. Costumes e fés antigos, sejam de onde forem, não desaparecem tão facilmente. E até hoje é possível encontrar lembranças vívidas dessas tradições míticas. Um exemplo pode ser visto nas religiões que se desenvolveram nas Américas. Tanto o vodu quanto a *santería*, por exemplo, são fortes vestígios da

---

* No início do século XX, o famoso fotógrafo Edward S. Curtis filmou um ritual de dança sagrado dos Hopi, do sudoeste norte-americano. A performance, nunca antes vista pelos brancos, tinha sido, porém, completamente forjada para as câmeras.

chegada dos mitos e deuses africanos ao Caribe e às Américas, trazidos pelos milhões de africanos que foram jogados nos porões dos navios negreiros e que puderam levar consigo, pelo menos, suas divindades. Na América Latina, os mitos e crenças antigos deixaram seu rastro sagrado no cristianismo "oficial", como uma flor silvestre que consegue abrir caminho e brotar no concreto de uma rua moderna.

Museus em todo o mundo também têm ajudado a manter a mitologia ancestral viva, cada vez mais reconhecendo a riqueza das tradições artísticas de todos esses povos e lugares e o impacto que exerceram na arte do último século. Picasso e a mexicana Frida Kahlo foram dois, dentre muitos outros artistas, que sofreram influência profunda da imagética dos mitos antigos. Até Hollywood, que costuma se contentar em ignorar tais tradições, abriu os olhos após alguns ocasionais grandes sucessos, como *Dança com Lobos*, homenagem de Kevin Costner aos sioux, ao passo que cineastas estrangeiros, menores e mais independentes contribuíram com *Os Deuses Devem Estar Loucos*, que se passa dentre os sans do Kalahari, e *A Encantadora de Baleias*, que capturou de forma lírica um pouco das tradições cada vez mais extintas dos maoris. Uma geração de estudiosos dos Estados Unidos, México, da Guatemala e do Brasil, dentre outros países, também vem aumentando seus esforços para reconhecer e revitalizar o estudo das tradições nativas dos americanos e dos africanos, entre outros povos. Uma dessas tradições é a cada vez mais popular comemoração do festival africano da colheita, conhecido por seu nome em suaíli, "Kwanzaa", que significa "primeiros frutos".

Fato é que os mitos − bem como a alma humana que esses mitos costumam refletir − podem ser resistentes, persistentes e transcendentes. Os mitos não morrem nunca. Essa é uma verdade básica que não poderia ficar mais clara do que nos antiquíssimos "mundos novos".

CAPÍTULO OITO

ORIGEM AFRICANA

Os mitos da África subsaariana

Quando Dendid criou todas as coisas,
Ele criou o sol,
E o sol nasce, e morre, e ressurge.
Ele criou o homem,
E o homem nasce, e morre, e não ressurge nunca mais.

— antiga canção africana

Tu que mergulhas como se estivesse dentro d'água para
roubar,
Embora nenhum rei terreno esteja te vendo,
O Rei dos Céus te vê.

— provérbio tradicional dos iorubás (Nigéria)

Ó vós que evocais da árvore cheia de galhos:
Vós que fazeis os brotos nascerem
Para que fiquem eretos.

Vós encheis a terra com a humanidade,
A poeira sobe ao longe, Ó Senhor!
Ser Maravilhoso, vós viveis
No meio das pedras protetoras.
Vós trazeis a chuva aos homens.

— extraído de uma prece tradicional
dos shona (Zimbábue)

Nos deparamos com um fato curioso. A história pré-colonial das sociedades africanas — e me refiro tanto à colonização dos europeus cristãos quanto à dos árabes islâmicos — demonstra muito claramente que essas sociedades africanas nunca, em momento algum de sua existência, entraram em guerra umas com as outras por questões religiosas. Isto é, em nenhum momento a raça negra tentou subjugar outros povos ou convertê-los à força, com base em alguma expedição evangelizadora hipócrita. Por motivos econômicos e políticos, sim. Mas não por religião.

— WOLE SOYINKA, discurso de recebimento do Prêmio Nobel
(dezembro de 1986)

Existe uma mitologia "africana"?

Que papel tiveram os mitos nas aldeias africanas?

Existe um mito da criação africano?

Quem é quem no panteão africano

Como um rei suicida tornou-se deus e acabou na Suprema Corte?

MARCOS DA MITOLOGIA
África

Há 2,5 milhões de anos Primeiras ferramentas de pedra lascada são utilizadas pelo *Homo habilis*, um dos ancestrais mais antigos do homem moderno.

1,7 milhão de anos Hominídeos começam a sair da África e a se adaptar a ambientes diversos da Ásia, Europa e do Oriente Médio.

150 mil anos Primeiros humanos começam a migrar da África Oriental.

100 mil anos Humanos anatomicamente modernos, com "kit de ferramentas" superior, começam a surgir no sul da África.

70 mil anos Indícios de funerais humanos no sul da África.

42 mil anos A ocra, um tipo de argila que é moída até se tornar um fino pó e usada como pigmento, passa a ser extraída e possivelmente usada para decoração do corpo.

26 mil anos Vestígios das primeiras manifestações de arte rupestre na África.

20 mil anos Vestígios de estatuetas de terracota na Argélia (norte da África).

12 mil – 10 mil anos Fim da última Era do Gelo.

Origem africana   539

Período antes de Cristo (a.C.)

c. 8500   Arte rupestre do Saara retrata uma variedade de elefantes, girafas, rinocerontes e outros animais que já estavam extintos na região havia muito tempo.

Pontas de flecha cuidadosamente esculpidas e outras ferramentas são usadas na região do Saara.

c. 7500   Cerâmica decorada com linhas onduladas – técnica em que espinhas de peixe são arrastadas pela argila molhada – é produzida no Saara e em suas fronteiras ao sul.

c. 6500   Domesticação do gado na região do Saara.

c. 6000   Início do cultivo agrícola às margens do rio Nilo.

c. 5000   Início da desertificação da região do Saara; populações se expandem ao sul e ao leste.

c. 4100   Cultivo de sorgo e arroz no Sudão e na África Ocidental.

c. 3100   Começa a nascer o Egito unificado (ver Marcos da Mitologia, capítulo 2).

c. 1965   A Núbia é conquistada pelo Egito.

c. 900   O reino de Cuche, na Núbia, começa a se desenvolver ao longo do rio Nilo, na área onde hoje fica o nordeste do Sudão. A data de fundação do reino é desconhecida, mas sabe-se que durou até 2000 a.C. Egito conquista Cuche nos anos 1500 a.C. e os cuchitas adotam elementos da arte, da língua e da religião egípcias.

814   Fundação de Cartago, pelos fenícios, no norte da África.

747   Os cuchitas invadem o Egito e tomam seu governo.

540 MITOLOGIA

c. 600 A capital de Cuche é transferida para Meroé. O reino de Cuche caiu por volta de 350 d.C., depois que Meroé foi destruída por tropas do reino de Axum.

c. 500 Fundação de Daamat, primeiro reino localizado no maciço da Etiópia.

Nasce a cultura nok, no norte da Nigéria; descobertos os primeiros trabalhos em ferro na região subsaariana.

332 Alexandre, o Grande, conquista o Egito.

30 O Egito torna-se província romana.

Depois de Cristo

c. 150 Auge da cultura nok da Nigéria.

c. 200 Gana conquista riqueza e poder graças ao comércio com os berberes, do norte da África.

350 Meroé, capital do reino de Cuche, é destruída por forças etíopes.

c. 451 O reino de Axum, na Etiópia, atinge o apogeu.

c. 540–570 Difusão do cristianismo na Núbia e na Etiópia.

c. 600 Fundação do reino de Gana.

c. 625 Início da expansão do islamismo pela África.

641 Os árabes invadem o Egito.

c. 700 O reino de Gana aumenta seu poder e passa a controlar as rotas de comércio trans-saarianas.

c. 800 Surgimento de cidades comerciais na costa leste africana; cresce o comércio com os árabes e persas.

Origem africana 541

c. 850   Começa a construção da fortaleza do Grande Zimbábue, no sul da África.

c. 1000   O islamismo se expande na África subsaariana, estimulado pelo comércio por terra.

c. 1076   O rei de Gana se converte ao islamismo.

c. 1100   O Império do Zimbábue sobe ao poder no sul da África, centralizado na enorme fortaleza de pedra do Grande Zimbábue.

c. 1140   A cultura ibo prospera às margens do rio Níger.

1150   A cultura iorubá, baseada na capital, Ifé, prospera na África Ocidental.

c. 1240   Crescem os impérios do Mali, na África Ocidental, e Benin.

1350   O Mali adota o islamismo como religião de Estado.

1415   Portugueses capturam Ceuta (no Marrocos), marcando o início da expansão do Império Ultramarino Português e seu envolvimento com a África.

1431   O almirante chinês Zheng He viaja para a África Oriental.

1441   O primeiro navio de escravos é enviado a Portugal.

1485   O explorador português Bartolomeu Dias chega ao cabo da Boa Esperança.

Quatro missionários católicos portugueses chegam no Congo.

1498   O explorador Vasco da Gama contorna o cabo da Boa Esperança em sua rota para a Índia.

1502   Os primeiros escravos africanos são enviados para o Novo Mundo pelos espanhóis.

A inda se sentindo no escuro quando o assunto é o Continente Negro?

Diga "África" e talvez as associações imediatas que venham à sua cabeça sejam "selva" ou "safári". Ou imagens caricaturais de missionários sendo cozidos dentro de um caldeirão. Ou um homem com chapéu de cortiça perguntando: "Dr. Livingston, eu presumo?" Se você cresceu em certas regiões, talvez sua visão da África tenha sido moldada pelos filmes de Tarzan, estrelando Johnny Weissmuller, em que aparecia cercado de obedientes nativos de tanga que só sabiam dizer coisas como "bwana". Ou pela *National Geographic*, cujas edições mais antigas quase sempre mostravam mulheres africanas seminuas. Se você é mais jovem, talvez se identifique com o amado Rei Leão, imortalizado pela Disney em sua animação idílica e em seu musical da Broadway.

Sejamos realistas. O conhecimento que, por exemplo, os americanos têm sobre o restante do mundo já costuma ser lastimável, mas encontra o fundo do poço quando o assunto é a África subsaariana.*

---

* "Subsaariana" é a região do continente africano que fica ao sul do deserto do Saara. O Egito antigo, do qual trato no capítulo 2, e a maior parte da região norte da África se desenvolveram quase que completamente separados da região subsaariana, pois o maior deserto do mundo formava uma barreira quase que intransponível, que só se tornou mais acessível com a popularização do uso do camelo, em torno de 750 d.C.

Origem africana

E a mídia também não ajuda. Hoje, a região só aparece no radar norte-americano quando é assolada por alguma catástrofe – o bombardeio de uma embaixada ou um Falcão Negro em perigo. No final da década de 1960, foi preciso uma guerra civil e milhões de refugiados de Biafra para que prestássemos atenção na Nigéria. A gravação da canção "We Are the World", em 1985, ajudou-nos a ter um pouco mais de consciência a respeito dos problemas que afligem o Continente Negro. E, claro, quando Nelson Mandela foi libertado da prisão, em 1990, passamos a conhecer bem a revolução de paz que ele lançou e que tirou do poder o governo segregacionista que promovia o *apartheid*.

Mas a atitude típica da maioria dos americanos, quando o assunto é África – mesmo durante os recentes episódios terríveis de carnificina e genocídio –, é algo como "longe dos olhos, longe do coração".

Eis um engano histórico, pois a África é não apenas o local onde nasceu a humanidade, mas também a fonte originária de uma vasta e rica tradição de mitos, mágica e música. É o segundo maior continente do mundo e o segundo mais populoso, ficando atrás apenas da Ásia. Foi lá que a maioria dos vestígios dos mais antigos ancestrais do homem foi encontrada, não restando dúvidas de que todos nós somos "filhos da África".* A partir das muitas descobertas de ossos, pedras

---

* Muitas questões a respeito da evolução e das origens do homem permanecem em aberto, mas a ideia de que a espécie humana surgiu na África é bem-aceita. Quanto à origem do *Homo sapiens moderno*, não existem respostas conclusivas, e descobertas recentes levaram à formação de duas escolas de pensamento. Uma alega que o homem moderno evoluiu do homem "arcaico" mais ou menos ao mesmo tempo em diversas regiões. A segunda permanece defendendo que todos os humanos modernos tiveram origem na África. De acordo com o Instituto Smithsoniano, o vestígio mais antigo de um homem anatomicamente moderno é de 130 mil anos e foi descoberto na África Oriental.

544   MITOLOGIA

e fósseis em sítios arqueológicos da África Oriental, chegou-se a um acordo quase total de que os primeiros seres humanos viveram há mais de 2 milhões de anos nessa região que engloba a atual Etiópia, o Quênia e a Tanzânia. Foi na África também que apareceram as primeiras evidências, dos últimos 100 mil anos, do surgimento do homem "moderno", como ferramentas de pedra sofisticadas, pinturas rupestres, indícios de que os corpos eram decorados e enterrados.

No entanto, o período que se passou entre esses fósseis de milhões de anos e as manchetes da semana passada é, na melhor das hipóteses, pouco conhecido por nós. Segundo a opinião geral dos mundos da arqueologia, antropologia e história, houve uma série de migrações que duraram centenas de milhares de anos e que, no fim, levaram ao desenvolvimento de grupos isolados de povos muito distintos salpicando o mapa da África. No início da era cristã, porém, o continente já não abrigava mais algumas poucas tribos primitivas espalhadas e isoladas do mundo e entre si. Pelo contrário, lá viviam muitas pessoas, em centenas de grupos tribais (alguns eram nômades, outros viviam nos milhares de aldeias da região), cidades sofisticadas e pequenos reinos, todos com línguas, crenças e rituais diferentes. Dentre esses muitos povos, havia os reinos cristãos de Cuche e Axum, vizinhos do Egito, que alegavam possuir a bíblica Arca da Aliança, onde estariam guardados os Dez Mandamentos; os diminutos pigmeus das florestas equatoriais; os masai, tribo de criadores de gado altíssimos, que vive no Quênia e na Tanzânia; os sans, do deserto de Kalahari;* os khoi,

---

* Hoje é preferível utilizar o termo *san* em vez do mais usual, "bosquímano", para se referir à tribo que ganhou destaque no filme popular *Os Deuses Devem Estar Loucos*, de 1984. O filme é uma espécie de mito moderno, no qual uma "dádiva dos deuses" — uma garrafa de Coca-Cola que cai de um avião — torna-se um "presente de grego". A tribo decide devolver o presente aos deuses, e assim inicia a jornada de um homem e seu encontro arriscado com a "civilização".

Origem africana 545

do sul da África, povo que também vive de tocar boiada; e os imponentes zulus, que desafiaram o poderio do Império Britânico no século XIX, na África do Sul. Essa variedade de povos sem dúvida ressalta o fato de que a África não é um "continente negro" monolítico, mas uma extraordinária mistura colorida de crenças variadas.

A diversidade do continente foi transformada e reduzida pelos poderosos invasores que lá chegaram – árabes islâmicos, a partir do século XVII, e europeus cristãos, no século XV. O resultado dessas invasões, e das expedições missionárias que as acompanhavam, foi a quase erradicação da rica variedade de mitos e crenças nativas e, além disso, as gerações de acadêmicos e historiadores posteriores deu pouca atenção à região. Quando o legado mítico africano foi finalmente reconhecido, no século XX,* o que se viu foi uma imagem panorâmica de divindades onividentes, trapaceiros maliciosos, histórias sobre morte e mortalidade, ancestrais e espíritos poderosos, o valor da família, dos amigos e da comunidade, e a presença dominante dos curandeiros, sacerdotes e xamãs, outrora ridicularizados e chamados de "médicos bruxos".

Junto com o interesse renovado pelo papel dos curandeiros e xamãs veio a redescoberta da rica tradição oral africana, preservada por pessoas como os griôs – mistura de músicos e contadores de histórias, da África Ocidental, que ganharam fama por terem inspirado Alex Haley, em seu livro *Negras raízes*. Como os xamãs, os griôs também

---

* A arte e a mitologia africanas exerceram impacto profundo em uma geração de artistas modernos no Ocidente, dentre eles Constantin Brancusi, Amedeo Modigliani e Pablo Picasso, cuja obra *Les Demoiselles d'Avignon*, de 1907, mostrava personagens com máscaras tribais africanas. O Museu de Arte Moderna de Nova York montou uma das primeiras exposições de escultura africana, com caráter artístico, em 1935.

não praticavam sua arte em um Partenon, nem em um palácio, nem em uma pirâmide. Suas histórias sagradas eram expressas em performances artísticas, que incluíam canções, percussões e danças – uma experiência comunitária que permanece viva nas aldeias africanas. Como as canções de Homero e Hesíodo, que eram cantadas nas aldeias gregas, as histórias musicadas dos griôs encantavam os aldeãos africanos. Incluindo temas como a chuva e a seca, o amor e o sexo, a moralidade e a mortalidade – temas que fazem parte de todos os mitos e lendas –, essas histórias ajudavam a confirmar a crença de que toda a natureza era sagrada e de que os espíritos habitavam todas as coisas vivas.

Por fim, é importante lembrar que não havia escrita na África e, assim, foram produzidos poucos textos que permitem o estudo de sua mitologia. Não temos uma *Odisseia*, nem um *Ramayana*, em nenhum dialeto africano. Também não temos nenhum "guia da vida após a morte", nem uma enciclopédia nativa de deuses para nos ajudar a entender o pensamento dos antigos africanos.

Por sorte, a extraordinária tradição oral africana vem sendo até hoje preservada em todo o continente. E pesquisas recentes, aliadas a um esforço para recuperar um pouco do passado "perdido" da África, vêm lançando novas luzes sobre a fascinante mitologia daquele que já foi considerado o "Continente Negro".

VOZES MÍTICAS

O sol brilha e despeja seus raios ardentes sobre nós,
A lua surge em sua glória.
A chuva cairá novamente e novamente o sol brilhará,
E por sobre tudo passam os olhos de Deus.
Nada escapa à Sua vista.

Origem africana 547

Estejas tu em casa, estejas tu na água,
Estejas tu descansando à sombra de uma árvore no descampado,
Eis aqui teu Mestre.

— extraído de uma canção tradicional dos iorubás

A noite é negra, o céu está obscurecido,
Nós deixamos a aldeia de nossos pais,
O Criador está furioso conosco...
A luz escurece,
é noite e noite novamente,
O dia com fome amanhã –
O Criador está furioso conosco.
Os Ancestrais já se foram,
Suas moradas ficam longe, abaixo,
Seus espíritos estão vagando –
Por onde vagam seus espíritos?
Talvez o vento que passa saiba,
Seus ossos estão muito abaixo da terra.

— canção dos pigmeus do Gabão

Existe uma mitologia "africana"?

Boa pergunta! Mas, se pararmos para pensar um pouco, é como perguntar se existe uma mitologia "europeia". Um grego e um irlandês são ambos denominados "europeus", mas pouco têm em comum quando se trata de mitologia antiga ou história nacional – ou aparência. Da mesma forma, a África é cheia de povos que recebem o rótulo de "africanos", mas que são muito diferentes na aparência, nas tradições e nos mitos.

548 MITOLOGIA

A enorme variedade de mitologias que se desenvolveram dentre os povos que vivem ao sul do Saara foi produto da movimentação constante de populações nômades através de barreiras geográficas imensas, que fazem parte de uma paisagem vasta e heterogênea. Ocupando um quinto do território mundial – área três vezes maior do que o território continental dos Estados Unidos –, a África é um continente descomunal, com 30.191.630 quilômetros quadrados de extensão divididos por desertos, montanhas, florestas tropicais, rios sinuosos e uma savana colossal. Apenas seu tamanho já seria suficiente para manter essas mitologias separadas umas das outras. Como observou o mitólogo Arthur Cotterel: "As mitologias abundam na África. As tribos possuem suas próprias tradições e, mesmo quando compartilham uma língua em comum com as tribos vizinhas (...) é a diversidade de crenças locais que chama muito mais atenção do que os vestígios de uma herança comum." Embora o islamismo e o cristianismo já sejam a religião de muitos dos 850 milhões de africanos de hoje, ainda existem mais 100 milhões de pessoas que praticam formas de religiões étnicas tradicionais no continente, segundo a *Encyclopedia Britannica Book of the Year* (2004); outras estimativas estabelecem o dobro do número de seguidores das religiões tradicionais.

Devido a essa rica variedade de crenças ancestrais, é difícil tirar simples conclusões quando o assunto são as muitas tradições da África, mas alguns paralelos gerais podem ser traçados. "Central a todas elas", comenta Chris Romann, sobre as religiões africanas, em *O livro das ideias*, "é o forte senso de unicidade da criação, em que a interligação entre o natural e o sobrenatural, o físico e o espiritual, o visível e o invisível, o vivo e o morto têm muito mais importância do que as diferenças entre eles." Tradicionalmente, a maioria do povo africano acredita que os deuses existem em tudo na natureza e que

Origem africana 549

elementos naturais, como montanhas, rios e o sol, possuem uma divindade ou espírito. As religiões africanas também tendem a ser mais "aqui e agora", com foco voltado para a vida terrena, e não para a vida após a morte.

Então, coloque a "unicidade da criação" e o culto à natureza no topo da lista de semelhanças entre as muitas tradições míticas africanas. E tenha em mente as importantes características a seguir, também comuns a todas elas:

- **Um Deus Supremo**. A existência de um ser supremo, onisciente e onipresente, mas que costuma sair de cena quando se irrita com a humanidade, é tema muito comum. Por exemplo, Wulbari, deus criador do povo krachi, do Togo, África Ocidental, se cansou das pessoas, que viviam lhe pedindo favores e que, quando cozinhavam, deixavam entrar fumaça em seus olhos — ele então abandonou as pessoas das aldeias e estabeleceu uma corte celestial composta apenas de animais. Outro deus, We, irritou-se, pois todos os dias uma mulher lhe cortava um pedaço para fazer uma sopa. Nyame, deus dos achantis (ou asantes), do atual Gana, vivia se irritando com uma mulher que pilava inhames e, ao fazê-lo, socava o chão suspenso do céu. Em uma iniciativa que qualquer morador de apartamento de Nova York que sofra com um vizinho barulhento adoraria tomar, Nyame retirou-se para o céu e, quando as pessoas tentaram construir uma escada de cabaças para alcançá-lo, fez com que desmoronassem — outro tema comum nas narrativas africanas, que se assemelha com a história da Torre de Babel.

- **Um Panteão de Deuses**. Em muitas tradições africanas, o criador supremo pode se retirar de cena, mas ainda resta um panteão de deuses mais ativos e disponíveis a quem se pode apelar através de orações, sacrifícios ou oferendas. Um dos melhores exemplos desse tipo de panteão são as 1.700 divindades – conhecidas como orixás – dos iorubás, da Nigéria, que fazem parte de uma das religiões mais antigas do mundo, às vezes também chamada de orixá, em homenagem a seus deuses. A religião orixá é encabeçada pelo deus supremo, Olorum (ou Olodumaré), que acasalou com Olokun, deusa do mar, e com ela teve dois filhos, Obatalá e Odudua. Olorum mandou os filhos, junto com uma grande palmeira, em uma missão para criar o mundo, mas um deles usou a seiva da palmeira para fazer vinho, se embebedou e caiu no sono. (Noé, o primeiro homem depois do dilúvio, segundo a Bíblia, fez exatamente a mesma coisa.) O outro filho, Odudua, criou a Terra e, para separar a terra firme dos oceanos, fez com que sua galinha ciscasse o chão. Odudua chamou o lugar que criou de Ilê-Ifé ("casa vasta"). Com o passar do tempo, Ilê-Ifé tornou-se uma cidade importante para os iorubás, sendo até hoje um dos maiores centros universitários da Nigéria.*

Outro membro do panteão iorubá é Xangô, deus das tempestades e dos trovões. Segundo a lenda, Xangô governava a Terra, mas fugiu para a floresta para escapar de seus inimigos e acabou cometendo suicídio, sendo, posteriormente, deificado. Xangô e Exu, um orixá trapaceiro, foram dois dos deuses mais importantes levados para as Américas pelos escravos africanos e têm importância especial nas religiões de fusão que nasceram a partir das crenças africanas, como a *santería*, originária do Caribe, e o vodu, do Brasil, Haiti e Cuba.

---

* Imbuídas de mito e tradição iorubás são as obras de Wole Soyinka (nascido em 1934), dramaturgo, ensaísta e poeta nigeriano que se tornou o primeiro escritor africano a ganhar um Prêmio Nobel de Literatura, em 1986. Contudo, Soyinka já foi preso diversas vezes por causa de suas opiniões políticas.

Origem africana 551

- **Um Espírito Guardião**. Muitos povos africanos – como os chineses e outras culturas de culto aos ancestrais – acreditam que as almas de seus antepassados são guardiãs e fontes de sabedoria para os vivos. Alguns acreditam que os ancestrais renascem através das coisas vivas e dos objetos. Os zulus, por exemplo, têm a tradição de não matar certos tipos de cobras por acreditarem que as almas de seus antepassados vivem nesses répteis. A moderna celebração afro-americana da *Kwanzaa* também cultua os ancestrais através de um ritual onde um copo de água limpa é derramado e uma vela é acesa, enquanto são realizadas orações pedindo ajuda e orientação aos que já se foram.

- **O Trapaceiro**. Um dos personagens míticos africanos mais populares e difundidos costuma aparecer como animal em muitas histórias. Esperto e engraçado, ele é um herói encrenqueiro e ardiloso que demonstra não se importar muito com as consequências de suas travessuras e aventuras fantásticas. Um trapaceiro típico da tradição africana é Turé, o homem-aranha dos pigmeus, cuja tanga pega fogo a partir de uma faísca em uma ferraria. Turé sai correndo feito louco pela floresta e pede ao fogo que vá para as árvores. Essa narrativa explica como os homens obtiveram o fogo e porque é possível obtê-lo esfregando-se dois gravetos. Outro trapaceiro famoso é Anansi, a Aranha, que outrora fora um deus criador, mas que hoje vive de expedientes, enganando animais e homens. E há também a Lebre, cuja habilidade em enganar os outros animais – e homens – transformou-a em modelo para o personagem "coelho Quincas", o coelhinho travesso que está sempre passando a perna no urso Zé Grandão e na raposa João Honesto. Suas histórias eram contadas pelos escravos africanos que trabalhavam nas plantações do sul dos Estados Unidos e foram registradas por Joel Chandler Harris em *Histórias do tio Remo* (ver adiante).

Exu, outro importante trapaceiro africano, não é um animal, mas um deus – como o nórdico Loki em muitos aspectos –, e é responsável por trazer caos ao mundo. Em uma narrativa, Exu rouba as verduras do deus criador e, para disfarçar o crime, deixa no jardim do deus pegadas feitas com as sandálias do próprio criador. Quando o supremo criador percebe o ocorrido, fica tão furioso que se retira da Terra.

- **Explicações para a Morte.** Em muitas tradições africanas, uma "mensagem truncada" traz a morte ao mundo, em geral quando um animal mensageiro deixa de passar à humanidade alguma informação divina importante. É o que acontece na história do pássaro que foi enviado pelo criador para avisar aos homens que, quando envelhecessem, precisariam apenas descascar a pele. Quando estava a caminho, o pássaro viu uma cobra comendo um animal morto. Ele negocia um pedaço da carne com a cobra, dizendo a ela que bastava trocar de pele para conseguir uma vida nova. Assim, embora as cobras tenham ganhado o segredo da imortalidade, a mensagem acabou não sendo entregue aos homens – é por essa razão que somos mortais. Por ter falhado em sua missão, o pássaro foi afligido por uma terrível doença. É por isso que seu grito sofrido costuma ser ouvido no alto das árvores.

  Uma narrativa zulu sobre a origem da morte conta que um lagarto, portando a mensagem da morte, ultrapassou um camaleão, portando a mensagem da vida eterna, na corrida até os homens. Quando o camaleão chegou, descobriu que os homens já haviam aceitado a mensagem do lagarto como uma verdade.

- **Pessoas com Habilidades Espirituais Especiais.** A mágica tinha um papel essencial em muitas religiões tradicionais africanas, que

Origem africana

pregavam que uma pessoa comum só conseguiria se aproximar do divino através de sacerdotes ou curandeiros. Como escreveu o historiador da religião Huston Smith: "Podemos pensar nos xamãs como sábios espirituais (...) tão excepcionais que pertenciam a uma ordem de magnitude diferente. Depois de passarem por severos traumas físicos e emocionais na juventude, os xamãs são capazes de curar a si mesmos e de reintegrarem suas vidas de forma que os poderes psíquicos, se não cósmicos, fiquem à sua disposição. Esses poderes os capacitam a se comunicar com os espíritos, os bons e os maus."

Os curandeiros e xamãs eram, em geral, anciãos ou pessoas que se distinguissem por alguma habilidade superior e, tipicamente, eram responsáveis pela cura, adivinhação, exorcismo e por guiarem os mortos até o mundo inferior. Como acontecia com os xamãs de muitas tradições, os sacerdotes tribais da África costumavam atuar em transe extático, induzido pela dança, pelo som das percussões e dos cantos, ou pelo uso de drogas ou álcool. Como não havia uma Igreja nem um clero estabelecido na África antiga, a designação desses sacerdotes costumava se dar de forma hereditária. Dentre os masais da África Oriental, por exemplo, todos os curandeiros vinham de um mesmo clã.

De acordo com Paul Devereux, autoridade em mistérios da Antiguidade, "o xamã* era a pessoa que agia como intermediário entre a tribo e o mundo dos espíritos. Um xamã curava os membros da tribo que estivessem doentes localizando suas almas perdidas, talvez entrando no mundo espiritual para reivindicá-las,

---

* Estritamente falando, o termo "xamã" faz referência específica aos curandeiros das tribos da Sibéria e da Ásia Central, de onde vem a palavra. No entanto, hoje é usada de maneira mais ampla e geral para descrever muitos curandeiros e líderes espirituais, inclusive os druidas celtas, em especial aqueles que usam o transe extático em suas práticas.

ou desviando os maus espíritos e as influências invisíveis. Havia ainda um sem-número de razões para entrarem nos reinos espirituais, como quando precisavam guiar as almas dos mortos ou buscar informações com os espíritos ou ancestrais".

- **Fetiches**. Os africanos acreditavam que ossos, estatuetas esculpidas ou pedras raras eram habitados por espíritos e continham poderes mágicos, mas, acima de tudo, acreditavam que esses objetos tinham uma associação próxima com os antepassados e eram vistos como um aspecto integral do culto aos ancestrais em muitas tradições. A palavra "fetiche" foi cunhada por navegadores portugueses, que foram os primeiros europeus a encontrar esse tipo de figura com os iorubás e os dogons da África Ocidental. Mas o uso dos fetiches era comum em todo o continente africano, e no Congo, por, exemplo, incluía estatuetas elaboradas, cheias de pregos, chamadas de *nkisi nkondi* ("figuras de poder").

Não se envergonhe caso você seja uma dessas pessoas que carregam uma "moeda da sorte" ou um pé de coelho consigo. Eles também são "fetiches".

Que papel tiveram os mitos nas aldeias africanas?

"É tarefa de uma aldeia educar uma criança",* mas de quem é a tarefa de manter uma aldeia unida? Da mesma forma que os complexos

---

* A expressão "é tarefa de uma aldeia educar uma criança" ("It takes a village to raise a child") costuma ser citada como provérbio africano. Essa afirmação nunca foi documentada em alguma fonte africana específica, embora sentimentos semelhantes sejam expressos em muitos outros provérbios locais.

Origem africana 555

dos templos do Egito e da Mesopotâmia e as ágoras da Grécia eram o centro pulsante dessas culturas, as aldeias africanas eram – e em muitos lugares ainda são – o coração da África. E os mitos e lendas da tradição africana são o tecido conjuntivo que mantém essas aldeias unidas.

Em sociedades como as da África antiga, onde não havia escrita, os mitos exerciam um papel fundamental na manutenção do senso de história e coesão. Como os bardos, que proviam a memória coletiva dos gregos, celtas e nórdicos, os contadores de histórias africanos ajudavam a manter a aldeia unida com suas histórias sagradas. Esses contadores de histórias não estavam ali apenas para entreter durante as práticas religiosas. Suas apresentações, reunindo lenda e música, tambores e danças, eram parte integral da vida diária das aldeias e ajudavam a transmitir mensagens importantes sobre o valor dos laços de família, os feitos dos ancestrais, os heróis do passado e o lugar do indivíduo na sociedade. Como explica Roger Abrahams, folclorista e autor de *African Folktales*: "Na aldeia, a questão do indivíduo na família e na comunidade aparece com frequência, bem como a questão da iniciativa em um mundo que precisa enfatizar a subordinação da vontade do indivíduo em nome do bem do grupo."

O bem do grupo estava, em geral, ligado à questão da comida. Em um ambiente onde as condições de crescimento eram quase sempre desafiadoras, a possibilidade constante de seca, de perda de plantações e de escassez de alimentos se transformava em um medo incessante, e a cooperação social e o cultivo coletivo eram cruciais

---

Hoje considerado uma espécie de "batata quente" da política, depois de ter sido usado por Hillary Clinton no título de seu livro, o conceito comunitário que está por detrás do provérbio pode ser encontrado em muitas outras culturas.

para a sobrevivência. As mitologias e histórias africanas se preocupavam com esse tema, como observou Roger Abrahams. "Nada mexe tanto com uma cultura quanto a ameaça de fome. (...) É isso que vemos nessas histórias. Laços são quebrados constantemente, seja porque alguém roubou comida, ou porque crianças precisam ser abandonadas quando as plantações não dão frutos. Portanto, nenhum tema é mais importante nem recebe mais atenção do que a construção de famílias e laços de amizade para garantir a força que, mesmo diante de desastres ou das reações perigosas que os homens têm aos desastres, assegura a sobrevivência da comunidade. (...) Percebe-se quão importante são os laços de família e de comunidade e quão frequente é a necessidade de recriar esses laços."

A importância da ação comunitária fica clara em uma das histórias sobre a trapaceira Lebre, contada pelo povo ewe (de Gana e do Togo) e por outras tradições africanas, em versões diferentes. Embora seja, na superfície, apenas uma lenda divertida, ela ressalta a necessidade fundamental de cooperação. A lenda conta que certa vez uma estiagem extrema secou toda a Terra. Os animais, então, se reuniram todos em uma assembleia e decidiram cortar um pedaço de suas orelhas para extrair delas a gordura, que seria vendida para comprarem uma enxada e cavarem um poço. Todos cumprem o prometido, com exceção da Lebre, a trapaceira, que se recusa a fazê-lo. Os outros animais se surpreendem com o fato, mas, ainda assim, conseguem comprar a enxada, cavar um poço e encontrar água. Então veio a Lebre, retirou um pouco de água para si e, depois, tomou um banho, enlameando toda a água. Quando os outros animais descobriram que a água estava estragada por causa da embusteira, elaboraram um plano: cobrir uma pequena estátua com visco para pegar pássaros. A Lebre se aproximou e tentou falar com a estátua, que, claro, não respondeu. Enraivecida, ela bateu na estátua e acabou prendendo uma de suas patas, e depois a outra. Depois, ela chutou a estátua pegajosa, mas tudo que conseguiu foi deixar os dois pés também grudados. Os outros animais, que estavam à espreita só observando, saíram de seus esconderijos e deram uma surra na Lebre, para somente depois libertá-la. Desse dia em diante, a Lebre nunca mais deixou a segurança dos matagais.*

Dada a importância central da cooperação na comunidade, aspectos aparentemente simples, como um "canto de trabalho", assumem um papel vital na mitologia africana. Entoados em uníssono pelos trabalhadores do campo, enquanto realizavam a colheita ou aravam a terra, os cantos de trabalho não eram apenas uma distração agradável do trabalho árduo, mas uma força coesiva fundamental na vida tribal. Esses cantos, ainda vivos em muitas regiões da África, saíram das milhares de aldeias africanas e, por séculos, foram transportados em navios negreiros para a América, onde permaneceram vivos na voz dos escravos que iam para as plantações e dos detentos que trabalhavam presos a grilhões (e que foram retratados de forma brilhante na cena de abertura do filme *E Aí, Meu Irmão, Cadê Você?*). Essas vozes, por sua vez, tiveram influência fundamental na origem da música gospel norte-americana, do R&B, do jazz e, mais à frente, do rock'n'roll e do som da Motown. Essa é apenas uma das razões por que a tradição mítica merece algum R-E-S-P-E-I-T-O.**

Vozes Míticas

No começo, na escuridão, não havia nada além de água. E Bumba estava sozinho.

---

* Essa história possui muitas outras versões, sendo que em algumas a estátua é chamada de Menina de Borracha. Sabe-se também que ela serviu de origem para a personagem "boneca de piche" das histórias do Tio Remo.

** Referência à música "Respect", de Aretha Franklin, artista da Motown. (N. T.)

Certo dia, Bumba começou a sentir dores terríveis. Ele forçou o vômito e se contorceu, e vomitou o sol. Depois disso, a luz se espalhou por todos os cantos. O calor do sol secou a água, até que as extremidades escuras do mundo começaram a aparecer. Bancos de areia negros e recifes negros podiam ser vistos, mas não existiam coisas vivas.

Bumba vomitou a lua e depois as estrelas e, depois disso, a noite passou também a ter sua própria luz.

Bumba, porém, ainda sentia dores. Mais uma vez ele se contorceu, e então nove criaturas vivas foram expelidas: o leopardo (...) e a águia cristada, o crocodilo (...) e um peixinho chamado Yo; depois (...) a tartaruga e a mosca tsé-tsé, o raio, rápido, mortal, belo como o leopardo, depois a garça branca (...) também um besouro e o bode.

Por último, expeliu os homens. Havia muitos homens, mas apenas um era branco como Bumba (...)

(...) Quando, por fim, o trabalho de criação estava terminado, Bumba andou pela aldeia tranquila e disse ao povo: "Vejam essas maravilhas. Elas pertencem a vocês." Portanto, de Bumba, o Criador, o primeiro Ancestral, brotaram todas as maravilhas que vemos hoje e seguramos e usamos, e todas as irmandades de bestas e homens.

— história da criação do povo banto, extraída de
"The beginning" ("O princípio"), de Maria Leach

O mundo foi criado por um deus, que é ao mesmo tempo macho e fêmea (...) chamado Nana-Buluku. Nana-Buluku deu à luz gêmeos que foram chamados de Mawu e Liza, e a eles foi dado, após algum tempo, o domínio do reino que haviam criado. A Mawu, a mulher, foi dado o comando da noite;

Origem africana

a Liza, o homem, foi dado o comando do dia. Mawu, portanto, é a lua e habita o oeste, ao passo que Liza, o sol, habita o leste. Quando seus respectivos domínios lhes foram designados, não havia ainda nascido nenhuma criança do casal, muito embora durante a noite o homem tivesse o hábito de se encontrar com a mulher, e, com o tempo, ela lhe deu uma prole. É por essa razão que, quando ocorre um eclipse da lua, é dito que o casal celestial está fazendo amor (...).

— *história da criação do povo fon, do antigo Daomé, extraída de* Dahomey, *de Melville J. Herskovits.*

Existe um mito da criação africano?

Acredita-se que o Jardim do Éden ficava na Mesopotâmia. O Egito que conhecemos emergiu das águas do Nilo. Os chineses acreditavam que as pessoas vieram da argila do rio Amarelo. Mas, sem dúvida, estavam todos errados. Afinal, a humanidade nasceu na África. Portanto, faz total sentido que as histórias da criação do mundo africanas tenham importância especial.

No entanto, quando se trata da mitologia de uma sociedade outrora iletrada, o assunto é delicado. Embora muito antigos, os mitos da África só foram reunidos e transcritos no final do século XIX e início do XX. E, ainda assim, foram registrados por missionários ou funcionários das metrópoles, que, em geral, tinham seus próprios embasamentos ideológicos. Talvez seja por isso que Bumba, o deus criador, é descrito como branco. E é por isso que pipocam paralelos com o Antigo Testamento nos mitos da criação africanos. Levando-se em conta essas ressalvas, ainda restam centenas de histórias diferentes sobre como nasceu o Universo e como a humanidade foi criada. Apesar de termos poucas narrativas completas que possam

560 MITOLOGIA

ser consideradas "autênticas", muitos contos ainda sobrevivem e possuem características em comum.

Muitas histórias, por exemplo, falam de um ovo cósmico que se abre e liberta uma serpente primeva, em geral uma píton. O mundo e todas as coisas vivas são feitos do corpo da cobra, muito comum no continente africano. Em muitas outras mitologias do mundo as cobras aparecem em algum papel fascinante – e contraditório. Perigosas, porém intrigantes, elas trocam de pele numa aparente renovação da vida, ideia presente em inúmeras histórias, incluindo *Gilgamesh*. A imagem fálica ajuda a reforçar a noção de cobra como uma força vital. Por outro lado, elas são sorrateiras e mortais e costumam ser vistas como o símbolo supremo da desordem e do mal, seja na Bíblia ou no Egito antigo, onde a serpente Apep tentava matar o sol todas as noites. Mas, na mitologia africana, o conceito de cobra como uma força vital predomina. De acordo com a história da criação dos fons, do Daomé, a serpente Aido-Hwedo serve à deusa criadora Mawu, filha do criador mais antigo e remoto, Nana-Buluku. Os rios do mundo são sinuosos como o corpo da serpente, e as montanhas são formadas por grandes amontoados de seus excrementos. Mawu obriga a serpente a se deitar nas águas que circundam a Terra, formando um círculo perfeito, com a cauda na boca – um símbolo muito comum da eternidade. Às vezes ela se mexe, é quando ocorrem os terremotos. O dia em que ela engolir sua cauda, o mundo acabará.

Outra serpente primordial, dos mitos da África Central e do Sul, é Chinawezi. Denominada "mãe de todas as coisas", ela divide o mundo com o marido, Nkuba, que fica sentado no céu e molha a Terra com a benéfica chuva de sua urina. Chinawezi governa a Terra e, sempre que um trovão ribomba no céu, diz-se que ela responde enchendo os rios.

Em muitas tradições, um deus supremo inicia a criação do cosmo, mas depois deixa outros deuses no comando, ou abandona a Terra

Origem africana   561

de vez, irritado com o comportamento dos homens. Há ainda outras histórias da criação que dizem que o mundo já existia, interessando apenas a criação da humanidade. Algumas dessas narrativas refletem a influência dos missionários cristãos, que fundiram os mitos antigos com a tradição bíblica. Os efes, do antigo Zaire, por exemplo, possuem uma história que diz que a lua, fêmea, ajudou o criador supremo a fazer o primeiro homem, Baatsi, com argila coberta de pele e recheada de sangue. Depois que o criador fez a companheira de Baatsi, instruiu o casal a se reproduzir, mas avisou que não poderiam comer da "árvore Tahu". Eles obedeceram e por muitos anos todos viveram uma existência idílica na Terra, em que, quando envelheciam e ficavam cansados, simplesmente iam direto para o paraíso, sem morrerem antes. Mas, com o passar do tempo, uma mulher grávida acaba tendo desejo de comer o fruto da árvore Tahu e convence o marido a arrancar um para ela. O criador, então, decide que os homens e mulheres devem sofrer a punição da morte.

Outra história que relembra a de Eva vem dos dinkas, do sul do Sudão, e fala de Abuk, a primeira mulher. No início, o Deus Todo-poderoso permitia que o primeiro homem e a primeira mulher plantassem um grão de painço por dia. Quando Abuk, gananciosa, resolve plantar mais, ela acaba dando uma pancada no dedão do Deus Todo-poderoso com sua enxada, deixando-o tão furioso que ele se retira para o céu e corta a corda que liga o céu à Terra. Desde então, os homens precisam trabalhar duro para conseguir comida, e sofrem com as doenças e a morte.

Alguns dos outros principais relatos da criação africanos, aos quais só temos acesso por fragmentos, estão incluídos na primeira parte do "Quem é quem" (adiante), que lista as principais associações tribais e locações dos deuses. A segunda parte da lista inclui o outro grande grupo de deuses africanos, os "trapaceiros", responsáveis por uma

MITOLOGIA

mistura de coisas boas e diversão, mas que costumam causar danos, caos e desastres.

QUEM É QUEM NO PANTEÃO AFRICANO

Deuses Criadores

Amma (dos dogons, do Mali)   No Mali (África Ocidental), os dogons reverenciam um único deus, Amma, o criador supremo de todas as coisas. Um de seus mitos cosmogônicos conta que Amma existia no princípio dos tempos como um grande ovo que continha todos os elementos da criação – fogo, terra, água e ar. Em uma série de grandes explosões, todos esses elementos se combinaram e deram origem à vida.

Uma outra versão diz que Amma é um oleiro divino que moldou o Sol, a Lua e as estrelas com a argila que arremessou no céu. Quando o paraíso estava completo, ele formou uma mulher – a Terra – e produziu, junto a ela, um chacal monstro e dois gêmeos em forma de serpente. Os gêmeos inventaram a fala e cobriram a terra com vegetação. Depois, Amma copulou com a Terra, produzindo um segundo par de gêmeos, que se tornaram os ancestrais dos dogons.

Bumba (dos bushongos, do Congo)   Deus supremo da criação dos bushongos (África Central), Bumba vomitou a Terra, o Sol, a Lua e as estrelas, dando início a sua existência. Depois vêm os animais, de onde toda a vida descendeu. Descrito em algumas tradições como "branco", Bumba entrega o fogo a um homem chamado Kerikeri, que cobra um preço alto para transformar brasas em fogo

Origem africana

para cozinhar. A filha do rei seduz Kerikeri e casa-se com ele, com o intuito de aprender o segredo do fogo. Certa noite, ela finge estar com frio e observa enquanto o marido prepara uma lareira. Após aprender o segredo, ela abandona Kerikeri. Essa é mais uma história que enfatiza a aversão que a maioria dos africanos tem ao egoísmo.

Uma história semelhante é a dos kubas, das florestas tropicais do Zaire (África Central). **Mbombo** é um espírito que, durante as primeiras horas do primeiro dia da criação, sente dores agudas no estômago e vomita, produzindo o Sol, a Lua e as estrelas. À medida que o Sol brilha, as águas primordiais baixam e as colinas e planícies da Terra são reveladas. Numa segunda convulsão, Mbombo jorra um vômito que produz o restante da criação, incluindo todos os animais, o primeiro homem e a primeira mulher.

Cagn (dos sans, do Kalahari)   O criador supremo dos sans (outrora chamados de bosquímanos), do deserto de Kalahari, sul da África, é Cagn, um feiticeiro cujo extraordinário poder mágico reside em um de seus dentes. Capaz de se metamorfosear, ele pode assumir a forma de diversos animais, desde um louva-a-deus até um antílope. Cagn possui ainda um par de sandálias que podem se transformar em cães de ataque. Por diversas vezes, é comido por formigas ou por um ogro, mas sempre se regenera e volta à vida, pois seus ossos têm a capacidade de se unir repetidas vezes.

Os sans possuem um mito sobre outro criador, **Dxui**, que assume a forma de uma flor ou planta diferente a cada dia e, à noite, se transforma em homem, até que criou todas as plantas e flores que temos hoje. Depois, Dxui transformou-se em uma mosca, em água e em um pássaro, até que finalmente foi transformado em um lagarto, animal que, para os sans, é a criatura mais antiga de todas.

Chuku (dos ibos, da Nigéria oriental)   Os ibos (ou igbos) acreditam que o criador supremo, o benevolente Chuku ("grande espírito"), criou um paraíso terreno onde não havia maldade nem morte. Em um exemplo típico de história com "mensagem truncada", Chuku enviou um cachorro à Terra para avisar às pessoas que quem morresse de acidente poderia voltar à vida, bastando apenas deitar a pessoa no chão e espalhar cinzas sobre seu corpo. Mas o cão que portava a mensagem era muito lento, então Chuku enviou uma ovelha para entregá-la. A ovelha, porém, parou no meio do caminho para comer, se demorando, e, quando finalmente alcançou a humanidade, se confundiu – disse às pessoas que elas deveriam enterrar seus mortos. Por causa da ovelha imprudente, a morte chegou ao mundo.

Imana (do povo banyarwanda, de Ruanda)   Em Ruanda (África Central), o criador onisciente Imana possui braços longos e é benevolente para com a humanidade, embora goste de manter uma certa distância dos homens. Uma lenda narra que Imana estava caçando a Morte, para livrar o mundo dela. Mas a Morte implorou a uma senhora de idade que a protegesse, e assim foi feito, e a senhora a escondeu debaixo de sua saia. Por causa disso, Imana decide que a Morte deveria viver entre os homens, afinal.

Kalumba (dos lubas, do Zaire)   Deus criador da tribo luba (África Central), Kalumba cria a humanidade e, depois, tenta proteger os homens da morte e da doença. Ele envia uma cabra e depois um cachorro para vigiarem a estrada por onde a Vida e a Morte estão viajando. Os animais são instruídos a permitir somente a passagem da Vida, mas acabam brigando e se separam. Enquanto o cachorro dormia, a Morte passou sorrateira. Depois, enquanto era a cabra

Origem africana   565

quem vigiava a estrada, a Vida tentou passar, mas foi impedida, e assim as pessoas não puderam mais ser salvas da Morte.

Leza (dos kaondes, do sul da África)   Leza é um deus supremo que governa o céu, senta-se nas costas de todas as pessoas e, acredita-se, está envelhecendo, não podendo mais ouvir as preces como antigamente. Uma narrativa dos kaondes conta que Leza deu três cabaças a um pássaro, para serem entregues aos homens. Duas delas continham sementes para plantar comida, mas a terceira não deveria ser aberta. Como Pandora, o pássaro não conteve a curiosidade e olhou para ver o que tinha dentro da cabaça, libertando, assim, todos os males do mundo que estavam guardados dentro dela. Leza e o pássaro não conseguiram recapturar os males depois que eles foram soltos.

Mawu e Liza (dos fons, de Benin)   O casal de deuses gêmeos criadores talvez tenha pertencido a outra tribo, que foi conquistada pelos fons (África Ocidental) e que possuía grandes habilidades de ferreiro e provavelmente armas também superiores. Os deuses da tribo derrotada foram então absorvidos pelos fons. Mawu e Liza são filhos de um deus criador mais antigo, Nana-Buluku, um criador primevo assexuado, e de Aido-Hwedo, a cobra coloridíssima que sustenta a Terra. O deus Liza, masculino, é associado ao Sol, ao poder, às horas do dia, ao trabalho e à força; a deusa Mawu é associada à Lua, às horas da noite, à fertilidade, à maternidade e à alegria. O par divino dá forma ao Universo a partir de materiais preexistentes e depois cria todos os outros deuses do céu e da Terra.

Uma das histórias da criação dos fons conta que Mawu e Liza se reuniam durante os eclipses para criar os outros deuses. Eles

566 MITOLOGIA

tiveram um par de gêmeos, Sagbata e Sogo, que, como a maioria dos gêmeos da mitologia, entrou em disputa para ver quem governaria. Quando o gêmeo primogênito, Sagbata, foi priorizado, o gêmeo mais novo, Sogo, ficou com tanta raiva que parou a chuva e logo toda a criação estava passando fome e sede.

No segundo dia da criação, eles enviaram o filho, Gua (ou Gu), deus do trovão, dos ferreiros e agricultores, para ajudar a humanidade. Gua não previra que suas ferramentas acabariam sendo usadas para fazer a guerra. Em uma versão diferente do mito, Gua ajudou a moldar os primeiros seres humanos a partir de excremento divino.

'Ngai (dos masai, do sudeste da África) Deus criador dos masai, uma tribo de criadores de gado, 'Ngai dá a cada homem um espírito guardião para afastar o perigo e acompanhá-lo na hora da morte. Os bons vão para uma rica terra pastoril, e os maus são levados embora para um deserto.

No início da criação havia apenas um homem na Terra, Kintu. Quando Nambi, filha de 'Ngai, vê Kintu, ela se apaixona e, após ele passar por uma série de desafios, os dois se casam. Prometendo não retornar ao céu, o casal vai para a Terra com plantas e animais que pertencem ao dote de Nambi. Mas ela esquece de levar grãos para alimentar as galinhas e, quando volta ao céu para buscá-los, encontra a Morte, que a persegue até em casa e depois mata os filhos do casal. Depois disso, a Morte permanece na Terra. Como em muitos mitos africanos, a ligação entre o céu e a Terra é destruída pelos erros ou pela insensatez dos homens.

Nyame (dos achantis, de Gana) Deus supremo do céu e da Terra, do Sol e da Lua, Nyame é o criador de todos os reinos – céu, Terra

Origem africana 567

e mundo inferior. Ele dá a cada alma o seu destino e as lava em uma banheira de ouro. Mas Nyame é um desses deuses que se cansa de viver entre os aborrecimentos causados pelo homem. Quando uma senhora preparando inhames fica cutucando Nyame com seu bastão, o deus vai procurar uma morada mais tranquila no céu.

Unkulunkulu (dos zulus, de Xhosa)   Conhecido como "O Vetusto", Unkulunkulu é tanto o criador quanto um deus da Terra que não tem nada a ver com os céus e o primeiro homem. De acordo com o mito da criação dos zulus (sul da África), ele evoluiu sozinho no vácuo e, depois que passou a existir, criou os primeiros homens a partir da grama. Unkulunkulu ordenou a um camaleão que avisasse aos homens que seriam imortais. Mas a criatura levou tanto tempo para cumprir a missão que o deus, irritado, enviou um lagarto com a mensagem oposta, e o lagarto chegou antes com a notícia da morte.

Para compensar a mortalidade humana, O Vestuto ensina aos homens sobre ritos de fertilidade, casamento, cura e outros aspectos básicos da civilização. Ele também fornece aos mortos uma morada no céu e as estrelas são consideradas os olhos desses mortos, encarando o mundo com desprezo.

Trapaceiros e Deuses Animais

Não importa o nome que se possa dar a eles, os trapaceiros são amados em todo o mundo. Para Shakespeare, ele é Puck, o duende brincalhão que apronta todas em *Sonho de uma noite de verão*, ou Ariel, o espírito excêntrico que lança mão de suas travessuras em *A tempestade*. Para muitas gerações de crianças, ele é o menino mágico Peter Pan, que não cresce nunca e sabe voar, ou o "terrível toelho" Pernalonga, que

568   MITOLOGIA

vive atormentando Hortelino Trocaletras. Nos filmes mudos, ele é Charlie Chaplin enfiando uma chave inglesa na engrenagem de *Tempos modernos* para passar a perna no Todo-poderoso. Em *Guerra nas Estrelas*, ele é Han Solo, o adorável patife que só pensa em si mesmo. Em um exemplo mais recente, ele é Kramer, personagem de *Seinfeld* capaz de criar uma reviravolta frenética e uma desordem total em menos de trinta minutos.

Descrito como "palhaço sagrado", o trapaceiro pode ser encontrado em todas as mitologias. Seja tentando aplicar um golpe, causando o caos ou passando a perna em alguém, ele é um adorável solitário que quase sempre se mantém à margem do comportamento "civilizado". Como afirmou o especialista junguiano Dr. Joseph Henderson, em *O homem e seus símbolos*: "O ciclo Trickster ["trapaceiro"] corresponde ao primeiro período de vida, o mais primitivo. Trickster é um personagem dominado por seus apetites; tem a mentalidade de uma criança. Sem outro propósito senão o de satisfazer suas necessidades mais elementares, é cruel, cínico e insensível (...). Esse personagem, que inicialmente aparece sob a forma de um animal, passa de uma proeza maléfica a outra. Mas ao mesmo tempo começa a transformar-se e no final da sua carreira de trapaças, vai adquirindo a aparência física de um homem adulto."

Embora as travessuras dos trapaceiros possam beneficiar a humanidade de quando em quando – como, por exemplo, na mitologia grega, quando Prometeu passou a perna em Zeus e levou o fogo para os homens –, mais tipicamente, suas diversões causam discórdia e desordem no mundo, fazendo deles membros indesejáveis na comunidade. Nos mitos e lendas africanas – bem como na mitologia dos ameríndios – os trapaceiros possuem uma expressividade marcante, sendo quase sempre um animal e sempre do sexo masculino. Talvez a figura do trapaceiro tenha surgido simplesmente como uma forma de

Origem africana 569

se explicar os pequenos, repentinos e inexplicáveis mistérios da vida – a comida que some da mesa, o poço de água enlameada, os vegetais surrupiados da horta –, bem como as grandes ansiedades, como o indício de um estranho na cama de um casal, ou o estranho sumiço de uma criança.

Animais como o camaleão, o louva-a-deus, a lebre, a tartaruga e a aranha participam de quase todos os aspectos das lendas africanas, desde a criação do mundo até a chegada da morte para os homens. Mas talvez o papel mais comum que os animais têm na mitologia africana é o de trapaceiro. A lista a seguir inclui alguns dos trapaceiros mais importantes:

Anansi Talvez o personagem mais famoso da mitologia africana seja o "Sr. Aranha", que na África Ocidental é chamado de Anansi (e de **Turé** no Congo). Conhecido por sua esperteza, Anansi é, em algumas tradições, como a dos achantis, um deus criador. Já outras tradições dizem que ele foi um homem que levou tantos chutes que acabou se despedaçando e transformou-se em uma aranha por causa de suas traquinagens engenhosas. Anansi é um patife que, capaz de se metamorfosear e de assumir diversos disfarces, ludibria outros animais e até homens.

Segundo uma lenda popular, Anansi havia feito um pedido bastante curioso – ele queria possuir todos os mitos tribais que pertenciam a Nyame, o deus do céu e criador do povo achanti.

O deus do céu disse a Anansi que, para conseguir as histórias, ele precisaria capturar três coisas: vespas, a grande píton e o leopardo. Dando início a seus desafios, Anansi fez um pequeno buraco em uma cabaça, se molhou, se sentou dentro da cabaça, escapou e disse às vespas que, se não quisessem ficar molhadas, deveriam se esconder dentro da cabaça. Assim que as vespas entraram,

Anansi fechou o buraco com mato e levou a cabaça recheada para Nyame.

Depois, Anansi cortou um longo bastão de bambu e umas videiras resistentes. Quando encontrou a píton, disse que vinha tendo discussões com a esposa a respeito de quem seria mais comprido – a píton ou o bambu. A cobra, vaidosa, permitiu que a aranha espertinha tirasse suas medidas, no que acabou sendo amarrada ao bambu com as videiras. Capturada, a serpente foi entregue a Nyame.

Faltava apenas o leopardo. Anansi cavou um buraco na terra, cobriu-o com gravetos e capturou o leopardo, que acabou pendurado no ar por uma corda e morreu. Quando Nyame viu o corpo do animal, ficou tão impressionado que entregou todas as suas histórias a Anansi e elas ficaram conhecidas como as "histórias da aranha".

Se uma pessoa decide contar uma das histórias do deus do céu, ela precisa prestar homenagem a Anansi, o dono de todas elas. Hoje, chamaríamos isso de "proteção dos direitos autorais".

Exu (dos iorubás, da Nigéria)　Ao contrário da maioria dos trapaceiros da mitologia africana, Exu não é um animal, mas um deus. Capaz de se metamorfosear e de ser grande e pequeno ao mesmo tempo, ele confunde os homens e os leva à loucura, mas também age como intermediário entre os mortais e os deuses. Portador do caos e causa de todas as brigas, Exu, certa vez, convenceu o Sol e a Lua a trocarem de lugar, causando uma confusão universal. Ele também fez com que o deus supremo dos homens deixasse a Terra e fosse para o céu. Por causa de suas travessuras, Exu foi obrigado a trabalhar como mensageiro entre o céu e a Terra e, todos os dias, ele faz um relatório dos acontecimentos do mundo.

Origem africana 571

Uma história, para a qual existem diversas variações, conta que um dia Exu caminhava por entre duas vizinhanças usando um chapéu que tinha uma cor de cada lado. Os vizinhos discutiram a respeito de qual seria a cor do chapéu e acabaram chegando às vias de fato. Quando a disputa foi parar no tribunal, Exu solucionou o problema e ensinou às pessoas que a maneira como elas veem o mundo pode alterar a percepção da realidade. Em outras versões dessa narrativa, Exu é muito menos benevolente e a briga por causa do chapéu colorido leva à total aniquilação da tribo, o que apenas diverte o deus, que diz: "Causar a discórdia é minha maior alegria."

Dentre os fons, de Benin, fronteira com a Nigéria, o trapaceiro Exu aparece como **Legba**, um serviçal do deus supremo. O serviço de Legba é realizar todas as tarefas nocivas aos homens que o deus supremo mandar. Quando se cansa do serviço, Legba pergunta ao deus por que ele tem que cumprir todo o serviço sujo e ainda levar toda a culpa. O todo-poderoso diz a ele que o soberano de um reino deve levar crédito por todas as coisas boas, ao passo que seus serviçais devem ser responsabilizados por todos os males. Isso sim são arquétipos!

Uma lenda conta que Legba roubou as sandálias do deus, as calçou e foi a uma horta de inhames para roubar a plantação. Na ocasião, as pessoas ficaram enfurecidas com o deus pelo roubo dos inhames. Quando o deus percebeu que tinha sido enganado por Legba, decidiu abandonar a Terra e instruiu o serviçal a ir ao céu todos os dias para relatar o que acontecia no mundo.

Outra história conta que Legba pediu a uma senhora idosa que jogasse a água suja de suas lavagens no céu. Deus se irritou com tanta água suja sendo jogada em seu rosto todos os dias e se mudou para onde não seria incomodado tão facilmente. Mais uma vez, deixou Legba para trás, fazendo seus relatórios diários, e é por isso que existem tantos santuários em homenagem a Legba nos lares e nas aldeias africanas.

O contrapeso de Legba é **Fa** (ou **Ifá**), o deus do destino, que ensina a arte da cura e a da profecia. Para os fons, tudo está fadado a acontecer, nada é ao acaso e Fa representa o destino de cada pessoa. A adivinhação e a mágica podem ajudar a pessoa a descobrir seu Fa. Sempre que vão dar início a um trabalho ou a um negócio, os fons fazem uma oferenda de comida para Fa, mas, antes, oferecem um gostinho a Exu, para garantir que tudo corra bem. As religiões de Benin posteriormente influenciaram o vodu, um dos principais desdobramentos da convergência entre as religiões tradicionais africanas e o cristianismo no Caribe.

Lebre   Ao lado da Aranha, o animal trapaceiro mais popular da África é a Lebre e suas histórias são contadas por todo o continente. Uma delas conta que a Lebre desafiou um elefante e um hipopótamo para um jogo de cabo de guerra. Mas, em vez de puxar a corda, ela amarrou suas pontas a cada um dos animais. Conforme eles puxavam a corda, um contra o outro, iam arando a terra e, assim, realizavam exatamente o serviço que a fêmea da Lebre lhe havia pedido.

Outra história conta que, por causa de uma mensagem truncada que a Lebre entregou aos homens, a humanidade acabou perdendo a imortalidade. A lua havia lhe dito para dizer aos homens que eles, como ela, morreriam e ressurgiriam, mas a Lebre se confundiu e disse apenas que eles morreriam. Quando a lua descobriu, bateu no nariz da Lebre com uma vara. Desde então o nariz da Lebre é dividido em dois.

Origem africana

As histórias da Lebre cruzaram o Atlântico junto aos muitos africanos levados para a América como escravos. Após se mesclarem com muitas narrativas ameríndias sobre coelhos trapaceiros, elas ficaram conhecidas, nos Estados Unidos, como as histórias do coelho Quincas (ou "Br'er Rabbit", em inglês. "Br'er" significa "*brother*", "irmão").

Após ouvir essas narrativas nas plantações, Joel Chandler Harris (1848–1908), que escrevia para o jornal *Atlanta Constitution*, as reuniu em um livro chamado *Histórias do Tio Remo* (1881). O personagem Tio Remo é um velho escravo que se torna serviçal devotado de uma família do sul e entretém o filho mais novo da casa contando fábulas tradicionais sobre animais, usando o dialeto afro-americano do sul. Além do coelho Quincas, os personagens mais conhecidos são a raposa João Honesto, o urso Zé Grandão e o Lobão. Hoje, a maioria dos folcloristas concorda que as fábulas do coelho Quincas são alegorias com um leve preconceito racial.* Mais do que um simples trapaceiro, o coelho Quincas representa o escravo sagaz que consegue ser mais esperto que seu senhor.

Yurugu (dos dogons, do Mali) Filho de Amma, o deus criador dos dogons, e da terra, Yurugu é um deus rebelde e trapaceiro. Enquanto estava no ovo cósmico, roubou a gema, pensando que dentro dela estava sua irmã – ou mãe, dependendo da versão –, e Yurugu queria acasalar com ela. Seu comportamento incestuoso

---

* As histórias também serviram de base para o filme *A Canção do Sul*, dos Estúdios Disney, que foi muito criticado por retratar os afro-americanos de forma estereotipada. Embora seja um dos poucos filmes da Disney nunca lançados em vídeo, ele serviu de inspiração para a popular atração "Splash Mountain", do parque temático Disney World.

574 MITOLOGIA

trouxe estragos e desordem para o mundo e fez com que algumas regiões ficassem áridas. Yurugu foi transformado por Amma em um chacal e tornou-se pai de muitos dos espíritos malignos da selva.

Como um rei suicida tornou-se deus e acabou na Suprema Corte?

Além das histórias da Lebre e de Anansi, a Aranha, muitos outros deuses também fizeram a travessia do Atlântico conhecida como Passagem do Meio, da África até o Novo Mundo. Depois que foram trazidos para os solos férteis do Caribe e das Américas, esses deuses africanos não desapareceram simplesmente. Mitos — e crenças — são coisas difíceis de se quebrar. Muitos deuses e tradições dos iorubás e dos fons, em especial, cruzaram o Atlântico e encontraram um novo lar no Novo Mundo. Dentre os muitos deuses que ganharam nova vida e novos significados, havia Xangô, o poderoso deus das tempestades dos iorubás.

Xangô, que pode ter sido baseado em um rei mortal, era famoso por suas habilidades como guerreiro e mágico. Certa vez, enquanto brincava com suas mágicas, ele acabou fazendo com que um raio atingisse o palácio onde morava, matando algumas de suas esposas e filhos. Dominado pela tristeza, Xangô se enforcou. Seus inimigos o desdenharam e foram destruídos por tormentas, e Xangô foi declarado o deus dos trovões e raios. Essa é uma versão. Uma outra diz que ele era um soberano opressor e, quando seu povo se rebelou, ele foi exilado para a floresta, onde acabou se enforcando em uma árvore. Aqueles que permaneceram fiéis a Xangô se recusam a acreditar que ele tenha se suicidado e dizem que ele foi para o céu para se tornar o deus da chuva e dos trovões, simbolizado por um machado de lâmina dupla. Independentemente da versão que seus fiéis aceitem, até hoje Xangô é considerado uma grande fonte de mágica e uma máquina sexual.

Quando os devotos de Xangô foram levados para as Américas como escravos, eles continuaram a cultuá-lo, bem como a muitos outros deuses do panteão dos iorubás e da África Ocidental. Muitos desses deuses emergiram em religiões novas, surgidas a partir do sincretismo das tradições africanas com o cristianismo, que os escravos eram obrigados a aceitar junto com as chibatadas. Poucos aspectos das culturas afro-americana e afro-caribenha foram tão mitificados ou estereotipados – em especial por Hollywood – quanto essas novas religiões, o vodu e a *santería*.

- **"Vodu"**

Embora costume ser chamada de vodu, essa religião do Novo Mundo tem raízes na tradicional religião africana chamada *vodun* (ou *vodoun, voudou*), termo que significa "espírito". O vodun foi reconhecido como religião oficial de Benin em 1996, além de ser muito praticado no Haiti e em muitas cidades grandes. Uma estimativa apontou que 60 milhões de pessoas em todo o mundo cultuam o vodun. A maioria de seus seguidores, denominados voduns, se concentra em Benin, Gana, no Haiti e nos Estados Unidos, principalmente no sul do país e nas regiões habitadas por haitianos. A religião também é praticada pelos iorubás, da África Ocidental, e suas raízes talvez remontem a milhares de anos.

Durante a era colonial de tráfico negreiro, o vodun foi levado para o Haiti e outras ilhas das Índias Ocidentais por escravos que, ao chegarem, eram batizados no catolicismo. Senhores de escravos e padres tentaram suprimir a crença, matando ou aprisionando os sacerdotes voduns. Dessa forma, os escravos foram forçados a criar sociedades subterrâneas para cultuar seus deuses e venerar seus antepassados em segredo. Ao mesmo tempo que frequentavam missas, por ordem de seus senhores, eles continuavam seguindo suas crenças originais. Um

MITOLOGIA

influente livro de 1884, chamado *Haiti, or the Black Republic* ("Haiti, ou a República Negra"), de S. St. John, descrevia o vodun como uma "religião do mal", fazendo a falsa alegação de que a prática incluía sacrifício humano e canibalismo. Essa infeliz imagem perdura até hoje.

O vodun possui muitas tradições baseadas na religião iorubá, inclusive a crença de que Olorum, o deus supremo, é remoto e incognoscível. Olorum autorizou um deus menor, Obatalá, a criar a Terra e suas formas de vida. O panteão de espíritos voduns, chamado "Loa", inclui Aida-Wedo (espírito do arco-íris baseado em Aido-Hwedo, a serpente da criação) e Xangô (também conhecido como Sangô).

• *Santería*

Também denominada *Le Regia Lucumi* ou *Regla de Osha*, a *santería* nasceu em Cuba, fruto da combinação entre a religião iorubá, da África Ocidental, e o catolicismo. Lá, como no Haiti e nas outras colônias, os escravos eram forçados a seguir as práticas do catolicismo romano, contraditórias a suas crenças nativas. Mas, como encontraram paralelos entre a religião africana e o catolicismo, e como não tinham outra opção além de seguir as ordens dos senhores de escravos e disfarçar suas próprias crenças, eles formaram uma religião secreta. A *santería* usa os santos e as personalidades do catolicismo de "fachada" para o deus africano tradicional e seus emissários espirituais, os orixás da religião iorubá. A religião se espalhou rapidamente entre os escravos da África Ocidental e, mesmo após a abolição da escravidão, continuou a prosperar, suas tradições religiosas de inspiração africana continuaram se desenvolvendo e se misturando aos conceitos cristãos, às tradições nativas cubanas e, tempos depois, às ideias francesas do Iluminismo.

Na *santería* não existem textos sagrados e suas tradições vêm sendo transmitidas oralmente aos iniciados há centenas de anos. Hoje, ela

Origem africana

vive de pequenos grupos de fiéis, em muitos países, inclusive nos Estados Unidos, onde ainda é praticada – em Nova York e na Flórida, particularmente.

Como no vodu, muitos aspectos da *santería* correspondem às tradições e histórias míticas da religião iorubá. O deus supremo é Olodumare (ou Olorum), fonte de toda a energia do Universo, que corresponde, no cristianismo, a Jesus Cristo. Os emissários de Olorum, chamados orixás, podem ser equiparados a santos específicos do catolicismo romano. Como Legba, o deus mensageiro africano, o Legba (ou Elegba) da *santería* age como intermediário entre os homens e os orixás. Ele pode ser equiparado ao Santo Antônio do catolicismo; nada pode ser feito sem sua intervenção. Xangô, deus dos trovões e raios, é chamado de Changô e tem ligação com Santa Bárbara, do catolicismo. Rebaixada junto com muitos outros mártires notáveis da litania dos santos na reforma da liturgia católica romana de 1969, Bárbara teria sido decapitada por seu próprio pai, que não aprovava sua fé cristã. Como o pai foi morto por um raio, imediatamente após à decapitação, ela passou a ser associada à força dos raios e à morte que cai do céu. Sendo assim, Bárbara tem ligação com Changô, também um deus dos trovões, raios e do poderio bélico.

Há quinhentos anos, as tradições da *santería* – inclusive um conjunto de Onze Mandamentos, que possui certa semelhança com os Dez Mandamentos bíblicos, mas inclui a proibição do canibalismo – vêm sendo mantidas por seus seguidores. Dentre essas tradições, há a crença nos feitiços mágicos e no transe mediúnico, ambos tendo um papel integral na religião. O transe mediúnico ocorre durante as celebrações xamanísticas, durante as quais as pessoas dançam ao som de instrumentos de percussão e tentam alcançar um estado sagrado de consciência e êxtase.

MITOLOGIA

Apesar de a *santería* e o vodu serem ambos fruto das mesmas crenças míticas e religiosas da África Ocidental, existem diferenças entre as duas religiões. A principal delas é que a *santería* acredita que os santos católicos e os orixás são os mesmos espíritos, ao passo que o vodu crê que são dois grupos distintos e reverencia a ambos.

Por fim, as religiões foram, e ainda são, alvo de atenção por sacrificarem animais, este talvez o aspecto mais controverso e mais divulgado da *santería*. O animal, segundo a tradição da *santería*, deve ser morto de maneira rápida e indolor, e sua carne deve ser comida pelos participantes da cerimônia. No início da década de 1990, a cidade de Hialeah, na Flórida, tentou impedir a prática, mas uma igreja local dedicada à *santería* entrou com um processo e — com o apoio de igrejas maiores e de organizações judaicas — venceu o caso na Suprema Corte dos Estados Unidos. Ao decidir o caso *Church of the Lukumi Babalu Aye v. City of Hialeah* ("Igreja de Lukumi Babalu Aye *versus* Cidade de Hialeah"), em 1993, o juiz Anthony Kennedy escreveu: "Embora a prática do sacrifício animal possa parecer abominável para algumas pessoas, a crença religiosa não precisa ser aceitável, lógica, consistente nem compreensível para outrem para merecer a proteção da Primeira Emenda."

CAPÍTULO NOVE

CÍRCULOS SAGRADOS

Os mitos das Américas e das ilhas do Pacífico

Para a formação da Terra, eles disseram "Terra".
Ela surgiu repentinamente, como uma nuvem, uma névoa,
se formando, se revelando...
— Popol Vuh

Gritando pela noite
Com suas grandes penas das asas,
Arremetendo pela noite
Ouço a Águia
Puxando de volta a manta
Que cobre o céu oriental.
— canção de convite dos hodenosaunees

Desde o princípio da criação,
Fomos aqui colocados... nós somos
Essa terra sagrada...
— extraído de uma oração dos navajos

Enquanto ali estive, vi mais do que posso contar e compreendi mais do que consigo ver, pois via no espírito, de modo sagrado, as formas de todas as coisas, e a forma de todas as formas tal como devem viver juntas, como um único ser. E vi que o círculo sagrado do meu povo era um dos muitos círculos que faziam um só círculo, vasto como a luz do dia e a luz das estrelas, e no centro crescia uma imponente árvore florida para abrigar todos os filhos de uma só mãe e um só pai. E vi que era sagrado.

— *Black Elk Speaks* ("Alce Negro Fala")(1932),
contado por JOHN G. NEIHARDT

Na década de 1990, as religiões ameríndias são o assunto da vez. Ela são a forma de expressão simbólica mais popular. Muitas pessoas, ameríndias ou não, adotaram de coração alguns princípios, em especial as crenças que não exigem muitas mudanças nos estilos de vida. As religiões tribais foram banalizadas ao extremo por pessoas que desejavam sinceramente aprender sobre elas. Em locais isolados das reservas, porém, uma reunião de pessoas vem ocorrendo e muito da essência desse antigo modo de vida está começando a emergir.

— *VINE DELORIA JR.*, *God is Red*
("Deus é vermelho") (2003)

Como a mitologia ameríndia ficou reduzida a cinzas?

Existe uma mitologia "americana"?

O que é *Popol Vuh*?

Quem foram os maias, que criaram o *Popol Vuh*?

Quais deuses gostavam de jogar bola?

Quem é quem no panteão maia

O que distingue a mitologia mesoamericana?

É verdade que os astecas pensaram que os espanhóis eram deuses?

O que é o "Dia dos Mortos"?

Quem é quem no panteão asteca

A "cidade perdida" de Machu Picchu era mesmo um "local sagrado"?

Os incas tinham um mito fundador?

Quem é quem no panteão inca

Existe uma mitologia "norte-americana"?

Quem é quem no panteão dos nativos norte-americanos

Que deusa ganhou seu próprio "planeta"?

Que poema famoso contribuiu para o "mito" do ameríndio?

A mitologia ameríndia ainda tem alguma importância?

Qual personagem mítico criou as ilhas do Pacífico?

O que é Tempo do Sonho?

MARCOS DA MITOLOGIA
Américas

Há *c.* 12.500 anos Sítios arqueológicos de Monte Verde, Chile, revelam habitações e ferramentas de pedra; sinais mais antigos, que até hoje já foram encontrados, da presença de povos no Novo Mundo.

***c.* 11.500 anos** "Cultura Clóvis": primeiras evidências de habitações humanas na América do Norte, baseadas em pontas de lanças que foram encontradas em Clóvis, Novo México, descobertas em 1932. Já foram sugeridas datas mais antigas para o sítio arqueológico de Meadowcroft Rock Shelter, próximo a Pittsburgh, Pensilvânia, e para outros sítios na Virgínia, Carolina do Norte e Carolina do Sul, mas todas permanecem controversas.

***c.* 9.200 anos** "Homem de Kennewick": indícios do esqueleto humano mais antigo que se tem registro na América do Norte.

Período Antes de Cristo (a.C.)

***c.* 5000** Início do cultivo do milho na América Central.

***c.* 4750** Primeiros sinais de domesticação de animais na América Central.

***c.* 4500** Cultivo do milho no leste da América do Norte.

***c.* 3500** Cultivo do algodão na América Central, usado para fazer redes de pesca e tecido.

***c.* 2600** Grandes complexos de templos são construídos ao longo da costa andina, na América do Sul.

***c.* 2500** Grandes aldeias são estabelecidas na América do Sul.

584   MITOLOGIA

c. 2200   Cerâmicas mais antigas são encontradas na América do Sul.

c. 1750   Grandes centros cerimoniais construídos no Peru.

c. 1500   Primeiras evidências de objetos de metal no Peru.

c. 1200   A primeira grande civilização pré-colombiana, a olmeca, começa a se desenvolver nas planícies de Yucatán. A civilização foi destruída em torno de 400 a.C.

c. 1000   A cultura adena começa a se desenvolver no meio do vale do rio Ohio. Seu povo ficou famoso por enterrar os mortos em grandes montes funerários, que começaram a aparecer em cerca de 700 a.C.

c. 850   Auge da cultura chavín, do Peru, que cultuava seres metade homem, metade animal. Bens sepulcrais incluem joias de cobre, crânios humanos decorados e cachimbos.

c. 800   Os maias começam a partir da América Central em direção ao sul do México.

c. 400   Início da civilização moche, no norte do Peru.

c. 200   Surgimento da cultura nazca, no Peru; famosa pelas "linhas de Nazca" – desenhos de figuras geométricas e simbólicas gravados na superfície do deserto peruano que, nos meios pseudocientíficos, foram atribuídos aos extraterrestres. O mais provável é que tenham sido oferendas aos deuses do céu e das montanhas.

c. 150   Monte da Grande Serpente, em Ohio: relevo feito na terra com 405 metros de extensão cuja aparência se assemelha à de uma serpente.

c. 150   Início da *Idade de Ouro* maia na Mesoamérica.

50   Teotihuacán, no vale do México, é a maior cidade da América.

Depois de Cristo (d.C.)

100 Surgimento dos anasazis, no sudoeste da América do Norte.

Construção das Pirâmides do Sol e da Lua, em Teotihuacán, no México, por civilização desconhecida.

c. **420** Cultura moche (Peru). O Templo do Sol é construído com 50 milhões de tijolos.

600 Construção da cidade de Palenque (Chiapas, no México).

c. **700** A cidade de Teotihuacán é incendiada e abandonada.

790 Começa o declínio da civilização maia, depois que muitas de suas cidades foram abandonadas.

c. **800** Pela primeira vez é utilizado arco e flecha no vale do Mississippi.

900 Após o colapso do Império Maia, surge a civilização tolteca, um povo guerreiro que dominou o México central por trezentos anos.

987 Sacerdotes toltecas são expulsos da cidade de Tula (atual Hidalgo, México) por outros de um culto rival, favorável ao sacrifício humano.

990 Toltecas exilados tomam a cidade maia de Chichén Itzá, na península de Yucatán.

c. **1000** Vikings viajam até Newfoundland, na América do Norte; apesar de terem habitado a região por um curto período, não deixaram nenhum impacto duradouro na cultura nem na história dos nativos da América.

Os incas fundam Cuzco (Peru).

c. **1100** Começam as ser construídas as habitações fortificadas do povo anasazi, nos rochedos do sudoeste norte-americano.

586 MITOLOGIA

c. 1175 O Império Tolteca é destruído pela fome, pelo fogo e por invasores.

1200 Chegada do povo denominado méxica (mais conhecidos como astecas) no vale do México. Originalmente um povo agrícola do México ocidental, os astecas se tornaram guerreiros mercenários, migraram para o vale do México e se fixaram em duas ilhas pantanosas no lago Texcoco. Iniciam a construção da cidade de Tenochtitlán (local onde hoje se encontra a Cidade do México) em uma das ilhas.

A cidade maia-tolteca de Chichén Itzá é abandonada.

c. 1300 Vilarejos do povo anasazi, no sudoeste norte-americano, são abandonados. Possível causa seriam as mudanças climáticas.

1410 Expansão do Império Inca no Peru.

1428 Expansão do Império Asteca.

1440 Montezuma I é rei dos astecas. (Também chamado de Moctezuma.)

1487 Inauguração do grande templo da pirâmide de Tenochtitlán; segundo relatos históricos, 20 mil pessoas foram sacrificadas lá, em um ritual que "celebrou" a finalização do templo.

1492 Cristóvão Colombo, em sua jornada em busca da rota ocidental para a Ásia, atraca nas Bahamas, em Cuba e na ilha de Hispaniola (São Domingos).

1496 Colombo estabelece o primeiro assentamento espanhol no hemisfério ocidental.

1500 Portugueses chegam ao Brasil e reivindicam a posse da região.

1502 Início do reinado de Montezuma II.

Chegada dos primeiros escravos africanos ao Caribe.

Círculos sagrados 587

1507 O mapa-múndi de Waldseemüller nomeia as terras recém-descobertas em homenagem a Américo Vespúcio.

1508 Colonizadores espanhóis estabelecidos em Hispaniola começam a escravizar nativos.

1509 Início da colonização espanhola na América Central.

Fundação de San Juan (Porto Rico).

1513 Ponce de Leon reivindica a Flórida para os espanhóis.

1514 Espanhóis coagem nativos a se converterem ao cristianismo, sob ameaças de morte.

Bartolomeu de las Casas, frei espanhol, começa a fazer anotações sobre o comportamento abusivo e imoral dos colonizadores espanhóis para com os nativos.

1519 Fernando Cortés atraca em Veracruz com quinhentos homens; marcha até a capital asteca. Montezuma II entrega-se sem reagir, é aprisionado e morre em 1520, provavelmente executado pelos espanhóis. Logo depois, o líder asteca Cuauhtémoc força os espanhóis a partirem. Em 1521, Cortés volta com aliados nativos e retoma Tenochtitlán para si, ao que se seguiu uma epidemia de varíola que devastou os astecas. Os espanhóis nivelam a cidade e começam a construir, em suas ruínas, a Cidade do México. Em 1522, Cortés torna-se governante da Nova Espanha. Cuauhtémoc, o último rei asteca, foi enforcado em 1524, acusado de traição.

1526 Monges dominicanos chegam ao México.

1530 Portugueses começam a colonizar o Brasil.

1533 Francisco Pizarro captura o líder inca Atahualpa e ordena sua execução.

588 MITOLOGIA

1541 Jacques Cartier funda uma colônia francesa em Quebec, Canadá.

Pizarro é assassinado por rivais espanhóis.

1545 Descoberta de grandes minas de prata em Potosí (Peru); na década de 1590, os espanhóis já exportavam cerca de 284 mil quilos de prata do Novo Mundo por ano.

1550 Primeiros jesuítas chegam ao Brasil.

1552 Publicação da obra de Bartolomeu de las Casas, *História geral das Índias*, um relato mordaz sobre a maneira como os nativos eram tratados.

1570 Os iroqueses, do norte dos Estados Unidos, formam uma aliança entre tribos, conhecida como a Confederação Iroquesa.

1607 Fundação da primeira colônia inglesa permanente em Jamestown, Virgínia, Estados Unidos. Primeiros escravos africanos chegam em 1619.

1620 Peregrinos chegam a Plymouth, Massachusetts.

E, AGORA, AS ÚLTIMAS NOTÍCIAS DO NOVO MUNDO...

- Em 2004, na floresta tropical da Guatemala, América Central, arqueólogos descobriram um palácio real encoberto pelo dossel florestal. Dentro de um túmulo, deitado sobre uma plataforma de pedra nas ruínas do palácio, encontraram o corpo de uma rainha maia, que reinara há mais de 2 mil anos. Junto a seus restos mortais havia pérolas e joias da coroa, além de belíssimos objetos de jade trabalhado e outros artefatos, que lançaram luz sobre esse povo antigo, cujo passado permanece cercado de mistérios. Os pesquisadores que realizaram a grande façanha disseram que as descobertas podem revelar muitos segredos dessa civilização magnífica. (*The New York Times*, 11 de maio de 2004.)

- Nesse mesmo ano, foi encontrado, próximo à Pirâmide da Lua, que tem 2 mil anos de idade e fica em Teotihuacán, México, um túmulo com os restos de dez corpos humanos decapitados, muito provavelmente vítimas de sacrifícios. A descoberta extraordinária, se não horrenda, chega após quase duzentos anos de escavações no sítio arqueológico da primeira grande cidade das Américas. Localizada cerca de 56 quilômetros a nordeste da Cidade do México, a cidade de Teotihuacán, que, segundo estimativas, possuía 200 mil habitantes em 500 d.C., desapareceu misteriosamente cerca de duzentos anos depois. Com suas duas pirâmides gigantescas, as Pirâmides do Sol e da Lua, a cidade era chamada de "local onde os homens se tornavam deuses" pelos astecas, que subiram ao poder no México em torno de 1400 d.C. (Reuters, 2 de dezembro de 2004.)

- Em um caso que põe cientistas contra ameríndios, o tribunal federal decidiu, também em 2004, que os restos mortais do "Homem de Kennewick", descobertos no estado de Washington em 1996, e ainda os mais antigos vestígios humanos já encontrados na América do Norte, poderão ser usados para estudos científicos. Tribos de três estados do noroeste americano haviam entrado com um processo na tentativa de impedir investigações no esqueleto de 9.200 anos, seguindo uma lei que exige que todos os ancestrais ameríndios sejam reenterrados. Os pesquisadores esperam que testes e estudos mais exaustivos sobre o "Homem de Kennewick" – cujo DNA comprovou não ser parente de nenhuma das tribos – lancem luz sobre mistérios antigos, como quem foram os primeiros habitantes da América e de onde eles vieram. (*The New York Times*, 20 de julho de 2004.)

As notícias descritas anteriormente, que foram manchetes dos jornais norte-americanos, chamam atenção para a longa, rica e altamente incompreendida história e tradição mítica dos povos da América antiga. A cada novo avanço científico ou descoberta arqueológica, ficamos mais e mais conscientes de que nossa imagem dos povos nativos da América foi manchada pela antiquada visão hollywoodiana de "caubóis e índios". Ou pela visão romântica dos nativos como "nobres selvagens" vivendo em uma harmonia espiritual e ecológica semelhante àquela do Jardim do Éden. Hoje, esses nativos têm sido retratados mais como gerentes de cassinos riquíssimos, cuidando de verdadeiras mecas das apostas em terras tribais. Desnecessário dizer que nenhuma dessas visões é precisa nem completa, em parte porque existiam – e ainda existem – muitos grupos de ameríndios diferentes.

Da mesma forma que os povos africanos compunham um grupo muito diversificado, os ameríndios também formavam um conjunto multicolorido e multifacetado. Separados do restante do mundo pelos oceanos Atlântico e Pacífico e vivendo em dois grandes continentes que ocupam todo o hemisfério ocidental, os povos nativos das Américas variavam desde os astecas, do México, até os maias, da América Central, os incas, da América do Sul, e as muito variadas tribos da América do Norte. Dentre essas tribos, havia os sioux e outros povos das Grandes Planícies, os navajos e hopis do sudoeste, as "Cinco Tribos Civilizadas" do sudoeste, a "Confederação Iroquesa", do nordeste, e os aleuts e inuits, das regiões árticas – para nomearmos apenas algumas das centenas de grupos nativos da América.*

As mitologias dos ameríndios eram tão ricas e diversificadas quanto seus povos. Cheias de divindades da natureza, travessos animais trapaceiros, guerreiros heroicos, gêmeos rivais, todas incluíam uma grande história da criação de escopo mundial. Esse pensamento levou a uma profunda adoração da natureza e ao conceito de uma Mãe Terra benigna. Como afirmou Vine Deloria, historiador dos ameríndios, em seu livro provocativo, *God is Red*: "Para muitas religiões tribais ameríndias, toda a criação era uma coisa boa, e como ela não incluía um 'colapso', o significado da criação era de que todas as suas partes funcionavam juntas para sustentá-la."

Quem presidia quase todas essas tradições – que, com exceção dos maias e astecas, não conheciam a escrita – era o xamã. Figura poderosa, era ele quem supervisionava os grupos de canto, os rituais de cura, a comunicação com os espíritos, as "tendas do suor" e os rituais do cachimbo sagrado, cujo objetivo era entrar em contato com o "Grande Mistério". Nas civilizações mesoamericanas, os xamãs formavam uma

---

* Como denominar os povos que acolheram Colombo? Ele, é claro, os chamou de *los indios*, pensando ter chegado à Índia ou às Índias Orientais, e o termo perdura até hoje, para desgosto de alguns dos grupos que são assim identificados. O nome "índio" ainda provoca discussão nos meios acadêmicos e jurídicos, entre outros. Neste livro, usarei o termo "ameríndio", embora tenha consciência de sua imprecisão. É o termo preferido de muitos nativos da América e também evita confusões com os "outros índios", os indianos do capítulo 6 (vale lembrar que, em inglês, o termo *indian* significa tanto "índio" quanto "indiano"). Certa vez, um "correspondente" do divertido programa *Daily Show* esclareceu a confusão perguntando a um verdadeiro "índio nativo" se ele tinha relação com Gandhi ou com Touro Sentado. O uso do termo "ameríndio" me parece uma forma delicada e polida de se evitar essa denominação ambígua.

Círculos sagrados 593

classe sacerdotal – como os druidas celtas – que guiava os rituais de sangue e os sacrifícios humanos. Nesses sacrifícios, que deviam ser evitados por quem tinha estômago fraco, era comum arrancar o coração ainda pulsante do peito da vítima para apaziguar os deuses. A crueldade grotesca era às vezes infligida a crianças, enquanto suas próprias mães assistiam.

Um dos maiores debates da atualidade, nos meios científico e acadêmico, tem a ver com a origem dos ameríndios: quem eram, como chegaram às Américas e há quanto tempo vivem lá. Em geral, quando se fala em "Antiguidade americana", fala-se das relíquias e da vida do período colonial, dos séculos XVII e XVIII. Mas esses "americanos antigos" foram retardatários se comparados com os verdadeiros "americanos antigos", que viveram milhares de anos antes. E o que você deve ter aprendido na escola sobre esses ancestrais foi algo mais ou menos assim:

Perto do fim da última grande Era do Gelo, há cerca de 12 mil anos, grupos de caçadores-coletores nômades cruzaram a ponte terrestre, de 1.600 quilômetros de largura, que ligava a Sibéria aos atuais Alasca e Canadá. Essa travessia ocorreu antes de os grandes lençóis de gelo norte-americanos derreterem e aumentarem o nível do mar em cerca de 90 metros, inundando as verdes estepes que permitiam a travessia de pessoas e animais da Ásia para a América do Norte. Esses americanos, verdadeiramente antigos, deviam estar em busca de animais de caça grandes, como mastodontes, e acabaram se espalhando pelos dois continentes, se diversificando aos poucos e formando as dezenas de milhões de povos que receberam os espanhóis em 1492.

Contudo, novas pesquisas dos mundos da arqueologia, biologia e linguística vêm balançando os alicerces mais profundos dessa concepção. Hoje, é muito mais aceita a ideia de que os verdadeiros "peregrinos" chegaram nas Américas de 20 mil a 30 mil anos atrás. Eles teriam vindo em ondas de migração sucessivas, que duraram um bom tempo, e partiram da Sibéria, Mongólia e outras regiões da Ásia Central. O Homem de Kennewick, por exemplo, seria parente – de acordo com vestígios de DNA – dos ainus, um povo pré-histórico que habitou pela primeira vez o território japonês. Em vez de perambularem pela ponte terrestre, hoje coberta pelo estreito de Bering, em uma espécie de maratona pré-histórica, o Homem de Kennewick e outros ancestrais americanos teriam chegado em pequenas embarcações cobertas de pele, navegando perto da costa do Pacífico até o extremo da América do Sul. De pouco em pouco, esses povos ancestrais foram se espalhando pelos dois continentes, em um processo que durou um longo tempo.

Caso essas muitas ondas de imigrantes tenham mesmo acontecido, isso ajudaria a explicar a tremenda diversidade de tribos, línguas, mitos e civilizações que os europeus encontraram quando aqui chegaram, na década de 1500. Muito antes do início da era cristã, tribos já haviam se espalhado por toda a América do Norte e civilizações admiráveis começavam a se desenvolver na América Central e no México. Essas civilizações viviam em cidades maiores, mais limpas e mais organizadas do que a maioria das cidades europeias do mesmo período. Seus habitantes usavam hieróglifos para escrever livros e erigiam templos e pirâmides como áreas de encenação sofisticadas para seus rituais religiosos. Quando os conquistadores espanhóis chegaram, esses feitos extraordinários foram pilhados sem dó nem piedade e os habitantes das cidades mesoamericanas experimentaram a morte e a destruição numa escala inimaginável.

Até certo ponto, é possível que os mitos tenham ajudado nesse processo de destruição. Há uma teoria que, embora hoje seja questionada por alguns pesquisadores, ainda é defendida por muitos historiadores. Ela diz que uma das razões pelas quais um pequeno grupo de espanhóis conseguiu subjugar populações com milhões de habitantes foi a história de um deus asteca chamado Quetzalcoatl. Segundo a mitologia asteca, Quetzalcoatl havia deixado o povo asteca com a promessa messiânica de que retornaria para dar início a uma nova Idade de Ouro. A noção de que esses exploradores espanhóis, de pele branca, pudessem ser o regresso do messias fez com que os astecas os acolhessem, se não com que se entregassem de corpo e alma. Os espanhóis, então, usaram da traição, da tecnologia e da brutalidade como verdadeiro método de conquista. As doenças europeias, contra as quais os ameríndios não possuíam imunidade natural, completaram o trabalho sujo.

Ainda mais significativo é o fato de os mitos terem ajudado a destruir as tradições religiosas, que continham semelhanças impressionantes com o catolicismo. Fortes imagens da morte, penitência, abnegação, sacrifício de sangue e um deus ressurreto – muitos desses são aspectos centrais do catolicismo – permeavam as tradições astecas, maias e incas. Esses paralelos não foram deixados de lado pelos soldados espanhóis e sacerdotes que os acompanharam. Alegando preocupação com a alma mesoamericana, eles absorveram as crenças nativas para depois partirem em busca de seus verdadeiros objetivos – adquirir grandes extensões de terra e tomar posse da maior quantidade possível de ouro e prata para os cofres espanhóis.

Já na América do Norte, o caminho da exploração foi uma variação do mesmo tema. Diferentes dos espanhóis, que foram rápidos e implacáveis na conquista dos nativos do México e da América do Sul, os europeus que foram para a América do Norte se movimentaram mais devagar. Eles não tiveram opção. Primeiro porque havia centenas de tribos e grupos a serem conquistados, espalhados por uma região enorme e praticamente inexplorada. Enquanto alguns desses grupos viviam em povoados sofisticados e organizados, outros ocupavam locais remotos e eram nômades, sempre atrás dos búfalos e das boas condições climáticas. Os europeus tiveram de persistir para conseguirem derrubar um alvo móvel que logo aprendeu, muito bem inclusive, o valor de revidar.

No fim, porém, deu tudo no mesmo. O que ocorreu em toda a América do Norte foi um Feitiço do Tempo grotesco, em que as mesmas coisas terríveis aconteceram repetidas vezes, sem um final feliz. O esquema era simples: os europeus chegavam e eram acolhidos e ajudados pelos nativos. Prometiam manter a paz e, logo depois, se espalhavam de maneira agressiva pelas regiões, quebrando tratados, declarando guerras, colocando uma tribo contra outra e, inconscientemente (em sua maioria), trazendo doenças que por pouco não exterminaram por completo os povos nativos, sua língua, tradições míticas e crenças sagradas. Durante os quatrocentos anos que se passaram entre a chegada de Colombo e o Massacre de Wounded Knee, em 1890, mais de 90% de uma população de cerca de 40 milhões a 100 milhões de pessoas foi aniquilada, em uma das maiores "limpezas étnicas" que o mundo já testemunhou – tudo em nome do progresso, da "civilização" e do Deus do cristianismo.

A história de tudo que se perdeu continua sendo escrita a cada nova descoberta. Uma princesa maia é encontrada dentro de um antigo palácio. Vítimas de sacrifícios são descobertas em um túmulo. Os restos mortais de um ancestral são disponibilizados para novos estudos. E uma nova geração de pesquisadores, ansiosos para recontar essa história a partir do ponto de vista dos "perdedores", vêm sacudindo as outrora solidificadas histórias e teorias sobre os povos "primitivos" do Novo Mundo. Como resultado, todos os dias são lançadas novas luzes sobre as vibrantes tradições míticas das Américas.

Círculos sagrados

VOZES MÍTICAS

Eles parecem ser bons serviçais e muito inteligentes, pois percebo que logo repetem aquilo que lhes digo, e estou convencido de que não será difícil convertê-los ao cristianismo, pois não me parece que pertençam a nenhuma seita. Se for do agrado de nosso Senhor, pegarei seis deles para que aprendam a falar. O povo desconhece absolutamente as armas, o que Vossa Alteza perceberá ao observar os sete que mandei que fossem levados. Com cinquenta homens é possível subjugar a todos, para fazerem o que for da Vossa vontade.

— CRISTÓVÃO COLOMBO, *em seu diário,*
em 12 de outubro de 1492*

A tribo não possui nenhuma crença significativa em Deus, pois seus membros acreditam em um deus que chamam de Cudouagny, e dizem ter relações sexuais com esse deus e saber por ele como será o clima no dia seguinte. Também afirmam que quando o deus fica enraivecido com eles, joga poeira em seus olhos. Além disso, acreditam que, quando morrerem, irão para as estrelas e descenderão no horizonte como elas. (...) Depois que nos explicaram todos esses detalhes, nós lhes mostramos que estavam errados e informamos que Cudouagny era um espírito maligno que os enganava e que há apenas um único Deus, que está no Céu, que nos dá tudo que precisamos e é o Criador de todas as coisas, e que apenas Nele devemos

---

*As culturas nativas das ilhas do Caribe foram tão devastadas que nos restaram pouquíssimas informações sobre seus povos e mitos. Desde a era da escravidão, com a chegada de milhares de africanos, essas regiões foram dominadas pelas religiões de fusão, citadas no capítulo oito.

acreditar. **Informamos ainda que todos deviam receber o batismo, ou apodreceriam no inferno.**

— JACQUES CARTIER, *explorador francês (1491–1557),*
descrevendo os hurões, do leste do Canadá

Como a mitologia ameríndia ficou reduzida a cinzas?

O que significa "civilizado"? E "selvagem"? Para os europeus "civilizados" que vieram para as Américas na década de 1500, a resposta era simples. "Civilizado" era sinônimo de europeu, cristão, alfabetizado e vestido. O termo "selvagem" era sinônimo de "índio". Lideradas por curandeiros que fumavam cachimbo, tinham visões, curavam com ervas e rejeitavam a "salvação" do homem branco, as tribos nativas eram, na visão europeia, almas condenadas. Essa visão, infelizmente, vem prevalecendo desde o século XVI.

Talvez seja por isso que o público de hoje ainda se sinta tão no escuro em relação à mitologia e às crenças ameríndias. Os europeus – e, depois, os americanos – não apenas esmagaram os "selvagens" nativos das Américas. Eles escreveram diários e cartas, pintaram obras de arte, tiraram fotografias e escreveram histórias que ou ignoravam, ou depreciavam os povos conquistados. Eles suprimiram as mitologias e línguas nativas a ponto de quase as extinguirem, fazendo com que elas se reduzissem a cinzas junto com as muitas aldeias que foram incendiadas. Escolas religiosas, missionários e agências governamentais, como o famigerado Indian Affairs Bureau (Departamento de Assuntos Indígenas), só ajudaram a aumentar a catástrofe, pois forçavam as crianças nativas a aceitarem novos nomes anglicizados e lhes negavam o direito de falar a língua materna e aprender as histórias sagradas de seus ancestrais. Locais sagrados para os nativos

Círculos sagrados

foram reconstruídos e renomeados – um processo que ainda acontece, seja com um Walmart erigido perto de Teotihuacán, no México, ou com a construção de um observatório astronômico em uma montanha sagrada para os membros da tribo apache de San Carlos, do estado do Arizona.* Quem havia ignorado esses fatos talvez comece a ver a situação com outros olhos caso ameríndios garantam o direito de construir um cassino de apostas em cima do Arlington National Cemetery (Cemitério Nacional de Arlington).

Mas a história não acaba aí. Como escreveram os autores da *The Encyclopedia of Native American Religions*: "A nação indígena da América do Norte ainda é o berço de centenas de tradições religiosas, que vêm sobrevivendo à longa história de perseguição e supressão por parte de governos e missionários. (...) As crenças sagradas dos ameríndios são tão dignas, profundas, viáveis e multifacetadas quanto qualquer outra religião praticada no mundo. A sabedoria sagrada dos nativos não foi destruída nem perdida; pelo contrário, permanece viva como o coração da cultura ameríndia hoje."

O conhecimento atual a respeito dessas tradições sagradas existe graças aos esforços de pesquisadores, do século XX, em entrevistar nativos sobreviventes que preservaram suas tradições orais. Um desses sobreviventes foi Black Elk, cuja biografia de 1932, *Black Elk Speaks* ("Alce Negro fala"), relata as lembranças visionárias de um xamã oglala-sioux, que testemunhou o movimento de renovação espiritual

---

* Essa de o Vaticano ter participado na construção do telescópio de um observatório é, claro, uma deliciosa ironia. Quatrocentos anos antes, o próprio Vaticano julgava Galileu em tribunal por ter olhado por um telescópio. O papa João Paulo II também já havia se pronunciado no Arizona, em 1989, a respeito da importância de se preservar os costumes dos povos nativos. A história do observatório é contada em *Sacred Lands of Indian America* ("Locais sagrados da América ameríndia").

chamado "Dança dos Fantasmas" e o Massacre de Wounded Knee. Suas memórias fazem parte do pequeno grupo de fontes escritas ameríndias que ainda existem, dentre as quais o *Popol Vuh* (restauração de escrituras maias descobertas há trezentos anos em uma igreja na Guatemala) e alguns poucos livros hieroglíficos dos astecas e maias. Do período colonial espanhol restou uma grande coleção de obras sobre crenças nativas, mas elas são um tanto suspeitas por causa de suas origens – foram escritas por padres ou por nativos que deviam ter de bajular ou enganar seus senhores.

Mais recentemente, os esforços para preservar as tradições ameríndias foram fortalecidos por uma geração de pesquisadores muito mais sensível em relação a seu objeto de estudo. Em setembro de 2004, mais de 20 mil membros de cerca de quinhentas tribos ameríndias se reuniram em Washington, D.C., para festejar a abertura do National Museum of the American Indian. Construído a um custo de mais de 219 milhões de dólares, o museu abriga centenas de milhares de objetos nativos ameríndios que pertenciam ao Instituto Smithsoniano.* Há também um interesse renovado por parte de ameríndios jovens, que buscam salvar algo do passado para poder complementar o intenso ativismo político do qual participam, tanto nos Estados Unidos quanto na América Latina. Poetas premiados, autores de contos e romancistas, como Leslie Marmon Silko, Louise Erdrich e Sherman Alexie, também se aliaram à luta com suas obras criativas, como *Ceremony*, *Feitiço do amor* e *Tonto and the Lone Ranger Fistfight in Heaven* ("Tonto e Lone Ranger lutam no paraíso"), que exploram as tradições míticas das tribos e seu impacto na vida dos ameríndios

---

* Com um público estimado em 600 mil visitantes por ano, o museu não é motivo de festa para alguns ameríndios, incluindo aqueles que queriam nomeá-lo "Museu do Holocausto Ameríndio".

Círculos sagrados

601

contemporâneos. Por fim, a arqueologia e outras pesquisas científicas também contribuíram imensamente para resgatar as tradições perdidas nas cinzas do holocausto ameríndio.

VOZES MÍTICAS

Vós dissestes que nós não conhecemos o Senhor que está perto e está conosco, Aquele de quem são os céus e a Terra. Dissestes que não eram verdadeiros os nossos deuses. Novas palavras são estas que falais; por causa delas estamos perturbados, estamos inquietos. Pois nossos ancestrais, os que viveram sobre a Terra, não falavam dessa maneira. E deles nós herdamos nossa forma de vida, que eles mantinham em verdade; em reverência, eles cultuavam, eles honravam nossos deuses.

*— Sábios astecas falando aos primeiros franciscanos
na Cidade do México, 1524*

Existe uma mitologia "americana"?

Grandes diferenças distinguem as muitas culturas e povos que outrora eram agrupados sob o único título de "índios". Nos Estados Unidos, por exemplo, havia os cherokees, agricultores do sudoeste, muito diferentes dos sioux, que viviam nas Grandes Planícies e seguiam as manadas de búfalos que os sustentavam. Havia também os democráticos hodenosaunees (ou iroqueses), que viviam em casas compridas no nordeste, e tinham pouco em comum com os pueblos do sudoeste, que viviam em "prédios de apartamentos" feitos com adobe. E nenhum desses povos nativos dos Estados Unidos poderia ser confundido com os do México e da América Central, que viviam em cidades, nem com os resistentes pescadores de alto-mar do noroeste americano e da região ártica. Mas existem padrões comuns a muitas crenças ameríndias e alguns pesquisadores acreditam que eles remontem a uma origem pré-histórica comum, na Ásia. As características comuns são:

- O "Grande Espírito". Um deus supremo, com poderes insuperáveis, que criou o mundo e vigia o Universo, aparece em muitas mitologias nativas da América. Em geral, é do sexo masculino, é associado ao Sol e pode receber diversos nomes, como salientam David Leeming e Jake Page em *The Mythology of Native North America* (Mitologia nativa da América do Norte). "Geralmente, esse deus supremo – chamado de Grande Espírito, Grande Mistério, Pai Céu, Ancião, Criador da Terra ou de muitos outros nomes – é o criador primeiro."

  Para os hurões, das florestas do nordeste norte-americano, o deus criador é Airsekui, a quem a tribo oferece as primeiras frutas e carnes de cada colheita e cada caçada. Para os incas, da América do Sul, era Inti, a divindade que também havia fundado a dinastia inca. Para os sioux, osage e outras tribos das planícies do meio-oeste norte-americano, o criador é mais uma força do que uma divindade personalizada e se chama Wakonda, ou Wakan Tanka. Wakonda é a força por trás de toda vida, criação, sabedoria e poder. Às vezes concebido como um pássaro grande, ele sustenta o mundo e dá autoridade aos xamãs. Para as tribos algonquinas (que se espalharam por toda a América do Norte, desde a costa leste, até os Grandes Lagos e as Montanhas Rochosas), o deus superior é Kitchi Manitu, ou "grande mistério", uma energia divina que criou o mundo e está presente em todas as coisas, e que pode ser buscada para se alcançar a individualidade – o que lembra o misticismo oriental.

- A Mãe Terra. Fonte de toda a fertilidade, a Mãe Terra é uma divindade popular nas Américas, sendo quase sempre uma força protetora. Na mitologia dos cherokees – que são originais do sudeste dos Estados Unidos, mas foram obrigados a se mudar para Oklahoma, no oeste americano, na famigerada "remoção" da década de 1830 – a Mãe Terra é uma deusa conhecida como Avó Sol. Para os hopis, do sudoeste, ela é a Mulher Aranha, ou Kokyanwuuti, deusa da criação que ensina ao povo como tecer e fazer cerâmica.

  Em geral, a Mãe Terra ou grande deusa possui filhos ou netos gêmeos – outro tema comum nas Américas – e, na maioria dos casos, trapaceiros. Uma delas é a deusa principal dos navajos, do sudoeste norte-americano, que se autodenominam diné ("o povo"). A deusa, conhecida como Mulher Mutante ou Estsanatlehi, nasceu a partir de um pedaço de turquesa e engravidou do deus sol. É uma parideira milagrosa e seus filhos gêmeos – Matador de Monstros e Nascido para a Água – tornam o mundo seguro para os navajos. A Mulher Mutante cria as pessoas a partir de uma mistura de pó de milho e pele de seus seios. Envelhecendo e rejuvenescendo ao mesmo tempo, em um ciclo interminável, ela vive em uma ilha a oeste, de onde envia a chuva revigorante e os ventos frescos que mantêm as pessoas vivas. Um dos rituais mais importantes para os navajos é o da puberdade feminina, uma cerimônia de quatro dias em que elas se tornam mulheres e ganham o poder de cura da Mulher Mutante.

- Histórias da Criação sobre o "Ser que Mergulha na Terra". Talvez as histórias da criação mais comuns e arquetípicas dos ameríndios, em especial os da América do Norte, sejam aquelas em que um animal – tipicamente um castor, um besouro, um pato ou uma tartaruga – mergulha nas águas que cobrem a Terra e voltam à superfície com punhados de lama ou de terra. É a partir dessa lama que o deus criador dá origem à Terra.

Para os yuchis e creeks, do Alabama e da Geórgia, o mergulhador é o Lagostim, que vai até as profundezas das águas, onde vivem as Pessoas de Lama. Irritadas com as idas e vindas do Lagostim, que sempre roubava lama e agitava as águas onde viviam, as Pessoas de Lama tentam detê-lo, mas não conseguem ser rápidas o suficiente. O Abutre paira sobre a lama e seca toda a água com suas asas, criando as montanhas e os vales. Por fim, a grande mãe (o Sol) traz luz para o mundo e deixa seu sangue menstrual pingar na Terra, dando origem aos primeiros homens.

Para os senecas, do nordeste americano, os mergulhadores são o Sapo e a Tartaruga que trabalham juntos para criar o mundo. Eles o fazem depois que a Mulher-Estrela, filha do Chefe do Céu, cai em um buraco no céu. Ela é salva por pássaros e descansa nas costas da Tartaruga até o Sapo trazer terra suficiente das profundezas das águas e, assim, criar a Terra onde a Mulher-Estrela viverá.

- Os Trapaceiros. Como a mitologia africana, as tradições ameríndias demonstram ter uma afeição especial pelos malevolentes, e quase sempre lascivos, trapaceiros – deuses animais, como o Coiote e a Lebre, ou semi-humanos, semianimais, como Iktome, o Homem-Aranha dos lakota-sioux. Os astecas, do México, possuem uma luxuriosa coleção de trapaceiros, denominados Centzon Totochtin, ou "Quatrocentos Coelhos". As cerâmicas maias clássicas também retratam um coelho roubando – no melhor estilo trapaceiro – o chapéu e as roupas de um deus não identificado.

Às vezes, os trapaceiros são os sagazes heróis de uma cultura, como no caso dos gêmeos maias do *Popol Vuh*, que confundem a morte com suas incríveis habilidades. Muitos estudiosos acreditam que Kokopelli – o corcunda tocador de flauta retratado na arte rupestre pré-histórica dos anasazi, do sudeste norte-americano – fosse uma combinação de trapaceiro com deus da fertilidade, parecido em muitos aspectos com o grego Pã. É possível também que Kokopelli tenha sido baseado nas lendas de um mercador que viveu de fato na América Central e viajou para o sul, deixando lá uma impressão duradoura. Outros trapaceiros ameríndios são espertos, corajosos e engenhosos – mas também podem ser vingativos, rancorosos e egoístas. Em outros relatos, os trapaceiros criam a humanidade, roubam fogo do céu, sobrevivem a dilúvios e derrotam monstros.

Para Richard Erdoes, especialista em mitologia ameríndia, os trapaceiros seriam, em resumo, aqueles que "estão sempre famintos pela refeição furtada da cozinha de outra pessoa, sempre prontos para seduzir a esposa de alguém, sempre tentando conseguir algo em troca de nada, sempre mudando de forma (e até de sexo), sendo pegos em flagrante, elaborando esquemas e nunca sentindo remorso". Os trapaceiros são, acrescenta, "espertos e tolos ao mesmo tempo, sabichões que passam a perna em si mesmos".

- O Xamã. Figura reverenciada em muitas tradições do mundo inteiro, o xamã, ou curandeiro,* exerce um papel fundamental em muitas tribos das Américas. Ele é considerado por muitos um remanescente do antigo passado siberiano dos nativos da América e, às vezes, acredita-se que tenha ligação com os trapaceiros. Segundo

---

* Segundo a *The Encyclopedia of Native American Religions*, o termo "curandeiro" ("*medicine man*" em inglês) foi usado pela primeira vez pelos ingleses, no século XVII, para se referir aos líderes religiosos ameríndios.

as tradições ameríndias, o xamã é a pessoa que possui poderes mágicos, obtidos através do contato direto com o sobrenatural, seja por transes mediúnicos, seja por visões oníricas. Eles quase sempre realizavam a função de curandeiro e, para isso, usavam uma combinação de ervas naturais e cura "espiritual" – tradição que até hoje perdura em toda a América.

Os nomes tribais dos xamãs variam de tribo para tribo e o termo em si não é usado pelos ameríndios. Para os inuits, do Ártico, o xamã, ou curandeiro, é o Angakoq, possuidor de toda sabedoria e mágica, e ligação da tribo com o mundo espiritual. Para os oglala-sioux, ele é *wichasha wakon*, um homem sagrado, como Black Elk, que, aos 9 anos de idade, teve uma poderosa visão sagrada. Sacerdotes, profetas e curandeiros das tribos, os xamãs passavam por um treinamento que, muitas vezes, incluía uma "busca da visão", na qual o novato tentava se comunicar com o mundo espiritual. O aprendizado podia durar de poucos dias a muitos anos, já que os iniciantes tinham de passar por adversidades extremas até aprenderem a controlar os "ajudantes dos espíritos". No Peru, séculos após o estabelecimento do catolicismo, a Igreja continuou "investigando" as chamadas *idolatrias*, que envolviam curandeiros e adivinhos que persistiam no tradicional culto aos lugares sagrados dos incas nas montanhas. Como muitas outras tribos e culturas americanas, os incas acreditavam que certos lugares e certas coisas eram *huaca* ("sagrados"). Podiam ser nascentes, pedras, cavernas e picos de montanhas, e cada qual possuía seus próprios espíritos.

- O Totem. Quase que exclusivo aos ameríndios, mas semelhante aos fetiches africanos em alguns aspectos, o totem é o símbolo de uma tribo, clã ou família. Mas é também um objeto imbuído de força espiritual. Como descreveu Jonathan Forty, em *Mythology:*

A Visual Encyclopedia: "O totem era um brasão, um altar, um santuário, uma bandeira e uma árvore genealógica, tudo num mesmo objeto."

Embora o termo "totem" costume ser associado aos grandes pilares, completamente esculpidos, que demarcavam as ruas das aldeias tribais do noroeste americano e do Alasca, a palavra vem dos chippewas (ou ojibwas), da região dos Grandes Lagos. Em sentido amplo, o totem era o símbolo poderoso que unia povos que, às vezes, viviam espalhados em vastos territórios. Huston Smith, autoridade em religião, ao discutir, em *As religiões do mundo*, a importância do totem para os povos pertencentes ao "mundo primitivo", segundo expressão usada por ele, afirma: "Estar separado da tribo é uma ameaça de morte, não apenas física, mas também psicológica. A tribo, por sua vez, está imersa na natureza de forma tão sólida que a linha divisória entre as duas não é fácil de se estabelecer. No caso do totemismo, não podemos afirmar que exista. O totemismo une uma tribo de homens a uma espécie de animal em uma vida comum. O animal-totem protege a tribo, que, em troca, o respeita e se recusa a machucá-lo, pois ambos são 'uma só carne'." Essa ideia é tão forte que em certos clãs é proibido matar ou comer algo que seja da espécie à qual o totem – um pássaro, peixe, animal, planta ou outro objeto natural – pertença. (Talvez você tenha um adesivo do "peixe cristão" no carro? Ou use o símbolo do mascote de seu time no boné? Ou talvez tenha jurado lealdade a uma bandeira com uma águia no topo? Tudo se resume a totem, totem, totem.)

No noroeste do Pacífico, artesãos muito habilidosos esculpiam os emblemas da família e do clã em elaborados totens de cedro que, com o tempo, passaram a ser vistos como "símbolos de status". O capitão Cook, o explorador inglês, conheceu os totens em suas viagens ao noroeste do pacífico e registrou o que viu nos diários que escrevia na década de 1700. Edward S. Curtis, famoso fotógrafo dos ameríndios, os registrou pela primeira vez no final do século XIX, em uma expedição ao Alasca liderada por E. H. Harriman, magnata da estrada de ferro que despojou aldeias inteiras de seus totens e objetos sagrados. Mas os primórdios da história dos totens ainda são pouco conhecidos, a não ser por lendas que dão a entender que eles já existem há muitíssimo tempo.

Em um exemplo flagrante de tentativa de "culturicídio", de 1884, o governo canadense proscreveu as grandes aglomerações cerimoniais chamadas "potlatch", na qual totens eram erigidos. Muitas crianças nativas tiveram de frequentar escolas do governo e o totem quase desapareceu como forma de expressão artística. Recentemente, houve um renascimento dessa arte por parte de uma geração de artistas mais jovens que busca preservar as tradições antigas.

Aliás, o desenho mais baixo do totem não era o que tinha menos importância. Pelo contrário, a figura de baixo, em geral, era criada pelo melhor escultor da tribo e seu trabalho era o mais visível.

OS MITOS DOS MAIAS

No passado, os maias ocupavam uma área que hoje consiste nos estados mexicanos de Campeche, Yucatán e Quintana Roo, em parte dos estados de Tabasco e Chiapas, na maior parte da Guatemala e de Belize, e em partes de El Salvador e Honduras. Descobertas recentes mostram que a civilização maia começou a atingir o auge em 150 a.C. e continuou crescendo e prosperando até 900 d.C. A partir daí, a maioria de seus habitantes começou a se mudar para áreas ao norte e ao sul, incluindo Yucatán, no México, e a região montanhosa da Guatemala, onde continuaram prosperando, até a Espanha conquistar quase que a totalidade de seus territórios, na metade do século XVI.

Descendentes dos maias ainda vivem no México e na Guatemala – e são alguns dos povoados mais pobres do mundo. Falam a língua maia e praticam muitos dos costumes religiosos de seus antepassados.

Vozes Míticas

Não havia ainda nenhuma pessoa, nenhum animal, pássaro, peixe, caranguejo, árvore, pedra, buraco, desfiladeiro, campo ou floresta. Por si só o céu existiu; a face da Terra ainda não era visível. Por si só o mar ficou represado; não havia mais nada, o que quer que fosse. Tudo em repouso, cada coisa feita silenciosamente. Feita invisível, feita para descansar no céu.

Não havia de fato nada então que estivesse imóvel lá: só a água retida, só o mar liso, por si só ele se estendia represado. Não havia nada então, nada que pudesse ter existido de fato: era só quietude, na escuridão, na noite. Apenas os Pais estavam na água, luminosos eram eles então. E cobertos de penas de quetzal e de pombo, verde-água.

– extraído do Popol Vuh

O que é *Popol Vuh*?

A Bíblia Sagrada do judaísmo e do cristianismo é um livro que contém a história da criação do mundo, uma lista de regras e rituais ordenados divinamente e a história da criação do povo hebreu, com uma lista dos muitos reis, reais ou lendários, da Antiguidade de Israel. O mais importante, talvez, seja o fato de a Bíblia ser tida como a palavra de Deus.

Já o *Popol Vuh*, dos maias, é um livro que contém a história da criação do mundo, uma lista de regras e rituais ordenados divinamente e uma

610 MITOLOGIA

história da fundação do povo maia, que dá aos reis uma espécie de autorização divina e os associa a uma lista de governantes lendários. O mais importante, talvez, seja o fato de que o *Popol Vuh* era tido como a palavra dos deuses.

Portanto, a Bíblia e o *Popol Vuh* possuem algumas características em comum. Ambos eram textos sagrados centrais para as tradições religiosas de suas respectivas culturas. Foram transcritos por escribas, séculos após terem sido transmitidos oralmente. Contêm relatos poéticos da criação do mundo e histórias sombrias de morte e destruição. Ainda assim, pouquíssimas pessoas já ouviram falar no *Popol Vuh*. A maioria das universidades não oferece cursos sobre o *Popol Vuh*. Também não existem livretos com trechos das escrituras. Nem nunca foi publicada uma relação dos tópicos do *Popol Vuh*, para facilitar consultas referenciais. Em suma, o livro é um segredo bem guardado.

Mais uma vez, temos os espanhóis para agradecer. Depois de chegarem nas Américas, na década de 1500, eles — como muitos outros conquistadores — proibiram o uso da língua maia e outras línguas nativas e impuseram o uso do espanhol e do latim como línguas vernáculas. O catolicismo, claro, tornou-se a religião oficial — e talvez a única — das regiões por onde passaram. E deu-se início a um "culturicídio" em larga escala. Na introdução de sua tradução do *Popol Vuh*, o especialista Dennis Tedlock descreveu como os espanhóis destruíram uma cultura: "Apoiados por meios de persuasão que incluíam a pólvora, instrumentos de tortura e a ameaça de danação eterna, os invasores estabeleceram o monopólio de quase todas as formas significativas e visíveis de expressão pública, como o drama, a arquitetura, a escultura, a pintura e a escrita. Nas regiões montanhosas, quando perceberam que as estampas dos tecidos passavam mensagens complexas, eles tentaram banir o uso de vestimentas em estilo maia." (Ah, os terríveis espanhóis. Mas, se pararmos para pensar, nos Estados Unidos a pessoa pode ser expulsa de um shopping se estiver usando uma camiseta com dizeres que as autoridades não aprovem. Na França, meninas muçulmanas foram impedidas de usar o típico lenço de cabeça nas escolas públicas. Enfim, as roupas são, e sempre foram, uma forma de expressão espiritual, cultural e política.)

Na metade do século XVI, trabalhando em sigilo e anonimato, sacerdotes e escreventes maias, que haviam aprendido latim, traduziram cópias dos antigos livros maias, de hieróglifos para o latim. Eles também começaram a fundir o catolicismo com suas próprias crenças religiosas, de maneira muito parecida com o que fizeram os praticantes da *santería* e do vodu no Caribe. Por volta de 1700, uma versão latinizada de antigos textos maias foi encontrada por um padre franciscano em uma cidade da Guatemala. Em vez de destruir o livro — como aconteceu com a maioria das escrituras hieroglíficas maias e astecas —, o padre o traduziu para o espanhol, adicionando à lista de reis maias os nomes de alguns governantes espanhóis que comandavam a Guatemala. Talvez ele tenha pensado que, caso sua heresia fosse algum dia descoberta, o adendo o livraria de entrar numa fria eclesiástica.*

Foi assim, então, que o *Popol Vuh* sobreviveu. Após passar pelas mãos de escribas maias, que valorizavam a "palavra antiga", e pelo "sermão de Deus" pregado forçosamente pelos espanhóis, a obra permanece sendo uma fonte rara e importante, mesmo tendo sido filtrada pelo período colonial espanhol.

Dividido em cinco partes e com um pouco mais de cem páginas (na versão inglesa), o *Popol Vuh* começa com o relato da criação de um mundo onde existe apenas um céu vazio acima e um oceano abaixo.

---

* Essa cópia do *Popol Vuh* hoje pertence à Chicago Newberry Library. Outros quatro livros maias, escritos em hieróglifos, sobreviveram. Cada um é conhecido como "Códice" e eles se encontram em diversas bibliotecas de todo o mundo.

No centro da narrativa da criação figuram dois grupos de deuses, um pertencente ao mar, e o outro ao céu, que decidem criar a Terra, as plantas e as pessoas. O papel das pessoas, curiosamente, é adorar os deuses e lhes fazer oferendas. As primeiras pessoas que os deuses criaram não possuíam braços e só conseguiam murmurar e uivar – então se tornaram os primeiros animais. Uma segunda tentativa produziu um ser de barro, que não podia andar nem se reproduzir, e que se dissolveu e desapareceu. Após consultarem um casal de deuses mais velhos e sábios, os deuses realizaram uma terceira tentativa e criaram pessoas a partir de madeira. Mas o resultado apresentou apenas uma pequena melhora. As pessoas de madeira podiam falar e se reproduzir, mas deixavam muito a desejar em relação às preces e oferendas necessárias para os deuses.* O deus Huracan – nome do qual os espanhóis se apropriaram e transformaram na palavra "furacão" – decide se livrar dessas pessoas com um dilúvio e envia uma fortíssima tempestade e monstros terríveis para atacá-las. As pessoas de madeira são destruídas, mas algumas conseguem sobreviver na selva e se tornam ancestrais dos macacos.

Após essa rodada de criações humanas malfeitas, o *Popol Vuh* passa para uma narrativa longa, complexa e, sem dúvida, bizarra, sobre os dois pares de heróis nacionais semidivinos dos maias, os gêmeos Um Hunahpu e Sete Hunahpu, e os gêmeos Hunahpu e Ixbalanque – os matadores de dragões que derrotam os deuses do mundo inferior. As extraordinárias aventuras desses dois pares de gêmeos possuem todos os pré-requisitos para um ótimo jogo de videogame moderno. Uma jornada heroica dentro de um submundo com vários níveis de

---

* Este relato da criação possui paralelos com os relatos grego e chinês, que também falam de inúmeras tentativas imperfeitas ao se criar a humanidade.

Círculos sagrados 613

profundidade, cheio de demônios, com nomes como Arranca Ferida, zarabatanas, monstros, morcegos assassinos e muitas cabeças decepadas. Tudo isso está no centro das elaboradas histórias maias contadas no *Popol Vuh* (Ver adiante, *Quais deuses gostam de jogar bola?*).

Quem foram os maias que criaram o *Popol Vuh*?

Após dar uma espiada no *Popol Vuh*, fica-se com a seguinte pergunta na cabeça: como foi a evolução da civilização que criou esse livro tão extraordinário?

A resposta é simples: agricultura. A civilização na Mesoamérica – onde hoje ficam o sul do México e a maior parte da América Central – nasceu quando os povos passaram de caçadores e coletores para agricultores. Os primeiros agricultores formaram pequenas cidades nas clareiras da floresta tropical e cultivavam tomate, amendoim, abacate, tabaco, feijão e abóbora – muitas plantas e alimentos que os europeus só vieram a conhecer após as viagens de Colombo. A plantação mais importante, porém, era a de milho, que evoluiu a partir de um capim silvestre cultivado. Mais conhecido como maís na América Central, o milho acabou se tornando a base da dieta mesoamericana, fazendo parte da alimentação do gado e sustentando populações enormes.* Em cerca de 1700 a.C., técnicas elaboradas já permitiam o cultivo excedente de milho – uma necessidade econômica para o desenvolvimento de civilizações mais avançadas.

A primeira grande civilização mesoamericana, os olmecas, se fixara ao longo da costa do golfo do México, onde hoje ficam Veracruz

---

* Os europeus não tinham ideia do que era milho até Colombo levar algumas sementes de Cuba para a Espanha. No final do século XVI, a planta já era bastante cultivada na África, Ásia, sul da Europa e no Oriente Médio.

MITOLOGIA

e Tabasco, em torno de 1500 a.C. Certamente preparados para grandes conquistas, os olmecas criaram, em poucas centenas de anos, uma sociedade bastante sofisticada, com templos, pirâmides, um único soberano e com uma cultura forte, de base religiosa, que se espalhou por toda a Mesoamérica. Um de seus feitos mais notáveis foram as grandes cabeças de seres sobrenaturais ou divindades animais esculpidas em blocos de basalto com mais de 16.300 quilos. Os gigantescos blocos de pedra tinham de ser transportados por mais de 80 quilômetros, através de terrenos irregulares, sem o benefício da roda ou dos animais de carga, e o mais provável é que fossem conduzidos pelos rios. Descobertas em sítios arqueológicos olmecas de La Venta, Tabasco e San Juan Lorenzo, Veracruz, cinco dessas cabeças colossais podem ser hoje vistas em um parque de La Venta; outras estão em exibição em museus, dentre eles o Museu Nacional de Antropologia e História, na Cidade do México, e o Museu de Antropologia de Veracruz, em Xalapa.

A religião, escultura e arte olmeca em geral tiveram uma influência significativa nos povos mesoamericanos posteriores, inclusive na grande civilização subsequente, os maias. A civilização maia, que acabou criando cidades com pirâmides gigantescas e largas praças públicas na Guatemala e no sul do México, começou a alcançar um nível de complexidade, segundo pesquisas recentes, em 150 a.C. – muito antes do que se pensava anteriormente –, e atingiu o ápice em cerca de 200 d.C. Depois, continuou prosperando por centenas de anos, durante seu "período clássico", e entrou em declínio perto de 900 d.C.

Embora não tenham constituído um império, no sentido estrito do termo, os maias formaram cerca de noventa cidades-Estados, cada qual com uma língua diferente. Ainda assim, a cultura maia foi uma das primeiras na América a desenvolver uma forma de escrita avançada,

Círculos sagrados

uma língua composta de imagens e hieróglifos que era usada para o registro de textos sagrados. Além disso, também realizaram grandes avanços em matéria de astronomia e matemática, desenvolveram um calendário anual preciso e produziram obras notáveis de arquitetura, pintura, cerâmica e escultura. Por volta de 900 d.C., por motivos desconhecidos, a maioria da população maia abandonou as cidades da planície guatemalteca. Invasões e mudanças climáticas são possíveis causas, mas se sabe que alguns maias foram para o sul e outros para o norte, para a península de Yucatán. Lá, entre 900 e 1200 d.C., a cidade de Chichén Itzá transformou-se na maior e mais poderosa cidade maia.

Como todas as outras cidades maias, Chichén Itzá era um centro religioso, onde uma classe sacerdotal residia e servia às necessidades das populações rurais adjacentes. Todos os dias, essa classe sacerdotal realizava seus sacrifícios e rituais. Agricultores de cidades vizinhas iam para Chichén Itzá para festivais que ocorriam regularmente e incluíam danças, competições, como o jogo de bola (ver adiante), peças teatrais, orações e sacrifícios. Os sacrifícios às vezes incluíam apenas alimentos comuns. Mas o sacrifício humano também era necessário para apaziguar os deuses.

Governada por um conselho de nobres, Chichén Itzá logo dominou o Yucatán com uma combinação de força militar e controle de rotas comerciais importantes, até entrar em declínio em torno de 1200. Durante os duzentos anos que se seguiram, o Yucatán foi dividido por guerras civis e os maias acabaram se fundindo aos toltecas, um povo guerreiro que viera do norte do México. No início do século XVI, os espanhóis invadiram os territórios maias e, em 1500, já haviam subjugado quase toda a população local, escravizando os sobreviventes e forçando-os a trabalhar nas enormes plantações que começaram a cultivar.

Quais deuses gostam de jogar bola?

Por fim um mito que todos os viris fanáticos por esporte podem curtir! Um mito com jogo de bola. Hoje, as pessoas costumam falar das façanhas míticas de alguns atletas – como os extraordinários *home runs* que Babe Ruth prometeu fazer em homenagem a um garotinho doente. Mas na mitologia maia havia de fato grandes atletas. Como outros povos mesoamericanos, os maias praticavam com paixão um esporte que tem importância central no *Popol Vuh*.

Esse esporte maia, chamado apenas de "jogo de bola", era mais do que um simples jogo. Combinando elementos rituais com o entusiasmo típico de final de campeonato, o jogo ocorria em um campo com dois muros. O maior desses campos esportivos maias que já foi encontrado fica em Chichén Itzá e mede 140 x 35 metros (um pouco mais longo e mais estreito que o campo de futebol ou futebol americano típicos). Nos campos, havia dois muros de pedras inclinados e paralelos, e no topo desses muros ficavam discos vazados ou aros em ângulo reto. Dois times competiam para conseguir passar uma bola de borracha por um desses aros. Em outras versões, o jogo incluía marcadores que, quando tocados, também garantiam pontos. Os inventores do esporte devem ter sido os olmecas, primeiro povo a cultivar seringueiras e cujo nome, de origem asteca, significava "as pessoas que usam a borracha".

Parece fácil – como o basquete. O complicado, porém, era que a bola não podia tocar o chão e tinha de ser atirada de uma certa distância dos muros, usando apenas os cotovelos, joelhos e quadris. Um único ponto – ou um toque da bola no chão – punha fim ao jogo, em geral. Portanto, devia ser difícil ganhar – mas devia ser mais difícil ainda perder. Nesse jogo, a "morte súbita" podia ser literal, pois às vezes o líder do time perdedor era vítima de sacrifício. Isso não

Círculos sagrados

ocorria em todos os jogos, mas em muitos, já que o sacrifício humano era essencial para as religiões mesoamericanas. E os técnicos dos times de hoje achando que sofrem muito!

A importância fundamental do jogo de bola é enfatizada na parte 3 do *Popol Vuh*, em que dois grupos diferentes de heróis, excelentes "jogadores", participam de um "Campeonato Submundial", com os deuses da morte.

A narrativa conta que a primeira dupla de gêmeos, Um Hunahpu e Sete Hunahpu (seus nomes são datas do elaborado calendário maia), estava jogando bola, mas o jogo era tão barulhento que irritou os senhores de Xibalba (inferno), Um Morte e Sete Morte, que então convidaram os gêmeos para uma partida no mundo inferior. Dentre os senhores do inferno maia, havia os encantadores Arranca Ferida, Reúne Sangue, Demônio de Pus e Demônio da Icterícia. Os gêmeos aceitaram o convite e jogaram, mas os senhores do inferno roubaram descaradamente, mataram os irmãos e os decapitaram – muitas cabeças rolam ao longo de todo o *Popol Vuh*.

Uma das cabeças foi colocada em uma árvore, como um aviso para quem quisesse se meter com os senhores do submundo. Mas Lua de Sangue, filha de Reúne Sangue, ficou fascinada com a cabeça e ainda mais surpresa quando ela lhe falou algo. Ela pediu à menina para esticar a mão e depois cuspiu na palma. Com isso, Lua de Sangue engravidou. Seu pai ficou tão furioso que requereu o sacrifício da filha. A menina, porém, conspirou com os mensageiros que a sacrificariam e pediu a eles que levassem de volta um coração falso, como na história da Bela Adormecida, em que o caçador que deveria matá-la leva como prova do crime o coração de um animal. Lua de Sangue saiu em busca de sua sogra na Terra, onde deu à luz os gêmeos heróis Hunahpu e Ixbalanque.

MITOLOGIA

Desde o início, ficou claro que os irmãos tinham poderes mágicos, pois os dois cresceram rápido, tornaram-se exímios caçadores e realizaram todo tipo de milagre, como, por exemplo, matar monstros. Um dia eles encontraram o equipamento esportivo do pai e decidiram jogar bola. E, como o pai e o tio, fizeram muito barulho ao jogar, irritaram os deuses de Xibalba e foram convocados ao mundo inferior para uma série de desafios. Ao contrário de seus ancestrais, porém, os gêmeos conseguiram passar a perna nos senhores do inferno. Trapaceiros exemplares, eles superaram todos os desafios que lhes foram impostos. Por fim, foram colocados em uma Casa dos Morcegos. Um dos morcegos lançou-se num voo e decapitou Hunahpu, e sua cabeça foi utilizada como bola na partida seguinte do jogo. Mas Ixbalanque trocou a cabeça do irmão por uma abóbora e Hunahpu, voltou à vida. Quando os senhores da morte perceberam que foram enganados mais uma vez, decidiram queimar os gêmeos.

Com a ajuda de um mágico, eles se jogaram voluntariamente em um poço de fogo e ressuscitaram cinco dias depois. Em seguida começaram a viajar pela região como mágicos. Os senhores do inferno, quando ficaram sabendo dessas incríveis habilidades mágicas, ordenaram que os irmãos lhes fizessem uma apresentação, e assim foi feito e os gêmeos impressionaram a todos com uma série de desmembramentos e decapitações de animais e de si mesmos — pois eles sempre se recuperavam! Testemunhando o milagre, os moradores de Xibalba quiseram participar da apresentação e pediram aos gêmeos que os matassem e depois os ressuscitassem. Os heróis não tardaram em aceitar a proposta, mas não trouxeram os senhores do inferno de volta à vida. Dessa forma, a morte foi derrotada e a humanidade passou a ter esperança. Os gêmeos foram recompensados pelo grande serviço que prestaram e transformados no Sol e na Lua.

Círculos sagrados

Como prova o *Popol Vuh*, com seus rios de sangue e incontáveis cabeças decapitadas a mitologia maia não era feita só de brincadeiras. A religião maia tinha obsessão por imagens da morte e incluía o sacrifício. Nas cidades, construídas principalmente para a realização de cerimônias, figuravam pirâmides de pedra calcária em cujo topo ficavam os pequenos templos em que sacerdotes realizavam esses rituais sangrentos. Os deuses, sem os quais não existiriam os ciclos da natureza nem haveria fertilidade, exigiam oferendas. Para conseguir a ajuda divina, os maias jejuavam, oravam e imolavam cervos, cachorros e perus.

As pessoas também ofereciam o próprio sangue aos deuses e, às vezes, o sacrifício era feito por um sacerdote ou nobre, que perfurava a própria língua, ou o pênis, as orelhas, lábios e outras partes do corpo. Depois, o sangue da perfuração era salpicado sobre pedaços de papel, de casca de árvore ou coletado em tigelas. Em algumas situações, era necessário arrancar o coração vivo da vítima em sacrifícios realizados no topo das pirâmides. Para uma cultura que acreditava que o mundo já havia sido criado cinco vezes, destruído quatro vezes e seria destruído mais uma vez, esses atos eram parte natural da vida. Para a maioria das pessoas, morte era sinônimo de Xibalba, ou inferno. O paraíso estava reservado para aqueles que morressem durante o parto ou em batalha, ou para quem fosse enforcado ou oferecido em sacrifício. Os conceitos de penitência, jejum, abstinência, dilúvio mundial e de um deus torturado e ressurreto faziam parte das tradições maias — e fizeram com que essas tradições fossem terreno fértil para a religião católica.

QUEM É QUEM NO PANTEÃO MAIA

O panteão maia era bastante vasto. A lista abaixo compreende os deuses mais importantes:

Ah Puch   Retratado como um esqueleto com as costelas expostas e o rosto da morte – ou como um cadáver inchado –, Ah Puch é inconfundível. Ele é o "senhor da morte", que visita os lares dos doentes e moribundos para arrebatá-los para o reino dos mortos. Também é conhecido como Cizin, "o flatulento". Ao que tudo indica, Ah Puch é até hoje temido pelos descendentes dos maias, que vivem na Guatemala e o chamam de Yum Cimil.

Chac   Retratado como o guerreiro cujas lágrimas trouxeram a água da chuva para a Terra, Chac é um deus da chuva, da agricultura e da fertilidade, e uma das divindades que foram cultuadas por mais tempo na Mesoamérica. Foi responsável por trazer o milho às pessoas, pois abriu uma pedra onde estava escondido o primeiro pé da planta. Chac costuma ser adorado como quatro deuses separados, porém benéficos, cada qual representando um ponto da bússola. No ritual que requeria o sacrifício de uma vítima humana, que tinha seu coração pulsante arrancado, quatro homem auxiliavam o sacerdote e eram chamados de *chacs*.

Hunab   Deus criador e remoto, Hunab renova a Terra por três vezes antes de submergi-la em um dilúvio. Na primeira vez, ele repovoa a Terra com anões; na segunda, com uma raça obscura, e, por fim, com os maias, que estão destinados a sofrerem o quarto dilúvio. Hunab talvez fosse pai do deus supremo, Itzamna.

Itzamna   Maior divindade da Antiguidade maia, Itzamna é o deus dos céus – deus do dia, da noite e da Lua, que trouxe a escrita, os rituais religiosos e a civilização. Longe de ser uma figura impressionante, de poder e glória, como Zeus, Itzamna é retratado como um velho encarquilhado e banguela. Mas não se engane. Ele também é o senhor da medicina, detentor de um poder de cura que permite que acabe com doenças fatais e ressuscite os mortos.

Segundo alguns especialistas, Itzamna nunca é responsável por nada de ruim que aconteça – diferente de sua esposa, **Ixchel**, ou Senhora do Arco-Íris, uma deusa repugnante e assustadora. Apresentada como uma velha raivosa e muito poderosa, Ixchel é deusa da gravidez, da obstetrícia e do parto, sendo capaz de prever o futuro. Mas ela é também deusa das tempestades, responsável pelas chuvas desastrosas e dilúvios – daí talvez venha a ligação com seu epíteto, Arco-Íris. Ixchel costuma ser retratada com uma saia cheia de ossos cruzados e uma cobra na cabeça. É a Serpente do Céu, que contém toda a água do céu em sua barriga. A maioria das representações artísticas mostra Ixchel segurando uma jarra d'água, o recipiente da destruição, de onde ela pode jorrar suas torrentes destrutivas a qualquer momento.

Ixtab Uma deusa incomum, costuma ser retratada pendurada em uma árvore, com o corpo parcialmente decomposto, e é considerada a deusa do suicídio, aquela que leva as almas dos que morrem enforcados para o descanso eterno. Como os maias tinham certa obsessão com a morte, em especial a morte violenta, talvez acreditassem que o suicídio fosse uma forma honrosa de se entrar no além-mundo. Ixtab recolhe as almas dos suicidas, dos guerreiros mortos em batalha, das vítimas de sacrifício e das mulheres que morrem durante o parto e as leva para o descanso eterno.

Kinich-Ahau Antigo deus sol dos maias, Kinich-Ahau é capaz de assumir diferentes formas, de maneira muito parecida com o egípcio Rá. Quando Kinich-Ahau cruza o céu durante o dia, aparece velho e jovem. Durante a noite, transforma-se no deus jaguar. O maior e mais potente felino da América Central, o jaguar era temido e admirado pelos povos antigos do México, sendo um dos deuses mais antigos da região. O jaguar é também soberano do mundo inferior e símbolo de poder, fertilidade e realeza. Para mostrar que também possuíam essas mesmas qualidades, os sacerdotes maias costumavam vestir pele de jaguar.

Pauahtun Deus com quatro encarnações, Pauahtun fica nos quatro cantos do mundo, sustentando o céu. Apesar de ter uma função tão importante, é considerado um beberrão e o imprevisível deus dos trovões e ventos.

OS MITOS DOS ASTECAS

Embora seja um tanto inadequado, o nome "asteca" é muito usado em referência ao povo que se fixou no vale do México em torno de 1200 e fundou a cidade de Tenochtitlán, região da atual Cidade do México, em 1325, segundo a tradição asteca. O vale, uma enorme bacia oval, cerca de 2.300 metros acima do nível do mar, fica nos trópicos, mas tem clima ameno graças a sua altitude. Tecnicamente falando, todos os povos do vale do México que falavam a língua "náuatle" eram "astecas", ao passo que a tribo que passou a dominar a área se chamava tenochca e era uma divisão de um grupo maior, chamado méxica – palavra que os espanhóis transformaram em "México". Segundo a lenda asteca, os antepassados do povo que foi para o vale do México e fundou Tenochtitlán eram oriundos de uma região chamada Aztlán, daí o nome "asteca". No início da década de 1400, já haviam dominado a área.

Círculos sagrados 623

VOZES MÍTICAS

Eles têm um hábito horrível e abominável, que deve realmente ser punido e que, até hoje, nunca vimos em nenhuma outra parte do mundo, e é o seguinte: quando desejam pedir algo aos ídolos e desejam que o apelo seja bem-recebido, eles apanham meninas e meninos, e até adultos, e, na presença desses ídolos, abrem o peito dessas pessoas enquanto ainda vivas e arrancam seus corações e entranhas e queimam tudo perante os ídolos. Certamente Nosso Senhor Deus ficaria muito satisfeito se Vossa Alteza introduzisse esse povo na Fé Católica e os instruísse sobre nosso Deus, e, assim, toda devoção, fé e esperança que eles aplicam a esses ídolos seriam transferidas para o poder divino de Deus.

— HERNANDO CORTÉS* *(1521)*

Os espanhóis apostaram quem racharia um homem em dois, ou arrancaria sua cabeça em um só golpe, ou abriria suas entranhas. Eles arrancavam os bebês dos seios das mães pelos pés, e os batiam contra as pedras. (...) Eles espetavam o corpo dos outros bebês, e os de suas mães e de todos que estivessem na frente de suas espadas. (...) [Eles enforcavam os índios] por grupos, em homenagem e reverência ao Nosso Redentor e aos doze Apóstolos; eles punham madeira por baixo dos corpos e queimavam os índios vivos. (...) Vi todas as coisas acima descritas. (...) Todas testemunhei com meus próprios olhos.

— FREI BARTOLOMEU DE LAS CASAS,
História das Índias, *1552*

---

* O nome desse explorador e conquistador espanhol pode ser escrito de diversas formas. No *American Heritage Dictionary*, aparece como Hernando Cortés.

O que distingue a mitologia mesoamericana?

Não resta dúvida de que o que distingue a mitologia mesoamericana das muitas outras mitologias mundiais é sua preocupação com o sacrifício humano. É claro que, ao longo da história, outras civilizações fizeram uso dessa prática, mas em nenhum outro lugar ela ocorreu com a mesma proporção que obteve na Mesoamérica. E em nenhuma outra região mesoamericana ela foi tão acentuada quanto na civilização asteca, um povo originalmente conhecido como tenochca.

Segundo seu mito fundador, os tenochcas foram orientados pelo deus Huitzilopochtli a deixar sua região natal, ao norte, e migrar para o vale do México. Num primeiro momento, eles viveram na cidade de Culhuacán. Mas, depois que sacrificaram a filha do rei local, foram obrigados a se mudar e formar sua própria cidade, Tenochtitlán, em uma ilha no meio do lago Texcoco. Os tenochcas foram se tornando guerreiros cada vez mais poderosos e habilidosos e trabalhavam como mercenários nos conflitos constantes que ocorriam entre povos da área. Na metade no século XV, construíram uma passagem elevada que ligava sua cidade insular ao continente e começaram a conquistar o vale do México, logo emergindo como uma poderosa cidade-Estado que dominava toda a região. Sob o reinado de Montezuma I (também conhecido como Moctezuma), de 1440 a 1469, os tenochcas conquistaram grandes áreas a leste e a sul, e o nome "asteca" hoje costuma se referir a esse grupo maior, que construiu um império. Os sucessores de Montezuma expandiram o império até a atual região da Guatemala, ao sul, e o estado de San Luis Potosí, cerca de 360 quilômetros ao norte da Cidade do México.

À medida que se espalhavam, os astecas fundiam muitos dos deuses, crenças e práticas das áreas ao redor à sua própria religião e mitologia, dentre eles os deuses da antiga cidade misteriosa de Teotihuacán, que denominaram "o local onde os homens se tornam deuses", e os remanescentes dos toltecas, outra tribo guerreira que havia conquistado grande parte do território maia no Yucatán. Quando Montezuma II tornou-se imperador, em 1502, o Império Asteca estava no auge do poder e centenas de cidades próximas, que haviam sido conquistadas, tinham de pagar altos impostos a seu conquistador. Quando os espanhóis chegaram, na década de 1500, Tenochtilán devia ter uma população de 200 mil a 300 mil habitantes, maior do que qualquer cidade espanhola da época. Os governantes astecas, porém, haviam feito muitos inimigos dentre esses povos que taxavam e com os quais lutavam tão implacavelmente. Os espanhóis puderam usar esse antagonismo local para fazer aliados entre os nativos, que esperavam pela oportunidade de derrubar Montezuma.

A sociedade asteca era altamente militarizada, com o tipo rígido de distinção de classe, típico do feudalismo europeu, que distinguia entre nobres, povo, servos e escravos. Embora um único imperador presidisse a tudo, havia um conselho de nobres que comandava unidades militares localizadas em pontos-chave do império. A classe militar incluía uma hierarquia de cavaleiros e outros membros, cujo principal objetivo era lutar nas chamadas "guerras floridas" (*la guerra florida*). Não se deixe enganar pelo nome. Essas guerras não tinham nada a ver com jardinagem. Elas nasceram a partir de um acordo feito entre astecas e outras tribos locais para realizarem batalhas simuladas, com o objetivo de garantir prisioneiros para serem sacrificados. Em datas estipuladas, os jovens membros da classe guerreira lutavam para provar sua capacidade e capturavam prisioneiros para os sacrifícios.

Para os astecas, a guerra era um dever religioso cujo objetivo era obter vítimas para serem oferecidas aos deuses, e oferecer sangue aos deuses era um dever sagrado. Sendo assim, os métodos de combate eram pensados para capturar prisioneiros, em vez de matá-los.

626   MITOLOGIA

A principal arma utilizada, um tipo de clava com pedaços de obsidiana afiada nas pontas, era eficaz para neutralizar o oponente sem liquidá-lo. Para proteção, os guerreiros levavam escudos de madeira e vestiam armaduras de algodão acolchoadas. Sem dúvida, essas armas e armaduras não eram muito eficazes contra as espadas de aço, armaduras de metal, armas de fogo e canhões usados pelos espanhóis. Além disso, os astecas e outros guerreiros nativos, acostumados a capturar prisioneiros em batalha, não estavam preparados, num primeiro momento, para lutar em combates nos quais o objetivo era matar.

O fruto das "guerras floridas" – o sangue que jorrava das feridas era chamado de "flor da guerra" – era imolado em grandes cerimônias, durantes as quais corações humanos eram oferecidos a Huitzilopochtli e outras divindades importantes. Para um povo que acreditava que o mundo já havia sido destruído quatro vezes, essa alimentação dos deuses era uma forma de se evitar o fim do Universo. A sinistra "cirurgia de coração aberto" era executada por sacerdotes, que rasgavam o peito da vítima ainda viva e arrancavam seu coração. Como os maias, os astecas criam que os deuses precisavam de corações e do sangue humano para permanecerem fortes. Antes de morrer, as vítimas de sacrifício, que representavam simbolicamente os deuses, eram vestidas com roupas ricas, atendidas por serviçais e tratadas com honra. Assim que morriam, suas almas voavam para Tonatiuhichán – a Casa do Sol. Lá ficava o maior dos paraísos, onde guerreiros mortos passavam a vida eterna – e viviam felizes para sempre. De acordo com alguns relatos – sobre os quais existem controvérsias –, sacerdotes e adoradores às vezes comiam pedaços do corpo das vítimas, acreditando que a força e a coragem do morto passariam para quem comesse sua carne. A maior parte das vítimas era composta de prisioneiros de guerra, mas os astecas também sacrificavam crianças para o deus Tlaloc.

Alguns críticos e historiadores atuais acreditam que os relatos de sacrifício dos astecas não passam de propaganda espanhola, escrita pelos invasores para justificar sua própria brutalidade. Mas a grande maioria das pesquisas e descobertas arqueológicas recentes corrobora a visão de que os astecas haviam promovido o sacrifício humano a um horripilante rito cultural.

É verdade que os astecas pensaram que os espanhóis eram deuses?

Na escola primária, se ainda ensinavam algo a respeito da chegada dos espanhóis na região que se tornaria o México, talvez você tenha ouvido a seguinte versão dos acontecimentos: quando os espanhóis chegaram vestindo armaduras de metal barulhentas em seus cavalos, até então esses animais desconhecidos pelos americanos, os "primitivos" e inadvertidos astecas os acolheram, crendo que a chegada de Cortés fosse o retorno do deus Quetzalcoatl. Embora estivesse acompanhado por um grupo pequeno de homens, Cortés entrou em Tenochtitlán, capturou Montezuma e, sem demora, tomou a cidade e o Império Asteca, que acabou sendo destruído.

A realidade, como sempre, é um pouco mais complexa. Primeiro, devemos começar pela origem da história – ou lenda, como pode ser chamada. A maioria dos relatos sobre a chegada de Cortés e dos espanhóis, em especial sobre seu encontro com Montezuma, foi escrita pelo próprio Cortés, por outros conquistadores ou, mais tarde, por sacerdotes católicos. É como ler a história da era colonial na Virgínia escrita pelo capitão John Smith, ou como aceitar a versão de Hitler sobre a invasão da Tchecoslováquia. Nem de longe são relatos imparciais.

628 MITOLOGIA

Na verdade, Cortés desembarcou na costa leste do México em 1519 e marchou para o interior, até a capital asteca. Ele e seus homens, nem todos soldados treinados, ganharam a companhia de milhares de nativos, que haviam sido conquistados pelos astecas e ressentiam-se desse domínio. Montezuma II não se opôs aos avanços espanhóis e, de fato, os acolheu, mas depois foi tomado como refém. Em 1520, o povo asteca se rebelou e expulsou os espanhóis da cidade. Naquele mesmo ano, Montezuma morreu, não se sabe se em decorrência de uma execução ou de ferimentos contraídos durante a rebelião. Cortés reorganizou seu exército e deu início a um ataque sangrento em Tenochtitlán, em maio de 1521. O sucessor de Montezuma, Cuauhtémoc, se rendeu em agosto do mesmo ano. Tempos depois, os espanhóis o enforcaram por "traição".

Permanece, então, a pergunta: os mitos tiveram alguma participação nesse encontro fatal? A maioria das histórias sobre essa conquista alega que Montezuma acreditava que Cortés representava o deus Quetzalcoatl. Mas Matthew Restall, especialista em antropologia e em estudos latinos, acha que esse é um dos *Sete mitos da conquista espanhola*, título de sua obra de 2003. Outros pesquisadores concordam e também questionam a antiga hipótese. John H. Elliott, historiador britânico, sugere que essa versão do papel dos mitos astecas na conquista espanhola é, ela própria, cheia de lendas. Em primeiro lugar, Cortés não fez nenhuma menção ao mito de Quetzalcoatl em seus escritos. Restall e Elliott acreditam que essa versão só surgiu tempos depois — talvez vinte anos após a chegada dos espanhóis. Elliott também descarta os registros que Cortés fez de dois discursos de Montezuma, pois acredita que não passam de criação elaborada pelos espanhóis para consumo da corte real. Além disso, nenhum registro contemporâneo — nos escritos de Cortés ou nos relatos posteriores dos astecas — confirma a ideia de que os astecas pensavam que os europeus fossem deuses.

A questão de os astecas terem ou não acreditado que Cortés era o deus Quetzalcoatl permanece sendo um intrigante mistério. Contudo, é certo que não foi essa a razão que levou à derrocada final de um império poderoso. Em *Plagues and Peoples* ("Pestes e povos"), sua célebre obra sobre o papel das doenças na história, William H. McNeill escreve: "Quatro meses após os astecas terem expulsado Cortés e seus homens da cidade, uma epidemia de varíola eclodiu na região, e o homem que havia organizado o ataque a Cortés foi um dos que morreram da doença. (...) Tamanha parcialidade só poderia ser explicada com argumentos sobrenaturais, e não havia muitas dúvidas quanto a qual dos dois lados gozava dos favores divinos. As religiões, classes sacerdotais e modos de vida que haviam sido moldados em torno dos antigos deuses ameríndios não poderiam sobreviver a tamanha demonstração de poder superior dos deuses cultuados pelos espanhóis."

O que é o "Dia dos Mortos"?

Quando os espanhóis chegaram ao México e a outras regiões da Mesoamérica, em torno de 1500, uma das tradições nativas que encontraram foi um ritual que durava um mês e parecia zombar da morte. Embora a tradição tivesse raízes antiquíssimas, os sacerdotes católicos a consideraram "pagã" e fizeram de tudo para erradicá-la.

Durante a celebração, os astecas e outros povos mesoamericanos exibiam caveiras, pois elas simbolizavam as ideias gêmeas da morte e do renascimento. As caveiras eram usadas para homenagear os mortos, que, segundo a crença, voltavam para visitar os vivos durante o mês da festa. Quem comandava tudo era Mictecacihuatli, a deusa do mundo inferior conhecida como "Senhora dos Mortos".

Os espanhóis consideraram o ritual bárbaro e sacrílego, uma extensão dos sacrifícios humanos que eles já haviam eliminado. "Bons cristãos" não saíam por aí cultuando caveiras e outras partes do corpo humano (a menos, claro, que fossem os restos mortais ou "relíquias" de algum falecido que se tornara santo!). Em suas tentativas de converter os nativos ao catolicismo, tentaram aniquilar a celebração, que caía no nono mês do calendário solar asteca – por volta de agosto. Quando viram que não conseguiriam, simplesmente mudaram sua data para coincidir com dois dias sagrados para os católicos, o Dia de Todos os Santos e o Dia de Todas as Almas (1º e 2 de novembro).

É mais um exemplo clássico de como os mitos são transformados de uma cultura para outra. Da mesma forma que a Igreja conseguira converter o Samhain celta – também um período em que, acreditava-se, os mortos andavam pela Terra –, no Dia de Todas as Almas (ver capítulo 5), a festa dos mortos asteca também foi assimilada à tradição católica. Mas as antigas raízes nativas dessa celebração, hoje conhecida como *Día de los Muertos* (Dia dos Mortos), não desapareceram. Embora venha sendo cada vez mais comercializada sob a forma de um "*Halloween* hispânico", que se estende muito além do dia 31 de outubro, as tradições ancestrais dessa festa dos mortos ainda estão bem vivas. Hoje, pessoas no México e na América Latina, além de muitos norte-americanos de origem hispânica, usam máscaras de caveira feitas de madeira e dançam em homenagem aos parentes falecidos. Caveiras decorativas são colocadas em altares dedicados aos mortos. "Caveiras" de açúcar e biscoitos típicos são vendidos em toda a parte. Em muitos locais, é costume ir até o cemitério e fazer um piquenique ao lado do túmulo de algum parente falecido e comer as comidas favoritas do morto. Presentes são também colocados nas sepulturas.

QUEM É QUEM NO PANTEÃO ASTECA

Os astecas cultuavam centenas de divindades que, segundo a crença asteca, governavam todas as atividades humanas e aspectos da natureza. A lista a seguir inclui algumas das deidades centrais do panteão asteca:

Centeotl (Cinteotl) Deus do importantíssimo milho, Centeotl é uma figura-chave da fertilidade. Todo mês de abril as pessoas lhe oferecem o próprio sangue, que é borrifado sobre junco e exibido na porta da frente das casas. Centeotl também faz penitência para garantir colheitas abundantes. Todos os atributos ligados a Centeotl – sacrifício de sangue, penitência e um festival no mês de abril – foram ligados, por sacerdotes católicos, a Jesus e sua crucificação e ressurreição.

Coatlicue Conhecida como Senhora da Saia de Serpentes, Coatlicue é a mãe do deus central Huitzilopochtil e a deusa serpente da Terra. Ela veste uma saia de serpentes retorcidas, um colar de corações humanos e carrega um pingente de caveira. Coatlicue tem os seios flácidos, as mãos e os pés com garras e se alimenta de cadáveres. Mas a deusa não é totalmente desprovida de qualidades que a redimam. Como ela é a deusa da fertilidade da Terra, dá de bom grado aos homens as colheitas que eles precisam para viver.

Em um mito central dos astecas, Coatlicue engravida de forma mágica, em uma "concepção imaculada", quando uma bola ou chumaço de plumas cai do céu e pousa sobre seus seios. Seus quatrocentos filhos, pensando que a mãe havia se desgraçado ao engravidar, planejam seu assassinato para preservar a honra da família. Em alguns relatos, a deusa morre; em outros, sobrevive.

632 MITOLOGIA

De qualquer forma, ela dá à luz Huitzilopochtli, que brota de seu corpo na forma adulta e mata muitos de seus meios-irmãos. Para um povo que aceitava um mito em que um deus fora gerado a partir de um chumaço de plumas celestiais, não seria nem um pouco difícil aceitar a ideia do nascimento de Jesus.

Huitzilopochtli Embora muitas divindades astecas fossem emprestadas de outros povos ou transformadas a partir de outros mitos da Mesoamérica, Huitzilopochtli é um "autêntico asteca". Divindade suprema do panteão, é o deus da guerra e do Sol, é ele quem comanda os guerreiros a criarem um império, lutarem sem piedade e reunirem a quantidade necessária de prisioneiros para serem imolados aos deuses. Todas as noites ele passa por uma transformação, de maneira muito parecida com o egípcio Rá, transformando-se em ossos e retornando ao mundo na manhã seguinte. Seu nome significa "colibri azul à esquerda", pois quando um guerreiro morre, ele se transforma em colibri e voa para o mundo inferior. Não por acaso, o deus é retratado como um homem azul, armado da cabeça aos pés e decorado com penas de colibri.

O nascimento de Huitzilopochtli é excepcional, pois ele brota já formado do corpo de sua mãe, Coatlicue, no momento em que ela seria morta por seus quatrocentos filhos. Huitzilopochtli mata sua meia-irmã, **Coyolxauhqui,** ou Sinos de Ouro, e joga sua cabeça para o céu, onde ela se torna a Lua. Tendo uma mãe que é a Terra, uma irmã que é a Lua e quatrocentos irmãos que compõem as estrelas da Via Láctea, Huitzilopochtli e sua família formam todo o cosmo.

Mictlantecuhtli Deus da morte, Mictlantecuhtli governa o silencioso reino dos mortos, conhecido como Mictlán. Retratado como um esqueleto vestindo um chapéu cônico pregueado, o deus faz parte da história asteca da origem da humanidade. Conta a história que, quando os deuses decidiram repovoar a Terra – após um dilúvio! –, eles enviaram o deus Quetzalcoatl ao mundo inferior, para que ele reunisse os ossos dos mortos que seriam trazidos de volta à vida. Enquanto Quetzalcoatl carregava esses ossos, Mictlantecuhtli tentou enganá-lo. Quetzalcoatl deixou alguns ossos caírem e se quebrarem. Quando ele, enfim, recolheu todos os ossos e voltou para a Terra, eles foram borrifados com sangue dos deuses e transformados em homens. Como alguns tinham se quebrado, os homens nasceram com tamanhos diferentes.

Ometecuhtli (Ometeotl)   Criador supremo dos astecas, vive na parte mais alta do céu e é conhecido como "senhor da dualidade" ou "deus dois". Seu nome é adequado, pois o "senhor da dualidade" pode assumir diferentes formas, aparecendo inclusive sob a forma de uma encarnação dupla, um casal divino, os pais dos quatro grandes deuses astecas: Huitzilopochtli, Xipe Totec ("o senhor esfolado"), Tezcatlipoca e Quetzalcoatl.

Quetzalcoatl   Deus ressurreto, Quetzalcoatl é o grande rei que trouxe consigo a civilização. Conhecido como "serpente emplumada", ele é retratado como a combinação de uma cobra com as penas do quetzal, um pássaro cuja plumagem brilhante e colorida simbolizava autoridade para o povo maia (e que ainda é o pássaro nacional da Guatemala). Soberano semilendário cujas raízes se estendem até os antigos mitos dos toltecas e maias, Quetzalcoatl talvez tenha sido baseado em um rei-sacerdote tolteca, embora um dos deuses da criação maia, **Gucumatz** (ou Kukulkán), também seja chamado de "serpente emplumada" no *Popol Vuh*.

634 MITOLOGIA

Sua esposa, ou irmã, chama-se **Chalchiuhtlicue** e é deusa da água corrente. Ela protege os recém-nascidos, o casamento e o amor inocente.

No complexo calendário religioso asteca, que inclui quatro eras de durações variadas (de centenas a milhares de anos) chamadas "sóis", Quetzalcoatl governa o segundo sol, que acaba com furacões e os homens sendo transformados em macacos – um vestígio da mitologia maia. O primeiro sol é governado por Tezcatlipoca, irmão de Quetzalcoatl, e acaba quando as bestas consomem o mundo. O terceiro sol é comandado por Tlaloc, deus da chuva e da fertilidade, e acaba em fogo. O quarto sol é liderado pela esposa de Tlaloc, Chalchiuhtlicue, e acaba com o dilúvio no qual os homens são transformados em peixes. Após o quarto sol, Quetzalcóatl faz sua viagem ao mundo inferior para repovoar a Terra. A humanidade hoje está no quinto sol, que é governado pelo deus do fogo **Xiuhtecuhtli** e acabará com terremotos. Essa visão de mundo altamente apocalíptica se enquadrou muito bem na doutrina católica.

Quetzalcoatl participa de um importante mito asteca, em que discute com seu irmão, Tezcatlipoca. Existem duas versões para o que aconteceu depois. Ou Quetzalcoatl foi embora em uma jangada, ou se autossacrificou, em ambos os casos deixando a promessa de que retornaria algum dia. Foi esse o mito que Cortés supostamente explorou em sua conquista dos astecas, embora já se tenha chegado a um veredicto nesse caso.

Tezcatlipoca Irmão e às vezes adversário de Quetzalcoatl, Tezcatlipoca ("senhor do espelho fumegante") é o deus do sol de verão e da colheita, além de deus da seca, do escuro, da guerra e da morte. Seu nome deriva dos espelhos de obsidiana que os feiticeiros usavam para prever o futuro. A obsidiana, uma pedra negra, também era usada para fazer pontas de lança, machados de guerra e, mais importante, facas para serem usadas em sacrifícios.

Tezcatlipoca é uma deidade volúvel e tem dupla personalidade, podendo ser cruel ou gentil. Grande apreciador das batalhas, acredita-se que ele morra todas as noites e retorne ao mundo todas as manhãs.

Em Tenochtitlán, era costume selecionar homens belos e jovens para personificarem Tezcatlipoca durante um ano, após o qual eles eram mortos com uma faca de obsidiana, seu coração removido e oferecido em sacrifício.

Tlaloc   Antigo deus da chuva e da fertilidade adaptado da mitologia tolteca, Tlaloc é retratado como um homem negro com dentes caninos como de um jaguar, anéis em volta dos olhos e um pergaminho saindo da boca. É ele quem controla as chuvas, os raios e o vento, além de doenças como a lepra. Segundo os sombrios relatos sobre Tlaloc, seus rituais de sacrifício exigiam crianças. Os adoradores acreditavam que se as mães das crianças chorassem, a chuva das plantações estaria assegurada. A carne das vítimas de sacrifício era comida pelos sacerdotes e nobres. (Tlaloc corresponde a **Chac**, deus maia que também exigia sacrifícios.)

A consorte de Tlaloc é "A das Saias de Jade" (Chalchiuhtlicue), deusa dos rios e das águas sobre a Terra. A das Saias de Jade também protege as crianças. Talvez essa associação se dê por causa da bolsa d'água que se rompe momentos antes de a mulher dar à luz.

Tlazolteotl   Sem dúvida uma das divindades menos atraentes de todos os panteões do mundo, Tlazolteotl é chamada de "devoradora

636 MITOLOGIA

de excremento" e é, com justeza, conhecida como a deusa da imundície. Associada às consequências da luxúria e da libertinagem, ela é retratada de cócoras, na tradicional posição em que as mulheres dão à luz. Além disso, Tlazolteotl tem ligação com a confissão, a purificação e a penitência.

Xipe Totec Deus da agricultura e da tortura penitencial, Xipe Totec é o "senhor esfolado". De acordo com a mitologia asteca, o senhor esfolado submete-se à autotortura, sendo imitado pelos astecas, que laceram o próprio corpo com espinhos de cacto e pedaços de junco afiados. Talvez tenha havido uma ligação entre esse ritual e o milho, que perde a casca quando os brotos começam a rebentar. Ou uma ligação entre a pele nova e o crescimento da vegetação que se dá na primavera. É possível também que Xipe Totec sacrificasse a si mesmo para apaziguar a Senhora da Saia de Serpentes, a deusa Coatlicue, pois o mundo e o solo precisam ser reabastecidos com sacrifícios regulares.

Uma das formas de sacrifício asteca incluía o esfolamento. Às vezes, sacerdotes vestiam a pele que fora retirada de suas vítimas, talvez em homenagem ao "senhor esfolado".

E você achava que *O silêncio dos inocentes* era horripilante.

Xochiquetzal Deusa das flores e frutas, Xochiquetzal, ou Flor de Quetzal, é a mãe de Quetzalcoatl. Com o irmão gêmeo, **Xochipilli**, Príncipe das Flores, ela impera sobre a beleza, o amor, a sexualidade feminina, a alegria e a juventude. Quando Quetzalcoatl deixa o império, Xochiquetzal passa a se interessar menos pelas questões humanas. Muito semelhante à mesopotâmica Inanna e a outras deusas do amor do Oriente Próximo, ela protege as amantes e prostitutas em sua função de deusa da lua. Simbolizada pelas flores, Xochiquetzal também protege o casamento e é uma deusa da fertilidade, e talvez tenha cometido incesto com o irmão gêmeo, o Príncipe das Flores e deus da luxúria. Na mitologia asteca, ela é a guardiã dos espíritos dos bravos guerreiros que morrem e se transformam em pássaros emplumados.

OS MITOS DOS INCAS

Habitantes de um dos maiores e mais ricos impérios das Américas, os incas iniciaram sua ascensão em torno de 1200 d.C., e, em cerca de 1400, já haviam iniciado a expansão de seu império, vindo a dominar uma vasta região que se centrava na capital, Cuzco. O império se estendia por mais de 4.020 quilômetros ao longo da costa oeste da América do Sul, até os incas – chocados com uma epidemia que levou à guerra civil – serem rapidamente subjugados pelas forças espanholas, que chegaram em 1532. Mas a herança cultural inca até hoje é evidente nas montanhas do Peru, onde descendentes desse povo ancestral ainda falam quéchua, a língua inca, e realizam cerimônias de cura.

A "cidade perdida" de Machu Picchu era mesmo um "local sagrado"?

Sem dúvida, "cidade perdida" soa muito mais intrigante do que "casa de praia" ou "escapada de fim de semana". No entanto, ao contrário do que pensa a sabedoria popular, Machu Picchu talvez não fosse um local sagrado. Novas evidências arqueológicas mostram que os incas deviam ir para lá para relaxar, beber *chicha* (cerveja fermentada de milho ou de frutinhas) e se divertir.

Pelos quase cem anos que se passaram desde que Hiram Bingham, um explorador sem nenhuma experiência em arqueologia, encontrou,

MITOLOGIA

por acaso, as ruínas de Machu Picchu, em 1911, a ideia de uma "cidade perdida" secreta e sagrada tem povoado os sonhos de muita gente. Situada no alto dos picos nevados dos Andes, Machu Picchu ("velha montanha") tem incitado muitas pessoas a embarcarem em uma odisseia *New Age* ao Peru, na esperança de alcançarem a iluminação no alto desse "vórtice de energia" andino. Na escala Richter de "lugares místicos" do mundo, Machu Picchu fica no topo na hierarquia, junto com Stonehenge e as pirâmides egípcias. O complexo murado, capaz de acomodar mais de mil pessoas, é dividido em duas seções: uma área agrícola, com enormes terraços, canais de água e gigantescos muros de arrimo de pedras, e uma área "urbana", com mais de cem residências, armazéns, casas de banho, fontes e dois templos, um dos quais possui uma janela que permite que a luz do sol penetre durante o solstício de verão.

Machu Picchu e os incas que a construíram são fascinantes, mas são muito menos exóticos do que as histórias e teorias criadas em torno dessa lendária "cidade perdida". Como escreveu o correspondente científico do *The New York Times*, John Noble Wilford: "Bingham, historiador de Yale, lançou três hipóteses – todas erradíssimas. (...) O espetacular sítio arqueológico não era, como ele supôs, o tradicional local de nascimento do povo inca, nem sua derradeira fortaleza na luta perdida contra a invasão espanhola, no século XVI. Também não era um centro espiritual sagrado, ocupado por mulheres escolhidas, as "virgens do sol", e presidido por sacerdotes que adoravam o deus sol. Em vez disso, Machu Picchu era uma das muitas propriedades particulares do imperador, tendo sido um dos refúgios rurais favoritos da família real e da nobreza inca. O local era, afirmam os arqueólogos, o equivalente inca para Camp David,* ainda que em escala muito mais grandiosa."

---

* Camp David é a casa de campo dos presidentes norte-americanos. (N. T.)

Círculos sagrados

Mas não conheço ninguém que tenha feito uma peregrinação até a casa de campo presidencial para absorver suas energias psíquicas.

O povo que construiu a maravilha arquitetônica que é Machu Picchu foi o mesmo que construiu aquela que foi a maior e mais poderosa civilização das Américas antes da chegada de Colombo (ou "pré-colombiana", como dizem os livros escolares). Baseados na capital, Cuzco (ou Cusco),* no século XII d.C., os incas começaram a expandir seus territórios até ocuparem uma vasta região. Com um brilhante sistema de cultivo em terraços e um magnífico e abrangente sistema viário, o Império Inca se estendeu por mais de 4.020 quilômetros ao longo da costa oeste da América do Sul, desde a atual Colômbia, passando pelo Equador, Peru, Bolívia, Chile, até a Argentina. Com uma população estimada em 10 milhões de habitantes, segundo a *National Geographic*, esse império era, na verdade, uma espécie de confederação informal de tribos, governadas por um único grupo, os incas. A teocracia era a forma de governo que dominava, muito mais do que em qualquer outra civilização americana – muito em sincronia com os impérios do antigo Oriente Próximo. O soberano dos incas era considerado divino, um descendente direto do deus sol. Abaixo dele, ficavam sua família, um grande grupo aristocrata dominante e um elaborado sacerdócio, que praticava tanto sacrifícios humanos quanto mumificações. Muitas descobertas arqueológicas recentes vêm contribuindo para a compreensão da civilização inca, em especial a descoberta de grandes quantidades de múmias de crianças que foram sacrificadas.

Todavia, um governo tão centralizado fez com que os incas, em seu auge, fossem presas fáceis para os espanhóis. Quando Francisco

---

* Refletindo o conceito de "ônfalo", que vê determinados locais como centro da criação do mundo, Cuzco significa "umbigo" na língua inca, o quéchua.

Pizarro desembarcou na costa sul-americana, o povo inca já se encontrava dividido por uma guerra interna e uma crise de liderança, e enfraquecido por uma epidemia de varíola que viera do norte. Em 1532, Pizarro − descrito por historiadores como "um criador de porcos analfabeto" − marchou com 160 homens pelas montanhas, raptou Atahualpa, o soberano inca, o manteve como refém por pouco tempo e, depois, o executou, apesar do resgate que fora pago e que teria sido um dos maiores da história, equivalente a uma sala cheia de ouro. (Tempos depois, Pizarro se envolveu em uma série de intrigas e acabou sendo decapitado por rivais espanhóis, em 1541. Talvez exista algum tipo de "justiça implacável".)

Embora tenha havido uma série de insurreições e rebeliões incas nos trinta anos que se seguiram, era nítido o sinal de que uma desgraça estava por vir. No fim, "armas, germes e aço" tiveram, mais uma vez, uma eficácia brutal. Mas não foram os canhões, espadas e ferozes cães mastins de guerra dos espanhóis que aniquilaram a maior parte dos incas. Foi a varíola.*

Em *Plagues and Peoples*, um envolvente relato sobre o papel das doenças na história, William H. McNeill ressalta que o surgimento dessas doenças fatais teve muito mais do que um simples efeito de exterminar grande parte dos nativos das Américas Central e do Sul. Como afirma o autor: "Primeiro, espanhóis e ameríndios sem demora concordaram que as doenças epidêmicas eram uma forma assustadora e inequívoca de punição divina. (...) Em segundo lugar, os espanhóis eram praticamente imunes a essas terríveis doenças que assolaram

---

* A história de Pizarro e sua cruel subjugação dos incas é tema de "A batalha de Cajamarca", uma fascinante narrativa presente na obra de Jared Diamond, *Armas, germes e aço*.

Círculos sagrados 641

tantos ameríndios, com tanta crueldade. (...) Os deuses [dos índios], tanto quanto o Deus dos cristãos, pareciam concordar que os brancos recém-chegados tinham aprovação divina para fazer o que faziam. (...) Do ponto de vista ameríndio, a aquiescência estupefata era a única resposta possível à superioridade espanhola."

O Império Inca, essa civilização envolta por lendas que Pizarro dizimou com tanta eficiência, nascera, de fato, por volta de 1438, quando Pachacuti, o nono imperador inca, sufocou uma invasão dos vizinhos da confederação Chanca. Denominado o "Alexandre, o Grande" dos incas, Pachacuti foi o líder militar e competente administrador responsável pela conquista das regiões ao sul de Cuzco e pela reconstrução da cidade como centro do império e monumento ao poder inca. Ele deu início à construção de Machu Picchu em torno de 1450 e, tempos depois, passou a ser considerado um deus criador.

A partir de documentos espanhóis, objetos de cerâmica recuperados e outros indícios arqueológicos já encontrados, pesquisadores estimam que Machu Picchu tenha sido quase que totalmente abandonada apenas oito anos após sua construção. A peste, trazida pelos espanhóis, já havia deixado o restante do império em polvorosa nesse período. Mas a remota Machu Picchu, com seus 2.100 metros de altura, permaneceu quase que intocada – e invisível para os espanhóis. Embora seja chamado de "cidade perdida", o local não era de modo algum uma cidade. Era apenas um esplêndido refúgio.

Ainda assim, Bingham, o homem que ficou famoso por descobrir Machu Picchu, não estava de todo errado quanto aos aspectos religiosos do local. Sem dúvida, existiam templos por lá, e eram praticados rituais que cultuavam o Sol e que deviam ser regados a *chicha*. Essa cerveja local era certamente produzida em um sítio arqueológico com mil anos de idade, que continha vinte tanques de fermentação e foi descoberto nos Andes em 2004. Descrito por um pesquisador

642 MITOLOGIA

como uma cervejaria "institucional, em larga escala e com patrocínio do Estado", o estabelecimento podia produzir centenas de litros de cerveja de uma vez. Segundo o especialista Gary Urton, a *chicha* era fermentada na mesma área onde Mama Huaco, uma das irmãs ancestrais fundadoras da civilização inca, foi mumificada e enterrada.

Os incas tinham um mito fundador?

Como os incas não tinham nenhuma forma de linguagem escrita, quase tudo que conhecemos sobre sua mitologia e religião vem de relatos feitos pelos conquistadores espanhóis ou de histórias contadas pelos nativos para os senhores europeus. Em consequência disso, muitos desses mitos são considerados suspeitos.* Dentre eles, temos uma variedade de mitos e lendas fundadoras que envolvem um grupo de irmãos chamados Ayars, que talvez fossem baseados em personagens históricos. Em sua obra *Inca Myths*, Gary Urton, antropólogo especialista em civilização inca, explica que "Ayar deriva do termo *aya*, "cadáver" na língua quéchua, estabelecendo uma ligação entre os ancestrais, como personagens mitológicos, e os restos mumificados dos reis incas, que eram mantidos em uma sala especial do Templo do Sol em Cuzco. Além disso, essa mesma palavra, "ayar", era o nome de uma variedade selvagem de quinoa, um grão plantado nas elevadas altitudes dos Andes.

Em um desses mitos fundadores, encontramos um tema bastante comum da mitologia, a rivalidade fraterna e o incesto, quando quatro irmãos e quatro irmãs da família Ayar saem de cavernas nas montanhas

---

* O *quipu*, um complexo sistema de registro inca, era feito com cordões secos e ligados com nós, que só os sacerdotes eram capazes de interpretar. O sistema permanece sendo um mistério até hoje e alguns especialistas, como o antropólogo de Harvard Gary Urton, acreditam que o *quipu* era uma forma de escrita dos incas.

e fundam o Império Inca. Temendo que Ayar Cachi, o irmão poderoso e problemático, se torne dominante, os três outros irmãos se juntam para confiná-lo. Dos irmãos restantes, Ayar Oco transforma-se em uma pedra sagrada; Ayar Ayca torna-se protetor dos campos; e Ayar Manco (posteriormente chamado de Manco Capac) toma Cuzco, a capital inca, e casa-se com a irmã, Mama Ocllo.

Em outra versão da lenda, Inti, deus sol e criador, envia à Terra o filho, Manco Capac, junto com a filha e a esposa, Mama Ocllo, para que eles ensinem aos homens a civilização. Inti entrega a eles uma grande vara de ouro e diz que devem começar uma cidade no local em que o pedaço de ouro mágico afundasse sem interferência externa. Assim teria surgido Cuzco, a capital inca.

QUEM É QUEM NO PANTEÃO INCA

Como os incas costumavam absorver as divindades locais dos povos que conquistavam, seu panteão é abrangente. Os deuses a seguir são considerados, de forma genérica, as principais divindades que passaram pelo filtro do colonialismo espanhol:

Inti Deus sol de quem os incas se consideram descendentes, Inti é o ancestral divino que enviou os filhos à Terra com as artes da civilização. Em um mito fundador, os filhos de Inti fundam Cuzco e conquistam os povos dos Andes. Retratado como um disco solar com rosto humano, Inti era a principal divindade cultuada no grande Tempo do Sol de Cuzco, cujas paredes eram revestidas de ouro, que os incas acreditavam ser o suor do Sol. À medida que a mitologia inca evoluiu, Inti passou a ter três filhos – os deuses Viracocha, Pachacamac e Manco Capac.

644 MITOLOGIA

A esposa e irmã de Inti é **Mama Kilya**, deusa lua da fertilidade e protetora das mulheres. Os governantes incas costumavam se casar com parentes, como os faraós do Egito, talvez como forma de consolidarem seu poder.

Manco Capac Também conhecido como Ayar Manco, Manco Capac é o lendário fundador da casa real inca, que se casa com uma de suas irmãs, **Mama Ocllo**. Todos os soberanos incas que vieram depois de Manco Capac, alegavam ser seus descendentes.

Pachacamac Antigo deus sol, conhecido como "criador da Terra", Pachacamac é um personagem taciturno que aparece em um mito da criação peruano anterior ao dos incas, o qual pode ter-se originado na região costeira, e não na cordilheira dos Andes. Após criar o primeiro homem e a primeira mulher, Pachacamac despreza sua criação e o homem acaba morrendo de fome. Quando a mulher reclama da perda de seu companheiro, Pachacamac a engravida com os raios do sol e ela dá à luz um menino. Mas, depois de quatro dias, Pachacamac fica com ciúmes da criança, dilacera seu corpinho e transforma seus membros em alimentos. Os dentes se tornam milho, as costelas e ossos se tornam plantas e a carne do menino é transformada em frutas e vegetais. Em seu último ato de sacrilégio, Pachacamac usa o pênis e o umbigo da criança para criar outro filho, mas mata a mãe do primeiro menino. Por fim, o deus cria um novo casal de humanos para repovoarem a Terra. Sua esposa, **Mama Pacha**, era um dragão que causava terremotos e imperava sobre as plantações e as colheitas.

Viracocha Conhecido como "espuma do lago" (ou "lago da criação"), Viracocha é uma divindade peruana pré-inca, que foi adotada pelos incas quando conquistaram a região. Apesar de existirem diversas versões para sua história, todas baseadas em fontes da Espanha colonial, Viracocha sempre aparece como o criador que vive no lago Titicaca e supervisiona o Sol, a água, as tempestades e a luz. Ele também costuma ser retratado como um velho triste, que chora lágrimas de chuva por causa de sua decepcionante primeira criação – os homens. Quando Viracocha destrói sua criação com – o que mais poderia ser? – um dilúvio, os homens se transformam em uma raça de gigantes de pedra. Hoje, acredita-se que os vestígios dessas pedras fiquem perto do lago Titicaca, o lago mais alto do mundo, localizado na fronteira entre o Peru e a Bolívia. Algumas das muitas ilhas que ficam no lago possuem ruínas de civilizações que existiram antes da conquista espanhola.

Em sua segunda criação, Viracocha cria os ancestrais divinos dos imperadores incas. Os imperadores saem de uma caverna, ao passo que mortais comuns saem de outra.

A esposa (e irmã) de Viracocha é **Mama Cocha**, deusa do vento e da chuva.

Conforme a mitologia e a religião inca evoluíram, Viracocha passou a ser apresentado como filho de Inti. Como o Templo do Sol em Cuzco contém imagens de Viracocha e de todos os outros deuses incas, acredita-se que todos sejam manifestações de Inti.

OS MITOS DOS NATIVOS DA AMÉRICA DO NORTE

Canadá, México, Massachusetts, Utah. É difícil passar por algum lugar do continente norte-americano, deparar com esses nomes locais e não perceber que ali jaz um território indígena. Como escreveu Alvin M. Josephy Jr., em *500 Nations* ("500 nações"): "Ninguém

MITOLOGIA

entende até hoje (...) que quase todas as comunidades do Canadá, dos Estados Unidos e do México foram outrora comunidades indígenas que existiam antes da chegada dos brancos e faziam parte de nações indígenas singulares, que cobriam todo o continente." Até seiscentas línguas diferentes eram faladas, e a quantidade de tradições sagradas não devia ser menor do que isso. Os primeiros europeus ficaram fascinados com esses povos e tentaram imaginar de onde eles teriam vindo. E a especulação, o debate e a controvérsia que pairam sobre esse assunto ainda perduram.

No entanto, todas as tribos sabiam exatamente de onde tinham vindo. E, como todas as outras culturas conhecidas, tinham histórias sagradas que explicavam suas origens. Muitas das tribos do sudoeste diziam que os primeiros homens haviam emergido de um buraco sagrado no chão. Outras tradições contavam histórias de raças de grandes animais que viveram antes dos homens, de trapaceiros que criaram os povos, ou de deusas mães que geraram a humanidade e tornaram o solo fértil. Mas, acima de tudo, os povos nativos da América do Norte reverenciavam a santidade da Terra e de tudo que havia nela, em uma ideia primordial que é encontrada em quase todos os mitos da região.

VOZES MÍTICAS

Antes da criação do homem, o Grande Espírito (cujas pegadas ainda serão vistas nas pedras, no Red Pipe [Cachimbo Vermelho], sob a forma de um grande pássaro) costumava matar búfalos e comê-los no topo das Rochas Vermelhas (...) e o sangue que corria pelas pedras fez com que ficassem vermelhas. Um dia, quando uma cobra longa rastejou até o ninho do pássaro para comer seus ovos, um dos ovos eclodiu em uma trovoada, e o Grande Espírito, que segurava um pedaço de

pedra de cachimbo* para jogar na cobra, o moldou e formou um homem. Os pés do homem cresceram rapidamente para dentro do chão, onde ele ficou por muitos anos, como uma grande árvore e, assim, ficou muito velho; ele era mais velho do que cem homens do dia de hoje; e, por fim, outra árvore cresceu ao seu lado, quando veio uma cobra longa e comeu as raízes das duas árvores, que vagaram perdidas juntas; delas, brotaram todos os povos que hoje habitam a Terra.

— *relato da criação dos sioux, narrado em* Letters and Notes on the Manner, Customs and Conditions of the North American Indians, *de* GEORGE CATLIN, *citado em* Parallel Myths, *de* J. F. BIERLEIN

Toda a Terra estava inundada. Iktome enviou animais para mergulharem e buscarem lama no fundo do mar. Nenhum animal conseguiu completar a tarefa. Por fim, ele enviou o Rato-Almiscarado. Ele voltou morto, mas com lama nas patas. Iktome viu a lama, pegou-a e criou a Terra a partir dela. (...) Depois, Iktome criou os homens e cavalos a partir da lama. Alguns membros dos assiniboine e de outras tribos do norte não tinham cavalos. Iktome disse aos assiniboine que deveriam sempre roubar os cavalos das outras tribos.

— *relato da criação dos assiniboines, citado em* Primal Myths, *de* BARBARA SPROUL

Deus Não Morreu. Ela é Vermelha.

— *famoso adesivo para carros*

---

* A pedra de cachimbo é um tipo de pedra vermelha e fácil de trabalhar, considerado altamente sagrado por diversos grupos nativos. É usada para fazer os cachimbos sagrados que são essenciais para a crença, o ritual e as cerimônias dos nativos da América do Norte.

Existe uma mitologia norte-americana?

Seja através de uma foto melancólica de Edward Curtis, em que um chefe de tribo solitário aparece no dorso de um cavalo, ou de uma pintura cheia de ação de Frederic Remington, com caçadores montados em seus cavalos, ou de um filme de John Wayne, no qual guerreiros indígenas em massa, montados em seus pôneis de guerra, aparecem no cume de uma montanha com um ar ameaçador. Os índios americanos e seus cavalos são ícones indeléveis.

No entanto, até pelo menos 1700, a maioria das tribos norte-americanas não conhecia o cavalo. O animal que tanto transformou o mundo ameríndio chegou na década de 1500, com os espanhóis, que os guardavam a sete chaves, tentando evitar que tamanha vantagem militar fosse tomada deles. Como escreveu Jake Page, em *In the Hands of the Great Spirit* ("Nas mãos do Grande Espírito"): "Os cavalos só viriam a transformar quase que totalmente as culturas das Planícies (...) e do sudoeste nas décadas do século seguinte (XVIII), vindo a produzir algumas das melhores cavalarias leves já vistas na Terra."

Um ameríndio e seu cavalo, conectados como um único ser, é um dos estereótipos mais persistentes sobre o passado dos nativos da América. Há outros, como as imagens usuais veiculadas por Hollywood, de "índios" como personagens selvagens, perigosos, esquivos e pouco confiáveis − *Indian givers** −, a não ser que sejam Lone Ranger e Tonto, seu confiável companheiro. Os estereótipos foram ressaltados pelo inglês *pidgin* utilizado em certos diálogos, como "You speak-um with forked tongue" e "We smoke-um peace pipe".** Embora o pior

---

* A expressão "Indian giver" significa alguém que dá um presente, mas espera outro em troca. (N. T.)

** Expressões que corresponderiam vagamente, em português, a "Mim não entender o que você fala" e "Mim fumar cachimbo da paz". (N. T.)

Círculos sagrados

desses absurdos já tenha sido eliminado, houve ainda o sucesso da Disney, de 1995, *Pocahontas*. Negligenciando fatos históricos, a Disney transformou a narrativa sobre John Smith, soldado mercenário que comandou Jamestown com mão de ferro, e Pocahontas, nativa que na época tinha 10 anos de idade, na versão colonial de *Romeu e Julieta*. Após assistir ao filme, o diretor de uma escola, de origem ameríndia, afirmou que Pocahontas equivalia a ensinar a seus alunos que, durante o Holocausto, Anne Frank se apaixonara por um soldado alemão.

Após deixar de lado esses estereótipos, o desafio é entender quem eram os nativos da América do Norte e em que eles acreditavam. Os problemas começam, porém, com os números em si. Existem praticamente tantas tradições e divindades quanto há tribos – e há centenas de tribos. Ainda assim, como salienta David Leeming, autoridade em mitologia dos nativos da América do Norte: "Embora as culturas ameríndias tivessem se tornado muito variadas quando chegaram à América do Norte, elas tinham, e ainda têm, em comum uma tradição mitológica coletiva identificável. (...) Esses temas comuns, em muitos casos, talvez possam ser rastreados não apenas às raízes asiáticas, mas também ao processo através do qual muitos povos migraram pelos continentes (...)."

Uma ligação fundamental entre muitas dessas tribos é a ideia de que tudo na vida tem um componente espiritual. Não apenas havia um poder ou espírito sobrenatural presente em toda a criação do mundo, esse poder também estava presente na vida diária – na preparação da plantação, da caça, na construção das casas ou na resolução dos conflitos. Outro aspecto comum é a ideia de que a criação da Terra e dos homens contou com um deus supremo, em geral um deus céu do sexo masculino, um pai do céu, ou "pai de tudo", mas podendo contar também com a participação de uma Mãe Terra, ou grande deusa. Quando a divindade suprema é do sexo masculino, os detalhes sujos da criação são deixados para um ajudante, como os "seres que

650 MITOLOGIA

mergulham na Terra" — em sua maioria, animais que criam a Terra ao trazerem pedaços de barro do fundo do oceano primevo. Em outras tradições, o assistente divino é uma deusa. Muitos especialistas apontam que essa hipótese parece muito com "o homem traz a carne, a mulher cuida da casa". Em qual tribo mesmo você já ouviu isso?

Outros fios comuns que percorrem as tradições norte-americanas são o xamanismo, os tambores, os cantos, as "tendas do suor" e os cachimbos. Acredita-se que essas tradições se originem das raízes pré-históricas compartilhadas por quase todos os povos da América do Norte. Mas talvez o lado "público" mais conhecido dessas tradições ameríndias sejam as danças sagradas, uma forma de oração comunal que trazia espiritualidade para a vida em apresentações pulsantes e rítmicas — algumas ao ar livre, outras em recinto fechado; algumas secretíssimas, outras públicas — e que ligavam as pessoas aos "mistérios" que as cercavam. A imagem vívida de ameríndios dançando em círculo em um campo seco, olhando para o céu e implorando ao Grande Espírito para trazer a chuva que irá molhar as murchas plantações de milho, é quase um ícone. A dança da chuva, porém, é apenas uma das muitas danças sagradas e seculares que são praticadas por diversas tribos. Das muitas outras, há a dança da pena, um ritual realizado sempre que uma pena de águia, de uma vestimenta cerimonial, cai no chão. Como a águia era considerada um pássaro sagrado, sua pena podia ser recuperada e "reconsagrada" em uma dança grupal. Para os iroqueses, a dança da pena era ainda uma expressão sagrada de agradecimento.

Talvez a "dança" ameríndia mais famosa seja a dança do sol. Um ritual que costumava durar quatro dias, ela era feita para saudar o renascimento da natureza após o inverno. Durante a preparação para a dança, uma árvore era cortada e seu tronco erigido como um poste sagrado. Após passarem dois ou três dias banqueteando, realizando

Círculos sagrados

rituais de purificação em tendas do suor e jejuando, os dançarinos pregavam seus corpos ao poste com pinos, que lhes perfuravam a carne e ficavam presos ao poste por longas cordas de capim. Depois, eles dançavam esticando as cordas e só paravam quando suas peles rasgavam ou quando entravam em colapso, exaustos e famintos. Acreditava-se que, ao fim da provação, os dançarinos haviam absorvido a dor e o sofrimento da tribo pelo ano que viria. Missionários e agências governamentais acabaram banindo a dança no século XIX.

A dança também era tipicamente associada aos rituais de fertilidade. Dentre as muitas tribos do sudoeste, havia a dança do milho, que acabou sendo fundida com festas católicas. E a dança da cesta, dos pueblos, que tinha esse nome por causa das cestas que simbolizavam fertilidade e que ocorria na primavera. Após a introdução do catolicismo, a dança da cesta foi passada para o inverno, pois os missionários não queriam que nenhum ritual de dança acontecesse durante os dias sagrados da Quaresma.

A dança dos fantasmas, cujo nome se referia aos espíritos dos antepassados e aos quase extintos búfalos, foi uma reação à chegada dos brancos e à destruição dos costumes nativos. A dança, que surgiu em 1870, nasceu de um movimento religioso dos paiutes do norte, de Nevada, e foi liderado pelo chefe de tribo Wodziwob. Um novo tipo de líder religioso, Wodziwob era visto como um dentre muitos outros "profetas" que apareceram nas tribos para restaurar a situação e fazer com que a vida voltasse a ser como era antes da chegada do homem branco. Para isso, ele instituiu muitas reformas, como a proibição do álcool, e propôs que fosse realizada uma dança dos fantasmas para que os ancestrais ajudassem no processo. A oração comunal na forma de uma dança circular contínua culminava quando os dançarinos alcançavam um estado de êxtase.

652 MITOLOGIA

Em 1890, outro movimento messiânico surgiu dentre os paiutes. Dessa vez, foi liderado por outro profeta, Wovoka, que também queria voltar ao tempo em que ainda não havia interferência do homem branco. A mensagem bastante benigna de Wovoka incluía um chamado para a realização de uma dança dos fantasmas de cinco dias, que ajudaria a promover a mudança. Sua mensagem chegou até as planícies e as tribos de lá enviaram uma delegação, que contava com Touro Sentado, para aprender mais a respeito da visão de Wovoka. À medida que o movimento conquistava seguidores, adquiria um aspecto mais militante, em especial dentre os sioux mais jovens, que chegavam até a usar uma "túnica da dança dos fantasmas" que, eles acreditavam, os protegeria de tiros. O movimento provocou histeria entre os colonizadores brancos, que o viam como uma perigosa conspiração. Por fim, foi requisitada ajuda militar, o que resultou na prisão e morte de Touro Sentado, e no massacre de mais de trezentos participantes da dança dos fantasmas — homens, mulheres e crianças da tribo lakota — em Wounded Knee, em 29 de dezembro de 1890, marcando o fim do movimento.

VOZES MÍTICAS

Enquanto ali estive, vi mais do que posso contar e compreendi mais do que consigo ver, pois via no espírito, de modo sagrado, as formas de todas as coisas, e a forma de todas as formas tal como devem viver juntas, como um único ser. E vi que o círculo sagrado do meu povo era um dos muitos círculos que faziam um só círculo, vasto com a luz do dia e a luz das estrelas, e no centro crescia uma imponente árvore florida para abrigar todos os filhos de uma só mãe e um só pai. E vi que era sagrado.

— *Alce Negro, em* Black Elk Speaks *("Alce Negro Fala")*

Círculos sagrados 653

QUEM É QUEM NO PANTEÃO DOS NATIVOS NORTE-AMERICANOS

A lista a seguir inclui alguns dos mais típicos e intrigantes deuses e personagens míticos da América do Norte. Entre eles, o Grande Espírito – um deus criador um tanto passivo, "pai de tudo", compartilhado por muitas tribos norte-americanas –, a Mãe Terra, os gêmeos e trapaceiros. (Origens tribais e locações também estão listadas.)

Coiote (muitas tribos e regiões)   Deus trapaceiro das tribos do oeste e sudoeste norte-americanos, o Coiote é a divindade travessa e astuta que causa inúmeros desastres no mundo. Como escreveu Richard Erdoes em *American Indian Trickster Tales* ("Lendas dos trapaceiros ameríndios"): "O coiote, em parte humano, em parte animal, capaz de assumir a forma que desejar, combina em sua natureza o sagrado e o pecaminoso, os gestos grandiosos e a mesquinharia, a força e a fraqueza, a alegria e a miséria, o heroísmo e a covardia que, juntos, formam o caráter humano. (...) [Ele é] o criador divino, aquele que traz a luz, o matador de monstros, o ladrãozinho miserável e, claro, o devasso."

O Coiote tem muitas origens. Os maidus (Califórnia) acreditam que ele emergiu do chão e observou enquanto o criador Wonomi ("nenhuma morte") fazia o primeiro homem e a primeira mulher. Quando ele tentou fazer o mesmo, criou homens cegos. Assim, o Coiote decidiu que seria mais interessante criar as doenças, a tristeza e a morte para atormentarem a humanidade. Sem demora, conquistou seu objetivo.

A alegria do Coiote, porém, logo desapareceu, pois seu filho morreu de uma picada de cobra cascavel. Ele tentou ressuscitar o cadáver submergindo-o em um lago. Mas o menino permaneceu morto e Coiote o deixou apodrecendo. Após ver tudo isso, Wonomi percebeu que o Coiote seria um tormento eterno e decidiu deixar a Terra, com todas as suas questões, para seu esperto adversário.

Em outras histórias, Coiote aparece como um personagem libidinoso, dono de um pênis colossal e mágico. Uma narrativa dos shastas (norte da Califórnia) conta que Coiote viu duas belas donzelas em um riacho e as cobiçou. Transformando-se em um salmão, Coiote/Salmão nadou por entre as duas moças e entrou em seus corpos. Uma perguntou à outra se havia sentido algo estranho e, nesse momento, Coiote emergiu em sua forma real e riu de ambas. Em outra história dos shastas, Coiote vê uma menina cavando em busca de raízes, perto de um rio. Ele transforma seu pênis no talo da planta e o estica até ele atravessar o rio e entrar na menina. Quando ela vê o talo, aplica leves golpes nele com sua pá. Coiote uiva de dor e é obrigado a recuar seu "talo".

Corvo (haidas e outros, noroeste do Pacífico)   O Corvo, um trapaceiro, decide levar o fogo para o mundo quando vê fumaça saindo da aldeia do povo de fogo. Com seus amigos, **Tordo**, **Toupeira** e **Pulga**, ele tenta roubar o fogo. Mas, em uma série de decisões erradas, as penas de Tordo são chamuscadas e Toupeira se entoca no subsolo. O Corvo, por fim, decide roubar o bebê do líder da aldeia e pedir um resgate. Para reaver o filho, o líder dá ao Corvo o fogo e duas pedras para fazer faísca.

Glooskap (**Gluskap**) (algonquinos, abenaquis do nordeste)   Criador e trapaceiro, Glooskap é um patriarca que cria o Sol, a Lua, as plantas, os animais e as pessoas a partir do corpo da Mãe Terra. Seu irmão problemático, **Malsum**, cria os insetos, répteis e outros estorvos. Depois que Glooskap derrota o irmão malvado, ele usa sua habilidade de trapaceiro para assumir novas formas e derrotar as bruxas, espíritos e feiticeiros que ameaçam a humanidade.

Círculos sagrados 655

Glooskap realiza outras façanhas heroicas, como cavalgar no dorso de uma baleia, antes de abandonar o mundo. Ele promete retornar quando a Terra estiver em perigo.

Hahgwehdiyu (hodenosaunees, nordeste)   Criador dos iroqueses, Hahgwehdiyu é filho de **Atahensic**, a deusa do céu. Seu malvado irmão gêmeo é **Hahgwehdaetgan**. Quando Atahensic morre, Hahgwehdiyu forma o céu e transforma o rosto de sua mãe no Sol; a lua e as estrelas são feitas a partir de seus seios e a terra se torna fértil graças a seu corpo. O gêmeo malvado contra-ataca, criando enchentes, terremotos e outros desastres. Os irmãos acabam brigando e o irmão perverso é derrotado e obrigado a se retirar para o sombrio mundo inferior.

Hinun (iroqueses ou hodenosaunee, nordeste)   Grande espírito do trovão e guardião do céu, Hinun é retratado como um poderoso guerreiro indígena, armado de arco e flechas de fogo. Com a ajuda de sua esposa, **Arco-Íris**, e de seu amigo **Gunnodyak**, Hinun enfrenta a grande serpente dos Grandes Lagos. Quando a serpente engole Gunnodyak inteiro, Hinun salva o jovem guerreiro e o leva para o céu. Após passar uma pomada mágica em seus olhos, Hinun consegue ver a serpente no lago e matá-la com uma flechada. A grande cobra morre, mas faz um barulho ensurdecedor enquanto se contorce em convulsões de morte. Aterrorizados pelo barulho, o céu e a Terra caem no silêncio. Hinun também mata os ferozes gigantes de pedra que moram no oeste e planejam atacar os iroqueses.

Igaluk (inuits, regiões árticas)   Igaluk é o deus supremo que controla tudo. É também a Lua. Quando ele descobre que dormiu com

656 MITOLOGIA

sua própria irmã, o Sol, Igaluk fica muito transtornado. Sua irmã arranca os seios e sobe para o céu. Por fim, o par constrói uma casa no céu e a divide em duas seções. É lá que ambos coexistem.

Iktome (sioux, Grandes Planícies) Conhecido como Homem-Aranha, Iktome e é um trapaceiro que faz as coisas ao reverso, mas, ainda assim, é um professor astuto e ardiloso. Para os assiniboines (Planícies), ele é o criador que ordena os animais a mergulharem em busca de pedaços de barro (ver anteriormente). Iktome, um homem com os atributos de uma aranha, possui um vigoroso apetite sexual, como seu amigo e habitual companheiro, o Coiote.

Em uma narrativa dos brules – que possui leve semelhança com a história de Chapeuzinho Vermelho –, Iktome engana uma bela e jovem donzela que vê passando. Vestido com as roupas de uma idosa, ele se aproxima da jovem e pede permissão para acompanhá-la enquanto ela atravessa o rio. A jovem percebe que as pernas de Iktome são muito cabeludas, ao que ele responde ser questão de idade. Quando ele arregaça o vestido, ela repara que suas nádegas também são cabeludas, ao que ele responde ser também um problema da idade. Quando ele levanta ainda mais o vestido, a jovem fica ofegante ao ver seu pênis e pergunta o que vem a ser aquilo. Iktome explica que é uma verruga colocada por um feiticeiro, que só desaparecerá se ele a colocar no meio das pernas da donzela. Ela consente e a "verruga" diminui, mas Iktome sugere que se ele a colocar ali novamente, ela sumirá de vez. Depois de inúmeras tentativas, a "verruga" permanece onde estava, e Iktome propõe que continuem tentando até ela sumir. A jovem, que a essa altura já havia esquecido o que tinha ido fazer perto do rio, concorda sem demora.

Círculos sagrados   657

Kitchi Manitu (algonquinos, florestas do nordeste)   Manifestação do Grande Espírito, Kitchi Manitu é a energia divina que vive em todas as coisas. O homem tenta controlar o "manitu" das pequenas coisas, como o fogo e a madeira, na tentativa de adquirir o controle das forças maiores, como o Sol, os ventos e a chuva.

Kwatee (**Kivati**) (estreito de Puget, Washington)   Deus trapaceiro, Kwatee transforma o mundo antigo, onde vive um povo de animais gigantes, no mundo que temos hoje. Quando os animais gigantes descobrem o que o deus está fazendo, tentam matá-lo. Kwatee, então, usa sua própria carne para moldar bolas e transformá-las em seres humanos. Depois que sua criação está completa, ele senta-se em uma pedra e abandona o mundo, para se juntar ao sol poente.

Mulher do Céu (hurões, nordeste)   Atahensic, ou a Mulher do Céu, é a figura central do mito da criação do mundo dos hurões. No princípio, havia apenas a água abaixo e o céu acima, onde vivia o povo do céu. A Mulher do Céu ficou doente e o pai temia que ela pudesse morrer. Um membro da tribo sonhou que se eles desenterrassem o pé de milho e a Mulher do Céu se sentasse ao lado dele, ela ficaria curada. Algumas pessoas não concordaram, pois o pé de milho alimentava toda a tribo do céu. Mas o pai insistiu para que todos ajudassem a filha. Quando a planta foi desarraigada, acabou caindo no chão e abriu um buraco escuro. Um jovem ficou furioso e chutou a Mulher do Céu para dentro do buraco.

Caindo no escuro, em direção ao oceano infinito, a Mulher do Céu foi salva pelo **Mergulhão** e levada nas costas da **Tartaruga**. A Tartaruga disse aos outros animais que mergulhassem até o fundo do mar e trouxessem de lá um pouco de terra. O **Castor** foi primeiro, depois a **Lontra**, depois o **Rato-Almiscarado**, que voltou morto, mas com uma partícula de lama em sua boca. A Tartaruga deu para a Mulher do Céu a lama, que ela espalhou sobre o casco da Tartaruga até ele se tornar uma ilha fértil.

Agora que a Mulher do Céu tinha uma terra onde podia andar, ela se curou e depois, misteriosamente, engravidou e deu à luz uma menina, a **Mulher da Terra**. Quando a Mulher da Terra estava retirando batatas da terra, ela se virou para o leste e o vento a emprenhou. Ela deu à luz gêmeos, um gêmeo bom e um gêmeo mau. Mas a chegada do gêmeo mau no mundo não foi fácil – ele irrompeu da lateral do corpo de sua mãe, que acabou morrendo.

A Mulher do Céu enterrou a filha e criou os dois netos, mas não conseguia amar o gêmeo mau. Um dia, o gêmeo bom desenterrou o corpo da mãe, formou uma esfera a partir de seu rosto e criou o Sol. Da parte de trás da cabeça da mãe, ele formou mais esferas, que se transformaram na lua e nas estrelas. E foi assim que o dia e a noite foram criados. Do cadáver da Mulher da Terra, que estava molhado por causa das lágrimas da Mulher do Céu, começaram a brotar vegetais. Com o passar do tempo, germinaram pés de milho e de feijão. Ambos os gêmeos deram prosseguimento à criação: o gêmeo bom criou as árvores e a água fresca, e o gêmeo mau criou as perigosas montanhas. E para os hurões foi assim que o mundo passou a existir.

Mulher-Búfalo Branco (sioux, Planícies do Norte)   Bela, dona de cabelos longos e de um vestido de camurça branco, a Mulher (Novilho) Búfalo Branco é uma das divindades mais importantes das tribos das Planícies. Certa vez, quando as pessoas estavam morrendo de fome, dois exploradores saíram em busca de comida. Avistaram ao longe uma nuvem de poeira e, quando ela se aproximou, um dos exploradores percebeu que se tratava da sagrada Mulher-Búfalo Branco. Podendo ler os maus pensamentos de um

Círculos sagrados 659

dos jovens, a mulher o convidou para um abraço. No entanto, quando o jovem luxurioso se aproximou, uma nuvem branca apareceu e o atingiu com um raio, matando-o na mesma hora. Seu corpo se transformou em um esqueleto e foi devorado por vermes.

O segundo explorador voltou para a aldeia e montou uma grande tenda para receber a Mulher-Búfalo Branco. Ela, então, orientou as tribos sobre todas as cerimônias sagradas. Explicou como se usava o cachimbo e ensinou os sete ritos sagrados, incluindo a tenda do suor, a busca da visão sagrada, a "cerimônia para guardar a alma", na qual as almas dos falecidos eram purificadas, a dança do Sol, a cerimônia *hunka* (realizada para estabelecer relações de parentesco entre semelhantes), o ritual da puberdade das meninas e o "jogo de bola", uma cerimônia para celebrar a sabedoria, em que uma bola de couro de búfalo era jogada para pessoas que se posicionavam nas quatro direções da bússola.

Quando falava com os chefes de tribo, a Mulher-Búfalo Branco era uma mulher. No entanto, quando partiu, as pessoas a viram rolar na terra por quatro vezes, reverenciar todos os cantos do universo e, depois, se transformar em um búfalo branco. Assim ela desapareceu para, quem sabe, retornar algum dia.

Para os povos das Planícies, nenhum animal era mais sagrado do que o búfalo, que era sua principal forma de sustento.

Nayenezgani (navajos, sudoeste)   O "Matador de deuses inimigos" — tradução literal de Nayenezgani — é o grande herói e protetor dos navajos e filho da **Mulher Mutante**. Junto com seu irmão gêmeo, **Tobadzastsini**, o Matador patrulha o mundo, sempre de olho nos maus espíritos. Quando foram visitar o pai, o deus sol, os gêmeos encontraram a **Mulher-Aranha**, que os alertou quanto aos perigos que encontrariam pelo caminho. Ela entregou a eles duas penas

660 MITOLOGIA

mágicas: uma para subjugar qualquer inimigo e a outra para preservar a vida.

Quando eles alcançaram o deus sol, este tentou matá-los. Primeiro, jogou ferrões pontudos nos dois. Depois tentou fervê-los em um grande caldeirão, mas a água não fervia. As penas mágicas tinham protegido os irmãos, mas agora eles estavam esgotados. Eles estavam quase morrendo quando chegou a **Lagarta**, que lhes entregou pedras mágicas, que os salvaram. Percebendo que os jovens eram guerreiros poderosos, o deus sol lhes deu armas para que eles pudessem proteger a tribo navajo de seus inimigos.

Tirawa (pawnees, Grandes Planícies)   Grande Espírito e deus criador, Tirawa reuniu uma assembleia e designou tarefas para os outros deuses. O deus sol, **Shakaru**, recebeu ordens para dar luz e calor; a deusa lua, **Pah**, para dar sono e descanso nas noites; e as estrelas – Estrela Brilhante, Estrela da Noite, Grande Estrela e Estrela da Manhã – receberam ordens para segurar o céu no alto. Os primeiros homens nasceram quando o Sol e a Lua se casaram e tiveram um menino chamado **Homem Fechado**. Quando a Estrela da Noite e a Estrela da Manhã finalmente acasalaram, produziram uma menina – conhecida como "Filha da Estrela da Noite e da Manhã". Os pawnees acreditavam que eram descendentes desses primeiros filhos dos céus.

Tirawa, porém, ficou furioso e destruiu sua própria criação com fogo e, depois, com um grande dilúvio. Os únicos sobreviventes foram um ancião, que portava um cachimbo, fogo e um tambor, e sua esposa, que carregava sementes de milho e abóbora. O casal, que ficara protegido em uma caverna, recriou a raça humana.

Que deusa ganhou seu próprio "planeta"?

Se a deusa romana Vênus representa tudo que é belo e bom, a deusa inuit Sedna talvez seja seu completo oposto. Rainha do mundo inferior, Sedna acaba se envolvendo em atos de trapaça, rapto, assassinato, desmembramento, canibalismo e vingança. A única semelhança que ela compartilha com Vênus é o fato de as duas possuírem corpos celestes com seus nomes.

Enquanto Vênus fora observado pela primeira vez por "astrônomos" da era Pré-Histórica, a deusa Sedna se juntou ao mapa celeste após o anúncio da descoberta de um pequeno objeto que orbitava em torno do Sol, em março de 2004. Muito pequeno para ser qualificado como um planeta, na visão da maioria dos astrônomos, Sedna é um grande asteroide preso em uma órbita regular do Sol, e hoje é tido como o corpo mais distante dele. Os cientistas que encontraram esse pedaço de detrito bem distante no espaço, no Cinturão de Kuiper, decidiram nomeá-lo em homenagem à deusa do mar dos inuits, que participa de vários mitos desse povo.

Um desses mitos conta que uma ave marinha do Ártico, conhecida como fulmar e famosa por seu cheiro desagradável, viu Sedna e se apaixonou. Assumindo a forma humana, a ave fez uma parca para vestir, cortejou Sedna e a convidou para ir a sua casa. Quando os dois chegaram, Sedna percebeu que havia sido enganada pelo homem-pássaro e, desesperada, gritou pela ajuda do pai, Anguta. Seus gritos, porém, não foram ouvidos e ela teve de passar meses na casa horrível. Quando Anguta finalmente encontrou a filha, ele matou o pássaro. Após saberem do assassinato, as outras aves cercaram o caiaque do deus, bateram suas asas numa cena que parece ter sido tirada de *Os pássaros*, de Hitchcock, e formaram uma tempestade que arremessou o caiaque para as ondas.

Temendo que o barco pudesse virar, o pai de Sedna decidiu cuidar de sua maior prioridade – ele mesmo! Para deixar o caiaque mais leve, jogou a filha no mar. Ela ainda se agarrou ao barco, mas Anguta pegou uma faca e cortou todos os dedos da deusa, um por um. Uma versão desse mito conta que cada um dos dedos se transformou em um animal marinho diferente.

Com raiva do pai, Sedna desejou vingança. Ela invocou uma equipe de cachorros para atacarem Anguta e roerem suas mãos e pés. O deus praguejou e gritou, até que a terra se abriu e todos caíram dentro do mundo inferior. É lá que Sedna vive e reina como rainha, abençoando aqueles que caçam com animais e criando terríveis tempestades. A única coisa que ela não pode fazer é pentear os cabelos, pois lhe faltam dedos.

Em um outro mito, Sedna começa a vida como uma bela jovem, mas, com o passar do tempo, torna-se uma giganta de um olho só e povoa o oceano com seres marinhos, ao passo que Anguta, o pai, cria a Terra, o mar e os céus. Mas a aparência de Sedna é tão medonha que apenas os curandeiros aguentam olhar para ela. E alguns de seus hábitos pessoais também são bastante detestáveis. Em certa ocasião, que parece uma cena da *Noite dos mortos-vivos*, ela tem desejo de comer carne humana e começa a mordiscar a carne de sua mãe e a de seu pai. Os dois acordam e, ao perceberem o que estava acontecendo, levam Sedna para bem longe no oceano e a jogam ao mar. Mais uma vez, como em outros mitos de Sedna, a deusa, desesperada, se agarra à lateral do barco, motivando seu pai a decepar seus dedos. Nesse mito, os dedos cortados transformam-se em baleias, focas e peixes quando tocam a água. Sedna, então, afunda e vai parar no fundo do mar, onde passa a viver, soberana do mundo inferior, vigiando os mortos ingratos. Entre eles, seus próprios pais, que acabam devorados por animais marinhos.

Círculos sagrados

Então, por que nomear um corpo celeste em homenagem a uma criatura tão horripilante e sanguinária? Acredita-se que o não-é-bem-um-planeta seja muito escuro e muito frio, portanto o nome da deusa do mundo inferior ártico parece se encaixar muito bem na situação. Foi por essa mesma razão que Plutão foi nomeado em homenagem ao deus romano do mundo inferior.

Sedna, na verdade, foi o segundo corpo celeste descoberto recentemente que recebeu um nome ameríndio. Em 2002, outro grande asteroide foi detectado no muito distante Cinturão de Kuiper, a faixa de objetos de gelo e pedra localizada no extremo longínquo de nosso sistema solar. O asteroide recebeu o nome de Quaoar. O termo deriva do mito da criação do povo tongva, também chamados de índios san gabrielinos. Os tongvas viviam na região de Los Angeles antes da chegada dos espanhóis e outros europeus.

Quaoar não é bem um deus no sentido tradicional, mas é visto como a grande força da criação, que executa um "canto e uma dança".

Quando Quaoar dança e canta, o primeiro pai do céu nasce. O par continua cantando e dançando, e a Mãe Terra passa a existir. Trio formado, eles começam a cantar juntos, dando vida ao sol avô. Conforme novas divindades se juntam aos festejos, a música se torna mais complexa, e a dança mais complicada. A lua avó, a deusa do mar, o senhor dos sonhos e visões, o portador dos alimentos e das colheitas, a deusa do mundo inferior, todos acabam se juntando à cantoria, à dança e à criação, que se completa quando o Sapo, o "ser que mergulha na Terra", chega com um pouco de terra. Os outros animais dançam sobre a terra até ela se tornar a Terra, plana e extensa. Essas são as aventuras míticas e musicais de Quaoar.

VOZES MÍTICAS

Nas praias de Gitche Gumee,
Às margens da reluzente água do Grande Mar,
Na entrada dessa cabana,
Na agradável manhã de verão,
Hiawatha se postou e esperou.
Todo o ar estava repleto de frescor,
Toda a terra estava iluminada e alegre (...).
— HENRY WADSWORTH LONGFELLOW,
The Song of Hiawatha *("A canção de Hiawatha") (1855)*

Que poema famoso contribuiu para o "mito" do ameríndio?

Havia um tempo, num passado não tão distante, em que a maioria dos estudantes norte-americanos era obrigada a decorar ao menos uma parte da literatura sobre a América, que moldava suas visões a respeito dos ameríndios. Embora já não seja popular há um bom tempo, o épico de Henry Wadsworth Longfellow, *The Song of Hiawatha*, ainda consta no panteão poético norte-americano. O poema também inspirou um desenho da Disney, de 1952, que pouco contribuiu para expandir nosso conhecimento sobre as tradições ameríndias.

Escrito em 1855, *The Song of Hiawatha* faz uso de 22 longas seções para contar a história de um índio ojíbua chamado Hiawatha, cuja vida foi repleta de triunfos e tragédias. O poema narra o nascimento quase milagroso de Hiawatha, em um momento de conflito entre tribos; descreve como ele cresceu e se tornou um grande caçador, e cortejou e se casou com a bela, porém amaldiçoada Minnehaha, dando início a uma era de ouro que lhe traria novos desafios e aventuras. A epopeia termina com a chegada do homem branco, os "Túnicas Negras" que

Círculos sagrados

trazem o evangelho cristão, e com a partida simbólica de Hiawatha, que parte em sua canoa em direção ao sol poente. Ao deixar seu povo, a quem ele levara paz, ele diz que sua gente deve ouvir a sabedoria dos "Túnicas Negras":

> *Mas meus convidados deixo para trás;*
> *Ouçam suas palavras de sabedoria,*
> *Escutem a verdade que eles dizem,*
> *Pois o Mestre da Vida os enviou*
> *Da terra da luz e da manhã!*

Embora possa parecer, aos ouvidos modernos, como propaganda das missões cristãs, Longfellow (1807–1882) tinha boas intenções. Ao escrever seu melódico cântico de guerra no estilo heroico das antigas sagas, o autor tentou capturar um pouco da humanidade e da nobreza que via na experiência ameríndia. Seus sentimentos poéticos foram baseados nos escritos antropológicos dos primeiros "especialistas" de sua época, que, sem dúvida, não eram ameríndios. A maioria tinha descendência europeia e talvez tenha acreditado de fato que os nativos se beneficiariam com a chegada do homem branco. Longfellow e esses "especialistas" bem-intencionados ajudaram a criar, durante os séculos XVIII e XIX, um mito altamente romantizado da América como o "Novo Éden" e do nativo como "o bom selvagem". Este último conceito foi cunhado pelo influente filósofo francês Jean-Jacques Rousseau, que acreditava que os verdadeiros homens da natureza eram orgulhosos e não haviam sido corrompidos pela civilização.

O poema de Longfellow foi usado como material escolar padrão por mais de um século. Dessa forma, dava a impressão de que Hiawatha havia feito um grande favor a seu povo ao deixá-lo nas mãos dos "Túnicas Negras". De acordo com o poema, fora Deus – o "Mestre

666 MITOLOGIA

da Vida" – quem enviara esses missionários cristãos "da terra da luz e da manhã" para proferir as "palavras de sabedoria". Parecia ser um bom negócio. Na verdade, porém, os missionários paternalistas não estavam interessados em nada além do que levar os "selvagens" para Jesus. E houve também as grandes massas de americanos que, no século XIX e principalmente depois da "última luta do general Custer", em 1876, concordaram com o conceito popular de que "índio bom é índio morto". É claro, o sombrio testemunho da história nos mostra que esse último sentimento acabou prevalecendo.

Ainda que Longfellow tenha tido boas intenções ao ajudar a promover o mito do "bom selvagem", o autor também tomou licença poética em relação a alguns fatos, a começar pelo nome do personagem principal de sua epopeia. O nome Hiawatha – que, ao que tudo indica, o poeta usou por questões de métrica – vem dos hodenosaunees. Mais conhecidos como iroqueses, os hodenosaunees viviam no nordeste dos Estados Unidos, e seu nome significava "o povo das casas compridas". Longfellow, porém, coloca Hiawatha entre os chippewas, uma tribo dos Grandes Lagos, no meio-oeste.

O que levanta uma segunda questão: existiu mesmo alguém chamado Hiawatha? Segundo a história e tradição dos hodenosaunees, a resposta é positiva. Hiawatha foi um líder da América pré-colonial, que provavelmente viveu durante a década de 1500 e, acredita-se, ajudou a estabelecer a paz entre a cinco maiores tribos que dominavam o norte do estado de Nova York – os moicanos, oneidas, onondagas, cayugas e senecas.

Durante anos, essas tribos foram divididas por ataques e retaliações, nos quais prisioneiros eram torturados até a morte ou, em alguns casos, adotados pela tribo vencedora, para substituir algum parente perdido. Segundo a lenda da tribo onondaga, Hiawatha ficara muito deprimido após anos de lutas constantes e, em algumas versões, tornou-se canibal após ter as cinco filhas assassinadas. Ele foi salvo de sua tristeza e loucura por Deganawida, um ancião da tribo dos hurões que, dizia-se, era filho de uma virgem, e havia ido até os iroqueses em uma missão de paz e união. Com Hiawatha agindo sob a influência de uma suposta visão sagrada, os dois homens foram de tribo em tribo tentando persuadir todos os líderes a se reconciliarem.

De acordo com o *500 Nations*, de Alvin Josephy, "O Pacificador, como Deganawida estava ficando conhecido, concebeu 13 leis para que os povos e nações pudessem viver em paz e união — uma democracia na qual as necessidades de todos seriam atendidas sem violência e derramamento de sangue. Para um americano moderno, seria como uma sociedade que funcionasse sob valores e leis semelhantes à combinação dos Dez Mandamentos com a Constituição dos Estados Unidos. Cada uma de suas leis incluía uma estrutura moral". Quando um líder tribal rejeitou o plano, Hiawatha conseguiu persuadi-lo a mudar de ideia. Diz a lenda que o líder relutante, Tadadaho, era um malvado feiticeiro cujos cabelos eram como o emaranhado de serpentes de Medusa. Hiawatha — cujo nome significa "aquele que penteia" — desembaraçou as serpentes enroscadas, curou Tadadaho de seus maus pensamentos e, assim a Grande Lei das Cinco Tribos foi adotada. (Uma sexta tribo, os tuscaroras, também acabou se juntando à liga.)

De fato, já em 1751 — um quarto de século antes da Declaração da Independência — Benjamin Franklin havia sido inspirado, ou pelo menos impressionado, pela Confederação Iroquesa, quando propôs a união colonial em seu Plano Albany. "Seria muito estranho", escreveu Franklin, "se seis nações de selvagens ignorantes fossem capazes de formar um esquema de união como esse e executá-lo de tal maneira que ele subsista há eras e pareça ser indissolúvel, e que uma união como essa seja impraticável para dez ou 12 colônias inglesas, para as quais ela seria mais necessária e muito mais vantajosa."

O plano de Franklin para uma união colonial fracassou. Mas muitos historiadores acreditam que, em 1789, os princípios da Confederação Iroquesa foram estudados pelos representantes da Convenção Constitucional. Os homens que escreveram a Constituição dos Estados Unidos, porém, preferiram não incluir o aspecto do plano ameríndio que conferia igualdade a homens e mulheres. Esse aspecto só passou a fazer parte da Constituição norte-americana em 1920. Quem são mesmo os "selvagens ignorantes", Franklin?

VOZES MÍTICAS

Não poderá haver paz enquanto continuarmos travando guerra com nossa mãe, a Terra. Ações responsáveis e corajosas precisam ser tomadas para que nos realinhemos com as grandes leis da natureza. Precisamos enfrentar essa crise agora, enquanto ainda temos tempo. Oferecemos essas palavras como povos comuns em apoio à paz, à equidade, à justiça e à reconciliação: à medida que falamos, o gelo continua derretendo no norte.

— OREN LYONS,
chefe espiritual da nação onondaga (agosto de 2000)

A mitologia ameríndia ainda tem alguma importância?

Lembra do filme *Poltergeist*? Você sabe. Aquele com a menininha que olha para a televisão chuvisquenta e diz: "Eles estão aqui." Feito em 1982, o filme foca em uma casa mal-assombrada, localizada em um subúrbio construído em cima de um cemitério ameríndio.

E de *Contatos imediatos de terceiro grau?* O filme, de 1977, mostra alienígenas benevolentes chegando à Terra para um "contato imediato", mais especificamente na Torre do Diabo, a rocha de 370 metros de altura localizada no nordeste do Wyoming, que parece brotar da terra com ímpeto. Famoso destino turístico, em especial entre escaladores, a Torre do Diabo é chamada por algumas tribos das Planícies de Mato Tipila, ou Cabana do Urso, e é território sagrado para pelo menos 23 grupos nativos. Tanto *Poltergeist* quanto *Contatos imediatos*, ambos produtos da imaginação fértil de Steven Spielberg, tocam em uma questão de grande importância para muitos ameríndios: o que a sociedade moderna tem feito de seus locais sagrados e tradições religiosas.

A controvérsia da Torre do Diabo é um bom exemplo. De um lado do impasse estão as autoridades do estado do Wyoming, o Serviço Nacional de Parques – e os escaladores – que defendem o turismo e a recreação. Do outro lado da briga estão os ameríndios, que consideram a Cabana do Urso um local sagrado, de adoração, e querem restaurar seu nome nativo. O historiador Jake Page, ao escrever sobre esse importante local dos Estados Unidos em sua obra *Sacred Lands of Indian America*, ressaltou que "em sua presença, é fácil entender o que atrai os escaladores. É muito fácil se você não for um ameríndio. Para eles, escalar a torre é invadir o sagrado. Basta imaginar o que os cristãos sentiriam se as torres de suas igrejas e catedrais de repente se tornassem destinos turísticos para escaladores".

A disputa pela Torre do Diabo, como o conflito em torno da construção de um grande telescópio no monte Graham (perto de Tucson, Arizona), uma montanha sagrada para os apaches, põe poderosos interesses econômicos em oposição a antigas tradições tribais. Essa é uma luta que vem sendo travada em vários locais da América, já que não param de proliferar projetos de desenvolvimento com diferentes

670 MITOLOGIA

propósitos, que vão desde a construção de estações de esqui, ou de autoestradas que cortam reservas, até a luta pelos direitos de mineração. Esses empreendimentos em geral batem de frente com os espaços sagrados dos ameríndios, que, para os desinformados, parecem simples territórios abertos ou descampados, ideais para o desenvolvimento moderno.

Em outras palavras, os mitos — as histórias sagradas — dos povos que vivem há mais tempo na América estão batendo de frente com os desejos do governo federal, da ciência, dos construtores e, sim, dos escaladores. Os tribunais e o Congresso americanos têm se envolvido na última década nesse confronto entre crenças nativas e controle governamental.

Em 1990, por exemplo, a Suprema Corte dos EUA decidiu que os estados poderiam regular as religiões ameríndias que fizessem uso do peiote, um alucinógeno natural. Em um caso de opinião majoritária, o juiz Antonin Scalia escreveu: "É justo dizer que deixar esse tipo de acordo nas mãos de processos políticos alocará essas práticas religiosas, realizadas por minorias, em relativa desvantagem; mas *é preciso favorecer essa inevitável consequência de um governo democrático.*" (Grifos do autor.) A opinião de Scalia que dizer que o Congresso — ou outros órgãos governamentais — pode promulgar leis que regulam a expressão religiosa. A Primeira Emenda, ao que tudo indica, vale apenas até certo ponto.*

---

* Essa decisão parece contradizer a decisão de 1993 sobre as práticas da *santería*, citada anteriormente neste livro (p.576). A diferença é que esse caso envolveu anuência com uma outra lei válida que estabelece uma conduta que o estado pode regular — o uso de drogas ilegais. Em outras palavras, usar drogas ilegais é diferente de matar galinhas com propósitos rituais.

Círculos sagrados

Ao perceberem o perigo que a decisão e a opinião de Scalia representavam para a expressão religiosa, muitos grupos religiosos predominantes e grupos de defesa dos direitos civis pediram à corte que reconsiderasse o caso, mas a petição apresentada foi negada. Em resposta, o Congresso aprovou o Ato de Restauração da Liberdade Religiosa (RFRA), em 1993, e as Emendas ao Ato pela Liberdade Religiosa dos Ameríndios (Airfa), em 1994, incluindo o uso do peiote nos sacramentos tradicionais. Em 1997, a Suprema Corte declarou o RFRA inconstitucional. A corte decidiu que o Congresso havia ultrapassado os limites de seu poder de legislar direitos constitucionais quando aprovou uma lei que tentava proteger as práticas religiosas da regulamentação governamental. (O uso do peiote em cerimônias religiosas não foi influenciado pela decisão.)

O Congresso também havia pisado em território controverso quando aprovou o Ato de Proteção e Repatriação dos Túmulos Ameríndios (Nagpra), que se tornou lei nas mãos do presidente George Bush, em 1990. Elaborado para proteger túmulos ameríndios de pilhagens e investigações arqueológicas, o Nagpra também exigia que alguns museus repatriassem certos objetos tribais e os devolvessem a suas tribos de origem. (O documento se aplica apenas a territórios federais, não a propriedades privadas.) Por séculos, os cemitérios ameríndios sofreram roubos sistemáticos de seus esqueletos e objetos funerários. Embora muitos estados tenham decretado legislação semelhante, em muitos outros não é crime remover corpos ou objetos de túmulos ameríndios. O Nagpra foi citado no caso do Homem de Kennewick, o esqueleto mais antigo da América do Norte, mas em 2004 uma corte federal decidiu que o ato não se aplicava a esses restos mortais específicos, pois o Homem de Kennewick aparentemente não tinha parentesco com nenhuma tribo.

672   MITOLOGIA

Então é essa a situação. Religiões e mitos ainda estão nos olhos de quem os vê, como Jake Page demonstra, de maneira convincente, em seu livro *In the Hands of the Great Spirit*:

> A maioria dos não índios, ao olhar para uma paisagem, não vê espíritos vagando, espíritos de coisas, como árvores e pedras e raios e ventos. De fato, esse tipo de crença é considerado, pela maioria dos cristãos, no mínimo pagão e impróprio, ou até infantil, e muitos cristãos conservadores de hoje consideram essas crenças obra do diabo, da mesma forma que os puritanos e os franciscanos espanhóis e jesuítas franceses o faziam há quinhentos anos – período que gostaríamos de acreditar ter sido menos "iluminado". Por outro lado, muitos ameríndios tradicionais acham no mínimo peculiar que cristãos e outros possam construir uma casa para Deus, frequentá-la uma ou duas vezes na semana e, sempre que parecer uma boa ideia, derrubar essa casa e construir uma nova, digamos, em um terreno maior, do outro lado da cidade. Se os deuses moram em uma montanha, não é tão fácil realocá-los. Para os ameríndios, um local sagrado permanece sagrado sob praticamente qualquer circunstância.

OS MITOS DO PACÍFICO

Nos séculos XVIII e XIX, havia poucos lugares na Terra que os europeus e o restante do mundo "civilizado" ainda não haviam visto ou devastado. Muitos desses "últimos recantos" eram ilhas no vasto oceano Pacífico que, inteiro, ocupa um terço da superfície terrestre. Mas não tardou para que essas ilhas experimentassem uma reprise da mesma história colonial cruel que já fazia parte das biografias da África e das Américas.

Círculos sagrados

Existem literalmente dezenas de milhares de ilhas organizadas em uma espécie de triângulo no Pacífico, com o Havaí ao norte, a Nova Zelândia ao sul e a Ilha de Páscoa (assim nomeada por um explorador holandês que a fundou em um domingo de Páscoa, em 1722) ao leste. As pessoas que as habitaram haviam saído do sudoeste asiático há dezenas de milhares de anos e talvez tenham chegado às ilhas do Pacífico e à Austrália a pé, quando o nível dos mares era de 120 a 180 metros mais baixo. É possível que também tenham usado barcos para se fixarem na região. Muitos desses antigos viajantes oceânicos desenvolveram mitologias diferentes, que em geral podem ser rastreadas até os polinésios. A Polinésia, cujo nome significa "muitas ilhas", ocupa a maior área do sul do Pacífico, estendendo-se desde o atol de Midway, ao norte, até a Nova Zelândia, oito mil quilômetros ao sul. Embora não faça parte da Polinésia, o Havaí foi habitado pela primeira vez por polinésios, há 2 mil anos, e os mitos da ilha refletem essas tradições.

MARCOS DA MITOLOGIA
Austrália e ilhas do Pacífico
Período antes de Cristo

c. **8000–6000**   Desaparecimento do estreito que ligava a Austrália à Tasmânia; o aumento do nível do mar também cobre o estreito da Nova Guiné.

c. **6000**   Migrações do sudoeste asiático para as ilhas do Pacífico.

c. **4000**   Austronésios chegam ao sudoeste das ilhas do Pacífico.

c. **2500**   O dingo, original do Sudeste Asiático, é introduzido na Austrália.

c. **1500**   Primeiros vestígios de colonização em Fiji.

c. **1000**   Surgimento da cultura polinésia em Fiji, Tonga e Samoa.

Período depois de Cristo

c. **300**   A Ilha de Páscoa é habitada.

c. **850**   Ancestrais polinésios dos maoris se estabelecem na Nova Zelândia.

1000   Primeiras esculturas e estátuas de pedra na Ilha de Páscoa.

1606   O navegador português Luis Vaz de Torres contorna a Nova Guiné e descobre a Austrália.

1642   O explorador holandês Abel Tasman descobre a Tasmânia e a Nova Zelândia; nos anos subsequentes, ele descobre e mapeia Tonga, Fiji, Nova Guiné e partes da costa da Austrália.

Círculos sagrados 675

1768 O capitão britânico James Cook realiza a primeira de três viagens ao Pacífico; em 1772, em sua segunda viagem, Cook alcança Botany Bay, Austrália, e a reivindica para a Grã-Bretanha; em 1779, em sua terceira viagem, Cook é assassinado em uma das ilhas do Havaí.

1788 Primeiro assentamento britânico em Botany Bay, Austrália.

Estabelecimento do primeiro assentamento penal em Port Jackson (atual Sidney) e chegada da "primeira frota" de condenados na Nova Gales do Sul.

1789 A varíola assola os aborígines da Nova Gales do Sul, na Austrália.

Motim no HMS *Bounty*; rebeldes se fixam na ilha de Pitcairn.

1797 Primeiros missionários cristãos chegam ao Taiti.

1810 Ilhas do Havaí unidas pelo rei Kamehameha.

1851 Descoberta de ouro na Austrália; milhares de colonizadores correm para Vitória, Austrália.

1864 Abolição da prática de envio de prisioneiros para a Austrália.

1892 A rainha do Havaí é deposta; tropas norte-americanas viajam para anexar as ilhas ao território dos Estados Unidos.

1894 Sanford Dole proclama a República do Havaí. O Havaí é anexado pelos Estados Unidos em 1894 e transformado em território norte-americano em 1900.

Qual personagem mítico criou as ilhas do Pacífico?

Provavelmente o semideus mais famoso da Polinésia fosse o trapa-ceiro Maui, daí o nome da ilha Maui, no Havaí. De acordo com alguns mitos, Maui nasceu muito pequenino, então sua mãe o jogou no oceano. Após sobreviver à tentativa de infanticídio, o semideus cresceu e tornou-se o herói traquinas e libidinoso que criou as ilhas do Pacífico, pescando uma a uma do fundo do mar. Dono de um pênis imenso, como tantos outros trapaceiros, ele foi escolhido para satis-fazer o voraz desejo da deusa Hina. Por ser tanto o portador do fogo e a causa da morte, também foi responsável por desacelerar o Sol e tornar os dias mais longos, seja usando o maxilar de sua falecida avó ou laçando o Sol com uma corda feita com os cabelos de Hina.

Um mito polinésio conta que Maui fora desafiado pelo deus sol a entrar do corpo da deusa da morte e passar de sua vagina para sua boca. Se ele conseguisse, se tornaria imortal. Ele tentou conquistar sua façanha enquanto a deusa dormia, mas um pássaro o avistou e deu uma gargalhada, acordando a deusa e frustrando a tentativa de Maui. A deusa matou o trapaceiro e assim garantiu que a humanidade sempre sofreria com a morte.

VOZES MÍTICAS

A questão que mais intrigava os brancos era (...) por que esses povos deveriam demonstrar tamanho senso acentuado de ter-ritório, se não tinha nenhum culto aparente à propriedade pri-vada (...). Certamente havia poucos sinais externos de crenças religiosas: nenhum templo, nenhum altar, nenhum sacerdote, nenhuma imagem venerada em local público, nenhum ves-tígio de sacrifício nem de orações comunais (...). Eles carre-gavam seus conceitos de sagrado, de tempo mítico e de origens ancestrais consigo, no dia a dia. Eles estavam corporificados

na paisagem; toda colina e todo vale, todo tipo de animal e de árvore tinha seu lugar em um todo sistemático, porém implícito. Retirar o território desse povo significava desprovê-lo não de uma "propriedade" (...) mas de sua história corporificada, da residência de seus mitos, de seus "sonhos" (...). Despojar os aborígines de seu território (...) era condená-los à morte espiritual.

– ROBERT HUGHES, The Fatal Shore *("O litoral fatal")*

O que é Tempo do Sonho?

Uma tradição diferente, porém muito rica, do mundo do Pacífico pertence aos ancestrais dos atuais aborígines, ou povos indígenas* que vieram do sudoeste asiático e chegaram na Austrália pela primeira vez, provavelmente, em torno de 65 mil anos atrás. Registros em pedra encontrados na Austrália datam de 45 mil anos e vestígios da primeira cremação de que se tem notícia no mundo, encontrados no sul do país, datam de 26 mil anos. Presume-se que esses povos tenham atravessado o estreito que ligava as ilhas no Pacífico numa época em que as temperaturas mais geladas mantinham o nível do mar mais baixo do que é hoje. O número de aborígines que viviam na Austrália quando os britânicos chegaram, em 1788, para criarem

---

* "Aborígines" foi o termo usado pelos britânicos para se referirem aos nativos da Austrália que encontraram. A palavra vem do latim *"ab origine"*, que significa "das origens". Hoje, quando soletrada com "a" minúsculo, "aborígine" se refere a qualquer povo cujos ancestrais foram os primeiros a habitar alguma região. Na Austrália, o termo oficial para os descendentes dos nativos é *indigenous* ("indígena"). Muitos nativos preferem que se refiram a eles por seus nomes tribais específicos.

uma gigantesca colônia penal, variava de 300 mil a 750 mil pessoas, espalhadas por pelo menos quinhentas tribos. Como aconteceu na África e nas Américas, diversos fatores quase provocaram a extinção desses povos nativos. Entre os principais fatores estavam as doenças, as lutas contra os colonizadores e as depredações gerais que acontecem quando um povo colonizado perde sua terra e seus costumes tradicionais.

Segundo um mito da criação aborígine muito antigo, todas as formas de vida fazem parte de um universo conectado, que remonta aos grandes espíritos ancestrais que existiam na época do Tempo do Sonho. Embora muitas tribos tenham variações desse conceito, a ideia de Tempo do Sonho, ou de Sonho, é quase universal na Austrália. É mais ou menos assim: no princípio, a Terra vivia na escuridão. A vida existia abaixo da superfície e dormia. No mundo do Sonho, os seres ancestrais abriram caminho através da crosta da Terra e o Sol saiu do chão. Os antepassados então viajaram pelos territórios e começaram a moldá-los, criando as montanhas e outros aspectos da paisagem, além de todos os animais, plantas e elementos naturais. Também criaram a sociedade, ensinando cantos, danças e rituais cerimoniais, e deixaram para trás os espíritos das pessoas que ainda estavam para nascer. Por fim, cansados de tanta atividade, os ancestrais míticos retornaram para dentro da Terra e voltaram a dormir. Esses seres nunca morreram, mas se fundiram à natureza, para continuarem vivos nas crenças e rituais sagrados. Alguns de seus espíritos se transformaram em rochas, árvores e outros locais sagrados que salpicam a paisagem australiana.

O Tempo de Sonho é mais do que um período do passado – ele está sempre presente e pode ser alcançado através de rituais sagrados, como o *walkabout*, uma jornada tribal espiritual até lugares sagrados para renovar os relacionamentos de um clã com o Sonho e com essas

Círculos sagrados

paisagens sagradas. Um indivíduo pode embarcar em um *walkabout* que vá até o local de origem de sua tribo ou até algum outro local de "pertencimento" sagrado.

Outras versões de mitos nativos australianos costumam incluir a serpente arco-íris – um poderoso espírito de criação e fertilidade –, cujos movimentos sinuosos através da areia criam leitos de rios e outros elementos da natureza. Se tratada com cuidado, a serpente dorme, mas se for incomodada, cria tempestades e enchentes. Uma dessas serpentes é Yurlungur, que vive em um buraco d'água. Certa vez, duas irmãs caíram no buraco e o sangue menstrual das meninas poluiu a água, deixando a serpente furiosa. Ela, então, engoliu as irmãs e causou um grande dilúvio. Quando as águas baixaram, a serpente regurgitou as meninas e o local onde tudo aconteceu se tornou o ponto sagrado onde adolescentes do sexo masculino são iniciados na vida adulta, um rito central para os nativos da Austrália.

Outra grande serpente ancestral é Bobbi-bobbi, responsável pelo que talvez seja o "ícone" mais identificável da Austrália. A serpente solta raposas voadoras na natureza para que as pessoas possam comê-las, mas as criaturas são esquivas e difíceis de matar. De seu esconderijo subterrâneo, a grande cobra vê a dificuldade das pessoas e joga uma das costelas de uma raposa voadora para um grupo de homens. A costela se torna o primeiro bumerangue do mundo, que os homens usam para matar as raposas voadoras. Tempos depois, os homens jogam o bumerangue no céu e fazem um buraco, o que deixa Bobbi-bobbi enraivecida. Ela, então, pega o bumerangue de volta por um tempo.

Existem muitos outros mitos da Austrália e das ilhas do Pacífico, um legado de povos antigos que circularam por vastas extensões de terra e de mar aberto. Um desses mitos ancestrais chama atenção especial nos dias de hoje. É a história contada por muitos povos das ilhas do Pacífico sobre uma raça mítica de pigmeus, com 60 centímetros de altura. Embora essas "pessoas diminutas" de vez em quando atirem pequenas flechas em viajantes desavisados, em geral vivem em paz em suas cavernas.

Em outubro de 2004, cientistas anunciaram a descoberta, em uma ilha tropical localizada entre a Ásia e a Austrália, de esqueletos de uma raça cujos adultos mediam 1,10 metro de altura. Os diminutos "Homens de Flores", assim chamados pelos cientistas, viviam em cavernas em Flores, uma ilha 596 quilômetros a leste de Bali. Essa raça de humanos viveu lá até cerca de 13 mil anos atrás – uma versão em miniatura do homem pré-histórico.

Os mitos, de fato, são tão frescos quantos as manchetes do dia. E, talvez, afinal, Shakespeare estivesse certo:

Há mais coisas no céu e na Terra, Horácio, Do que sonha tua vã filosofia.

BIBLIOGRAFIA

Antologias, Coleções e Traduções de Mitos Mundiais

Abrahams, Roger D. *African Folktales*. Nova York: Pantheon Books, 1983. Uma coleção de 95 narrativas da África subsaariana que oferece um gostinho da tradição oral dos mitos e lendas africanas.

Alighieri, Dante, tradução para o inglês de Robert Hollander e Jean Hollander. *The Inferno*. Nova York: Anchor Books, 2000. [Ed. bras.: *A divina comédia*. São Paulo, Edigraf, 1958. Tradução de José Pedro Xavier Pinheiro.]

Apolodoro, tradução para o inglês de Robin Hard. *The Library of Greek Mythology*. Nova York: Oxford University Press, 1997. Fonte de mitologia grega, das origens do Universo até a Guerra de Troia, compilada no século II a.C. É a obra mais importante sobre mitologia grega depois de Homero e Hesíodo.

Apolônio de Rodes, tradução para o inglês de Richard Hunter. *Jason and the Golden Fleece*. Nova York: Oxford University Press, 1993. Tradução em verso do poema, do século III a.C., sobre a jornada em busca do Velo de Ouro, os Argonautas, Jasão e Medeia.

Bierhorst, John. *The Mythology of North America*. Nova York: Oxford University Press, 2002. Um manual completo e acessível que divide os folclores dos ameríndios em 11 regiões diferentes, com discussões acerca das suas mitologias, histórias e deuses.

682 MITOLOGIA

Birrell, Anne M. *Chinese Mythology: An Introduction*. Baltimore: Johns Hopkins University Press, 1993. Tradução inglesa de algumas centenas de antigos mitos chineses, com notas escolares e textos explicativos.

Birrell, Anne M. *The Classic of Mountains and Seas*. Nova York: Penguin Books, 2000. Um tesouro que guarda ricas histórias sobre mais de duas mil figuras míticas chinesas, a maioria das quais desconhecida pelos ocidentais.

Bulfinch, Thomas. *Bulfinch's Mythology: The Age of Fable; The Age of Chivalry; Legends of Charlemagne*. Disponível em diversas edições, que foram publicadas a partir de 1855, 1858 e 1863. [Ed. bras.: *Mitologia geral: a idade da fábula*. Belo Horizonte, Villa Rica, 1991. Tradução Raul L. R. Moreira e Magda Veloso.]

Coomaraswamy, Ananda K., e Irmã Nivedita. *Myths of the Hindus and Buddhists*. Nova York: Dover, 1967. Reúne as histórias mais importantes da mitologia indiana, que serviu de base para as duas grandes religiões citadas no título da obra.

Crossley-Holland, Kevin. *The Norse Myths*. Nova York: Pantheon, 1980. Reconta 32 histórias clássicas do mundo viking.

Davis, F. Hadland. *Myths and Legends of Japan*. Nova York: Dover, 1992. Coleção de mitos clássicos japoneses.

Erdoes, Richard e Alfonso Ortiz (orgs.) *American Indian Myths and Legends*. Nova York: Pantheon, 1984. Coleção com 160 mitos e narrativas folclóricas de oitenta grupos tribais diferentes.

Erdoes, Richard e Alfonso Ortiz (orgs.) *American Indian Trickster Tales*. Nova York: Penguin, 1998. Coleção com mais de cem narrativas de tribos diferentes, sobre os trapaceiros, personagens agitados, travessos e altamente sexuados que constam em várias tradições ameríndias, como o Coiote; a Lebre; e Iktome, a Aranha. Colorido e com linguagem bastante direta.

Bibliografia

Faulkner, R. O. *The Ancient Egyptian Book of the Dead*. Austin: University of Texas Press, 1985. Os textos religiosos e mágicos dos antigos egípcios. [Ed. bras.: *O livro dos mortos do antigo Egito*. São Paulo, Madras, 2003. Tradução de Ramses Seleem.]

Foster, Benjamin R. (tradutor e organizador). *The Epic of Gilgamesh*. Nova York: W. W. Norton, 2001. Tradução recente do poema épico mesopotâmico, com notas críticas e ensaios. [Ed. bras.: *Epopeia de Gilgamesh: a busca da imortalidade*. São Paulo, Hemus, 1985. Tradução de Norberto de Paula Lima.]

Gantz, Jeffrey (tradutor). *Early Irish Myths and Legends*. Londres: Penguin Books, 1981. Narra as lendas celtas irlandesas mais antigas, que foram transcritas em torno do século VIII.

Gantz, Jeffrey (tradutor). *The Mabinogion*. Nova York: Penguin Books, 1976. Coletânea com as 11 narrativas em prosa galesas do período medieval, incluindo algumas das mais antigas lendas arthurianas.

Hesíodo, tradução para o inglês de M. L. West. *Theogony* e *Works and Days*. Nova York: Oxford University Press, 1988. Menos conhecido do que Homero, o poeta Hesíodo escreveu uma genealogia sistemática dos deuses gregos, desde os princípios mitológicos do mundo. [Ed. bras.: *Teogonia*. Niterói, EDUFF, 1996. Tradução de Ana Lúcia S. Cerqueira e Maria Therezinha A. Lyra. *Os trabalhos e os dias: primeira parte*. São Paulo, Iluminuras, 1996. Tradução de Mary de Camargo Neves Lafer.]

Homero, tradução para o inglês de Robert Fitzgerald. *The Iliad* e *The Odyssey*. Nova York: Vintage Books, 1961. [Ed. Bras.: *Ilíada*. Rio de Janeiro, Ediouro, 2002. Tradução de Carlos Alberto Nunes. *Odisseia (em forma de narrativa)*. Rio de Janeiro, Ediouro, 2002. Tradução de Fernando C. de Araújo Gomes.] (Outras traduções e edições disponíveis em ambas as línguas.)

Husain, Shahrukh. *The Virago Book of Erotic Myths and Legends*. Londres: Virago, 2002. Compilação de versões modernas de algumas

684 MITOLOGIA

narrativas eróticas originárias de diversas culturas. [Ed. bras.: *O livro de ouro da mitologia erótica: mitos e lendas eróticas da Antiguidade recontados para o público de hoje*. Rio de Janeiro, Ediouro, 2003. Tradução de Renato Rezende.]

Kinsella, Thomas. *The Táin: From the Irish Epic Táin Bó Cúailnge*. Nova York: Oxford University Press, 1970. Tradução do ciclo heroico de narrativas irlandesas que mesclam a prosa e o verso.

Leeming, David A. *The World of Myth: An Anthology*. Nova York: Oxford University Press, 1990. Coleção de mitos organizada por tema (criação, heróis etc.).

Leeming, David A. e Jake Page. *The Mythology of North America*. Norman: University of Oklahoma Press, 1988. Coleção com 72 mitos representativos de vários grupos tribais, com comentários e introduções.

Littleton, C. Scott (organizador geral). *Mythology: The Illustrated Anthology of World Myth and Storytelling*. Londres: Duncan Baird, 2002. Compêndio extenso e ilustrado com mais de trezentos mitos do mundo inteiro.

Mascaró, Juan (tradutor). *The Bhagavad-Gita*. Londres: Penguin Books, 1962. Documento fundamental do hinduísmo, que narra a conversa entre o deus Krishna e o guerreiro Rama antes de uma grande batalha. [Ed. bras.: *Bhagavad-Gita: canção do divino mestre*. São Paulo, Companhia das Letras, 2001. Tradução de Rogério Duarte.]

Mason, Herbert. *Gilgamesh: A Verse Narrative*. Boston: Houghton Mifflin, 1970. Versão em verso moderno do antigo épico babilônico, uma das obras de literatura mais antigas da história da humanidade. (Outras traduções de *Gilgamesh* estão disponíveis.)

Mitchell, Stephen. *Gilgamesh: A New English Version*. Nova York: Free Press, 2004. Outra tradução moderna, com notas introdutórias e históricas excelentes.

Neihardt, John G. *Black Elk Speaks: Being the Life Story of a Holy Man of the Oglala Sioux*. Lincoln: University of Nebraska Press/Bison

Books, 1988. Publicado pela primeira vez em 1932, e hoje um clássico norte-americano, este relato "fiel" de um *wichasha wakon* (xamã) nativo americano engloba tanto a mitologia quanto a história dos oglala-sioux, tribo que enfrentou o general Custer e que foi posteriormente massacrada em Wounded Knee.

Ogden, Daniel. *Magic, Witchcraft, and Ghosts in the Greek and Roman Worlds.* Oxford, Inglaterra: Oxford University Press, 2002. Tradução de alguns mitos menos conhecidos que envolvem mágica.

Ovídio, tradução para o inglês de A. D. Melville. *Metamorphoses.* Nova York: Oxford University Press, 1986. O poeta romano coletou relatos sobre as transformações e mudanças apresentadas nos mitos gregos e romanos.

Pelikan, Jaroslav (organizador). *Sacred Writings, Volume 5. Hinduism: The Rig-Veda.* Nova York: Quality Paperback Book Club, 1992.

Pelikan, Jaroslav (organizador). *Sacred Writings, Volume 6. Buddhism: The Dhammapada.* Nova York: Quality Paperback Book Club, 1987.

Prabhavananda, Swami e Dr. Frederick Manchester (tradutores para o inglês e organizadores). *The Upanishads.* Nova York: Signet, 1957. Coleção das principais escrituras sagradas do hinduísmo. [Ed. bras.: *Os Upanishads: sopro vital do eterno.* São Paulo, Pensamento, 1997. Tradução de Cláudia Gerpe Duarte.]

Rosenberg, Donna. *World Mythology: An Anthology of Great Myths and Epics* (segunda edição). Lincolnwood, Illinois: NTC Publishing Group, 1994. Uma antologia com os principais mitos em prosa contemporânea, divididos por região geográfica.

Rouse, W. H. D. *Gods, Heroes and Men of Ancient Greece.* Nova York: New American Library, 1957. Versão dos mitos gregos, narrada pelo professor com base no que ele havia narrado a seus próprios alunos em Cambridge, Inglaterra.

686 MITOLOGIA

Spence, Lewis. *The Myths of Mexico and Peru*. Nova York: Dover, 1994. Reedição do trabalho clássico de 1913 sobre os mitos dos astecas, incas e outros povos das Américas Central e do Sul.

Sproul, Barbara C. *Primal Myths: Creation Myths Around the World*. Nova York: Harper, 1979. Coleção que faz referências cruzadas entre várias histórias da criação de diversas culturas.

Sturluson, Snorri, traduzido para o inglês e organizado por Anthony Faulkes. *Edda*. North Clarendon, Vt.: Tuttle Publishing, 1987. Coleção clássica de poesia nórdica, compilada na década de 1200 por um poeta e cortesão que posteriormente foi assassinado em um jogo de intriga política. [Ed. bras.: *Edda em prosa: textos da mitologia nórdica*. Rio de Janeiro, Numen, 1993. Tradução de Marcelo Magalhães Lima.]

Tatar, Maria. *The Annotated Classic Fairy Tales*. Nova York: W. W. Norton, 2002. Embora não seja sobre mitos, esta coleção, com 26 dos contos infantis mais populares (*Cinderela*, *A Bela Adormecida*, *Rapunzel*), elucida algumas das ligações existentes entre histórias míticas e contos de fadas infantis – que nem sempre estão relacionadas a virtudes! [Ed. bras.: *Contos de fadas: edição comentada e ilustrada*. Rio de Janeiro, Jorge Zahar, 2003. Tradução de Maria Luiza X. de A. Borges.]

Tedlock, Dennis (tradutor). *Popol Vuh: The Mayan Book of the Dawn of Life* (edição revisada). Nova York: Touchstone/Simon & Schuster, 1996. Um dos textos mais importantes dos povos nativos das Américas, em geral chamado de Bíblia maia. [Ed. bras.: *Popol Vuh (o livro sagrado dos Quichés)*. Rio de Janeiro, Cátedra, 1979.]

Wilson, Andrew. *World Scripture: A Comparative Anthology of Sacred Texts*. Nova York: Paragon House, 1991. Coleção de escrituras sagradas, organizadas por tema, de diversas fés e tradições, incluindo religiões predominantes e textos de religiões nativas da África e das Américas.

Bibliografia

Referências (incluindo tanto referências gerais quanto trabalhos específicos sobre mitologia)

Achtmeier, Paul J. *The HarperCollins Bible Dictionary*. São Francisco: HarperSanFrancisco, 1996. Guia abrangente, objetivo e amplo que inclui muitas das ligações existentes entre a mitologia e a Bíblia.

Birrell, Anne. *Chinese Myths*. (Parte da coleção *The Legendary Past*.) Austin: University of Texas Press, 2000. Resumo dos mitos chineses para leitores ocidentais.

Carpenter, Thomas H. *Art and Myth in Ancient Greece*. Nova York: Thames & Hudson, 1991. Avaliação, feita por um especialista, de como os antigos artistas gregos fizeram uso dos temas míticos.

Comrie, Bernard; Stephen Matthews e Maria Polinsky (organizadores). *The Atlas of Languages* (edição revisada). Nova York: Facts on File, 2003. Introdução geral sobre as línguas do mundo e como se desenvolveram. Inclui ainda informações sobre o desenvolvimento de vários sistemas de escrita.

Cotterell, Arthur. *A Dictionary of World Mythology*. Oxford, Inglaterra: Oxford University Press, 1986. Lista concisa das principais figuras míticas, dividida por regiões geográficas.

Cotterell, Arthur. *The Macmillan Illustrated Encyclopedia of Myths and Legends*. Nova York: Macmillan, 1989. Guia de referência sobre mitos mundiais abrangente e ilustrado.

Curtis, Vesta Sarkhoshi. *Persian Myths*. (Parte da coleção *The Legendary Past*.) Austin: University of Texas Press, 1993. Resumo de histórias e narrativas tradicionais do Irã antigo. (Parte de uma série de monografias breves sobre mitos mundiais; outros títulos listados a seguir.)

Dallapiccola, Anna L. *Hindu Myths*. (Parte da coleção *The Legendary Past*.) Austin: University of Texas Press, 2003. Parte da série de monografias, este volume oferece um resumo inteligente, porém breve, das lendas hindus.

Farmer, David. *Oxford Dictionary of the Saints* (quinta edição). Nova York: Oxford University Press, 2003. Relatos concisos sobre a vida, os cultos e as associações artísticas dos santos cristãos, alguns dos quais possuem seus próprios mitos.

Forty, Jonathan. *Mythology: A Visual Encyclopedia.* Nova York: Sterling Publishers, 2001. Livro de referência sobre mitos mundiais, organizados geograficamente. Rico em ilustrações.

Freeman, Charles. *Egypt, Greece and Rome: Civilizations of the Ancient Mediterranean* (segunda edição). Nova York: Oxford University Press, 2004. Excelente referência, em volume único, sobre o antigo Oriente Médio e o mundo mediterrâneo.

Gardner, Jane F. *Roman Myths.* (Parte da coleção *The Legendary Past.*) Austin: University of Texas Press, 1993. Resumo dos mitos romanos e das maneiras como influenciaram a história de Roma.

Green, Miranda Jane. *Celtic Myths.* (Parte da coleção *The Legendary Past.*) Austin: University of Texas Press, 1993. Explora a mitologia e as crenças dos celtas pagãos do período entre 600 a.C. e 400 d.C.

Hart, George. *Egyptian Myths.* (Parte da coleção *The Legendary Past.*) Austin: University of Texas Press, 1993. Este resumo da mitologia egípcia, embora mais voltado para o meio acadêmico, é uma excelente introdução ao assunto.

Hayes, Michael. *The Egyptians.* Nova York: Rizzoli, 1996. Introdução concisa, acessível, e bastante ilustrada, à história e civilização egípcias.

James, Vanessa. *The Genealogy of Greek Mythology: An Illustrated Family Tree of Greek Myth from the First Gods to the Founders of Rome.* Nova York: Gotham Books, 2003. Guia desdobrável muito prático, em forma de acordeão, que aborda os principais nomes – imortais e mortais – da mitologia grega.

Bibliografia

Leeming, David A. e Margaret Leeming. *A Dictionary of Creation Myths*. Nova York: Oxford University Press, 1994. Este dicionário, dividido alfabeticamente por tradição, engloba quase todas as histórias da criação do mundo, da Suméria ao Egito e ao Big Bang.

Lewis, Jon E. (organizador). *The Mammoth Book of Eyewitness Ancient Egypt*. Nova York: Carroll & Graf, 2003. Documenta os 3 mil anos da história egípcia através de documentos reais e relatos de testemunhas oculares sobre a mumificação, construção de templos e a verdadeira Cleópatra.

McCall, Henrietta. *Mesopotamian Myths*. (Parte da coleção *The Legendary Past*.) Austin: University of Texas Press, 1993. Resumo dos mitos mesopotâmicos e de sua influência nos mitos gregos e hebreus.

Macrone, Michael. *By Jove! Brush Up Your Mythology*. Nova York: HarperCollins, 1992. Mostra como os mitos gregos ainda sobrevivem na língua inglesa através de palavras e expressões como "titânico" e "Roda da Fortuna".

Manguel, Alberto e Gianni Guadalupi. *The Dictionary of Imaginary Places*. Nova York: Harcourt, Brace, 2000. Guia enciclopédico de lugares que nunca existiram, incluindo os locais lendários da mitologia.

Occhiogrosso, Peter. *The Joy of Sects: A Spirited Guide to the World's Religious Traditions*. Nova York: Doubleday, 1994. Guia muito prático, mas um tanto irreverente, das práticas de várias religiões ao redor do mundo.

Orchard, Andy. *Cassell's Dictionary of Norse Myth and Legend*. Londres: Cassell, 1997. Mais de mil verbetes detalhados sobre diversos mitos, sagas e lendas escandinavos.

Page, R. I. *Norse Myths*. (Parte da coleção *The Legendary Past*.) Austin: University of Texas Press, 1993. As influentes histórias e lendas pagãs da Escandinávia e das tribos germânicas.

690 MITOLOGIA

Pattanaik, Devdutt. *Indian Mythology: Tales, Symbols, and Rituals From the Heart of the Subcontinent.* Rochester, Vt.: Inner Traditions, 2003. Embora seja mais voltada para o meio acadêmico, e um tanto abstrata, essa introdução aos mitos e às correntes do pensamento hindu é muito útil.

Powell, Barry B. *Classical Mythology* (quarta edição). Upper Saddle River, Nova Jersey: Pearson/Prentice Hall, 2004. Um compêndio que não segue o formato padrão dos compêndios; bem-escrito, divertido e informativo.

Price, Simon e Emily Kearns (organizadores). *The Oxford Dictionary of Classical Myth and Religion.* Nova York: Oxford University Press, 2003. Obtido a partir do *The Oxford Classical Dictionary*, terceira edição (Oxford, 1996), este é um excelente recurso para pesquisas sobre mitologia e religião grega e romana e sua relação com o judaísmo e o cristianismo no mundo greco-romano.

Romann, Chris. *A World of Ideas: A Dictionary of Important Theories, Concepts, Beliefs and Thinkers.* Nova York: Ballantine Books, 1999. Cobrindo desde "*a priori*" ao "zoroastrismo", este é um útil compêndio sobre filosofia, crenças e as pessoas por trás das ideias.

Shaw, Ian (organizador). *The Oxford History of Ancient Egypt.* Nova York: Oxford University Press, 2000. Extensa obra de referência, em volume único, sobre a história do Egito, desde a Idade da Pedra até o período romano.

Smart, Ninian. *The World's Religions* (segunda edição). Nova York: Cambridge University Press, 1998. Resumo acadêmico das grandes religiões, incluindo informações sobre suas origens míticas.

Smith, Huston. *The Illustrated World's Religions: A Guide to Our Wisdom Traditions.* São Francisco: HarperSanFrancisco, 1994. Resumo das religiões do mundo e de como elas se desenvolveram, desde

Bibliografia

os primórdios. [Ed. bras.: *As religiões do mundo: nossas grandes tradições de sabedoria*. São Paulo, Cultrix, 2001. Tradução de Merle Scoss.]

Tarnas, Richard. *The Passion of the Western Mind: Understanding the Ideas That Shaped Our World View*. Nova York: Ballantine Books, 1991. Resumo acessível do pensamento filosófico ocidental, dos gregos da Antiguidade aos tempos modernos; o exame da visão de mundo grega é especialmente interessante.

Taube, Karl. *Aztec and Maya Myths*. (Parte da coleção *The Legendary Past*.) Austin: University of Texas Press, 1993. Resumo das duas culturas centrais do México e da América Central.

Teeple, John B. *Timelines of World History*. Londres: DK Publishing, 2002. Livro, colorido e ilustrado, com a linha do tempo da história da humanidade, organizado por datas e regiões geográficas. Uma excelente obra de referência.

Urton, Gary. *Inca Myths*. (Parte da coleção *The Legendary Past*.) Austin: University of Texas Press, 1993. Resumo das lendas do grande império dos Andes peruanos que foi tomado por conquistadores espanhóis.

Wilkinson, Richard H. *The Complete Gods and Goddesses of Ancient Egypt*. Londres: Thames & Hudson, 2003. Livro de referência, rico em ilustrações, sobre o complexo panteão egípcio, desde os tempos dos faraós até o período romano.

Williams, Dr. William F. (organizador). *Encyclopedia of Pseudoscience*. Nova York: Facts on File, 2000. Guia científico, crítico e cético, das muitas fraudes, embustes, superstições e teorias equivocadas do mundo, muitas das quais têm ligação com os mitos e civilizações da Antiguidade.

Willis, Roy (organizador). *Dictionary of World Myth: An A-Z Reference Guide to Gods, Goddesses, Heroes, Heroines and Fabulous Beasts*. Londres: Duncan Baird, 1995. O título ["Dicionário de mitos mundiais: guia

692 MITOLOGIA

de A a Z dos deuses, deusas, heróis, heroínas e monstros fabulosos"] diz tudo.

Obras Gerais de História e Crítica

Armstrong, Karen. *A History of God: The 4,000-Year Quest of Judaism, Christianity and Islam.* Nova York: Knopf, 1993. Obra campeã de vendas sobre o surgimento das três religiões monoteístas dominantes, com discussões a respeito de suas raízes pagãs ou míticas. Acadêmica, porém muito acessível. [Ed. bras.: *Uma história de Deus: quatro milênios de busca do judaísmo, cristianismo e islamismo.* São Paulo, Companhia das Letras, 1994. Tradução de Marcos Santarrita.]

Armstrong, Karen. *Buddha.* Nova York: Penguin Books, 2001. Biografia criteriosa, breve, histórica e "filosófica" do lendário fundador do budismo. [Ed. bras.: *Buda.* Rio de Janeiro, Objetiva, 2001. Tradução de Marcos Santarrita.]

Ballard, Robert D. e Toni Eugene. *Mystery of the Ancient Seafarers: Early Maritime Civilizations.* Washington, D.C.: National Geographic Society, 2004. Relato, rico em ilustrações, das descobertas recentes feitas nos mares Negro e Mediterrâneo que ajudaram a elucidar aspectos sobre os fenícios, egípcios, gregos e outros antigos navegadores; escrito pelo homem que encontrou o *Titanic.*

Benedict, Jeff. *No Bone Unturned: Inside the World of a Top Forensic Scientist and His Work on America's Most Notorious Crimes and Disasters.* Nova York: Perennial, 2003. Relato fascinante de um cientista do Instituto Smithsoniano que reconstrói esqueletos e que está no centro da controvérsia do "Homem de Kennewick", a ossada humana mais antiga da América do Norte.

Bierlein, J. F. *Parallel Myths.* Nova York: Ballantine Wellspring, 1994. Obra acessível que discute temas comuns a várias mitologias.

Bibliografia 693

Boorstin, Daniel J. *The Discoverers: A History of Man's Search to Know His World and Himself.* Nova York: Random House, 1983. Como a humanidade aprendeu muito do que sabe hoje. Erudito e fascinante. [Ed. bras.: *Os descobridores.* Rio de Janeiro, Civilização Brasileira, 1989. Tradução de Fernanda Pinto Rodrigues.]

Boorstin, Daniel J. *The Seekers: The Story of Man's Continuing Quest to Understand His World.* Nova York: Random House, 1998. Estudo da história da filosofia, da religião e das ciências do mundo ocidental. [Ed. bras.: *Os investigadores: a história da permanente busca do homem para compreender o seu mundo.* Rio de Janeiro, Civilização Brasileira, 2003. Tradução de Max Altman.]

Cahill, Thomas. *How the Irish Saved the Civilization.* Nova York: Doubleday, 1995. Primeiro livro da série *A história não contada,* a obra fala do papel pouco conhecido que tiveram os monges irlandeses em preservar a história, através de suas iluminuras. História contada de forma divertida e acessível. [Ed. bras.: *Como os irlandeses salvaram a civilização.* Rio de Janeiro, Objetiva, 1999. Tradução de José Roberto O'Shea.]

Cahill, Thomas. *Sailing the Wine-Dark Sea: Why the Greeks Matter.* Nova York: Nan A. Talese/Doubleday, 2003. Quarto volume da série campeã de vendas *A história não contada,* conta de forma divertida e acessível a história do legado grego. [Ed. bras.: *Navegando o mar de vinho: por que a Grécia antiga é essencial hoje.* Rio de Janeiro, Objetiva, 2006. Tradução de S. Duarte.]

Campbell, Joseph. *The Hero With a Thousand Faces.* Princeton, N.J.: Princeton University Press, 1949. Primeira obra clássica de Campbell, fala do papel dos heróis na mitologia. [Ed. bras.: *O herói de mil faces.* São Paulo, Círculo do Livro, 1988. Tradução de Adail Ubirajara Sobral.]

Campbell, Joseph. *The Mythic Image.* Princeton, N.J.: Princeton University Press, 1974. A obra, rica em ilustrações, explora a relação entre sonhos, mitologia e imagens artísticas.

694 MITOLOGIA

Campbell, Joseph. *The Power of Myth*. Nova York: Broadway Books, 1988. Resumo das conversas televisivas sobre mitologia que Joseph Campbell, o grande professor de mitologia, teve com Bill Moyers, jornalista. [Ed. bras.: *O poder do mito*. São Paulo, Palas Athena, 1996. Tradução de Carlos Felipe Moisés.]

Camus, Albert, tradução para o inglês de Justin O'Brien. *The Myth of Sisyphus and Other Essays*. Nova York: Vintage Books, 1983. Um dos mais famosos usos modernos da mitologia antiga, a obra é do existencialista francês, ganhador do Prêmio Nobel, que explorou a ideia da vida em um Universo desprovido de significado. [Ed. bras.: *O mito de Sísifo*. Rio de Janeiro, Record, 2004. Tradução de Ari Roitman e Paulina Watch.]

Ceram, C. W. *Gods, Graves and Scholars: The Story of Archeology* (segunda edição revisada). Nova York: Knopf, 1967. Embora um tanto datada, esta ainda é uma excelente introdução à história da arqueologia moderna, voltada para aventureiros de carne e osso, como Heinrich Schliemann e Howard Carter. [Ed. bras.: *Deuses, túmulos e sábios: o romance da arqueologia*. São Paulo, Melhoramentos, 1987. Tradução de João Távora.]

Chadwick, Henry. *The Early Church (The Penguin History of the Church, volume 1*, edição revisada). Nova York: Penguin Books, 1993. Panorama acadêmico, porém acessível, do nascimento do cristianismo e de sua rápida expansão pelo mundo romano.

Clayre, Alasdair. *The Heart of the Dragon*. Boston: Houghton Mifflin, 1985. A obra, que complementa um documentário televisivo do canal PBS, faz uma introdução acessível sobre o passado da China, com ênfase na filosofia e nas religiões antigas.

Davidson, Basil. *The Search for Africa: History, Culture, Politics*. Nova York: Random House, 1994. Coleção de ensaios sobre a história

Bibliografia

da África escritos por um jornalista-historiador veterano. Inclui material sobre as raízes dos antigos reinos africanos.

Davidson, James. *Courtesans and Fishcakes: The Consuming Passions of Classical Athens*. Nova York: St. Martin's Press, 1997. Sexo e frutos do mar na Atenas clássica. Observações interessantes sobre como era, de fato, a vida nos tempos de glória da Grécia antiga. A obra não é tão acessível quanto *Navegando o mar de vinho*, de Thomas Cahill (ver anteriormente).

Deloria, Vine Jr. *God Is Red: A Native View of Religion* (edição de trigésimo aniversário). Golden, Col.: Fulcrum Publishing, 2003. Publicada pela primeira vez em 1972, esta obra, em sua terceira edição, é um trabalho seminal sobre as visões religiosas dos ameríndios. Opiniões estimulantes, enfurecidas e provocativas sobre a história e a espiritualidade dos ameríndios e como eles têm sido retratados de forma equivocada.

Devereux, Paul. *The Sacred Place: The Ancient Origins of Holy and Mystical Sites*. Nova York: Sterling, 2001. Guia ilustrado e fotográfico de muitos dos locais históricos, tanto feitos pelo homem (Stonehenge, Chichén Itzá) quanto naturais (Uluru, monte Olimpo), que figuram na mitologia mundial.

Diamond, Jared. *Guns, Germs, and Steel: The Fates of Human Societies*. Nova York: W. W. Norton, 1999. Ganhadora do Prêmio Pulitzer, a obra faz uma avaliação fascinante da história, voltando-se para a geografia, a doença e a tecnologia, e repudiando muitas das visões tradicionais – e, em geral, racistas – sobre o surgimento das civilizações. [Ed. bras.: *Armas, germes e aço: os destinos das sociedades humanas*. Rio de Janeiro, Record, 2004. Tradução de Sílvia de Souza Costa, Cynthia Cortes e Paulo Soares.]

Ebrey, Patricia Buckley. *The Cambridge Illustrated History of China*. Nova York: Cambridge University Press, 1996. Introdução, rica em belas ilustrações, à história da China; acadêmica, porém bastante acessível.

696 MITOLOGIA

Eliade, Mircea. *The Sacred and the Profane: The Nature of Religion*. Nova York: Harcourt, 1987. Trabalho acadêmico clássico que traça o movimento da espiritualidade desde os tempos primitivos até a modernidade.

Fage, J. D. *A History of Africa*. Nova York: Knopf, 1978. A obra, que faz parte da série *History of Humanity*, é altamente acadêmica (e datada), mas oferece um panorama legítimo da história antiga da África.

Feiler, Bruce. *Abraham: A Journey to the Heart of Three Faiths*. Nova York: William Morrow, 2002. Busca pela figura lendária, o patriarca de três das grandes religiões do mundo. [Ed. bras.: *Abraão: uma jornada ao coração de três religiões*. Rio de Janeiro, Sextante, 2003. Tradução de Maria Luiza Newlands Silveira.]

Feiler, Bruce. *Walking the Bible: A Journey by Land Through the Five Books of Moses*. Nova York: Perennial, 2002. Uma viagem moderna em busca da história por trás da travessia mítica do mar Vermelho e da escalada do monte Sinai. [Ed. bras.: *Pelos caminhos da Bíblia: uma viagem por terra através do Antigo Testamento*. Rio de Janeiro, Sextante, 2002. Tradução de Maria Luiza Newlands Silveira e Fernanda Rangel de Paiva Abreu.]

Fox, Robin Lane. *Pagans and Christians*. Nova York: Knopf, 1986. Apresenta de maneira acadêmica, porém acessível, a história da transição do paganismo ao cristianismo na Roma antiga.

Frazer, Sir James. *The Golden Bough* (edição resumida). Nova York: Dover, 2002. Publicado originalmente em 12 volumes, em 1890, este estudo clássico da mitologia explora o tema universal do deus ressurreto, traçando suas origens ao culto de Diana. (Esta é a versão resumida do autor, de 1902.) Bastante acadêmica e datada, ainda assim é uma obra importante no campo dos estudos míticos. [Ed. bras.: *O ramo de ouro* (edição resumida). Rio de Janeiro, Zahar Editores, 1982. Tradução de Waltensir Dutra.]

Bibliografia

Galeano, Eduardo, tradução para o inglês de Cedric Belfrage. *Open Veins of Latin America: Five Centuries of the Pillage of a Continent* (edição de vigésimo quinto aniversário). Nova York: Monthly Review Press, 1997. Escrito por um jornalista uruguaio, este é um relato pormenorizado da exploração da América Latina, desde o período colonial até o século XX. Obra reveladora para aqueles que sabem pouco a respeito do envolvimento altamente destrutivo que os Estados Unidos tiveram com a história da América Latina. [Ed. bras.: *As veias abertas da América Latina*. Rio de Janeiro, Paz e Terra, 1988. Tradução de Galeano de Freitas.]

Germond, Philippe. *An Egyptian Bestiary*. Nova York: Thames & Hudson, 2001. A obra, que contém ilustrações magníficas da arte e da arquitetura egípcias, retrata o papel extraordinário que tinham os animais na mitologia e na vida diária do Egito.

Graves, Robert. *The White Goddess: A Historical Grammar of Poetic Myth*. Nova York: Farrar, Straus & Giroux, 1975. O autor, mais conhecido por seus romances históricos, como *Eu, Claudius, Imperador*, faz uma análise altamente acadêmica da "deusa branca do nascimento, amor e morte", que foi cultuada na Europa sob diversos nomes. [Ed. bras.: *A deusa branca: uma gramática histórica do mito poético*. Rio de Janeiro, Bertrand Brasil, 2003. Tradução de Bentto de Lima.]

Green, Miranda J. *The World of the Druids*. Nova York: Thames & Hudson, 1997. Rica em ilustrações elaboradas, esta é uma introdução acessível ao mundo celta, seus sacerdotes e os mitos que eles inspiraram.

Hamilton, Edith. *Mythology*. Boston: Little, Brown, 1969. Famosa introdução clássica aos deuses gregos, romanos e nórdicos; ainda popular, porém um tanto datada. [Ed. bras.: *Mitologia*. São Paulo, Martins Fontes, 1997.]

698   MITOLOGIA

Hathaway, Nancy. *The Friendly Guide to Mythology: A Mortal's Companion to the Fantastical Realm of Gods, Goddesses, Monsters and Heroes.* Nova York: Penguin Books, 2001. Introdução leve e agradável aos mitos mundiais, com ênfase nas histórias sobre deusas.

Heródoto, tradução para o inglês de Aubrey De Sélincourt. *The Histories.* Nova York: Penguin Books, 1996. Nesta obra-prima da literatura clássica, o "pai da história" examina o mundo mediterrâneo do século V a.C. Com notas interessantes. [Ed. bras.: *História: o relato clássico da guerra entre os gregos e os persas.* São Paulo, Prestígio, 2001. Tradução de J. Brito Broca.]

Hughes, Robert. *Fatal Shore: The Epic of Australia's Founding.* Nova York: Vintage, 1986. Comovente história da Austrália, com muitas informações a respeito da triste interação que houve entre os habitantes originais da região e os britânicos.

Jung, Carl G. (organizador). *Man and His Symbols.* Nova York: Dell Laurel Books, 1964. Coletânea de ensaios do psicólogo suíço e seus colaboradores que explora o papel dos mitos e símbolos na psicologia humana. Não é uma leitura fácil, mas ainda é uma valiosa introdução às influentes ideias de Jung. [Ed. bras.: *O homem e seus símbolos.* Rio de Janeiro, Nova Fronteira, 1977. Tradução de Maria Lúcia Pinho.]

King, Ross. *Michelangelo and the Pope's Ceiling.* Nova York: Walker, 2003. Narrativa campeã de vendas sobre a intriga por trás da arte e arquitetura da famosa Capela Sistina; contém uma análise sobre a introdução de figuras míticas na arte cristã durante a Renascença. [Ed. bras.: *Michelangelo e o teto do papa.* Rio de Janeiro, Record, 2004. Tradução de Alexandre Martins.]

Klingaman, William K. *The First Century: Emperors, Gods, and Everyman.* Nova York: Harper Perennial, 1990. Narrativa muito agradável

Bibliografia

sobre os anos 1–100 d.C. – no Oriente e no Ocidente –, quando prosperaram o cristianismo e o budismo.

Kramer, Samuel Noah. *History Begins at Sumer: Thirty-nine Firsts in Recorded History* (terceira edição revisada). Filadélfia: University of Pennsylvania Press, 1981. A primeira canção de amor, a primeira redução de imposto, o primeiro código de leis e a primeira escola, todos vieram da Suméria antiga e são elucidados neste estudo acessível de um dos maiores especialistas em civilização mesopotâmica.

Lapatin, Kenneth. *Mysteries of the Snake Goddess: Art, Desire and the Forging of History*. Nova York: Da Capo, 2002. Fascinante romance policial arqueológico que levanta dúvidas a respeito de algumas noções bem-estabelecidas sobre a arte e a sociedade minoicas.

Leick, Gwendolyn. *Mesopotamia: The Invention of the City*. Nova York: Penguin Books, 2001. Um panorama do surgimento das primeiras 12 cidades da primeira civilização. Acadêmico, porém acessível. [Ed. bras.: *Mesopotâmia: a invenção da cidade*. Rio de Janeiro, Imago, 2003. Tradução de Álvaro Cabral.]

Lévi-Strauss, Claude. *Myth and Meaning: Cracking the Code of Culture*. Nova York: Schocken Books, 1995. Coleção de cinco ensaios, baseados em entrevistas de rádio, que servem como uma introdução às ideias de um dos mais influentes antropólogos sociais da contemporaneidade. Embora seja altamente teórico, este pequeno trabalho é muito mais acessível do que os outros tantos do autor, como *O cru e o cozido*, *Tristes trópicos* e *Antropologia estrutural*. [Ed. bras.: *Mito e significado*. Lisboa, Portugal, Edições 70, 1979. Tradução de Antônio Marques Bessa.]

McNeill, J. R. e William McNeill. *The Human Web: A Bird's-Eye View of World History*. Nova York: W. W. Norton, 2003. Pai e filho,

700 MITOLOGIA

os autores mostram a rede de ligações que conectam as pessoas, criando uma rede de interação na história da humanidade.

McNeill, William H. *Plagues and Peoples*. Nova York: Anchor Books, 1998. Narrativa fascinante sobre o impacto das doenças na história, incluindo a dizimação dos ameríndios pelos europeus e a transferência de doenças para as Américas através do tráfico de escravos.

Mithen, Steve. *After the Ice: A Global Human History, 20,000–5000 BC.* Cambridge, Mass.: Harvard University Press, 2004. Contada através dos olhos de um viajante mundial fictício, a narrativa dá uma visão do globo no período em que a última grande era do gelo acabava e do impacto que essa mudança causou no desenvolvimento da humanidade. [Ed. bras.: *Depois do gelo: uma história humana global 20000–5000 a.C.* Rio de Janeiro, Imago, 2007. Tradução de Marcos Santarrita.]

Morton, W. Scott e Charlton M. Lewis. *China: Its History and Culture* (quarta edição). Nova York: McGraw-Hill, 2005. Panorama breve e acessível sobre a China, do período neolítico até o presente. [Ed. bras.: *China: história e cultura*. Rio de Janeiro, Zahar Editores, 1985. Tradução de Ricardo Joppert e Álvaro Cabral.]

Morton, W. Scott e J. Kenneth Olenik. *Japan: Its History and Culture* (quarta edição). Nova York: McGraw-Hill, 2005. Bom panorama, com uma cronologia concisa, sobre a história do Japão, desde as primeiras civilizações de que se tem notícia até os tempos modernos.

Moynahan, Brian. *The Faith: A History of Christianity*. Nova York: Doubleday, 2002. Narrativa histórica bastante acessível sobre os 2 mil anos do cristianismo e seu impacto na história mundial.

Mysliwiec, Karol, traduzido para o inglês por Geoffrey L. Packer. *Eros on the Nile*. Ithaca, N.Y.: Cornell University Press, 2002. Embora

Bibliografia

não seja tão sexy quanto o título sugere, é um trabalho fascinante, porém acadêmico, sobre quão "quentes" eram os egípcios.

Nash, Ronald H. *The Gospel and the Greeks: Did the New Testament Borrow from Pagan Thought?* (Título original: *Christianity and the Hellenistic World.*) Phillipsburg, N.J.: P&R Publishing Company, 2003. Trabalho acadêmico que refuta a ideia de que o cristianismo tenha derivado da filosofia e religião gregas.

Nuland, Sherwin B. *Doctors: The Biography of Medicine.* Nova York: Alfred A. Knopf, 1988. História da medicina, que toca no passado mítico das artes de cura.

Page, Jake. *In the Hands of the Great Spirit: The 20,000-Year History of American Indians.* Nova York: Free Press, 2003. Valendo-se das últimas descobertas arqueológicas e de outras pesquisas, o autor apresenta um resumo abrangente da história dos ameríndios.

Page, Jake (organizador). *Sacred Lands of Indian America.* Nova York: Harry Abrams, 2001. Coleção fotográfica, com ensaios que fazem a importantíssima pergunta: "O que torna um lugar sagrado?", e a ainda mais importante: "Como podemos proteger esses lugares?" Bela e provocativa.

Pagels, Elaine. *Adam, Eve, and the Serpent.* Nova York: Vintage, 1989. Obra premiada, com uma visão acadêmica sobre quão cedo os cristãos começaram a considerar o sexo e a transformar o mundo pagão. [Ed. bras.: *Adão, Eva e a serpente.* Rio de Janeiro, Rocco, 1992. Tradução de Talita M. Rodrigues.]

Pagels, Elaine. *The Origin of Satan.* Nova York: Vintage, 1996. A visão cristã do bem e do mal, e como ela influenciou o surgimento do cristianismo. [Ed. bras.: *As origens de Satanás: um estudo sobre o poder que as forças irracionais exercem na sociedade moderna.* Rio de Janeiro, Ediouro, 1996. Tradução de Ruy Jungmann.]

Pelikan, Jaroslav. *Jesus Through the Centuries: His Place in the History of Culture.* New Haven, Conn.: Yale University Press, 1985. Exame

702   MITOLOGIA

bastante agradável das transformações na imagem de Jesus ao longo de duzentos anos, escrito por um dos maiores historiadores da religião dos Estados Unidos. [Ed. bras.: *A imagem de Jesus ao longo dos séculos*. São Paulo, Cosac & Naif, 2000. Tradução de Luiz Antônio Araújo.]

Pelikan, Jaroslav. *Mary Through the Centuries: Her Place in the History of Culture*. New Haven, Conn.: Yale University Press, 1996. Avaliação das diferentes visões sobre a Virgem Maria. [*Maria através dos séculos: seu papel na história da cultura*. São Paulo, Companhia das Letras, 2000. Tradução de Vera Camargo Guarnieri.]

Perrottet, Tony. *The Naked Olympics: The True Story of the Ancient Games*. Nova York: Random House, 2004. Relato muito divertido e revelador sobre a história de 1.200 anos dos jogos antigos. Leitura muito agradável.

Pinch, Geraldine. *Egyptian Mythology: A Guide to the Gods, Goddesses, and Traditions of Ancient Egypt*. Nova York: Oxford University Press, 2002. Obra abrangente que reflete sobre as pesquisas recentes e apresenta um panorama breve dos mitos do Egito.

Platão. *The Republic*. Nova York: Vintage, 1991. Os clássicos diálogos socráticos. [Ed. bras.: *A república*. São Paulo, Nova Cultural, 1997. Tradução de Enrico Corvisieri.] (Existem muitas outras edições disponíveis.)

Porter, J. R. *The Illustrated Guide to the Bible*. Nova York: Oxford University Press, 1995. Faz um exame, livro por livro, da Bíblia, o "Livro Bom".

Porter, Roy. *Blood and Guts: A Short History of Medicine*. Nova York: W. W. Norton, 2002. Divertido resumo da história da cura, incluindo a medicina do período dos lendários curandeiros do Egito e da Grécia. [Ed. bras.: *Das tripas coração: uma breve história da medicina*. Rio de Janeiro, Record, 2004. Tradução de Vera Ribeiro.]

Bibliografia

Restall, Matthew. *Seven Myths of the Spanish Conquest*. Nova York: Oxford University Press, 2002. Abordagem revisionista do popular relato da conquista espanhola das Américas. O autor alega, de maneira persuasiva, que a noção muito disseminada de que os ameríndios confundiram os espanhóis com deuses é um mito. [Ed. bras.: *Sete mitos da conquista espanhola*. Rio de Janeiro, Civilização Brasileira, 2006. Tradução de Cristiana de Assis Serra.]

Sagan, Carl e Ann Druyan. *Shadows of Forgotten Ancestors: A Search for Who We Are*. Nova York: Random House, 1992. Mais conhecido por seus escritos sobre o espaço (*Cosmos*), Sagan examina a experiência humana neste livro abrangente, desafiador e fascinante.

Seznec, Jean. *The Survival of the Pagan Gods: The Mythological Tradition and its Place in Renaissance Humanism and Art*. Princeton, N.J.: Princeton University Press, 1981. História altamente acadêmica da restauração dos deuses gregos na arte e na literatura da Renascença europeia.

Sowerby, Robin. *The Greeks: An Introduction to Their Culture*. Londres: Routledge, 1995. Introdução concisa e abrangente à Grécia antiga, de Homero até o fim do período clássico.

Stark, Rodney. *The Rise of Christianity: How the Obscure, Marginal Jesus Movement Became the Dominant Religious Force in the Western World in a Few Centuries*. São Francisco: HarperSanFrancisco, 1997. Explicação sociológica para o crescimento do cristianismo no mundo pagão. [Ed. bras.: *O crescimento do cristianismo: um sociólogo reconsidera a história*. São Paulo, Paulinas, 2006. Tradução de Jonas Pereira dos Santos.]

Tuchman, Barbara W. *The March of Folly: From Troy to Vietnam*. Nova York: Random House, 1984. Começando pelo erro fatal dos troianos, a autora, campeã de vendas e ganhadora do Prêmio Pulitzer, cataloga uma série de más decisões feitas por governos em períodos de guerra. Um apelo bastante ignorado para que as lições da história

704 MITOLOGIA

sejam colocadas em uso. [Ed. bras.: *A marcha da insensatez: de Troia ao Vietnã*. Rio de Janeiro, José Olympio, 1985. Tradução de Carlos de Oliveira Gomes.]

Vogler, Christopher. *The Writer's Journey: Mythic Structure for Writers* (segunda edição). Studio City, Calif.: Michael Wiese Productions, 1998. Fascinante compêndio que busca muitas inspirações nos trabalhos de Carl G. Jung e Joseph Campbell sobre como contadores de histórias modernos podem utilizar os mitos. [Ed. bras.: *A jornada do escritor: estruturas míticas para contadores de histórias e roteiristas*. Rio de Janeiro, Ampersand, 1997. Tradução de Ana Maria Machado.]

Voytilla, Stuart. *Myth and the Movies: Discovering the Mythic Structure of 50 Unforgettable Films*. Studio City, Calif.: Michael Wiese Productions, 1999. Interessante avaliação crítica de filmes clássicos, como *O Poderoso Chefão*, *Tubarão*, *Uma Aventura na África* e *Cidadão Kane*, a partir de uma perspectiva mítica. Inspiração em muitos dos temas apresentados por Christopher Vogler (ver anteriormente).

Wade, Nicholas. *The New York Times Book of Archeology*. Guilford, Conn.: Lyons Press, 2001. Coletânea de artigos da seção "Science Times", do jornal *The New York Times*, com algumas das maiores descobertas recentes da arqueologia.

Warner, Marina. *Alone of All Her Sex: The Myth and the Cult of the Virgin Mary*. Nova York: Vintage, 1983. Relato acadêmico, porém acessível, sobre as diferentes perspectivas históricas dadas à Mãe de Jesus, incluindo a influência de antigos personagens míticos na imagem de Maria, em especial nos primórdios do cristianismo.

ÍNDICE

aborígines, 531-532, 676-680
Abraão (judaico-cristã), 177-178, 231-233
Açoka, 475-476
Acteon (grega), 283-284
Adão (judaico-cristã), 237-238
adivinhação. *Ver também* oráculos
  celta, 380-381
  chinesa, 494-501
  grega, 264-265
  mesopotâmica, 182-184
  romana, 349
Adônis (grega), 208
Aesir (nórdica), 410-411
África subsaariana, 542-558. *Ver também* mitos africanos
Afrodite (grega), 210-211, 254-255, 272-273, 278-280, 286-287, 293, 339-340
Agamêmnon (grega), 336-337, 339-341
Agni (indiana), 452-453
ágora (grega), 260-263
agricultura
  maia, 612-616
  mesopotâmica, 177-178, 186-188
água
  mitos celtas, 375-376
  mitos mesopotâmicos, 187-188, 206-210
água doce mesopotâmica, 187-191, 206-210
água salgada mesopotâmica, 187-188, 211-212
Ah Puch (maia), 620

Aha (egípcia), 147-148
Aido-Hwedo ou Aida-Wedo (africana), 560-561, 565-566, 575-576
Airsekui (norte-americana), 602-603
Akhenaton, 32-33, 155-161
alegorias, mitos e, 48-49, 60-65, 221-223
Alemanha nazista, 25-26, 431-433
Alexandre, o Grande, 162, 346
alfabeto fenício, 233-234, 255-256, 259
amarelo, mitos chineses e, 509-510
Amaterasu (japonesa), 27-28, 519-520, 523-527, 527-529
Amaunet (egípcia), 117-118
Amenhotep IV, 155-161
Amma (africana), 561-562, 572-573
Ammut (egípcia), 137-138
Amun (egípcia), 117-118, 126-127
An ou Anu (mesopotâmica), 197-198, 205-207, 220
Anansi (africana), 550-551, 568-570
Anat (mesopotâmica), 235-237
Andrômeda (grega), 305-307
anel de ouro, história do (nórdica), 418-421
animais. *Ver também* touros; dragões; cobras
  nas fábulas, 56-58
  nas histórias do coelho Quincas, 21-22 , 550-553, 572-573
  nos mitos africanos, 566-575
  nos mitos americanos, 603-604, 657-660
  nos mitos egípcios, 143-145

706 MITOLOGIA

sacrifício de, 37-38, 75-76, 497-498, 577-578
animismo, 70
ankh, 155-165
Anúbis (egípcia), 123-124, 128-130, 139-141
Ao (chinesa), 507-508
Apep (egípcia), 111-112, 122-123
Ápis, touro (egípcia), 144
Apófis (egípcia), 111-112, 122-123
Apolo (grega e romana), 132-133, 264-265, 281-283, 336-337
Apolodoro, 277-278, 346-347
Apsu (mesopotâmica), 197-198, 206-208
Aquiles (grega), 19-20, 336-338, 462-463
Aracne (grega), 283-285
Arco-Íris (norte-americana), 654-655
Ares (grega), 282-283, 294-295
Argonautas (grega), 62-63, 312-319
Argos (grega), 16-19
Ariadne (grega), 324-325
arianos, 348, 431-433
Aristóteles, 322-323, 235-236
Arjuna (indiana), 438-439, 467-470
arqueologia
  descoberta de Troia por Schliemann, 64-65, 256-257, 341-343
  figuras femininas pré-históricas, 201-202
  Homem de Kennewick, 589-590
  mitos celtas e, 373-376
  mitos e, 62-65
  mitos indianos e, 439-440
arquétipos, mitos e, 37-38, 56-57, 79-81
arte
  africana, 545-546
  grega, 253-254, 260-261, 288-289
  mesopotâmica, 191-192
  mitos do Novo Mundo e, 533-534

Ártemis (grega), 282-284
Arthur, lenda do rei, 52-53, 324-325, 401-404
árvore *bodhi* ou *bo*, 473
Asclépio (grega), 305-307, 315-319
Asgard (nórdica), 409-411
Asherah (mesopotâmica), 235
Assurbanipal, 192, 196, 206, 221
Astarte (mesopotâmica), 210-211
Atahensic (norte-americana), 654-655
Atahualpa, 640-641
ateístas, religiões, 75-76
Atena (grega), 250-251, 254-255, 283-285, 305-307
Atenas, 253-254, 260-261
Atharva-Veda, 436
Atlântida (grega), 49, 320-323
Atlas (grega), 275
Aton (egípcia), 156-158
Atrahasis (mesopotâmica), 224-225
Atum (egípcia), 115-127
Aúra-Masda (persa), 239
avatares (indiana), 450-451, 465-467
aves do lago Estínfalo, 309-310
Ayars (inca), 641

Baal (mesopotâmica), 56, 185, 211, 233-236. *Ver também* Marduk (mesopotâmica),
Babilônia, 180, 183-186, 193-199, 216, 227-230. *Ver também* mitos mesopotâmicos
bacanais, 286-287, 353-359
Baco (romana), 286-287, 356-357
Badb (celta), 389
Balder (nórdica), 410-412
Bast ou Bastet (egípcia), 139
batismo, 75-76
Beelzebuh, 236
Bel (mesopotâmica), 184-185, 211, 235. *Ver também* Marduk (mesopotâmica)

Índice

Belenos (celta), 383-385
Beltane, festival de, 383-385, 398-400
Benten (japonesa), 524-525
berço da civilização, 185-188
Berserkers (nórdica), 417
Bes (egípcia), 139-140
Bhagavad-Gita, 76, 429-430, 466-468
bhakti ioga, 460-461
Bíblia. *Ver também* religião judaico-
cristã
  Abraão na, 230-233
  Babilônia na, 56-57
  Canaã na, 232-234
  Cânticos de Salomão (Cântico dos
    Cânticos), 208
  desafios mitológicos para, 65-71,
    196-197
  histórias sagradas da, 76-77
  influência egípcia, 162-164
  Leviatã em, 211-213
  Lilith em, 237-238
  mito da criação no Gênesis, 29-30,
    112-115, 176, 196-198, 221-222,
    230-231, 237-238
  o dilúvio de Noé, 65-69, 222-228
  Palestina e filisteus, 233-234
  Paulo na, 353-355
  primeira versão grega, 346-347
  rituais da, 75-76
  rivalidades fraternas, 122-124
  Sansão e Héracles, 308-309
  Shem e o termo "semita", 193
  Torre de Babel, 227-231
Bingham, Hiram, 636-637, 641-642
Bobbi-bobbi (ilhas do Pacífico),
  679-680
bois de Gerião, 311
Bragi (nórdica), 412
Brahma (indiana), 75-76, 438-439,
  440-441, 443-444, 455-456
Brahma, o Criador (indiana),
  448-451, 455-459
Brâmanas, 436-437

brâmanes, 437, 442-447, 451, 466,
  475
Brigid ou Brígida (celta), 55, 366,
  386-387
Brynhild ou Brünhilde (nórdica),
  420-421
Buda (indiana), 466-467, 470-476
budismo, 27-28, 432-433
Bumba (africana), 557-558, 562-563

caduceu, símbolo do, 315-316
Cagn (africana), 562-563
calendário, 22-23, 99-100
Calipso (grega), 343-345
Canaã, 233-238. *Ver também* mesopo-
  tâmicos, mitos
canibalismo, 291-292, 304-305
Cânticos de Salomão (Cântico dos
  Cânticos), 208
cantos de trabalho africanos, 556-558
Caos (grega), 271
carma (indiana), 443, 489-490
Caronte (grega), 290-291
Cassandra (grega), 339-340
castas, sistema indiano de, 444-445,
  467-470
castração, mitos gregos e, 270-276
Catal Huyuk, 186
cavalos, norte-americanos e, 648-649
celebrações. *Ver* festas
Centauros (grega), 312-313
Centeotl (asteca), 631
Centzon Totchtin (asteca), 603-604
Cérbero (grega), 290-291, 311-313
Ceres (romana), 284-287, 349
Cerínia, corça de, 309
Cernunnos (celta), 384-385
cerveja
  egípcia, 101
  inca, 637, 641-642
  mesopotâmica, 191
  soma indiano, 453-454

708 MITOLOGIA

César, Júlio, 63, 162, 368, 373, 379
cestas, 349-350
Chac (maia), 619-620
Chalchiuhtlicue (asteca), 632-637
Chang E (chinesa), 513-514
cheia do rio Nilo, 98-108
chi, força vital (chinesa), 493-494,
512-513
chicha, cerveja, 637-638, 641-642
chifres, deuses com, 384-385
Chinawezi (africana), 560-561
Chuang-tzu, 518-519
Chuku (africana), 564-565
Cibele (mesopotâmica), 210-211,
287-288, 357-358
Ciclo Feniano (celta), 376-378,
394-400
Ciclope (grega), 271-272, 274-275,
344-345
cidades
gregas, 258-259
indianas, 439-440
maias, 614-615
mesopotâmicas, 177-178, 189-190
ciência. *Ver também* arqueologia;
mundo natural
grega, 254-255, 261-262, 265-266
mitos e, 28-30, 38-39, 46-47, 59-60,
76-77
Oráculo de Delfos e, 328-329
Cinco Clássicos (chinesa), 490-491,
497-498, 515-517
Cinteotl (asteca), 631
cinto de Hipólita, 309-312
civilização
grega e o surgimento do Ocidente,
250-251
Harappa, 440
mesoamericana, 612-616
Mesopotâmia como berço da,
185-188
mitos e, 31-36, 49-50
civilização Harappa, 440

civilização olmeca, 612-620
civilização suméria, 189-195,
227-228. *Ver também* mitos mesopotâmicos
classes
astecas, 625-626
egípcias, 96-97, 100-101
nórdicas, 406-409
sistema de castas na Índia, 444-445,
467-470
clássico das montanhas e mares, O, 490,
501, 507
cleptocracia, 31-32, 445-446
Coatlicue (asteca), 631-632
Código de Hamurabi, 202-206
coelhos trapaceiros. *Ver* Lebre (africana)
Coiote (norte-americana), 50-51,
654-657
Colombo, Cristóvão, 530-532,
596-597
Colunas de Hércules, 311-312,
320-321
comida, mitos africanos e, 554-557
concepção imaculada asteca, 631
Conchobar, 393-394
Confissão Negativa (egípcia),
135-136
Confúcio e confucionismo, 75-76,
490-493, 499-500, 513-519,
522-523
contadores de histórias. *Ver* tradições
orais
contos de fadas, mitos *vs.*, 57-58
coração, ritual da pesagem do,
135-139
Corão, 76, 159
corça da Arcádia, 309
corça de Cerínia, 309
Cortés, Hernando, 622-623, 626-629
Corvo (norte-americana), 657-658
Coyolxauhqui (asteca), 631-632
crença, mitos e, 38-39, 72-76

Índice

criação do mundo pelo "ovo cósmico"
africana, 560
chinesa, 502-503, 510-511, 522-523
indiana, 449-450
criação pela axila, histórias da,
409-411
cristianismo. *Ver* religião judaico-
cristã
Crono (grega), 272-274, 327-329
Cuauhtémoc (asteca), 627-628
Cuchulainn (celta), 361, 377, 389-394
Culann (celta), 390-391
Culhwhc e Olwen, história de (celta),
401-402
culto aos ancestrais, 550-551, 678-679
cuneiforme, escrita mesopotâmica,
189-192
Cupido. *Ver* Eros (grega)
curandeiros. *Ver* xamãs
Cuzco ou Cusco (inca), 637-639

Da Yu (chinesa), 513-514
Dafne (grega), 281-282
Dagda (celta), 387, 402
Daksha (indiana), 464-465
dalits, 444-446
Damkina (mesopotâmica), 197-198,
208
Dana ou Danu (celta), 376-377,
387-388
Danae (grega), 305-307
dança dos fantasmas (norte-ameri-
cana), 651-652
danças (norte-americana), 649-653
Dédalo (grega), 323-326
Deganawida, 666-667
deidade. *Ver* deuses
Deimos (grega), 282-283
Deméter (grega), 132-133, 258-259,
284-287
democracia
Confederação Iroquesa, 666-669

grega, 250-252, 261-266, 325-328
mesopotâmica, 189-190
deserto egípcio, 98-108
Deucalião (grega), 304-305
deus céu
nórdico, 410-411
norte-americano, 649-650
deus sol
americano, 602-603
egípcio, 114-116, 119-121, 123-129,
149-150
grego, 281-283
inca, 643-644
indiano, 452-455
japonês, 523-525
mesopotâmico, 203-204
deuses
africanos, 549-551, 561-575
astecas, 630-637
chineses, 506-514
crença em, 75-76
egípcios, 118-124, 138-144
gregos e romanos, 277-300
incas, 642-646
japoneses, 523-529
maias, 619-622
mesopotâmicos, 181-186, 205-213
metamorfos, 384-385, 388-289
mitos e, 48-53
movimento da deusa, 70-72,
199-203, 422-423
nórdicos, 410-419
sexualidade dos, 49-51, 78-79. *Ver*
também sexualidade
sol. *Ver* deus sol
tema da ressurreição, 37-38, 70-72,
133-134, 209-210, 286-287,
288-291, 632-635
deuses criadores (africana), 561-567
deuses da guerra, 126-129
deuses da terra (nórdica), 410-411
deuses metamorfos, 384-385,
388-389, 420-421, 604-605

710 MITOLOGIA

deuses ressurretos. *Ver* tema da ressurreição
deuses trapaceiros
africanos, 21-22, 550-553, 566-675
americanos, 21-22, 603-605,
654-657
do Novo Mundo, 532-533
mesopotâmicos, 224-225
mitos e, 21-22
nórdicos, 414-416
Devi (indiana), 450-451, 458-459,
461-463
dharma (indiana), 443-445, 467-470
Dia das Bruxas (*Halloween*)
festa celta de Samhain e, 396-400
Día de los Muertos e, 21-22
Día de los Muertos, 21-22, 398-399
Dia de Todos os Santos, 398-399,
628-631
Dia dos Mortos, 398-399
diálogos de Confúcio, Os, 514
Diana (romana), 282-284
Diarmuid, 395-396
Dido, 352-353
dilúvio, histórias de
astecas, 632-633
chinesas, 490-491, 504-506
gregas, 303-305
incas, 643-644
indianas, 450-451
maias, 611-612
mesopotâmicas e judaico-cristãs,
65-69, 177-178
nórdicas, 409-410
Diomedes, éguas de, 309-310
Dioniso (grega), 261-262, 286-291
divindade. *Ver* deuses
Djanira (grega), 312-313
Djehuty (egípcia), 115-116, 142-144
Dodona, oráculo de (grega), 264
dólar, pirâmides no, 152-154
Don't Know Much About, série, 22-23,
99-100

Donar (nórdica), 418
dragões
egípcios, 122-123
incas, 643-644
indianos, 453-454
japoneses, 524-525, 528-529
mesopotâmicos, 211-213, 235
mitos e, 55-57
nórdicos, 15-16
ossos de dragão como oráculo, 495
São Jorge e, 55-56
drama grego, 253-254, 260-261,
288-289
druidas, 368-369. *Ver também* mitos
celtas
Duat (egípcia), 121-123, 142
Dumuzi (mesopotâmica), 70-71,
133-134, 206-208, 210-211,
212-215, 286-287
Durga (indiana), 458-461
Dxui (africana), 562-563

Ea (mesopotâmica), 181-182,
197-198, 205-210, 222-225
Eastre (anglo-saxã), 22-23
Edda em Prosa, 408-409
Edda Poética, 407, 419
Eddas nórdicas, 407
Édipo (grega), 78-79, 330-333
Egito, nome do, 114-116
éguas de Diomedes, 309-310
El (mesopotâmica), 233-237
Electra, complexo de, 331-332
Elgin, Mármores de, 284-285
enchentes, histórias de. *Ver* dilúvio,
histórias de
Eneias, 352-353
Eneida, 338, 351-352, 377
Enki (mesopotâmica), 181-182,
197-198, 205-207, 222-225
Enlil (mesopotâmica), 209-210,
224-225

Índice

Enuma Elish, 194-200, 224-225
Epimeteu (grega), 302-303
Epona (celta), 385, 401
Érebo (grega), 271, 291
Eridu, 187-188
Erimanto, javali de, 309
Éris (grega), 339-340
Eros (grega), 250-251, 271-272, 278-280
Escaldos (nórdica), 408-409
escrita
  egípcia, 98-99, 102-103, 115-116, 142-144
  grega, 233-234, 255-256, 267-268
  inca, 641-642
  mesopotâmica,189-192
  nórdica, 408-409
escultura grega, 253-254
esfinge egípcia, 143-145
esfinge grega, 331-332
Esopo, 56-57, 186-187
espadas
  de Sigurd, 418-421
  do rei Arthur, 401-402
espanhóis, conquistadores, 28-29, 531-532, 640-641
espíritos guardiões (africana), 550-551
Ésquilo, 260-261, 277-278, 288-289, 337-338
estábulos de Áugias, 310
estações do ano
  mito mesopotâmico sobre, 212-215
  mitos gregos sobre, 284-287
Estínfalo, aves do lago, 309
Estrabão, 379-380
Etana de Kish, 189-190
ética grega, 264-266. *Ver também* moral
Eucaristia, 30
Eufrates, rio, 176-177, 186-188
Eurídice, 293
Eurípides, 260-261, 277-278, 312-316

Europa, 28-29, 383-387
Eva (judaico-cristã), 28-29
evangelho, mito como, 48-49
evemerismo, 60-67
evolução humana, 544-545
Exu (africana), 550-553, 569-572

Fa (africana), 571-572
fábulas, mitos *vs.*, 56-58
Faetonte (grega), 281-282
Fafnir, dragão (nórdica), 15-16, 420-421
Falun Gong, 493-494
faraós egípcios, 95-97, 107-108, 153-155
Fauno (romana), 295-296, 349
Febo (grega). *Ver* Apolo (grega)
Fedro, 56-57
feitiços egípcios, 110-111
fenícios, 234, 255-256, 258-259
Fenrir (nórdica), 414-416
Ferália (romana), 398-399
Fergus (celta), 393-394
festas
  Ano-Novo mesopotâmico, 183, 199, 217
  astecas, 628-629
  Dia das Bruxas *Ver* Dia das Bruxas
  gregas, 264-265
  May Day, 398-400
  mitos e, 21-23
  mitos do Novo Mundo e, 533-534
  Natal. *Ver* Natal
fetiches (africana), 553-554
ficção, mito como, 46-49
filmes
  chineses, 493-494
  mitos do Novo Mundo e, 533-534
  mitos e, 46-47
filosofia grega, 260-262, 265-266
Fobos (grega), 282-283
folclore, mito *vs.*, 49-50, 57-58

712 MITOLOGIA

Frazer, Sir James George, 37-38, 70-72
Fréa (nórdica), 414
Freud, Sigmund, 37-38, 78-80, 157-158, 214-215, 330-332
Freyja (nórdica), 412-413, 416-418
Freyr ou Frey (nórdica), 411-414
Frigg (nórdica), 411-414
Fu Hsi ou Fu Xi (chinesa), 499-500, 504-507
fundadores, mitos, 31-32. *Ver também* mitos da criação

Gaia ou Gé ou Geia (grega), 271
Gaia, movimento, 201-202
Ganeça ou Ganesha (indiana), 438-439, 460-461
Ganga (indiana), 445-446, 450-451, 460-462
Ganges, rio, 75-76, 441-442, 445-447, 460-462
Ganimedes (grega), 299-300
Gautama, Siddhartha, 470-476
Geb (egípcia), 112-124
gêmeos. *Ver também* rivalidades fraternas
  mitos africanos, 565-566
  mitos americanos, 602-604, 656-660
  mitos do Novo Mundo, 532-533
  mitos maias, 612-613, 616-620
Gênesis, mito da criação do, 29-30, 76-77, 112-115, 176, 196-198, 230-231, 237-238. *Ver também* Bíblia
Geoffrey de Monmouth, 53-54, 382-383, 402-404
Gerião, bois de, 311
Gia-Fu Feng, 516-517
Gilgamesh, 65-69, 217-228
Gilgamesh (poema), 32-33, 65-69, 191-192, 215-228

Glooskap ou Gluskap (norte-americana), 309-312
gnomos, 34-35, 376-377, 387-389, 679-680
Gong Gong (chinesa), 505-506, 510-511
governo. *Ver* democracia; cleptocracia; monarquia; soberanos; teocracia
Grande Enéade (egípcia), 118-124
Grande Esfinge, 143-145
Grande Espírito (americana), 602
Grande Mãe
  africana, 29-30
  americana, 602-604, 649-650, 659-660
  celta, 375-376
  chinesa, 512-514
  culto às deusas, 70-72
  egípcia, 122-123, 132-133, 141-143, 164-165
  grega, 258-259, 293-295, 298-299
  mesopotâmica, 199-203
  nórdica, 413-414
  Virgem Maria, 132-133
Grande Muralha da China, 489
Grande Pirâmide, 145-151
Grande Selo dos Estados Unidos, 152-154
Guan Di (chinesa), 507-508
Gucumatz (asteca), 632-633
Gunnodyak (norte-americana), 654-655

Hachiman (japonesa), 524-525
Hades (grega), 284-287, 290-293
Hahgwedhdiyu e Hahgwedaetgan (norte-americana), 654
Hamilton, Edith, 251-252
Hamurabi, 194-195, 202-206
Hanuman (indiana), 469-470
Hapi (egípcia), 139-140

Índice

Harris, Joel Chandler, 552-553, 572-573
hatha ioga, 460
Hátor (egípcia), 140-142
Hauhet (egípcia), 115-118
Havaí, 672-673, 675-676
Havva, 28-29
Hebe (grega), 294-295, 312-313
Hecatônquiros (grega), 272, 275
Hefesto (grega), 115-116
Heh (egípcia), 115-118
Heimdall (nórdica), 413-415
Heitor (grega), 336-337
Hel (nórdica), 24-25, 411-415
Helena de Troia (grega), 50-51, 299-300, 335-337, 339-341
helenos (grega), 304-305
Heliópolis, 117-120, 125-127
Hélios (grega), 281-283
Hera (grega), 16-17, 50-51, 279-280, 293, 298-299, 307-308
Héracles ou Hércules (grega), 275-276, 294-295, 305-314
Hermafrodita (grega), 279-280
Hermes (grega), 15-16, 115-116, 279-280, 294-296, 315-316
Heródoto, 98-99, 117-118, 145-146, 183-184, 260-261
heróis, mitos e, 49-51, 512-514
Hesíodo, 266-269, 277-278, 299-300, 302-304
Hespérides, pomos de ouro das, 312
Héstia (grega), 258-259, 295-297
hetairas (grega), 278-279
Hiacinto (grega), 281-283
Hiawatha, 664-669
hicsos, reis egípcios, 106-108
Hidra de Lerna, 308-309
hieróglifos
  astecas e maias, 599-600
  egípcios, 63-64, 102-103, 108-111
  maias, 611
Hina (ilhas do Pacífico), 675-676

hinduísmo. *Ver* mitos indianos
Hinun (norte-americana), 654-655
Hiperion (grega), 272
Hipócrates, 319-320
Hipólita, cinto de, 309-312
história. *Ver também* marcos
  Abraão, 230-233
  descoberta de Troia, 64-67
  dilúvio de Noé, 225-226
  Gilgamesh, 221-223
  Guerra de Troia, 341-343
  Homero, 333-334
  Imhotep, 141-142
  lendas e, 52-53
  mitos celtas, 372-376
  mitos chineses, 489-494
  mitos como "alegoria histórica", 21-23
  mitos egípcios, 107-113
  mitos gregos, 250-255
  mitos indianos, 430-441
  mitos maias, 607-609
  mitos mesopotâmicos, 32-33, 176-182, 185-188, 190-192, 221-223
  mitos nórdicos, 403-409
  Moisés, 158-160
  Oráculo de Delfos, 328-329
  oral. *Ver* tradições orais
  papel dos mitos na, 25-28, 31-36, 160-165
  rei Arthur, 402-404
histórias do coelho Quincas, 21-22
Hitler, Adolf, 25-26, 431-433
Hod (nórdica), 411-412
Homem de Kennewick, 589-590, 670-671
Homem de Lindow, 379-381, 398-399
Homem Fechado (norte-americana), 659
Homem-Aranha (norte-americana), 654-657

714 MITOLOGIA

Homero, 15-16, 46-47, 49-50, 64-67, 253-254, 266-269, 277-278, 312-313, 332-338, 351
homossexualidade, 220, 299-300
Hórus (egípcia), 50-51
Hou I ou Hou Yi (chinesa), 512-514
Hou T'ou (chinesa), 509-510
Huai-nan Tzu, 480
Huang Di ou Huang-Ti (chinesa), 506-507, 513-514
Huang Shang-Ti (chinesa), 509-510
Huitzilopochtli (asteca), 623-624, 626-627, 631-632
humanismo grego, 251-254
Humbaba (mesopotâmica), 220
Hunab (maia), 619-620
Hunahpu (maia), 612-613, 616-620
Huracan (maia), 611-612

I Ching, 494, 508, 515
Ícaro, 324-325
Idun (nórdica), 414-415
Ifá (africana), 571-572
Ifigênia, 337-338
Igaluk (norte-americana), 654-655
Iktome (norte-americana), 655-656
Ilha de Páscoa, 672-673
Ilíada, 64-67, 253-254, 332-338, 351-354
Ilítia (grega), 294
iluminação, 470-476
Imana (africana), 564-565
Imbolc, festival, 386-387
Imhotep (egípcia), 141-142
imortalidade, 220-223, 414-415
Imperador de Jade (chinesa), 510
imperadores
  japoneses, 519-524
  romanos, 349-350
Império Assírio, 191-192, 221-222, 228-229

Império Babilônico, 194-195, 183-186, 227-231
Império Bizantino, 358-359
Império Caldeu, 228
Império Gupta, 446-447, 475-476
Império Persa, 260-261
impureza, conceito de, 447
Inanna (mesopotâmica), 70-72, 133-134, 193, 206-207, 212-219, 235
Inari (japonesa), 524-527
incesto. *Ver também* sexualidade
  chinês, 504-505
  egípcio, 133-136
  inca, 642-643
  japonês, 523-525
  mesopotâmico, 209-210
inconsciente coletivo, 79-80
inconsciente pessoal, 79-80
Indra (indiana), 348, 452-454, 472-473
inferno (judaico-cristã), 24-25, 290-291
Inti (inca), 602-603, 642-644
intocáveis, casta dos, 444-446
Io (grega), 16-17, 294
ioga, 458-461
Irã, 432-433
Iraque, 177-180, 187-188
Irlanda, 376-377, 386-389. *Ver também* mitos celtas
Ishtar. *Ver* Inanna (mesopotâmica)
Ísis (egípcia), 71-72, 122-123, 128-136, 138-139, 142-143, 164-165
islamismo, 27-28, 91-93, 422-423, 531-532, 545-546
Israel, 157-158, 235
Itzamna (maia), 619-622
Ixbalanque (maia), 612-613, 616-620
Ixchel (maia), 621-622
Ixtab (maia), 621-622
Izanagi e Izanami (japonesa), 523-524, 526-528

Índice

jainismo, 432-433, 470-472, 475-477
Jarl (nórdica), 414-415
Jarmo, 186-187
Jasão e o Velo de Ouro (grega), 62-63, 226-228
javali de Erimanto, 309
Javé (judaico-cristã), 234
jen, conceito de (chinesa), 515-516
Jerusalém, 107-108, 229-230
Jesus Cristo, 21-23, 53-54, 71-72, 164-165, 238-239, 299-301, 380-381, 415-416. *Ver também* Bíblia; religião judaico-cristã; cristianismo
Jimmu-tenno (japonesa), 519-521, 524-525, 527-528
jogo de bola, maia, 615-620
Jormungand (nórdica), 414-416, 418-419
José (judaico-cristã), 159-160
Josefo, 107
judaísmo. *Ver* religião judaico-cristã
Jung, Carl Gustav, 37-38, 78-81
Juno (romana), 293-295, 349
Júpiter (romana), 296-300, 303-305, 348-349

Kali (indiana), 24-26, 457-458, 461-462
Kali-Yuga, 457-459, 465-466
Kalki (indiana), 466-467
kalpa (indiana), 457-458
Kalumba (africana), 564-565
kami, conceito de (japonesa), 522-523
Karl (nórdica), 414-415
Kauket (egípcia), 117-118
Kek (egípcia), 117
Khnum (egípcia), 117-118
Khufu, 145-150
Ki (mesopotâmica), 205-206
Kingu (mesopotâmica), 198-199

Kinich-Ahau (maia), 621-622
Kintu (africana), 565-567
Kish, 189-190
Kitchi Manitu (norte-americana), 602-603, 656-657
Kivati (norte-americana), 656-657
Kojiki, 523-524
Kokopelli (norte-americana), 604-605
Kong Fu Zi. *Ver* Confúcio e Confucionismo
Krishna (indiana), 435-436, 438-439, 461-463, 466-467
Kuan Yu ou Kuan Kung (chinesa), 507-508
Kukulkán (asteca), 632-633
Kurma (indiana), 465-466
Kusanada-hime (japonesa), 528-529
Kwanzaa, festa da, 533-534, 550-551
Kwatee (norte-americana), 656-657

labirinto (grega), 323-328
Lagarta (norte-americana), 657
Lahmu e Lahamu (mesopotâmica), 197-198, 211-212
Lakshmi (indiana), 461-463
Lao-tzu ou Laozi, 516-520
Leabhar Gabhala, 376
leão de Nemeia, 307-309
Lebre (africana), 21-22
Leda (grega), 50-51, 298-300
Legba (africana), 571-572, 576-577
lei
  Código de Hamurabi como, 202-206
  Sólon e, 260-261, 325-326
lenda do rei Arthur, 52-54, 324-325
lendas, mitos *vs.*, 49-50, 52-57, 141-142, 232-233
Lerna, hidra de, 308-309
Leviatã (mesopotâmica), 56-57, 211-213
Leza (africana), 564-566

716 MITOLOGIA

Líber (romana), 349
Lif e Lithrasir (nórdica), 421
Lilith (judaico-cristã), 236-238
Lilitu (mesopotâmica), 236-238
Linear A e B, línguas, 257-259
língua
grega, 256-259
inglesa, mitos e a, 22-25
Pedra de Roseta e a, 63-64, 102-104
sânscrito, 431-432, 435-436
Torre de Babel e, 227-231
língua inglesa, 22-25
línguas indo-europeias, 348, 431-432,
435-437
linhas do tempo. *Ver* marcos
literatura funerária, 112-113
literatura funerária egípcia, 108-113
Livro das Invasões, 376, 411-412
Livro das Mutações, O, 479, 483,
498-499, 508
livro dos mortos, O, 111-112, 135-136
Liza (africana), 565-566
Loa (vodu), 575-576
Loki (nórdica), 15-16, 411-412,
414-416, 420-421
Londres, nome de, 388-389
Longfellow, Henry Wadsworth,
664-665
longshan, cultura, 495
Lotan, dragão (mesopotâmica), 56
Lugh (celta), 387-389, 390-391
Lung (chinesa), 509-511

Maat (egípcia), 96-97, 137-138
maat egípcio, conceito de, 96-97,
99-100, 137-138
Mabinogion, 53-54, 376-378, 399-404
maçãs, Dia das Bruxas (*Halloween*) e,
398-399
MacCool, Finn, 377-378, 394-400
Macha (celta), 388-389
Machu Picchu, 637-642

Mãe Terra (americana), 602-604,
649-650. *Ver também* Grande Mãe
Mãe Terra, deusa, 29-30, 199-203.
Ver também Grande Mãe
Maeve (celta), 377-378, 390-395
magos persas, conto de Natal e,
238-240
Mahabharata, 438-439, 466-470
Mahadevi, 458-459
Mahavira, 471, 476
Malsum (norte-americana), 653-655
Mama Cocha (inca), 645-646
Mama Huaco (inca), 641-642
Mama Kilya (inca), 643-644
Mama Ocllo (inca), 642-644
Mama Pacha (inca), 643-644
Manco Capac (inca), 642-644
mandato do céu (chinesa), 499-501
Manu (indiana), 449-451, 457-458
marcos. *Ver também* história
mitos africanos, 538-541
mitos americanos, 583-588
mitos celtas e nórdicos, 364-367
mitos chineses e japoneses, 482-488
mitos das ilhas do Pacífico, 674-676
mitos egípcios, 87-93, 104-105
mitos gregos e romanos, 245-249
mitos indianos, 428-429
mitos mesopotâmicos, 171-175
Marduk (mesopotâmica), 180, 185,
194-212, 228-236
Marte (romana), 282-283, 348-350
mártires, 27-28, 520-521
masturbação, mitos da criação
egípcios e, 112-119
Matsya (indiana), 465-466
Maui (ilhas do Pacífico), 676
Mawu (africana), 560-561, 565-566
May Day, celebração, 398-400
Maya (indiana), 472-473
Mbombo (africana), 562-563
me, conceito de (mesopotâmica),
180-182, 208

Índice

Medb (celta), 377-378, 390-395
Medeia (grega), 313-316, 324-325
médicos bruxos. *Ver* xamãs
Medusa (grega), 305-307
Mehet-Weret ou Mehturt (egípcia),
  141-142
mênades (grega), 288-289
Mêncio, 515-517
mente inconsciente, 78-81
Mercúrio (romana), 294-296
Merodaque (mesopotâmica),
  210-211. *Ver também* Marduk
  (mesopotâmica)
Metamorfoses, 277, 279, 304
Métis (grega), 298-299
México. *Ver também* mitos astecas
Mictlantecuhtli (asteca), 628-629,
  631-633
Midgard (nórdica), 404-405
Minerva (romana), 283-285, 349
Minotauro, Teseu e o, 323-328
mistério, mitos e, 80-81
mitologia, mitos *vs.*, 17-19. *Ver também*
  mitos
mitos
  assunto deste livro, 31-39
  celtas. *Ver* mitos celtas
  chineses. *Ver* mitos chineses
  como "alegoria histórica", 60-65. *Ver*
    também história
  descoberta de Troia por Schliemann
    e, 64-67
  egípcios. *Ver* mitos egípcios
  explicativos. *Ver também* mitos da
    criação; mitos explicativos
  gregos. *Ver também* mitos gregos
  impacto contemporâneo dos, 16-29
  indianos. *Ver* mitos indianos
  interesse do autor em, 15-19, 38-39
  japoneses, 519-529
  lendas, fábulas, folclores e contos de
    fadas *vs.*, 50-52

mesopotâmicos. *Ver* mitos
  mesopotâmicos
mitologia *vs.*, 17-19
nórdicos, 403-421
Novo Mundo. *Ver* mitos africanos;
  mitos americanos; mitos astecas;
  mitos incas; mitos maias; mitos
  norte-americanos; mitos das ilhas
  do Pacífico
oriental *vs.* ocidental, 422-424
religião e, 72-77. *Ver também* religião
religião judaico-cristã e, 65-72. *Ver*
  também religião judaico-cristã
romanos, 346-359
mitos africanos
  África subsaariana e, 542-547,
    554-558
  características em comum de,
    538-578
  deuses, 561-575
  marcos, 538-541
  mitos da criação, 29-30, 557-562
  mitos do Novo Mundo e, 530-534
  vodu, *santería*, e, 574-578
mitos americanos, 583-673
  características em comum de,
    600-608
  diversidade de, 589-597
  marcos, 583-588
  mitos astecas, 622-637
  mitos do Novo Mundo e, 530-534.
    Ver também mitos africanos; mitos
    norte-americanos; mitos das ilhas
    do Pacífico
  mitos incas, 637-646
  mitos maias, 607-622
  supressão pelos conquistadores
    europeus, 596-601
mitos ameríndios. *Ver* mitos
  americanos; mitos norte-
  americanos

718 MITOLOGIA

mitos asiáticos, 422-424. *Ver também*
mitos chineses; mitos indianos;
mitos japoneses
mitos astecas, 622-637. *Ver também*
mitos americanos
conquistadores espanhóis como
deuses, 626-629
deuses, 630-637
festa do Dia dos Mortos, 628-631
México e, 24-25
sacrifício humano e, 623-627
mitos australianos, 530-534
mitos causais. *Ver* mitos da criação;
mitos explicativos
mitos celtas, 364-404. *Ver também*
mitos nórdicos
Ciclo Feniano e Finn MacCool,
394-400
deuses, 394-397
druidas e, 368-384
lenda do rei Arthur, 52-54
Mabinogion e País de Gales, 399-404
marcos, 364
razia das vacas de Cooley, A, 376-377,
389-391
sacrifício humano, 377-383
Salmão do Conhecimento, 394-397
Samhain e Dia das Bruxas
(*Halloween*), festa de, 396-400
Stonehenge, 382-384
vestígios históricos, 372-377
xamãs, 553-554
mitos chineses, 482-520
Confúcio e confucionismo, 513-517
deuses, 506-514
história chinesa e, 422-424
Laozi e taoísmo, 516-520
marcos, 482-488
mitos da criação, 500-506
mitos japoneses e, 522-523. *Ver*
também mitos japoneses
profecia e, 494-501
virtude moral em, 506-507

mitos da criação. *Ver também* mitos
explicativos
africanos, 549-551, 557-562
americanos, 602-604
astecas, 608-613
chineses, 490-491, 500-506,
522-523
como mitos explicativos, 28-29,
45-46, 59-61
das ilhas do Pacífico, 675-676
do Novo Mundo, 532-533
egípcios, 112-119
gregos, 270-276
incas, 641-643
indianos, 449-450, 455-456
marcos, 674-676
mesopotâmicos, 180, 187-191,
194-200
no Gênesis judaico-cristão, 29-30,
76-77, 176, 196-198, 221-222,
230-231, 237-238
nórdicos, 409-411
norte-americanos, 646-647
mitos das ilhas do Pacífico, 530-534,
672-680
aborígines e Tempo do Sonho,
677-678
marcos, 674-676
mitos da criação, 675-677
mitos do Novo Mundo, 34-36,
530-534. *Ver também* mitos
africanos; mitos americanos;
mitos das ilhas do Pacífico
mitos egípcios, 87-163
animais em, 143-145
deuses, 70-71, 118-124, 138-144
Egito antigo e, 31-32, 94-96
importância de, 160-165
Ísis, 130-136
marcos, 87-92
mitos da criação, 112-119
monoteísmo, 155-161
Osíris, 50-51, 128-131

Índice

Pedra de Roseta e, 63-64
pirâmides e, 145-154
Rá, 123-129
religião judaico-cristã e, 32-35,
133-136
rio Nilo e, 98-108
ritual da pesagem do coração,
135-139
teocracia, 95-99, 153-155
vestígios históricos, 107-113
mitos explicativos, 29-31, 46-51, 59-60.
Ver também mitos da criação
mitos germânicos. *Ver* mitos nórdicos
mitos gregos, 246-359
Asclépio, 315-319
Atlântida, 319-324
ausência de teocracia, 261-266
deuses, 277-300
Édipo, 78-79, 330-331
Guerra de Troia, 337-348
Hesíodo, Homero e, 266-269
Hipócrates, 318-320
história grega e, 250-255
Homero, *Ilíada* e *Odisseia*, 332-338
influências estrangeiras, 132-134,
254-262
Jasão e o Velo de Ouro, 62-63,
312-316
marcos, 248-249
mitos da criação, 270-276
mitos romanos como, 346-350. *Ver
também* mitos romanos
Oráculo de Delfos, 327-331
Pandora, 302-304
Perseu e Medusa, 55-56, 305-307
Prometeu, 299-303
Teseu e o Minotauro, 323-328
trabalhos de Héracles (Hércules),
307-313
Ulisses, 342-348
Zeus e o dilúvio, 303-305
mitos hebraicos. *Ver* religião judaico-
cristã

mitos incas, 637-645. *Ver também*
mitos americanos
cidade de Machu Picchu, 637-642
deuses, 642-646
mito fundador, 641-643
mitos indianos, 428-477
avatares, 450-451
budismo, jainismo e, 27-28, 470-477
deuses, 452-454
história da Índia e, 24-26, 422-424,
435-437
Mahabharata, Bhagavad-Gita, e,
466-468
marcos, 428-429
mitos da criação, 448-451
Rama e o *Ramayana*, 462-472
Rig-Veda, 68-69, 75-76
mitos japoneses, 520-529. *Ver também*
mitos chineses
deuses, 523-528
imperadores e, 27-28, 519-520
marcos, 487-488
xintoísmo, 522-524
mitos judaicos. *Ver* religião judaico-
cristã
mitos maias, 607-622. *Ver também*
mitos americanos
deuses, 619-622
história maia e, 607-609, 612-616
jogo de bola olmeca, 615-620
Popol Vuh, 609-619
mitos mesoamericanos. *Ver* mitos
astecas; mitos maias
mitos mesopotâmicos, 172-240
Abraão, bíblico, 230-233
civilizações e, 185-188
Código de Hamurabi, 202-206
conflito Marduk/Tiamat e
movimento da deusa, 200-201
deuses, 70-72, 181-186, 205-213
dilúvio bíblico *vs.*, 222-228
El, Baal e os cananeus, 56-57,
233-237

720 MITOLOGIA

Enuma Elish, 194-200
Gilgamesh, 217-223
história da Mesopotâmia e, 32-33,
176-182, 185-188, 190-192,
221-223
Inanna, Dumuzi e a criação das
estações, 212-215
Inanna e a sexualidade, 214-217
Lilitu ou Lilith, 236-238
magos e conto de Natal, 238-240
marcos, 172-175
mitos da criação, 187-195
mitos egípcios e, 133-134
Torre de Babel e, 227-231
mitos nórdicos, 403-421. *Ver também*
mitos celtas
deuses, 410-419
marcos, 364-367
mito da criação, 409-411
Sigurd, 418-421
vikings e, 403-409
mitos norte-americanos, 50-51. *Ver*
também mitos americanos
características em comum de, 50-51,
645-646
deuses, 654-661
importância de, 28-29, 668-673
Sedna, 660-663
The Song of Hiawatha e, 664-669
mitos polinésios, 672-680
mitos romanos, 277-278, 299-300,
346-359
bacanais e saturnais, 353-359
deuses, 277-300
Eneida de Virgílio, 352
mitos celtas e, 398-399
mitos gregos como, 277, 346-350.
Ver também mitos gregos
mitraísmo e, 239-240
Rômulo e Remo, 349-350
Mitra (indiana), 454-455
Mitra (persa), 239-240, 357-358,
454-455
Mnemósina (grega), 298

moeda americana, pirâmides na,
152-154
moedas em nascentes, 375-376
Moisés (judaico-cristã), 157-161,
349-350
moksha, 438, 443
monarquia, 189-190
monoteísmo, 32-33, 75-76, 155-161
monstro Enkidu, 218-220
Montezuma ou Moctezuma (asteca),
63-636
moral
ética grega, 265-266
fábulas e, 56-57
mitos chineses e, 506-507
mitos japoneses e, 522-524
Morrigan (celta), 388-389, 402-404
morte. *Ver também* vida após a morte
imortalidade, 220, 222-223
mitos africanos, 552-553, 561-562,
564-565, 565-567
mitos astecas, 628-629, 631-633
mitos das ilhas do Pacífico, 675-677
mitos egípcios, 99-100, 108-113,
120-121, 128-131
mitos gregos, 284-287, 290-293
mitos japoneses, 308-309
mitos maias, 621-622
suicídio, 27-28, 520-521
Mot (mesopotâmica), 235
muçulmanos. *Ver* Islã
Mulher da Terra (norte-americana),
659-650
Mulher do Céu (norte-americana),
657-660
Mulher Mutante (norte-americana),
656-657
Mulher-Aranha (norte-americana),
657-658
Mulher-Búfalo Branco (norte-
americana), 659-660
Mulher-Pena (norte-americana),
28-29

Índice   721

mulheres
divindades,71-72. *Ver também*
movimento da deusa; Grande
Mãe
virgens, 27-28, 132-133, 295-297
visão grega das, 303-304
visão indiana das, 444-445
visão japonesa das, 526-527
mumificação egípcia, 130-139
mundo inferior
asteca, 619-620
grego, 290-293
indiano, 454-455
japonês, 526-527
mesopotâmico, 209-210, 235
norte-americano, 661-662
mundo natural. *Ver também* ciência
mitos africanos e, 548-554
mitos celtas e, 370-373, 377-383
mitos explicativos e, 28-32, 59-60,
68-71
mitos norte-americanos e, 648-650
Musas gregas, 298-299

Nabopolassar, 228-230
Nambi (africana), 565-567
Nana-Buluku (africana), 558, 560,
565
Nanna (mesopotâmica), 209-213
Nanna (nórdica), 411-412
Nantosvelta (celta), 384-387
Narasimha (indiana), 466
Narciso (grega), 332-333
Natal
Kwanzaa africano e, 533-534
magos persas e, 238-240
saturnais romanas, 21-22, 356-358
visco celta e nórdico e, 382-383,
413, 414
National Museum of the American
Indian, 599-601
Naunet (egípcia), 115-116

Nayenezgani (norte-americana),
656-658
Néftis (egípcia), 123-124, 128-130,
138-139
Neith (egípcia), 141-143
Nemain (celta), 388-389
Nesso (grega), 308-309, 312-313
Netuno (romana), 296-297
'Ngai (africana), 566
Nigéria, 549-551, 564-565, 569-572
Nihongi, 523
Niké (grega), 282-283
Nilo, rio, 98-108
ninfas (grega), 288-289
Ninhursaga ou Ninki ou Nintur
(mesopotâmica), 209-212,
224-225
Nínive, 67-68, 192, 196, 221-222
Ninlil (mesopotâmica), 236-238
Ninurta (mesopotâmica), 211-212
Nippur, 189-190
Nix (grega), 271-272
Njord (nórdica), 411-412
Nkuba (africana), 560-561
Nobre Caminho de Oito Passos,
Budismo, 473-476
Noé, dilúvio de, 79-80, 222-228
nomos ou *nomarcas* (egípcia), 114,
137-138, 154
Nova Zelândia, 672-676
Nü Gua ou Nü Kua ou Nu Wa
(chinesa), 500-501, 502-507,
510-511
Nuada (celta), 388-389
Nun (egípcia), 114-118
Nut (egípcia), 119-124
Nyame (africana), 549, 566-567,
569-570

O-kuni-nushi (japonesa), 527-528
O-wata-tsumi (japonesa), 527-528
Obatalá (africana), 549-551, 575-576

722 MITOLOGIA

Oceano (grega), 272

ocidentais *vs.* orientais, mitologias, 34-35, 422-424

Odin (nórdica), 404-405, 409-411, 415-418

Odisseia, 15-16, 19-20, 46-47, 253-254, 271-272, 282-283, 296-297, 332-338, 342-347, 351

Odisseu ou Ulisses, 15-16, 342-347

Odudua (africana), 549-551, 575-576

Ogdóade (egípcia), 115-116

Oisin (nórdica), 385-397

olímpicos, deuses (grega), 272-300

Olímpicos, Jogos, 92-93, 250-251, 264-265

Olorum ou Olodumaré e Olokun (africana), 549-551, 575-577

Ometecuhtli ou Ometeotl (asteca), 632-633

ônfalo. *Ver* umbigo, conceito de

Oppenheimer, Robert, 430-431

Oráculo de Delfos (grega), 264-265, 281-282, 327-333

oráculos. *Ver também* adivinhação
chineses, 494-501
egípcios, 143-144
gregos, 264-265, 327-331
mesopotâmicos, 182-184

Orfeu (grega), 293

orixás, 550, 576-578

Osíris (egípcia), 50-51, 71-72, 99-100, 120-124, 128-131, 137-139

Ovídio, 277-278, 279-280, 316-317, 323-324, 332-333

Pã (grega), 295-296

Pachacuti (inca), 640-643

pagãos, 34-35, 62-63

Pah (norte-americana), 659-660

País de Gales, 53-54, 376-377, 399-404. *Ver também* mitos celtas

Palestina e filisteus, 233-234

Pandora (grega), 267-268, 293, 300-304

Panku ou Pan Gu (chinesa), 502-503, 511

pântanos, mitos da criação mesopotâmicos e, 188

panteísmo celta, 380-381

panteões. *Ver* deuses

papiro, 98-99

paradas, 264

paraíso mesopotâmico, 209-210

Parashu-Rama (indiana), 465-467

párias, 445-446

Páris (grega), 50-51, 335-338, 339-340

Partenon, 250, 285

Partido Comunista Chinês, 491-493, 516-517

Parvati (indiana), 462-465

Páscoa *vs.* mitologias ocidentais, 34-36, 422-424

Pauahtun (maia), 621-622

Paulo (judaico-cristã), 278-279, 353-355, 369-370

pedra *benben*, 118, 149

pedra de cachimbo, 646-647

Pégaso (grega), 305-307

peiote, 669-671

pergaminhos egípcios, 108-110

persas, magos, 238-240

Perséfone (grega), 284-287

Perseu, 55-56, 305-307

perspectiva geográfica, 30

perspectiva temática, 30

peruca, controvérsia na Índia, 24-25

pesagem do coração, ritual da, 135-139

pessoas diminutas, 34-35, 376-377, 387-389, 679-680

Pigmalião (grega), 279-280

pigmeus, 544-547, 550-551

pilotos camicase japoneses, 26-27

Pirâmide Escalonada de Djoser, 141, 147-150

Índice

pirâmides
  astecas, 24-25, 589-590
  egípcias, 15-16, 95-96, 103-107,
    126-127, 141-142, 145-150,
    153-154
  no Grande Selo dos Estados
    Unidos, 152-154
  maias, 614-615
Pizarro, Francisco, 640-641
planetas, 660-663
Platão, 48-49, 260-261, 319-324
Plutão (romana), 290-293,
Plutarco, 132-133, 357-358
Poética, Edda, 407, 419
pólis grega, 258-265
Pomona (romana), 349, 398-399
pomos de ouro das Hespérides, 312
Popol Vuh, 76-77, 600-604, 609-619
portugueses, 530-532
Posêidon (grega), 256-259, 271-272,
    296-297, 343-345
preces, 72-76
previsão do futuro. Ver adivinhação
Príapo (grega), 279-280
Prometeu (grega), 268-269, 299-303,
    304-305, 304-305, 311-312
Proserpina (romana), 349
psicologia, mitos e, 78-80
Ptah (egípcia), 114-116, 142-144
Ptolomeus (egípcia), 63-64, 160-161
Puranas, 439
purificação, rituais de, 75-76

Quaoar, 662-663
quatro Ao (chinesa), 507-508
Quatro Livros (chinesa), 516-517
Quéops, 145-146,
Questões do paraíso, 490
Quetzalcoatl (asteca), 595, 627-629,
    633-636
Quian Long, 489-490
quipu (inca), 641-642
Quirino (romana), 348
Quíron (grega), 313-316

Rá (egípcia), 96-97, 118-119, 139-140,
    153-154
Radha (indiana), 461-462
Ragnarok, 408-418
raja ioga, 460
Rama, 438-440, 466-467, 469-472
Ramayana, 438-440, 469-472
ramo de ouro, O, 36, 70-71
Ravana, 469-470
razia das vacas de Cooley, A, 376-377,
    389-391
Rea (grega), 257, 266, 272, 296, 328
Reia Sílvia (romana), 350
reencarnação, 443-444
Regin (nórdica), 420-421
reis sábios da China, 508
religião judaico-cristã. Ver também
    Bíblia
  "alegoria histórica" e, 62-63
  Babilônia e, 56-57, 185-186
  festas astecas e, 628-631
  introdução em Roma, 353-359
  Ísis e, 132-136
  Jesus Cristo, 21-23, 53-54, 71-72,
    164-165, 238-239, 380-381,
    415-416. Ver também tema da
    ressurreição
  mistura de mitos pagãos com, 21-23
  mitologias orientais vs. mitologias
    ocidentais e, 422-423
  mitos africanos e, 531-532, 545-546,
    560-562, 574-578
  mitos americanos e, 28-29, 594-601
  mitos celtas e, 370-371, 375-376,
    380-381, 386-388, 398-399,
    399-400
  mitos do Novo Mundo e, 533-534
  mitos egípcios e, 32-35, 91-93, 162-165
  mitos maias e, 608-612
  mitos nórdicos e, 408-409
  Moisés e o monoteísmo, 155-161
  Natal. Ver Natal
  pagãos e, 34-35, 62-63
  Santa Bárbara, 576-577

724 MITOLOGIA

Santa Brígida, 55, 386-387
São Jorge, 53-56
São Marcos, 91-92
São Patrício, 370-371, 380-381,
   396-397
"Túnicas Negras", 664-665
religiões. *Ver também* sacerdotes;
   xamãs
africanas, 545-546, 548-550,
   574-578
americanas, 533-534
budismo, 27-28, 432-433, 470-476,
   491-493, 522-525
chinesas, 490-494, 515-517
confucionismo, 422-424
culto aos ancestrais, 550-551,
   678-679
Falun Gong, 493-494
filosofia grega e, 260-262, 265-266
Hinduísmo. *Ver* mitos indianos
islamismo, 27-28, 91-93, 422-423,
   531-532, 545-546
jainismo, 432-433, 470-472, 475-477
judaico-cristãs. *Ver* religião judaico-
   cristã
mistério, 133-134
mitos como, 29-30, 37-39, 46-51,
   72-77. *Ver também* mitos
monoteísmo, 32-33, 75-76, 155-161
movimento da deusa, 70-72,
   199-203, 422-423
orientais *vs.* ocidentais, 422-424
panteísmo celta, 380-381
santería e vodu, 22-23, 533-534,
   550-551, 571-572, 574-578,
   670-671
taoísmo, 490-493, 516-520
xintoísmo, 522-523
zoroastrismo e mitraísmo, 238-240
religiões de fusão, 22-23, 533-534,
   550-551, 571-572, 574-578,
   596-597, 670-671. *Ver também*
   religiões; *santería*; vodu
Xintoísmo, 522-524

religiões étnicas, 548
Remo e Rômulo (romana), 349-351
ressurreição, tema da. *Ver também*
   Jesus Cristo
Revolução de Amarna, 155-158
Rhiannon (celta), 401-402
Rig-Veda, 68-69, 75-76, 435-437,
   448-449, 452-453
rio Amarelo, 504-505
ritos de fertilidade, 70-72
rituais
   indianos, 445-447
   mitos, religião e, 71-72, 75-76
   pesagem do coração, egípcios,
      135-139
   ritual suicida japonês, 520-521
ritualismo, 445-446
rivalidades fraternas. *Ver também*
   gêmeos
   mitos e, 50-51
   na Bíblia, 122-124
   na Mesopotâmia, 212-215
   no Egito, 122-124
Roseta, Pedra de, 64, 104
Roterdã, Erasmo de, 303
runas, 408-409, 415-416
Rus e Rússia, 406-407

sabinas, 351
sacerdotes. *Ver também* xamãs
   americanos, 592-593
   chineses, 497-498
   egípcios, 96-97, 104-105
   indianos, 436-437
   mesopotâmicos, 180, 182-183
sacrifício animal, 55, 75, 497, 578
sacrifício humano
   astecas e, 623-627, 634-637
   celta, 377-383, 386-387
   chinês, 496-497
   egípcio, 147-148
   grego, 262-263, 291-292, 304-305
   inca, 638-639

Índice

maia, 628-629
mesopotâmico, 206-217
mitos e, 25-26, 37-38
mitos indianos e, 24-26
nórdico, 406-407
rejeição judaica do, 232-233
sadhus e sadhvis (indiana), 476
Sagbata e Sogo (africana), 566
Salmão do Conhecimento, 394-397
Sama-Veda, 436
Samhain, festa de, 396-400
samurais japoneses, 520-521
Sanjina (indiana), 454-455
sânscrito, 431-432, 435-437, 457-458
Santa Bárbara, 577
Santa Brígida, 55, 386-387
santería, 22-23, 533-534, 550-551, 574-578, 670-671
Santíssima Trindade, 380-381
Santo Graal, 25-26, 53-54, 387-388, 401-402
São Jorge, 53-56
São Marcos, 91-92
São Patrício, 370-371, 380-381, 396-397
Sarasvati (indiana), 450-451, 455-458
Sargão, 193, 349-350
Sati (indiana), 464-465
sati, prática indiana do, 464
sátiros, 288-289
saturnais, 21-22, 353-359
Saturno (romana), 356-357
Schliemann, Heinrich, 64-67, 256-257, 341-343
Sedna (norte-americana), 661-663
Sekhmet (egípcia), 142-143
Sem, 193
semitas, 193, 233-234
Septuaginta, 91, 346
Ser que mergulha na Terra (americana), 603-604, 649-650
ser supremo
africano, 549-550
americano, 602-603

mitos, religião e, 79-81
Serket (egípcia), 142-143
serpentes
mitos africanos, 560-561
mitos das ilhas do Pacífico, 678-680
Set (egípcia), 50-51, 99-100, 122-124, 128-131
Sétanta, 390-391
Sete Hunahpu (maia), 612, 617
sexo feminino. *Ver* mulheres
sexualidade
celta, 390-391, 399-400
dos deuses, 49-51, 78-79
egípcia, 133-136
grega, 253-254, 279-282, 294-295, 298-299
incestuosa. *Ver* incesto
judaico-cristã, 208, 237-238
mesopotâmica, 209-211, 214-220
nórdica, 411-414
romana, 356-357
Shakaru (norte-americana), 659-660
Shamash (mesopotâmica), 203-204, 212-213
Shamhat (mesopotâmica), 218-220
Shang Di (chinesa), 499-500
She (chinesa), 509-510
Shen Nong (chinesa), 506-511
Shiva, o Destruidor (indiana), 449-450, 455-456, 464-466
Shu (egípcia), 118-120
Shun (chinesa), 118-120
Sibila, 281-282
sídh, 388
Sigurd ou Siegfried (nórdica), 15-16, 408-409, 418-421
símbolo da cruz, 164-165
simpósio grego, 253-254, 278-279, 299-300
Sin (mesopotâmica), 209-213
Sinn Féin, 394-395
Sírinx (grega), 295-296
Sísifo, 291-292
Sita (indiana), 439-440, 469-472

726 MITOLOGIA

Skadi (nórdica), 411-412
soberanos. *Ver também* democracia;
  cleptocracia; monarquia;
  teocracia
  chineses, 499-501
  egípcios, 95-99, 153-155
  japoneses, 27-28, 519-524
  mitos e, 31-32
  romanos, 349-350
Sócrates, 48-49, 260-261, 312-313
Sófocles, 260-261, 277-278, 330-332
Sólon, 260-261, 235-236
Soma (indiana), 453-454
Song of Hiawatha, The, 664
sonhos, mitos e, 78-79
Soyinka, Wole, 550-551
Stonehenge, 382-384
suástica, símbolo da, 432-433
Sucelos (celta), 380-381, 386-387
sudras, 444-445
suicídio, 27-28, 520-521
Sukuna-biko (japonesa), 527-528
Sulis (celta), 373-376
Surya (indiana), 454-455
Susano ou Susanowo (japonesa),
  523-524, 526-529

tabuinhas de barro mesopotâmicas,
  189-192
Táin Bó Cúailnge, 376-377, 391
Tammuz (mesopotâmica), 70-72,
  133-134, 210-215, 286-287
Tânatos (grega), 290-291
Tang Di Yao (chinesa), 512-513
Tântalo (grega), 291-292
Tao Te Ching, 517-519
taoísmo, 490-493, 516-520
Taranis (celta), 386-387, 416-418
Tártaro (grega), 271-272, 291-292
Taweret (egípcia), 139-140
Teágenes, 59-60
Tefnut (egípcia), 118-120
Téia (grega), 271-272

Telêmaco, 343-345
tema da destruição, 532-534
Têmis (grega), 271-272
templos
  indianos, 445-447
  mesopotâmicos, 181-186
Tempo do Sonho, aborígines e,
  677-678
Tenochtitlán (asteca), 28-29, 622-624,
  626-628
teocracia
  ausência na Grécia de, 261-266
  chinesa, 499-500
  inca, 638-639
  mesopotâmica, 180
  mitos e, 31-32
  mitos egípcios e, 95-99, 103-105
  primeiro imperador divino do
    Japão, 520-522
Teodósio, 91-93, 122-123
Teogonia, 266-268, 270, 300
Término (romana), 349
termo "índio", 591-592
Teseu (grega), 309-310, 326-328
Tétis (grega), 272
Textos das pirâmides, 108-111, 117-118
Textos dos sarcófagos, 111
Tezcatlipoca (asteca), 633-635
Thor (nórdica), 15-16, 416-419
Thoth (egípcia), 115-116, 142-144
Thrall (nórdica), 413-415
Thugs, 461-462
Ti (chinesa), 509-510
Tiamat (mesopotâmica), 193-212
Tiberino (romana), 349
Tifão (grega), 133-134, 275-276
Tigre, rio, 177-178
Tio Remo, histórias do, 552-553,
  572-573
Tirawa (norte-americana), 659-660
Titãs (grega), 272-273, 298, 300
Tlaloc (asteca), 626-627, 634-637
Tlazolteotl (asteca), 636-637

Índice

Tobadzastsini (norte-americana), 656-658
Tolkien, J. R. R., 404-405, 418-419
Torre de Babel, 176, 227-231
Torre do Diabo, controvérsia da, 668-670
totens, 606-608
touro
celta, 392-393
de Creta e Héracles (grega), 309-310
egípcio, 143-144
mesopotâmico, 220
minoico, 255-257
mitraísmo e, 239-240
Teseu e o Minotauro (grega), 323-328
touro de Creta, 309-310
Touro Sentado, 652-653
trabalhos de Héracles (Hércules), 307-313
trabalhos e os dias, Os, 267-269, 304
tradições militaristas
asteca, 625-627
japonesa, 520-521, 524-525
tradições orais. *Ver também* história
africanas, 545-547, 554-558
americanas, 599-600
celtas, 375-376
do Novo Mundo, 532-533
tragédia. *Ver* drama grego
Três Reis Magos ou Três Homens Sábios (persa), 238-240
três soberanos chineses, 507-511
tríade arcaica (romana), 348
tríade capitolina (romana), 349
Trimúrti (indiana), 456
Troia, 64-65, 256-257, 341-343
Troia, Guerra de, 50-51, 335-343
Tsao Chun (chinesa), 512-513
Tsuki-Yomi (japonesa), 523-527
Tuatha (celta), 376-377, 387-388
túmulo mastaba, egípcio, 147-150

Turé (africana), 550-551, 568-570
Tutancâmon, 157

Uke-mochi (japonesa), 526-527
Ulster, Ciclo de, 376-378, 390-391
Um Hunahpu (maia), 612-613, 616-617
umbigo, conceito de, 194, 265, 328
Unkulunkulu (africana), 566-567
Upanishades, 435-437, 441, 443, 456
Ur-Nammu, 203-204
Urano (grega), 271-275
Uruk, 189-191, 210-211, 214-217, 222-223
Utnapishtim, 220, 222-223
Utu (mesopotâmica), 203-204
Uzume (japonesa), 457-458

Vaisyas, 444-445
vale do rio Indo, 432
Valhalla, 406-407, 410-411
valores. *Ver* moral
Valquírias, 410-421
Vamana (indiana), 465-466
vanir (nórdica), 410-411
Varaha (indiana), 465-466
Varuna (indiana), 454-455
Vedas, 435-436, 442, 466
Velo de Ouro, Jasão e o (grega), 62-63, 312-316
Vênus (romana), 210-211, 278-280, 661
"Vênus" pré-históricas, 201
verdade, mito como, 46-49
Vesta (romana), 295-297
vestígios históricos. 28-32, 45-51, 59-61, 69-71. *Ver* história
Via Láctea, 307-308, 410-411, 631-632
vida após a morte. *Ver também* morte
crenças africanas, 548-549

crenças celtas, 380-381
crenças chinesas, 496-497
crenças indianas, 443-444
mitos egípcios e, 135-138
vida espiritual, mitos e, 37-39, 49-51.
 Ver também religiões
vikings, 403-404. *Ver também* mitos
 nórdicos
Viracocha (inca), 643-646
virgens, 27-28, 132-133, 294-296,
 631-632
Virgílio, 277-278, 339-340, 351-354
virtude. *Ver* moral
visco, 380-383, 411-414, 415-416
Vishnu, o Preservador (indiana),
 436, 448-465
visões de mundo, mitos como, 59-60
vodu ou vodun, 22, 533, 572,
 575-578
Vulcano (romana), 115-116

Wakonda ou Wakan Tanka (norte-
 americana), 602-603
We (africana), 29-30, 549-550
Wepwawet, 143
Wicca, movimento, 202, 422
Woden ou Wotan. *Ver* Odin
 (nórdica)
Wonomi (norte-americana), 653-654
Wulbari (africana), 29-30

xácti (indiana), 459
xamãs. *Ver também* sacerdotes
 africanos, 545-546, 552-554
 americanos, 592-593, 604-607
 do Novo Mundo, 532-533
 mitos e, 31-32, 553-554
Xangô (africana), 550-551, 574-578
xátrias, 444-445
Xenófanes, 50-51

Xerxes, 260-261
Xi Wang Mu (chinesa), 509-510
xintoísmo, 27-28, 520-524
Xipe Totec (asteca), 636-637
Xiuhtecuhtli (asteca), 634-635
Xochipilli (asteca), 636-637
Xochiquetzal (asteca), 636-637
xóguns japoneses, 520-521
Xun Zi, 515-516

Yajur-Veda, 436
Yama (indiana), 454-455
Yamato-no-orichi (japonesa),
 528-529
Yan Di (chinesa), 510-511
Yao (chinesa), 512-513
Yggdrasil (nórdica), 409-411, 415,
 421
Yi (chinesa), 512-514
yin e *yang*, 501-504
Ymir (nórdica), 408-409
Yu (chinesa), 506-507, 513-514
Yu Di Shun (chinesa), 510-511
Yu Huang (chinesa), 509-510,
 619-620
Yum Cimil (maia), 619-620
Yurlungur (ilhas do Pacífico),
 678-680
Yurugu (africana), 572-575

Zao Jun (chinesa), 512-513
Zeus (grega), 16-17, 50-51, 61, 73,
 243, 246-252, 255, 258, 264-269,
 274-307, 314, 318, 328
zigurates, 176, 183-184, 198-199,
 210-211, 228-230
Ziusudra (mesopotâmica), 224-225
zoroastrismo, 239